Robert Ferguson
HENRY MILLER

Robert Ferguson

HENRY MILLER

Ein Leben ohne Tabus

Aus dem Englischen von
Christa Broermann und Verena Koch

verlegt bei Kindler

Titel der Originalausgabe: »Henry Miller. A Life«
Originalverlag: Hutchinson, London

Umschlaggestaltung: Graupner + Partner, München
Umschlagillustration: James Marsh
Satzarbeiten: Büro Dr. Ulrich Mihr, Tübingen
Druck und Bindearbeiten: Mohndruck, Gütersloh
Printed in Germany
ISBN 3-463-40154-1

2 4 5 3 1

Inhalt

Einleitung

Die Wertschätzung wohl nur weniger Autoren unterlag so dramatischen Schwankungen wie die Henry Millers. Über dreißig Jahre lang war er der Held des liberal denkenden Teils der Gesellschaft aufgrund der Art, wie er in *Wendekreis des Krebses, Schwarzer Frühling* und *Wendekreis des Steinbocks* über sein Sexualleben geschrieben hatte. Diese autobiographischen Romane entstanden in den dreißiger Jahren in Paris und waren in England und den USA zunächst verboten, bis ihre Veröffentlichung schließlich Anfang der sechziger Jahre nach einer Reihe von Prozessen genehmigt wurde. Bereits nach weniger als zehn Jahren der Legitimität und Anerkennung jedoch erlitt sein Ansehen als Prophet der sexuellen Befreiung einen gewaltigen Einbruch.

Es war eine Schule feministischer Literaturkritik entstanden, die Millers Werk von einem ideologischen Standpunkt aus analysierte und ihn als Frauenfeind deklarierte. Das Auftauchen von Aids in den achtziger Jahren und die darauffolgende Medienkampagne, die die Öffentlichkeit von der tödlichen Gefahr sexueller Promiskuität überzeugen sollte, schädigten Millers Ansehen gleichfalls schwer, und 1983 kam diese Entwicklung zum Abschluß durch die posthume Veröffentlichung von *Opus Pistorum*, einer Sammlung pornographischer Kurzgeschichten, für die Miller immer hartnäckig die Verantwortung abgelehnt hat. Alles in allem, so schien es, war er eben doch nur der Verfasser pornographischer Schriften und ein Hochstapler, der das liberale Establishment dazu verführt hatte, ihn als Sexualphilosophen ernst zu nehmen. Millers treueste Anhänger bedauerten diese Entwicklung, ließen sich jedoch nicht entmutigen. Sie glaubten, daß die Konzentration

auf die rein sexuellen Aspekte seiner Schriften seine viel wichtigere Rolle als religiöser Suchender verschleiere, der sich unorthodoxer Methoden bedient und die von William Blake beschriebene Reise auf der Straße der Exzesse zum Palast der Weisheit erfolgreich beendet habe.
Aber auch unabhängig von den Interessen des Feminismus und des öffentlichen Gesundheitswesens wandelte sich die Meinung über Henry Miller als Autor und als Guru, der er in den Jahren seines literarischen Außenseitertums geworden war. Ganz besonders deutlich wurde dieser Wandel, nachdem aufgrund der Siege vor Gericht eine gemeinsame Front gegen die herrschende Moral unnötig geworden war. Man begegnete Miller jetzt mit einem leicht erstaunten Mißtrauen, das sich bis heute nicht zerstreut hat. Da kann aber auch eine gewisse Hybris mit im Spiel sein. Der schwarze Pessimismus des alten Mark Twain oder das Absacken des alternden Jack Kerouac vom jugendlichem Überschwang seines Romans *On the Road* in Alkoholismus und reaktionäre Gedanken erscheint uns irgendwie angemessener. Wir haben Mitgefühl mit der Lüsternheit John Berrymans und den Prahlereien Ernest Hemingways, weil wir den unglücklichen Toten viel verzeihen – besonders dann, wenn sie jung starben oder Selbstmord begingen. Miller dagegen hatte bei seinem Tod 1980 mehr als vierzig Jahre lang schamlos und öffentlich sein Glück verkündet. Er fuhr noch mit über achtzig Fahrrad, spielte Tischtennis und verliebte sich stürmisch in attraktive junge Frauen. Die Schrecken des Alkoholismus, der Einsamkeit, einer schweren Krankheit oder anderer Schicksalsschläge des Alters, die man als Zeichen göttlicher Mißbilligung deuten könnte, blieben ihm erspart. Er starb im Schlaf. Das Mißtrauen angesichts eines so offen zur Schau gestellten ungetrübten Glücks und die anhaltende Unsicherheit, was Millers Leistungen und seinen Status als Schriftsteller angeht, haben zur Vernachlässigung Millers durch die Wissenschaft geführt. Im Verhältnis zu seinem Bekanntheitsgrad ist die Anzahl der Bücher über ihn gering. Zu kürzeren Untersuchungen des Franzosen Frédéric-Jacques Temple und des Deutschen Walter Schmiele kommt als einzige Biographie in Buchlänge Jay Martins gründliche, respektvolle, aber allzu gutgläubige Darstellung von 1979, *Henry Miller: Die Liebe zum Leben.* Zum hundertsten Jahrestag von Millers Geburtstag

sollen weitere Darstellungen von Mary Dearborn* und Erica Jong erscheinen.

Eine Biographie Henry Millers stellt deren Autor vor einige interessante praktische Probleme. So gibt es beispielsweise zu Millers Leben ab 1930, dem Jahr der Abreise von New York nach Paris, eine Überfülle an Material in Form von Briefen, unveröffentlichten Manuskripten, Romanentwürfen und zahlreichen Erinnerungen persönlicher Bekannter. Wahrscheinlich ist kein anderer Autor in den Bibliotheken amerikanischer Universitäten so gut dokumentiert wie Henry Miller.
Im Gegensatz dazu ist das dokumentarische Material zu den Jahren zwischen seiner Geburt 1891 und 1930 spärlich: Es besteht aus den Manuskripten zweier in den zwanziger Jahren geschriebenen, unveröffentlichten Romane, einer Handvoll Briefen an den Freund Emil Schnellock aus derselben Zeit, verschiedenen Notizen und Briefen an andere Freunde sowie einem Brief an die Mutter, den Miller im Alter von acht Jahren schrieb. Für diesen Mangel an Material gibt es viele Erklärungsmöglichkeiten – vielleicht haben die Empfänger die Briefe nicht aufbewahrt. Miller seinerseits hat erklärt, er habe in jungen Jahren selten Briefe aufgehoben, die an ihn gerichtet waren. Dazu kam, daß die Einwanderer der ersten und zweiten Generation, unter denen Miller aufwuchs, ihre eigene Kultur nur in sehr bescheidenem Maße dokumentierten.
Miller schrieb zwar ausführlich über alle Phasen seines Lebens einschließlich der Kindheit, aber er weigerte sich geradezu systematisch, zwischen wichtigen und unwichtigen Dingen zu unterscheiden: Alles, was er erlebte, schien ihm von gleicher und monumentaler Wichtigkeit. Sein literarisches Ziel war nicht die herkömmliche Autobiographie; Einzelheiten wie Jahr und Datum oder sein Alter zum Zeitpunkt eines bestimmten Ereignisses waren für das subjektive Selbstporträt, um das es ihm ging, kaum relevant. Daher fehlen in den unveröffentlichten und veröffentlichten Romanen, Romanentwürfen, Romanskizzen und Notizbüchern, die ansonsten mit biographischen Einzelheiten gespickt sind, solche Hinweise völlig.

* Das Buch von Mary Dearborn ist inzwischen erschienen unter dem Titel *Henry Miller. Eine Biographie.*

Diese Ungenauigkeit betrifft besonders seine Jugend, die Zeit von 1908 bis 1917, in der er sich in ein unerreichbares Mädchen verliebte und alle Qualen einer Jugendliebe durchlitt, die Schule verließ und zu arbeiten begann, eine Affäre mit einer älteren Frau hatte, häufig die Arbeit wechselte und durch Amerika reiste, all das in einem ungenau definierten, zeitlosen, mit subjektiven Eindrücken gefüllten Raum, so daß wir über die genaue Reihenfolge der Geschehnisse, ihre Dauer und wirkliche Bedeutung für ihn nur spekulieren können. Wenn Miller gelegentlich auf spezifische Ereignisse in der Außenwelt – zum Beispiel den Ausbruch des Ersten Weltkriegs – Bezug nimmt, kann das ein nützlicher Anhaltspunkt sein, obwohl er ein unzuverlässiger Zeuge war, der oft selbst Geschehnisse seines eigenen Lebens durcheinanderbrachte.

Die Vagheit der autobiographischen Erinnerungen Millers wird noch durch die Vorläufigkeit verstärkt, mit der in den Kreisen, in denen Miller verkehrte, Eigennamen verwendet wurden. Das herausragende Beispiel dafür ist Millers zweite Frau June, die zu verschiedenen Zeiten ihres Lebens fünf verschiedene Vornamen benutzte. Millers Freund Emil Cohen änderte seinen Namen im Laufe eines Prozesses der Amerikanisierung in Conason. Junes Freundin Martha Andrews war, anscheinend aufgrund einer künstlerischen Laune, allgemein unter einem ganz anderen Namen bekannt. Auch Millers erste Geliebte verwendete zu verschiedenen Zeiten verschiedene Vornamen. Die Situation wird weiter dadurch kompliziert, daß Miller die meisten seiner Freunde, Frauen und Geliebten neu taufte, wenn er über sie schrieb. Oft verteilte er die Namen einfach um, und manchmal änderte er sie, wenn er eine neue Version einer bestimmten Begebenheit schrieb. Das führte dazu, daß Miller selbst in Briefen an Freunde manchmal die fiktiven Namen verwendet, die er ihnen in seinen Büchern gegeben hat, als ob er nicht mehr zwischen dem erdachten Charakter und der wirklichen Person unterscheiden könne.

Mit Hilfe von Geburts-, Heirats-, Scheidungs- und Todesurkunden, Schulakten, Straßenverzeichnissen von Brooklyn und Einbürgerungsunterlagen konnten solche Schwierigkeiten einigermaßen gemeistert werden, so daß auch für die frühen Jahre eine relativ gesicherte, unabhängige Chronologie aufgestellt werden konnte. Auch fand ich glücklicherweise Unterstützung bei

Mrs. Celia Conason, der Witwe Emil Conasons, eines engen Freundes von Miller ab 1920. Sie ergänzte mein Material durch eine aufschlußreiche unabhängige Perspektive auf verschiedene Aspekte von Millers Leben in diesem Zeitraum.

Der Erforschung eines Mannes, der sich selbst zum Mythos gemacht hat, scheint nur eine »Psychobiographie« gerecht zu werden; dennoch gibt es gute Gründe, sich nicht zu stark auf eine streng methodische Herangehensweise an Millers Leben und Persönlichkeit zu verlassen. Zum einen verführt die Methode selbst dazu, mit Hilfe der spekulativen Analyse ein Wesen zu postulieren, dem wir dann eine höhere Wirklichkeit zusprechen als dem Menschen aus Fleisch und Blut, der wirklich gelebt hat. Zum anderen kann die erfolgreiche Anwendung der Methode zum Selbstzweck werden. Man kann einen Mustang zähmen und in einen Stall sperren, aber es kostet einige Mühe und gelingt häufig nur auf Kosten des Wesens des Pferdes. Das überzeugendste Argument freilich, warum man sich nicht zu stark auf die orthodoxe Analyse verlassen sollte, ist die Tatsache, daß Miller selbst seit Anfang der zwanziger Jahre mit den Grundideen Freuds über die Rolle verborgener Motive im Verhalten des Menschen genauestens vertraut war. Diese Vertrautheit in Verbindung mit der Zielstrebigkeit, mit der er auf persönlichen Ruhm hinsteuerte – noch bevor er ein etablierter Schriftsteller war, verfaßte er bereits nicht nur ironisch gemeinte Briefe an die »Nachwelt« –, bedeutete, daß er seine analytischen Verfolger auf bestimmte Fährten locken konnte, daß er die Fragen bereits ahnte, die potentielle analytische Verfolger auf den Spuren des »wahren Henry Miller« stellen würden, und daß er ihnen die Antworten liefern konnte, die sie finden wollten. Ein einfaches Beispiel dafür ist vielleicht das Befremden und die scheinbar naive Art, mit der er sein Leben lang immer wieder über die schlechte Beziehung zu seiner Mutter schreibt. Seine Schilderung dieser Beziehung entspricht zwar in vieler Hinsicht ganz offensichtlich der Wahrheit, aber ebenso eindeutig bietet Miller seinen Verfolgern damit ein dankbares psychologisches Motiv an, mit dem er ihren Appetit zu befriedigen hofft. Man muß sich auf diesem Gebiet vor beleidigendem Zynismus hüten; aber daß Miller erkannte, wieviel mehr Spaß es macht, der Fuchs und nicht der Jäger zu sein, könnte eine weitere Erklärung für die erstaunliche Fülle detaillierten dokumentarischen Materials sein, das Miller nach 1930 zu produzieren begann und bereitwillig Wissenschaftlern und interessierten Laien zur Verfügung stellte, sei es durch Schenkungen an Universitätsbibliotheken oder durch kommerzielle Veröffentlichung, sowie für den entsprechenden Mangel an Material in der Zeit davor.

Die berühmteste Verteidigung Millers hat wahrscheinlich George Orwell in seinem 1939 entstandenen Essay *Inside the Whale (Im Inneren des Wals)* geschrieben. Orwell vertritt darin die Ansicht, ein literarisches Kunstwerk könne nicht gleichzeitig politisch und ehrlich sein, und er rühmt an Miller, durch die entschiedene Absage an die Gewerkschaftsmentalität seiner Schriftstellerkollegen aus den dreißiger Jahren eine neue und wichtige Ehrlichkeit in die Literatur eingebracht zu haben. Fast vierzig Jahre später, 1984, veröffentlichte Salman Rushdie den Essay *Outside the Whale*, in dem er Orwell widersprach. Rushdie schreibt, daß »Millers Ansehen sich mehr oder weniger in Luft aufgelöst hat, und er scheint heute kaum mehr zu sein als der glückliche Pornoschriftsteller, hinter dessen skatologischer Oberfläche Orwell solche unauslotbaren Tiefen ausmachen wollte«. Das führt uns vor Augen, wie schwierig es ist, so tief in die Vergangenheit einzutauchen, daß es möglich wird, sie nach ihren eigenen Gesetzen zu beurteilen. Nur dann kann man jenen »generationsbedingten Chauvinismus« vermeiden, mit dem die Gegenwart in einer Mischung aus Ehrerbietung und Rechtfertigungsdrang auf die Zukunft blickt und gleichzeitig auf arrogante, unnachsichtige Weise die Vergangenheit und die in ihr lebenden Menschen verurteilt, die ihr unweigerlich als naiv und beschränkt erscheinen. Und doch lauert irgendwo zwischen dem finsteren Tyrannen, dessen Bild die Feministinnen zeichnen, dem Heiligen, als den ihn seine Anhänger verehren, und dem Nichtsnutz und Betrüger, als den ihn das zeitgenössische literarische Establishment abtut, eine einzigartige, interessante und wichtige Gestalt der Literatur, und dieses Individuum habe ich zu porträtieren versucht.

KAPITEL 1

1891-1909: Kindheit und erste Liebe

1

Henry Miller war ein Ausnahmemensch. Aus einem Menschen aus Fleisch und Blut verwandelte er sich durch eine Reihe erstaunlicher und zuweilen riskanter Abenteuer in ein seltenes Zwitterwesen aus Mensch und Buch. Wer in die Welt eintaucht, die Miller in Erfüllung seiner selbstgesetzten Aufgabe geschaffen hat, macht eigenartige, verwirrende Erfahrungen. Ihn überkommt dieselbe angenehm prickelnde Erwartung, die Alice gespürt haben muß, als sie in die Welt hinter dem Spiegel trat. Zunächst wähnt er sich in einem Spiegelsaal, wo jeder Spiegel dasselbe Gesicht widerspiegelt. Bei näherer Betrachtung stellt sich heraus, daß kein Gesicht dem anderen ganz gleicht, denn der Zweck der Welt ist die Schaffung von Mythen, und das Rohmaterial des Mythos ist ein überquellendes Angebot an Bildern. Wer Mythen schaffen will, muß fabulieren können, lügen, improvisieren, übertreiben, die harte Wahrheit benennen und umgehen. Miller konnte all das. Seine Welt ist ausgelassen, weise, närrisch, gelegentlich grausam und abwegig, aber niemals düster. Nichts ist endgültig, alles kann sich von heute auf morgen ändern wie etwa das Geschlecht des Phrenologen vom Union Square, der 1912 Millers Kopf abtastete, oder das Alter, in dem Miller zum erstenmal das *Tao-Te-ching* las. Selbst in der gleichsam offiziellen Situation eines Gesprächs mit einem Journalisten oder in Briefen geht der Prozeß der autobiographischen Neuschöpfung weiter. Miller hält sich strikt an den Grundsatz der Subjektivität und behauptet deshalb des öfteren, die Lüge sei wahrer als die Wahrheit – was richtig ist, aber eben nur manchmal und nur im Zusammenhang einer allgemeinen

Vereinbarung darüber, was Wahrheit ist. Eine solche Vereinbarung hat Miller niemals unterzeichnet, er erkannte nicht einmal ihre Existenz an. Er glaubte felsenfest, nur sich zu gehören, und leitete daraus das Recht ab, sich auch selbst zu erfinden.

Es war für ihn deshalb eine Kleinigkeit, die Umstände seiner Geburt und Herkunft beiseite zu schieben und sich in einem einfachen Akt literarischer Willensausübung »von meinem angeblichen Erbe zu distanzieren und es bis in ganz frühe Zeiten zurückzuverfolgen. Dabei komme ich für mich selbst zu dem Schluß, daß ich eine Mischung aus mongolischem, chinesischem, tibetanischem und jüdischem Blut bin...« Seine Nachbesserungen machten die Realität niemals langweiliger, als sie war. Das »angebliche Erbe«, von dem er sich so salopp freizusagen suchte, war um einiges prosaischer als das, wodurch er es ersetzte.

Seine Großeltern waren Einwanderer. Sie gehörten alle vier zu den eineinhalb Millionen Deutschen, die zwischen 1840 und 1860 auf der Flucht vor Hunger, religiöser und politischer Verfolgung und der Einberufung zum Militärdienst in die USA kamen. Sein Großvater mütterlicherseits, Valentin Nieting, kam auf Umwegen ins Land: Mit sechzehn verließ er sein Zuhause im Großherzogtum Hessen und schlug sich zunächst nach London durch, wo er bei einem Schneider namens Isaac Walker in der Savile Row in die Lehre ging. Nach zehn Jahren in London emigrierte sein Chef nach New York, und Nieting begleitete ihn. In einer protestantischen Kirche in der East 6th Street heiratete er 1866 Emilie Insel aus Preußen. In kurzen Abständen bekam das Paar sechs Töchter und einen Sohn. Vier der Mädchen überlebten. Henrys Mutter Louise war die zweitälteste. Als sie ungefähr dreizehn war, kam ihre Mutter in eine Irrenanstalt, wo sie bis zu ihrem Tod 1891 blieb. Eine Schwester Louises, Amelia, erlitt später dasselbe Schicksal.

Henrys Großvater väterlicherseits, Heinrich Müller, stammte aus Minden bei Hannover, wo er als Schneidergeselle gearbeitet hatte. Er ließ sich in New York im Bezirk Yorkville nieder und heiratete die aus Bayern eingewanderte Barbara Krapp. Das Paar wohnte in der 85th Street in Manhattan. Dort wurde Millers Vater Henry am 23. Oktober 1865 als einziger Sohn von vier Kindern geboren. Alle vier wurden auf die amerikanisierte Form des Familiennamens, Miller, getauft.

Henry Miller senior und Louise Nieting heirateten 1890, und am 26. Dezember 1891 gebar Louise in der East 85th Street Nr. 450 einen Sohn, Henry Valentine. Kurz darauf zog die Familie auf die andere Seite des Flusses, nach Williamsburg in die Driggs Avenue Nr. 662, wo sie die nächsten acht Jahre wohnte.

2

»Eine Entwicklung durch meine Umwelt fand praktisch nicht statt«, schrieb Miller einmal vorwurfsvoll an einen Wissenschaftler, der solche Einflüsse entdeckt haben wollte. »Ich gehörte nicht zu irgendeiner Umwelt«.[1] Die beiden müssen dieses Wort wohl unterschiedlich verstanden haben. Miller gehörte eindeutig einer ganz bestimmten Umwelt an, dem Brooklyn der Einwanderer, das er mit so brillantem Impressionismus in *The Rosy Crucifixion (Die Kreuzigung in Rosa)* einfing, jener autobiographischen Romantrilogie, an der er mit Unterbrechungen sein ganzes Leben lang schrieb.* Von einem Ort wie Brooklyn konnte man kaum mehr als ein impressionistisches Bild vermitteln, denn Brooklyn wandelte sich zu der Zeit, als Miller mit seiner Familie dort lebte, beinahe von Dekade zu Dekade. Es wimmelte dort von gerade erst entwurzelten Menschen, die ihr Leben mit einer neuen Staatsbürgerschaft und einem neuen Namen noch einmal beginnen wollten.

Die Begleiterscheinung eines Prozesses von solchen Ausmaßen war notwendigerweise die Nostalgie. Der Name Brooklyn ist eine Verballhornung von Breuckelen: Die ersten, vom Heimweh geplagten Siedler tauften ihre Siedlung bei ihrer Ankunft 1645 nach dem Dorf in den Niederlanden, aus dem sie stammten. Damit begann ein Kreislauf von Neubesiedlung und Verdrängung. Die Holländer verdrängten die Indianer und wurden ihrerseits von den Yankees verdrängt. Im 19. Jahrhundert kamen Iren in großer Zahl an, etwa ab der Mitte des Jahrhunderts gesellten sich Deutsche, Schweden und Norweger dazu. Nach 1890 kamen viele Siedler aus Ost-, Mittel- und Südeuropa, besonders aus Südita-

* Die Trilogie besteht aus *Sexus, Plexus* und *Nexus*. Die Bände sind im Deutschen einzeln unter denselben Titeln erschienen.

lien. Durch die Masseneinwanderung aus Rußland, Ungarn, Polen und Rumänien wurden die Juden in Brooklyn innerhalb einer Generation zur größten Bevölkerungsgruppe. Brooklyn wurde damit praktisch über Nacht zum weltweit größten jüdischen Zentrum.

Die eingewanderten Deutschen, Iren, Holländer, Polen, Syrer, Italiener, Skandinavier und Juden siedelten in getrennten Enklaven. Solche Enklaven – wie das irische Viertel in der Nähe von Navy Yard und Red Hook oder das deutsche in Dutchtown – waren oft arme und übervölkerte Ghettos. Es kam häufig zu Zusammenstößen zwischen den verschiedenen ethnischen Gruppen, und meistens ging es dabei um Arbeitsplätze. Die Iren hatten durch ihre englische Muttersprache bei der Eingewöhnung in die neue Umgebung einen Startvorteil gegenüber anderen Gruppen. Die Deutschen wiederum brachten ihre Tradition der Lehrerausbildung in Seminaren mit und stellten unter den Einwanderern die Bildungselite dar. Sie konkurrierten bald mit den Iren um die führende Position nach den alteingesessenen Yankees und Engländern.

Brooklyn war 1890 die viertgrößte Stadt Amerikas. Mit der Eingemeindung von Flatbush, Gravesend, North Utrecht und Flatlands im Jahre 1894 wuchs die Stadt noch weiter; sie verlor aber 1894 ihren Status als unabhängige Gemeinde, da sie ihrerseits von »Greater New York« aufgesaugt wurde. Die Ghettomentalität blieb jedoch, und in den neunziger Jahren gab es in den abgelegeneren deutschsprachigen Vierteln von Williamsburg, wo Miller aufwuchs, Menschen, die die Brooklyn Bridge auch zehn Jahre nach ihrer Eröffnung noch nie gesehen hatten. Bis in die zwanziger Jahre unseres Jahrhunderts lebten in Brooklyn Menschen, die nur Deutsch sprachen.

In dieser Umgebung wuchs Henry Miller auf, und sie hinterließ ihre Spuren auf praktisch jeder Seite, die er geschrieben hat. Es war eine bedrohlich unstabile Welt, aber auch ein bereichernder und aufregender Ort voller Geheimnisse für einen neugierigen, aufgeschlossenen Jungen.

3

Henrys Vater war Valentin Nietings Nachfolger in Isaac Walkers Schneiderei. Er und seine Familie hatte damit ein gutes Auskommen. Der Junge konnte sich im allgemeinen darauf verlassen, daß der Weihnachtsmann alles brachte, was auf der Wunschliste stand, und nur einmal mußte das lebendige Pony, das Henry sich gewünscht hatte, durch ein gesprenkeltes Schaukelpferd ersetzt werden. Das Schaukelpferd war lange Zeit Henrys Lieblingsspielzeug, und er nannte es kurz Dexter. Schon früh war ihm bewußt, daß er aus einer besseren Familie stammte als die meisten seiner Kameraden im Kindergarten am Fillmore Place. Als ein Lehrer einmal zu Weihnachten Strümpfe und Handschuhe verteilte, wollte er diese nicht annehmen und erklärte fromm, daß die Armen dafür bessere Verwendung hätten.

Louise Miller besaß gewisse gesellschaftliche Umgangsformen, sie spielte zum Beispiel Gitarre und Zither, aber im großen und ganzen waren Henrys Eltern keine gebildeten Menschen, keine Intellektuellen und keine großen Leser. Louise hatte in ihrer Jugend für Marie Corelli geschwärmt, und sie gestand Henry einmal, daß sie Edward Creasys *Fifteen Decisive Battles of the World* auf der Toilette gelesen habe. Henry Miller senior war kaum weniger originell, was die Wahl seiner Lektüre betraf: Abgesehen von einem Buch seines Sohnes, das er sehr viel später las, konnte er sich nur an die Lektüre von Ruskins *The Stones of Venice* erinnern. Trotzdem hatten beide große Achtung vor Bildung und Kultur. Als Henry schon früh eine Vorliebe fürs Lesen zeigte, bestärkten sie ihn darin und überhäuften ihn zu Weihnachten mit Büchern. Als Kind liebte er besonders die Märchen von Hans Christian Andersen und den Gebrüdern Grimm. Auch Pinocchio gehörte zu seinen Lieblingen, und er identifizierte sich sein Leben lang voller Mitgefühl mit dem hölzernen Jungen dieser rührenden Geschichte. Er las fast alle klassischen Kinderbücher wie *Robinson Crusoe, Gullivers Reisen,* die Bücher von James Fenimore Cooper und *Huckleberry Finn* und *Tom Sawyer.* Aus der örtlichen Stadtbücherei hätte er die Bücher von Mark Twain allerdings nicht ausleihen können: Sie standen nicht bei den Kinderbüchern, weil man der Ansicht war, sie könnten das kindliche Gemüt verderben. Ein weiterer Lieblingsschriftsteller Henrys war der Engländer

G. A. Henty, der Verfasser historischer Abenteuerromane für Jungen.
Schon bald las Henry seinem Großvater vor, wenn dieser an seinem Arbeitstisch im Haus an der Driggs Avenue saß. Vergeblich versuchte Nieting, den Jungen davon abzubringen, indem er ihm Nadel, Faden und ein Stück Stoff gab und ihn aufforderte, etwas zu machen, das er seinem Vater zeigen konnte, wenn der von der Arbeit kam. Mit unheimlich anmutender Hellsicht warnte er Louise, sie werde es eines Tages bedauern, der Vorliebe ihres Sohnes für Bücher so sehr nachgegeben zu haben. Henry las auch manchmal seinen Spielkameraden vor und machte die interessante Entdeckung, daß die Jungen dabei eher einschliefen, während die Mädchen es sehr zu genießen schienen.

4

Die meisten Kinder wachsen in dem Glauben auf, daß sie etwas Besonderes und Einzigartiges sind, nur weil sie sind, wer sie sind. Bei Henry war dieses Gefühl ganz besonders ausgeprägt, und zwar so sehr, daß man geradezu von einer Art umgekehrter Paranoia sprechen kann: Er hatte den Verdacht, daß andere insgeheim Pläne schmiedeten, wie sie ihn noch glücklicher machen konnten. Es schien, als habe er sich die Worte des dreiundzwanzigsten Psalms zu Herzen genommen (»Der Herr ist mein Hirte, mir wird nichts mangeln«). Diesen Psalm hatte er auswendig gelernt, und er hatte dafür von der Sonntagsschule eine Bibel bekommen, auf deren vorderen Deckel in goldenen Lettern sein Name geprägt war.
Louise Miller liebte ihren Sohn abgöttisch. Sie sorgte dafür, daß er immer der am feinsten herausgeputzte Junge der Straße war, und sie war stolz auf seine Klugheit und sein gutes Aussehen. Trotzdem hatte Henry nie das Gefühl, daß sie an der Verschwörung zu seinem Wohl Anteil habe. Das eigentliche Problem bestand darin, daß die Mutter in seinem Leben für Zucht und Strenge zuständig war, Henry selbst dagegen ein ungewöhnlich eigensinniger und dickköpfiger Junge war, der sich nicht gerne sagen ließ, was er zu tun hatte. Eine ganz normale Situation also, die in seinem späteren Leben allerdings fürchterlich außer Kon-

trolle geriet. Henry Miller beschrieb seine Mutter später als kalte, freudlose, reservierte Frau, die ihn niemals umarmt oder geküßt habe. Vielleicht trifft das zu, vielleicht wurde dieser Eindruck aber auch von der Verstimmung, zu der es später zwischen den beiden kam, verdüstert.

Louise hatte sicherlich nicht viel Grund zur Freude. Schon als junges Mädchen lastete auf ihr die Verantwortung für eine geistig verwirrte Mutter und eine schwachsinnige Schwester. Sie war gerade zwanzig, als sie Henrys Vater heiratete, aber wenn sie geglaubt hatte, die Heirat sei ein Ausweg aus dieser Situation, so irrte sie sich. In Brooklyn gab es 1890 achtunddreißig Brauereien, und ihr Mann stammte aus einer Kultur, in der es als normal galt, zum Frühstück und sogar am Sonntag Bier zu trinken. Henry Miller senior war ein starker Trinker; zudem war er zwar ein guter Schneider, hatte aber weder Ehrgeiz noch Energie. Louise fiel die Aufgabe zu, in der Familie für Ordnung zu sorgen, sie war für Nüchternheit, Tadel, Verbote und Vorsicht zuständig. Sie, und nicht der Vater, kümmerte sich darum, daß Henry an Samstagnachmittagen im Haus blieb, das Parkett schrubbte und Silber und Gläser polierte, bevor er mit den anderen Jungen in »Nigger Heaven« zur Matinee ins Novelty Theatre am Ende der Straße durfte.

Mit der Geburt der Tochter Lauretta Anna am 11. Juli 1895 wurden Louises Probleme noch größer. Lauretta war schwachsinnig und unerziehbar. In Millers zahlreichen Berichten über seine Kindheit taucht sie nur selten auf. Hier und da erwähnt er Gelegenheiten, bei denen er mit anderen Kindern kämpfen mußte, die seine Schwester als »verrückte Lauretta« verspotteten. Wenn er auf Lauretta zu sprechen kommt, geht es ihm meist um den Ärger und die Enttäuschung darüber, wie seine Mutter sie behandelte:

> Ich werde nie vergessen, wie meine Mutter in der Küche vor Lauretta stand und versuchte, ihr auf einer kleinen Tafel die einfachsten Dinge beizubringen. In einer Hand hielt sie ein Stück Kreide, in der anderen ein Lineal.
>
> »Wieviel ist zwei und zwei?« fragte sie. Und Lauretta, die wußte, was kam, fing an, alle Antworten herunterzurasseln, die ihr gerade in den Sinn kamen. »Drei, nein, fünf, nein, drei ...«, und je mehr sie sich anstrengte, desto wütender wurde meine Mut-

ter. Am Ende bekam Lauretta jedesmal Prügel, und dann sah meine Mutter mich mit diesem hoffnungslosen Blick an und warf voller Verzweiflung die Hände in die Luft. »Womit habe ich das verdient?« fragte sie mich, als ob ich Gott wäre und auf alles eine Antwort wüßte, ich, ein kleiner Junge![2]

Laurettas Nervenleiden hatte zur Folge, daß ihre Glieder sich unkontrollierbar bewegten. Sie plapperte unaufhörlich und ohne Punkt und Komma, warf dabei den Kopf von einer Seite zur anderen und hielt nur inne, wenn man ihr das befahl.[3] Dann sank ihr Kinn auf die Brust hinunter.

Die Geburt Laurettas vergrößerte Louises Last, aber auch Henry bekam das zu spüren. Er wurde jetzt erst recht zum Einzelkind, an das die Mutter all ihre Hoffnungen und Erwartungen knüpfte. Agnes Snyder, eine Nachbarin, erinnert sich, daß nur vom »kleinen Henry« die Rede war, wenn sie zusammen mit ihrer Mutter die Millers besuchte, und daß Henry das Idol sämtlicher Mütter der Gegend war. Louise war mittlerweile offenbar der Meinung, daß ihr Mann nicht gut genug für sie sei, und so förderte sie bei ihrem kleinen Sohn eifrig die Tugenden des Fleißes, der Sparsamkeit und der Anständigkeit, die, wie sie glaubte, sehr viel deutlicher in ihrer Familie als in der ihres Mannes ausgeprägt waren. An den Wänden ihres Wohnzimmers hingen Bilder ihrer Verwandten, Verwandte ihres Mannes waren dagegen nicht vertreten. Viele ihrer Verwandten lebten immer noch in Deutschland und teilten die Verachtung der Alten Welt für die Neue Welt – eine Verachtung, die Louise gleichfalls zu teilen schien. Wenn die Verwandtschaft zu Besuch kam, wurde großer Wert auf äußere Form gelegt. Aus Respekt vor den Besuchern sprach man Deutsch. Einmal wies ein kleiner Vetter aus Deutschland Henry am Mittagstisch auf Deutsch zurecht, weil er seine Suppe schlürfte.

Die Verwandten des Vaters, vor allem seine drei Schwestern und deren Ehemänner, die immer noch in der 85th Street auf der anderen Seite des Flusses wohnten, waren, was Louise betraf, im Haus an der Driggs Avenue nicht willkommen. Sie waren ungebildet und grobschlächtig, und selbst die Frauen tranken zuviel Alkohol. Dave, der in Amerika geborene Ehemann von Amelia Miller, konnte nicht einmal seinen eigenen Namen schreiben. (Amelia starb früh an Krebs. Sie war die erste einer erstaunlich

hohen Zahl von Menschen in Millers Leben, die an dieser Krankheit starben.)
Henry mochte die Familie seines Vaters lieber. Auf die Wochen, die er jeden Sommer mit seinem Vetter Henry Baumann in der 85th Street verbrachte, freute er sich immer lange im voraus. Das Leben auf der anderen Seite des Flusses gefiel ihm besser, vielleicht nur, weil dort immer Sommer war. Es schien ihm entspannter, offener als in Brooklyn. Im Alter meinte er sich sogar zu erinnern, daß die Sommer damals heißer waren.
Bei einem dieser Besuche bei den Baumanns, Henry war etwa sieben Jahre alt, hatte er seine erste Liebesaffäre. Ein Mädchen namens Weesie, eine Kurzform von Louise, verliebte sich heftig in ihn, offenbar dadurch beeindruckt, daß er ständig las. Eines Nachmittags lud sie ihn zum Spielen in ihr Zimmer ein. Die Episode entwickelte sich keusch und endete mit einem Kuß, was bei Henry die vage Vorstellung hinterließ, er und Weesie würden eines Tages heiraten.

5

In einem Immigrantenmilieu wie in Brooklyn ist die Sprache der Schlüssel zum Erfolg. Nur wer die Landessprache beherrscht, kommt weiter im Leben, erhält einen guten Job und schafft es, die Familie aus dem Ghetto zu befreien und in den Mittelstand zu erheben. Henry wurde die Macht der Sprache schon sehr früh bewußt. Er sah, wieviel Achtung seinem Großvater Nieting aufgrund des ausgezeichneten englischen Akzents entgegengebracht wurde, den er sich während seiner zehn Londoner Jahre angeeignet hatte. Auch Dr. Roberts, dem Leiter der presbyterianischen Sonntagsschule, die Henry besuchte, begegnete man mit großem Respekt, weil er einen englischen Akzent hatte. Es mußte Henry auffallen, wie sehr seine Lesekünste selbst erwachsene Menschen beeindruckten, und ebenso registrierte er die Anerkennung seiner Mutter in Gegenwart von Männern wie Dr. Roberts. Bildung und Kultur waren gute Dinge, und die Sprache war der Schlüssel zu beidem. In dieser Erkenntnis liegt die frühe Wurzel von Henrys späterem unbedingtem Wunsch, ein Meister der Sprache zu werden.

Er hatte Glück, weil er wohl zu jener seltenen Sorte Mensch gehörte, die sich schon am Klang der Worte berauschen können. Außerdem besaß er eine ungewöhnliche synästhetische Vorstellungskraft, so daß er über bestimmte Menschen ohne weiteres sagen konnte: »Ich glitzerte in ihrer Gegenwart.« Sprache hatte für ihn eine sinnliche, beinahe körperhafte Qualität. Im Rückblick auf Besuche im Haus seines polnischen Freundes Stanley Borowski beschreibt er die Verzückung, mit der er den Gesprächen der Polen lauschte, die Art, wie »aus ihren kleinen, sinnlichen Mündern lange, vielfarbige Wörter zischten«, was zu einer »berauschenden Art von Musik führte, einem stählernen Schnattern, das auch ungewöhnliche Klänge wie Seufzer und stürzende Wasserfontänen umfaßte«.

Henry lernte auch, daß die Macht der Sprache dunkle, verbotene Seiten hatte. Mit sechs Jahren zerrte ihn ein Mädchen, das älter war als er, zum Polizeirevier des Viertels. Das Mädchen hatte gehört, wie er auf der Straße unanständige Wörter benützte. Da Louise und Henry senior im Viertel ein allgemein respektiertes Paar waren, hielt der Polizeisergeant Henry nur eine milde Strafpredigt – was Henry wenig beeindruckte, wie die spätere Entwicklung deutlich zeigt.

Die frühen Jahre in der Driggs Avenue blieben Henry als Zeit ungebrochenen Glücks in Erinnerung. Obwohl er in eine andere Sonntagsschule ging als seine überwiegend katholischen Kameraden, obwohl er immer feine Kleider tragen mußte, obwohl er schlecht sah (wofür er später seine Mutter verantwortlich machte, weil sie ihm zuviel Kuchen gegeben habe) und eine Schwester hatte, die nicht ganz richtig im Kopf war, und nicht zuletzt obwohl seine Mutter die Angewohnheit hatte, vor seinen Freunden Hand in Hand mit ihm spazierenzugehen, gehörte er immer dazu. Der etwas ältere Charles Gross hielt ihn für einen »sauberen, gutaussehenden Blondschopf, freundlich, aufgeweckt und eifrig, wenn man ihn einmal kennengelernt hatte, aber sonst eher schüchtern und nicht unbedingt tonangebend«.

Sein engster Freund war der polnische Junge Stanley Borowski, ein Katholik wie die meisten von Millers Jugendfreunden. Stanley schämte sich für seine Familie, und obwohl er zu Hause Polnisch sprach, war es ihm peinlich, dies vor seinen Freunden zu tun. Wenn seine Tante ihn in Gegenwart eines Freundes auf Polnisch ansprach, antwortete er immer auf Englisch. Henry war ein gefährlich scharfer Beobachter, er merkte so etwas, wie er vieles merkte, was Menschen unangenehm und peinlich war. Stanley wurde allerdings schneller erwachsen als Henry. Er war es, der Henry erklärte, es gebe keinen Nikolaus, und der ihn mit der fast unglaublichen Geschichte vertraut machte, daß Babys aus dem Bauch der Frauen kommen.

Wie die meisten kleinen Jungen suchte sich Henry seine Helden unter den älteren Jungen. Seine Helden waren Jugendliche wie Lester Reardon und Johnny Paul, und diese Heldenverehrung hörte nicht mit dem Ende der Kindheit auf. »Johnny Paul öffnete mir die Augen,« schrieb er später, »nicht Jesus, nicht Sokrates und nicht Buddha.« Die Heldenverehrung entwickelte sich später zu einer seiner auffälligsten Eigenschaften, der bemerkenswerten Bereitschaft, ganz normale Menschen zu mythologisieren und Heilige und Teufel, große Männer, Weise und Verbrecher im eigenen Bekanntenkreis zu suchen.

Auf den Straßen von Williamsburg trieb sich ein buntes Aufgebot von Verrückten und Exzentrikern herum, Anlaß genug für schaurig-schönes Gruseln, Leute mit Namen wie Apple Mary, Yellow Kid, Crazy George, Clarence der Bulle, Billy Wheeler der Austernverkäufer, und Ed und John, die schwarzen Kaminkehrer, oder die Fischverkäufer, denen auf ihrem Weg durch die Straßen auf Schritt und Tritt ein Heer von Katzen folgte. Allabendlich gegen sechs kletterte ein Crazy Willie genannter Junge, der ein paar Häuser weiter als Henry wohnte, aus dem Fenster und masturbierte auf dem Fenstersims. An schönen Sommerabenden hielt der Trambahnführer die Straßenbahn an, damit die Passagiere eine bessere Sicht hatten. Das Leben hatte die fröhliche Brutalität eines Zeichentrickfilms: Jungen raufen miteinander, werden in Kämpfe rivalisierender Straßenbanden verwickelt oder von betrunkenen Onkeln mit Rasiermessern in der Hand durch die Straßen gejagt, schlagen sich gegenseitig Christbäume über den Schädel und tragen mit Steinen und Schneebällen Schlachten aus. Sie fummeln in Schuppen und Kellern an Mädchen herum oder klettern Dachrinnen hinauf, um einen Steifen zu kriegen, versammeln sich nachmittags vor der Praxis von Tierarzt Dr. McKinney und sehen fasziniert zu, wie die Hengste kastriert werden, diskutieren über den Zweck der Operation, kämpfen,

vergessen ihren Streit wieder und ziehen mit Luftgewehren los, um Spatzen zu schießen, die sie dann auf unbebauten Grundstükken über offenem Feuer braten. In *Wendekreis des Steinbocks* beschreibt Henry Miller sogar, wie er und sein Vetter Henry Baumann einmal einen Jungen in einem Kampf mit Steinen töteten. Später nahm er diese Geschichte allerdings wieder zurück.
Es war eine rauhe Welt, in vieler Hinsicht häßlich, aber ehrlich und offen. Die Spannungen unter den Erwachsenen, die verschiedenen Nationalitäten und Rassen angehörten, spiegelten sich im Verhalten der Kinder untereinander wider. Wenn ein Junge den anderen Itzig, Spaghettifresser oder kleiner Scheißer nannte, mußte er damit rechnen, im Gegenzug Kraut, Kathole, dummer Schwede, Iwan oder was immer genannt zu werden, und regte sich nicht weiter darüber auf. Und wenn jemand sich doch aufregte, gab es immer noch die Banden, Instanzen, die »so selbstverständlich wie Norden und Süden waren« und in denen »ein Junge keine Wahl hat. Er ist entweder dafür oder dagegen. Er tut etwas, oder er tut es nicht. Nur dazugehören muß er, das ist Gesetz. Wählen kann er nicht. Er muß die Seite wählen, auf der er geboren ist, sei sie gut oder schlecht.«[4]
Ab und zu bricht auch ein so bewährtes System zusammen. Das geschah an dem Tag, als Claude de Lorraine nach Williamsburg zog. Claude ließ sich von niemandem provozieren. Henry erinnerte sich, daß »wir alle das für einen seltsamen, fremdartigen Namen hielten. Es war ein romanischer Name, und in unserer Nachbarschaft gab es keine romanischen Menschen außer den Italienern, und ein Italiener war kein Romane, sondern ein Spaghettifresser oder Itaker, ein Eisverkäufer oder Friseur.« Henry, darin ganz der Sohn seiner Mutter, war tief beeindruckt von Claude de Lorraine. Der Junge mit dem silbrig klingenden Namen war für ihn »der erste kultivierte Mensch, der mir begegnete«.
Das herausragende Ereignis der Weltgeschichte während der Zeit in der Driggs Avenue war 1898 der Konflikt zwischen Spanien und Amerika um Kuba und die Philippinen. Henry suchte sich seine Helden auf beiden Seiten: auf der einen Admiral Dewey, der eine ganze spanische Schwadron in Manila Bay vernichtete, ohne selbst auch nur einen Mann zu verlieren, auf der anderen den philippinischen Revolutionsführer Emilio Aguinaldo. Dieser galt bei anständigen Amerikanern als Staatsfeind Num-

mer eins, bis er nach seiner Gefangennahme 1901 den Eid auf die Verfassung der USA ablegte, und Henry muß seine romantische Begeisterung für Aguinaldo als angenehm schockierenden Widerspruchsgeist empfunden haben. Er erinnerte sich an Hausbesuche uniformierter Männer, die seinen Tanten den Hof machten; seine Mutter spielte bei solchen Anlässen Gitarre, Tante Caroline sang dazu. Der Mob zog durch die Straßen und rief im Sprechchor »Spanien, Spanien, du solltest dich schämen«, und ließ mit der dem Mob auf der ganzen Welt eigenen Urteilskraft die Schaufenster jüdischer Geschäfte des Viertels zu Bruch gehen. Die jungen Männer aus der Nachbarschaft wurden einberufen, zogen in den Kampf und kamen als Helden zurück. Manche Seiten des Heldentums stellten Henry jedoch vor Rätsel. Er bewunderte den Empfang, den man Rob Ramsay bereitete, jenem wundervollen Rob Ramsay, der in San Juan gewesen war und mit Teddy Roosevelts Freiwilligenlegion, den Roughriders, gekämpft hatte, aber der Anblick von Ramsay später am selben Tag erstaunte und bekümmerte ihn: Ramsay lehnte an einem Laternenpfahl vor dem Haus seines Vaters und erbrach sich. In Henrys Kopf vermischten sich auf unangenehme Weise »Heldentum und Kotze, Seuchen und Orden«.[5]

Die Driggs Avenue verschaffte Henry eine gute Erziehung. Er lernte dort, die Vielfalt und die bizarren Aspekte des Lebens zu akzeptieren und zu achten. Normalität gab es ebenso wenig wie den normalen Menschen. Das im großen und ganzen unbewußte und unreflektierte Leben jener acht Jahre gewann für ihn an Wert, je mehr er sich davon entfernte, und er erkannte immer deutlicher, daß es keine Rückkehr zu einer solchen Einfachkeit gab.

6

Zu Winteranfang des Jahres 1900 zog die Familie in das Brooklyner Stadtviertel Bushwick. Auch in Bushwick, das südlich an Ridgewood angrenzte, wohnten vorwiegend Deutschstämmige. Valentin Nieting hatte das Haus gekauft. Der Umzug fand genau zwei Jahre nach der Eingemeindung Brooklyns nach New York statt, und ähnlich wie jene nostalgischen Bürger von Brooklyn, die dieses Ereignis als »den Fehler« ansahen, betrachtete Miller

den Auszug aus der Driggs Avenue als persönliche Erfahrung des Sündenfalls.
In der Sprache seiner Privatmythologie war die neue Adresse in der Decatur Street Nr. 1063 immer die »Straße der frühen Sorgen«. Wo heute eine Schule steht, stand damals ein dreistöckiges Backsteinhaus mit Schindeldach in einer Häuserreihe, in der alle Häuser bis auf die Erkerfenster der Frontfassaden identisch waren. Vor dem Haus war ein kleiner Vorgarten, gerade so groß, daß man dort sitzen und den vorübergehenden Passanten zusehen konnte, dahinter lag ein größerer Garten, in dem Großvater Nieting eine Ulme pflanzte. Es waren gute Häuser der Mittelschicht, nicht zu verwechseln mit den fensterlosen Eisenbahnerwohnungen am Ende der Straße. Decatur Street war, wie sich Charles Gross erinnert, »kein Ort für verwahrloste Kinder«.
Mit neun, zehn Jahren fällt der Umzug in eine neue Nachbarschaft einem Jungen besonders schwer, denn er muß sich in einer neuen Bande bewähren. Als Henry sich zum erstenmal auf der Straße zeigte, kam ein Junge auf ihn zu und legte ihm irgendeinen kleinen Gegenstand auf die Schulter. Das Ritual verlangte jetzt von Henry, jemanden zu provozieren, damit er den Gegenstand hinunterstieß, um dann mit dem Herausforderer zu kämpfen. Henry konnte kämpfen und sich, wenn nötig, in blinden Zorn hineinsteigern, aber er hatte keinen Spaß daran, und bei dieser Gelegenheit verweigerte er die Teilnahme. Verblüfft, aber sichtlich beeindruckt nahmen die Bushwick-Jungs ihn zu seinen eigenen Bedingungen in die Bande auf.
Henry hatte glücklicherweise die musikalische Begabung seiner Mutter geerbt. Mit ungefähr zehn hatte er in dem neuen Haus seine ersten Klavierstunden bei Mr. Walther, einem teilweise gelähmten ältlichen Deutschen mit Mundgeruch. Er war ein gelehriger Schüler und erkannte bald, daß auch seine musikalische Begabung ihm half, sich in der neuen Nachbarschaft Anerkennung zu verschaffen. Außerdem konnte er gut laufen, schwimmen und boxen, und ungefähr zur Zeit der ersten Klavierstunden lernte er auf dem Eßzimmertisch zu Hause Tischtennis.
Henry besuchte die Public School Nr. 85 an der Ecke Covert Street und Evergreen Avenue, zwei Straßenzüge von der Decatur Street entfernt. (Das Schullied der Schule forderte zu Respekt und Loyalität gegenüber der Schule in Wort und Tat auf.) Im

Rückblick war er von der Ausbildung dort allerdings enttäuscht. Er vermißte vor allem ein Gespür für Zusammenhänge, eine Vorstellung davon, daß alles zusammenhing. Besonders vermißte er dies im Geschichtsunterricht von Dr. Payne. In *Die Kunst des Lesens*, dem 1950 entstandenen autobiographischen Bericht über sein Leben als Leser, schildert er seine Enttäuschung:

> Er [Dr. Payne] faßte die Ursachen der verschiedenen Kriege nie mit eigenen Worten zusammen. Wir hielten uns an die Bücher, die er austeilte. Wenn wir eigene Ideen hatten, unterdrückten wir sie. Es war wichtiger, das richtige Datum zu wissen oder den exakten Begriff für den Vertrag, den wir gerade behandelten, als ein allgemeines Bild von der Sache insgesamt zu haben.[6]

Das Gefühl, daß Geschichte ein unauflösliches Chaos sei, bedrückte Miller sein Leben lang, und das erklärt wohl auch die kritiklose Bewunderung, die er später jedem einigermaßen geschlossenen Weltbild entgegenbrachte. Zumindest theoretisch ruhte seine Bildung auf solidem Fundament: Er hatte Unterricht in Geschichte, Mathematik, Literatur, Botanik, Physik, Chemie, Deutsch und sogar Latein. Er war ein guter Schüler und hatte ein gutes Gedächtnis, empfand den Unterricht aber als sinnloses Spiel. Vom Lateinunterricht blieb ihm nur im Gedächtnis, wie die ganze Klasse »hic, haec, hoc ... huius, huius, huius ... huic, huic, huic« gebrüllt hatte. Seine Klassenkameraden erinnern sich an ihn als besten Schüler der Schule, aber er war auch zu jedem Unfug bereit. Einmal tadelte ihn ein Lehrer streng, weil er mit einem Lineal im Wasser der schuleigenen Aquarien herumgestochert und die Fische erschreckt hatte. Im Oktober 1902 wurde er wegen schlechten Betragens sogar für kurze Zeit vom Unterricht suspendiert.

Die Ausflüge zu seinen Freunden Joey und Tony Imhof in Glendale, »einem winzigen Dorf mit einem Golfplatz auf der einen und zwei katholischen Friedhöfen auf der anderen Seite«, gehören zu den vergnüglichen Erinnerungen an seine Kindheit in der Driggs Avenue und der Decatur Street. Es ist eine eigenartige Erfahrung, Millers Beschreibung jener Zeit zu lesen, wenn er auf der Suche nach Vogelnestern durch die Wälder streift, eine Ziege auf dem

Feld besucht oder die Hühner, Enten und Tauben hütet, die die Jungen hielten – heute liegt die ländliche Idylle unter einer riesigen Stadtlandschaft begraben. Die Erfahrung, daß sich eine vertraute Umgebung innerhalb kurzer Zeit so drastisch verändern kann, mag erklären, warum Miller schon in jungen Jahren eine so intensive Sehnsucht nach der Vergangenheit spürte, eine Sehnsucht, die ihn nicht mehr verließ.
Sosehr er die Besuche in Glendale auch genoß, war er doch eine im Kopfsteinpflaster verwurzelte Großstadtpflanze, und abgesehen von dem Bullen, den er eines Tages auf dem Feld eine Kuh besteigen sah, interessierte er sich kaum für die Natur und Tiere. Als er sich bei einem Besuch im März 1899 an einem trüben Tag langweilte, begann er seine Karriere als wahrscheinlich fruchtbarster Briefschreiber aller Zeiten:

Liebe Mama, lieber Papa,

heute ist ein trüber, regnerischer Tag, deshalb habe ich viel Zeit zum Schreiben. Gestern abend sind wir um neun Uhr ins Bett gegangen, wir sind aber erst um halb zehn Uhr eingeschlafen. Am Morgen sind wir um sieben Uhr aufgestanden, und nach dem Frühstück sind wir in Minnies Schule gegangen. Nach der Schule habe ich diesen Brief geschrieben. Liebe Mama, Mrs. Imhof möchte Dich um einen Gefallen bitten. Wenn am Mittwoch schönes Wetter ist, sollst Du unbedingt zum Essen kommen, wenn nicht, sollst Du am Donnerstag kommen. Mrs. Imhof möchte in die Stadt fahren, wenn Du hier bist, damit jemand bei Gertrude bleibt. Liebe Mama, sag bitte Tante Annie und Tante Emily und Großpapa, daß ich ihnen meine Grüße an einer langen Schnur von Glendale in die Driggs Avenue Nr. 662, Brooklyn, N.Y., schicke und dazu einen Haufen Küsse. Zum Schluß möchte ich Euch alle herzlich grüßen, alles Liebe und tausend Küsse an Dich, Papa, und meine liebe kleine Schwester Lauretta. In der Hoffnung, daß es Euch gutgeht und ihr so glücklich seid wie ich, verbleibe ich

Euer Euch liebender Sohn
Henry.[7]

In Glendale sah Henry auch zum erstenmal eine nackte Frau. Minnie, die ältere Schwester von Joey und Tony, schlief mit den Jungen im gleichen Raum unter einem Kruzifix. Henry und Joey lüpften des öfteren die Bettdecke und sahen sich Minnie genau an, während diese so tat, als schlafe sie. Über dem Bett der Jungen hing eine Reproduktion von Leonardo da Vincis *Abendmahl*. Dieses Bild beschäftigte Henrys Phantasie, denn auch in ihm verbanden sich auf eigenartige Weise Geschlecht und Religion. Die Darstellung der Apostel in ihren Roben stellte ihn vor ein Rätsel: Warum trugen Männer mit Bärten Kleider? Oder wenn es Frauen in langen Kleidern waren, warum hatten sie dann Bärte?[8] Er hätte John Imhof fragen können, den Vater von Tony und Joey, einen Aquarellmaler, der auch die farbigen Glasfenster für die Kirchen der Umgebung malte, aber er wollte ihn nicht stören. Die Hochachtung, mit der sein Vater von Imhof als »Künstler« sprach, übertrug sich auf Henry – später sollte er den Stand des Künstlers vorbehaltlos als die höchste Form menschlicher Existenz ansehen. Auf dem Weg ins Schlafzimmer mußten die drei Jungen jeden Abend durch John Imhofhofs Atelier gehen. Im Licht einer kleinen Lampe über seine Arbeit gebeugt, schien John Imhof ihre Anwesenheit kaum zu bemerken. Miller erinnerte sich an das »heilige Gefühl«, das ihn überkam, wenn er Imhof so sah.

7

1905 starb der Großvater Valentin Nieting, und das Haus ging in den Besitz der Familie Miller über. Im selben Jahr beendete Henry die Schule in Bushwick. Er fühlte sich immer noch in Williamsburg verwurzelt, deshalb wollte er seine Ausbildung an der Eastern District High School in der Wythe Avenue fortsetzen und nicht an einer näher gelegenen Schule.

Aber Williamsburg war nicht mehr so, wie er es in Erinnerung hatte. Viele der zwei Millionen Juden, die zwischen 1890 und 1914 nach New York auswanderten, hatten sich hier niedergelassen und damit den Charakter des Viertels verändert. Bis vor kurzem hatten sich noch alle jüdischen Jungen im Viertel vom Sehen her gekannt.[9] In der neuen Schule war er auf einmal zusammen mit einem runden Dutzend anderer Nichtjuden inmitten einer durch und durch jüdischen Bevölkerung isoliert. In den neunziger Jahren flackerte wiederholt Antisemitismus auf. »Es gab keine offenen Konflikte zwischen Juden und Nichtjuden«, erinnert Miller sich, aber man verkehrte eben auch nicht miteinander. Die Lehrer an der Schule waren keine Juden, und Miller und die anderen Nichtjuden wurden im allgemeinen bei der Notengebung begünstigt.

Mit einigen Mitschülern, die Miller hier kennenlernte, blieb er sein Leben lang befreundet. Zu ihnen gehörten der zynische, intelligente William Dewar oder Emil Schnellock, der Henry verblüffte und beeindruckte, weil er aus Liebe zum Zeichnen zeichnete, nicht nur für den Kunstunterricht an der Schule. Aber die entscheidende Erfahrung seiner Schulzeit begann in seinem dritten Jahr, als er sich in ein Mädchen namens Jessie Cora Seward verliebte, die »Una Gifford« seiner Bücher. Cora war dreizehn und lebte mit ihren Eltern und ihrem Bruder Edwin in der Devoe Street Nr. 181, die von Henrys altem Haus in der Driggs Avenue nur eine Ecke entfernt war. Sie war ein hübsches, deutsch aussehendes Mädchen mit schönen weißen Zähnen, blondem Haar und tiefblauen Augen.

Selbst für eine jugendliche Leidenschaft war das eine eigenartig gequälte Affäre. Auch Cora war an Henry interessiert, und sie erröteten beide, wenn sie sich begegneten. Er tanzte mit ihr, wenn sich die Gelegenheit ergab, und traf sie auf Schülerparties, wo man Spiele wie Kissenküssen und Stille Post spielte. Aber die Schüchternheit der beiden ließ sie nie über die allerunschuldigsten Vergnügungen hinauskommen. Beim Tanzen war Miller so nervös, daß er über die eigenen Füße stolperte, wodurch sich für ihn auf schmerzvolle Weise das Bild seiner Mutter bestätigte, die immer den ungeschickten Jungen in ihm gesehen hatte.

Er beeindruckte Cora und deren Freundin Edith Mitchell, wenn er sich ans Klavier setzte und Rags spielte, bei denen sie mitsingen konnten, aber es gelang ihm nie, aus dieser Bewunderung Kapital zu schlagen. Zweimal ging er mit Cora ins Theater, einmal schenkte er ihr einen Strauß Veilchen, der im Dunkeln hinunterfiel und zertrampelt wurde. Der symbolische Gehalt dieses Vorfalls entging Henry nicht, und wann immer er später darüber schrieb – und das war oft der Fall –, nahm er kleine, aber entscheidende Veränderungen vor. Manchmal war er es, der auf die

Blumen trat, manchmal sie. Das ursprüngliche Mißgeschick muß ihn peinlich berührt und verunsichert haben.
Diese intensive, aber unentschiedene Liebschaft dauerte ungefähr drei Jahre, und am Ende war praktisch nichts passiert. Beide Familien hatten Telefon, aber Henry und Cora telefonierten nie miteinander. Sie schrieben sich in den Sommerferien gelegentlich Briefe, aber darin ging es um Neuigkeiten, nicht um Liebe. Henry ermüdete seine Freunde mit Berichten über seine Liebesqualen und machte schließlich ein festes Ritual daraus: Er hörte Schallplatten von Cantor Sirota, Caruso und John McCormack und machte jeden Abend nach dem Essen einen langen Spaziergang oder eine Radfahrt an Coras Haus in der Devoe Street vorbei.
Dieser lange und leidenschaftliche Zustand der Stagnation hat Henry Miller entscheidend beeinflußt. Seiner Meinung nach hatte er das Mädchen nicht gewinnen können, weil er zu schüchtern und zu sensibel war und zuviel Angst vor Zurückweisung, Schmerz, Lächerlichkeit und Gesichtsverlust hatte. Die Demütigung, die darin bestand, daß er es nicht gewagt hatte zu handeln, gehörte zu den stärksten Erinnerungen an seine Jugend. Dieses Gefühl wurde im Lauf der Jahre immer tiefer. Er erkannte, wie leicht es gewesen wäre zu handeln, daß er sich nur einen Augenblick lang ein Herz hätte fassen und sich selbst überwinden müssen. Auf lange Sicht gesehen, ergab sich daraus, daß er einen großen Teil seines Lebens als Erwachsener in Sachen Sex überrealistisch war, ein Mann mit dem festen Entschluß, sich in sexuellen Dingen niemals mehr Fesseln anzulegen. Eine unmittelbarere Folge war der Beschluß, nie mehr den Fehler zu begehen, eine Frau auf ein Podest zu heben.
Nur Cora stand fest und unangreifbar auf einem hohen Sockel. Sie wurde zur Ikone, zum Ausstellungsstück in Millers großem Privatmuseum, das ihn ständig an seine Unschuld, seinen Mißerfolg und seine Überempfindlichkeit erinnerte. In *Erste Liebe*, einem kurzen autobiographischen Text, den Miller in seinen mittleren Jahren schrieb, erinnert er sich:

> In all den Jahren, die seither vergangen sind, ist sie die Frau geblieben, die ich liebte und verlor, die Unerreichbare. In ihren tiefblauen Augen, so kalt und einladend, so rund und wie ein Spiegel, seh' ich mich für immer und ewig als lächerlicher

Mann, einsame Seele, Wanderer, ruheloser und frustrierter Künstler, als Mann, der in die Liebe verliebt ist, immer auf der Suche nach dem Absoluten, dem Unerreichbaren. Hinter dem eisernen Vorhang bleibt ihr Bild frisch und lebendig wie einstmals, und nichts, so scheint es, kann dieses Bild beflecken oder zum Verblassen bringen.[10]

Es war eine banale, pubertäre Affäre, aber zu Millers eigenartigen Stärken gehörte auch die Weigerung, den Begriff der Banalität anzuerkennen. In allem sah er das mythische Potential, und deshalb konnte die Affäre in seinen Gedanken phantastische Proportionen annehmen. Er blieb dem, was Cora für ihn symbolisierte, treu, und noch im Alter von 85 Jahren erwartete er, mit ihrem Namen auf den Lippen zu sterben. »Andererseits«, schrieb er, »wenn sie noch lebt, und ich ihr eines Tages zufällig begegnen würde, was für ein Unglück!«[11] Er überzeugte tatsächlich eine ganze Welt von ihrer permanenten Bedeutung für sein Leben: 1978 wurde dem Henry-Miller-Archiv der Universität von Kalifornien in Los Angeles feierlich die Statue »Cora Seward« eines gewissen Hiro Shiral übergeben.

8

1909 bestand Miller, nach insgesamt acht Schuljahren, das Abschlußexamen an der Eastern District High School als Zweitbester seiner Klasse. Ganz besonders blieb ihm von seiner Schulzeit in Erinnerung, mit welchem Vergnügen er *Ivanhoe* und Tennysons *Idylls of the King* gelesen hatte. Daneben hatte er seiner eigenen Aussage zufolge nur Qualen, Verzweiflung und Verwirrung erfahren. Immerhin war sein Deutschlehrer so beeindruckt von seinen Leistungen, daß er ihn zur Bewerbung um ein Stipendium der Cornell University ermutigte. Miller kam nicht zum Zug und immatrikulierte sich statt dessen im Frühjahr 1909 am City College in New York für die Fächer Latein, Deutsch, Physik, Sport und Chemie.[12]
Bis dahin hatte Henry Miller nie Ehrgeiz gezeigt. Als kleiner Junge hatte er einmal gesagt, er wolle Flußschiffer werden wie ein Bekannter seines Vater. Zu seiner Überraschung nahmen seine

Eltern das ernst, und statt nur zu nicken, versuchten sie ihm sein Vorhaben auszureden. Ein anderes Mal fragte der Lehrer in der Schule alle Schüler der Reihe nach, was sie nach der Schule werden wollten. Henry war erstaunt über den Ernst und Realismus, mit dem die anderen Jungen antworteten. Als er an der Reihe war, sagte er, was ihm gerade einfiel – er wolle Handelsreisender werden. Aus der Art, wie sein Vater über die Vertreter gesprochen hatte, die zum Ein- und Verkauf an seinen Arbeitsplatz kamen, hatte sich Henry ein Bild von ihnen als »reiche Vagabunden« zurechtgelegt. Dann hatte er noch die Idee, Clown zu werden. Im Grunde genommen hoffte er, sich niemals entscheiden zu müssen und für den Rest seines Lebens weiter in die Schule gehen zu können.

Der Versuch, auf eine weiterführende Schule zu kommen, war vielleicht nur Ausdruck dieser vagen Sehnsucht. Wenn dahinter tatsächlich ein ernsthaftes Streben nach Höherem stand, könnte der vergebliche Versuch, ein Stipendium der Cornell University zu bekommen, Millers Stolz empfindlich verletzt haben. Er war immerhin der Alleswisser der Straße, der Klassenbeste, in Agnes Snyders Worten »der beste Schüler, den die alte Fünfundachtzig je hatte – das Vorbild aller Lehrer einschließlich des Direktors«. Daß es Henry nicht gelang, mit Glanz und Gloria in die größere, ehrgeizigere akademische Welt außerhalb Brooklyns überzuwechseln, schockierte und enttäuschte vielleicht nicht nur ihn, sondern auch seine Mutter und seinen Vater.

Nach einem Semester verließ er das City College. Die Begegnung mit Spensers *Faerie Queene* hatte ihn desillusioniert, außerdem fühlte er sich unter den vielen jüdischen Studenten am College als Außenseiter. Vielleicht lehnte er mit seinem Abgang auch ein System ab, das ihn abgelehnt hatte. Miller war ein Mann, der um jeden Preis sich selbst beweisen mußte. Die erfolglose Bewerbung um ein Stipendium der Cornell University war vielleicht mit ein Grund für seinen späteren grimmigen und verbissenen Ehrgeiz. Tiefer als der Ehrgeiz steckte in ihm auf jeden Fall die Sehnsucht, sein Leben selbst zu erfinden und nicht einfach das zu nehmen, was man ihm verkaufen wollte. Sein Vater hatte sich gerade mit dem Sohn Isaac Walkers als Partner in einem Haus an der 5th Avenue selbständig gemacht, aber Miller widersetzte sich dem Druck der Familie, in das Kleidergeschäft einzusteigen. Er arbeitete statt dessen als Registrator bei der Atlas Portland Cement Company in der Broad Street Nr. 30 für ein Gehalt von fünfundzwanzig Dollar pro Monat und fünfzig Cents extra am Tag für Überstunden. Es war eine langweilige Arbeit. Kurz nachdem er dort angefangen hatte, lernte er jedoch eine Frau kennen, und plötzlich war die Langeweile nicht mehr so wichtig. Er stand auf dem Sprungbrett, von dem er zum großen Sturzflug in die Welt körperlicher Liebe ansetzen sollte.

KAPITEL 2

1909-1916: Die Witwe und der Schneiderladen

1

Als Henry Pauline Chouteau kennenlernte, hatte er seine erste sexuelle Erfahrung schon hinter sich – sie war ziemlich kläglich gewesen. Mit einem anderen Jugendlichen zusammen war er auf der Suche nach Abenteuern durch das sogenannte Deutsche Viertel hinter der Metropolitan Opera gezogen, und dabei wurden sie von zwei Prostituierten angesprochen. Als die Nacht zu Ende war, war Henry nicht nur seine Unschuld, sondern auch seinen Geldbeutel los und hatte sich eine leichte Gonorrhöe geholt. Das hätte ihm eine Lehre sein können, aber sich den Tripper zu holen, galt damals als Zeichen der Männlichkeit. Henry konnte mit dieser Erfahrung vor seinen Kollegen im Büro prahlen. Im folgenden Sommer wiederholte er das Experiment sogar in einem französischen Bordell in der Nähe des Herald Square Theatre.

Pauline jedoch war keine Prostituierte. Mit ihr hatte er die erste ernsthafte sexuelle Beziehung seines Lebens. Um sein Gehalt bei der Atlas Portland Cement Company aufzubessern, gab er abends für 30 Cent pro Stunde Klavierunterricht. Pauline war die Freundin von Louise Ashley, der Mutter einer Schülerin. Sie war geschieden, Mitte dreißig und wohnte wie Louise in der Sumpter Street. Sie war oft im Haus, wenn Henry seine Stunden gab, und er gewöhnte sich an, sie hinterher nach Hause zu begleiten. Anfangs flirtete Louise mit ihm, aber er ging auf ihre Annäherungsversuche nicht ein, vor allem aus Angst vor ihrem Liebhaber, einem rauhen Schwarzen namens Edward Perry, der in der Sumpter Street Nr. 7 einen Fahrradladen hatte und Henrys Fahrrad in

Schuß hielt. Als Pauline Henry erzählte, Louise habe Syphilis, schwand sein Interesse völlig.

Pauline wurde 1877 in Phoebus in Virgina geboren. Mit siebzehn brachte sie einen unehelichen Sohn zu Welt, George, den sie mitnahm, als sie nach New York zog. George nannte sich nach seinem Vater Wilson, und auch seine Mutter verwendete diesen Namen gelegentlich. Später hatte Pauline ein Verhältnis mit einem Armeemusiker namens Chouteau, und als das Verhältnis auseinanderging, nannte sie sich weiterhin Chouteau – sie sprach den Namen »Shooter« aus –, obwohl Chouteau offensichtlich nicht der richtige Name ihres Liebhabers war: Die Familie Chouteau stammt aus St. Louis in Michigan, und in ihren umfangreichen Familiendokumenten findet sich kein Hinweis auf Pauline oder ihren Armeemusiker. Man hat statt dessen darauf hingewiesen, daß es unter Angehörigen der Arbeiterschicht damals üblich war, sich einen aristokratisch klingenden Namen zuzulegen.*

Für Henry war Pauline eine schöne Frau von einer »traurigen, schwermütigen Schönheit, wie etwas, das zu hart angefaßt worden ist«[1], mit großen, sorgenvollen Augen, die er »armenische Augen« nannte. Sie kleidete sich stilvoll, und Henry war stolz, wenn er mit ihr gesehen wurde. Die beiden gingen zusammen ins Kino und ins Theater und machten Spaziergänge im botanischen Garten und Tagesausflüge nach Coney Island, wo sie sich die Konzerte in den Musikpavillons von Luna Park anhörten. Eine Zeitlang waren sie nur Freunde; die fünfzehn Jahre Altersunterschied schlossen für Henry Sex erst einmal aus. Dann verführte ihn Pauline. Henry war schockiert, und seine erste Reaktion war der Gedanke, daß sich das nicht wiederholen dürfe.[2] Doch sie wiederholten es sofort und noch viele Male, und bevor Henry wußte, wie ihm geschah, waren sie ein Paar.

Henry war kein besonders attraktiver junger Mann. Er war klein, trug eine Brille und hatte beinahe schon eine Glatze. Aber er hatte ein sinnliches Gesicht mit vollen Lippen und einer großen, breiten Nase und außerdem eine sehr angenehme, volltönende Stimme. Er war ein freundlicher, fröhlicher Mensch, ein einfühlsamer Zu-

* Paulines Name war wahrscheinlich Laura May. Miller spricht davon, daß ihre Adresse zu einer bestimmten Zeit die Decatur Street Nr. 366 gewesen sei. Der Volkszählung von 1915 zufolge wohnte dort Laura May, eine weiße, 38 Jahre alte Hausfrau, zusammen ihrem 21jährigen Sohn George V. Wilson, einem Verkäufer.

hörer und dank seiner Begeisterung für Radfahren und Sport gesund und stark. Der geschiedenen und einsamen Pauline hatte er offenbar einiges zu bieten, und sie gab sich ihm bedenkenlos hin. Sie hatte keine anderen Liebhaber, er stand in der ersten Blüte der Jugend. Miller erinnert sich später: »Wir waren beide hungrig danach. Wir fickten bis zum Umfallen.«

Außer den beiden fand niemand Gefallen an dieser Entwicklung. Vor allem Louise Miller lehnte diese Beziehung ab. Ihr hatte es wohl schon nicht gefallen, daß ihr Sohn erwachsen wurde und sich für andere Frauen zu interessieren begann, aber Cora Seward war wenigstens jung und blond gewesen. Wenn Henry es fertiggebracht hätte, sie zu heiraten, hätte sich Louise rasch damit abgefunden. Pauline jedoch mit ihrem erwachsenen Sohn und einer Freundin, die mit einem Schwarzen zusammenlebte, war eine völlig unannehmbare Partie.

Auch zwischen Henry und seinen Freunden entstand wegen dieser Liaison ein Graben. Nach Beendigung der Schule hatten sich ein rundes Dutzend Schüler zu einer Gruppe zusammengeschlossen, die sich Xerxes Society nannte. In Wirklichkeit handelte es sich dabei lediglich um die etwas förmlichere Weiterführung einer früheren Gruppe, die nicht ohne Ironie auf den Namen »Tiefe Denker« getauft worden war, zu Ehren des stillen und überaus einfältigen Jungen, den man zum Präsidenten gewählt hatte. Die Xerxes Society hatte eine eigene Plakette und einen eigenen rituellen Handschlag, aber der Name war wahrscheinlich mehr ein Wortspiel auf das englische »exercises« als eine Anspielung auf den legendären Perserkönig, denn die Gesellschaft verfolgte kaum ernsthaftere Ziele als die »Tiefen Denker«. Die Jungen organisierten Tanzparties, gingen radfahren, besuchten »theatralische Unterhaltungen«, wie Boxkämpfe damals offiziell hießen, und Ringkämpfe in Coney Island und verfolgten die großen Sportereignisse des Tages, wie die Sechs-Tage-Rennen der Radfahrer in Madison Square Garden. Ab und zu versuchte Henry, auch geistige Aktivitäten vorzuschlagen, beispielsweise Diskussionen über religiöse und soziale Fragen, aber er hatte wenig Erfolg damit. Für die meisten ging es hauptsächlich darum, Mädchen kennenzulernen. Sie waren ziemlich konservativ eingestellt und mißbilligten offen Henrys Affäre mit einer Frau, die ganz offensichtlich kein Mädchen mehr war. Zwei von ihnen,

William Dewar und George Wright, standen ihm weiterhin nahe, aber seinen anderen Jugendfreunden entfremdete er sich immer mehr. Die Affäre mit Pauline ließ ihn zum erstenmal ernsthaft spüren, was es heißt, ein Außenseiter zu sein.
Das Paar fand jedoch auch Unterstützung. Henry bewunderte einen sportlichen jungen Mann namens Ray Wetzler, der mit ihm in der Zementfabrik arbeitete, und lud ihn zu einem der von der Xerxes Society organisierten Bälle ein. Pauline war an diesem Abend dabei, und Henry fühlte sich sehr geschmeichelt, als Ray Wetzler ihm am nächsten Tag im Büro zu seinem Geschmack, was Frauen betraf, beglückwünschte. Ein anderer Bewunderer war Lou Considine, der in der Sumpter Street einen Stock unter Pauline wohnte. Considine war ein Mann mittleren Alters, für ihn war Pauline eine junge Frau, und er behandelte sie immer respektvoll und höflich. Henry verbrachte immer mehr Zeit in Paulines Wohung; er half auch im Haushalt mit und brachte den Abfall hinaus, machte den Ofen sauber und stellte morgens die Mülltonnen vor die Tür. Mit Considine verstand er sich gut. Die beiden sprachen über Bücher und Schriftsteller und spielten Schach. Considine war eine Art geistiger Mentor für Henry, eine Rolle, die Henrys Vater nicht hatte ausfüllen können. »Mein Führer«, nannte Henry ihn einmal, »mein Tröster, mein leuchtend grüner Wind.«[3]
Pauline war eine ungebildete Frau, eine sanfte und anspruchslose Gefährtin. Die Abende zu Hause in der Sumpter Street waren so friedlich und unkompliziert, daß Henry später, als seine Beziehungen zu Frauen sehr schwierig waren, voller Wehmut und Zuneigung daran zurückdachte. Aber trotz der guten Zeit, die sie zusammen verbrachten, konnte Henry die tiefe Verunsicherung, mit der er die Beziehung eingegangen war, nie wirklich abschütteln. Anfangs überwältigte, beschämte und ängstigte ihn die Gewalt seiner sexuellen Gefühle. Es ist unwahrscheinlich, daß sein betrunkener Vater und seine nüchterne Mutter ihn in irgendeiner Weise aufgeklärt haben, und so war er anfällig für zeitgenössische Theorien, denen zufolge der Samenerguß junge Männer schwächt. Eine Zeitlang machte er jedesmal, wenn er mit Pauline im Bett gewesen war, einen Eintrag in sein Tagebuch, um sich dadurch zu beschämen und zur Mäßigung anzuhalten. Aber als die Einträge sich häuften, gab er diese Kontrolle entsetzt und angeekelt wieder auf.

Statt dessen trieb er angestrengt Sport, denn er hoffte, damit die nachteiligen Auswirkungen seines Sexuallebens auszugleichen. Er stand jeden Morgen früh auf und radelte die zehn Kilometer vom Prospect Park nach Coney Island, schwamm manchmal noch kurz im Meer und radelte dann wieder nach Hause. Abends machte er noch regelmäßig die Übungen mit, die Eugene Sandow, damals ein bekannter Athlet und Trainer, in seinem Fitness-Kurs abhielt. Henry war ein kräftiger junger Mann und daher nicht so leicht zu ermüden.

Die Beziehung zu Pauline machte Henry auch aus anderen Gründen zu schaffen. Er spürte, daß er als Geliebter einer Frau, besonders einer älteren Frau, automatisch auch eine moralische Verantwortung ihr gegenüber übernommen hatte. Doch als die sexuelle Lust zur Routine geworden waren, quälte ihn der Altersunterschied. Wenn er doppelt so alt wäre wie jetzt, also Mitte dreißig, würde Pauline bereits auf die sechzig zugehen. Die kleinen Spuren des Alterns, die er an ihr bemerkte, wenn er genau hinsah, erinnerten ihn ständig an dieses Problem. Pauline hatte einst rote Haare gehabt, jetzt färbte sie ihre Haare. Der Anblick des ungefärbten Haaransatzes und die kleinen Fältchen um ihre Augen deprimierten und beschämten Henry. Tod und Sex verbanden sich für ihn schon früh. Seinen Freunden gegenüber sprach er von ihr als der »Witwe«.

Seine Stelle als Registrator war öde, und auch Paulines Mangel an intellektueller Neugier begann ihn zu langweilen. Er nahm sich immer etwas zu lesen mit, wenn er mit der Hochbahn über die Brooklyn Bridge ins Finanzviertel fuhr, etwa Carlyles *Heroes and Hero-Worship* oder eines der kleinen literarischen Magazine wie *The Dail Simplicissimus* oder *The Little Review*. Auch im Büro teilte niemand seine Interessen. Er war gerne mit den anderen Angestellten aus der Broad Street zusammen, aber er führte mit ihnen dieselben albernen Gespräche wie mit den Jungen von der Xerxes Society.

Die Lage wurde zusätzlich dadurch erschwert, daß seine romantische Sehnsucht nach Cora Seward unvermindert anhielt, ja immer stärker wurde. Cora war unter den Gästen, die zur Feier seines einundzwanzigsten Geburtstags am 26. Dezember 1912 in die Decatur Street eingeladen waren. Da Louise das Fest organisiert hatte, ist anzunehmen, daß Pauline nicht eingeladen war. Die

Gäste tranken Punsch, und Henry tanzte mit Cora. Seine Eltern schenkten ihm eine Meerschaumpfeife. Damit sah er vielleicht reif und erwachsen aus, aber innerlich fühlte er sich ganz anders. Das einundzwanzigste Lebensjahr gehörte später in seiner Erinnerung zu den am wenigsten erfreulichen Zeiten seines Lebens.
Henrys großes Problem war, daß er immer noch keine Ahnung hatte, was er wirklich mit seinem Leben anfangen wollte. Eines Tages saß er faul auf einer Bank am Union Square, als sein Blick auf das Werbeplakat eines Phrenologen fiel. Er suchte den Phrenologen auf, bezahlte einen Dollar und ließ den Mann die Buckel seines Kopfes abtasten. Er erfuhr, er sei zum Architekten geboren, könne aber auch ein guter öffentlicher Rechtsanwalt werden.[4] Das war nicht gerade das, was er hören wollte. Er suchte nach Möglichkeiten, Pauline zu entfliehen, und dachte daran, sein Studium fortzusetzen. Er sprach darüber mit seinen Eltern, und sie willigten ein, ihm Geld zu geben, damit er sich an der Cornell University immatrikulieren konnte. Er nahm das Geld, ging aber nie hin, sondern versteckte sich in Paulines Wohnung und verschwendete seine Zeit. Als er sich endlich aufraffte, nach Hause zurückzukehren, hatte er alles Geld verbraucht. Seine Mutter sagte nur: »Ich weiß alles, Henry. Ich möchte nicht darüber sprechen.« Im Frühjahr 1913 war der Bruch dann unvermeidbar geworden.

2

In seinen Essays und autobiographischen Romanen erzählt Miller dieselbe Geschichte oft mindestens zweimal, aber nur selten auf dieselbe Weise. Charakteristisch für seine literarischen Erinnerungen ist die Leichtigkeit, mit der er zwischen den parallelen Welten seiner Vergangenheit hin- und herspringt und zwei auf den ersten Blick überhaupt nicht zusammenhängende Motive für dieselbe Handlung angibt. So überzeugt er beispielsweise seine Leser mit großem Aufwand, daß er 1913 nach Kalifornien zog, um mit Pauline eine neues Leben anzufangen, weit weg von allen Bekannten in New York, und daß er Pauline habe nachkommen lassen wollen, sobald er den richtigen Ort gefunden hätte. An einer anderen Stelle in einem anderen Buch macht er dann eine Kehrtwendung und erzählt die Geschichte aus einem völlig anderen Blickwinkel, aus dem der Ortswechsel fast nichts mit Pauline zu tun zu haben scheint. Auch wenn man die verschiedenen Motive dann meist doch irgendwie unter einen Hut bekommt, gewinnt man den Eindruck, als sei sein Leben eine sich ständig verändernde Hypothese, wie ein Romanentwurf, der dauernd überarbeitet wird, ein Roman, der vielleicht eines Tages in seiner endgültigen Fassung vorliegt, nämlich dann, wenn sich der Autor endgültig entschieden hat, was passiert ist und warum – nur wird das wahrscheinlich nie der Fall sein.

Daß Miller im Frühjahr 1913 von New York nach Kalifornien übersiedelte, hing sicher vor allem damit zusammen, daß er vor der Beziehung zu Pauline flüchten wollte. Miller selbst zählte freilich eine ganze Reihe anderer, völlig ernst gemeinter Motive auf, die mit seiner Liebesbeziehung nur sehr indirekt zu tun hatten. Sie sind die ersten wirklichen Anzeichen jener spirituellen Suche, die ihn den Rest seines Lebens beschäftigen sollte. Das angestrengte, aber formlose Streben nach einer Religion offenbart viele verblüffende Parallelen zwischen dem Zeitgeist der Jahrhundertwende, der Millers Suche prägte, und dem Eklektizismus der New-Age-Bewegung am Ausgang des 20. Jahrhunderts.

Sein Mentor war dabei ein junger Mann names Bob Challacombe, ein Halbbruder von William Dewar, dem Gefährten aus der Xerxes Society. Die Brüder wurden schon kurz nach Bobs Geburt getrennt, Bob wuchs in Kalifornien auf. Die beiden waren sehr verschieden: William war ein weltzugewandter junger Mann, clever, zynisch und geschickt im Umgang mit Mädchen, sein Bruder hingegen interessierte sich mehr für die spirituelle Seite des Lebens. Es bestand einige Unsicherheit darüber, wer Bobs Vater war. Bob kam 1912 aus Kalifornien nach New York und wohnte bei Dewar und seiner Familie, um das Rätsel zu lösen. Dewar hatte keine Zeit für seinen Halbbruder. Er bezeichnete ihn als »echten Knicker«, der »geistig abgehobenes Zeug faselt«. Henry jedoch mochte Bob auf Anhieb. Die Suche nach dem »wahren Vater« mutete ihn aufregend exotisch an und aus Enttäuschung über seinen eigenen durchschnittlichen, nicht intellektuellen Vater identifizierte er sich wahrscheinlich mit dieser Suche. Er sah in Bob bald »den Kerl, den ich nach mir selbst auf dieser weiten Welt am liebsten mag«.[5]

Daß Henry als kleiner Junge die Sonntagsschule besucht hatte,

hatte hauptsächlich gesellschaftliche Gründe gehabt; es war für ihn die Gelegenheit gewesen, in der Knabenkapelle zu trommeln. Seine Familie war nicht religiös, daher fand Henry als Kind kein Umfeld, in dem er seine starken religiösen Instinkte ausleben konnte, und war später sehr empfänglich für die vielen exzentrischen Philosophien und Religionen, die um die Jahrhundertwende aufkamen. Die Christian Scientists und die New Thoughters gehörten zu den erfolgreicheren dieser Kultreligionen; beiden kam die damalige irrationale, anticalvinistische Stimmung zugute. Das »alte Denken« war pessimistisch. Es blieb der Sünde, dem Leid und dem Schmerz verhaftet und verkörperte für Henry die düstere, stoische Weltsicht seiner Mutter. Das »neue Denken« verband sich mit der Idee des Lichts; der Mensch war ihm zufolge von Natur aus gut und hatte die Fähigkeit, seine Grenzen zu überschreiten. Daneben gab es vielfältige andere Bewegungen, auch das erste Interesse an Psychoanalyse war geweckt – zumal nach Freuds Reise durch die USA im Jahr 1909. Die Psychoanalyse zog später viele Konvertiten aus den Reihen der Neuen Denker an. Auch Elwood Worcesters Emanuel-Bewegung, eine Kombination aus wissenschaftlicher Medizin und religiösem Ritual, hatte viele Anhänger. Besonders populär war die Theosophische Gesellschaft, die 1875 von Madame Blavatsky und Oberst H. S. Olcott in New York gegründet wurde. Die Gesellschaft sollte Madame Blavatskys detaillierte Offenbarungen über den Aufbau des Universums auf der Zahl Sieben verbreiten und außerdem bekanntmachen, daß es in Tibet eine geheime Bruderschaft von Mahatmas gab, die sich der spirituellen Entwicklung von Individuen widmeten, die das Göttliche erfahren wollten.

Bob Challacombe konnte Henry viel über diese Bewegungen erzählen. Zu Hause in Kalifornien hatte er der Theosophischen Gesellschaft in Point Loma angehört. Seit kurzem begeisterte er sich jedoch für die Lehren Benjamin Fay Mills', eines ehemaligen Predigers der Evangelisten. Mills war 1897 wegen seiner liberalen Ansichten aus der orthodoxen Kirche ausgetreten und hatte eine neue religiöse Organisation gegründet, die »Los Angeles Fellowship«, deren Leiter er war. Zwischen 1903 und 1915 reiste Mills durch die Vereinigten Staaten und hielt Vorträge über Philosophie, Psychologie und Soziologie, in denen er die Arbeit sei-

ner Gemeinschaft vorstellte. Als er 1912 nach New York kam, nahm Challacombe Henry zu einem Vortrag mit.
Henry war von Mills tief beeindruckt, aber er konnte es sich nicht leisten, die gesamte Vortragsreihe zu hören. Seine Begeisterung rührte Mills jedoch. Er ließ Henry gratis zuhören, wenn Henry dafür am Ende jedes Abends mit dem Sammelteller herumging. Miller erkannte später, daß die Vorträge »wahrscheinlich ziemlich schlecht« waren, daß aber Mills der einzige war, der »in meiner amerikanischen Umgebung so etwas anbot«.[6] »Ich klammerte mich an ihn wie ein Ertrinkender an einen Strohhalm«, schrieb er. »Ich brauchte die innere Heiterkeit und Gelassenheit, die er mir vermitteln konnte, um meinen sexuellen Kampf durchzustehen.« Henry spürte, daß er durch Mills zum erstenmal die mystische Seite seines Wesens erkannte.[7]
Challacombe begegnete Henry genau zum richtigen Zeitpunkt. Henry hatte unter dem Einfluß Stanley Borowskis eine enttäuschende Phase des »leidenschaftlichen Atheismus« durchgemacht. Challacombe entfachte seine mystischen Instinkte und zeigte ihm so als erster einen Ausweg aus der Banalität und den vielen unangenehmen Verantwortlichkeiten des täglichen Lebens: Die persönliche Ebene des Konflikts konnte durch Dramatisierung in einer höheren Ebene aufgehen. Beide, Challacombe und Mills, gaben der Flucht vor Pauline eine idealistische Basis. »Ihre Gründe stimmen mit meinen überein«, schrieb Miller später. »Sie betrachten meine Motive nicht als selbstsüchtig, sondern als so etwas wie ein höchstes Gut. Ich brauche richtige, berechtigte Motive. Von ihnen bekomme ich sie.«[8] Eine Passage aus Millers autobiographischem Roman *Wendekreis des Steinbocks* legt nahe, daß Henry und Bob Challacombe die geplante Fahrt in den Westen sogar als mystischen Übergangsritus betrachteten. Miller schreibt, wie er sich in einer Wüstenstadt in Arizona, verlassen und krank vor Heimweh, in Gedanken an Challacombe (»Roy Hamilton«) zu Hause in Brooklyn richtete:

> Ich fühle mich so schrecklich enttäuscht, daß ich zu weinen anfange. Es ist jetzt dunkel, und ich stehe am Ende der Straße, wo die Wüste beginnt, und ich weine wie ein Narr. Welches Ich weint da? Es ist das neue kleine Ich, das dort hinten in Brooklyn zu keimen begonnen hatte und jetzt mitten in einer

> weiten Wüste steht und zum Untergang verdammt ist. *Jetzt, Roy Hamilton, brauche ich dich!* Brauche dich einen Augenblick, nur einen kleinen Augenblick, solange sich alles in mir auflöst. Ich brauche dich, weil ich nicht ganz bereit war zu tun, was ich getan habe. Und hast du mir nicht gesagt, wenn ich mich recht erinnere, es sei unnötig, die Reise zu unternehmen, aber nötig, wenn ich es müsse?[9]

An anderer Stelle spielt Miller jedoch die spirituelle Seite der Reise herunter und behauptet, er sei auf Anraten eines Augenarztes nach Westen gereist, der ihm versichert habe, das Leben in freier Natur und in einem warmen Klima werde ihn von der Notwendigkeit befreien, für den Rest seines Lebens eine Brille zu tragen. Einem französischen Biographen gegenüber strich er besonders die Rolle heraus, die Teddy Roosevelts Buch *The Strenuous Life* für seine Entscheidung gespielt habe. In diesem damals ungeheuer populären Buch vertritt Roosevelt das Ideal strenger Askese für junge, amerikanische Männer. Wie stark auch immer diese verschiedenen Gründe an seiner Entscheidung beteiligt waren, am Anfang jedenfalls spielte das Motiv der Suche eine große Rolle. Miller wählte Los Angeles als Ziel, weil Benjamin Fay Mills dort einen Bruder hatte, den er besuchen wollte. Aber im Verlauf der Reise trat die Suche in den Hintergrund, und statt dessen gewannen Abenteuerlust und ein Wanderleben à la Jack London die Oberhand. Bald arbeitete er auf einer Rinderfarm außerhalb von San Pedro. Weitere solche Gelegenheitsarbeiten sollten folgen.

Die längste Zeit arbeitete er auf einer Zitronenplantage in Otay in der Nähe von Chula Vista, wo er die abgeschnittenen Zweige der Zitronenbäume einsammeln, auf einen Eselkarren laden und in großen Haufen verbrennen mußte. Außerdem mußte er jeden Morgen die Esel striegeln. Das alles war kaum aufregender als sein Bürojob in der Zementfabrik, und entsprechend ungern tat er die Arbeit. Seine Augenbrauen waren angesengt, seine Lippen aufgesprungen und seine weichen Bürohände von den Zweigen aufgerissen und zerschnitten.[10]

Die anderen Arbeiter hätten ihn schikanieren können, aber seine Naivität und freundliche Offenheit bewahrten ihn davor. Sie mochten ihn und ließen sich von ihm immer wieder mit Geschichten über New York, die Untergrundbahn, Wolkenkratzer,

Nachtclubs und Frauen unterhalten. Miller war jetzt nicht mehr der »kleine Henry« seiner Mutter oder Paulines »Harry«, oder »Sunny Jim«, wie sein Vater ihn nannte, nach dem sportlichen Jungen, der auf den Cornflakesschachteln beim Sprung über einen Zaun abgebildet war. Wie allgemein unter Arbeitern üblich, nannte man ihn nach seinem Herkunftsort einfach »Yorkie«. »Ich war ein solcher Stadtjunge«, erinnerte er sich, »ein Waschlappen im Vergleich mit den anderen Männern. Aber trotzdem behandelten sie mich sehr gut. Sie hätten leicht gemein zu mir sein können, aber sie mochten mich irgendwie.«[11]

Er konnte sich später nie erinnern, wie lange er dort geblieben war. Einmal sprach er von einem halben Jahr, eine eher großzügige Schätzung. Er hatte Heimweh, vermißte Pauline sehr und schrieb ihr in langen Briefen, wie sehr er sich wünsche, wieder in ihren Armen zu liegen. Bald sah er sich nach einer Möglichkeit um, ohne Gesichtsverlust aufhören und nach Brooklyn zurückkehren zu können. Eine solche Chance ergab sich dann auf unerwartete Weise.

Sein Aufenthalt an der Westküste fiel mit dem Höhepunkt einer heftigen lokalen Debatte über die Redefreiheit zusammen. Besonders im nahe gelegenen San Diego hatte sich eine Tradition beachtlicher Freiheit der öffentlichen Rede entwickelt, und Sozialisten, Anarchisten und die militanten Gewerkschafter der IWW hielten dort oft Kundgebungen unter freiem Himmel ab. Als die revolutionären Reden mancher Sprecher jedoch die Menschen in Angst und Schrecken versetzten, erließen die örtlichen Behörden strenge Beschränkungen der Redefreiheit. Die Radikalen organisierten daraufhin eine Reihe bewußter Übertretungen der neuen Verbote, was jedesmal Tumulte zur Folge hatte. Dabei wurden vierundachtzig Radikale verhaftet. Schlägergruppen beherrschten die Straßen. Als Henry und Bill Parr, ein Bekannter von der Zitronenplantage, einmal auf dem Weg in einen mexikanischen Puff in San Diego waren, kamen sie an einem Plakat vorbei, das einen Vortrag der Anarchistin Emma Goldman über europäische Literatur ankündigte. Henry wollte lieber Emma Goldman hören als in den Puff gehen, deshalb trennte er sich von Bill Parr.[12]

Der Vortrag hatte eine heilsame Wirkung auf ihn. Er ging danach nach vorn, um Emmas Lebensgefährten, Ben Reitman, zu begrüßen, von dem er zwei Bücher kaufte, Nietzsches *Antichrist* und Max Stirners *Der Einzige und sein Eigentum.* Aufgrund der damaligen explosiven Stimmungslage nahm Reitman Henry erst in ein ausführliches Kreuzverhör, bevor er ihm die Bücher überließ. Reitman fürchtete, Henry könne ein Lockspitzel sein. Damit hatte Henry einen weiteren Beweis für die gesellschaftliche Sprengkraft des Wortes in Schrift und Sprache. Auf dem Heimweg ins Arbeiterlager dachte er angestrengt über sein Leben nach. Auf einmal wurde ihm klar, daß er kein Cowboy und kein Naturbursche war, sondern jemand, der gerne Bücher las, nachdachte und diskutierte, ein komplizierter und verdorbener, aber trotzdem liebenswerter Großstadtjunge, und er beschloß, sofort nach Hause zurückzukehren. Zwar war es den Arbeitern auf der Zitronenplantage wahrscheinlich egal, ob und warum der für das Verbrennen der Zweige zuständige Mann ging, aber Henry war die gute Meinung anderer über ihn wichtiger als fast alles, deshalb gab er Pauline brieflich die Anweisung, ein Telegramm im Namen seines Vaters an ihn zu schicken, in dem stehen sollte, seine Mutter liege im Sterben und er müsse sofort nach Hause kommen.

So beschreibt zumindest Henry Miller das Ende seines Abenteuers an der Westküste im Jahr 1913. Er machte aus seiner Fabulierlust so wenig ein Geheimnis, daß es fast pedantisch wirkt, darauf zurückzukommen, aber Emma Goldman hielt 1913 keinen Vortrag in San Diego. Sie und Ben Reitman hielten sich zwar in der Stadt auf, aber dort gab es Unruhen, und Randalierer hinderten sie am Sprechen. Die beiden versuchten es zwar im Mai des folgenden Jahres wieder, aber erst 1915 konnte Emma Goldman endlich ihren lange verschobenen Vortrag über Ibsens Stück *Ein Volksfeind* halten. Im April 1939 schreibt Miller in einem Brief an einen Freund über Stirners Buch als das »Buch, das mich vor langer Zeit auf den richtigen Weg brachte, damals, als ich in Kalifornien war – ich kaufte es von Emma Goldman bei einem Vortrag in San Pedro oder San Diego«. Miller neigte sicher zum Solipsismus, aber doch nicht so sehr, daß er die damaligen Unruhen in seiner Umgebung nicht bemerkt hätte. Deshalb hat er Emma Goldman ganz offensichtlich in San Pedro gehört. Entweder er verwechselte das, oder er log. Lügen fiel ihm leicht, wie der Trick mit dem Telegramm zeigt. Emma Goldmans Vortrag beeindruckte ihn zweifellos tief, und mit seinem Gespür für die

Fabrikation von Mythen machte er das Möglichste daraus. Die ganze kalifornische Episode seines Lebens ist mit jener verschwommenen Ungenauigkeit durchsetzt, die ihm als Autobiographen am meisten zusagte. Wenn Miller also schreibt, alles begann an jenem Tag, als er mit einem Cowboy names Bill Parr aus Butte in Montana auf dem Weg in den Puff war, können wir nur mit dem Kopf nicken und abwarten, wie es weitergeht.

3

Pauline war erfreut und vielleicht nicht allzu überrascht, ihren Henry wiederzusehen. Sie bereitete ihm ein »heißes Willkommen«,[13] und Henry mußte eilends den Hosenladen hochziehen, als ihr Untermieter, Tex, der Zugführer, ohne anzuklopfen ins Zimmer trat. Die anfängliche Erleichterung darüber, wieder in heimatlichen Gefilden zu sein, verflog jedoch rasch. Henry mußte der Tatsache ins Auge sehen, daß dies seine zweite Niederlage in Liebesdingen war: Zuerst war es ihm nicht gelungen, eine Affäre mit Cora anzufangen, jetzt gelang es ihm nicht, die Affäre mit Pauline zu beenden. Und wieder waren seine Unentschlossenheit und Passivität schuld an der Niederlage. Mit einem Gefühl widersinnigen, lächerlichen Ärgers unterwarf er sich daraufhin Pauline völlig, »in der Überzeugung, daß es hoffnungslos war, meinem Schicksal entfliehen zu wollen«.[14]

> Nichts ist mehr wichtig, nichts, außer diese Beziehung auszuleben, die ein hoffnungsloses Rätsel scheint. In den Augen meiner Umgebung werde ich zum Heiligen und Märtyrer. Ich bin gleichzeitig sehr gut und teuflisch schlecht. Ich fühle mich berechtigt, alles zu tun, sei es gut oder böse ... Ich widme meine Kraft geistigen Eroberungen.[15]

Wieder war er gefesselt, und diesmal erfuhr zum erstenmal die Verbindung von Sex und Schuld. Pauline war eine wundervolle Geliebte für ihn gewesen. Mit ihr hatte er sich viele der Anfechtungen und Mißgeschicke erspart, die junge Männer in der Pubertät oft durchstehen müssen, bevor sie zu einem natürlichen Sexualleben finden. Sie war eine offene, natürliche Frau und konnte lachen und das Leben genießen, ohne von irgendwelchen Neurosen verfolgt zu werden. Aber es war Sex, nicht Liebe, Gesellschaft, nicht Freundschaft. Schlimmer noch, er hatte Mitleid mit ihr. Ihr Sohn George war an Tuberkulose erkrankt. Henry stürzte sich, vom heiligen Teil seines Wesens veranlaßt, in Schulden, um Pauline beim Bezahlen der teuren Arztkosten zu helfen. Da er sie um keinen Preis verletzen wollte, versündigte er sich an beiden, indem er aus Mitleid bei ihr blieb. Und die ganze Zeit ließ ihn das Gefühl nicht los, daß er nach den Maßstäben seiner intensiven romantischen Empfindungen die Liebe betrog.

Cora Seward war verheiratet, als er aus Kalifornien zurückkehrte. Als er sie einmal auf der Straße traf, lud sie ihn in ihr neues Zuhause ein. Es stellte sich heraus, daß ihre Wohnung genau hinter Paulines Wohnung lag – er konnte die Wohnung vom Fenster aus sehen. Als sie das Schlafzimmer betraten, deutete Cora auf das große Doppelbett und sagte mädchenhaft verlegen: »Hier schlafen wir.« »Bei diesen Worten«, schrieb Miller später, »war es, als sei ein eiserner Vorhang zwischen uns gefallen.«[16]

Miller tröstete sich damit, daß er sentimental und gedankenverloren von Paulines Fenster zu Coras Wohnung hinüberstarrte. Pauline war erstaunt. Sie kann keine Ahnung von der Intensität seiner Gefühle für Cora gehabt haben. Dann wurde sie schwanger von ihm. Es war schwierig und gefährlich, einen Arzt zu finden, der bereit gewesen wäre, eine Abtreibung vorzunehmen. Noch während sie sich darum bemühten, führte Henry Pauline zu einem Konzert im Luna Park aus. Zufällig war auch Cora dort. Die Vorstellung, was sie wohl denken würde, wenn sie ihn Hand in Hand mit seiner schwangeren vierzigjährigen Geliebten sehen würde, demütigte ihn so sehr, daß er erfolglos und wenig galant versuchte, Pauline beiseite zu schmuggeln, bevor Cora sie sehen konnte. Cora war der Traum, Pauline die Realität, »die andere«, der Sukkubus:

> Inzwischen wartet die andere. Ich sehe sie noch auf der niedrigen Vortreppe sitzen und mit ihren großen, schmerzerfüllten Augen auf mich warten; ihr Gesicht war bleich, und sie zitterte vor gespannter Erwartung. Ich glaubte immer, es sei *Mitleid,* was mich zurückführte, aber jetzt, wie ich auf sie zugehe und den Blick in ihren Augen sehe, weiß ich nicht mehr, was es ist;

> ich weiß nur, daß wir hineingehen und uns zusammenlegen werden, und sie wird halb lachend, halb weinend aufstehen und sehr still werden und mich beobachten, mich studieren, während ich herumgehe, ohne mich jemals zu fragen, was mich quält, denn das ist das einzige, wovor sie sich fürchtet, das zu wissen sie Angst hat. *Ich liebe dich nicht!* Kann sie es mich nicht schreien hören? *Ich liebe dich nicht!* Immer wieder schreie ich es mit aufeinandergepreßten Lippen hinaus, mit Haß im Herzen, mit Verzweiflung, mit hoffnungsloser Wut. Aber die Worte kommen nie über meine Lippen. Ich sehe sie an, und meine Zunge ist gebunden. Ich bringe es nicht fertig ...[17]

Doch Miller schien bereits einen Weg gefunden zu haben, wie er sich von seiner Misere innerlich befreien konnte. Er fand an seinem Leiden auf masochistische Weise Genuß, beobachtete sich dabei, wie er verloren zu Coras Fenster hinüberstarrte, und hielt sich für romantisch und sentimental, für den Helden einer tragischen Liebesgeschichte. Sein Streben nach »geistigen Eroberungen« ermöglichte ihm außerdem auf verschiedene Weise, sich an den gemeinsamen Abenden mit Pauline in der Macon Street innerlich zurückzuziehen. Er mietete sich ein billiges Klavier, stellte es in ihrer Wohnung auf, übte stundenlang und träumte davon, eines Tages so gut zu sein, daß er Konzerte geben könnte. Er grübelte über Schachproblemen und ließ sich immer tiefer auf die Welt der Bücher ein. »Was soll dir all das Lesen bloß nützen?« fragte Pauline ihn oft. Er schüttelte den Kopf: »Ich weiß nicht, ich lese einfach gerne.«

4

Mit dreiundzwanzig bekam Henry immer stärker den Druck der Familie zu spüren, die verlangte, daß er sich endlich festlegte und ganz in der Firma des Vaters mitarbeitete. Er hatte immer noch nicht die geringste Ahnung, was er eigentlich tun sollte, war aber ziemlich sicher, daß er kein Schneider werden wollte. Vor die Entscheidung gestellt, schrieb er sich spontan für einen Vier-Jahres-Kurs an der neugegründeten Watson L. Savage School für Sport am Columbus Circle ein, um Sportlehrer zu werden. Das war nicht ganz abwegig, wenn man an sein Interesse für Sport und die strenge Disziplin körperlicher Ertüchtigung denkt, die er sich seit seiner Pubertät auferlegt hatte. Es stellte sich jedoch heraus, daß er genauso wenig zum Sportlehrer wie zum Cowboy gemacht war. Über seine Zukunft entschied zuletzt die immer schlechter werdende Beziehung zwischen seiner Mutter und seinem Vater. Mit Pauline verbrachte er auch deshalb so viel Zeit, weil ihre Gesellschaft in mancher Hinsicht das kleinere Übel war. Die Atmosphäre zu Hause in der Decatur Street war gespannt. Sein Vater hielt der Belastung, selbständig ein Unternehmen führen zu müssen, nicht stand. Das gesellige Trinken mit Kunden, potentiellen Kunden und Freunden war ihm außer Kontrolle geraten, und er kam regelmäßig betrunken nach Hause. Louise und er zankten sich ständig auf erniedrigende Weise vor ihren Kindern.[18] Manchmal mußte Henry die beiden mit körperlichem Einsatz trennen. Eines Nachts kam sein Vater mit einem Freund betrunken nach Hause und verlangte, daß der Freund über Nacht bleiben dürfe. Louise war außer sich vor Wut. Henry vergaß nie den Anblick, als ihr Gast am Morgen auf Knien vor Louise lag und um Verzeihung bat, die ihm nicht gewährt wurde. Ein anderes Mal fingen die beiden Streit an, als sie gerade gemeinsam Geschirr spülten. Plötzlich schlug die Mutter dem Vater mit ihrer nassen Hand ins Gesicht. Henry senior sagte Louise daraufhin ruhig, wenn sie das noch einmal tue, werde er sie verlassen.

Nachts, wenn Henry in seinem kleinen Schlafzimmer am Ende des Flurs lag, hörte er Louise drohen, sie werde ihren Mann wegen seiner Trunksucht umbringen. Wenn Henry senior bis zum Morgengrauen ausblieb, weckte sie Henry und sagte, er solle die Polizei rufen, man müsse ihn suchen. Henry überstand solche deprimierenden Szenen, litt aber damals und auch noch Jahre später an einer nervösen Störung, die ihm beim Essen die Kehle so zusammenschnürte, daß er das Gefühl hatte, an der Nahrung zu ersticken. Er tat, was er konnte, um seine Eltern zu versöhnen. An ihrem Hochzeitstag spielte er ihnen jedes Jahr auf dem Klavier bekannte Hits vor, zum Beispiel *The Orange Blossom Waltz*, *The Midnight Fire Alarm*, *The Burning of Rome*, *Poet and Peasant* oder *The Chariot Race*. Zu ihrer Silberhochzeit schenkte er ihnen eine Aufnahme von John McCormacks *Mother Macree*, aber solche Augenblicke der gemeinsamen Freude in der Familie waren selten.

Später, als Henry älter war, glaubte er, sein Vater, ein warmherziger, großzügiger und leichtlebiger Mann, trinke, um den penetranten Nörgeleien seiner freudlosen Frau zu entkommen. Damals hielt er jedoch mehr zu seiner Mutter, deren Überdruß und Verachtung für den Vater er wohl teilte. Als Henry senior seinen Sohn einmal beim Lesen von Balzacs *Das Chagrinleder* erwischte, witterte er im Wortlaut des englischen Titels *The Wild Ass' Skin* eine ordinäre Anspielung und konfiszierte das Buch. Später liebte Henry solche Fehler mit der Zärtlichkeit des Kenners und hätte sie, bei seiner zunehmend antiintellektuellen Einstellung, wohl gerne selbst gemacht. Doch damals ließ ihn so etwas zusammenzucken. Manchmal war er so verzweifelt und angeekelt, daß es ihm für alle Beteiligten das beste schien, wenn sein Vater sich umbringen würde und Louise das Geld von der Versicherung kassieren könnte. Auch Lauretta, die in ihrer Schwachsinnigkeit alles nachahmte, stand auf der Seite der Mutter.
Die Lage hätte vielleicht anders ausgesehen, wenn die Geschäfte in der West 31st Street Nr. 5 erfolgreich gelaufen wären. Es gab zwar Zeiten relativen Wohlstands wie 1912, als genug Geld für Henrys im Ansatz steckengebliebenes Vorhaben da war, die Cornell University zu besuchen, aber im Grunde kämpfte der Betrieb ständig ums Überleben. Louise mußte einige Male an ihre Ersparnisse gehen, um der Firma zu helfen. Wenn nichts geschah, soviel war klar, waren Vater und Firma bald pleite.
Aufgrund der vielen Versäumnisse der Vergangenheit war Schuld zur mächtigsten Antriebskraft in Henrys Leben geworden. Louise wußte das. Sie wußte, daß die Möglichkeit, Henry emotional unter Druck zu setzen, größer wurde, je mehr Mißerfolge er sich einhandelte. Auf das Fiasko mit dem City College folgte das Fiasko mit der Cornell University, seine kümmerlichen Arbeitserfolge danach, sein absurder Versuch, von zu Hause wegzukommen, und vor allem seine aus Feigheit aufrechterhaltene Beziehung zu einer geschiedenen Frau Ende dreißig. Einmal sagte Henry zu seiner Mutter, er wolle Pauline heiraten, weil er mit ihr geschlafen habe und deshalb eine »enorme moralische Verpflichtung« übernommen und »sich eines Vergehens schuldig gemacht« habe, für das er »die Strafe bezahlen« müsse[19] – kein sehr vielversprechendes Motiv für eine Ehe! Als Louise das hörte, »ging sie mit unglaublicher Heftigkeit auf mich los, nahm ein

Tranchiermesser und drohte mir tatsächlich, mich umzubringen« – so steht es in einer der vielen Schilderungen dieser Begebenheit, die Henry später verfaßte. Unter den gegebenen Umständen konnte Henry sich kaum wehren, als Louise anfing, Druck auf ihn auszuüben. Louise drängte ihn, die Ausbildung als Sportlehrer zu vergessen, ganztags in der Schneiderei zu arbeiten und sich ernsthaft als Nachfolger seines Vaters in dessen Geschäft einzuarbeiten, wie es ihm bestimmt sei. Sie formulierte ihr Anliegen sehr vorsichtig, vermied es, ihre Wünsche und die des Vaters dabei zu sehr herauszustreichen, und redete statt dessen von der Trunksucht des Vaters. Henry senior war jetzt tagelang betrunken, so betrunken, daß er nach dem Mittagessen manchmal nicht den Weg zurück in den Laden fand.

So gesehen, war es eindeutig Henrys Pflicht, den Vater vor sich selbst zu retten. Nach nur zwei Monaten gab er den Unterricht an der Savage School wieder auf und trat in die Firma ein, um Schneider zu werden. Seine Eltern waren hocherfreut, sein Vater ließ sofort einen neuen Briefkopf drucken: »Henry Miller und Sohn, Schneiderei und Import, Madison Square 1199, West 31st Street Nr. 5.« In der Ecke rechts oben stand »Gegenüber Wolcott Hotel « – die dortige Bar hatte schon eine Menge Kummer verursacht.

5

Die Bekleidungsindustrie von New York hatte einige Wandlungen durchgemacht, seit die Herstellung hochwertiger Kleidung sich nach dem amerikanischen Bürgerkrieg zu einem eigenen Berufszweig entwickelt hatte. In den Jahren nach dem Bürgerkrieg waren in New York mehrere kleinere Firmen entstanden, die meist Deutschen gehörten und einen kleinen, aber wohlhabenden Kundenstamm versorgten. Als in den achtziger und neunziger Jahren viele jüdische Flüchtlinge aus Osteuropa und Rußland in New York ankamen, hatten diese Firmen sich gerade einigermaßen fest etabliert. Viele der Neuankömmlinge brachten dieselben Traditionen der Kleiderherstellung mit wie die Deutschen, und die Konkurrenz führte bald zu einer Umstrukturierung des gesamten Industriezweiges. Nach der Jahrhundertwende bestand die typische Schneiderei aus einer Gruppe von fünf bis sechs Schneidern, die in losem Verband unter einem Dach zusammenarbeiteten. Jeder bewahrte sich seinen individuellen Stil und hatte seinen eigenen Kundenstamm, nur die Schneidergesellen beschäftigte man gemeinsam. So war auch der Laden von Henry Miller senior organisiert. Er teilte ihn sich mit fünf anderen Schneidermeistern – dem Franzosen Wemlinger, den Deutschen Rente, Metz und Erwin und dem Amerikaner Chase. Die Meister hatten zwar das Sagen, aber die Gesellen verdienten oft mehr als ihre Arbeitgeber. Außer Metz, Millers stärkstem Konkurrenten, verdiente keiner der Meister das große Geld.

Henry war mit vielen Seiten seines neuen Lebens schon vertraut, da er als kleines Kind seinem Großvater Nieting stundenlang zugeschaut hatte. Im Haus an der Driggs Avenue hatte er gedankenverloren die Nähte der Anzüge und Mäntel gebügelt. Manchmal hatte er zum Spaß aus Papier Schnittmuster für Anzüge hergestellt und sie seinem Vater als Überraschung aufs Bett gelegt, wenn er von der Arbeit heimkam. Bevor das Trinken überhandnahm, hatte der Vater oft einen großen Zuschneidetisch im Kohlenkeller zu Hause aufgestellt und nach dem Abendessen dort gearbeitet. In den gemeinsam verbrachten Sommerferien fuhr die Familie höchstens bis Rockaway Beach, so daß der Vater weiterhin zur Arbeit gehen konnte. Später, mit zwölf oder vierzehn, wurde Henry junior samstags mit Paketen losgeschickt, die er den Kunden bringen mußte.

Jetzt mußte er sich mit Buchführung, Verkauf und der gesellschaftlichen Seite des Geschäfts vertraut machen – und daneben seine Kenntnisse über die Welt der mit Alpaka gefütterten Ärmel, elegant geschwungenen Revers, Heftnähte, Vikunjawolle, Taschenklappen, Seidenwesten und bortenverzierten Cutaways vertiefen. Er mußte regelmäßig offene Rechnungen anmahnen und, was er offenbar freiwillig tat, im Viertel von Tür zu Tür gehen und möglichen Kunden eine Musterkollektion vorführen, um das Geschäft zu beleben. Unter anderem versuchte er sein Glück bei American Express und Woolworth. Ein wichtiger Teil seiner späteren Schriftstellerkarriere war das schwierige Geschäft, sich selbst zu vermarkten – dies war eine erste, nützliche Erfahrung damit, wie man Leuten etwas verkaufen konnte, von dem sie gar nicht gewußt hatten, daß sie es brauchten. Außerdem lernte Henry, mit Abfuhren und Zurückweisungen zurechtzukommen. Seine Verkaufsstrategie war auf liebenswerte Weise naiv: Er trat einfach an einen möglichen Kunden heran und fragte, ob er Interesse an Kleidern habe. Ein vornehmer, älterer Herr überraschte ihn eines Tages mit der Antwort: »Natürlich habe ich das, schließlich muß ich ja welche tragen.«

Wie vorauszusehen, kostete Henry die Sorge um den Vater viel Zeit. Henry senior schlenderte gewöhnlich gegen zehn Uhr morgens über die Straße in die Bar des Wolcott Hotel, trödelte dort herum, bis es um zwölf Uhr Zeit zum Mittagessen war, speiste dann manchmal bis vier oder fünf Uhr nachmittags und kam gerade rechtzeitig in den Laden zurück, um die Lichter auszumachen. Wenn der Vater zu betrunken war oder sich zu weit vom Hotel entfernt hatte, mußte Henry ihn suchen. Sie aßen oft gemeinsam zu Mittag. Henry senior wollte, daß sein Sohn erwachsen werde und das Geschäft übernehme. Er lud ihn zum gemeinsamen Drink mit seinen Freunden in der Bar ein, um Henry eine Vorstellung von der geselligen Seite seines Berufes zu vermitteln. Verständlicherweise lebte Henry jedoch zu jener Zeit praktisch abstinent. Er genoß zwar die Mahlzeiten im Wolcott, trank aber immer nur Wasser.

Am meisten verletzten ihn die Demütigungen, die der Vater wegen seines Trinkens hinnehmen mußte, und die Auswirkungen, die diese Demütigungen auf ihn selbst hatten. Wenn Henry mit dem Schnittmeister und den Arbeitern aus dem Hinterzimmer, wo die Anzüge fertiggestellt und gebügelt wurden, im Laden war, tauchte sein Vater oft nach einem müßigen Tag in der Bar auf, den dreckigen Strohhut auf dem Kopf, betrunken und leutselig, freundlich, aber mit ausdruckslosem Gesicht, und wischte sich den Schnurrbart, »ganz nonchalant, sorglos, er scherte sich den Teufel um irgendwas, in seiner Art eines kleinen Schneidermeisters«.[20] Henry mußte mit anhören, wie er ein paar Kunden anrief und mit »dem leicht verschwommenen Lispeln eines halbbetrunkenen Mannes« mit ihnen sprach.

Einer der besten und ältesten Kunden war ein Rechtsanwalt namens Corbett. Corbett wußte, daß der junge Henry ihn nicht so gut bedienen konnte wie sein Vater. Er haßte außerdem Juden so sehr, daß er sich nicht von dem Zuschneider Berg Maß nehmen lassen wollte. Für Henry war es eine Demütigung, wenn er dann auf Corbetts Geheiß seinem Vater in der Wolcott-Bar ausrichten lassen mußte, er solle sofort in den Laden kommen. Einmal beschimpfte ein französischer Handelsvertreter seinen Vater in der Bar als besoffenen Penner, worauf Henry die Selbstbeherrschung verlor.[21] Er ging auf den Mann los und hatte ihn fast erwürgt, bevor andere Gäste der Bar ihn wegziehen konnten.

Die Demütigungen, die Henry wegen seines betrunkenen Vaters einstecken mußte, saßen tief. Es war eine Zeit »bitterer Entfremdung« zwischen Vater und Sohn, die beiden »kommunizierten nur einsilbig«. Henry hatte das Gefühl, der Mutter zuliebe zum Märtyrer geworden zu sein und seine »ganze Karriere ihrem Glück geopfert« zu haben, um sie »vor meinem Vater zu schützen, dessen Leben das ihre zerstört«.[22] Er fand jedoch bald Möglichkeiten, sich für die Enttäuschungen und Frustrationen seines Lebens zu entschädigen. Wenn er nicht mehr mitansehen konnte, wie sein Vater vor reichen Kunden katzbuckelte, und nicht mehr daran denken wollte, daß er für immer und ewig an Pauline gefesselt war, erleichterte er sein Herz, indem er lange, »sarkastische, an Verleumdung grenzende Schmähbriefe« an die hoffnungslosesten Fälle unter den Schuldnern der Firma schrieb. Später verfeinerte er seine Methoden und schickte zusätzlich mysteriöse Telegramme voller Drohungen, die den Opfern mitten in der Nacht zugestellt wurden. Hier wird eine harte, rücksichtslose Seite seines Wesens deutlich, seine Überzeugung, daß jemand – irgend jemand – für seine Qualen bezahlen und dafür büßen müsse, daß das Leben ihm wie eine sinnlose, grausame Farce erschien. Er besaß offensichtlich eine natürliche Begabung für eine brutale, beleidigende Sprache, aber kein Schriftsteller gibt so ein Talent in der Jugend gerne zu. Henry bekannte sich deshalb jahrelang nicht zu diesen Briefen.

6

Fast gegen seinen Willen genoß Henry jedoch die Zeit in der Schneiderei. Hier absolvierte er, nach den Enttäuschungen auf Schule und Universität, seine eigentliche Ausbildung. Die Erzählung *Der Schneiderladen* gehört zu seinen besten Werken: Lebendig schildert er darin die gesellige Stimmung, die manchmal im

Laden aufkam, wenn durchreisende Händler, die gut erzählen konnten, in Fahrt kamen und Geschichten und Witze zum besten gaben. Am liebsten mochte Henry einen Mann, den er Fred Pattee nennt. Er bewunderte das Geschick, mit dem Pattee die Nichtigkeiten und Niederlagen des Alltagslebens ironisch überspielte. Pattee war ein belesener, kultivierter Mann, der an Heine und Schubert Geschmack gefunden hatte, ohne den Sinn für Komik und derbe Späße zu verlieren. Von solchen Menschen lernte Henry, daß zur Kultur mehr als nur ein vornehmer Akzent und gute Manieren gehörten.

Die Gesellschaft von Chaimowitz, Buncheck und Rubin, den Arbeitern im Ausrüstungszimmer, bedeutete für Henry Genuß und Anregung. Besonders mit dem Zuschneider Berg, einem sympathischen jüdischen Einwanderer, verstand er sich gut. Berg lauschte gnädig Henrys Berichten über seine neuesten Leseabenteuer – Nietzsche, Herbert Spencer, Grant Allen und Henri Bergsons *Schöpferische Entwicklung* – und erweiterte im Gegenzug den Horizont des jungen Mannes mit Geschichten aus den Ghettos seiner Heimat Polen und jüdischer Folklore. Einer der Ausrüster war ein Verehrer der Oper, und wenn er in Stimmung war, sang er Stücke von Pagliacci oder aus *Boris Godunow.* Miller, der sich nicht nur gut begeistern, sondern auch gut übertreiben konnte, erinnerte sich später, daß der Mann »wahrscheinlich eine bessere Stimme als Caruso« gehabt habe. Durch die Arbeiter fand er außerdem Geschmack an der tiefen Melancholie jüdischer Musik, besonders am Gesang des Kantors Gerson Sirota.[23]

Der Schneiderladen lag nicht weit vom Theaterviertel, und viele Kunden waren bekannte Persönlichkeiten aus der Welt des Theaters. Henrys Vater kannte einige von der Bar und war stolz auf die Bekanntschaft mit dem in Brooklyn legendären Corse Payton – einem Mann, der sich des Titels »bester schlechter Schauspieler Amerikas« rühmte –, mit Julian L'Estrange, dem mondänen Star der Matineen, und mit John Barrymore senior, dem bereits bekannten Bühnendarsteller, der damals auf dem Sprung zu einer langen, erfolgreichen Karriere beim Film war. Henry war ebenso wie sein Vater von den Berühmtheiten fasziniert und stolz darauf, daß er andere zeitgenössische Zelebritäten, die in den Laden kamen, vom Grüßen her kannte, auch wenn sie keine Kunden von Henry Miller und Sohn waren. Der

Dramatiker, Schauspieler und Produzent David Belasco gehörte zu Erwins Kundschaft, aber er ließ sich von Henry aus den Hosen und wieder in die Hosen helfen. Ein weiterer bekannter Kunde war der Künstler Boardman Robinson, damals Karikaturist des Magazins *The Masses* in Greenwich Village.

Manche Kunden waren auch von praktischem Nutzen. Dank der Beziehungen des Fotografen Pach zur Metropolitan Opera konnte Henry dort und in der Carnegie Hall Konzerte gratis besuchen. Er hörte einige der großen zeitgenössischen Klaviervirtuosen wie Paderewski, Alfred Cortot und Prokofieff. Zwar träumte er noch ab und zu von einer Karriere als Konzertpianist, aber die Literatur spielte doch eine immer größere Rolle in seinem Leben. Er hatte einige Bücher über das Klavierspiel gelesen, unter anderem Montagu O'Reillys ungewöhnlich betitelte Bücher *Pianos of Sympathy* und *Who has been Tampering with These Pianos?*, profitierte aber von den ernsten Werken seiner amerikanischen Zeitgenossen oder doch Fast-Zeitgenossen wie Waldo Frank, Theodor Dreiser, Jack London und Frank Norris mindestens ebenso viel. Seine Begegnung mit Emma Goldman hatte seinen Horizont auf dramatische Weise erweitert; über sie lernte er die herausragenden Vertreter der modernen europäischen Literatur kennen. Er muß Goldmans 1914 in Boston erschienenes Buch *The Social Significance of Modern Drama* damals gelesen und als Nachschlagewerk und Leitfaden genutzt haben, auch wenn er es in *Die Kunst des Lesens* nicht aufführt. In dem Buch fand er Besprechungen der Werke und Gedanken von Ibsen, Strindberg, Sudermann, Hauptmann, Wedekind, Maeterlinck, Rostand, Brieux, Shaw, Galsworthy, Yeats, Tolstoi, Tschechow, Gorki und Andrejew.

Die politische und philosophische Tendenz, mit der Emma Goldman jedes literarische Werk präsentierte, übertrug sich auf Henry. Vielleicht ist das einer der Gründe, warum Literatur und Philosophie für ihn nie zwei klar unterschiedene Wissensgebiete waren und warum er sich für den Anarchismus begeisterte. Aufgrund der Empfehlungen, die Emma Goldman in Werken und Vorträgen gab (sie hielt zu dieser Zeit öfters Vorträge in New York), entdeckte er den Idealisten Peter Kropotkin. Kropotkin vertrat die Theorie, daß eine lebensfähige Gesellschaftsordnung von selbst entsteht, wenn die Menschen tun können, was sie wollen, und wenn sie ihrer Natur nachgeben dürfen und entdecken, was ihnen wirklich gefällt; daraus spricht ein grenzenloses Vertrauen in die Natur des Menschen, wie Miller es ganz ähnlich in allen seinen Werken ausdrückt. Daneben las er Bakunin. Auch die Schriften Benjamin J. Tuckers aus Boston beeinflußten ihn stark. Tucker war Herausgeber des Wochenmagazins *Liberty*, des damals einflußreichsten Sprachrohrs des individuellen Anarchismus in Amerika. Neben dem vage orientalischen Mystizismus Madame Blavatskys, den Challacombe ihm nahegebracht hatte, formte die Lektüre anarchistischer Schriften Henry Miller zu jener Zeit am meisten.

Als Jugendlicher las Henry eine kunterbunte Mischung aus vielen Wissensgebieten, auch wenn er seinen frühreifen Lesehunger wohl übertreibt. Man kann nirgends so gut übertreiben wie bei sexuellen Abenteuern, die man angeblich erlebt, und Büchern, die man angeblich gelesen hat. Henry machte sich beides zunutze, um daraus den Mythos seiner Person zu schmieden. In einem Interview mit einem französischen Journalisten, das er in hohem Alter gab, wird diese Tendenz sehr deutlich: Er behauptet darin, Lao-tzus *Tao-Te-ching* bereits im zarten Alter von siebzehn gelesen zu haben, und fordert den Journalisten anschließend auch noch auf, erstaunt zu sein: »In Brooklyn, stellen Sie sich das vor! Es ist unglaublich. Ich las Lao-tzu inmitten dieser verrückten Familie!«[24] Daß er so frühreif nicht war, läßt sich aus dem Bedauern schließen, mit dem er in *Sexus* schreibt, er habe die Begegnung mit diesem Buch im Alter von dreiunddreißig noch vor sich gehabt: »Wäre ich so klug gewesen, dieses berühmte, aphoristische Werk alter Weisheit früher zu lesen, wäre mir sehr viel Kummer erspart geblieben.«[25] Höchstwahrscheinlich las er das *Tao-Te-ching* erst in Paris, als er über vierzig war. Der unverhüllte Wunsch, Eindruck zu schinden, läßt an der Behauptung zweifeln, die er in einem Brief an einen Professor aufstellt: Er habe in der Kindheit gelesen, »was alle Jungen lesen, zum Beispiel Sir Walter Scott, Dickens, Dumas, Victor Hugo, auch amerikanische Schriftsteller, besonders Lyriker, praktisch alle, bis zu einer bestimmten Zeit, darunter Ambrose Bierce, Lafcadio Hearn, Frank Norris, Dreiser, Anderson, Ben Hecht und viele, viele andere«. Als Teenager, fährt er fort, habe er, soweit er sich erinnere, »Petronius, Rabelais, Pierre Louys, Rémy de Gourmont, Jules Laforgue, Maeterlinck und

Pierre Loti« und andere gelesen. »Fast alle waren mir sehr wichtig. Ebenso die griechische Tragödie, die Dramatiker der Restaurationszeit und die meisten europäischen Dramatiker des 19. Jahrhunderts.«[26]

Ob die Angaben stimmen oder nicht, in jedem Fall entsteht durch diese Aufzählung der Eindruck, daß Miller Quantität der Qualität vorzog. Daß jemand, der voller Abscheu das College verließ, weil er Spensers *Faerie Queene* lesen mußte, von griechischer Tragödie und den Restaurationsdramen besonders beeindruckt war, ist reichlich unwahrscheinlich. Mit einem Namen, der nicht auf der Liste erscheint, bewegt man sich indes auf sichererem Boden: mit Frank Harris, einem weiteren berühmten Kunden des Schneiderladens. Der in Greenwich Village bekannte Scharlatan Guido Bruno war zu jener Zeit Harris' Assistent beim Magazin *Pearson's*. 1916 brachte er eines Tages Harris mit in den Schneiderladen. Harris suchte nach passender Kleidung für einen Segelturn. Er brach in schallendes Gelächter aus, als Henry senior einen breitgestreiften Stoff vorschlug. Das sei wohl eher etwas für einen weißen Komiker, der als Neger auftreten wolle, meinte er. Schließlich fand er doch etwas, das ihm gefiel. Während ihm im Hinterzimmer Maß genommen wurde – die Angestellten stellten verblüfft fest, daß er keine Unterwäsche trug –, hielt er Vorträge über drei seiner Lieblingsthemen: Jesus, Oscar Wilde und William Shakespeare. Harris war damals ein bekannter Schriftsteller; er hatte ein vielgerühmtes Buch über Shakespeare veröffentlicht und als Herausgeber von *Pearson's* Aufsehen erregt und Kontroversen entfacht, weil er nach dem Ausbruch des Ersten Weltkriegs eine konsequent antibritische Linie vertrat. Das Magazin wurde zweimal von den Behörden beschlagnahmt. Die Kombination von Literatur und Rebellion beeindruckte Henry ebenso wie Harris' lockerer Umgang mit den Zuschneidern. In *Die Kunst des Lesens* führt er vierzehn Buchtitel von Harris auf, darunter *The Bomb* (der 1908 erschienene Roman basiert auf dem anarchistischen Bombenattentat auf dem Haymarket in Chicago) sowie *Stories of Jesus the Christ*. Da beide Männer in ihren Werken gelegentlich sexuelle Angeberei mit messianischem Sendungsbewußtsein verknüpfen, kann man darauf schließen, daß Henry mehr von Harris' Vielseitigkeit und Courage beeindruckt war als von seinen Künsten auf dem Gebiet der Literatur. Ein Mann, der die Bibelworte »ihr wird viel vergeben, weil sie viel geliebt hat« als eindeutigen Beleg dafür interpretierte, daß Jesus »im Puff war«, war ganz nach Millers Geschmack.[27] Die Begegnung mit Harris bedeutete ihm viel, er sprach stets liebevoll von seinem »ersten Kontakt mit einem großen Schriftsteller«.[28] Damals allerdings war er sich nicht sicher, was er von ihm halten sollte. In einem Brief an einen Freund schreibt er von »gemischten Gefühlen, was ihn betrifft. Ich mag ihn sehr, sehe aber nicht, was groß an ihm sein soll. Bin ich kurzsichtig?«[29]

Ein bedeutenderes literarisches Vorbild war der walisische Dichter, Romancier, Essayist und Redner John Cowper Powys. Powys ließ sich 1914, im selben Jahr wie Harris, in Amerika nieder. Er machte sich schnell einen Ruf als von Ort zu Ort ziehender Redner. Nach dem Mystizismus von Challacombe und Mills, den politisch engagierten literarischen Predigten Emma Goldmans und der beißenden Polemik von Frank Harris war Powys' Einfluß auf Millers Entwicklung am ehesten rein literarischer Natur – obwohl auch Powys sich als Schriftsteller und Philosoph betrachtete. 1916 hielt er im Hudson Theater in der West 44th Street Nr. 139, ein Dutzend Straßenzüge nördlich des Schneiderladens, eine Vortragsreihe über die großen, russischen Autoren. Er sprach über Dostojewski, Tolstoi, Turgenjew, Tschechow, Gorki, Andrejew und Artzybashev. Henry besuchte die Vorträge und war hingerissen. »Weißt Du, wohin ich mich flüchten mußte, um meinen Ekel irgendwie loszuwerden?« schrieb er 1916. »Zu den russischen Autoren. Ihre Werke sind von einem grimmigen Realismus, das beschwichtigt mich.«[30] Powys' Vorträge trugen ihren Teil zum Kult um Rußland und die »slawische Seele« bei, der in der Künstlerszene von Greenwich Village aus der Hochachtung für Nijinski und Dostojewski entstanden war und damals beträchtlichen Wirbel machte. Miller gehörte noch nicht zur Szene von Greenwich Village, aber er hatte Nijinski tanzen sehen und war von der Intensität russischer Künstler tief beeindruckt. Er sah darin einen erfrischenden Kontrast zum tristen amerikanischen Materialismus. Powys warb nicht nur für Dostojewski, er schrieb und sprach auch häufig über Rabelais und Walt Whitman, die Miller beide besonders schätzte. »Er schrieb und redete über alle Autoren, die ich damals mit Leidenschaft las«, erinnert Miller sich. »Er war für mich wie ein Orakel.«[31]

Powys' Vorträge hatten auf Henry eine ähnliche Wirkung wie die Vorträge Emma Goldmans. Sie versetzten ihn in ein Delirium, wenn auch verschiedener Art:

> Es ist fast überflüssig zu erwähnen, daß Powys seine eigenen leuchtenden Vorbilder hatte, von denen er schwärmte. Ich spreche bewußt von »schwärmen«. Nie zuvor hatte ich jemanden öffentlich schwärmen hören, vor allem nicht über Autoren, Denker, Philosophen. Emma Goldman, die auf dem Podium genauso engagiert war und oft sehr prophetisch sprach, vermittelte dennoch den Eindruck, daß ihre Ausstrahlung von einem intellektuellen Zentrum ausging. Sie war zwar warmherzig und gefühlvoll, aber ihr Feuer war künstlich. Powys donnerte mit dem Feuer und dem Rauch der Seele, er sprach aus den Tiefen der Seele. Für ihn war Literatur wie göttliches Manna. Er zerriß den Schleier immer wieder.[32]

Auch in technischer Hinsicht war Miller von Powys' barockem Stil beeindruckt. Liest man Powys' Autobiographie, ist man unwillkürlich verblüfft über die Ähnlichkeiten mit dem Stil, den Miller nach den vierziger Jahren annahm: häufige Inversionen, exotisches Vokabular und gelegentlich bibelähnliche Formulierungen. Powys teilte auch Millers quantitative Annäherung an die Welt der Literatur. 1916 veröffentlichte er eine Aufstellung der *One Hundred Best Books.*

7

Als Henry sich bei Pauline versteckt und von dem Geld gelebt hatte, von dem er eigentlich das Studium an der Cornell University hätte finanzieren sollen, hatte er in der düsteren kleinen Küche erste holprige und erfolglose Schreibversuche gemacht. Nach seiner Rückkehr aus Kalifornien unternahm er einen weiteren Versuch. Vielleicht hoffte er, aus seinen Erlebnissen auf der Zitronenplantage eine Geschichte im Stil Jack Londons machen zu können. Aber auch dieser Versuch erwies sich als Fehlschlag. Anfangs waren diese ersten literarischen Bemühungen vielleicht nur taktische Manöver, mit denen Henry sich vor

Pauline in seine private Welt »geistiger Eroberungen« zurückziehen wollte. Inzwischen mußte er jedoch gemerkt haben, daß er von der Welt der Bücher so viel profitierte, daß er ernsthaft an eine Schriftstellerkarriere denken konnte. In den Kreisen, in denen er verkehrte, war so etwas zwar ungewöhnlich, aber nicht völlig abwegig. Bob Challacombe schrieb Gedichte, und Henrys Freund aus der Kindheit, Stanley Borowski, war mit dem Wunsch, Schriftsteller zu werden, großgeworden. Stanley war schon als Teenager von Brooklyn weggezogen, aber Henry vertrieb sich die Zeit im Schneiderladen unter anderem damit, lange Briefe an ihn zu schreiben, in denen er die Bücher, die er gerade las, bewertete und kritisierte. So waren sie in Kontakt geblieben. Für Stanley, der aus einer polnischen Familie stammte, mochte es naheliegen, Joseph Conrad zum literarischen Vorbild zu wählen. Daß Henry sich sein Leben lang stark zu Dichtung und Persönlichkeit Walt Whitmans hingezogen fühlte, entsprang vielleicht einem ähnlichen Gefühl der Identifikation: Whitman stammte aus Brooklyn und war stolz darauf. Er ist einer der wenigen Schriftsteller, die wirklich und nachweisbar Einfluß auf Millers Schreiben ausübten. Wie die anderen Idole des jungen Miller war auch er eine Mischung aus Schriftsteller, Philosoph und Prophet, jemand, für den der spirituelle Gehalt seiner Dichtung wichtiger war als deren ästhetische Qualitäten. Was Henry an Whitmans Gedichten besonders anzog, wird deutlich, wenn man liest, was er später selbst veröffentlichte: die emotionale Haltung des »einfachen Mannes«; eine Ästhetik, die darauf beharrt, daß, »wer ein Buch berührt, einen Menschen berührt«; die religiöse Ekstase; die rauhe, heftige und gefühlsbetonte humanitäre Gesinnung; der Mann mit dem starken Gefühl für die Bedeutung seiner femininen Seiten; der provozierende und berüchtigte Schriftsteller, der aufgrund seiner persönlichen Ehrlichkeit immer wieder mit den Behörden Schwierigkeiten bekommt; der Schriftsteller, der das Leben der Menschen verändert; und der engagierte Gesellschaftskritiker, dessen Gesellschaftskritik von ebenso engagiertem Patriotismus gemildert wird und der auf der Überlegenheit der großen amerikanischen Märtyrer von Wallabout über die Heroen der längst vergangenen Antike besteht. Henry fand seine Hochschätzung Whitmans als Dichter und Denker durch Mentoren wie Benjamin Fay Mills bestätigt, dessen Buch *Walt Whitman: The Man and his Message* er las. Auch Emma Goldman verehrte Whitman. Besonders schätzte sie sein »außergewöhnliches Einfühlungsvermögen in das Wesen der Frau, was dadurch bedingt ist, daß er selbst deutlich feminine Seiten hatte«. Außerdem begeisterte sich auch John Cowper Powys für Whitmans Gedichte.

Das erste, was Henry in der bewußten Hoffnung schrieb, daß andere es lesen würden, war ein Essay über Nietzsches *Antichrist*, der während eines langen, faulen Tages im Schneiderladen entstand. Der Essay ist nicht erhalten geblieben, sowenig wie das Tagebuch, das neben intimen Einzelheiten zu Henrys Leben mit Pauline Aufzeichnungen über seine Reaktion auf gesellschaftliche Ereignisse wie den Tod Jack Londons 1916 enthielt (»Die Nachricht von seinem Tod schmerzte mich zutiefst, so tief, daß ich mein Tagebuch aufschlug, um meine Gedanken festzuhalten.«) Seiner eigenen Aussage zufolge schrieb er in dieser Zeit jedoch ohnehin das meiste nur in Gedanken. Er fuhr jeden Tag mit der Hochbahn von Brooklyn zur Arbeit nach Manhattan, stieg an der Delancey Street aus und ging den restlichen Weg bis zur 5th Avenue und zur 31st Street zu Fuß, hatte dabei ständig den Kopf voller Pläne für Bücher und Stücke, die er schreiben würde, wenn er Zeit hatte, wenn sein Talent dazu reichte, wenn er soweit war, wenn das Wetter besser war, wenn der Bleistift spitzer und alle Seiten numeriert waren oder wenn er sich die Schuhe geputzt hatte. Manche Schriftsteller können irgendwann nicht mehr schreiben, weil sie alles gesagt haben, was sie zu sagen haben. Henry hatte seine Schreibhemmung, bevor er überhaupt angefangen hatte. Er schilderte einem Freund seine Schwierigkeiten:

> Die Vorstellung, daß ich der Welt etwas zu geben habe, bereitet mir in letzter Zeit höllische Qualen. Ich kann gar nicht glauben, daß ich wirklich etwas Lohnendes schreiben kann, und doch kann ich beim besten Willen den Wunsch nicht unterdrücken, meine Gedanken zu Papier zu bringen. Ich hätte Lust auf ein Theaterstück, aber ich müßte über so haarsträubendes Zeug schreiben, daß ich geradezu Angst habe anzufangen. Wenn es etwas Schlimmeres gibt, als ein Künstler zu sein, dann die Vorstellung, man sei einer.[33]

Solange er im Laden des Vaters arbeitete, so spürte er, lebte er »in einer engen Welt«. Doch für einen jungen Mann, der »nur ein Schneider« war, besaß er ein recht gut entwickeltes, aus Einsamkeit und Arroganz geborenes Selbstbewußtsein. Er schrieb etwa: »Aufgrund meiner Beobachtungsgabe bin ich in der Lage, mir ein Urteil über die mich umgebenden Massen zu bilden. Ich kann wahrheitsgemäß sagen, daß ich sie aus tiefstem Herzen verabscheue. Ihre schiere Dummheit wird ihr Untergang sein.« Im selben Brief behauptet er, er könne »nicht mehr so auf die Kapitalisten und Politiker schimpfen wie vor ein paar Jahren. Was mich jetzt beunruhigt, ist die Tatsache, daß es heutzutage den Stoff nicht mehr gibt, aus dem man Männer macht.« Interessanterweise notiert er ausdrücklich, daß er nicht »an die Verantwortung des Systems für alles und jedes« glaube. Das zeigt, daß er schon mit Anfang zwanzig denselben zuversichtlichen Glauben an die Bedeutung des Individuums hatte wie in seinen besten Schriften aus späteren Jahren.

Henry schrieb diesen Brief 1916 an Charles Keeler, den Lyriker und Autor und späteren Mitbegründer und geschäftsführenden Direktor der sogenannten Cosmic Society. Zu dieser Zeit hatten die Geschäfte der Maßschneiderei Henry Miller & Sohn Hochkonjunktur. Keeler war ein früherer Kunde, und Miller mischt in seinem Brief Metaphysisches mit den neuesten Nachrichten aus dem Laden. Außer der erfreulichen Entwicklung des Geschäfts konnte Henry noch berichten, daß sein Vater »eine Art Wiedergeburt« durchmache: »Er hat die letzten acht oder neun Monate nichts getrunken.« Der Laden machte sogar so gute Geschäfte, daß Henry sich von Guido Bruno zweihundert Dollar abschwindeln ließ, was acht Monatsgehältern bei der Atlas Portland Cement Company entsprach. Das beweist nicht nur, wie gut es der Firma ging, sondern auch, daß Henrys spätere Verweise darauf, wie arm er als junger Mann gewesen sei und wie er »gewöhnlich mit knurrendem Magen«[34] um Karten in der Metropolitan angestanden und »mit einem kleinen, zerbrochenen Bleistift« zwischen Töpfen und Pfannen in Paulines Küche zu schreiben versucht habe, dem Reich romantischer Phantasien entstammen und Armut sicherlich nicht der Grund dafür war, daß er nicht schon als junger Mann Schriftsteller geworden ist.[35]

8

Zu diesem Zeitpunkt war Henry 1,73 m groß und damit ausgewachsen. Seine Haare waren dunkler geworden, viele waren schon ausgefallen. Er trug eine Brille, wog knapp über 64 kg, sein Brustumfang betrug 96 cm, seine Taillenweite 81 cm. Seine Hut- und Schuhgröße war 7 bis 7 1/2. Er war der Sohn des Chefs und kleidete sich korrekt mit Anzug, Hemd und Krawatte. Die Anzüge waren von guter Qualität, oft hatte er sie von seinem Vater übernommen. Er war vielbeschäftigt, hatte viele Freunde, fuhr häufig mit dem Fahrrad ins Theater, in die Oper und ins Konzert, las viel, spielte Klavier und Schach, hörte Schallplatten, versuchte zu schreiben und schlief mit einer Frau, die er nicht liebte. Die Aktion der »geistigen Eroberungen« war erfolglos geblieben: Wenn er den Klavierdeckel zuklappte, Bücher und Schachfiguren beiseite räumte und den Kopf hob, war Pauline immer noch da. Ihr Untermieter, der Straßenbahnführer Tex, den Miller den »Star unter den Mietern« nannte, weil er ein regelmäßiges Einkommen hatte und seine Miete pünktlich bezahlte, war ein angenehmer Mensch, aber er las und redete nicht viel. Er half Henry nicht, die Last des Lebens mit Pauline zu erleichtern. Deshalb tat Henry etwas, das er in seinem Leben immer wieder tun sollte: Er überredete einen Freund, bei ihnen einzuziehen.

Joe O'Reagan hatte eine harte Kindheit gehabt. Er war in einem Waisenhaus aufgewachsen und dann mit der US-Armee durch die Welt gereist. Henry lernte Joe kurz nach dessen Entlassung in einem Dorf an einem See in New Jersey kennen, wo die Millers Ferien machten. Ein anderer Freund Henrys, Bill Woodruff, war für ein paar Tage zu Besuch gekommen. Woodruff und O'Reagan waren Arbeitskollegen, und auf Woodruffs Einladung hin besuchte O'Reagan die Millers in ihrem Feriendomizil. Henry hielt Woodruff insgeheim für einen Schwächling, war aber von O'Reagan, einem starken und athletischen jungen Mann, sofort beeindruckt. O'Reagan hatte keine nennenswerte Schulbildung, war jedoch intelligent und konnte gut erzählen. Da Henry Mädchen gegenüber schüchtern und überempfindlich war, bewunderte er Männer, die das nicht waren. Joes Geschichten über das Leben beim Militär und seine sexuellen Abenteuer mit japanischen Huren fesselten Henry, und bald machte er Joe zu seinem

Vorbild. Als Joe bei Pauline einzog, waren Henry und er bereits enge Freunde.

O'Reagan sah seine Rolle im Haushalt ganz anders als der Zugführer Tex. Sobald er eingezogen war, versuchte er Pauline zu verführen, während Henry bei der Arbeit war. Pauline brach bei jedem Annäherungsversuch in Tränen aus und erzählte Henry davon. Dieser reagierte unwirsch und verteidigte Joe sogar. Er war in letzter Zeit gelegentlich impotent gewesen, eine Folge seines Desinteresses an Pauline, und hoffte vielleicht sogar halbherzig, Joe werde sie ihm ganz abnehmen. Joe jedoch ging bald darauf wieder auf Reisen, wahrscheinlich wegen Paulines Irritation. Er sollte jedoch zurückkehren und bei zwei weiteren Gelegenheiten eine ganz ähnliche Rolle in Millers Beziehungen zu Frauen spielen.

Irgendwann 1915 brach die Beziehung zwischen Henry und Pauline dann endgültig auseinander. Auf einer Hochzeit stellte William Dewar Henry eine junge Frau namens Beatrice Sylvas Wickens vor. Beatrice hatte dunkles Haar und dunkle Augen, sie war der unverkennbar nichtgermanische Typ, zu dem Miller sich immer wieder hingezogen fühlte. Sie war Berufsmusikerin, laut Dewar eine »brillante Konzertpianistin«. Henry dagegen war trotz fleißigen Übens »kein Franz Liszt«, auch wenn er »auf eine durchschnittliche Weise ganz gut spielte«. Beatrice war gebildet und willensstark und gerade dreiundzwanzig Jahre alt, eine Frau, die seine Mutter billigen konnte. Ihr gemeinsames Interesse für die Musik lieferte genügend Gesprächsstoff. Bevor sie auseinandergingen, fragte Henry Beatrice, ob sie ihm Klavierunterricht geben wolle.

KAPITEL 3

1916-1920: Beatrice

1

Als Miller sich viele Jahre später über sein Verhältnis zu Beatrice Wickens äußerte, beschrieb er, wie sie sich für ihre Mutter geschämt und Angst gehabt habe, »eines Tages genauso zu werden«. Die Mutter «taugte nicht viel«, war «nicht angenehm« und so weiter, wenn Miller auch nie nähere Gründe angibt. Die 1892 geborene Beatrice war wohl die Tocher einer unverheirateten Frau namens Catherine Scherer und wuchs als Kind ihrer Tante Elizabeth Scherer und deren Ehemann Frederick P. Sylvas, eines Schuhmachers, in einem Haus in der Arbordale Avenue in Rochester, New York, auf. Sie besuchte eine Klosterschule in Montreal und beendete ihre Ausbildung auf einem dortigen Musikkonservatorium, nachdem man ihre pianistische Begabung erkannt hatte. Nach Beendigung ihrer Ausbildung zog sie zu Catherine, ihrer richtigen Mutter, die inzwischen Frank Wickens geheiratet hatte, den Angestellten eines Lebensmittelladens. Die Familie zog in die 9th Street Nr. 441 in Brooklyn. Beatrice behielt beide Familiennamen und nannte sich Beatrice Sylvas Wickens. Bei der Volkszählung von 1915 gab sie als Beruf »Konzertpianistin« an. Sie versuchte, als Pianistin Karriere zu machen, und besserte offensichtlich ihr Einkommen mit Klavierstunden auf.

Beatrice war nicht nur eine auffällige Erscheinung, musikalisch begabt und fünfzehn Jahre jünger als Pauline, sie interessierte sich auch für Literatur. Auf der Hochzeit in der Fulton Street, wo sie Henry kennenlernte, sprachen die beiden über Dreisers 1900 veröffentlichten, umstrittenen Roman *Schwester Carrie.* Miller hatte sich angewöhnt, Menschen, die er traf, mit Charakteren aus Bü-

chern zu identifizieren und glaubte, in Beatrice Wickens etwas von Carrie Meebers romantisch exaltierten Erwartungen an das Großstadtleben zu entdecken.
Die zunächst berufliche Beziehung wurde zunehmend persönlicher, und bald ging Miller mit Beatrice aus. Sie gingen ins Kino und ins Theater, zu Konzerten und Opern in der Carnegie Hall, der Metropolitan Opera und der Brooklyn Academy of Music in der Lafayette Street. Die Musikakademie, die nach einem Brand 1908 neu eröffnet wurde, nannte stolz eine Oper, ein Theater, einen Vortrags- und einen Ballsaal ihr eigen. Namhafte Künstler wie Horowitz, Rachmaninow und Toscanini traten dort auf. Endlich, so schien es, hatte Miller bei Beatrice jene geistige Verwandtschaft gefunden, die er bei Pauline so schmerzlich vermißte.
Der jungen und anständigen Beatrice den Hof zu machen stellte ihn allerdings vor Schwierigkeiten, die er bei Pauline nicht gehabt hatte. Während die ältere Frau dem jungen Mann gegenüber in sexueller Hinsicht die Initiative ergriffen hatte, fand Miller sich nun in der traditionellen Rolle des Verehrers wieder. Er mußte den rechten Augenblick abpassen und Respekt für Beatrice »als Mensch« zeigen, um ihr Vertrauen zu gewinnen. Während Beatrice ihn »auf die Probe stellte«, befriedigte er seine sexuellen Bedürfnisse weiterhin bei Pauline. Beatrice machte ihn außerdem mit einem Rivalen namens James Haley bekannt. Wenn sie jedoch gehofft hatte, Henry damit eifersüchtig machen zu können, ging diese Rechnung nicht auf. Die drei aßen zusammen in einem französischen Restaurant, und Miller fand Haley äußerst sympathisch. Er hielt ihn für einen anständigen, ehrlichen, rechtschaffenen, freundlichen und umsichtigen Mann – alles Eigenschaften, die ihm selbst, wie er insgeheim vermutete, fehlten – und glaubte sogar, daß Haley besser zu Beatrice passe. Miller war viel eifersüchtiger auf ihren Stiefvater Frank Wickens, auf die Art, wie sie ihm leicht bekleidet auf dem Schoß saß und leise und zärtlich mit ihm plauderte. Er glaubte, daß das Verhältnis zu Wickens ihr auf eine perverse, inzestuöse Art gefalle, und das machte es für ihn sehr schwer, »eine klare, offene sexuelle Beziehung mit ihr anzufangen«.[1]
Während dieses kurzen Intermezzos im Jahr 1916, als Miller sowohl mit Beatrice als auch mit Pauline zusammen war, entdeckte er für sich die durch Schuldgefühle angeheizte Erotik

des treulosen Liebhabers. Pauline ahnte schon bald, daß er eine andere gefunden hatte, denn Miller begann, ihr auszuweichen. Er müsse länger im Schneiderladen arbeiten, log er, oder seinen Vater suchen. Paulines Ahnungen wurden zur Gewißheit, als Miller eines Tages Pauline in die Decatur Street mitnahm, ihr Beatrice vorstellte und betonte, daß sie seine Klavierlehrerin sei. Miller hatte gehofft, daß Pauline nach diesem Treffen erkennen werde, wie aussichtslos ihre Chancen waren, und daß sie ihn freigeben werde. Zweifellos gewann er der Situation auch einen eigenen Reiz ab. Das Treffen bewirkte allerdings nur, daß Pauline mit der bedauernswerten Torheit aller wahrhaft Liebenden ihren Haß auf die Rivalin richtete und nicht auf den, der sie betrogen hatte.

Miller war zwar einfühlsam, aber nur in gewissem Rahmen. Er hatte die typische Eitelkeit einer bestimmten Art sensibler Menschen, die es nicht ertragen können, wenn ihr Einfühlungsvermögen dadurch kompromittiert wird, daß sie anderen Schmerz zufügen. Er spürte zwar, daß er Pauline nicht dazu bewegen konnte, ihn freizugeben, aber er schaffte es nicht, ihr die harte Wahrheit ins Gesicht zu sagen, daß er eine andere liebte. Statt dessen griff er auf seinen alten Trick zurück und sagte ihr, er werde New York verlassen. Diesmal sollte es Juneau in Alaska sein, er wolle dort sein Glück als Goldgräber versuchen. Die Erfahrung in Chula Vista hatte ihn emotional abgehärtet, deshalb fühlte er sich jetzt nicht verpflichtet, die Farce durchzuspielen und wirklich nach Alaska aufzubrechen. Er zog einfach mit dem Rest seiner Habe aus der Wohnung in der Macon Street aus, kehrte ins Haus seiner Eltern zurück und zog sich – zumindest vorerst – aus Paulines Leben zurück.

2

Als Miller das Gefühl hatte, sich durch Opern- und Konzertbesuche in ausreichendem Maße als Kulturkenner erwiesen zu haben, machte er Beatrice mit einer anderen Seite seines Wesens bekannt und führte sie in Keith' Varietétheater in der 9th Street. Dort, erinnert er sich, »masturbierten wir uns gegenseitig, wenn es auf der Bühne dunkel war«.[2]

Kurz nachdem Beatrice und Henry sich kennengelernt hatten, starb Beatrices Stiefvater. Als sie dann ein Liebespaar geworden waren, bereitete ihnen nur noch die Anwesenheit von Beatrices Mutter in der 9th Street Kopfzerbrechen. Aus Respekt vor ihr verlegte sich das Paar häufig auf jene »Sachen in Gängen und an Heizkörpern«, die Miller in *Sexus* und *Die Welt des Sexus* so plastisch beschreibt. Später sagte er gewöhnlich der Mutter gute Nacht, schlich dann zurück und verbrachte die Nacht in Beatrices Zimmer.

Zu Anfang seiner Beziehung mit Pauline hatte Miller enorme Schuldgefühle gehabt, aber mit der Zeit war er zu der Überzeugung gelangt, daß Sex kein Grund für Schuldgefühle sei. Beatrice hatte freilich keine ähnliche Entwicklung durchgemacht. Während Miller um sie warb, hielt sie sich an die konventionellen Regeln von Schüchternheit und Scham, was Miller nur ärgerte. Stets das Fiasko mit Cora Seward vor Augen, war er entschlossen, sich die Entwicklung der neuen Beziehung mit einer »anständigen Frau« nicht von irgendwelchen romantischen Gefühlen diktieren zu lassen. Ohne besonderes Mitgefühl beobachtete er, wie Beatrice mit ihren Schuldgefühlen kämpfte:

> Wenn ich mich in die Ecke setzte und ihr aufmerksam zuhörte, unterbrach sie ihr Spiel mitten in der Sonate, kam von selbst zu mir und duldete, daß ich meine Hand an ihrem Bein hinaufgleiten ließ, und bestieg mich schließlich. Bei dem Orgasmus bekam sie manchmal einen Weinkrampf. Wenn sie es bei hellem Tageslicht tat, stellte sich bei ihr immer ein Schuldgefühl ein. (In Worten drückte sie das so aus, der Akt schade ihrer Fingerfertigkeit beim Klavierspielen.) Je besser jedenfalls der Fick war, desto elender fühlte sie sich nachher.[3]

»Meine Affäre mit ihr begann im Zeichen des Sex, nicht der Liebe«, schrieb er einmal.[4] Die erotischen Verwicklungen ihres Verhältnisses faszinierten ihn auch weiterhin, und ganz besonders genoß er den Konflikt Beatrices, die zwischen ihrer puritanischen Klostererziehung und ihrer natürlichen Sinnlichkeit hin- und hergerissen war. »Ihre puritanische Haltung schwächte keineswegs ihre sexuellen Gefühle – unser Sexleben wurde dadurch sogar noch aufregender und leidenschaftlicher«, schreibt Miller.[5] Miller verschärfte diesen Konflikt auch gerne dadurch, daß er sich in aller Öffentlichkeit, in Telefonzellen, Theaterfoyers, Bars und Bahnhöfen, an sie heranmachte. Sie protestierte, und genau das war es, was ihn besonders daran reizte.

Mit der Erotik als Mittelpunkt stand und fiel ihre Beziehung. Beatrice brach in bestimmten Situationen, die Henry als besonders unpassend empfand, in Tränen aus, schickte ihn weg, und schrieb ihm kurz darauf, sie hoffe, ihn nie mehr zu sehen. »In Wirklichkeit bin ich dir gleichgültig – du willst immer nur das eine von mir«, war ihre ständige Klage. Ob diese Anklage auch für den Anfang ihrer Beziehung zutraf oder nicht, Miller hielt sie jedenfalls aufgrund der ständigen Wiederholung bald für wahr. Und doch kehrte er immer wieder zu ihr zurück, und sie nahm in immer wieder bei sich auf.

Schwierig war ihre Beziehung auch dadurch, weil Beatrice sich nie damit abfinden konnte, daß Henry im Bett gerne vulgäre Ausdrücke benützte.[6] Auch in anderen Zusammenhängen fühlte er sich instinktiv zu heftiger, expressiver Wortwahl hingezogen. Seine Bewunderung für die leidenschaftlichen Reden einer Goldman und eines Powys illustrieren dies ebenso wie seine regelmäßige Teilnahme an Massenkundgebungen auf dem Union Square oder dem Madison Square, wo er sich aufrührerische Reden von Anarchisten, Gewerkschaftern und Radikalen wie Carlo Tresca, Giovannitti, Jim Larkin und Bill Haywood anhörte.

Miller begeisterte sich ernsthaft für die Ideen des Sozialismus, Anarchismus, Syndikalismus und der Gewerkschaftsbewegung, wie sie auf dem Union Square geäußert wurden. Sein Cowboyfreund aus Chula Vista, Bill Parr, hatte ihn mit diesen Ideen bekannt gemacht, und als er dann auf Emma Goldman stieß, begann er Bücher der politischen Propheten der Zeit zu lesen, wie beispielsweise die Werke des sozialistischen Pazifisten Eugene V. Debs. Was ihn jedoch genauso faszinierte wie die Ideen selbst, das war die Angst, die diese Ideen im Herzen des unpolitischen Durchschnittsbürgers auslöste. Der Zerstörer in ihm war von den politischen Revolutionären der IWW nicht deshalb begeistert, weil sie gesellschaftliche Utopien vertraten, sondern weil er in ihnen »Saboteure des Fortschritts« sah,[7] und dem zuzujubeln, was der Durchschnittsbürger fürchtete, verstärkte in Miller das ohnehin schon starke Gefühl, etwas Besonderes und Besseres zu sein.

Sein Großvater Valentin war in seiner Londoner Zeit der Gewerkschaft beigetreten.[8] Zu Henrys frühesten Erinnerungen gehörte, daß er als kleiner Junge zugesehen hatte, wie Nieting sich mit kaltem Wasser am Spülstein wusch, um dann in Paul Kerls Bierkneipe hinüberzugehen und sozialistischen Reden zu lauschen. Henrys Vater war freilich als Schneidermeister auch Unternehmer, und nach Nietings Tod wurde Sozialismus bei den Millers zum Schimpfwort. Die philosophische und religiöse Suche, die durch die Freundschaft mit Robert Challacombe 1912 ausgelöst worden war, brachte Henry zwar flüchtig mit politischen Lösungsvorschlägen für die gesellschaftlichen Probleme in Berührung, und neben Theosophie, esoterischem Buddhismus und den Lehren der Ethical Culture, deren Treffen er besuchte, beschäftigte er sich kurzzeitig auch intensiv mit christlichem Sozialismus. Sein Bedürfnis nach eigenen Lösungen war jedoch zu stark, als daß ihn derartige philosophische Systeme lange hätten fesseln können.

Beatrice war keine Feministin aus Greenwich Village. Sie war eine anständige junge Frau, und seit sie Millers Geliebte geworden war, rechnete sie auch fest damit, daß er sie heiraten werde. Noch als sie in der 9th Street wohnte, mußte sie abtreiben lassen, was ihre moralischen Ansprüche auf Henry gefestigt haben dürfte. Auch er fühlte sich immer noch an gewisse Konventionen gebunden. Im Dezember 1916 rückte sein fünfundzwanzigster Geburtstag näher, und er hatte ebenso wie Beatrice das Gefühl, »in ein Alter zu kommen, wo ich das Leben mit einer Gefährtin beginnen und vielleicht, wie man das eben so macht, einen eigenen Hausstand gründen sollte.«[9]

Ungefähr um dieselbe Zeit glückte Henry endlich auf unerwartete Weise die lang ersehnte Befreiung aus dem Schneiderladen. Sein Vater war seit neun Monaten abstinent und wollte das auch bleiben. Die ständigen Kämpfe mit Louise, das zerschmetterte Geschirr und Louises Drohungen, ihn zu verlassen, gaben schließlich den Ausschlag. Er verlor einen Großteil seiner Freunde, durchlebte eine kurze Periode religiösen Eifers, las in dieser Phase auf Empfehlung eines Priesters Ruskins *The Stones of Venice,* seine einzige Begegnung mit der Welt der ernsten Literatur, blieb jedoch bei seinem Entschluß und trank zur großen Überraschung seiner Familie nie mehr einen Tropfen Alkohol.

Daß sein Vater auf diese Weise Charakter bewiesen hatte, nahm Henry jeden etwaigen Rest einer Verpflichtung, den er vielleicht noch gespürt hatte, weiterhin als Schneiderlehrling oder als Aufpasser seines Vaters in der West 31st Street zu arbeiten. Die hohe Kunst des Schneiderhandwerks hat er nie wirklich gelernt. So konnte er zwar Hosen zuschneiden, aber eine Jacke oder ein Mantel überstiegen seine Möglichkeiten bei weitem. Das Fiasko mit Guido Bruno hatte überdies nur allzu deutlich gezeigt, daß sein Talent, die Firma in die Gewinnzone zu bringen, nicht größer war als das seines Vaters. So wurde er 1917 den lebenslangen Druck, Schneider zu werden, endlich los, und es winkte die Freiheit, zu tun und lassen, was er wollte.
Sein erster Schritt war bescheiden: Ein Kunde des Vaters, Vizepräsident der Federal Reserve Bank, verhalf ihm zu einer Arbeit im Wall-Street-Viertel. Miller gehörte dort zu einem Team, das die Rechenmaschinen der Bank auf Fehler überprüfte. Die Arbeit war langweilig, aber gut bezahlt. Er war schon ein paar Wochen dabei, als er eines Morgens in das Büro des Personalchefs zitiert wurde:

> Zu meiner großen Überraschung teilte er mir mit, daß ich entlassen sei. Warum? wollte ich wissen. War er mit meiner Arbeit nicht zufrieden?
> Nein, nein, mit meiner Arbeit sei alles in Ordnung, versicherte er mir hastig. Es sei wegen meines Charakters.
> »Wegen meines Charakter?« rief ich aus.
> »Ja«, sagte er. »Wir haben Erkundigungen über Ihren Lebenswandel eingezogen und Ihre Freunde und Nachbarn befragt – wir wissen eine Menge über Sie.«
> Und dann erzählte er mir, wie sie auf die Sache mit mir und der Witwe gestoßen waren.
> »Wir stellen keineswegs Ihre Moral in Frage«, fuhr er fort, »aber wir haben das Gefühl, daß wir Ihnen nicht vertrauen können.«[10]

Wenn Millers Bericht den Tatsachen entspricht, kann man nur darüber staunen, welch kafkaeske Macht der Personalchef einer Bank in der Wall Street zu jener Zeit innehatte und in welchem Ausmaß er sie gegen einen der dreißig Angestellten einsetzte, die in dem Raum, wo die Addiermaschinen standen, nach Fehlern suchten. Daneben bestärkt die Geschichte interessanterweise allerdings auch die Vermutung, daß Miller auf eine sehr spezielle Weise paranoid war. Die Art, wie er die Zweifel des Personalchefs an seiner Person darstellt, zeigt ihn auf schmeichelhafte Weise als gefährlichen und besonderen Mann, den man immer im Auge behalten muß.

Danach arbeitete er wieder als Angestellter, diesmal im Bureau of Economic and Industrial Research, wo er das sogenannte belgische Buchungssystem kennenlernte. Viele Jahre später erinnerte er sich mit ehrfürchtigem Respekt an den Anspruch dieses Systems, »in dieser Welt des Chaos wieder Ordnung herzustellen«. Für ihn war das allerdings nicht das Richtige –, und so fügte er bestimmt hinzu: »Man muß sich dazu bekehren, sonst hat es keinen Reiz.«[11]

In seiner kontaktfreudigen Art schloß Miller hier wie überall schnell Freundschaften, die sich später als nützlich für ihn erweisen sollten. Im Bureau lernte er den Wirtschaftsexperten Karl G. Karsten kennen, der ihm später zu Arbeit und Wohnung verhalf, als er beides dringend benötigte. Wie die meisten von Millers Freunden aus dieser Zeit stand Karsten außerdem unbewußt Modell für eine Figur in *The Rosy Crucifixion.* Miller karikiert ihn in einem seiner grausamsten und witzigsten Porträts in *Plexus* als den statistikgläubigen »Karen Lundgren«, der sein Leben mit Hilfe eines Karteikartensystems organisiert.

Miller blieb auch diesmal nur kurze Zeit, und als er ging, hatte der Krieg in Europa Amerika erreicht. Erst auf seiner Europareise 1928 sah Miller die Auswirkungen des Krieges auf Frankreich mit eigenen Augen. Bis dahin war der Krieg für ihn wie für die meisten Amerikaner »sozusagen ein Abenteuer. Etwas, das man mit links erledigen konnte.«[12] Als die Deutschen jedoch den uneingeschränkten U-Boot-Krieg begannen, mußten die USA ihre Neutralität neu überdenken und schlossen sich im April 1917 den Alliierten an.

Zur Bewältigung der organisatorischen Arbeit schoß sofort eine neue Bürokratie aus dem Boden, und Miller arbeitete nun als Angestellter in der Postabteilung des Kriegsministeriums in Washington D.C. Nach ungefähr einem Monat wurde er entlassen. Er hatte es nicht besonders eilig mit der Rückkehr nach New

York. Vielleicht unter dem Einfluß seines Freundes Ray, der als Journalist ziemlich erfolgreich war und später über das Fernsehen landesweit bekannt werden sollte, versuchte Miller kurzzeitig und erfolglos, bei einer Washingtoner Zeitung unterzukommen. Dann kehrte er nach Brooklyn zurück.

Am 5. Juni 1917 wurden alle männlichen Amerikaner zwischen einundzwanzig und dreißig aufgefordert, sich in ihrem Wahlbezirk zu melden; die Nichtbeachtung hatte automatisch eine einjährige Gefängnisstrafe zur Folge. Beim Aufwachen eines Morgens hatte Miller eine Schreckensvision: Er, ein lediger Mann Mitte zwanzig, könnte zu den ersten gehören, die man einziehen und in den Tod schicken würde, sobald die Wehrpflicht eingeführt war. Aufs höchste beunruhigt vertraute er seine Ängste einem Freund an, der ihm kurz und bündig den Rat gab: »Heirate, du Dummkopf, dann wirst du zurückgestellt.«[13]

Miller machte Beatrice umgehend einen Heiratsantrag. Sie nahm an, und am 15. Juli wurde das Paar getraut. Beatrice ließ sich von ihren Stiefeltern Fred und Elizabeth Sylvas zum Altar führen, Catherine Wickens war ihre Trauzeugin. Henry hatte zwar mit einer Familientradition, der Schneiderei, gebrochen, hielt einer anderen aber eifrig die Treue: Seine beiden Großväter Heinrich und Valentin waren mehr als fünfzig Jahre zuvor vor der Einberufung zum Militärdienst aus Deutschland geflohen. Ein Nachbar, der das Paar kurz nach der Hochzeit zusammen sah, schrieb, Beatrice habe ausgesehen »wie eine Katze, die den Kanarienvogel geschluckt hat«, Henry dagegen wie »ein sterbendes Kalb«.[14] Die Klatschmäuler der Decatur Street waren sich einig, daß die Heirat ein Fehler sei.

Henry war zwar nicht unbedingt einer jener »Halbamerikaner«, deren Vaterlandstreue Woodrow Wilson 1916 angezweifelt hatte, weil sie auf seine Kriegsvorbereitungen ablehnend reagierten, aber die Tatsache, daß er deutscher Abstammung war, spielte mit Sicherheit eine große Rolle für seine Einstellung zu einem Krieg gegen das Land seiner Vorfahren und mag zu der unterschwelligen Anglophobie beigetragen haben, die ihn sein Leben lang begleitete. Darüber hinaus veröffentlichten zwei von Miller zu jener Zeit bewunderte Literaten, Frank Harris und der Kritiker und Essayist H. I. Mencken, während des Krieges ein paar deutlich antibritische Artikel, was sie bei den Behörden unbeliebt und bei

Henry beliebt machte. Wilsons Kritik war eigentlich gegen die Amerikaner irischer Abstammung gerichtet, und ein weiteres Motiv für Henrys Anglophobie war wahrscheinlich der Einfluß seiner Freunde unter den irischen Einwanderern, die er als Kind in Brooklyn kennengelernt hatte. Viele dieser Freunde kamen aus Familien, die treu zu den Republikanern hielten.

Davon abgesehen, war Millers Horror vor einer Teilnahme am Krieg vor allem eine instinktive Reaktion. In Erinnerung an die Zeiten der Xerxes Society sagte William Dewar, Henry habe »jede Art von Kampf gehaßt, und er war nie der Held der Abenteuer, die er erzählte«.[15] Miller hat selbst beschrieben, wie er auf den einsamen Fahrradtouren, die er in seinem pubertären Liebeskummer um Cora unternahm, manchmal aus seinen Träumen herausgerissen wurde, wenn er an den Kasernen von Fort Hamilton vorbeikam: »Denn immer, wenn ich Soldatenunterkünfte sehe, Unterkünfte, wo Männer wie Vieh zusammengepfercht sind, überkommt mich ein Gefühl der Übelkeit.«[16] Pazifismus wurde später ein Eckstein seines leidenschaftlichen Glaubens an den konsequenten Egoismus als Antwort auf die gesellschaftlichen Probleme.

Miller betont in seinen autobiographischen Schriften gern die an Dostojewski gemahnende Dimension seiner Heirat mit Beatrice. So behauptet er: »Ich habe mich über Nacht zur Heirat entschlossen, um allen und jedem zu beweisen, daß es mir so oder so scheißegal war.«[17] Das erscheint durchaus glaubwürdig, wenn man bedenkt, daß der Trauzeuge Dewar am Hochzeitstag sowohl für die Heiratslizenz wie für Millers Rasur und Haarschnitt zahlte.[18] Dewars Prognose war keineswegs optimistischer als der Klatsch in der Decatur Street: Seiner Meinung nach hatte Henry »ein schlechtes Urteil, was Frauen anging«, und »Bea war eine von seinen Fehlgriffen«.

Ob Miller jedoch die Ehe so unkonventionell anfing, wie er es später gerne hinstellte, darf bezweifelt werden. Auf seine unentschiedene Art versuchte er immer noch, den allgemein üblichen Verhaltensnormen zu entsprechen, auch wenn er einen exzentrischen Versuch machte, seinem Schicksal in letzter Minute zu entrinnen, Einberufung hin oder her. Unter der Überschrift »Eheliche Kämpfe« spricht er in einem seiner Notizbücher von der »Geschichte mit Jim Haley in Hermitage vor der Hochzeit.

Unsere Freundschaft. Danach Besuch in Washington D.C., um bei ihm zu sein. Enttäuschung, gefolgt von Entfremdung. Kurzbesuch bei ihm in Utica auf dem Weg nach Rochester, auf der Hochzeitsreise. Bitterkeit, Kummer, usw.«[19] Die Begebenheit erscheint in erweiterter Form in *Moloch*, einem unveröffentlichten Roman, den Miller Ende der zwanziger Jahre schrieb und der auf der Zeit seiner Ehe mit Beatrice basiert. Darin besucht die Miller ähnliche Romanfigur Dion Moloch eine Woche vor der Hochzeit einen gewissen Jim Daley und bietet ihm an, statt seiner Blanche zu heiraten. Blanche weist Jims Antrag zurück, und sie und Dion Moloch heiraten wie geplant. Dion Moloch erzählt seiner Frau später: »Als ich dich an jenem Abend nach Hause brachte und du mir erzählt hast, du hättest Jim deine Hand verweigert, fuhr ich zurück nach Claridge und ging mit Jim ins Bett.« In *Sexus* taucht eine weitere Version der Geschichte auf, allerdings ohne den verblüffenden Schluß.[20]

Die Episode erinnert an einen anderen Vorfall, den Miller in seinen Büchern oft erwähnt: die Nacht, als sein Vater in Begleitung eines anderen Mannes betrunken nach Hause kam, heftig mit Louise darüber stritt, ob er Freunde zum Übernachten mit nach Hause bringen dürfe, und schließlich Arm in Arm mit seinem Kumpel ins Bett wankte, um die Frage ein für allemal zu klären. Daß Henry senior damit einer lange unterdrückten homosexuellen Neigung nachgab, erscheint in der Geschichte sicherlich als Möglichkeit, aber näher liegt die Vermutung, daß dahinter nichts weiter steckte als jene Gleichgültigkeit gegenüber allen Regeln des Anstands, die oft eine Begleiterscheinung übermäßigen Alkoholgenusses ist. Genau dasselbe könnte sich auch zwischen Dion Moloch und Jim Daley abgespielt haben, obwohl Molochs letzte Worte heute kaum mißverstanden werden könnten. Es würde ein reizvolles neues Licht auf Henry Millers Rolle als amerikanisches Männlichkeitssymbol der Jahrhundertmitte werfen, wenn er tatsächlich homosexuelle Erfahrungen gesammelt hätte. Aber irgendwie erscheint das unwahrscheinlich.

Die Begebenheit zeigt jedoch deutlich, in welchem Ausmaß Miller immer noch in hilfloser Passivität gefangen war, sobald wichtige Entscheidungen anstanden. Er wußte, daß die Ehe mit Beatrice nicht gutgehen würde, und doch war er, genau wie bei Cora und Pauline, absolut unfähig, zu sagen und zu tun, was er wirklich sagen und tun wollte. Ereignisse waren für ihn wie Züge, die ständig um ihn herum abfuhren, während er noch immer mit einem Fuß auf dem Bahnsteig stand, und das erwies sich zunehmend als ernstes Problem. Die Notwendigkeit, einen Weg zu finden, der diesem Problem Rechnung trug, sollte zu einem der Hauptziele seines Lebens werden.

3

Nach der Hochzeit zog das Paar in ein Haus aus rötlichem Sandstein mitten im angesehensten Viertel von Brooklyn in der 6th Avenue Nr. 244. Die beiden mieteten das Keller- und Erdgeschoß, während die Hausbesitzer, Mr. und Mrs. Butler, mit ihrer Tochter Marion im Obergeschoß wohnten.

Henry mochte das Haus nicht. Es war düster, die Miete war hoch, und die Möbel standen ihm ständig im Weg. Er fühlte sich an eine Arztpraxis erinnert. Trotz heftigen Protests von Beatrice stellte er in der Mitte des Salons einen großen, runden Mahagonitisch aus dem Schneiderladen auf. An diesem Tisch zu sitzen, so dachte er, würde ihm helfen, Schriftsteller zu werden, so wie er an einem zweiten, mit Fächern ausgestatteten Schreibtisch lernen wollte, wie man ein verantwortungsvoller Ehemann wird. Hier füllte er Formulare von Lebens- und Unfallversicherung aus, weil »man mir gesagt hat, daß es wichtig ist, solche Dinge zu tun, wenn man verheiratet ist«.[21] In dem Gefühl, daß »die Ratenzahlung für Menschen wie mich erfunden wurde«, stürzte er sich so schnell wie möglich in Schulden und bestellte »Bücher, Platten, Grammophone, Porterhouse-Steaks und ähnliches«.

Die regelmäßige Einkommensquelle des Paares war das Geld, das Beatrice mit Musikstunden verdiente. Henry gab auch Stunden, vor allem in East Side, spielte inzwischen aber kaum mehr zum Vergnügen. Kurzzeitig arbeitete er als Redaktionsassistent für den Versandkatalog von Charles Williams, verlor den Job aber, als man ihn beim Lesen während der Arbeitszeit erwischte. Sein Herz hing an der Arbeit so wenig wie an seiner Ehe.

Alles in allem kam nur wenig Geld ins Haus. Beatrice' Karriere als Konzertpianistin kam nie richtig in Schwung, und wenn sie Konzerte gab, erschien das den Kritikern des *Brooklyn Eagle* nie so wichtig, daß sie es bemerkt hätten. Die Millers gaben in der Hoffnung, damit ihr Einkommen aufbessern zu können, eine Anzeige in der *New York Times* auf, in der sie nach Untermietern suchten, und sie hatten eine Reihe von Mitbewohnern, darunter auch einen jungen Studenten aus Japan namens Tori Takekuchi. Miller beobachtete Toris erotische Abenteuer mit amerikanischen Frauen mit großen Interesse und wollte eine Zeitlang Japanisch von ihm lernen. Er vermutete jedoch stark, daß Tori bei Gesprächen deshalb so übermütig und ausgelassen war, weil die japanischen Wörter, mit denen er ihn überschüttete, in Wirklichkeit »dummer Ausländer«, »Scheißkerl«, »weißes Arschloch« und ähnliches bedeuteten. Viele Jahre später schrieb Miller in *Sexus* über Tori, und er freute sich sehr, als er 1954 einen Brief von Tori erhielt. Tori erwähnte darin, mit welchem Erstaunen seine japanische Frau die in Millers Buch geschilderten Abenteuer ihres Gatten als junger Mann in Amerika gelesen habe.

Ein anderer Mitbewohner war Harold Orvis Ross, dessen Namen Henry fälschlicherweise immer Harolde schrieb, vielleicht um ihn von dem Harold Ross zu unterscheiden, der später den *New Yorker* gründete. Ross war ein Pianist aus Blue Earth, Minnesota, und zum Musikstudium nach New York gekommen. Er war ein begeisterungsfähiger junger Mann – eine Eigenschaft, die Miller mehr als alles andere zu einem Menschen hinzog –, und er konnte lang und breit über einen neuen Roman von Dreiser oder die genauen Gründe für die Bedeutung Nijinskis diskutieren. Harold konnte französische Bücher lesen, was ihn in den Augen Henrys zu einem gebildeten Mann machte, und die beiden besuchten oft gemeinsam Konzerte. Aber wie Beatrice hatte auch Ross im Gegensatz zu Miller nicht das Bedürfnis, irgendwelche vulgären Seiten seines Wesens zu befriedigen, und wenn Henry ein Radrennen, einen Ringkampf zwischen Jim Londos und Strangler Lewis oder Jack Johnson beim täglichen Training sehen wollte, mußte er sich an seine alten Freunde aus der Zeit vor der Heirat wenden.

An dem Tag, als Miller mit seinem Freund Bennie Epstein nach Coney Island oder Sodom-am-Meer, wie die Bewohner Brooklyns es nannten, hinausfahren wollte, hatte das junge Paar seinen ersten Streit. Beatrice hatte andere Pläne.[22] Miller fuhr trotzdem, und die Ehe scheint sich danach ziemlich schnell in einem ständigen Grabenkrieg festgefahren zu haben. Miller konnte Disziplin nicht ertragen. Das kannte er zur Genüge von seiner Mutter, und er war entschlossen zu verhindern, daß es in seiner Ehe Besitzansprüche geben könnte. Von diesem Zeitpunkt an veränderte sich seine Haltung gegenüber dem Vater. Er sah in ihm jetzt eher ein Opfer der Mutter als deren Unterdrücker. Es schien Miller, als habe die Last der Verantwortung seinen Vater gebrochen und als sei dieser lediglich noch »zum Sterben im Schoß der Familie« da, und dieses Schicksal wollte er selbst um jeden Preis vermeiden. Auch in anderer Hinsicht scheint er unglücklicherweise angenommen zu haben, daß seine Ehe unweigerlich ein Abklatsch der Ehe seiner Eltern werden müsse. Was er an Beatrice auszusetzen hatte, sollte er später seiner Mutter vorwerfen: Sie sei herrisch, arrogant und großkotzig. Umgekehrt kam Beatrice wie Louise zu dem Schluß, daß sich hinter dem lässigen Charme ihres Mannes eine irritierende Verantwortungslosigkeit und ein Mangel an Ehrgeiz verbargen. Miller war auf seine Art selbst ein Snob: Beatrice stellte ständig die Möbel um und teilte das Haushaltsgeld neu ein, und seine künstlerischen Ambitionen, sein Hang zum Bohèmeleben und seine Vorliebe für gefährliche Gestalten wie Emma Goldman und Gewerkschaftsführer wurden durch eine derart schamlose Häuslichkeit ernstlich kompromittiert.

4

Das Gezanke hörte praktisch nie auf, und bald erinnerte sich Miller voller Sehnsucht an das ruhige Leben, das er mit Pauline geführt hatte. Er fand zufällig heraus, daß Pauline als Platzanweiserin in Newark in einem Theater namens Keeney's arbeitete, und überraschte sie eines Tages dort. Sie machte ihm kurz Vorhaltungen über die Art und Weise, wie er sie verlassen hatte, war dann aber wie immer schnell bereit, ihm zu verzeihen. Nach der Vorstellung begleitete er sie nach Hause in ihre Mansarde. George sei gestorben, erzählte sie ihm, und sie arbeite als Dienstmädchen und wohne im Haus ihrer Arbeitgeber. Als Miller ihr sagte, daß er verheiratet sei, brach sie in Tränen aus.
Von Schuld und Mitleid verzehrt, heckte Miller sofort einen jener ungewöhnlichen Pläne aus, die alle glücklich machen sollten und

für ihn so typisch waren: Er wollte Pauline einladen, zu ihm und seiner Frau in das Haus in der 6th Avenue umzuziehen und mit ihnen zu leben. Platz gab es genug, Pauline konnte sogar ein eigenes Zimmer haben. Obwohl zu erwarten war, daß Beatrice darauf so kühl reagieren würde wie seine Mutter auf die Idee, Pauline zu ehelichen, unterbreitete er ihr den Plan und betonte, keinerlei Hintergedanken zu haben. Natürlich lehnte Beatrice den Plan rundweg ab, und so konnte Henry ihr die Schuld daran zuschieben, daß er Pauline nach jenem Abend im Keeney's nie mehr wiedersah. Ein paar Jahre später erzählte ihm ein Freund, er habe Pauline im Kaufhaus Abraham & Straus in der Fulton Street gesehen, aber danach verschwindet sie endgültig aus seinem Leben. Unter den Frauen, über die Miller in seinen autobiographischen Werken schreibt, wird Pauline, ob sie nun »Carlotta« oder einfach »die Witwe« heißt, mit ungewöhnlicher Sympathie und Zärtlichkeit beschrieben. Als Miller älter wurde und sein Widerwille gegen die Intellektuellen sich verstärkte, verklärte er im Rückblick die Art, wie sie ihn verwöhnt hatte, ihren Mangel an intellektueller Wißbegier und ihre Bodenständigkeit. Während Beatrice ihn an Dreisers Carrie Meeber erinnert hatte, war Pauline seine Jennie Gerhardt, die Titelfigur aus Dreisers Roman über ein Arbeitermädchen, das sich für das Glück des Geliebten aufopfert: Jennie zieht sich aus dem Leben des Protagonisten zurück, damit er eine Frau aus seiner Gesellschaftsschicht heiraten und sich so mit seinen Eltern versöhnen kann. Daß Miller hier eine Parallele zu seinem eigenen Leben sah, illustriert, mit welcher Selbstverständlichkeit er Ereignisse auf eine Weise interpretierte, die ihn selbst vor zuviel Scham- und Schuldgefühlen gegenüber seiner Umgebung schützte. Pauline hatte sich nicht bereitwillig für sein Glück geopfert, im Gegenteil, sie klammerte sich so fest an ihn wie möglich. Ihr einziges Vergehen bestand darin, daß sie fünfzehn Jahre älter war als ihr Geliebter, und in hohem Alter gab Miller zu, daß sie ihm eine bessere Frau gewesen wäre als Beatrice. Er spricht einmal davon, daß sie, wie ihr Sohn, Tuberkulose hatte[23], und wahrscheinlich war sie längst tot, als ihr »Harry« in den dreißiger Jahren ein berühmter Schriftsteller wurde. An der Welt der Bücher war sie ohnehin nicht sonderlich interessiert, und selbst wenn sie ein höheres Alter erreicht hat, ist es unwahrscheinlich, daß sie von seinen Erfolgen gehört hätte.

Catherine Wickens zog nach dem Tod ihres Mannes Frank zu Tochter und Schwiegersohn und führte ihnen den Haushalt. Henry hatte sie gern. Bei der Hausarbeit summte sie auf eine Art vor sich hin, die ihn entspannte und an Pauline erinnerte, die dieselbe Angewohnheit gehabt hatte. Zweimal, in dem als Privatdruck veröffentlichten Essay *Die Welt des Sexus* und in dem ununveröffentlichten Roman *Moloch*, behauptet Miller, Beatrice' Mutter sei seine Geliebte gewesen. In *Moloch* verschleiert Miller die Identität der beteiligten Personen. Die Beatrice entsprechende Blanche ist dort bei einer »unverheirateten Tante« aufgewachsen und kannte ihre eigentliche Mutter kaum. Ein Jahr nach ihrer Hochzeit machen die Molochs, wie man sie wohl nennen muß, eine verspätete Hochzeitsreise, auf der sie Blanches Eltern in Delaware besuchen. Ihr Mann Dion bemerkt bald, daß die »Frau mittleren Alters, die ihre Tochter so warmherzig begrüßte, Stadtgespräch war«, und ist fasziniert von ihrer Sinnlichkeit und der Art, wie sie Stunden vor dem Spiegel verbringt und sich schminkt und bei der Hausarbeit vor sich hin summt. Dion erliegt der Faszination und sagt, es seien »die eigenartigsten Flitterwochen gewesen, die er je gehabt hätte. Er hatte eine Braut mitgenommen und einen Sukkubus entdeckt.«
Dieser Bericht stimmt in vieler Hinsicht mit der Version überein, die Miller in *Die Welt des Sexus* etwa zwölf Jahre später niederschreibt. Hier kommt die Mutter zu einem längeren Besuch bei dem jungen Paar, und sie bringt ihren Pudel, einen Vogel im Käfig und zwei Koffer mit. Beim Abschied lädt sie die beiden zu einem Gegenbesuch ein. »Macht das zu euren Flitterwochen«, sagt sie lachend.[24]
Das Paar besucht sie an einem nicht näher genannten Ort. Eines Morgens – seine Frau ist ausgegangen – sitzt Henry im Bademantel im Lehnstuhl und liest Zeitung, da ruft ihn die Mutter von der Badewanne aus und bittet ihn, ihr ein Handtuch zu holen. Von da an, schreibt er, »kamen die Flitterwochen in Schwung. Ich flitterte überall herum, zuerst mit der Tochter, dann mit der Mutter.« Zu Henrys Glück ist der Schwiegervater ein »einfacher, unkomplizierter Mann, der mich sofort mochte und bei dem ich mich wohl fühlte«. Henrys Frau geht es weniger darum, daß er sich wohl fühlt. Sie schöpft Verdacht, und das

Abenteuer endet abrupt, als sie auf der Rückkehr nach Brooklyn besteht.
Mit solchen Kapriolen schockierte Miller die gottesfürchtigen Amerikaner vor fünfzig Jahren, und weil er immer wieder darauf beharrte, daß seine Literatur autobiographisch sei, hielt man die Geschichte allgemein für wahr. Vielleicht ist sie es auch – Betrug wurde schließlich mit der Zeit fast so etwas wie sein Lieblingsverbrechen. Eine oder zwei kleine Details lassen jedoch vermuten, daß er fiktiv etwas realisiert hat, was in Wirklichkeit lediglich eine Möglichkeit gewesen war. In *Sexus*, dem Buch, das über Millers Leben mit Beatrice (genannt Maude) am meisten aussagt, wird geschildert, wie Maudes Tante Melanie nach der Heirat zu ihnen zieht. Henry ist über das Chaos in ihrem unaufgeräumten Zimmer entzückt: »Es war ein Raum, wo der Wahnsinn eingefangen und eingesperrt war. Immer der Papagei in seinem Käfig, immer der räudige Pudel, immer dieselben Daguerreotypien, immer das Messingbett und die altmodische Truhe.«[25] Melanie ist auf für sie vorteilhafte Weise in jeder Hinsicht das glatte Gegenteil seiner Frau, die streng, steif, ehrgeizig und gehemmt ist, und Henry kommt sehr gut mit Melanie aus. Dennoch ist ihr Verhältnis weit weniger dramatisch, als er es früher beschrieben hat. Mit wehmütigem Vergnügen erinnert er sich an »ganz wunderbar idiotische Unterhaltungen mit ihr, manchmal, wenn Maude nicht da war – meist in der Küche, wo wir uns eine Flasche Bier und vielleicht ein bißchen Leberwurst teilten«.[26]

> Ihr Verstand war ins Fleischliche herabgesunken, und wenn sie linkisch und närrisch in ihren Bewegungen war, dann nur darum, weil sie mit diesem fleischlichen Körper dachte und nicht mit ihrem Gehirn. Was immer an Sex in ihr war, schien über den Körper verteilt zu sein. Es war nicht mehr lokalisiert, weder zwischen ihren Beinen noch sonstwo. Sie hatte keinerlei Schamgefühl. Das Haar ihrer Möse, hätte sie dieses zufällig am Frühstückstisch, während sie uns bediente, enthüllt, unterschied sich für sie in nichts von ihren Zehennägeln oder ihrem Bauchnabel. Ich bin sicher, wenn ich jemals geistesabwesend ihre Möse gestreichelt hätte, während ich nach der Kaffekanne griff, hätte sie nicht anders reagiert, als würde ich ihren Arm berührt haben. Oft, wenn ich ein Bad nahm, öffnete sie völlig unbeteiligt

die Tür und hängte die Handtücher auf das Gestell über der Wanne, wobei sie sich mit schwacher, zurückhaltender Stimme entschuldigte, doch ohne jemals den leisesten Versuch zu machen, ihren Blick abzuwenden. Manchmal verweilte sie bei solchen Gelegenheiten einige Augenblicke und unterhielt sich mit mir – über ihre Tierlieblinge, ihre entzündeten Fußballen oder das morgige Mittagessen –, wobei sie mich mit völliger Ungeniertheit ansah, nie im geringsten verlegen. Wenn sie auch nicht mehr jung war und weißes Haar hatte, war ihr Fleisch doch lebendig, beinahe empörend lebendig für jemanden in ihrem Alter. Natürlich bekam ich hin und wieder eine Erektion, wenn ich in der Wanne lag und sie mich unverfroren betrachtete und reinen Unsinn schwatzte. Ein paarmal hatte Maude uns überrascht. Sie war natürlich entsetzt. »Du bist wohl verrückt«, sagte sie zu Melanie. »Meine Güte, was für ein Getue du machst!« antwortete die darauf. »Ich bin sicher, daß Henry nichts dagegen hat«, und sie lächelte dieses melancholische, sehnsüchtige Lächeln hypochondrischer Menschen.[27]

Mutter und Tante mit ihren großen Koffern, altmodischen Truhen, Pudeln, Papageien, Wannen und Handtüchern gehen eindeutig auf dieselbe Person zurück, und so gern Miller in seiner Jugend ältere Frauen auch gemocht hatte, muß man doch annehmen, daß Catherine Wickens mit ihren sechzig Jahren ein wenig zu alt war, selbst für den Geschmack des Ungeheuers Henry Miller.

6

Von dem Gezanke und der schlechten Stimmung im Haus in der 6th Avenue bekam Miller allmählich Kopfschmerzen. Anstatt Tabletten einzunehmen, verbrachte er die Abende nun gewöhnlich im Varietétheater, wo er die Schmerzen mit Lachen vertreiben konnte. »Gott sei Dank gab es zu jener Zeit diese segensreichen Einrichtungen!« schrieb er einmal. »Hätte es sie nicht gegeben, ich hätte vielleicht schon lange Selbstmord begangen.«[28]
Diese Abende im Varieté waren mehr für ihn als lediglich ein Mittel gegen seine Kopfschmerzen. Die magische Welt des Theaters beeindruckte ihn. Eines seiner Lieblingsspiele war ein Pup-

pentheater gewesen, das ihm ein Onkel gebaut hatte, eine äußerst kunstvolle Arbeit mit Schauspielern für verschiedene Stücke, Scheinwerfern, Flaschenzügen und Kulissen. Seine Begeisterung dafür hielt sich, bis er sechzehn oder siebzehn war.[29] Auch mit dem richtigen Theater machte er schon früh erste Erfahrungen, als seine Mutter ihn zu einer Vorstellung der Spooner Stock Company von *Onkel Toms Hütte* mitnahm. Sie besuchten bald regelmäßig gemeinsam die Theater des Viertels, darunter das Spooner Stock, das Novelty on Driggs Avenue, das Amphion und das Payton's Lee Avenue, das Corse Payton, einem Freund von Henry senior, gehörte. Louise liebte vor allem Rührstücke wie *The Old Homestead* und *Way Down East,* die Henry früh mit jener Sentimentalität in Berührung brachten, die ein so ausgeprägter Zug seines Charakters werden sollte. Dennoch erinnerte er sich an diese ersten Ausflüge nicht mit sonderlich großem Vergnügen. Seine Theaterleidenschaft begann erst, als er *Wein, Weib und Gesang* auf der Bühne sah.

Später in der Pubertät ging er dann jeden Samstagabend in Begleitung eines Freundes namens Robert Haase in eines der Theater der Umgebung. Das Payton hatte eine Staffelung der Eintrittspreise eingeführt. Es gab Karten zu zehn, zwanzig und dreißig Cent, was schnell beliebt wurde, weil damit praktisch jeder ins Theater gehen konnte, sooft er wollte. Allein das Payton's Lee Avenue Theatre, das fünfzehn Jahre lang, von 1900 bis 1915, existierte, hatte in dieser Zeit über dreihundert Stücke im Programm, größtenteils Neueinstudierungen direkt vom Broadway, aber auch Wiederaufnahmen beliebter Hits wie *Three Weeks, Florodora, Charleys Aunt, Two Orphans, For her Children's Sake, In the Bishop's Carriage* und *The Rivals.*

Von den Theatern des Viertels stieg Henry um auf die New Yorker Theater. Das erstemal ging er mit seinem Vater hin. Sie sahen Douglas Fairbanks in *The Gentleman from Mississippi.* Später nahm ihn sein Deutschlehrer von der High-School mit zu einer deutschsprachigen Aufführung von *Alt-Heidelberg.* Der Lehrer war einer der vielen, die sich für Miller interessierten und sein Bedürfnis nach Kontakten mit der Welt der Kultur befriedigten. Henry las außerdem viele Dramen in den mehrbändigen *Harvard Classics,* die seine Eltern ihm einmal zum Geburtstag geschenkt hatten. Vom Variété und Theater ging er über zu Konzerten und zur

Oper, zu Boxkämpfen, Ringkämpfen und Vorträgen. An allem fand er auf die gleiche überschwengliche und unkritische Weise Gefallen. Seine Bildung war in hohem Maße eklektisch, zugleich aber auch sehr amerikanisch, und vielleicht hat er die eindrücklichsten Stunden im Variété verbracht.
Seinen ersten und unvergeßlichen Eindruck vom Variéte bekam er im Empire in Brooklyn. Er war fünfzehn und trug bereits lange Hosen, rasierte sich aber noch nicht regelmäßig. Zusammen mit einem älteren Jungen namens Harry Martin besuchte er eine *Krausemeyer's Alley* betitelte Show, in der Sliding Billy Watson und ein Menge nackter Frauen auftraten:

> Sobald der Vorhang hochging, zitterte ich vor Erregung. Bis dahin hatte ich noch nie in der Öffentlichkeit eine unbekleidete Frau gesehen. Dank der Zigaretten von Sweet Caporal kannte ich seit meiner Kindheit Bilder von Frauen in enganliegenden Kleidern, denn jede Packung enthielt gewöhnlich eine kleine Spielkarte, auf der eine der damals bekannten Soubretten abgebildet war. Aber daß ich eines dieser Geschöpfe lebendig auf der Bühne sehen sollte, im hellen Scheinwerferlicht, nein, das hätte ich mir nie träumen lassen.[30]

Wie hier ohne Schuldgefühle in greller, theatralischer Offenheit das menschliche Sexualleben gefeiert wurde, das gefiel ihm sehr, und so ging er regelmäßig in Theater wie das Columbia, das Olympic, das Hyde and Beeman's, das Dewey, das Star und das Gayety, die diese Art der Unterhaltung anboten.
Was Atmosphäre und Stil der besten Werke Millers betrifft, so beeinflußten ihn diese pubertären Erfahrungen im Variété viel stärker als alles von Goethe, Ibsen, Aristophanes und die alten Wälzer und Klassiker, auf deren Lektüre er so stolz war. Die Shows lebten von derbem Humor, sie spiegelten mit unbeschwerter Offenheit die Grausamkeiten des Alltags. Auch John Cowper Powys war ein Liebhaber des Varietés. Seine Autobiographie enthält eine treffende Beschreibung dieser inzwischen verschwundenen Art des Vergnügens vom Standpunkt eines Außenseiters. Powys nennt das Variété Amerikas ein »großes Ventil für alles, was die puritanische öffentliche Meinung verdrängt« und merkt an, daß fast nur Männer dorthin gingen:

> Zu meiner Zeit gab es in den Variétéshows kaum eine Handlung. Was es an Handlung gab, beschränkte sich meist auf die tolldreisten Abenteuer zweier Clowns, von denen einer gewöhnlich einen Juden, der andere einen Iren vorstellte. Oft waren die Darsteller auch wirklich ein Jude und ein Ire, aber davon abgesehen verblüffte mich auf jeden Fall die Roheit ihrer Worte, Späße und Gesten. Im Vergleich mit diesen Spaßmachern im Variété war Charlie Chaplin so vornehm wie Charles Dikkens ... Ich weiß noch, daß mich die süffisante und drastische Verhöhnung von Landstreichern und Pennern besonders schockierte. Vermutlich bestand das Publikum überwiegend aus Handlungsreisenden. Jedenfalls gehörten die meisten wohl der »unteren Mittelschicht« an, wie Harry Lyon das nannte, und im Gegensatz zu einem adligen Publikum schien es ihnen nichts auszumachen, wenn Landstreicher, Bettler, Krüppel, Schwachsinnige und alle möglichen gestrandeten Existenzen zur Zielscheibe grimmigen Spotts gemacht wurden. Mein Mitgefühl orientierte sich an den Werken von Sterne, Lamb, Scott und Dickens, wo diese Unschuldigen fast wie Heilige behandelt werden – deshalb war ich so erstaunt, wie man sich über Lumpen und Krücken und das Kauderwelsch der Schwachsinnigen lustig machen konnte ... Tatsächlich sah ich an diesen Orten die tiefsten Instinkte des bürgerlichen Menschen wenigstens einmal in der Geschichte der Menschheit sich ungehindert ausdrücken.[31]

Die letzte Beobachtung könnte beinahe eine programmatische Beschreibung des Ziels sein, das Miller mit *Wendekreis des Krebses* verfolgte. Auch Powys siedelte das Variété kulturell höher an wie später Miller und stellte eine Verbindung zu Rabelais, Joyce' *Ulysses*, dem Satyrspiel und sogar Nietzsche her, der sich in Powys' Vorstellung »zum Genuß solcher Farcen zwang und sie dann mutige Wahrheit im Sinne des Aristophanes« nannte. Doch was ihn am meisten erstaunte, war nicht das, was ihm am besten gefiel: Wie Miller kam auch Powys hauptsächlich, um die Mädchen zu sehen. Miller wurde zum Kenner der besten dieser Tänzer und Darsteller, und in literarischer Hinsicht verdankt der Autor der *Wendekreise* Komikern wie Eddie Foy, Bert Savoy und Willie Howard einiges. Sie lehrten ihn vieles über die schwierige Kunst, die Tabuzonen der menschlichen Erfahrung aufzusuchen, und die ebenso schwierige Kunst, von dort wieder zurückzukommen. Wie Samuel Beckett, ein Schriftsteller ganz anderer Art, entdeckte Miller in den Darstellungstechniken und im Umgang mit der Zeit bei den Komikern des Variétés Tugenden, die er dann später literarisch umsetzen konnte.

Am meisten bewunderte er das Können eines gewissen Frank Fay. Wenn er darüber schreibt, warum er Fay mochte, wird seine eigene Haltung gegenüber der Kunst der Kommunikation deutlich:

> Frank Fay beeindruckte mich als ein Mann, der ohne die geringste Vorbereitung in eine Rolle schlüpfen konnte, ein Mann, der, wenn er wollte, zehn oder fünfzehn Stunden lang die Bühne ganz allein ausfüllte. Und der sein Spiel immer wieder variierte. Mir schien, als besitze er ein unerschöpfliches Reservoir an Witz, Erfindungsreichtum und Intelligenz. Wie viele andere große Komiker wußte er, wann und wie man die Grenze zum Reich des Verbotenen überschreiten kann. Er konnte sich einfach alles leisten. Er war unwiderstehlich, selbst für die Zensoren, glaube ich. Natürlich erregt nichts die Empfindungen eines Publikums so sehr wie ein Ausflug in das Reich des Perversen und Verbotenen.[32]

Miller bewahrte sich sein Leben lang die kindliche Fähigkeit, jeglichen Unglauben zeitweilig beiseite schieben zu können, was dazu führte, daß man ihn immer wieder als »naiv« und »unschuldig« charakterisierte. Er setzte wahllos alle Darsteller, ganz gleich, ob es sich um Striptease-Tänzerinnen, Musiker, Redner, Schauspieler, Dramatiker oder Romanciers handelte, mit Schauspielern gleich, die ihre eigene Biographie spielten und Dinge über sich selbst enthüllten. Die Vorstellung einer Distanz zwischen Darsteller und Dargestelltem, zwischen der Realität und der Illusion, auf die man sich einigt, sagte ihm offenbar nicht zu. Und so konnte oder wollte er auch die Tatsache nicht akzeptieren, daß großes Können und scheinbar müheloses Gelingen nur durch harte Arbeit und banales, aufreibendes Training zu erreichen sind. Das führte bei ihm zu einer Ästhetik der Spontaneität, die seine Versuche, Schriftsteller zu werden, sehr viel mehr behindern sollte als die fehlende höhere Schulbildung.

7

Miller erhielt sich seine kindliche Gläubigkeit ein Leben lang. Bezogen auf die Bücher, die er las, bedeutete das, daß sich deren Autoren für ihn in eine Spezies märchenhafter Wesen verwandelten, die eine traumähnliche Welt namens Literatur bewohnten. Dort waren die Menschen und die Ereignisse viel glanzvoller als im Schneiderladen, wo man beleidigende Briefe an säumige Schuldner schreiben oder dem konfusen Gefasel eines betrunkenen Vaters zuhören mußte. In den großen russischen Romanen und den Dramen Strindbergs begegnete Miller den wahrhaft großen Seelen. Von ihrer Leidenschaft, dem ungeheuerlichen Ausmaß ihrer Verfehlungen und der Größe ihrer Triumphe las er mit derselben ehrfürchtigen Begeisterung wie einst vom flotten Aguinaldo, dem kuriosen, mitleiderregenden Pinocchio, Hentys Abenteurern und all den Märchenhelden und Prinzen seiner ersten Bücher. Für Miller handelten Bücher nicht vom Leben, sie waren das Leben.

»Ich glaubte damals, die ganze Tragik des Lebens sei in Büchern niedergeschrieben, und ich hielt das, was außerhalb der Bücher geschah, nur für verdünnte Scheiße«, schrieb er einmal.[33] Wer das Leben aus dieser Perspektive betrachtet, erlebt unweigerlich früher oder später eine katastrophale Enttäuschung, und Miller hatte sich bereits mit Themen beschäftigt, die eine ernsthafte Bedrohung für das Eigenleben der Illusionen darstellten. Bedeutsam war in diesem Zusammenhang die Lektüre Nietzsches, dessen Einstellung zum Leben und »besonders zu Frauen« für Miller »das Gegengift zu Pauline« geworden war.[34] Miller spürte die Tragweite von Nietzsches Gottlosigkeit, versuchte aber, damit auf seine Art fertig zu werden. An einem bestimmten Punkt begann seine naive Suche nach einem Weg, auf dem er von der realen Welt in die Welt der Fiktion gelangen konnte. Wenn er diesen Weg finden und erfolgreich beschreiten würde, könnte er sich selbst in eine Romanfigur verwandeln und die Welt der »verdünnten Scheiße« ein für allemal gegen die Welt der »Tragik« eintauschen.

Im Jahr 1919 lag der erfolgreiche Abschluß dieser eigenartigen Metamorphose vom Menschen zum fiktionalen Charakter noch in ferner Zukunft. Miller hatte einiges geschrieben, aber die ernste

Seite der Sache mußte er erst noch angehen, das heißt den ernsthaften Versuch, einen Verleger zu finden. Angesichts seiner späteren Entwicklung ist es vielleicht nicht unwichtig, daß zu seinen ersten Einsendungen an eine Zeitschrift eine Skizze gehörte, die auf einer »mystischen Erfahrung« beim Betreten eines Varététheaters beruhte. Die Skizze erschien ihm »wild, gescheitert, durch und durch unverständlich«, aber auf den Verdacht hin, daß andere vielleicht anders denken würden, schickte er sie an Frances Hakkett von *New Republic*.[35] Hackett veröffentlichte sie zwar nicht, schrieb Miller aber einen herzlichen, ermutigenden Brief, der Miller über die Ablehnung hinwegtröstete.

Miller steckte etwas zurück, und auf den Seiten der in Salem in Massachusetts verlegten Monatszeitschrift *The Black Cat: Clever Short Stories* hatte er schließlich Erfolg. Der Herausgeber hatte die originelle Idee gehabt, die Leser in die Gestaltung der Zeitschrift einzubeziehen, indem er sie einlud, Kurzgeschichten zu schreiben und diese gegenseitig zu rezensieren; wenn sie über das Schreiben nachdenken würden und darüber, wie man unterschiedliche Effekte erzielen kann, könnten sie vielleicht selbst zu Schriftstellern werden. Miller abonnierte die Zeitschrift und machte sich an die Arbeit. Seine Rezensionen sind verständlich geschrieben und mit Verallgemeinerungen über Männer, Frauen und die Liebe aus dem Mund eines »alten Philosophen, den ich einst kannte« durchsetzt. Wenn es auch echte Jugendwerke sind, so finden sich in ihnen doch bereits Anzeichen für seine natürliche Begabung zur destruktiven Kritik, und zwischen Mai und Oktober 1919 erschienen in *The Black Cat* fünf Artikel Millers. Zum erstenmal erhielt er einen Scheck für etwas, das er geschrieben hatte; die zwei Dollar und dreiundvierzig Cent kamen ihm vor wie tausend Dollar: »Ich hatte es geschafft.«[36] Zur Feier dieses Ereignisses warf er seinen Borsalino-Schlapphut hoch in die Luft, und nachdem der Hut im Rinnstein gelandet war, sah er zu, wie ein Lastwagen darüberfuhr.

Der Erfolg auf den Seiten von *Black Cat* konnte einem Mann, der überzeugt war, mindestens so gut wie Dos Passos schreiben zu können, zwar nicht allzuviel bedeuten, aber es war wichtig, daß er zum erstenmal für seine Anstrengungen bezahlt worden war. Er konnte jedoch aus seinem Erfolg kein Kapital schlagen. Am 30. September, nur ein paar Tage bevor sein letzter Beitrag in der

Oktobernummer von *Black Cat* erschien, gebar Beatrice eine Tochter. Sie wurde nach Millers Großmutter Barbara getauft. Nun wurde Miller von der Verantwortung eingeholt, die er seit seiner Heirat gescheut hatte. Er hatte viel Zeit damit verbracht, die Rolle des Schriftstellers zu spielen, aber nur wenig Zeit mit dem eigentlichen Schreiben. Zum Teil ging dieses, bei einem so passiven Mann wie Miller unvermeidliche Mißverhältnis darauf zurück, daß er einfach nicht wußte, worüber er schreiben sollte. Das Leben war kein Buch. Es enthielt kein erkennbares Muster, keine durchlaufende Handlung. Dinge passierten ihm, und er versuchte, mit ihnen zu leben. Jetzt sah es so aus, als sei er doch nicht für etwas ganz Besonderes bestimmt, sondern nur ein gewöhnlicher Familienvater. Er und Beatrice verbrachten Weihnachten wie immer bei seinen Eltern in der Decatur Street. Dann, Anfang 1920, zog Miller seinen Anzug an, band sich eine Krawatte um und machte sich auf die Suche nach einer dauerhaften Anstellung.

KAPITEL 4

1920-1923: Eine feste Anstellung und das erste Buch

1

Im Jahr 1920 ging eine erste Welle von Schriftstellern der Lost Generation aus Greenwich Village auf literarische Erkundungsreise nach Paris. Das 19. Amendment gab den Frauen das Stimmrecht, und die Prohibition wurde eingeführt. Jack Reed war auf dem Weg nach Moskau, um die Angliederung der neugegründeten Kommunistischen Arbeiterpartei an die Komintern zu arrangieren, und der neunundzwanzigjährige Henry Miller bewarb sich um eine Stelle als Telegrammbote bei der West Union Telegraph Company, felsenfest davon überzeugt, daß er die Stelle bekommen würde.

Mit einigen dicken Büchern über Ökonomie und Metaphysik unterm Arm stellte er sich im Personalbüro der Gesellschaft vor. In den Bewerbungsunterlagen hatte er angegeben, er habe an der Columbia University den Doktortitel erworben, und die Bücher sollten diese Behauptung belegen. Zu seiner Überraschung gab ihm der Telefonist, der gleichzeitig für Einstellungen zuständig schien, die Stelle nicht, und er mußte mit dieser schlechten Nachricht zu Beatrice nach Hause zurückkehren.

Die Ablehnung war ein Wendepunkt in Millers Leben, eine heilsame Warnung an ihn, daß es jetzt an der Zeit war, mit dem Herumspielen aufzuhören. Warum um alles in der Welt sollte ein gesunder, weißer, gebildeter, im Land geborener Amerikaner mit einem Doktortitel der Columbia University und Interesse an der Metaphysik sich um einen Job als Botenjunge oder »Dussel«, wie man sie abschätzig nannte, bewerben? Ihm wurde bewußt, daß er in den zehn Jahren, seit er die Schule verlassen hatte, nichts erreicht hatte. Seine Selbsteinschätzung als »besonderer« und »ungewöhnlicher« Mensch, die Freunde und Verwandte als pubertären Spleen toleriert hatten, brach zusammen. Von seinen alten Schulfreunden war William Dewar inzwischen ein erfolgreicher Anwalt und der »Spaghettifresser« Jimmy Pasta der aufsteigende Politstar in Bushwick in Brooklyn. Pasta leitete sogar zusammen mit einem anderen früheren Mitschüler namens Charles McMichael ein Projekt, das arbeitslosen Absolventen der High-School PS85 bei der Stellensuche helfen sollte. In der Schule war er immer Henrys großer Rivale gewesen, auf dem Sportplatz ebenso wie im Klassenzimmer, und über seine Aktivitäten wurde regelmäßig in der Lokalzeitung von Bushwick und im *Brooklyn Daily Eagle* berichtet. Henry senior quälte seinen Sohn manchmal damit, daß er ihm die Berichte über Pastas jüngste Erfolge ohne jeden Kommentar laut vorlas.

Miller schlief kaum in jener Nacht. Er stand am nächsten Morgen früh auf, machte sich auf den Weg zum Büro der Western Union am Park Place und verlangte den Präsidenten Newcomb Carlton zu sprechen. Mr. Carlton war außer Haus. Ebenso der Vizepräsident. Aber Miller, glattrasiert, in seinem besten Anzug, beflügelt von einer unwiderstehlichen Mischung aus Wut und Demütigung, ließ nicht locker, bis man ihm ein Gespräch mit dem Sekretär des Vizepräsidenten gestattete. Diesem trug er sein Anliegen so beredt vor, daß man ihn zu einem weiteren Gespräch in das Büro von Jim Nathan schickte, dem Generaldirektor der Firma. Zum Glück – zumindest für ihn – kam er zu einem Zeitpunkt, wo einige Mitarbeiter der Firma versuchten, die Zahl der von der Western Union beschäftigten Juden zu verringern. J. C. Willever, der geschäftsführende Vizepräsident, gehörte vielleicht zu jenen fanatischen Patrioten, die glaubten, hinter der Revolution in Rußland steckten in Wirklichkeit Juden aus New York. Willever drängte Nathan damals, im Fall eines Telefonisten namens Sam Sattenstein tätig zu werden, weil dieser Sattenstein sich seiner Meinung nach die Unfähigkeit des wirklichen Personalchefs zunutze machte und diese Rolle selbst spielte, und dabei die freiwerdenden Botenstellen mit jüdischen Landsleuten auffüllte. Miller als gebürtiger Amerikaner profitierte von dem Hin und Her und den Intrigen der folgenden Zeit. Nachdem er in einer mehrmonatigen Probezeit als gewöhnlicher Botenjunge Gelegenheit gehabt hatte, von der Pike auf zu lernen, wie die Firma arbeitete, versprach man ihm schließlich die Stelle des Personalchefs. Offensichtlich wurde von ihm auch erwartet, als Spion der Firma zu arbeiten und seinen Vorgesetzten von Zeit zu Zeit vertrauliche Berichte über Kollegen zu unterbreiten.

In der Lehrzeit bekam er siebzehn Dollar die Woche. Zweimal wäre er fast entlassen worden, einmal weil man ihn angeblich dabei erwischt hatte, wie er im Central Park mit einem Packen nicht zugestellter Telegramme in der Tasche James Joyce las.[1] Aber nach angemessener Frist bekam er die Stelle als Personalchef. Sattenstein, der Mann, der ihn anfänglich abgewiesen hatte, blieb und wurde seine rechte Hand. Die beiden kamen trotz des unglücklichen Anfangs ihrer Beziehung gut miteinander aus – Sattenstein ist der Hymie Laubscher aus *Wendekreis des Steinbocks*, mit dem Miller neben anderen persönlichen Angelegenheiten die Probleme bespricht, die Mrs. Sattenstein mit ihren Eierstöcken hat.

2

Millers Hauptaufgabe bei der Western Union war es, dafür zu sorgen, daß der 2200 Mann starke Botendienst der Firma reibungslos funktionierte. Er sprach mit Bewerbern, stellte sie ein oder feuerte sie und fungierte als Berufsberater und als eine Art Vertrauensmann. Außerdem war er für die Herstellung der tristen olivgrünen Uniformen und für die Wahrung der Disziplin zuständig, wobei er die Sünder entweder feuerte oder sie nicht mehr auf Provisionsbasis, sondern wieder für ein Gehalt arbeiten ließ.[2] Er arbeitete lange, von acht Uhr morgens bis sechs Uhr abends, und mußte seine Zeit auf die vier großen Einstellungsbüros der Firma verteilen, das Büro in der Fulton Street, das Büro am Park Place, das Hauptbüro in der Fifth Avenue und 22nd Street und das Büro in der Vesey Street. Er bekam 240 Dollar im Monat und eine Firmenkarte, mit der er alle U-Bahnen, Hochbahnen und Straßenbahnen von New York und Umgebung umsonst benutzen konnte.

Sobald Miller fest im Sattel saß, machte er sich daran, eine Mannschaft aufzubauen. Ein alter Mann names Garvey gab die Bewerbungsformulare an die hoffnungsvollen Bewerber aus und achtete

darauf, daß kein entlassener ehemaliger Angestellter versuchte, unter anderem Namen wieder eine Anstellung zu bekommen. Sattenstein arbeitete weiterhin in der Telefonvermittlung und war dafür verantwortlich, daß die Boten bei Krankheit, unentschuldigtem Fehlen oder Unterbesetzung innerhalb der Büros aushalfen. Millers Freund Joe O'Reagan, der vor kurzem von den Philippinen zurückgekehrt war, wurde als sein erster Assistent eingestellt und stand im Rang noch über einem anderen Assistenten namens Joe Ramos. Der Firmendetektiv, mit dem Miller arbeitete, hieß Richard Carey, und wenn Miller abends sein Büro abgeschlossen hatte, begleitete er Carey gewöhnlich auf seinen Rundgängen durch einige der hundert Büros der Firma, machte Stichproben und suchte nach Beweisen für Betrügereien. Ein häufig vorkommender Betrug, den sie zu entdecken hofften, bestand darin, daß Telegrafisten lange Telegramme kürzten und die Preisdifferenz in die eigene Tasche steckten.[3]
Daß ein junger Mann wie Miller auf einem solchen Posten landete, war ungewöhnlich, und er war stolz auf seine Leistung. Auf seinem Schreibtisch stand ein Schild mit der Aufschrift: »Ihr alle, die ihr hier eintretet, gebt die Hoffnung nicht auf«.[4] Er stürzte sich in die Arbeit, befriedigt darüber, daß er endlich eine Arbeit gefunden hatte, die seinen Fähigkeiten, seiner Tatkraft und seiner Sehnsucht nach einer sinnvollen Tätigkeit entsprach. Die Macht, die er über das Schicksal anderer Menschen hatte, war faszinierend und schwindelerregend für ihn – und sollte ihn bald in Angst und Schrecken versetzen. 1921 gab es in den USA ungefähr sechs Millionen arbeitslose Erwachsene, darunter viele Kriegsveteranen, und jeden Tag kamen rund hundert in der Hoffnung auf eine Anstellung in sein Büro. Das Chaos wurde zur Routine. Im *Wendekreis des Steinbocks* wird die Arbeit anschaulich geschildert:

> Noch ehe ich den Hut abnehmen konnte, mußte ich ein Dutzend Telefongespräche führen. Auf meinem Schreibtisch standen drei Telefone, die alle gleichzeitig läuteten. Sie belferten mir die Pisse aus dem Leib, ehe ich mich auch nur zum Arbeiten hingesetzt hatte ... Wenn es mir an einem Tag durch ein Wunder gelang, alle Vakanzen zu füllen, so war am nächsten Morgen die Situation genau die gleiche, wenn nicht schlimmer.[5]

Die Instruktionen von oben, nach denen er Anstellungen vornahm, wechselten mit verblüffender Geschwindigkeit. In einer Woche etwa mußten dreihundert Stellen neu besetzt werden, während es in der Woche davor nur fünf gewesen waren, und man teilte ihm mit, daß er jetzt auch Leute aus Gruppen anstellen durfte, die in der letzten Woche noch tabu gewesen waren, »Nigger, Juden, Lahme, Krüppel, entlassene Strafgefangene, Huren, Irre, Perverse, Idioten und jeden Scheißkerl, der auf zwei Beinen stehen und ein Telegramm in der Hand halten kann«.[6] Ungefähr ein Fünftel der Arbeiter war fest angestellt, der Rest von etwa vierhundert Arbeitern wurde jeden Monat neu eingestellt und rekrutierte sich aus dieser heterogenen Gruppe von Außenseitern. Krisen waren unvermeidlich, wenn etwa irgendein des Lesens und Schreibens nicht mächtiger Einwanderer mitten in New York zusammenbrach und zurückgebracht und von seinen Telegrammen befreit werden mußte. Ein Bote wurde mitten im kältesten Winter zwei Tage und zwei Nächte lang vermißt. Schließlich fand man ihn. Er war ziellos durch die Stadt geirrt und hatte noch einige nicht abgelieferte Telegramme in der Hand. Als Henry ihm den Mantel öffnete, um nachzusehen, ob er noch mehr Telegramme in seinen Taschen hatte, entdeckte er, daß der Mann unter dem Anzug nackt war. Andere Boten brachen nach Staten Island auf und kamen auf der falschen Seite der Bucht heraus, in Caransie in Brooklyn. Manche arbeiteten eine Stunde, hörten dann auf und warfen ihre Telegramme in den nächsten Papierkorb. Und wenn sie aufhörten, wollten sie sofort ihren Lohn, was unmöglich war, da die Buchhaltung so kompliziert war, daß erst zehn Tagen später ausgerechnet werden konnte, was ein Bote verdient hatte. Aus einem Bericht mit dem Titel »Lösungsvorschläge für das Botenproblem«, den Henry für seine Vorgesetzten geschrieben hatte, geht hervor, daß die durchschnittliche Arbeitsdauer der Boten innerhalb eines halben Jahres nicht mehr als fünf Tage betragen hatte.
Anfangs erfüllte Miller seine Pflichten vorschriftsgemäß und voller Idealismus. Er bat jeden Bewerber, Platz zu nehmen, und erläuterte ihm detailliert die Anforderungen der jeweiligen Stelle. Seine »Lösungsvorschläge« zeigen, daß er die Probleme der Firma ernst nahm und vernünftige Lösungen anzubieten hatte, besonders im Hinblick auf die enorme Fluktuation unter den Boten. Die Haupt-

ursachen dafür waren offenbar der Mangel an Aufstiegschancen innerhalb der Firma, die stigmatisierende Uniform, die allgemeinen Arbeitsbedingungen sowie die verfehlte Politik, ehemalige Boten als Sekretäre und Aufseher zu beschäftigen, die sich dann eine »unerträgliche Arroganz und unnötige Härte« gegenüber ihren früheren Kollegen anmaßten. Henry schlug Löhne zwischen 25 und 30 Dollar pro Woche vor. Er wollte das System verbessern, nach dem ehemalige Boten als Sekretäre beschäftigt wurden, und alte Männer und Jungen von geringer Intelligenz anstellen, was »wahrscheinlich die Arbeiterschaft durch längere Dienstzeiten stabilisieren« würde, auch wenn in diesem Fall Schwierigkeiten mit der Arbeitsmoral, der Effizienz und steigenden Betriebskosten bewältigt werden müßten. Vor allem versuchte er seinen Vorgesetzten nahezubringen, daß sich die Haltung der Firma den Boten gegenüber unbedingt und radikal ändern müsse. »Aus Gründen der Geschäftspolitik, nicht aus sentimentaler Menschenfreundlichkeit«, drängte er, müsse »die Firma dem Boten das Gefühl geben, mehr als nur ein Rädchen im Getriebe zu sein. Er muß das Gefühl haben, daß die Firma um sein Wohl besorgt ist.« Miller schlug vor, jeder Bote solle einmal in der Woche eine Betriebszeitung mit einem aufmunternden Artikel, Nachrichten über Stellenbesetzungen und Vorschlägen für die Verbesserung der Arbeit erhalten. Nach höchstens drei Monaten im Außendienst solle die Firma versuchen, dem Boten eine bessere Stelle zu verschaffen.

Nach einer Weile wurde Henry jedoch klar, daß er seine Arbeit nur bewältigen konnte, wenn er die Vorschriften beiseite ließ und improvisierte. Das hieß insbesondere, die Firmenpolitik bezüglich Rasse zu ignorieren. Jetzt stellte er Juden ebenso ein wie hellhäutige Schwarze und Indianer, die als Weiße durchgehen konnten. Für Hindus hatte er besonders viel übrig. Er schloß enge Freundschaft mit Haridas Muznudar, den er schließlich zu seinem Assistenten machte. Am anderen Ende der Skala standen die auf Bewährung entlassenen Strafgefangenen, mit denen er sich einließ, weil ein ehemaliger Wärter aus Sing-Sing namens Molloy ihn in ihrem Namen darum gebeten hatte. Nach Millers eigener Aussage enttäuschte ihn nicht einer der entlassenen Strafgefangenen.

Die fast fünf Jahre, die Miller bei der Firma verbrachte, waren lehrreich und in vieler Hinsicht die erste Kostprobe des wirklichen Lebens nach dem hemmungslosen, um Selbstschutz bemühten

Sich-treiben-Lassen der ersten dreißig Jahre. Diese Zeit regte ihn zu einigen der besten Partien im *Wendekreis des Steinbocks* an. Dort ist die Arbeit für die »Kosmodämonische Telegrafengesellschaft« eine Metapher für die Verrohung des großstädtischen Geschäftslebens im zwanzigsten Jahrhundert. Eine bloße Beschreibung der Arbeit Millers könnte mit seiner hellsichtigen Version im *Wendekreis des Steinbocks* nicht konkurrieren, aber in den prosaischen Erinnerungen seines Arbeitskollegen Max Kantor, der Anfang der zwanziger Jahre kurze Zeit mit ihm zusammenarbeitete, ähnelt Henry eher dem gewissenhaften Abteilungsleiter der »Lösungsvorschläge« als dem dämonischen Sozialarbeiter im *Wendekreis des Steinbocks.* Kantor war auch nicht unbedingt der Ansicht, daß die Belegschaft der Personalabteilung wirklich aus solchen Erotomanen bestand, wie Henry sie beschrieb. Seiner Erinnerung nach war Miller »kein Don Juan, sondern ein ganz normaler Mensch, der gutes Englisch sprach, aber einen Hang zu deftiger, unflätiger Ausdrucksweise hatte. Ich habe absolut nichts Besonderes an ihm bemerkt.« Er sei höflich gewesen, und man sei gut mit ihm ausgekommen. Ein anderer Zeitgenosse, Mike Rivise, hielt Miller für einen »komischen Vogel. Ich arbeitete mit ihm, hatte Spaß mit ihm und hörte mir gern seine surrealen Geschichten an.« Rivise arbeitete in der Verkehrs- und Auslieferungsabteilung, und Henry hielt sich wahrscheinlich deshalb so zurück, weil er der Bruder seines unmittelbaren Vorgesetzten Benjamin Revise war. Mike Rivise veröffentlichte 1951 seine Memoiren unter dem Titel *Inside Western Union,* die ein ganz anderes, viel gemütlicheres, aber auch langweiligeres Bild vom Leben bei der Western Union zeichnen als der *Wendekreis des Steinbocks.* Wo der Visionär Miller einen bizarren und wahnsinnigen Moloch sah, bemerkte Rivise, der loyale Mitarbeiter der Firma, nur eine gutgeölte Maschine. Er fand Henrys Donnerwetter gegen die Firma »so unbegründet wie sein Genörgel über die Welt«.

3

Zu Hause verschlechterte sich die Beziehung zwischen Henry und Beatrice immer mehr. Henry ärgerte es, daß Beatrice die Finanzen der Familie inzwischen ganz in die Hände genommen hatte und

ihn am Montagmorgen lediglich mit dem Geld für Fahrkarte und Mittagessen zur Arbeit schickte. Umgekehrt ärgerte Beatrice sich darüber, wie Henry ihre Wohnung als eine Art Clubraum für sich und seine Freunde benutzte, daß er zu unregelmäßigen Zeiten arbeitete und mit Geld nicht sorgfältig umging. Henry war zwar ein Lohnsklave geworden, aber er führte sich immer mehr und auf fast schon aggressive Weise als Bohemien auf.
Henry und Beatrice waren vom Temperament her so verschieden, daß sie nie wirklich Freunde wurden und auch die Freunde des Partners eher ablehnten. Nur Harold Ross und der Norweger Ostergren konnten die Kluft zwischen ihnen überbrücken. Ansonsten langweilte Henry sich mit Beatrice' Freunden, und Beatrice fürchtete sich vor seinen Freunden. Die Bereitwilligkeit, mit der Henry intime oder persönliche Probleme ganz offen und ungezwungen mit flüchtigen Bekannten diskutierte, gehörte zu seinen ungewöhnlichsten Eigenschaften, und für einen so zurückhaltenden und konservativen Menschen wie Beatrice war das auch eine seiner störendsten Eigenschaften.
Besonders unglücklich war Beatrice, als Henry einen jungen Mann namens Emil Conason kennenlernte und sich daraufhin heftig für psychologische Theorien zu interessieren begann. Conason studierte Medizin an der Columbia University und schrieb an einer Arbeit über den Intelligenzquotienten von Leuten, die auf Arbeitssuche waren. Er bat Miller brieflich um die Erlaubnis, auch die Bewerber bei der Western Union untersuchen zu dürfen, und die beiden wurden bald enge Freunde. Conason brachte das Freudsche Gift ins Haus, und Beatrice hörte mit stummem Entsetzen zu, wenn sie am Küchentisch saßen und offen und leidenschaftlich über Sex sprachen. Sie hatte immer stärker das Gefühl, daß ihr Gatte ein Mann war »ohne Sinn für Anstand, ohne Respekt für mich oder sonst irgendwas«.[7] Henry konnte sich in den Gesprächen mit Conason jener verbalen Freizügigkeit hingeben, die er brauchte. Conason nannte Miller gern »Mr. Narziß« , wenn er ihn zum Schweigen bringen wollte. Darauf blieb Miller dann nur die schwache Antwort, daß »jetzt der Jude aus ihm spricht«.[8] Nur Miller durfte so etwas sagen. Beatrice durfte den Pianisten Leo Ornstein einen »aufgemotzten Itzig« nennen, aber wenn sie Consaon angriff, warf Henry ihr »schlecht getarnten Antisemitismus« vor. Sein einziger wirklicher

Kummer mit Conason war, daß der Freund oft das Gespräch ruinierte, indem er zu analytisch war und wie ein Psychologe für alles Verständnis hatte.
Verärgert war Beatrice auch über die »Drei Musketiere«, wie Henry sie nannte: Sam Sattenstein, Joe Ramos und Henry. Es war eine etwas ordinäre Clique, Henrys Kumpel fürs Radfahren, Boxen und Ringen und fürs Variété- und Revuetheater, und Beatrice fürchtete ihren Einfluß ebenso wie den Emil Conasons. Vulgäres Benehmen war und blieb der Hauptgrund der Zwietracht zwischen den beiden. Miller sah darin das Schlachtfeld, auf dem seine Mutter dem Vater das Kreuz gebrochen hatte, und war entschlossen, sich Beatrice' Vorstellungen von gutem Geschmack nicht zu beugen. Er bestand darauf, daß der große, runde Tisch genau in der Mitte des Salons stand, wo er wie ein »Dinosaurier inmitten einer Zahnarztpraxis«[9] aussah: Damit gab er eine Unabhängigkeitserklärung ab, in der die seines Vaters, die ihn vor Jahren nachhaltig beeindruckt hatte, widerhallte:

> Eines Tages kaufte mein Vater drei miese Bilder der übelsten kommerziellen Machart von einem durchreisenden Juden. Besser gesagt, er tauschte sie gegen irgendwelche schlechtsitzenden Kleider. Mein Vater hielt die Bilder allerdings gar nicht für so schrecklich. Er hatte sie im Rausch gekauft, und wenn sein Geschmack sich später besserte und klärte, gab er doch nie einen Sinneswandel zu. Er kaufte sie und brachte sie nach Hause und bestand überdies darauf, sie im Salon aufzuhängen, trotz der Empörung meiner Mutter, die auch bemerkt hatte, daß die Bilder der pure Schund waren. Dafür mußten zuerst drei andere Bilder abgehängt werden, und er sagte ihr, welche. Jetzt war er der Herr im Haus. Es war komisch. Gäste kamen, betrachteten die Bilder, schüttelten den Kopf, stritten mit ihm, verspotteten ihn, machten Witze über die Bilder. Es wurde bekannt, wie er die Bilder gekauft hatte, aber gleichgültig, was gesagt wurde, er ließ die Bilder an der Wand. Auf allen waren »nächtliche Szenen« dargestellt – was dem Künstler die Arbeit erleichtert hatte, weil er nämlich einfach über drei Viertel des Bildes schwarze Farbe schmierte. Es waren gespenstische Nächte, von Blitzen erhellt. Nächte auf der Weide, unter verängstigten Schafen, mit grellgrünem Gras, schrecklich grün. Alles in allem furchtbare,

absurde, groteske Bilder. Aber jetzt denke ich, das war die Rache meines Vaters. Seine Vorfahren waren zu gewöhnlich. Also gut. Warum sollten die Bilder an der Wand dann nicht nach dem Geschmack eines gewöhnlichen Menschen sein? Einem vulgären, billigen Geschmack? Ich halte das für einen meisterhaften Schachzug, und ich muß sagen, daß diese drei Bilder mir mein Leben lang Rätsel aufgegeben haben.[10]

Nach einer Weile wagte Miller sogar eine Neuauflage des häuslichen Ärgers mit Pauline Chouteau – vielleicht aus denselben Gründen – und lud Joe O'Reagan ein, bei ihnen zu wohnen. O'Reagan nahm die Herausforderung an, wie es sich gehört: Er versuchte, Beatrice zu verführen, woraufhin Miller ihm verzieh, wie es sich gehört.
Trotz alldem bedauerte Miller das Scheitern seiner Ehe. Von seinem ersten literarischen Alter ego, Dion Moloch, schreibt er, daß »sein Leben mit Blanche so völlig verschieden war von allem, was er sich vorgestellt hatte«. Moloch überlegt traurig, daß fünf seiner Freunde jüdische Frauen geheiratet haben und »prächtig mit ihnen auskamen. Keine Scheidungen. Kein zerschlagenes Geschirr.« Und warum? Weil diese Paare miteinander sprachen – »über Bücher, Politik, die Ehe, Schach und die 101 Dinge, die der Nichtjude gewöhnlich in der Kneipe bespricht«. Miller bewunderte diese Frauen, weil »sie sich weigerten, den Männern als Nasenschmuck zu dienen«.
Beatrice machte sich zwar nicht zum Schmuck für Henrys Nase, aber sie sprach auch nicht über 101 Dinge mit ihm. Von Conasons Wortschatz hatte sie genug aufgeschnappt, um ihm vorwerfen zu können, ein »Sexfanatiker« zu sein. Ansonsten beteiligte sie sich nur am Gespräch, wenn Emil Schnellock zu Besuch war, der kommerzielle Bilder malte. Vor allem ließ sie sich nicht gern bitten, für eine Männerrunde zu kochen, die Henry ihrer Meinung nach nur immer weiter vom richtigen Weg abbrachte.
Irgendwann Ende 1921 hatte sie genug. Sie reiste mit Barbara zu ihren Pflegeeltern nach Rochester, wo sie bleiben wollte. Zehn Tage später schrieb sie Henry. Dann tauschten sie Briefe und Geschenke aus. Kurz danach fuhr Henry ihnen in das Haus in der Abordale Avenue nach. Es sollte eine Versöhnungsreise werden. Henry war hingerissen, als er Barbaras erste Gehversuche

sah, und er und Beatrice verbrachten drei gute Tage zusammen. Dann mußte er nach New York zurückkehren.

Während der Trennung war Henry oft in Joe O'Reagans Wohnung in der Nähe des Fort Greene Park in der Cumberland Avenue Nr. 260, wo eine künstlerische und kosmopolitische Atmosphäre herrschte und er Gespräche über die Maja, hinduistische Affengottheiten, die nordische Rasse, die Bedeutung Ghandis, die Dichtung Tagores oder was auch immer führen konnte. Nach zwei Monaten kehrten Beatrice und Barbara jedoch in das Haus in der 6th Avenue zurück, und die Millers beschlossen, es noch einmal miteinander zu versuchen.

Aber der Streit ging weiter. Henry machte einen seiner typischen Vorschläge, die Beatrice so entsetzten: Um ihrer Tochter Barbara die am eigenen Leib erfahrene Sinnlosigkeit der Schule zu ersparen, wollte er sie selbst unterrichten. Als Beatrice ihn aufforderte zu sagen, wie er das machen wolle, verschlug es ihm keineswegs die Sprache, sondern er erläuterte den Vorschlag eine halbe Stunde lang leidenschaftlich:

> Ich ging mit gesenktem Kopf auf und ab und stand gerade vor der Tür zum Korridor, als ihre Worte in mein Bewußtsein drangen. Und genau in diesem Moment fiel mein Blick auf ein kleines Astloch im Holz der Tür. Wie sollte ich anfangen? Wo? »Na ja, da! Irgendwo!« brüllte ich. Und auf das Astloch deutend, hielt ich einen glänzenden und niederschmetternden Monolog, der sie buchstäblich umwarf. Ich muß eine ganze halbe Stunde geredet und geredet haben, ich wußte kaum, was ich sagte, aber eine Flut von lange angestauten Ideen riß mich fort. Den Pfeffer steuerten sozusagen Verzweiflung und Ekel bei, die mit der Erinnerung an meine Schulzeit hochkamen. Ich begann mit dem kleinen Astloch im Holz, wie es entstanden war, was es bedeutete, und merkte dann, wie ich durch ein wahres Labyrinth des Wissens, des Instinkts und der Weisheit, Intuition und Erfahrung eilte.[11]

Es schien, als ob all sein Denken, sein Lesen, seine Gespräche und sein unersättliches Verlangen, sämtliche allgemein anerkannten gesellschaftlichen Wahrheiten in Frage zu stellen, die Kluft zwischen ihnen nur vertiefte.

4

Miller behauptete gegenüber seinen Arbeitskollegen bei der Western Union zwar, er sei Schriftsteller, aber seine literarischen Ambitionen lagen seit der Geburt der Tochter und dem Beginn der Vollzeitarbeit auf Eis. Eigenartigerweise belebte ausgerechnet Beatrice sie wieder, ohne es zu wollen. Als er in Rochester in den Zug nach New York stieg, steckte sie ihm Knut Hamsuns Roman *Hunger* in die Tasche. Das Buch elektrisierte ihn:

> Daß mir ausgerechnet *diese* Frau *dieses* Buch gab, schien mir immer eine bemerkenswerte Fügung, die im Einklang mit meiner literarischen Bestimmung stand. Denn während dieser Ehe kam ich auf die Idee, Schriftsteller zu werden, und ich versuchte ein paarmal erfolglos, den Gedanken in die Praxis umzusetzen. Als ich ein paar Jahre später [in Paris] feststellte, daß ich ein erbärmlicher Versager als Schriftsteller war, machte ich einen neuen Versuch. Das Ergebnis war der *Wendekreis des Krebses*, ein Roman über Hunger und Verzweiflung, der Hamsuns *Hunger* in vieler Hinsicht ähnlich ist.[12]

Hamsuns offensichtlich autobiographischer Bericht über seinen hartnäckigen Kampf, Schriftsteller zu werden, erweckte Millers eigenen, verschütteten Traum in seiner ursprünglichen Form. Er war dreißig, noch nicht alt vielleicht, aber in einem Alter, wo die jugendlichen Träume von der Realität eingeholt werden. Unmittelbar nach der Begegnung mit *Hunger* wurde ihm klar, daß er jetzt entweder ernsthaft einen Roman schreiben oder die Idee endgültig begraben mußte. Die Hauptschwierigkeit war, einen Stoff zu finden. Für seinen ersten Versuch nahm er einen Vorschlag des Vizepräsidenten J. C. Willever auf, der ihn schon oft gedrängt hatte, ein Buch über den Botendienst zu schreiben. Willever meinte, ein positives Buch wäre eine gute Reklame für die Firma, und schlug vor, Miller solle sich Horatio Alger als literarisches Vorbild nehmen. Alger war ein Phänomen der amerikanischen Literatur: Er hatte über hundertunddreißig Bücher für Jungen geschrieben, außerdem populäre Biographien von Staatsmännern, in denen der amerikanische Traum immer in Erfüllung geht und der arme, aber ehrliche, hart arbeitende junge Mann schließlich Erfolg hat. Henry fand Willevers Vorschlag reizvoll. Er hatte selbst ein halbes Dutzend Bücher von Alger gelesen, darunter *Brave and Bold, Strive and Succeed, Fame and Fortune, Luck and Luck* und *Striving Upward,* doch als es dann ernst wurde, wählte er als Vorbilder für sein Buch zwei andere Bücher, die kurz zuvor Erfolg gehabt hatten: Theodore Dreisers *Twelve Men,* eine Studie über wirkliche Charaktere, und Sherwood Andersons ähnlich aufgebaute Serie fiktionaler Porträts *Winesburg, Ohio.*

Miller hatte seit seinem Eintritt in die Firma 1920 keinen Urlaub gemacht. Anfang 1922 beantragte er insgesamt drei Wochen. Er wollte die ganze Zeit dem Schreiben widmen, und zur Vorbereitung auf diese Aufgabe stellte er eine Liste mit achtundsechzig »skurrilen Boten« zusammen, von denen er zwölf für sein Buch auswählte. An seinem ersten Urlaubstag, dem 20. März, schrieb er bis zur völligen Erschöpfung. Abends ging er in den abseits des Broadway gelegenen Tanzpalast Wilson's, vor dem selbst im Sommer eine Reihe roter Laternen schienen. Plakate priesen »dreißig zauberhafte Damen für zehn Cent pro Tanz« an. Er kaufte einen Block Karten und tanzte den ganzen Abend mit den »Taxigirls«, wie die professionellen Tänzerinnen genannt wurden. Jeder Tag der nächsten drei Wochen lief nach demselben Schema ab, und als er am Montag, den 10. April wieder zur Arbeit ging, hatte er ein Manuskript von 75 000 Wörtern fabriziert.

Clipped Wings war kein Erfolg. Ein Grund dafür war die verwirrende Mischung von Einflüssen, die an der Entstehung des Buches beteiligt waren. Miller versuchte, die Western Union in historischer Perspektive zu sehen, indem er zwischen den Botenjungen und australischen Aborigines mit »Nachrichtenstöcken« Parallelen zog und dazu aus *Native Tribes of Southeastern Australia* von Spencer und Gillen zitierte. In erster Linie wollte er jedoch literarisch beeindrucken. Aus der bewußten Mischung von Ezra Pound, Vachel Lindsay, Otto Weininger, Walt Whitman, Freud, Madame Blavatsky, Darwin, Edith Warton, Booth Tarkington, Knut Hamsun, Robert Frost, Ernest Poole, Carl Sandburg, Henry Adams, Willa Cather, Horatio Alger und James Joyce mit Somerset Maugham, Anderson, Dreiser, Nietzsche, Dostojewski und Strindberg mag eine interessante Persönlichkeit entstehen, aber es ist unwahrscheinlich, daß daraus innerhalb eines dreiwöchigen Urlaubs ein einheitliches Kunstwerk entsteht. Solange Miller keine Technik hatte, wie er sein undiszipliniertes Wesen in ein Kunstwerk verwandeln konnte, kämpfte er vergeblich mit der Schwierigkeit, eine Ebene zu finden, auf der er erfolgreich schreiben konnte. Weil er so beschäftigt damit war, sich und seine potentiellen Leser mit seinem Können zu beeindrucken, schrieb er im falschen Ton des Gentleman Menckenscher Machart: ironisch, dem Bier zugeneigt und nur lose mit der Zivilisation verbunden, mit nichts als Verachtung für die Normalität, der er seiner Meinung nach Ehre zu machen versuchte. Nicht einmal Henrys Freunde mochten den Roman, doch da er sich schon die Mühe gemacht hatte, ihn zu schreiben, wollte er zumindest versuchen, ihn auch zu veröffentlichen. Er schickte das Manuskript an Boni and Liveright, einen neu gegründeten Verlag am Washington Square, der mit John Reids *10 Days That Shook The World* im Jahr zuvor großen Erfolg gehabt hatte. Aber die Verleger sahen im Verfasser von *Clipped Wings* keinen neuen großen amerikanischen Rebellen und schickten das Manuskript zurück. Spuren des Romans finden sich in den kurzen Porträts von Botenjungen der Western Union, die sowohl im *Wendekreis des Steinbocks* wie in *The Rosy Crucifixion* auftauchen, aber zu einem eigenständigen Buch fehlte *Clipped Wings* die Substanz. »Es war eine vernichtende Niederlage, aber jetzt hatte ich Eisen im Rückgrat und Schwefel im Blut. Ich wußte wenigstens, was Scheitern bedeutet.«[13] So beurteilte Miller die Erfahrung später. Die Ästhetik der Spontaneität, die er dem Varieté abgesehen hatte, war sehr viel schwieriger in die Praxis umzusetzen, als er geglaubt hatte. Der dafür nötige sichere Griff brauchte Zeit, Geduld und endloses Üben, wenn er erfolgreich sein und nicht bloß wieder in Selbstdarstellung enden sollte. Von dieser Art der Meisterschaft war Henry Miller 1922 noch weit entfernt.

5

Die Millers lebten inzwischen schon beinahe völlig getrennt. Während Beatrice bei Barbara zu Hause blieb, tat Henry mehr oder weniger, was er wollte. Er ging ins Varieté, wenn er Kopfschmerzen hatte, zum Tanzen ins Wilson's, Arcadia oder Orpheum, er hörte Paul Whiteman im Roseland, spielte Schach und

trieb sich in der Künstlerszene im Café Royal an der Second Avenue herum.
Viel Zeit verbrachte er mit Emil Schnellock in dessen Atelier oder auf langen Spaziergängen durch den Prospect Park, auf denen sie über ihre Lieblingsschriftsteller sprachen. Schnellock mochte besonders D. H. Lawrence, dessen Buch *Liebende Frauen* 1922 nur knapp der Zensur des Richters John Ford vom höchsten New Yorker Gericht entgangen war. Lawrence bedeutete Miller später sehr viel. Die Aura von Rebellion, Sex und Ruhm, die seine Werke umgab, beeindruckte ihn schon damals, aber erst zehn Jahre später sollte er Lawrence als Schriftsteller, Denker und Prophet schätzen lernen. Hamsun mit seiner »Stimme des Blutes« und seiner entschieden antiindustriellen Haltung war für ihn der große Vertreter des Subjektivismus. Nach *Hunger* verschlang er Hamsuns andere Romane, sobald sie nach der Verleihung des Nobelpreises an Hamsun 1920 in Übersetzungen erhältlich waren. Einige Jahre lang war er buchstäblich besessen von den Charakteren aus *Victoria, Pan* und *Mysterien.* Miller war zutiefst enttäuscht über die Antwort, die er 1923 auf einen an Hamsun gerichteten Verehrerbrief aus Norwegen erhielt. Sie bestand im wesentlichen aus der umständlich geäußerten, grotesken Bitte, sich mit einem anderen Bewunderer Hamsuns in New York namens Boyle in Verbindung zu setzen und gemeinsam mit ihm einen Plan auszuarbeiten, wie man die Verkaufszahlen von Hamsuns Büchern in Amerika verbessern könne. Miller war frustriert, aber er las die Romane ein weiteres Mal und weinte wieder bei seinen Lieblingsstellen, und Hamsuns Stern leuchtete für ihn weiterhin mit demselben Glanz wie zuvor.
Hamsun inspirierte Miller sogar zu rhetorischen Höhenflügen. Miller besuchte ungefähr zu dieser Zeit eine Vortragsreihe über Literatur in der Rand School of Social Science, einer philanthropischen Einrichtung für Leute aus der Arbeiterschicht in der East 15th Street. Nach einem Vortrag stand Miller auf, um etwas zu sagen, und bemerkte plötzlich, wie er eine lange und leidenschaftliche Rede über die Literatur hielt. Er stand unter demselben Bann der Beredsamkeit, der ihn übermannt hatte, als er Beatrice seine Ideen zur Erziehung vortrug. Nachher konnte er sich nur noch daran erinnern, daß er mit Waldo Frank angefangen und auf dem Höhepunkt jene berühmte Szene aus *Hunger*

beschrieben hatte, in der der Erzähler von seinem Vermieter eingeladen wird, durch ein Schlüsselloch zuzusehen, wie die Vermieterin, seine Frau, voller Leidenschaft mit einem der Mieter schläft. Henrys Wissen und seine offensichtliche Liebe zur Literatur beeindruckten die anderen Hörer so stark, daß er gefragt wurde, ob er nicht den Literaturzirkel der Schule leiten wolle, aber er lehnte das Angebot ab, weil er wußte, daß seine sprachliche Brillanz an jenem Abend eine Ausnahme gewesen war. »Bei Licht besehen bin ich ein Dummkopf, besonders wenn mehr als drei Leute dabei sind.«[14] In Gegenwart von Fremden oder in einer Menschenmenge war er unsicher. Schnellock schalt ihn deswegen einmal:

> Laß irgendwen daherkommen und fehlerfreies Englisch sprechen, von seinen Reisen oder seiner Jacht erzählen, und was tust du? Du stehst da wie ein Trampel, bist stumm wie ein Fisch.

Darauf erwiderte er heftig: »Verdammt noch mal, weißt du nicht, was das bedeutet? *Das ist Totem und Tabu!*«[15]

Charakteristischer als der Abend in der Rand School war eine andere Begebenheit. Miller hatte einmal im Namen der Western Union die Einladung einer Kommission des Staates New York zu einem Vortrag angenommen. Die Kommission untersuchte Arbeitsmöglichkeiten für zurückgebliebene Kinder. Im letzten Augenblick drückte er sich jedoch aus Angst: »Als der Morgen gekommen war, war ich so verängstigt, daß ich nicht hinging. Soviel ich weiß, warteten sie eine Stunde lang auf mich.«[16]

Durch den Kontakt mit Schnellock und die langen Abende, die er in dessen Atelier verbrachte, begann Miller sich für Aquarellmalerei zu interessieren. Er sah Schnellock gerne bei der Arbeit zu, und obwohl er die Welt der kommerziellen Kunst, mit der dieser seinen Lebensunterhalt bestritt, zutiefst verachtete, bewunderte er Schnellocks technisches Können und begeisterte sich an den Namen der verschiedenen Farben wie *gamboge* (orangegelb) und *cerulean blue* (himmelblau).

Ein weiterer Grund für Schnellocks Anziehungskraft war, daß dieser in Paris gewesen war. Daß einer seiner Schulfreunde, »nur ein Junge aus Brooklyn«, wie Schnellock sich immer selbst be-

schrieb, etwas so Wunderbares getan haben sollte, war ein aufregender Gedanke. Für Miller, der nie ganz aufhören sollte, in sich selbst »nur einen Schneider« zu sehen, waren Paris und Europa ferne, exotische Orte, an die andere Leute reisten. Er saß oft stundenlang im Atelier, brütete über Schnellocks Stadtplan von Paris und drängte ihn, von seinen Erlebnissen dort zu erzählen.
Die beiden spielten oft Schach. Miller mochte das Spiel und die Geschichten, die sich darum rankten, und er bewunderte große Schachspieler wie den grandiosen Paul Morphy, aber er hatte beim Spielen keine Geduld und glaubte offenbar, daß jeder Gegner, der nicht so riskant spielte wie er, irgendwie mogelte. Schnellock erinnert sich, wie Henry mit »gutmütigem Hohn und Verachtung« zusah, wie er ihm immer mehr Bauern wegschnappte.
Schnellock war Junggeselle, und Henry kam oft zu ihm, wenn er Frauen in sein Atelier eingeladen hatte. Schnellock schwor auf Romantik und Ritterlichkeit, wohingegen Miller, dessen pubertäre Schüchternheit eindeutig der Vergangenheit angehörte, die direkte Annäherung bevorzugte. Er fragte beispielsweise die Mädchen, ob sie gut furzen könnten, und wenn ja, ob sie es bitte vorführen würden, oder er überredete sie irgendwie, auf dem Boden des Ateliers Purzelbäume zu schlagen. Er liebte auch den Trick, den Stoff einer Bluse mit den Fingerspitzen zu untersuchen und der Frau dabei mit entwaffnendem Lächeln zu versichern, sein Interesse sei rein beruflicher Art, er sei eben ein Schneider. Oder er brachte das Gespräch aufs Variété – er erlebte immer wieder, daß ihm das half, »ein intimes Verhältnis herzustellen, ohne zuviel kostbare Zeit zu verlieren«.[17]
Schnellock gibt in seinen Memoiren *Just A Brooklyn Boy* das chaotische Temperament, das Miller zu dieser Zeit hatte, treffend wieder:

> Ich weiß noch, daß er damals einen knapp geschnittenen Mantel und ein Uniformhemd trug. War ein Anzug abgetragen, ersetzte er ihn oft durch einen Anzug aus schwerem Stoff aus dem Geschäft seines Vaters... Die Brille mit Metallfassung, die er aufhatte, saß dicht vor den Augen, so als wollten die Augäpfel an die Brillengläser heranrücken, was eine ausdruckslose, chinesische Flachheit der Gesichtszüge bewirkte. Seine

> Augen waren zwar von kaltem Blau, aber immer wieder schien ein plötzliches Interesse, eine lebhafte Reaktion warm in ihnen auf – bis der Blick seinen Gedanken folgte, die über den Raum hinausgingen. Dann machte er den Eindruck, als sei er überhaupt nicht mehr in seinem Körper, sondern in eine andere Welt entrückt. Solche Trancezustände überfielen ihn ab und zu, meist unerwartet, in ungewöhnlichen Augenblicken. Auf einmal war er »weg« ...
> Er hatte einen kräftigen Körper, der äußere Anschein von Zerbrechlichkeit täuschte. Sein Körper entsprach seiner konzentrierten, raschen, sprunghaften Art. Er paßte ihm sozusagen, und man hatte den Eindruck, daß Miller eins mit sich war. Er hielt sich in Form, ohne eine besondere Gymnastik zu treiben. Die Tage sportlicher Betätigung waren vorbei, obwohl er, glaube ich, noch ab und zu Rennrad fuhr. Aber er war immer fit und sollte es auch bleiben. Wenn er wollte, konnte er herumhüpfen wie ein Ziegenbock.
> Einmal hatten er, Randolph Scott und ich irgendeinen Aprikosenschnaps probiert. Als wir auf die Straße kamen, sprang Henry mit zwei Sätzen auf ein Coupé. Der erste Satz brachte ihn ohne Anstrengung auf den Kofferraum, der zweite auf das Dach des Autos, das vom Regen naß und rutschig war. Dort schlitterte er herum, ruderte mit den Armen und wackelte mit den Knien, bis er das Gleichgewicht wiedergefunden hatte. Er war in Ekstase und zog eine Schau ab, bevor er zurück auf den Gehsteig sprang.[18]

Schnellock übergeht in seinen ehrlichen, einfühlsamen Memoiren aber auch die harte, gefühllose Seite seines Freundes nicht, die »Boshaftigkeit, die abscheuliche Grausamkeit«, mit der er in seinen späteren Werken Menschen porträtierte, die sich für seine Freunde gehalten hatten.[19] Allerdings zeigt auch Schnellock die Blindheit, mit der das Charisma eines Freundes uns schlagen kann. Um Henrys beinahe übermenschliche Großzügigkeit zu illustrieren, berichtet er, wie Henry als Geste des Dankes dafür, daß Schnellock ihm einmal acht Dollar gegeben hatte, eines Tages mit lauter neuen Kleidern unterm Arm vor seiner Tür stand. Die Sachen stammten aus dem Laden seines Vaters, darunter waren Flanellhosen, Knickerbockers, Sportjacken und ein Mantel, »alles aus feinstem Material und genau meine Größe. Das muß ein Vermögen wert gewesen sein!«[20] Das stimmt sicher, aber wahrscheinlich war hier Henry senior und nicht Henry junior so großzügig. Kein Wunder, daß der Schneiderladen ständig am Rand des Bankrotts stand.

6

In *Die Welt des Sexus* beschreibt Miller diese Zeit seines Lebens als endlose Folge sexueller Abenteuer. Er erinnert sich, wie »jede Freundin oder Bekannte meiner Frau dazu diente, sie zu betrügen« und daß seine Frau in ihrem Mißtrauen »sogar ein Auge auf mich hatte, wenn ich das Baby im Kinderwagen ausführte«:

> Oft ging ich wie ein Unschuldslamm mit dem Kinderwagen aus dem Haus, um mich mit einer ihrer Freundinnen zu treffen. Manchmal ließ ich den Wagen mit dem Kind vor einem Mietshaus stehen, nahm die Freundin mit hinein unter die Treppe, um ihr schnell einen zu verpassen. Oder wenn wir Gäste zu Hause hatten, ging ich mit einer ihrer Freundinnen fort, um etwas zu essen oder zu trinken zu kaufen, und unterwegs drückte ich sie gegen einen Zaun und tat, was ich konnte.[21]

Wie im Fall der beeindruckend langen Liste von Büchern, die Miller gelesen haben will, ist es kaum möglich, die Wahrheit dieser Behauptungen zu überprüfen. Zwei enge Freunde Henrys aus dieser Zeit, William Dewar und Emil Conason, waren der Meinung, daß »Henry mit seinen vielen Eroberungen übertrieb«.[22] Mit dem Gespür des Kenners fügt Dewar hinzu, daß Henry »ein Gockel, aber kein Lothario« war. Henry »ging mit zwei meiner Ex-Frauen ins Bett, war aber beide Male impotent«. Miller freilich schreibt in einem seiner Notizbücher über seine Leistungen auf diesem Gebiet: »Mit Peggy Dewar im Park Place, auf dem Rücksitz. Schneiderladen. Treppenhaus. Bügeltisch. Geschlechtsverkehr dort und auf dem Drehstuhl.«[23]
Zweifellos hatte er Affären. In seinen Aufzeichnungen erwähnt er Ann Watenschutz, die Lehrerin von der Eastern District High School, die mit ihm *Alt-Heidelberg* gesehen und ihn 1909 zu der

Bewerbung um ein Stipendium der Cornell University angeregt hatte. Sie besuchten ein paarmal zusammen die Treffen der Symphony Society oder trafen sich im Universitätsclub der Frauen, wo er sie mit Geschichten über seine Affären und seine gescheiterte Ehe unterhielt. Ann Watenschutz war Feministin, und Henry war fasziniert von ihrer Angewohnheit, in der Öffentlichkeit zu rauchen, und von den kurzen Röcken, die sie trug.[24]

Eine andere Freundin war Gladys Miller, die Nietzsche, Homer und die Oden von Pindar las und als Kellnerin arbeitete, während sie versuchte, Schriftstellerin zu werden. Die Arbeit war ihr Verderben, da der ständige Geruch von Essen und Fett an ihren Händen genügte, um Henry die Lust zu nehmen: zuviel verdünnte Scheiße, zuwenig Literatur. Auch die Pension, in der sie wohnte, deprimierte ihn. Erinnerungen an die bedrückende Armut, die er mit Pauline Chouteau verband, stiegen in ihm auf. Beatrice fing dann ohnehin ihre Briefe ab, und die Affäre verlief im Sand.

Eine Weile hatte er ein Verhältnis mit seiner Sekretärin bei der Western Union, der Mulattin Camilla Fedrant, die nicht nur schön, sondern auch intelligent war und deren Benehmen dem »weißer amerikanischer Frauen, selbst gebildeter Frauen, weit überlegen war«.[25] Nach der Arbeit gingen sie gelegentlich in Greenwich Village essen oder besuchten die Jazzclubs in Harlem. Die Affäre hatte romantische Seiten – Miller schrieb für Fedrant ein Liebesgedicht, und sie schenkte ihm Ernest Dowsons *Cynara* – und realistische Seiten – Fedrant lieh ihm 1922 hundert Dollar für Beatrice' Abtreibung. Schließlich fand der Generaldirektor heraus, daß Camilla Mulattin war, und sie mußte ihre Stelle aufgeben.

Eve Warrington war eine andere hellhäutige Schwarze, mit der Miller eine Zeitlang ausging. Schnellock erinnert sich an eine Begegnung mit ihr:

> Er stellte mich einem Mädchen vor, dessen Haut die tiefbraune Tönung langer Tage am Strand hatte. Sie war von zarter Statur, hatte wohlgeformte Hände. Zwei Dinge störten mich allerdings – die grellen Farben, die sie trug (einen Turban, der offenbar aus Kakadufedern gemacht war), und die Art, wie die anderen Gäste uns anstarrten, wenn wir ein Restaurant betraten. Als ich das Henry gegenüber erwähnte, sagte er: »Willst du damit etwa sagen, du wußtest nicht, daß sie eine Negerin ist?«[26]

Nicht nur durch Millers Promiskuität kam zum Ausdruck, daß seine Begeisterung für die Arbeit bei der Western Union 1923 verschwunden war und er sich mehr und mehr langweilte. Die Ehe mit Beatrice war ein Fiasko geworden, doch obwohl er das wußte, blieb er wie gelähmt. Wie in der Vergangenheit mußte ihn eine Macht von außen befreien.

Bei früheren Gelegenheiten war immer eine Frau diese Macht gewesen. Von Cora befreite ihn die Liebe zu Pauline, von Pauline die Liebe zu Beatrice. Die sexuellen Abenteuer der Jahre bei der Western Union waren zwar belanglos, sosehr er sie auch genossen haben mag, aber sie waren seine Medizin gegen den Trübsinn von Ehe und Arbeit; er tat damit aber auch seine Sehnsucht danach kund, sich wieder zu verlieben. Andere Männer werden zu Trinkern oder passionierten Golfspielern, Millers Arznei war die Liebe, und nach sieben Jahren mit Beatrice brauchte er eine neue Spritze. An die Stelle des gefällig auftretenden jungen Vaters mit dunklem Anzug, weißem Hemd und Krawatte von 1920 war ein aufstrebender Autor getreten, der sich wie ein Bohemien anzog und nicht einmal mehr gern nach Hause ging. Selbst wenn er niemanden hatte, mit dem er ausgehen konnte, war er lieber allein unterwegs, als zu Hause mit dem »lebendigen Tod« seiner Ehe, wie er es nannte, konfrontiert zu sein.

Eines Abends im Spätsommer 1923 stieg er die Treppen zu Wilson's Tanzpalast hinauf, kaufte ein paar Karten und ging hinein. Auf einem Schild an der Wand stand: »Unanständiges Tanzen verboten.« Er ließ seinen Blick über die Taxigirls schweifen, die mit ihren Kunden tanzten. Wie das Mädchen aus dem Lied von Roger und Hart *Ten Cents A Dance* hielten sie unter den Klempnern, Matrosen und krummbeinigen Schneidern, den Gigolos und den rauhen Kerlen, die an ihren Kleidern rissen, Ausschau nach ihrem Traummann. Miller tanzte mit einer und sprach mit ihr über Literatur – Strindberg und Pirandello. Als er einen Tanz aussetzte, kam ein anderes Mädchen auf ihn zu und fragte, ob er tanzen wolle: Das Gespräch über Pirandello hatte sie neugierig gemacht. Er wirkte peinlich berührt und verwirrt, sagte aber ja und ging hinaus, um noch mehr Karten zu kaufen. Das Mädchen sagte später, er habe ausgesehen »wie ein ganz gewöhnlicher Geschäftsmann. Eher bedächtig, vielleicht ein Lehrer.«

Millers erster Eindruck von ihr war der von etwas Starkem, aber

Undeutlichem, wie die Halluzination eines Dichters des Fin de siècle oder das präraffaelitische Gemälde einer Madonna:

> Am Rande der Tanzfläche stehend, sehe ich sie auf mich zukommen; sie kommt mit vollen Segeln daher, ihr großes volles Gesicht ruht wunderbar auf der schlanken Säule ihres Halses. Ich sehe eine Frau von vielleicht achtzehn, vielleicht aber auch dreißig Jahren: mit blauschwarzem Haar und einem großen, bleichen Gesicht, das voll und weiß ist, in dem die Augen leuchtend glänzen. Sie trägt ein Kleid aus blauem Duvetine. Ich sehe noch deutlich die Fülle ihres Körpers vor mir, ihre Haare waren fein, glatt und an der Seite gescheitelt wie die eines Mannes. Ich erinnere mich noch an das Lächeln, das sie mir zuwarf – ein wissendes, geheimnisvolles, flüchtiges Lächeln –, das plötzlich wie ein Windstoß aufsprang.
> Ihr ganzes Wesen drückte sich im Gesicht aus. Ich hätte den Kopf nehmen und mit ihm heimgehen können; ich hätte ihn nachts neben mich aufs Kopfkissen legen und ihn lieben können. Der Mund und die Augen, wenn sie sich auftaten, strahlten ihr ganzes Wesen aus. Es war ein Licht, das aus einer unbekannten Quelle kam, einem tief in der Erde verborgenen Mittelpunkt. Ich konnte an nichts anderes denken als an dieses Gesicht, an das Seltsame, das Mutterschoßhafte dieses Lächelns und seine verschlingende Unmittelbarkeit. Das Lächeln war so schmerzlich kurz und flüchtig, daß es wie das Aufblitzen eines Messers wirkte. Dieses Lächeln, dieses Gesicht wurden hoch auf einem langen, weißen Hals getragen, dem starken, schwanengleichen Hals eines Mediums – und der Verlorenen und Verdammten.[27]

Als er mit den Karten zurückkam, tanzten sie den ganzen restlichen Abend zusammen und sprachen über sich und über Strindberg, Hamsun und Dostojewski. Miller wartete unten auf der Straße auf sie, als sie um zwei Uhr morgens mit der Arbeit fertig war, und begleitete sie nach Hause. Dabei legte sie ihren Kopf auf seine Schulter und forderte ihn auf, sie zu küssen. Es war June Edith Smith, die Frau, die sein Leben aus »verdünnter Scheiße« mit so viel »tragischen Ereignissen« füllen sollte, daß er vierzig Jahre lang genug zu schreiben hatte.

KAPITEL 5

1923-1924: »Amerika auf zwei Beinen, mit Flügeln und Geschlecht«

1

June Smith ist der Mensch, den Miller, von sich selbst abgesehen, am stärksten mythologisierte. Miller hat June oft porträtiert, und dadurch wurde sie für seine Leser zu einer eigenständigen Legende. Über ihre wirkliche Person ist so wenig bekannt, daß selbst ganz banale Fakten von Interesse sind. Aus den Einbürgerungsunterlagen der Familie im Büro des Bezirkssekretärs von Brooklyn geht hervor, daß ihr Vater, Wilhelm Smerth, 1878 in Galizien in Österreich geboren wurde. Smerth lernte Junes Mutter, Francis Budd, in der Bukowina kennen, die damals zu Österreich gehörte, und dort heirateten sie auch. Das Paar hatte fünf Kinder, Maria Augusta, Herman, June, Sigmund und Edward, die zwischen 1896 und 1905 auf die Welt kamen. June, das dritte Kind und die zweite Tochter, wurde am 28. Januar 1902 geboren.

Wilhelm Smerth emigrierte mit seiner Familie 1907 in die Vereinigten Staaten. Sie verließen Hamburg am 15. Juni 1907 auf der *Batavia* und kamen am 10. Juli auf Ellis Island an. Smerth kam, wie so viele Einwanderer vor ihm, nicht weiter als bis New York City. Dort fand er in der Bekleidungsindustrie Arbeit als Bügler. Er kaufte ein Haus in der 38th Street Nr. 1441 in Brooklyn und amerikanisierte den Familiennamen zu Smith. 1907 versicherte er in einer eidesstattlichen Erklärung, daß er weder Anarchist noch Polygamist sei, und entsagte für alle Zeiten seinen Pflichten als Untertan Karls, des Kaisers von Österreich und Thronfolgers von Ungarn. Am 23. Januar 1923 legte er den Eid auf die amerikanische Verfassung ab, und damit waren alle Familienmitglieder Staatsbürger der USA.

June war ein frühreifes und romantisch veranlagtes Mädchen und wollte Schauspielerin werden. Sie ging noch einen Schritt weiter und änderte ihren Vornamen in Julia. Als sie später anfing im Tanzpalast zu arbeiten, änderte sie ihren Familiennamen von Smith in Mansfield, und war unter diesem Namen allgemein bekannt. Ihre Freunde vermuteten, daß sie sich aus Verehrung für die Schriftstellerin Katherine Mansfield so nannte. Katherine Mansfield war 1923 jung an Tuberkulose gestorben und dadurch in der Szene von Greenwich Village zu einer Kultfigur geworden. Das könnte sehr gut der Grund für Junes Namenswahl gewesen sein, obwohl sie später eine andere, makabre Erklärung bevorzugte: Smerth bedeute auf Polnisch »Tod«, und »Mansfield« sei das englische Wort gewesen, das dem Wort »Friedhof« am nächsten gekommen sei.

Von Anfang an war sich Miller darüber im klaren, daß er mit June einem Symbol begegnet war, einer Frau, die für ihn niemals nur ein menschliches Wesen sein würde. Sie war eine Ikone, seine persönliche Cleo, eine unwirkliche Göttin des Sex, die von der magischen Welt der Bühne herab geradewegs in sein Leben marschiert war und es in Beschlag genommen hatte. War die Western Union für ihn zum Symbol der Bedeutungslosigkeit des modernen, großstädtischen Lebens in Amerika und der Verrücktheit des amerikanischen Traums geworden, so symbolisierte June die andere Seite desselben Traums – seine Reize, Ängste, Visionen und Versuchungen. Was der nicht besonders groß geratene, kurzsichtige Schneidersohn mit der Stirnglatze an jenem Abend im Wilson's auf sich zukommen sah, war »Amerika auf zwei Beinen, mit Flügeln und Geschlecht ... das Schmirgelrad der Hoffnung und Enttäuschung. Alles, was Amerika ausmachte, war in ihr, Knochen, Blut, Muskeln, Augäpfel, Gang, Rhythmus, Haltung, Vertrauen, Frechheit und ein hohler Kern.«[1] Welche Chance hatte Beatrice gegen Amerika auf zwei Beinen?

2

Nach jener ersten Nacht im Wilson's schlief Miller kaum. Als er sich am nächsten Morgen zur Arbeit meldete, sah er aus »wie ein Schlafwandler«. Er stand den Tag durch, schlief aber am Abend nach dem Abendessen vollständig angezogen ein und verbrachte die Nacht auf dem Sofa. Als er am frühen Samstagmorgen aufwachte, hatte eine regelrechte Manie von ihm Besitz ergriffen – er mußte sie »um jeden Preis« haben. Er arbeitete den halben Tag bei der Western Union und verbrachte den Großteil des Vormittags damit, einen langen Brief an June zu schreiben, den er ihr per Eilboten zustellen ließ. Außerdem schickte er ihr Sherwood Andersons Buch *Winesburg, Ohio,* das er ihr versprochen hatte, und einen Strauß Blumen.

Um zwölf Uhr verließ er das Büro und kehrte in die 6th Avenue zurück. Seine emotionale Erregung ließ ihn nicht zur Ruhe kommen, er verließ das Haus wieder und ging den ganzen Nachmittag lang schnellen Schrittes im Park spazieren. Taxigirls durften sich mit den Männern, die sie bei der Arbeit kennenlernten, eigentlich nicht treffen, aber die meisten taten es trotzdem, wenn sie einen Mann mochten, und June hatte ihm ihre Telefonnummer gegeben. Um fünf Uhr rief er bei ihr an. Sie war nicht zu Hause und hatte auch keine Nachricht für ihn hinterlassen. Miller rief zu Hause an, sagte Beatrice, er sei zum Abendessen nicht da, stieg in die nächste Straßenbahn und fuhr einige Stunden lang ziellos durch die Gegend. Dann suchte er den Tanzpalast auf.

Die Stunden, in denen er sich in June verliebte, sind auf den ersten Seiten von *Sexus,* dem ersten Band von *The Rosy Crucifixion (Kreuzigung in Rosa)* lebendig beschrieben. Noch zwanzig Jahre später konnte er darüber schreiben, als wäre alles erst am Vortag passiert, und dabei vermittelt er mit wunderbarer Eindringlichkeit die seltsam anrührende Ekstase der plötzlichen Liebe und die dazugehörende Intensität des Fühlens, die Unsicherheit, die Höhen unaussprechlichen Glücks und die Tiefen der Enttäuschung. June war nicht im Wilson's, als er an jenem Samstagabend mit seinen Karten den Tanzpalast betrat. Das konnte jedoch nichts mehr ändern, denn er war inzwischen ganz von seiner Manie besessen. Am Sonntag zog er los, um sie in der 15th Avenue in Brooklyn zu besuchen, wo ihre Familie wohnte. Auf dem Weg studierte er ein, was er ihr an der Tür sagen wollte:

> Hier bin ich, nimm mich – oder stich mich tot! Stich mich ins Herz, stich mich ins Hirn, stich mich in die Lunge, die Nieren, die Eingeweide, die Augen, die Ohren! Wenn nur ein Organ

> am Leben bleibt, bist du verloren – verdammt, für immer die Meine zu sein in dieser Welt, der nächsten und in allen kommenden Welten. Ich bin ein Desperado der Liebe, ein Skalpjäger, ein Totschläger. Ich bin unersättlich. Ich esse Haare, schmutziges Ohrenschmalz, trockene Blutklumpen, alles und jedes, was von dir kommt. Zeig mir deinen Vater mit seinen Papierdrachen, seinen Rennpferden, seinem Freibillett für die Oper: Ich werde alles in mich hineinstopfen, mit Haut und Haaren verschlingen. Wo ist der Stuhl, auf dem du sitzt, wo dein Lieblingskamm, deine Zahnbürste, deine Nagelfeile? Zeig sie her, damit ich sie auf einen Sitz verschlinge.[2]

Zwar waren solche Vorstellungen auf ihre Art genauso romantisch wie die einsamen Fahrradtouren seiner Pubertät und die verzweifelten Spaziergänge auf der Devoe Street in der Hoffnung, einen Blick von Cora an ihrem Fenster zu erhaschen, und doch war es anders. Und leider war June nicht da, als er kam, um ihre Stühle zu verschlingen. Henry wurde von einem Mitglied der Familie empfangen, das seine Fragen brüsk abwehrte und ihm dann die Tür vor der Nase zuschlug.

Er belagerte ihr Herz. »Drei Tage und drei Nächte schlug er praktisch sein Zelt vor dem Haus meiner Eltern auf und wartete darauf, mich wiederzusehen«, erinnert sich June.[3] Und wenn er nicht vor ihrem Haus wartete, schrieb er Briefe an sie. Die jahrelange Übung im Schneiderladen und der literarische Briefwechsel mit Stanley Borowski und Emil Schnellock hatten Miller zu einem virtuosen Schreiber persönlicher Briefe gemacht. In der Küche in der 6th Avenue schüttete er der unerreichbaren und geheimnisvollen June in einer Sturzflut langer Liebesbriefe sein Herz aus, während Beatrice oben im Bett lag und Barbara schlief.

June beantwortete keinen einzigen. Millers heftige Leidenschaft verblüffte und ängstigte sie sogar. Sie las ihrer Mutter die Briefe laut vor, und die Mutter teilte ihr Unbehagen, was den Absender betraf. Bei jener ersten Begegnung im Wilson's hatte Miller June gesagt, was er als sein eigentliches Lebensziel betrachte; er hatte ihr gesagt, er wolle »mehr als alles andere Schriftsteller werden«. Daran erinnerte June sich jetzt, und sie argwöhnte, daß Henry mit ihr womöglich nur »experimentierte, um eine Geschichte schreiben zu können«.[4] Aber sie war auch fasziniert, fühlte sich ge-

schmeichelt, und als Kennerin der Künstlerszene von Greenwich Village fragte sie sich, ob der Schreiber so wilder Briefe am Ende drogensüchtig war, und hoffte das vielleicht sogar halbherzig. Endlich ließ sie sich erweichen. Ein paar Tage später fand Miller im Tanzpalast eine Nachricht vor: Ob er sie am nächsten Tag um Mitternacht am Times Square vor der Drogerie treffen wolle? Und er solle ihr bitte keine Briefe mehr nach Hause schreiben. Diesmal war sie da, und auf ihren Vorschlag nahmen sie ein Taxi zu der Mondscheinkneipe Jimmy Kelly's, einem Treffpunkt für Kriminelle und Literaten, die die Gesellschaft von Kriminellen anregend fanden. Sie gaben an jenem Abend viel zuviel Geld aus, und Miller mußte den Chef vom Nachtdienst der Western Union telegrafisch um Geld bitten, damit er die Rechnung bezahlen konnte. Danach fuhren sie im Taxi zurück in die 15th Avenue. Nach Millers Darstellung in *Sexus* begann ihre Liebesgeschichte während dieser Taxifahrt. Offenbar war es eine erfolgreiche Begegnung, bei der June mehrere Orgasmen hatte, bevor sie erschöpft in den Sitz zurückfiel. In den Notizen, auf denen Millers Bericht über diese ersten Tage mit June basierte, erwähnt er allerdings nur einen »grandiosen Kampf im Taxi«, und eine spätere Notiz hält ihre »Kapitulation im Marder's« fest. Der einzige Mensch, der wirklich wüßte, was in jener Nacht geschah, ist wohl der Taxifahrer. Wann und wo auch immer es geschah, Miller wußte von Anfang an, daß er endlich eine Frau gefunden hatte, die ihn sexuell befriedigte. Die zehn Jahre jüngere June war, wie sich herausstellte, in sexuellen Dingen so kühn, offen und unverfroren, wie Beatrice schüchtern und schamvoll war.
Der Taxifahrer könnte noch einen anderen Grund gehabt haben, sich seiner Fahrgäste in jener Nacht zu erinnern: Als June sich mit Hilfe eines kleinen Spiegels schminken wollte, erstarrte sie plötzlich vor Schreck, verkündete, sie würden verfolgt, und befahl dem Taxifahrer, Gas zu geben. Miller wollte wissen, was los sei, aber June murmelte nur etwas von Banditen und feuerte den Fahrer zu schnellerem Tempo an. Schließlich erreichten sie sicher Junes Haus. Jetzt wußte Henry, daß June ein Bedürfnis befriedigen konnte, das vielleicht noch wichtiger war als das sexuelle: seine Sehnsucht danach, ein aufregendes Leben zu führen wie die Helden der Bücher, die er las, und wie diese in phantastische und dramatische Beziehungen verwickelt zu werden.

Als sie sich in jener Nacht trennten, fiel June mitten auf der Straße vor ihm auf die Knie und rief aus, sie sei dabei, sich »in den seltsamsten Menschen der Welt zu verlieben. Du machst mir angst, du bist so sanft. Halt mich fest ... vertraue mir immer ... ich habe fast das Gefühl, mit einem Gott zusammenzusein.«[5] Diese eindeutig romanhaften Redewendungen legten die Tonart ihrer ganzen, so überaus turbulenten Beziehung fest. Von Anfang an identifizierten sie sich mit Gestalten aus ihren liebsten Romanen und Dramen. Junes Gott war Dostojewski, deshalb waren ihre Vorbilder meist Heldinnen wie Fanny aus *Schuld und Sühne.* Henry erweiterte ihr Repertoire, indem er sie mit Strindbergs Heer schwieriger Frauen bekannt machte. Fräulein Julie wurde Junes besonderer Liebling, ebenso die böse Henriette aus *Rausch.* In seiner fanatischen Begeisterung für die Protagonisten der Romane Knut Hamsuns erkannte Miller in June auch die Titelheldin aus *Victoria* und in sich selbst Johannes, den Bauernjungen, der die adlige Victoria liebt und davon träumt, eines Tages ein berühmter Schriftsteller zu werden, um ihrer wert zu sein. Hamsuns *Pan* war eine weitere reiche Quelle mythologischer Inspiration: Miller sah sich als Leutnant Glahn und June als die erotische, aber zurückhaltende und rätselhafte Edvarda. Dostojewski, Strindberg und Hamsun bestimmten die Atmosphäre und oft sogar den Verlauf dieser Liebesaffäre so nachhaltig, daß Anaïs Nin, die das Paar später in Paris kennenlernte, schreibt: »Je mehr Dostojewski ich lese, desto mehr wundere ich mich über June und Henry. Ob die beiden Imitationen sind? Ich höre dieselben Sätze, dieselbe gehobene Ausdrucksweise, erlebe fast dieselben Handlungen. Sind sie literarische Gespenster? Haben sie eine eigene Seele?«[6]

Es war nur ein Spiel, vielleicht eher verständlich bei der zweiundzwanzigjährigen June als bei dem zweiunddreißigjährigen Miller; aber es war ein lebenslanges Spiel, und die Ernsthaftigkeit, mit der June spielte, war für Henry sofort offensichtlich. In ihrer tiefen und kehligen Stimme mit dem vagen englischen Akzent, die Miller so erotisch fand, erzählte sie ihm eine Reihe erstaunlicher Geschichten über ihre Herkunft. Sie sei die Tochter eines reichen Engländers und einer rumänischen Zigeunerin, die im Kindbett gestorben sei. Oder: Sie sei in Sherwood Forest in England geboren, und ihre Mutter habe sie ausgesetzt. Einer anderen Version zufolge hatten ihre Eltern beim Zirkus gearbeitet, ihre Mutter als

Trapezkünstlerin und ihr Vater als Zauberer. June war regelmäßig Gast in einem beliebten Restaurant in Greenwich Village namens Romany Marie's, und viele ihrer Geschichten hörten sich an, als stammten sie von der legendären Marie selbst. Diese hatte ihren Gäste oft erzählt, daß sie »in einem Gasthaus am Rand eines großen Waldes an der Moldau geboren wurde. Meine Mutter bewirtschaftete das Gasthaus. Sie traf meinen Vater mitten im tiefen Wald. Um seinen Hals war ein rotes Tuch gebunden. Er blickte wild um sich, und er war voller Lieder.« Um das Bild weiter zu komplizieren, behauptete June außerdem, sie habe am Wellesley College für junge Damen studiert.
Mit solchen Geschichten bezauberte June Henry zuerst, verwirrte ihn dann, und machte ihn schließlich verrückt, ohne daß sie je aufgehört hätte, ihn zu faszinieren. Später bestritt sie, je solche Geschichten erzählt zu haben; sie habe lediglich das Gerücht über ihr Studium am Wellesley College in Umlauf gebracht, und zwar deshalb, damit ihre Kunden im Tanzpalast sie nicht für ungebildet und ein leichtes Opfer hielten. Was ihre Eltern betreffe, so habe sie Henry die Wahrheit gesagt: Ihre Mutter sei eine Hexe, ihr Vater bettlägerig und schwer krebskrank. Vielleicht belustigte sie vor allem die Vorstellung, daß jemand ihre Geschichten je hätte ernst nehmen können. Kaum ein normaler Mensch hätte das getan – aber Henry war kein normaler Mensch. Wie die Weiße Königin in *Alice im Wunderland* konnte er noch vor dem Frühstück bis zu sechs unmögliche Dinge glauben, nur weil er sie glauben wollte, weil es so lustiger war. Ein Gespür für das Phantastische war eine seiner stärksten Waffen im Kampf gegen die Desillusionierung und die existentielle Langeweile, die inzwischen zum Hauptthema seines Lebens geworden waren. June war ein Taxigirl, und für ehrbare Frauen wie Beatrice und Louise war ein Taxigirl eine Art Hure. Die Liebe zu June war somit ein weiterer Angriff auf das verabscheute Bild vom »Kleinen Henry«, ein notwendiger Sprung im Panzer der Ehrbarkeit, in dem er gefangen war.
In beruflicher Hinsicht muß Henry erkannt haben, daß June ihn durchschaut hatte: Er wollte ein Verhältnis mit ihr, um über sie zu schreiben. Der Autor hatte seine Figur gefunden. Die Begegnung konnte jedoch nur zustande kommen, weil auch die Figur auf der Suche nach einem Autor war. June erinnert sich in ihrem Bericht über jene erste Begegnung im Wilson's, daß sie, als Henry

an jenem Donnerstagabend des Jahres 1923 mit einem anderen Mädchen tanzte, den Namen »Pirandello« aufschnappte und wegen dieses schillernden Namens beschloß, ihn zum Tanz aufzufordern.

3

Eine schlechte Ehe kann noch jahrelang zusammenhalten, wenn keiner der Partner einen neuen Partner findet, aber Beatrice sollte bald erkennen, daß ihre Ehe definitiv am Ende war. Eines Abends, als sie in der Küche saßen, nahm Miller allen Mut zusammen und erzählte ihr von June. Sie schluchzte hemmungslos, und er versuchte, sie mit einigen banalen, zärtlichen Gesten zu beruhigen. Sobald Beatrice sich erholt hatte, nahm sie den Kampf auf. Emil Schnellock war ihr der liebste von Henrys Freunden, wahrscheinlich weil er der erfolgreichste und verantwortungsbewußteste war. Miller selbst sah in Schnellock damals seinen Mentor, und in Briefen redete er ihn oft mit Papa, Pop, Poof und sogar Poop und anderen witzigen Variationen des Wortes für Vater an. Sowohl Beatrice als auch Henrys Vater drängten Schnellock, seinen Einfluß auf Henry zu nutzen. Emil erinnert sich:

> [Es gab] auch ernsthaftere Gespräche. Seine erste Frau, die Mutter seines einzigen Kindes, kam eines Tages und fragte, ob »noch Hoffnung besteht«. Ein anderes Mal machte sein Vater einen Besuch und wollte wissen, ob ich nicht einen Weg wisse, wie man Henry zu einer vernünftigeren Haltung bringen könne. Oft kamen Freunde von ihm, um »den Fall« mit mir zu besprechen.[7]

Für Miller gab es jedoch keinen Weg mehr zurück, nachdem er einmal mit Beatrice gebrochen hatte. Mit Freunden scheint er über persönliche Probleme so gesprochen zu haben, als handle es sich um abstrakte Fälle, mit denen er nur durch Zufall zu tun habe. Seine Taktik bestand darin, für alles die Schuld auf sich zu nehmen und weiter das zu tun, was er ohnehin tun wollte. »Wer mit ihm zusammen war, wäre nie auf die Idee gekommen, daß er bis zum Hals in Schwierigkeiten steckte. Er schien das Unglück geradezu herauszufordern, aber er war immer unschuldig und arglos, es war ihm immer ein Rätsel, warum etwas schiefging, und er war immer bereit, die Schuld für jede Unannehmlichkeit, jedes Mißgeschick, jedes tragische Ereignis auf sich zu nehmen.«[8] So beschreibt Schnellock in seinen Memoiren Henrys Reaktion auf Schwierigkeiten.

Für seine nächsten Freunde waren sein Charme und seine unbeschwerte Offenheit freilich kein Ersatz für Vertrauen. Miller diskutierte zwar gern, aber nicht über persönliche Dinge, denn damit hätte er sich auch der Kritik stellen müssen, und dazu war er nicht bereit. Vergeblich appellierte Beatrice an sein Gewissen, wenn sie merkte, daß er abends ausgehen wollte. »Du triffst dich wohl mit deiner kleinen Hure?« fragte sie. Worauf Miller nickte: Ja, er treffe sich mit seiner kleinen Hure.

Miller war sehr stolz auf June, und als die Western Union ihren Personalchefs unerwartet eine Prämie von 350 Dollar auszahlte, hielt er einige Freunde, zu denen auch Sam Sattenstein, Joe Ramos und Bill Dewar gehörten, einen ganzen Abend lang frei. Höhepunkt des Abends war ein Besuch im Wilson's, wo er den Freunden seine neue Liebe vorstellte. Als sie dort anlangten, war Miller schon so betrunken, daß er fast von der Galerie gefallen wäre, von wo aus er June beim Tanzen zusah. Danach zeichnete sie ihn vor seinen Freunden aus, indem sie ihm eine rote Rose überreichte.

Den meisten von Henrys Freunden war klar, daß seine Ehe mit Beatrice ein Fehler war, und es freute sie für ihn, daß er eine neue Frau gefunden hatte. Dennoch glaubten alle, es wäre ein Fehler, wenn er wieder heiraten würde. Der Medizinstudent Conason, dessen Ausführungen zum Thema Sex, Liebe und Ehe die ganze Autorität Freuds hinter sich hatten, teilte Henry mit, ihm sei die Unfähigkeit zur Treue angeboren. Worauf Henry erwiderte, das einzige Problem sei, daß er nie eine *wirkliche* Frau getroffen habe. Ihm schwebte das Bild der absolut betörenden Weiblichkeit vor, eine Frau wie Ayesha, auf die er mit vierzehn in Rider Haggards *She* gestoßen war. Jetzt, so wiederholte er beharrlich, habe er sie gefunden und sei entschlossen, sie zu heiraten, komme, was wolle. Als Miller June mit Conason bekannt machte, merkte er, daß er auf Junes »Avancen« seinem Freund gegenüber eifersüchtig reagierte, und zum erstenmal wurde ihm klar, welche Schwierigkeiten es für einen Mann mit sich bringen kann, eine schöne Frau zu lieben. Er beruhigte sich selbst mit dem Gedanken, daß Flirten schließlich ihr Beruf sei und daß die Signale, die sie an andere Männer aussandte, nicht ernst gemeint seien. Dabei hatte die Eifersucht, nach der erstickenden Enge der Beziehungen zu Pauline und Beatrice, durchaus auch ihre Reize. Miller erkannte, daß er in dieser neuen Beziehung vielleicht nicht mehr der Geliebte war, der verwöhnt und mit nicht endender Nachgiebigkeit behandelt wurde, sondern der Liebende, der unsichere Partner, der sich auf eine lange und wilde emotionale Reise macht, der ganz intensiv lebt und das Leben zuletzt am meisten genießt.

4

Verhaltensmuster wiederholen sich. Henry und Beatrice gingen immer noch zusammen aus, und nach einem Besuch im Palace Theatre gegenüber vom Wilson's schlug Henry eines Abends beiläufig vor, noch in den Tanzsaal zu gehen, »in der Hoffnung, Beatrice June vorstellen zu können«.[9] Seine Motive glichen sicherlich denen, die ihn vor sieben Jahre dazu bewogen hatten, eine Begegnung zwischen Pauline und Beatrice zu arrangieren – es bereitete ihm ein seltsames Vergnügen, sexuelle Rivalinnen einander vorzustellen, und er beschleunigte dadurch eine Entwicklung, aus der er irgendwie als freier Mann hervorgehen wollte. Beatrice lehnte jedoch ab. Wenn sie Henrys Spiel an jenem Abend mitgespielt und June im Tanzpalast mit großmütigem Lächeln begrüßt hätte, wäre vielleicht der Glanz der verbotenen Romanze angekratzt gewesen, und das Fehlen einer niedergeschlagenen, unglücklichen Ehefrau hätte dem Abenteuer möglicherweise viel von seiner verzweifelten Erregung genommen. Beatrice tat ihnen den Gefallen jedoch nicht, und die unglückliche Situation schleppte sich hin. Miller schrieb June immer verzweifeltere Briefe; in einem spricht er sogar davon, sich umzubringen, wenn die Situation nicht bald geklärt werde. Er war immer noch unfähig oder nicht willens zu handeln, wenn er vor eine wichtige Entscheidung gestellt war, und sein Elend bestätigte ihm nur, was er in der Literatur über die wahre Liebe gelesen hatte – daß sie eine tödliche Krankheit sei.

Dann fuhr June auf einmal mit einer Gruppe von Freunden, darunter auch Männer, für ein paar Tage aufs Land. Henry war krank vor Eifersucht und überhäufte sie mit Briefen und Telegrammen, die er mit »Leutnant Glahn« unterzeichnete. Die Antwortbriefe, die er von »Viktoria« und »Edvarda« erhielt, hütete er wie einen Schatz. Insgesamt war June allerdings als Briefschreiberin eine Enttäuschung für ihn. Er erinnerte sich, wie er zum erstenmal einen Brief von ihr erhalten hatte und erschrocken war, wie kindisch sie schrieb. Das schien nicht zu ihrem außergewöhnlichen, chaotischen Redetalent zu passen: June konnte »willkürlich drauflosreden, im Zickzack Funken versprühen und mit ihren Feuerwerken eine Vorhölle entfesseln – bemerkenswerte sprachliche Leistungen, um die mancher erfahrene Schriftsteller stundenlang kämpfen mußte«.[10]

Die Zeit verging, und eine Lösung des Problems war nicht in Sicht. Ein Lösungsversuch hatte sich schon als Fehlschlag erwiesen: Die Millers hatten Besuch von Harold Ross gehabt, dem Musikstudenten, der 1920 kurzzeitig bei ihnen zur Untermiete gewohnt hatte. Nach seiner Rückkehr nach Blue Ridge hatten Harold und Henry sich häufig geschrieben, und Henry entdeckte, daß auch Harold und Beatrice sich insgeheim geschrieben hatten. Er wußte, daß die beiden sich mochten und daß beide sich für Musik interessierten, und deshalb hoffte und glaubte er, Ross werde ihm Beatrice abnehmen, wie er das einst bei Jim Haley gehofft hatte. Aber Henrys psychologische Erkenntnisse waren oft von Wunschdenken diktiert und nicht davon, was möglich war. Harold kehrte allein nach Blue Ridge zurück.

Eines Nachmittags lag Miller im Prospect Park auf dem Rücken, blickte gedankenvoll in den Himmel und schüttete seinem ältesten Freund, Stanley Borowski, sein Herz aus. Stanley ließ ihn ausreden und versprach dann vage, daß er versuchen werde, ihm zu helfen.

»Ich verbrachte eine wundervolle Nacht und einen Tag mit June im Rockaways«, schrieb Miller am 16. August 1923 an Emil Schnellock. »Sehe sie heute abend wieder, vielleicht gehen wir ins Trilby. Wir kommen wunderbar miteinander aus und albern die ganze Zeit herum.« Beatrice hatte inzwischen beschlossen, für einige Zeit aufs Land zu fahren, um die Lage zu überdenken, und am 23. August reiste sie mit der kleinen Barbara ab. Um ganz sicher zu sein, daß die beiden auch weg waren, begleitete Henry sie sogar ein Stück im Zug und kehrte dann nach New York zurück.

Furchtbare Ohrenschmerzen verdarben ihm den ersten Tag der Freiheit. Er verbrachte die meiste Zeit unter Qualen im Wartezimmer eines Arztes. Die nächste Nacht schliefen June und er jedoch zusammen im Haus in der 6th Avenue auf dem Sofa im Salon. Am Morgen des 25. August stand er auf, zog sich an und ging los, um Speck zu kaufen. Wenige Minuten später kam er zurück und klingelte, und June, im Bademantel, ließ ihn herein. Sie hatten gerade angefangen, den Speck zu braten, als die Tür aufging und Beatrice hereinkam, begleitet von Marion, der Tochter des Vermieters. Sie sahen die Unordnung, die im Zimmer herrschte, und das Sofa, das offensichtlich als Bett benutzt worden war. Beatrice verlangte von Henry und June, das Haus zu verlassen. Zwanzig Minuten später waren sie gegangen, und die Ehe war zu Ende. Henry wollte immer gerne glauben, Stanley habe sein Versprechen, ihm zur Freiheit zu verhelfen, gehalten und Beatrice einen Wink gegeben, aber er hatte sich so indiskret benommen, daß sie kaum auf einen solchen Wink angewiesen war. Sie hatte zwei Nächte heimlich bei den Butlers im dritten Stock verbracht, bevor sie ihn in flagranti ertappte.

Das Liebespaar richtete sich für ein paar Tage provisorisch in Emil Schnellocks Atelier ein, bis es eine eigene Wohnung gefunden hatte. Das unschöne Ende seiner Ehe versetzte Henry einen Schock, obwohl er es so gewollt hatte, und er war Schnellock sehr dankbar für die Ruhe und Hilfsbereitschaft, mit der er sie aufnahm. »Die Atmosphäre, die durch deine Ausstrahlung entsteht, hat die Wiederherstellung meines seelischen Wohlbefindens mehr gefördert als irgendein anderer mir bekannter Einfluß«, schrieb er ihm eine Woche nach dem Vorfall. Der Schock war sogar so groß, daß er sich zuerst ganz zurückziehen und in Ruhe und Frieden alt werden wollte. »Wir haben uns ausgetobt, Du und ich«, teilte er Emil mit. Jetzt sehne er sich nur noch nach »dem großen, stabilen Reich der Ruhe und des Friedens ... freuen wir uns auf das ›stille Wasser‹, das tief ist.«[11] Aber diese Stimmung ging vorbei. Später beschrieb er mit großer Offenheit, wie »ich mich aus einer starken Bindung immer ohne jedes Gefühl lösen konnte, oft gerade dann, wenn eine gute Beziehung einen Höhepunkt erreicht zu haben schien. Niemals wegen irgendwelcher Unstimmigkeiten, Streitereien oder ähnlichem. Ich habe mich aus einer Beziehung immer dann gelöst, wenn ich bekommen hatte, was ich brauchte.«[12] Was immer er von Beatrice gebraucht hatte, er hatte es bekommen. Später am selben Tag rief sie ihn im Büro an und bat ihn, seine Sachen so schnell wie möglich aus dem Haus zu bringen. Sie sagte ihm, sie werde die Scheidung einreichen.

5

Emil fand für die beiden eine Bleibe. Er hatte selbst kürzlich geheiratet und wohnte mit seiner Frau Celia bei einem Dr. Paul Luttinger, der ein Haus in der Bronx hatte. Luttinger hatte ein leerstehendes Zimmer, das er ihnen überließ.

Der Haushalt der Luttingers war ein Chaos. Außer Luttingers Frau, drei Kindern und den Conasons wohnten auch noch seine Schwiegermutter und Schwägerin dort, und Luttinger schien in Hinblick auf Kindererziehung fortschrittlichen Ideen anzuhängen, was unter anderem bedeutete, daß sein jüngster Sohn Lionel auf den Boden pinkeln durfte. Dennoch, so primitv es war, es war das erste gemeinsame Zuhause von Henry und June. Sie nannte es Oom Paul's oder Haus der Kakerlaken, weil es von diesen Insekten wimmelte.

Im Haus der Kakerlaken drang Henry tiefer in Junes geheimnisvolle Welt ein, und er entdeckte bald, daß das ein trauriger, verwundbarer Ort war. Freuds Traumtheorie, nach der jeder Traum im wesentlichen eine auf Erlebnissen der Vergangenheit beruhende Wahrheit offenbart, wurde im Haus viel diskutiert, und eines Tages bat Henry June, ihm etwas über ihre Träume zu erzählen. Sie antwortete, sie habe schon lange nicht mehr geträumt und könne sich an nichts erinnern. Miller wußte es besser und bestand darauf, daß jeder Mensch jede Nacht träume und daß ihr die Träume wahrscheinlich einfallen würden, wenn sie sich darum bemühe. Ein paar Tage später erwähnte sie beiläufig, sie habe wieder angefangen zu träumen, und als Miller Interesse zeigte, beschrieb sie ihm ihre Träume. Der Analytiker in ihm war neugierig geworden. Er gab die Träume Emil Conason gegenüber als seine eigenen aus und wollte mit ihm darüber sprechen, aber

Conason amüsierte sich nur, weil sie ganz offensichtlich Erfindungen waren, und Miller mußte klein beigeben.
Als Henry ein paar Tage später in Dr. Luttingers Bibliothek in einem Buch blätterte, mußte er feststellen, daß June Teile der in diesem Buch nacherzählten Träume verwendet und sie als ihre eigenen ausgegeben hatte, in einem kläglichen Versuch, ihn zu beeindrucken. Während ihm allmählich klar wurde, welchen besonderen Schwierigkeiten ein Mann ausgesetzt ist, der eine schöne Frau liebt, wurde ihr klar, wie schwer es eine Frau hat, die einen scharfsinnigen, intelligenten Mann liebt. Sie fühlte sich ihm intellektuell meist weit unterlegen. Zu den von ihm so geliebten Gesprächen über Kunst, Leben und Religion konnte sie nichts beitragen, und doch hatte sie wenig Geduld mit denjenigen seiner Freunde, die er »Kulturbanausen« nannte. Ihr labiler und geltungsbedürftiger Charakter war ständig der Gefahr ausgesetzt, bloßgestellt und verspottet zu werden, und diese Gefährdung brachte bei Miller eine zarte Seite zum Vorschein:

> Es lag etwas Störendes für sie in der Atmosphäre, die durch das Zusammenleben so starker Individualitäten, aus denen sich unsere neue Wohngemeinschaft zusammensetzte, zustande kam. Sie spürte die Herausforderung, der sie sich nicht ganz gewachsen fühlte. Ihr Paß war in Ordnung, aber ihr Gepäck erregte Verdacht. Am Ende jedes Zusammenstoßes mußte sie ihre Kräfte neuerlich sammeln, aber es war auch für sie offensichtlich, daß ihre Kräfte zersplittert und vermindert wurden. Allein in unserem kleinen Zimmer – der kleinen Nische –, pflegte ich ihre Wunden und bemühte mich, sie für den nächsten Zusammenstoß zu wappnen. Ich mußte natürlich vorgeben, sie habe sich bewundernswert gehalten. Oft wiederholte ich manche der Behauptungen, die sie aufgestellt hatte, indem ich sie ein wenig veränderte oder in unerwarteter Weise ergänzte, um ihr das Stichwort zu geben, das sie suchte. Nie machte ich den Versuch, sie dadurch zu demütigen, daß ich sie zwang, eine direkte Frage zu stellen. Ich wußte einfach, wo das Eis dünn war, und lief an diesen gefährlichen Zonen mit der Geschicklichkeit und Behendigkeit des professionellen Schlittschuhläufers vorbei. Auf diese Weise bemühte ich mich geduldig, die Lücken auszufüllen, die bei jemandem, der

angeblich sein Abschlußexamen in einer so altehrwürdigen Lehranstalt wie Wellesley absolviert hatte, geradezu erschütternd waren.[13]

Miller selbst hatte keine Probleme, seinen Platz in der neuen Umgebung zu finden, und er genoß das neue Leben von Herzen. Nur die sonntäglichen Besuche bei Beatrice und Barbara waren schmerzlich. Er vermißte seine Tochter sehr, und als sie ihn einmal fragte: »Papa, warum kommst du nicht mit uns nach Hause?«, war er untröstlich. Auch June fühlte sich schuldig. Miller versuchte, sie – und sich – mit der sehr unwahrscheinlichen Vermutung zu trösten, daß er nach der Scheidung vielleicht das Sorgerecht zugesprochen bekomme. Eines Tages erzählte ihm Beatrice bei einem Ausflug nach Mineola, der mit der Scheidung beauftragte Rechtswanwalt habe ihr einen Heiratsantrag gemacht, und das sei nur einer von drei Heiratsanträgen, die sie seit ihrer Trennung erhalten habe. Miller hoffte eine kurze Zeit lang, der Rechtsanwalt werde Erfolg haben, wo Jim Haley und Harold Ross versagt hatten, aber auch der Rechtsanwalt ließ ihn im Stich.

6

Henry arbeitete vorerst weiter bei der Western Union. Die Begeisterung, mit der er 1920 seine Stelle angetreten hatte, war inzwischen verflogen. Er war auch ernüchtert, was seine Verantwortung betraf. Immer stärker hatte er das Gefühl, Verantwortung sei hauptsächlich ein Zensor der Erfahrung, ein Schutzschild gegen Spontaneität. Personalchef zu sein bedeutete für ihn eine immer größere Anmaßung und Demütigung:

> Sie weinten, sie knieten vor mir nieder, sie ergriffen meine Hand, um sie zu küssen. Ach, was taten sie nicht alles! Und warum? Um eine Anstellung zu bekommen, um mir zu danken, daß ich ihnen eine gegeben hatte! Als ob ich der allmächtige Gott sei! Als ob ich ihr persönliches Schicksal bestimmte. Und ich, der letzte Mann auf Erden, der sich wünschte, über oder unter einem anderen Mann zu stehen, der jedem Mann ins Gesicht blicken und in ihm einen Bruder sehen wollte, einen

> Gleichberechtigten, ich war gezwungen oder glaubte, gezwungen zu sein, diese Rolle fast fünf Jahre lang zu spielen ... Und ich merkte jeden Tag, wie ich den Blick abwandte. Ich war meinerseits gedemütigt und verzweifelt. Gedemütigt bei dem Gedanken, daß irgend jemand mich als seinen Wohltäter betrachten sollte, verzweifelt bei dem Gedanken, daß Menschen sich wegen etwas wie einer Anstellung so erniedrigten ... Man kann einem Mann seine Würde als Mensch rauben, wenn man ihn über seine Mitmenschen stellt, wenn man ihn bittet, etwas zu tun, wozu kein Mensch das Recht hat, nämlich Vergebung zu erteilen oder zu verweigern, zu urteilen und zu verdammen oder den Dank für einen Gefallen entgegenzunehmen, der kein Gefallen ist, sondern ein Recht, das jedem Menschen zusteht. Ich weiß nicht, was unerträglicher war – ihr schamloses Flehen oder ihre Dankbarkeit, die ich nicht verdient hatte. Ich weiß nur, daß ich völlig durcheinander war, daß ich mir mehr als alles andere in der Welt wünschte, mein eigenes Leben leben zu können, und niemals mehr Teil dieses grausamen Gefüges von Herren und Sklaven sein wollte.[14]

So sah Miller fast dreißig Jahre später in der Rückschau von 1950 seine Gefühle. Auch wenn seine Enttäuschung über die Arbeit bei der Western Union ihre philosophische Seite hatte, ist das doch nur die eine Hälfte der Wahrheit: Dazu kommt, daß er 1924 auf schamlose, grandiose Weise arbeitsscheu war. Außerdem war er überzeugt, daß er das Mißfallen seines unmittelbaren Vorgesetzten Benjamin Rivise erregt hatte und dieser seinen Bruder Mike eigens aus dem Büro in Philadelphia hergeholt hatte, um ihm nachzuspionieren und der Firma so viele Beweise von Gelegenheiten zu liefern, wo er krank gespielt oder gegen Vorschriften verstoßen hatte, daß man ihn loswerden konnte.

Ob er recht hatte oder ob es ein paranoider Verdacht war, der von Erinnerungen an seine eigenen Erfahrungen als Spion des Chefs beim Eintritt in die Firma gespeist wurde, in jedem Fall beeinträchtigte die Tätigkeit von Mike Rivise seine Freude an der Arbeit ernsthaft. Er langweilte sich und konnte sich für die Reformpläne, die er in den ersten Jahren bei der Western Union entwickelt hatte, nicht mehr begeistern. Rivise hatte Henrys Anregungen aufgenommen und tat, was er konnte, um die Boten vom Image der »Trägheit und Nutzlosigkeit«[15] zu befreien. Henry dagegen war skeptisch geworden und immer mehr davon überzeugt, daß die trägen und nichtsnutzigen Außenseiter, die sich dem System nicht anpassen wollten oder konnten, die einzig ehrlichen Leute weit und breit seien.

Rivise machte jedoch weiter. 1923 wurden Kadetten der Militärakademie West Point eingeschaltet, die den Boten Disziplin einbleuen sollten, und man startete eine Aktion mit dem Ziel, die Arbeiterschaft so effizient wie das Militär zu machen. Rivise selbst machte unbezahlte Überstunden, um die Ausbildung voranzutreiben. Regelrechte Armeebefehle wurden herausgegeben, und Essensräume und Uniformen der Boten wurden inspiziert. Die Boten sollten Verantwortungsbewußtsein dafür entwickeln, daß ihre Uniformen vollständig, Gesicht und Hände sauber, die Haare ordentlich gekämmt und die Schuhe geputzt waren. Vor und nach der Telegrammübergabe sollten sie vor den Kunden salutieren. Die Ausbildung der Boten wurde neu strukturiert. Man führte Leichtathletik ein, und Wettbewerbe, bei denen die besten Reden über Sicherheit auf der Straße prämiert wurden. Es gab sogar Unterricht in gutem Benehmen. Die Disziplin der Belegschaft wurde verschärft, ein Handbuch mit sechsundsechzig Verhaltensregeln wurde zusammengestellt. Manche der Regeln waren mehrfach untergliedert, zum Beispiel Regel Nr. 9 über Fußpflege, die eine ganze Seite lang war: Die Boten sollten »ihre Füße täglich waschen und, wenn möglich, jeden Morgen frische Strümpfe anziehen«. Eine andere Vorschrift regelte das Verhalten bei Regen und Pfützen: »Wenn Ihre Schuhe innen naß sind, ziehen Sie sie aus und trocknen sie.«[16] Dahinter stand eine Idee, die zu jener Zeit für Amerika typisch war: die auf die Firma zugeschnittene Lebensweise. Miller verachtete das. Der große Umbruch in seinem Privatleben hatte die letzten Reste von Ehrbarkeit in ihm zerstört, und jetzt erschien ihm jedes Streben nach größerer Effizienz wie eine persönliche Beleidigung.

Sein Verdacht, manche seiner Kollegen seien darauf aus, ihm ein Bein zu stellen, erhärtete sich, als er plötzlich aus seinem alten Büro am Park Place in die Zentrale im Flatiron Building an der Kreuzung 5th Avenue und 22nd Street umziehen mußte und in ein Büro gesteckt wurde, das nur ein paar Stockwerke unter dem von J. C. Willever selbst lag:

> Kein fauler Zauber mehr wie in dem alten Botenbüro mit den Ankleidekabinen im Hintergrund und dem mit Zinkblech beschlagenen Tisch, auf dem ich dann und wann eine flüchtige Nummer geschoben hatte. Ich war jetzt in einem luftlosen Käfig, umgeben von höllischen Apparaten, die summten, läuteten und aufleuchteten, sooft ein Kunde nach einem Boten rief. In einem Raum, der gerade genügend groß für einen Doppelschreibtisch und einen Stuhl auf jeder Seite (für die Bewerber) war, mußte ich schwitzen und mit voller Lungenkraft schreien, um mir Gehör zu verschaffen.[17]

Aufgrund der Hektik und des Lärms verlor er innerhalb weniger Monate dreimal die Stimme und mußte einen Arzt aufsuchen und sich krankschreiben lassen. Miller konnte teuflisch sein, wenn er glaubte, einen Feind zu haben. An Rivise rächte er sich, indem er auch dann nur in einem heiseren Flüsterton mit ihm sprach, als seine Stimme sich schon längst wieder erholt hatte, und ihn dadurch zwang, sich wegen jeder noch so kleinen, banalen Mitteilung zu ihm zu begeben.
Die Scheidung kam nur langsam vorankam, und es war noch Winter, als Miller wieder versetzt wurde. Diesmal kam er in den obersten Stock eines alten Gebäudes. Sein Schreibtisch stand in der Mitte eines riesigen, leeren Flurs, wo die Boten ihre abendlichen Exerzierübungen absolvierten. Aus Gründen der Rationalisierung mußte er jetzt mit nur noch einem Assistenten auskommen, einem ehemaligen Boxer, der davor im Waschraum tätig gewesen war. »Ich gab mir keinerlei Mühe, die Akten in Ordnung zu halten, überprüfte keine Referenzen, schrieb keine Geschäftsbriefe. Die Hälfte der Zeit machte ich mir nicht einmal die Mühe, ans Telefon zu gehen.«[18] Neben dem Flur war eine Turnhalle, und wenn Miller niedergeschlagen oder gelangweilt war, zog er sich gewöhnlich ein Paar Rollschuhe an und drehte dort mit einigen jüngeren Boten eine Runde. Der neue Assistent, der zu der großen Gemeinde der normalen Menschen gehörte, hielt seinen Chef für verrückt.

7

Der Bruch mit Beatrice war Millers erster, entscheidender Schritt auf dem Weg zum berühmten Schriftsteller. Mit dem zweiten Schritt, der Aufgabe der Ganztagsstelle, die ihn materiell absicherte, zögerte er eine ganze Weile. Nach der Scheidung würde er für zwei Familien zu sorgen haben. Außerdem gab es damals keine Arbeitslosenunterstützung, und endgültig aus dem System auszusteigen bedeutete 1924 ein weit größeres Risiko als heute. Doch nicht die Angst vor einem Leben in finanzieller Unsicherheit schreckte ihn am meisten ab. Hinter der freundlichen und umgänglichen Fassade, hinter der Vertrautheit, mit der er die Werke der großen Dichter diskutierte, hegte Miller ernsthafte Zweifel an seiner Fähigkeit, im Bereich der Literatur etwas zu leisten.

Das war die andere Seite der angeberischen Bemerkung, die er von Emil Schnellock entlieh und später als seine eigene ausgab, er sei »nur ein Junge aus Brooklyn«, und es ist möglich, daß die Männer, die er zu seinen literarischen Vorbildern erkoren hatte, ihn auch einschüchterten. Im Herbst 1923 besuchte er einen Vortrag von John Cowper Powys über Conrad. Powys sprach von dem »tiefen Geheimnis, das die Geburtswehen des Autors umgibt« – doch das brachte Miller seinem Ziel nicht näher, ein Schriftsteller zu werden, der veröffentlicht wird. Powys war ein seltsames Vorbild für einen Jungen aus der Arbeiterschicht von Brooklyn, der in einer Familie ohne literarische Bildung aufgewachsen war. Powys war ein Geschöpf der Oberschicht, eine aristokratische Erscheinung, und auch wenn Miller interessierte, was Powys in seinen Büchern und Vorträgen sagte, war es doch ebenso dessen aristokratischer Stil, der den so wenig aristokratischen Miller anzog.

Nur wenige Briefen dokumentieren diese frühe Periode. Aus den fünfzehn Briefen, die Miller während der zwanziger Jahre an Emil Schnellock schrieb, geht hervor, daß er damals mit einer Vielfalt literarischer Masken experimentierte. In der ersten Hälfte des Jahrzehnts sah er sich am liebsten als arroganten, gebildeten und sehr schnoddrigen Pedanten. Das Problem eines aufstrebenden Autors, der nicht aus einer Familie stammte, in der die Literatur gepflegt wurde, war zunächst einmal, wie man mit Literatur umgeht. Die Welt der Bücher war auf eigenartige Weise in Klassen eingeteilt. Als »echter« oder wichtiger Autor galt der hochgebildete – am besten klassisch gebildete – Mann, der einen »kultivierten« Stil schrieb. Die Vorstellung von dem, was Literatur ist, war derart verfeinert und überfeinert, daß Miller befürchtete, eine so unflätige Stimme wie die seine würde nie gehört werden. Daß ihm dieses Problem bewußt war, geht aus einem Angriff auf Henry James hervor, den er in einem Brief an Emil Schnellock vom 5. November 1923 macht:

> Alle großen Männer schreiben, um zu befehlen. Cäsar, Balzac, Wells, Shaw, Barrie, Strindberg und auch der unvergleichliche Dostojewski. James' machte es so: Er ging in einem scharlachroten, bestickten Morgenmantel aus Samt im Zimmer auf und ab und ließ zwischen zwei samtweichen Fingern auf kunstvolle Weise eine scharf riechende Zigarette baumeln, während er aus seinem übersättigten Geist einem unterernährten Sklaven diktierte. Henry James hatte herausgefunden, daß er einen Roman von hunderttausend Wörtern am besten schrieb, indem er ungefähr zweihundertfünfzigtausend Wörter ausspuckte... Überlegen wir doch einen Augenblick, was es heißt, hundertfünfzigtausend überflüssige Wörter aus sich herauszupressen, auszusondern, auszurotten, auszuschalten und zu unterwerfen. Welch wertvollen Abfall, welch göttliche Auswüchse müssen diese einzigartigen »Auswürfe« des Henry James enthalten haben. Nimm die vier Wände deines Kabuffs. Und dann stell dir bitte vor, wie es aussehen würde, wenn wir versuchten, die puren didaktischen Ungeheuerlichkeiten aus Henry James' künstlichen Destillaten, gelehrten Reden und Menstruationen in die Wände zu meißeln. Frage dich, ob du statt dessen nicht lieber die offensichtlich phallischen Schweinereien auf den grellroten Wänden des untergegangenen Pompeji sehen würdest. Oder, wenn dieser Kontrast nicht stark genug ist, nimm das Pissoir des Varietétheaters in der Houston Street. Nimm einen Vers lyrischer Dichtung nach der Manier Carl Sandburgs, den ein mittelmäßiger Genius gefertigt hat – eine Zeile wie: »Deine Mieze hat verdammt tolle Titten«, oder »Blas diesen großen, saftigen Schwanz«... Wie blaß und blutleer muß deinem gesunden, starken Verstand das folgende aus der Feder Henry James' erscheinen.

Danach zitiert Miller einige Zeilen aus James' Werk, die ihm besonders typisch erscheinen. Aber abgesehen von der Obszönität ist Millers Stil kurioserweise auf seine Art genauso künstlich wie der von James, und er ahmt nach, was er zu verspotten glaubt.
Die frühen Briefe sind oft ganz offensichtlich Stilübungen, Beschreibungen, die nur durch die Anrede am Anfang als Briefe gekennzeichnet sind (der Brief über James ist adressiert an: »Amiel: Kopien an Ross, Stanley und die Nachwelt«). Als Verfasser stellt man sich eher einen dicken Mann im dreiteiligen Anzug vor. Außerdem zeigen die Briefe wenig Spuren des ausgeprägten Brooklyner Akzents, den Henry sprach. Immer zieht er in ihnen das Blumige und Esoterische dem Einfachen vor. Ein typischer Satz aus einem der Briefe lautet: »In der endlosen Wüstenei der dicken Bücher jenes großen amerikanischen Romanciers (ich spreche von Theodore Dreiser) wird die eintönige Dürre durch das verblüffend satte Grün seiner schimmernden Oasen mehr als gelindert.«
Zweifellos von der Begegnung mit June beflügelt, machte er sich im Winter 1923/24 daran, den Roman *Clipped Wings* zu überarbeiten. Zu Dreisers und Andersons Einfluß kam jetzt noch der Einfluß von Somerset Maughams *Lied des Flusses.* Als er fertig war, zeigte er das Ergebnis J. C. Willever, dem geschäftsführenden Vizepräsidenten der Western Union, der ihm das Thema anfänglich vorgeschlagen hatte. Damit brachte er sich um den letzten Rest von Wohlwollen und Ansehen, den er in der Firma als »Schriftsteller« noch gehabt haben mochte. Das Buch blieb ein nicht zur Veröffentlichung geeignetes Jugendwerk, und er wußte das. Daß er sich sein Scheitern ehrlich eingestand, verstärkte noch seine Selbstzweifel und ließ ihn weiter zögern, die Nabelschnur loszulassen, die ihn mit der übrigen Welt verband: seine Arbeit bei der Western Union.

8

Henry und June blieben nicht lange bei den Luttingers. Ende 1923 zogen sie mit den Conasons in eine Wohnung im Riverside Drive Nr. 524 in Manhattan, die einem Freund von Beatrice namens Harold Hickerson gehörte. Hickerson leitete die Klavier-

klasse des New Yorker Musikkonservatoriums und arbeitete manchmal mit dem Dramatiker Maxwell Anderson zusammen, für Kultur war somit in der neuen Wohnung bestens gesorgt. Bequemlichkeit war nicht so wichtig. Die Millers und die Conasons wohnten nebeneinander in kleinen Zimmern, mit einem »Spülstein als Verbindung«, wie Celia Conason sich erinnert, während Hickerson und seine Frau Ruth den größten Teil der Wohnung besetzten. Die Zimmer waren »wie Wohnschränke«.
Im Dezember 1923 begaben sich Henry und Beatrice zur Scheidungsverhandlung im obersten Zivilgericht von Brooklyn. Miller nennt die Verhandlung in seinen Werken gewöhnlich den »Scheidungsprozeß«:

> Alles war schon im voraus vereinbart worden. Ich brauchte nur die Hand zu heben, einen dummen Eid zu leisten, mich schuldig zu bekennen und die Strafe anzunehmen. Der Richter sah wie eine Vogelscheuche mit Feldstecher aus. Seine schwarzen Schwingen flatterten kläglich in der schweigenden Stille des Raumes. Er schien sich ein wenig über meine heitere Zufriedenheit zu ärgern. Sie vertrug sich nicht mit seiner Illusion von Wichtigkeit, die praktisch gleich null war. Für mich gab es zwischen ihm, der Messingbarriere und dem Spucknapf keinen Unterschied. Die Messingbarriere, die Bibel, der Spucknapf, die amerikanische Fahne, der Tintenlöscher auf seinem Schreibtisch, die uniformierten Büffel, die Ordnung und Anstand aufrechterhielten, das Wissen, das in seinen Gehirnzellen aufgespeichert war, die verstaubten Blätter in seinem Arbeitszimmer, die Philosophie, die der ganzen Struktur des Gesetzes zugrunde lag, die Brille, die er trug, seine Unterhosen, seine Person und seine Persönlichkeit – das Ganze war ein sinnloses Zusammenwirken im Namen einer blinden Maschinerie, für die ich keinen Furz im Dunkeln gab. Alles, was ich wissen wollte, war, daß es mir endgültig freistand, meinen Kopf wieder in die Schlinge zu stecken.[19]

Am 19. Dezember 1923 gab Richter Harry Lewis Beatrice' Antrag auf Scheidung statt und übertrug ihr das Sorgerecht für Barbara. Henry hatte schon bisher freiwillig dreißig Dollar pro Woche zu ihrem Unterhalt beigesteuert, und Richter Lewis verpflichtete ihn jetzt auf Dauer zur Zahlung dieser Summe. Millers fiktiver Bericht über die Verhandlung in *Sexus*, wo er sein unbekümmertes Benehmen betont und herausstreicht, wie verblüfft Richter Lewis gewesen sei, als er ihm frech angeboten habe, das Doppelte der von ihm angesetzten Summe zu bezahlen, deckt sich nicht mit dem förmlichen »Ja, Sir« und »Nein, Sir«, die das offizielle Gerichtsprotokoll verzeichnet.

June arbeitete zunächst weiter im Wilson's. Auf ihre Bitte hin holte Miller sie manchmal um zwei Uhr morgens von der Arbeit ab. Das führte dazu, daß er am nächsten Morgen oft übermüdet war, wenn er um acht Uhr bei der Western Union zu arbeiten anfing, aber seine Entdeckung, wie unsicher June tatsächlich war, hatte neue Saiten in ihm zum Schwingen gebracht, und er war bereit zu leiden, wenn er ihr dadurch half. Nur auf dem Gebiet der Sexualität war sie völlig frei von Selbstzweifeln. Ihre sexuelle Attraktivität war ihre Stärke, und sie nützte diese Stärke dort aus, wo sie am wirksamsten war – bei den Männern.

Harold Hickerson nahm ebenso feinfühlig Rücksicht auf Junes Schwächen wie Miller, seine Frau Ruth dagegen reagierte deutlich unfreundlicher. Als June eines Tages mit der Nachricht nach Hause kam, sie habe bei Wilson's aufgehört und sei in Lee Simonson's Theatre Guild aufgenommen worden, machte Ruth offen abschätzige Bemerkungen. June bekam eine Rolle in der Weihnachtsproduktion der Gruppe, Shaws *Die heilige Johanna*, und erzählte bald zu Hause, daß die anderen in dem Stück auftretenden Schauspieler sich während der Proben in sie verliebt hätten. Der eine, Ian Maclaren, sei »ganz vernarrt« in sie. June quälte Miller mit Geschichten, wie sie sich »in sein Zimmer zurückzogen, wie sie ihm Schminke, Zeitschriften usw. kaufte. Sich um seine kleinen Wehwehchen kümmerte. Mit ihm auf dem Boden einen Ringkampf aufführte.« Als Miller sich in seinen biographischen Aufzeichnungen an diese Episode erinnert, faßt er knapp zusammen: »Bemerkungen anderer Mitglieder der Besetzung. Meine Eifersucht«, und er spekuliert, wer der »Vernarrte« wohl war.

Später schrieb er, seine Frau habe »in der Theatre Guild verschiedene Rollen gespielt«[20], und in *Sexus* gibt es eine Szene, die am Abend ihres Debüts vor dem Theater spielt: »Ich starrte immer und immer wieder auf die Ankündigungen und war entzückt, ihren Namen so deutlich in dicken Buchstaben zu sehen.«[21] In Walter Prichard Eastons *Theatre Guild – The First Ten Years 1919-1929*, das eine Liste aller von der Gruppe in dieser Zeit aufgeführten Stücke sowie die jeweiligen Besetzungen enthält, findet sich jedoch kein Hinweis, daß June in einer der Produktionen mitgespielt hätte. Zwar spielte ein Schauspieler namens Ian Maclaren im Dezember 1923 die Rolle des Peter Cauchon, des Bischofs von Beauvais in *Die heilige Johanna*, was beweist, daß June tatsächlich mit der Guild Kontakt hatte, aber höchstwahrscheinlich trat sie niemals mit der Gruppe auf. Hier wie anderswo ist es interessant festzustellen, an welchen Stellen Miller, der autobiographische Neuschöpfer seines Leben, am stärksten aktiv wird: Hat er June wenigstens in der Fiktion für einen kurzen Augenblick den Ruhm und Erfolg als Schauspielerin angedichtet, nach dem sie sich, wie er wußte, im wirklichen Leben stets sehnte, den sie aber nie erreichte?

»In ihrer Gegenwart bebte der Raum vor Spannung«, schrieb Miller über June. »Sie hatte ihre eigene Wellenlänge: kurz, stark, störend«[22] – was ständig zu dramatischen Szenen führte. Eines Abends im Riverside Drive packte sie nach einem Streit ihre Sachen in braunes Packpapier und rannte hinaus auf die Straße. Miller ging ihr nicht nach, und so blieb es Harold Hickerson überlassen, sie zurückzuholen. Das war die erste vieler solcher Aktionen Junes, und man kann unmöglich entscheiden, ob June damit lediglich melodramatisch à la Dostojewski sein wollte oder ob sie wirklich nicht ganz normal war. Da sie in ihrem späteren Leben in regelmäßigen Abständen in psychiatrische Krankenhäuser eingeliefert wurde, könnte man annehmen, daß die Verrücktheit, die sie anfangs vielleicht spielte, um sich interessant zu machen, schließlich außer Kontrolle geriet und Wirklichkeit wurde.

Am 28. Februar 1924 starb Junes Vater, und sie zog für ein paar Tage zu ihrer Familie in die 76th Street in Bensonhurst. June behauptete später, nach dem Tod ihres Vaters habe sie die Brötchen für die Familie verdient, was allerdings ziemlich unwahrscheinlich ist, da ihre drei Brüder damals noch zu Hause bei der Mutter wohnten und alle ganztags arbeiteten – einer leitete ein Lebensmittelgeschäft, einer war Vertreter, der dritte war in einem Gemüseladen angestellt.

Als June zurückkehrte, drängte sie mehr denn je auf Heirat, und Henry mit seiner »Vernarrtheit in den Ehestand«, wie er sich selbst eingestand,[23] willigte ein. Ende März, kurz nachdem die Scheidung von Beatrice rechtskräftig geworden war, fuhr das Paar mit dem Zug nach New Jersey und heiratete am Sonntag, den 1. Juni um 11.30 Uhr in Hoboken. Hochzeitsurkunde und -protokoll enthalten bezüglich der persönlichen Daten zwei kleine Fehler. June war zum Zeitpunkt der Eheschließung zweiundzwanzig, gab als Alter aber einundzwanzig an und nannte als Geburtsort St. Johns (sic), Vermont. Die Urkunde enthält außerdem eine schiefe Formulierung, die so klingt, als sei June einmal und Henry zweimal verheiratet gewesen. Man feierte in Emil Schnellocks Atelier, und hinterher gingen alle in das Variététheater in der Houston Street, um Cleo tanzen zu sehen. Ringe wurden nicht ausgetauscht.

9

June hatte bei aller Begeisterung für Künstler und verrückte Leute auch eine normale, häusliche Seite, und sie wollte unbedingt ein eigenes Heim. Henry war davon nicht so begeistert. Nach der erzwungenen Biederkeit der Ehe mit Beatrice sehnte er sich nach einem turbulenten, unkonventionellen Leben. Da er in solchen Dinge aber flexibel war, schloß er sich Junes Wünschen an. June wollte nach Brooklyn Heights, und gegen Ende des ersten Tages ihrer Suche verliebten die beiden sich in eine Wohnung in der Remsen Street Nr. 91. Mit neunzig Dollar pro Monat war die Miete doppelt so teuer wie das, was sie sich leisten konnten, und Miller wollte die Wohnung deshalb zuerst nicht nehmen. Er wußte jedoch, daß das Leben mit June ein Gegengewicht zu dem bilden würde, was er als die vorsichtige, germanische Seite seines Wesens erkannt hatte. Wenn er wirklich ein Leben voll Chaos und Abenteuer wollte, mußte er June und ihrer leichtsinnigen, impulsiven Art die Führung überlassen. So stimmte er zu, und sie zogen ein. Es war eine komfortable Wohnung in bester Nachbarschaft:

> Die Böden waren aus Parkett, die Vertäfelungen aus schönem Nußholz. Es gab Wandbespannungen aus rosa Seide, und die

Büchernischen wären groß genug gewesen, um sie in Schlafkojen zu verwandeln. Wir bewohnten nach vorn die Hälfte des ersten Stockwerks, das auf den ruhigsten, aristokratischsten Teil von ganz Brooklyn hinausging. Unsere Nachbarn besaßen alle Limousinen, Haushofmeister, Luxushunde und Katzen, deren Futter uns das Wasser im Munde zusammenlaufen ließ. Unser Haus war das einzige des ganzen Blocks, das in Wohnungen aufgeteilt war.[24]

Die Möblierung der Zimmer war spärlich, die Beleuchtung gedämpft, und in der Mitte des Wohnzimmers sorgte ein niedriger Diwan für eine orientalische Atmosphäre. Henry und June sprachen von ihrem »japanischen Liebesnest«. Von ihren alten Freunden gaben sie nur Emil Schnellock die neue Adresse.
Hier verlebten sie eine glückliche, zärtliche Zeit. Tagsüber arbeitete Miller, und wenn June abends lange im Theater war, verbrachte er die Zeit in Emil Schnellocks Atelier mit Schachspielen oder Gesprächen. Er wurde häuslicher und bereitete sich oft selbst das Abendessen. Die Häuslichkeit gefiel ihm, und er merkte, daß Kochen und ähnliche Fertigkeiten einen Mann unabhängiger von seiner Frau machten, nicht abhängiger. Wenn er keine Lust zum Kochen hatte, ging er manchmal in ein kleines französisch-italienisches Restaurant an der Ecke, danach zog er durch die Straßen, schaute vielleicht kurz in der Montague Street Library vorbei, kehrte dann nach Hause zurück, las und hörte Grammophonmusik. Zu dieser Zeit gehörte Skrjabin zu seinen Lieblingskomponisten.
June hatte in ihrer Beziehung die sexuelle Initiative übernommen wie einst Pauline. Sie war es gewesen, die Miller in jener ersten Nacht im Wilson's zum Tanz aufgefordert, ihn mit ihrer Direktheit und ihrer Schönheit zum Erröten gebracht und später ihren Kopf an seine Schulter gelegt und ihn aufgefordert hatte, sie zu küssen.[25] Dieses Muster setzte sich in der Ehe fort. June war in sexueller Hinsicht kühn, erotisch, mit einer starken Neigung zum Exhibitionismus. Sie trug selten Unterwäsche, und wenn sie einen Büstenhalter anzog, hatte sie ihn vorher so aufgeschnitten, daß die Brustwarzen zu sehen waren. Sie hatte die Angewohnheit, mit offenem Morgenmantel durchs Zimmer zu eilen – was Henry sehr durcheinanderbrachte, wenn er am Schreibtisch saß und zu

schreiben versuchte. Selbst wenn sie die Böden wischte, war ihre Aufmachung sexy. Das Leben mit ihr war das glatte Gegenteil des Lebens mit Beatrice. June teilte Henrys Vorliebe für abenteuerliche Liebesspiele im Gebüsch, auf dem Fußboden, im Korridor und am hellen Tag, Liebesspiele, die Beatrice so offensichtlich unglücklich gemacht hatten.
Die einzigen dunklen Stunden waren für Henry weiterhin die Wochenendbesuche in der 6th Avenue, wo er die dreißig Dollar Alimente ablieferte und Beatrice und Barbara sah. Bei diesen traurigen Gelegenheiten gingen sie manchmal im Park spazieren, drehten ein paar Runden auf dem Rummelplatz, ruderten über den See oder ließen den Drachen steigen, den Miller dem Kind gekauft hatte. Beatrice war jetzt allein für Barbaras Erziehung verantwortlich, und ihre ehrgeizigen Pläne machten Miller großen Kummer. Der idealistische Träumer Miller hatte einst vorgeschlagen, Barbara selbst zu erziehen, um ihr die Sinnlosigkeit geregelter Schulbildung zu ersparen, und jetzt sprach Beatrice von Privatschulen, Tanz- und Malunterricht und von dem Geld, das solcher Unterricht kostete. Seine Tochter war demselben elterlichen Ehrgeiz ausgesetzt, unter dem er selbst als Kind gelitten hatte und noch immer noch litt. Aber er konnte nichts dagegen tun. Der Richter hatte es ihm bei der Scheidungsverhandlung klar und deutlich gesagt: Er hatte »das Recht auf Elternschaft verwirkt«. Die Besuche und Ausflüge am Wochenende endeten oft mit Tränen und gegenseitigen Beschuldigungen, und Miller kehrte dann mißmutig und schuldbewußt zu June zurück.
Auch in anderen Dingen übernahm June in ihrer Beziehung die traditionell dem Mann zukommende Rolle. Sie kam mit Geschenken für Henry nach Hause, kuriosen Sachen, die zu Henry James besser gepaßt hätten als zu Henry Miller, etwa einem seidenen Morgenmantel, marokkanischen Pantoffeln oder einem Zigarettenhalter, den Miller nur in Junes Gegenwart benutzte. Da June schon früh von ihrer Familie finanziell unabhängig gewesen war, beherrschte sie die schwierige Kunst, ihren Verpflichtungen nachzukommen, ohne ihre Persönlichkeit dabei zu unterdrücken; eine Kunst, die Henry nie erlernt hatte, weder während der Jahre im Schneiderladen noch später bei der Western Union.
June wußte, wie besessen Henry von der Idee war, Schriftsteller zu werden, und sie wußte auch, wie wenig Selbstvertrauen er be-

saß. Deshalb ermutigte sie ihn ständig, seine Arbeit aufzugeben und sich ganz auf das Schreiben zu konzentrieren. Sie vertraute ganz auf ihre Fähigkeiten, Geld zu beschaffen, und wenn Henry sich Sorgen über eine Zukunft ohne feste Anstellung machte, wußte sie ihn zu beruhigen: Sie werde genug für beide verdienen und auch die Alimente bezahlen können.

Ermutigt durch June, spielte er bei der Western Union immer öfter krank. Schließlich blieb er im September 1924 drei Tage hintereinander der Arbeit fern. Als er am vierten Tag ins Büro zurückkehrte, beschloß er zu gehen, bevor man ihn feuerte. Er räumte seine Sachen vom Schreibtisch, teilte Sam Sattenstein seinen Entschluß mit und bat ihn, Mr. Nathan darüber zu unterrichten. Als Sattenstein fragte, was mit dem ihm noch zustehenden Lohn geschehen solle, antwortete Miller, das Geld sei ihm egal, die Firma könne es behalten.

Wenige Minuten später war er wieder draußen auf der Straße. Er war sich der symbolischen Bedeutung des Augenblicks voll bewußt und kaufte auf dem Rückweg in die Remsen Street die Schallplattenaufnahme eines Beethoven-Quartetts, einen Blumenstrauß und eine Flasche guten Wein, um den großen Tag mit June zu feiern. June war über seine Neuigkeiten hoch erfreut.

Die Freiheit, die er im Sinn hatte, als er an jenem Septembermorgen 1924 aus dem Büro trat und den Broadway entlangschlenderte, war eine einfache Freiheit. Es war die Freiheit des schwänzenden Schuljungen, des Hundes, der seiner Nase folgt, nicht die komplexe, philosophisch begründete Freiheit des Intellektuellen. Der überschäumende, freudige Optimismus, mit dem er die Freiheit begrüßte, erinnert an die Eröffnungsszene von *The Wind in the Willows* des englischen Kinderbuchautors Kenneth Grahame, in der der Maulwurf vor der Hausarbeit die Flucht ergreift:

> Der Frühling regte sich in der Luft über ihm, auf der Erde unter ihm und überall um ihn, er drang mit seinem Atem göttlicher Unzufriedenheit und Sehnsucht sogar in sein dunkles und niedriges kleines Haus. Dann geschah ein kleines Wunder: Plötzlich ließ Maulwurf den Besen fallen, rief »Mist!« und »O Mann! « und auch »Zum Teufel mit dem Frühjahrsputz!« und stürzte aus dem Haus, ohne auch nur seinen Mantel überzuziehen.

Miller verließ seine Stelle bei der Western Union in einem ganz ähnlichen Geist »göttlicher Unzufriedenheit und Sehnsucht«. Es war vielleicht nicht die Freiheit, die John Stuart Mill gefordert hatte, aber es war eine reale, konkrete, persönliche und erreichbare Freiheit, keine theoretische Hypothese oder intellektuelle Errungenschaft. In späteren Jahren wurde Millers Abneigung gegen jede Arbeit, zu der man keine Berufung verspürt, immer heftiger. »Ich möchte möglichst viele Menschen davor bewahren, so zu tun, als müßten sie dies oder jenes machen, um ihren Lebensunterhalt zu verdienen. Das stimmt nicht«, schrieb er in *Wendekreis des Steinbocks.* Als er an jenem Tag aus dem Büro kam, sagte er immer wieder vor sich hin: »Ganz mein eigener Herr«.

10

Wenn Miller in *The Rosy Crucifixion* zurückblickt, versucht er gelegentlich, die Schuldgefühle und die Verbitterung zu verharmlosen, die er durch sein Verhalten als junger Mann verschuldete und selbst durchlitt. Im Fall seiner ersten Frau tut er das, indem er sie in *Sexus* als reuige Sünderin präsentiert, die erkannt hat, daß ihr ehemaliger Mann mit seiner Einstellung zu Leben, Sex und Freiheit die ganze Zeit »recht« hatte und sie »unrecht«. In *Sexus* werden detailliert Sexszenen mit Beatrice beschrieben, die nach der Trennung und Scheidung stattfinden, darunter eine über zehn Seiten beschriebene Orgie, bei der Beatrice' Cousine Elsie sich zu dem Paar gesellt. Miller ist dabei bemüht, die Hingabe und Lust hervorzuheben, mit der seine ehemalige Frau bei der Sache ist. Sie ist es, die bei der Ankunft der Cousine die wunderbare Idee hat, den Küchentisch abzuräumen, damit die drei das Beste aus der Situation machen können. Beatrice' sexuelle Verwandlung ist eindeutig ein besonders schlecht dokumentierter Abschnitt in Millers Lebensgeschichte, und eine der am wenigsten glaubhaften Stellen der zwölfhundertseitigen Trilogie ist Beatrice' gelassene Bemerkung, wie »wunderbar es ist, nicht mehr eifersüchtig zu sein«, während sie zusieht, wie Henry den Kopf zwischen Elsies Beine steckt.[26]

Scheidungen waren zu Millers Zeit nicht so verbreitet wie in späteren, weltlicheren Zeiten. 1920 endeten nur sechzehn Prozent der Ehen in den USA auf diese Weise, während es 1988 achtundvierzig Prozent waren. Die Vermutung liegt nahe, daß Henry nach zwei gescheiterten Beziehungen große Schuldgefühle hatte, und obwohl die Freiheiten, die er sich 1924 nahm, wirkliche Freiheiten waren, führten sie ihn auch in eine Sackgasse, aus der ein Erfolg als Schriftsteller der einzige Ausweg war. Miller stand unter Erfolgszwang, Scheitern war buchstäblich undenkbar. Zu einer vollen Rechtfertigung seines Verhaltens, das nach den Normen seiner Erziehung ungeheuerlich war, reichte der Erfolg allein allerdings nicht aus: Die Opfer und Leiden seiner Eltern, seiner Frauen und seines Kindes verlangten eine religiöse Antwort, wenn er sich ihrer würdig fühlen und dadurch die Schuld tilgen wollte. Der Erfolg als Schriftsteller verband sich immer mehr mit der Vorstellung einer religiösen Suche, in der die Kunst Religion war und er deren Clown und Jesus. Sein Erfolg mußte letztlich, auf der höchsten Stufe, eine religiöse Dimension haben.

KAPITEL 6

1924-1926: Der Lehrling der Boheme

1

Schulen für kreatives Schreiben gab es damals nicht, Henry Miller wußte deshalb nicht, wie er es anstellen sollte, ein richtiger Schriftsteller zu werden. Schließlich kaufte er sich, um ein Zeichen zu setzen, in einem Kaufhaus in der Fulton Street einen großen Schreibtisch und machte sich an die Arbeit. Seine ersten Versuche beschreibt er in einem Brief an Emil Schnellock:

> Ich habe in letzter Zeit geschuftet wie ein Blöder – eigentlich müßte ich völlig ausgebrannt sein, aber ich bin es nicht. Ich hämmere ununterbrochen auf die Schreibmaschine ein. Bin entschlossen, einen großen Versuch mit der Arbeit für Zeitungen oder Zeitschriften zu machen. Es sieht ganz gut aus. *Collier's* will etwa vier meiner Artikel sehen, *Sat Eve Post* einen. Einen über die »Sargassosee« für die *Sunday Tribune* habe ich gerade fertig – außerdem ein Angebot, täglich Features von vierhundert Wörtern für ein Zeitungssyndikat zu schreiben – New York *Journal* und Hearst Papers.[1]

Im selben Brief von 1924 oder Anfang 1925 erwähnt Miller »drei Aufträge einer Zeitschrift«, des *Menorah Journal,* und er zählt einige Stars der Unterhaltungsbranche auf, die er interviewen will – Minsky, Margie Penetti und Cleo, seine Lieblingstänzerin beim Variété.

In den Monaten nach seinem Weggang von der Western Union produzierte er zahlreiche journalistische Gelegenheitsarbeiten zu einem weiten Themenspektrum, darunter Titel wie »Die Varietés in der Houston Street«, »Ringer«, »Cynara«, »Asphodel«, »Kaugummi«, »Brooklyns Hinterhof«, »Hafenviertel«, »Unser Amerika« und »Tagebuch eines Futuristen«. Für einen Mann, der Amerikas Hamsun oder Dostojewskij werden wollte, schienen solche Themen wenig vielversprechend, und June bekam fast sofort Zweifel an Henry. »Exkurse auf der Suche nach Material«, notiert Henry über die Tage in der Remsen Street, »dabei betrachtet June mich ständig voller Zweifel.«

Sein Blitzeinstieg in den Journalismus klappte nicht so gut, wie er gehofft hatte. Die Herausgeber der Zeitschriften, denen er 1924 und 1925 seine Artikel und Essays vorlegte, lehnten ab, denn anscheinend konnten sie ihn nicht einordnen. »Alle bemerken die Vielseitigkeit meines Stils«, schrieb Miller stolz an Schnellock, auch wenn er in Wirklichkeit eher kritisiert und kaum gelobt wurde. Einige Kritiken waren deutlich. Bruce Barton, ehemaliger Herausgeber der Zeitschrift *Every Week* und inzwischen selbst Bestsellerautor, las das »Tagebuch eines Futuristen«, das Henry ihm zeigte. Er gab Henry den Rat, sich an etwas anderem zu versuchen, da »das Schreiben ganz offensichtlich nicht Ihre Stärke ist«.[2] Miller rächte sich zwanzig Jahre später in *Sexus*. Dort nannte er Barton einen »Einfaltspinsel, der ein äußerst erfolgreiches Buch über Jesus den Schreiner geschrieben hat«.[3]

Ungefähr zur selben Zeit kehrte Joe O'Reagan mit einem Haufen Geld, das er auf einem gecharterten Fischerboot in der Karibik verdient hatte, nach New York zurück. Als er erfuhr, daß Henry seine Ganztagsarbeit des Schreibens wegen gekündigt hatte, bot er den Millers an, sein Geld mit ihnen zu teilen. Henry lud ihn im Gegenzug ein, bei ihnen einzuziehen. June war nicht begeistert von dieser Idee, aber Henry bestand darauf. Wenig später schreibt er von Joes »Vernarrtheit in June. Wieder mißbraucht er mein Vertrauen, wie vor Jahren mit Pauline ... Trotz allem bin ich nachsichtig und mag Joe. Seine faszinierenden Schwächen.« Wie viele wurzellose Männer brauchte O'Reagan von Zeit zu Zeit wenigstens die Nähe einer stabilen Partnerschaft, und im Vergleich zu seinem Leben war Henrys Leben in der Tat stabil. Umgekehrt waren Joes Abenteuerlust und seine ungehemmte sexuelle Promiskuität für Henry eine Ersatzbefriedigung, auch wenn Joe deshalb ständig versuchte, Henrys Frauen zu verführen. Vor allem aber leistete Joe ihm Gesellschaft. Mit ihm konnte er reden, wenn

June bei der Arbeit war. Junes Engagement in der Theatre Guild war keine lange Dauer beschieden gewesen, und jetzt arbeitete sie in einem Club names Remo's, in dem die Männer ein Vermögen für Getränke ausgaben, während die Mädchen kalten Tee tranken. Sie hatte ihre Ambitionen als Schauspielerin jedoch nicht vergessen. Eine kurze Zeit hatte sie vor, für die Gäste im Remo's Stücke zu inszenieren, aber daraus wurde nichts.
Wenn June von der Arbeit nach Hause kam, fand sie Henry oft mit einer ganzen Gruppe von Freunden in der Wohnung vor. Henry war erstaunlich gesellig und schloß überall, wohin er kam, Freundschaften und Bekanntschaften. Erst kurz zuvor hatte er Angus Bolton kennengelernt, den Bibliothekar der Bücherei in der Montague Street, der Paris gut kannte. Bolton begeisterte Henry mit seinen Erzählungen von Besuchen im Cirque Medrano, einem der größten Zirkusse der Welt. Gespräche waren bei weitem Henrys liebste Form der Freizeitbeschäftigung, und die Sitzungen in der Wohnung konnten bis weit in die Nacht hinein dauern. Man sprach ungezwungen über alle möglichen Themen – Schach, Bücher, Behaviorismus, Architektur, Bertand Russell, Shaw, die Ehe und Sex. Eines Nachts mündete ein Absinthrausch in einen großen Streit über die Moral von Sex zu dritt. »Henry schlief danach den ganzen Tag«, erinnerte sich June später. »Ich kam immer todmüde nach Hause, und er unterhielt sich die halbe Nacht lang mit seinen Kumpels. Weil ich nicht schlafen konnte, ging ich eines Abends ins Hotel Bossert, und dort ruhte ich mich achtundvierzig Stunden aus.«[4]
Geliebte Kinder haben viele Namen, sagt ein Sprichwort. Henry war nach »Little Henry«, »Sunny Jim«, »Yorkie« und »Harry« jetzt Junes »Val« geworden, nach seinem zweiten Vornamen, den er immer als weibisch verachtet hatte. Die Anwesenheit O'Reagans im Haus verhinderte allerdings, daß sich zwischen den Millers allzuviel Intimität entwickelte, und June erkannte bald, daß einer von Henrys Glaubensgrundsätzen lautete: Eine Frau ist für die Liebe da, aber für die Freundschaft brauchst du einen Mann.
Das Geld, das Joe so großzügig mit den Millers teilte, trug eine Zeitlang zu deren Lebensunterhalt bei, aber bald hatte sich ein Muster eingespielt, das sich in ihrer Beziehung ständig wiederholen sollte – sie hatten gerade genug Geld, um davon zu leben, aber nie genug, um die Geldsorgen los zu sein. In Millers auto-

biographischen Aufzeichnungen aus dieser Zeit ist von zahllosen Plänen die Rede, wie man Geld verdienen könnte. Manche klangen großartig, andere waren simpel, aber nur selten klappte einer, und die meisten nahmen sich angesichts der wirklichen Verhältnisse geradezu grotesk aus. Henry und Beatrice waren mit der Miete schon im Rückstand, und wenn sich Henry auch immer noch Mühe gab, seine Alimente zu zahlen, so gehörten doch die Drachen, die er Barbara einst gekauft hatte, der Vergangenheit an.

Eines Tages kam er mit einem Mann aus der Second Avenue ins Gespräch, der mit Süßwaren handelte. Der Mann überzeugte ihn, daß man mit aus Europa importierten Süßigkeiten ein Vermögen machen könnte, und bot ihm eine Stelle als Verkäufer auf Kommissionsbasis an. Als Beweis, wie sehr er an die Bonbons glaubte, gab der Händler den Millers einen ganzen Koffer voll auf Kredit mit, damit sie anfangen konnten. Für Henry, der noch ein paar Wochen zuvor ein kleiner Gott gewesen war, der die Unglücklichen dieser Welt anheuern und feuern konnte, war es ein erniedrigendes und peinliches Geschäft, in den feinen Cafés und Restaurants von Manhattan von Tisch zu Tisch zu trotten und zu versuchen, die Bonbons aus seinem Koffer zu verkaufen. Da er sich so offensichtlich unwohl in seiner Rolle fühlte, wurde er oft schikaniert und verspottet, und nach ein oder zwei Wochen einigte er sich mit dem Händler darauf, daß June das eigentliche Verkaufen übernehmen sollte und Henry ihr zur Hand ging, ihr also die Bonbons von Café zu Café trug und draußen wartete, bis sie fertig war. In Henrys pelzbesetzten Wintermantel gehüllt, das Geschenk eines Botenjungen, der in seine Heimat Indien zurückgekehrt war, und die Taschen vollgestopft mit Bonbonschachteln, machte June sich schwungvoll an die Arbeit, während Henry ihr durchs Fenster zusah. Es war ein ermüdender Job, und an manchen Tagen waren die beiden sechzehn Stunden auf den Beinen. Immerhin war die schöne June mit ihrer koketten Art eine begabte Verkäuferin, und sie verdienten genug, um davon leben zu können. Henry haßte sich dafür, daß er June erlaubte, solche Arbeit zu tun, aber June genoß das Spiel. Es war nicht ungefährlich: Eines Abends hätte der Geschäftsführer des Lido und Trocadero sie beinahe in seinem Büro vergewaltigt. Henry wartete zwei Stunden lang auf dem Gehsteig auf sie. Er litt inzwischen schon an

Hämorrhoiden, die zu einem weniger romantischen Dauerzustand seines Lebens werden sollten, und hielt sich die ganze Zeit über unglücklich an einem Geländer fest, um die Schmerzen zu lindern.
Das entmutigende Abenteuer ging über drei Monate im Winter 1924, und bevor sie es ganz aufgaben, wurde kurzzeitig noch Beatrice eingegeschaltet. Durch selbstgebackene Plätzchen sollten die Einkünfte gesteigert werden. Henry war sich der Ironie der Situation bewußt: Seine frühere Frau backte Plätzchen, und seine jetzige Frau verkaufte sie, damit er seine Alimente zahlen konnte. Was ihn ebenso nachhaltig beeindruckte, war die unterschiedliche Einstellung der beiden Frauen zu dem Unternehmen: Beatrice' Feilschen um Preise, Warenzeichen und kleinliche Rechte hob sich unvorteilhaft von Junes großzügiger Art und ihrer sorglosen Mißachtung solcher Details ab. Beatrice verdiente sowieso keinen Pfennig, denn als endlich alles organisiert war, hatten Henry und Beatrice schon keine Lust mehr zu der ganzen Sache.
Ihre nächste Geschäftsidee war, Subskribenten für eine Reihe von Artikeln und Prosagedichten aus Henrys Feder zu werben. Unter dem allgemeinen Titel »Mezzotinti«, zu dem Whistlers impressionistische Bilder ihn angeregt hatten, wollte Henry einen Text pro Woche schreiben, der auf verschiedenfarbige Kartons gedruckt und in einer vom Autor signierten Auflage von 500 Stück verkauft werden sollte. Bis zum März 1925 hatte er 35 solcher Mezzotinti zu dem für ihn typischen weiten Themenspektrum fabriziert. Da gab es eine Hymne auf das Bier mit dem Titel »Mach Bier für Männer«, literarische Überlegungen zu »Hamsun« und »Bernhard Shaw«, eine Schilderung der Atmosphäre eines typischen Tanzpalastes, geschrieben im farbigen, abgehackten Stil des Bewußtseinsstroms, ein auf Dowsons Gedicht beruhendes Stück »Cynara«, »Radrennen«, Charakterskizzen wie »Die rastlose June« und »Papa Moskowitz« und autobiographische Fragmente. In »Nigger« schildert er einen Vorfall, den er als Zeuge erlebt und bei dem die Polizei einen Schwarzen brutal mißhandelt hatte. Der Bericht brachte ihn in Schwierigkeiten, als dem Polizeileutnant des Reviers ein Exemplar in die Hände fiel. Der Polizist suchte die Millers in ihrer Wohnung auf, und Henry wurde im Verlauf des Gesprächs so ausfallend, daß nur Junes Eingreifen Schlimmeres verhinderte.[5]

Einige Mezzotinti handelten vom Film. Die erste öffentliche Vorführung bewegter Bilder hatte 1896 in Koster and Bial's Music Hall stattgefunden, und in der Folgezeit hatte sich das neue Medium durch Stars wie Florence Lawrence und Filme wie *Königin Elisabeth, Geburt einer Nation, Intoleranz* und *Panzerkreuzer Potemkin* schnell als Kunstform etabliert. Zu Henrys frühesten Erinnerungen gehörte der erste Film, den er sah, in dem ein Chinese über die Brooklyn Bridge spazierte, und als der Film sich allgemein etablierte, war er zu einem begeisterten Kinogänger geworden. Wie die Bücher, die er las, erschienen ihm auch die Filme als Spiegel, in denen er mythologische Reflexionen von sich und den Ereignissen seines Lebens ausmachen konnte. Damals war sein Lieblingsschauspieler der Deutsche Emil Jannings, dem er entfernt ähnlich sah, und ein Mezzotinto war deshalb eine Hommage an Jannings Auftritt in *Der letzte Mann.*

Einige Mezzotinti reichte er zur Veröffentlichung ein, und eines mit dem Titel »Ein Phoenix aus Bowery«, das auf einem Brief an Emil Schnellock von 1924 beruhte, erschien 1925 in der Februarausgabe von Frank Harris' Zeitschrift *Pearson's.* Sein eigentliches Ziel war es jedoch, Subskribenten zu finden; deshalb zogen er und Joe O'Reagan los und warben in den Cafés, Mondscheinkneipen und Restaurants von Greenwich Village für ihre Ware. Miller war froh, daß er keine Bonbons mehr verkaufen mußte. »Drei ganze Monate lang«, schrieb er Schnellock, »habe ich keinen einzigen literarischen Gedanken gehabt. Ich hatte keine einzige Idee – außer wenn es darum ging, einem Fremden eine Bonbonniere unterzuschieben ... Das Geschäft jetzt ist ganz nach meinem Geschmack. Ich verkaufe mich – meine Arbeit.«[6] Doch wieder bewies er wenig Talent für den direkten Verkauf, und wieder sprang June ein und stellte ihre Erfahrung mit Männern in den Dienst der Sache. Auf ihren Vorschlag strichen sie Henrys Name als Autor und ersetzten ihn durch »June E. Mansfield«, in der Annahme, daß es für eine Frau leichter sein werde als für einen Mann, angetrunkene Leute in Bars, Restaurants und Clubs zu bewegen, Geld für Literatur auszugeben.

Der Vorschlag war realistisch und logisch. Er nützte June auch selbst, denn damit nahm sie Henrys Talent in Beschlag, gab es als ihr eigenes aus und stattete sich mit einer neuen, wenngleich falschen Identität als Schriftstellerin aus. Selbst ihre Freunde und

Bekannten erfuhren nichts von dem Betrug. Für ihre Beziehung zu Henry war es eine psychologisch bedeutsame Entwicklung: June, die in Henry ihren Autor gefunden hatte, übernahm jetzt auch seine Rolle in dem Drama. Während Henry auf seine Rolle zu verzichten schien, beobachtete er doch diese Entwicklung und nützte sie, um dem Akt der Schöpfung Junes, mit dem er ständig beschäftigt war, zusätzlich Tiefe und Geheimnis zu verleihen. Solche von Narzißmus und Konkurrenzdenken bestimmten Spiele prägten ein Muster, das in ihrer Beziehung immer wieder auftauchte. Lange über das Ende ihrer Ehe hinaus blieben die beiden in einen Streit darüber verwickelt, wer in ihrer Beziehung der Schöpfer und wer das Geschöpf war. »Ich habe ihn nicht geschaffen, damit er mich verläßt, sondern um ihn der Nachwelt zu schenken.« Das war Junes deutlichste Aussage über ihren Anteil an Henrys Erfolg, als Henry schon lange berühmt war.[7]

In praktischer Hinsicht hatte June recht, wenn sie sagte, sie sei in geschäftlichen Dingen geschickter als Henry. Sie kannte ihr Greenwich Village genau. 1920, nach acht Jahren radikalen altruistischen Glaubens an den Sozialismus, war in Greenwich Village der Kommerz eingezogen. Unternehmer wie Guido Bruno publizierten ein breites Spektrum betrügerischer »kleiner Magazine«, die den Lebensstil der Künstler und Bohemiens aus Greenwich Village und das Ideal der freien Liebe zur Sensation stilisierten. Bruno eröffnete am Washington Square South Nr. 58 das Garrett, wo Leute aus dem nördlichen Teil Manhattans und aus Brooklyn vorbeikommen und die exotischen Kreaturen des Viertels in ihrer natürlichen Umgebung besichtigen konnten. Andere Clubs schossen aus dem Boden, um auf Nervenkitzel erpichten Besuchern entsprechende Kost zu bieten. Zu ihnen gehörten Don Dickermans Pirates' Den, Julius', der Pepper Pot in der West Fourth Nr. 148, der Samovar, der Club Gallant – der Whisky kostete dort sechzehn Dollar die Flasche –, Sam Schwarzs Mondscheinkneipe in der MacDougal Street und Nicks Jazzclub am Waverley Place. Bald entstand eine künstliche Klasse von Leuten, die diese künstliche Kultur ausbeuteten, professionelle Bohemiens wie Doris the Dope, die für ihren Lebensunterhalt hustete und mitleidigen Touristen erzählte, sie habe Tuberkulose bekommen, als sie Künstlern nackt Modell gestanden habe. Wenn sie genug Geld für den Tag verdient hatte, hörte sie auf zu husten, zog sich ihre guten Kleider an und machte sich auf nach Brevoort, wo sie mit ihren Freunden trank. Ein anderer professioneller Bohemien war Tiny Tim, ein blaßgesichtiger, langhaariger junger Mann, der »Seelenbonbons« auf der Straße verkaufte. Er nahm astronomische Preise, was er damit rechtfertigte, daß er jeder Packung gratis einige Zeilen sauber gedruckter Gedichte oder philosophischer Spekulationen beifügte, die zuvor von irgendwelchen Verlegern abgelehnt worden waren. June hoffte, diesen »Touristikmarkt« mit Henrys Mezzotinti erschließen zu können.

Einige der ersten Subskribenten waren Kunden des Café Royal in der Second Avenue, auf die Henry June hingewiesen hatte. Die meisten Subskribenten gewann sie freilich durch eigenes Geschick. Sie flirtete äußerst gewandt und professionell und konnte ihre Verehrer hinhalten, ohne jemals die Macht über sie zu verlieren. Wie Henry nun entdeckte, kreiste ein regelrechter kleiner Ring sexueller Satelliten um sie, eine gemischte Gruppe, zu der ein Professor an der Sorbonne, ein Profiringer, ein Bankier und ein Schuhfabrikant gehörten. June dirigierte die Männer, nahm, was sie boten, und gab ihnen dafür nichts als ihre Gesellschaft und ihre schmeichelhafte Aufmerksamkeit. Einige mußten mit besonderer Vorsicht behandelt werden, wie etwa der aufdringliche einbeinige Kriegsveteran Hoblitzell, aber die meisten schienen wie der Schuhmillionär Baker damit zufrieden, daß June den Verlauf der Beziehung bestimmte. Bei dieser platonischen Unzucht wurde June von eben der seltsamen Unschuld beschützt, die auch ihren Mann vor ernsthaftem Schaden bewahrte:

> Baker meldete sich immer bei mir, wenn er in der Stadt war. Er gab zum Beispiel eine Party und bat mich, sechs oder acht Mädel mitzubringen, von denen jede fünfzig Dollar bekommen sollte. Da war nichts Unanständiges dabei. Mir bot er jedesmal zweihundert Dollar an, und jedesmal weigerte ich mich, das Geld zu nehmen. Ich nahm niemals Geld von jemandem, der es mir freiwillig anbot. Wenn ich in Not war, bat ich direkt um Geld, und nach meinem Gefühl hatte ich es schon damit verdient, daß ich eine interessierte oder mitfühlende Gesprächspartnerin oder Zuhörerin gewesen war.[8]

Baker war ein typischer Vertreter jener Art von Menschen, die Lokalmatadore wie der Romancier Maxwell Bodenheim verächtlich »Elche« nannten. Er besaß ein großes Anwesen in Scarsdale und einen privaten Golfplatz, kam aber gerne ab und zu nach Greenwich Village, wo er das seltene Privileg genießen konnte, von den Bohemiens als ein Niemand behandelt zu werden. Ein Geschäftsmann galt dort im allgemeinen wenig. Von Aimee Cortez, der sogenannten »Bürgermeisterin von Greenwich Village«, zu deren Bedürfnissen gehörte, nackt mit einem ausgestopften Gorilla zu tanzen, heißt es, sie habe »sterile, unkreative Männer niemals in ihre Gunst aufgenommen, und die Vorstellung, mit einem Bankier oder einem Ladeninhaber zu schlafen, widerstrebte ihr ebenso wie die Vorstellung, sich auf eine Affäre mit einer Tochter von Lesbos einzulassen«.[9] Wie June hob Aimee Cortez sich die schönsten Geschenke für mittellose Künstler und Schriftsteller auf.

Miller wollte meist lieber nichts Genaueres über diese etwas zweideutigen Freunde Junes wissen, jene wunderbaren Wohltäter, die ungewöhnlich viele Mezzotinti kauften und June auch auf andere Weise unterstützten, oft mit Geldgeschenken. Gelegentlich hatte er jedoch auch persönlich mit ihnen zu tun. Zu Junes treuesten Verehrern gehörte der Bankier Howell French, der wie die meisten ihrer Verehrer verheiratet war. June gab sich große Mühe zu verheimlichen, daß auch sie verheiratet war. Einmal veranstaltete sie zu Frenchs Unterhaltung in der Wohnung in der Remsen Street eine merkwürdige Posse, bei der Celia und Henry ein Ehepaar spielten, das hochgestochene Gespräche führte, während June versuchte, Frenchs Herz mit einer Geschichte über einen Freund zu erweichen, der angeblich sterbend im Krankenhaus lag, weil ihm das Geld für eine Operation fehlte. Futuristische Gemälde und »Kakerlakengedichte« schmückten die Wände. Miller trank an jenem Abend zuviel und mußte am Morgen mit Frenchs mißtrauischen Fragen fertig werden, warum er die Nacht in Junes Wohnung verbracht habe.

Die Situation war ungewöhnlich, aber Miller vertraute darauf, daß June ihn nicht betrog. Ihre starke Persönlichkeit, ihre Unschuld, ihre Vorstellung von sich selbst als unerreichbarer Frau und ihre Fähigkeit, stundenlang ununterbrochen zu reden, schützten sie gewöhnlich ausreichend. Zusätzlich hatte sie besondere Strate-

gien in Reserve für den Fall, daß ihren Liebhabern die Geduld ausging. Bei French zum Beispiel brauchte sie nur das Gespräch auf die Schwangerschaft seiner Frau lenken.
Man lebte in der Boheme, und für die Spießbürger hatte man nur Spott übrig. Miller genoß das Leben nach Kräften. Diesen Eindruck gewinnt man zumindest aus der Beschreibung dieser Seite seines Ehelebens in *The Rosy Crucifixion*. Seine frühesten Aufzeichnungen über die Ehe zeigen manchmal jedoch einen ganz anderen Mann als den fröhlichen Moralisten der Trilogie. Er spricht dort des öfteren über das wachsende Unbehagen, das ihm Junes Flirt mit Männern bereitet, über seine Bitten an sie, damit aufzuhören, und seine Selbstverachtung, weil es ihm nicht gelingt, sie zu beherrschen. »Kummer wegen Junes Goldgräbereien«, schreibt er, »der mich ständig bedrückt.« Doch entwickelte er auch eine gesunde Hochachtung vor den absurden Situationen, in die ihn sein Ehrgeiz brachte, und er verstand immer besser, daß er mit dem Chaos von Interessen und Geschmäckern, mit dem er als Schriftsteller zu kämpfen hatte, am besten umgehen konnte, wenn er das schrieb, was er »zweckvolles literarisches Possenspiel« nannte.[10] In einem Brief an Schnellock vom 18. März 1925 analysiert er mit bemerkenswerter Klarsicht sich selbst und seine damalige Situation. Außerdem kommt bereits in diesem Brief zum Ausdruck, daß er sich nicht von dem wichtigtuerischen Gehabe der Zeitungen einschüchtern lassen will:

> Bei Gott, ich hätte meine Frau gerne zu Hause an meiner Seite, wo sie hingehört; ich würde gerne die Alimente bezahlen und mein Kind auf eine anständige Schule schicken; ich würde gerne weiter in hübschen, sauberen Zimmern in ehrenwerter Nachbarschaft wohnen; ich würde gerne regelmäßig dreimal täglich essen, ohne daß mir das Essen wieder hochkommt; ich würde sogar in eine Kirche eintreten, alles andere wäre egal.
> Aber als ich heute abend die Zeitung mitnahm, weil ich sie beim Essen lesen wollte, wurde mir klar, wie weit das alles weg ist. Ich habe die Zeitung nicht angeschaut. Ich habe sie eingepackt und wieder nach Hause getragen. Zeitungen machen mich krank. Was nützen sie mir? Will ich denn wissen, was der Rest der Welt tut? Meine Phantasie ist völlig in Ordnung. Ich weiß, daß sie sich gegenseitig verarschen, die Arbeit ver-

sauen, kämpfen, streiten, es sich selbst schwer und aus diesem Tal der Tränen ein Bett aus Dornen machen. Nein danke, da gehe ich lieber nach Hause, spiele den Künstler und schreibe unsinnigen Stuß. Letzten Endes, denke ich, geht es darum: Ich möchte wirklich der Wirklichkeit entfliehen. Wahrscheinlich möchte ich mir saubere Laken, leckere Mahlzeiten, Happy-Ends und alles mögliche erträumen. Und wahrscheinlich gehöre ich zu den feigen Burschen, die nicht den Mumm haben, sich draußen eine Männerarbeit zu beschaffen und sich acht oder vielleicht zehn Stunden lang für irgendeinen Kerl abzurackern, der etwas weniger weiß als ich.[11]

2

Im Frühjahr 1925 kam eines Tages der Vermieter der Wohnung in der Remsen Street zu Henry, der noch im Bett lag, und teilte ihm mit, er und June müßten ausziehen, egal ob sie die Miete bezahlen könnten oder nicht. Offiziell hatten sie gegen die Hausordnung verstoßen: Sie hatten auf einem Gasherd im Badezimmer gekocht und an Joe O'Reagan untervermietet – obwohl der sich inzwischen schon wieder auf die Reise gemacht hatte. Inoffiziell war etwas anderes ausschlaggebend: Henry war nicht mehr der ehrbare junge Büroleiter, an den der Vermieter die Wohnung vor ein paar Monaten vermietet hatte.

Sie fügten sich und zogen aus. Kurzzeitig wohnten sie am Garden Place um die Ecke, bis June mit ihrer neuen Vermieterin Streit bekam. Die Vermieterin haßte die in der Nachbarschaft wohnenden Syrer und mißbilligte den freundlichen Umgang, den die Millers mit diesen pflegten. Außerdem argwöhnte sie, daß auch June eine Syrerin sei. Ein beleidigender Wortwechsel zog die erneute Kündigung nach sich. Millers alter Freund aus der Driggs Avenue, Stanley Borowski, rettete sie einmal mehr mit dem Angebot, sie so lange aufzunehmen, bis Henry eine Arbeit gefunden und genug Geld für eine eigene Wohnung gespart habe. Das Wohnzimmer in der Sixth Street Nr. 284 mit seinem einfachen Sofa war nach dem Komfort der Remsen Street ernüchternd:

Zum Glück war es Sommer, denn wir hatten nur ein Leintuch und Stanleys Wintermantel zum Zudecken. Die Wohnung war gottlob sauber, wenn auch armselig. Keine zwei Teller waren gleich. Die Messer, Gabeln und Löffel, alle verschieden, waren aus dem Kehrichthaufen aufgelesen. Es gab drei ineinandergehende Zimmer, sämtlich düster – eine typische »Eisenbahnwaggon«-Wohnung. Es gab weder warmes Wasser noch eine Badewanne, nicht einmal eine Dusche. Wir badeten abwechselnd im Küchenausguß.[12]

Bei der Arbeitssuche kam Henry über die gute Absicht nicht hinaus. Morgens aufzuwachen und nichts zu tun zu haben, weder zur Arbeit gehen noch eine Verabredung einhalten zu müssen, war immer noch ein wunderbar aufregendes Vergnügen. Nach dem Frühstück zog Henry gemächlich los und machte Rundgänge durch Kunstgalerien, Kinos, Shows, Buchläden und Bibliotheken. Er verbummelte den Tag im Gespräch mit verschiedenen Leuten und erweiterte seine exzentrische und eklektische Bildung. June besuchte ihre Freunde in Greenwich Village und versuchte vielleicht, etwas Geld aufzutreiben, und dann trafen sie sich pünktlich zum Abendessen wieder in Stanleys Wohnung. »Keiner von uns hatte die geringste Absicht, nach Arbeit zu suchen«, erinnert Henry sich. »Wir haben das Thema unter uns niemals auch nur angesprochen.«[13] Als Stanley erkannte, was los war, drängte er die beiden beharrlich zum Auszug. Er wartete, bis sie die Koffer gepackt hatten, und fuhr sie dann zur U-Bahn-Station. Dort gab er Henry zehn Cents, schüttelte ihm die Hand und sagte Lebewohl. Millers älteste Freundschaft war zu Ende.

Ab jetzt war Henry vom Wohlwollen anderer abhängig, wollte er überleben. Tatsächlich sollte ihn die völlige Hilflosigkeit und Unfähigkeit, die er ausstrahlte, mit der Zeit zu einer lebenden Herausforderung der Großzügigkeit und Geduld anderer machen. Er war ein Reisender auf dem Weg zwischen Jericho und Jerusalem, der wiederholt geschlagen und ausgeraubt wurde. Seine Erfahrungen mit der Großzügigkeit von Fremden und der Treue von Freunden ließen ihn wahre Freundschaft in geradezu religiösen Begriffen feiern. Nachdem Stanley sie hinausgeworfen hatte, war er zwar zunächst voller Selbstmitleid, dieses Gefühl wich je-

doch bald der Scham über die Art, wie er die Großzügigkeit seines Freundes mißbraucht hatte.
Ein paar Tage später traf er auf dem Sheridan Square zufällig Karl G. Karsten, den er 1916 im Bureau of Economic and Industrial Research kennengelernt hatte, als er kurzzeitig dort gearbeitet hatte. Karsten war jetzt von Beruf Statistiker und hatte sich auf Strategien gegen die Arbeitslosigkeit spezialisiert. Er lud die Millers zum Abendessen ein, und als Henry ihm mit gewohnter Offenheit die mißliche Lage schilderte, in die er und June geraten waren, kam Karsten eine Idee. Seine Frau und er bauten gerade draußen in Far Rockaway ein kleines Ferienhaus – warum kamen Henry und June nicht einfach mit? Gegen Kost und Logis sollte Henry als Karstens Sekretär und Mädchen für alles fungieren, und June sollte Mrs. Karsten im Haushalt helfen. Miller hatte glückliche Erinnerungen an Far Rockaway, wo er als Kind mit seiner Familie die Ferien verbracht hatte, und war deshalb einverstanden.
Nachdem sie sich einige Tage in einer kleinen Abstellkammer an der Rückseite des Hauptgebäudes eingelebt hatten, in der sie untergebracht waren, begann die Arbeit. Henry fühlte sich in die Tage des belgischen Karteikartensystems zurückversetzt, nur daß alles noch schlimmer war. Verzweifelt bemühte er sich, mit der Stimme seines neuen Meisters auf dem Diktaphon Schritt zu halten:

> Nie werde ich diesen ersten Tag mit dem elenden Diktaphon vergessen. Ich dachte, ich würde wahnsinnig. Es war, als gelte es, auf einmal eine Nähmaschine, ein Telefonschaltbrett und ein Grammophon zu bedienen. Ich mußte gleichzeitig Hände, Füße, Ohren und Augen benützen. Wenn ich nur ein klein wenig wendiger gewesen wäre, hätte ich zur gleichen Zeit auch das Zimmer auskehren können. Natürlich ergaben die ersten zehn Seiten überhaupt keinen Sinn. Ich schrieb nicht nur vieles verkehrt, sondern übersah ganze Sätze und begann andere in der Mitte oder kurz vor ihrem Ende. Ich wollte, ich hätte einen Durchschlag von der Arbeit dieses ersten Tages aufgehoben – es wäre etwas gewesen, das man dem gefühllosen Unsinn von Gertrude Stein an die Seite stellen könnte.[14]

Der handwerkliche Teil der Arbeit klappte auch nicht besser. Karsten glaubte, daß nach anstrengender geistiger Tätigkeit körperliche Schwerstarbeit das beste sei. Als Henry am ersten Tag mit der Arbeit am Diktaphon fertig war, schickte er ihn mit einer Schachtel Nägel und einem Hammer die Leiter hinauf aufs Dach, wo Henry ein paar Dachziegel einschlagen sollte. Henry saß auf dem Dachfirst und zielte, verfehlte den ersten Nagel um ungefähr fünf Zentimeter und ließ Ziegel, Hammer und die Schachtel mit den Nägeln fallen. Die Schachtel fiel durch das Dach in die Küche und zerschmetterte eine Teekanne. Karsten war ein logisch denkender Mensch, der nicht glauben konnte, daß es solche Menschen wie Miller gab. Er ermutigte seinen Assistenten deshalb, es weiterhin zu versuchen, weil er glaubte, daß Henry den richtigen Dreh schon noch finden würde. Aber bald erkannte er, daß Henry auf beinahe übernatürliche Weise begriffsstutzig war, sobald es auch nur entfernt um praktische Dinge ging.
Abends waren die Männer krampfhaft bemüht, miteinander ins Gespräch zu kommen. Eines Nachts blieben sie bis zwei Uhr morgens auf und wiederholten ein spiritistisches Experiment mit einem Buchstabenbrett, das sie schon 1916 als Jugendliche auf einem Ausflug nach Bear Mountain mit Raymond Swing ausprobiert hatten. Bei dieser Gelegenheit rief Miller eine – für ihn charakteristische – bunte Schar von Bewohnern des Schattenreichs zusammen, darunter Nostradamus, Jakob Böhme, Ignatius von Loyola und den Marquis de Sade, während Karsten deren okkulte Botschaften zu Papier brachte. Karsten sagte Henry, er werde die Botschaften später in das Diktaphon sprechen, damit Henry es transkribieren und dann ordentlich ablegen könne. Miller hielt das für einen Scherz, bis er eines Tages am Diktaphon saß und eine Botschaft des Paracelsus in Karstens nüchterner Stimme tippte: »Essen gut. Zeit wird lang. Morgen kreisförmige *divertissements.*«
Als der Sommer zu Ende ging, kehrten alle vier nach New York zurück. Die Karstens fuhren in ein Hotel, wo sie die erste Nacht verbringen wollten, und ließen die Millers vor ihrer Stadtwohnung aussteigen, mit der Anweisung, diese in einen bewohnbaren Zustand zu bringen. Die Wohnung war den Sommer über leergestanden. Jetzt wimmelte es dort von Mäusen und Ungeziefer, und stinkender Abfall und verdorbene Nahrungsmittel lagen zwi-

schen Karstens Grafiken und Aktenordnern und Schachteln mit gebrauchten Schnüren und alten Stiefeln herum. Die Wohnung war in einem solchen Zustand, daß Henry und June beschlossen, alles noch schlimmer zu machen, statt aufzuräumen. Am nächsten Morgen standen sie früh auf und verteilten den Müll um, bevor sie die Wohnung verließen. Vereinbarungen wie diese zwischen Freunden, deren sozialer Status sich über die Jahre verändert hat, gehen selten gut, und dieser Vorfall war das Ende einer weiteren Freundschaft.

3

Der Versuch, ohne Geld zu leben – ganz zu schweigen von dem Versuch, ein großer Schriftsteller zu werden –, hatte sich schlecht angelassen. Auch die Bestreitung des Lebensunterhalts durch die Ausbeutung alter Freunde erwies sich als nicht sonderlich erfolgreich. Als nächsten Schritt mieteten die Millers wieder eine eigene Wohnung, ein Zwei-Zimmer-Apartment in der Clinton Avenue, nicht weit vom Fort Green Park in Williamsburg.

Die Schwierigkeiten aufgrund der mißlichen ökonomischen Lage gingen weiter. Nach einem halben Jahr war Henry mit den Alimenten beträchtlich im Rückstand, und es war an der Zeit, ernsthaft über das Geldverdienen nachzudenken. Die beiden kamen auf die Idee, eine Mondscheinkneipe in Greenwich Village zu eröffnen. June fand eine kleine Kellerwohnung in der Perry Street Nr. 106, die zu vermieten war. Die Wohnung bestand aus drei kleinen Zimmern, von denen eins die Küche war, und Miller lieh sich das Kapital, das er brauchte, um ins Geschäft zu kommen, von seinem Onkel Dave in Manhattan und von seiner Mutter, die er über den eigentlichen Zweck des Darlehens täuschte.

Um Geld zu sparen, gaben sie das Apartment in der Clinton Avenue auf und zogen in den Keller in der Perry Street. Junes Verehrerkreis – Marder, Rice, Robert, Barron, ein Meer von Namen, die ohne Rang, Titel, Charakter oder Gesicht in Millers Notizen und Tagebüchern auftauchen und wieder verschwinden – erschien vollzählig, um bei der Renovierung zu helfen. Das Eis für die neue Eisbox – Henrys Lieblingsspielzeug – lieferte ein Mann vom Abindon Square, Wein und Whisky ein Schwarzhändler in ihrer Nähe.

Wenn der Vorrat knapp wurde, gingen sie wie andere auch schnell in einen der jüdischen Weinläden in der Allen Street und kauften ein paar Flaschen koscheren Wein. Den Kunden standen ein Tischtennistisch und ein Schachbrett zur Verfügung, und Henry hängte ein paar Bilder der kleinen Barbara an die Wände. Die Parole, an die sich freilich keiner je erinnerte, war das alte Motto der Xerxes Society: *Fratres Semper*, Brüder für immer.
Der Eröffnungsabend war ein großer Erfolg. Henrys alte Freunde waren in großer Zahl erschienen, darunter Bill Dewar, die Brüder Schnellock, Joe O'Reagan und ehemalige Kollegen von der Western Union wie Joe Ramos. Auch viele alte Verehrer Junes tauchten aus der Versenkung auf, um sie zu dem Unternehmen zu beglückwünschen. Insgesamt verdienten sie in dieser ersten Nacht über 500 Dollar, und es schien, als hätten sie endlich eine Lösung für ihre Geldsorgen gefunden. Es gab jedoch viel Arbeit zu tun. Während June die Wirtin spielte, kümmerte sich Henry um die anderen täglich anfallenden Arbeiten:

> Angeblich bin ich der Chef des Lokals. Ich bediene auch bei Tisch, nehme rasche Bestellungen an, leere den Abfallkübel aus, mache Botengänge, richte die Betten, übernehme das Reinemachen und mache mich überhaupt so nützlich wie möglich.[15]

Seine Hauptaufgabe war es, die Kunden zum Trinken anzuhalten:

> Das ist mein Geschäft, achtzugeben, daß niemand ohne ein frisches Glas dasitzt. Von Zeit zu Zeit setze ich mich, mit jemandem einen kleinen Plausch zu halten. Aber am meisten Spaß macht mir, die Gäste zu bedienen, hin und her zu laufen, ihre Zigarren anzuzünden, eilige Bestellungen zu befriedigen, die Flaschen zu entkorken, die Aschenbecher zu entleeren und dergleichen.[16]

Die Arbeit barg unvorhergesehene Gefahren:

> Der Rauch war unerträglich: Um Mitternacht waren meine Augen wie zwei ausgeglühte Kohlen. Als wir schließlich schlafen gingen und die Bettdecken zurückschlugen, warf uns der Bier-,

Henry im Alter von vier.

2 *Oben*: Henry im Alter von ungefähr zwölf mit Schwester Lauretta, Vater Henry und Mutter Louise.

3 *Links*: Das Haus in der Driggs Avenue Nr. 662 in Brooklyn, in dem die Familie wohnte, bis Henry neun war.

4 *Rechts*: Henry im Alter von achtzehn (Mitte) mit seinem Vater und einem Freund der Familie.

5 *Unten*: Die Xerxes Society im Ruderdreß. Henry sitzt in der zweiten Reihe rechts.

6 *Links*: Henry senior und Lauretta auf einem Familienausflug zum Lake Pocotopaug in Connecticut um 1905.
7 *Oben*: Henry Miller senior in seinen Tagen als Schneidermeister.

8 Hier stand der Schneiderladen in der West 31st Street Nr. 5, in dem Henry von 1913 bis 1916 arbeitete. Miller beschreibt diese Zeit in der Erzählung »Der Schneiderladen« in *Schwarzer Frühling*.

9 Die Bar des Walcott Hotel gegenüber dem Schneiderladen. Henry senior verbrachte hier einen großen Teil des Tages und trank.

10 *Rechts*: Henry mit Beatrice und Barbara 1920. Seit er bei der Western Union arbeitete, trug er Anzüge.

11 *Mitte*: Beatrice mit Barbara, Januar 1920.

12 *Unten*: Café Lafayette, Greenwich Village, in den zwanziger Jahren.

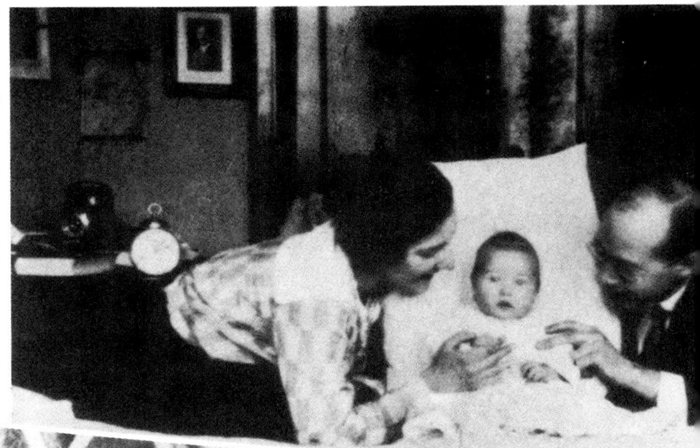

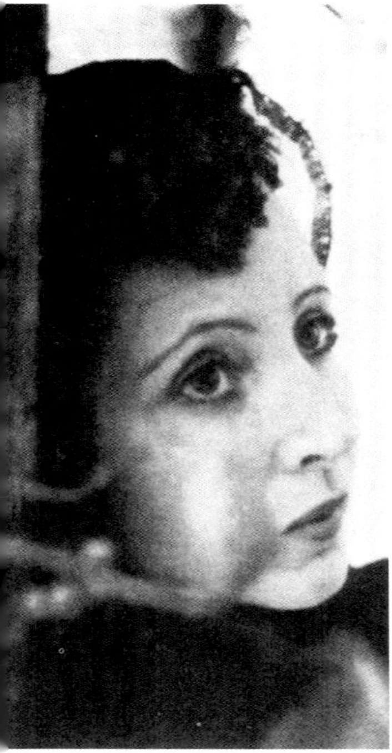

13 *Links*: Anaïs Nin, Millers Muse in den Pariser Jahren, im Garten ihres Hauses in Louveciennes, wo Miller ein häufiger Besucher war. Sie schrieb eine Einleitung zu *Wendekreis des Krebses*, und Miller widmete ihr *Schwarzer Frühling*.

14 *Rechts*: June Smith, Millers zweite Frau, auf einem Foto von Brassai um 1933. Als Miller sie 1923 kennenlernte, arbeitete sie in einem Tanzpalast. Ihr Geschick beim professionellen Flirt mit Männern faszinierte und verwirrte Henry.

15 Henrys Paris – die Metrostation am Gare du Nord in den dreißiger Jahren.

16 *Oben links*: Emil Schnellock, einer der regelmäßigsten Briefpartner Millers.

17 *Oben rechts*: Alfred Perlès, ein enger Freund in Paris in den dreißiger Jahren.

18 *Mitte links*: Bern Porter, der Verleger, der 1945 die erste Bibliographie der Werke Millers zusammenstellte.

19 *Unten links*: Wambly Bald, der »Van Norden« aus *Wendekreis des Krebses*.

20 *Oben*: Dr. Emil Conason, der »Dr. Kronski« der *Rosy Crucifixion*, mit seiner Frau Celia Ende der zwanziger Jahre.

21 *Oben links*: Madame Blavatsky.

22 *Oben rechts*: Dostojewskij war sowohl für Henry wie für June ein Gott. Miller identifizierte sich mit Fürst Myschkin, dem Helden aus *Der Idiot*.

23 *Oben*: Knut Hamsun, in dessen Roman *Hunger* Miller den hungerleidenden Möchtegernschriftsteller als Erzähler kennenlernte.

24 *Rechts*: Walt Whitman, Millers amerikanischer Lieblingsautor.

25 *Links*: Miller mit Salvador und Gala Dali bei Caresse Crosby im September 1940. Die Filme, die Dali zusammen mit Buñuel machte, befreiten Miller von dem Respekt vor konventionellen Kunstformen. Der dritte Mann auf dem Bild ist Barnet Ruder, der Miller beauftragte, Pornographie für private Sammler zu schreiben.

26 *Unten*: Miller und seine dritte Frau Lepska.

27 *Oben*: Mit Lepska, Tochter Valentine und Sohn Tony 1950.

28 *Links*: Miller, Mette Reitzel, die Frau seines dänischen Verlegers, Tony und Valentine auf der Straße vor Reitzels Haus.

Wein- und Tabakgeruch um. Neben dem Rauch und dem Alkohol glaubte ich den Geruch übelriechender Füße zu spüren.[17]

Die richtigen Leute konnten mit einer Mondscheinkneipe ein Vermögen machen. Die glamouröse Texas Guinan verdiente in nur zehn Monaten mit ihren Geschäften 700 000 Dollar, aber bei schätzungsweise 200 000 Mondscheinkneipen in New York City Mitte der zwanziger Jahre war die Konkurrenz natürlich groß. Henry und June waren zwar nicht so naiv wie jene zwei Männer, die einem Artikel des *Brooklyn Daily Eagle* zufolge vierundzwanzig Stunden nach Eröffnung ihrer Mondscheinkneipe verhaftet wurden, weil ihre Kneipe keine dreißig Meter vom Federal Building entfernt war und in Sichtweite des Büros von Inglesby lag, dem für die Prohibition zuständigen stellvertretenden Verwaltungsbeamten. Aber sie gingen die Sache doch ziemlich unprofessionell an, und nach dem vielversprechenden Anfang ging es mit dem Unternehmen in der Perry Street rapide bergab. Die Kneipe wurde nie zum Modetreff, und die Literaten, die sie anzulocken gehofft hatten, tauchten nicht auf. Die Künstler und Bohemiens, die sich vom Zentrum von Greenwich Village in die Perry Street verirrten, gingen lieber in John Squarcialupis Kneipe in der Nr. 30. Zu der Clique, die dort trank, gehörten Malcolm Cowley, Matthew Josephson, Allen Tate und Hart Crane – genau die Sorte, die die Millers gerne in ihrem Keller begrüßt hätten. Statt dessen entwickelte sich ihre Kneipe bald zu einem Jugendclub, in dem Henry und seine Freunde sich zum Ärger der wenigen erwachsenen Kunden an endlosen Tischtennisturnieren und Schachspielen beteiligten. Da die Kunden ausblieben, fingen sie an, den Alkohol selbst zu trinken. Wenn Joe O'Reagan und Emil Schnellock mit seiner Ukulele da waren, sangen sie oft zusammen.
Nur gelegentlich kamen Leute, die einem der Künstlerkreise des Viertels angehörten, genauer dem Kreis, der sich um den Millionär und Dichter Bob Clairmont und sein Geld gebildet hatte. Darunter waren zeitweilig Maxwell Bodenheim, der Dichter Eli Siegel – dessen buddhistisches Gedicht *Hot Afternoons Have Been in Montana* Henry sehr schätzte – und Hans Stengel, ein Freund Junes. Miller war zu schüchtern, um mit diesen Leuten Kontakt

aufzunehmen. Sein großes, aber zerbrechliches Ich gedieh am besten in einer garantiert Miller-freundlichen Umgebung, etwa in Gesellschaft von Schnellock und O'Reagan. Selbst Stengel gegenüber war Miller schüchtern. Stengel war Illustrator und Karikaturist eines in Greenwich Village verlegten Magazins, aber sein eigentlicher Anspruch auf Berühmtheit bestand darin, daß er ein Freund von Mencken und Dreiser war. Miller fühlte sich zu ihm hingezogen, nicht zuletzt deshalb, weil auch er deutscher Abstammung war, und die beiden schlossen für kurze Zeit Freundschaft.

Stengel machte Miller mit einem kurz zuvor erschienenen Buch bekannt, das unter den jungen amerikanischen Künstlern und Intellektuellen jener Zeit Furore machte, Oswald Spenglers *Untergang des Abendlandes.* Spenglers Geschichtsanalyse, die acht Hochkulturen geheimnisvollen Ursprungs und mit einer Lebensdauer von ungefähr tausend Jahren unterscheidet, war für Henry eine mit dem Verstand begründete Version von Madame Blavatskys »Geheimlehre« der sieben Ebenen des Seins, des siebenfachen Kreises, den alles durchwandert, und der sieben ursprünglichen Rassen der Menschheit, einer Theorie, die ihn zur Zeit seiner Freundschaft mit Robert Challacombe so sehr beeindruckt hatte. Henry kämpfte immer noch mit der Vorstellung von Geschichte als ungeordnetem Chaos, die er sich als Kind zugelegt hatte, deshalb beeindruckten ihn Spenglers präzise Ausführungen. Außerdem tröstete ihn Spenglers distanzierter und bestimmter Pessimismus; die Annahme, das von Spengler so genannte »faustische« Abendland stehe am Übergang vom Herbst zum Winter, paßte gut zu seinen persönlichen Erfahrungen: Er schlitterte in einer Kultur, die keinen Platz für ihn zu haben schien, von Mißerfolg zu Mißerfolg.

Millers Freundschaft mit Stengel war kurz. In einem Brief an Schnellock spricht er davon, daß Knopf oder Liveright seine gesammelten Mezzotinti mit Illustrationen Stengels herausbringen sollten, aber daraus wurde nichts. Im Januar 1928 erhängte sich Stengel im Badezimmer von Clairmonts Atelier in der West 4th Street während einer Party, die er selbst veranstaltet hatte. Er hinterließ keine Nachricht, sondern eine Karikatur, auf der dargestellt war, wie seine Leiche aussehen würde, wenn man ihn fand. Was Bodenheim betraf, den dekadenten König der Bohemiens, so interessierte er sich mehr für June als für Henry. Das erklärt Millers gelegentliche herablassende Bemerkungen über ihn in Briefen und literarischen Texten aus dieser Zeit.

»Henry war nie eifersüchtig«, sagte June später, obwohl sie sich größte Mühe gab, ihn eifersüchtig zu machen. »Spielt Ross bewußt gegen mich aus«, notierte Miller. »Betrachtet mich als Irren.« Angesichts der Bedeutung, die June ihrer sexuellen Macht über andere beimaß, war sie womöglich erstaunt und enttäuscht, daß sie Henry auf diese Art nicht unter Druck setzen konnte, und hat daraus vielleicht geschlossen, er liebe sie nicht genug. Miller war ein sentimentaler Mensch, der bei Filmen leicht in Tränen ausbrach, aber er konnte starke Gefühle auch verbergen, und wenn er vorgab, nicht eifersüchtig zu sein, tat er das vielleicht nur, um seinen Stolz zu schützen. Eines Abends begann Junes Verehrer Hoblitzell in der Perry Street, Hans Stengel zu beleidigen und ihn wegen seines kurzen Haarschnitts und seines deutschen Akzents zu hänseln. Miller mochte keine Szenen, aber als guter Wirt bot er Stengel an, Hoblitzell hinauszuwerfen. Stengel versicherte ihm, das sei nicht nötig, aber der völlig betrunkene Hoblitzell wandte sich jetzt June zu und fing an, nach ihr zu rufen: »Wo ist denn diese Hure? Ich ficke sie schon noch, bei Gott!« Daraufhin geriet Miller, was selten vorkam, »in helle Wut« und beförderte Hoblitzell mit Joe O'Reagans Hilfe nach draußen. Um sicherzustellen, daß Hoblitzell nie mehr wiederkommen werde, jagten sie ihn die Straße hinunter, tanzten im Kreis um ihn herum, zogen Grimassen, kratzten sich den Hintern und brüllten wie Verrückte. Hoblitzell war nicht nur betrunken, er hatte außerdem ein Holzbein, was es für ihn noch schwieriger machte, den beiden zu entkommen. Vielleicht neigte Miller tatsächlich nicht zu Eifersucht, aber die merkwürdige Heftigkeit gegenüber Hoblitzell läßt darauf schließen, daß sich eine ganze Menge an Demütigung, Frustration, Wut und wohl auch Eifersucht in ihm angestaut hatte.

Einmal lagen Henry und June bereits im Bett, nachdem sie für die Nacht zugemacht hatten, als Howell French vorbeikam, ans Fenster klopfte und June anflehte, ihn hereinzulassen. »Ich bin es, June«, sagte er immer wieder, »laß mich rein.« Die beiden rührten sich nicht. Wenig später kam ein Polizist vorbei, redete auf French ein und schlug ihn schließlich zusammen. Miller lauschte im Liegen begeistert den Schmerzens- und Wutschreien des Bankiers. »War auf gehässige Weise erregt, weil einer der Liebhaber verprügelt wurde«, erinnert er sich in seinen Aufzeichnungen – auch dies kaum die Reaktion eines Mannes, der »nie eifersüchtig« war.

Mit der Mondscheinkneipe ging es weiter bergab. Der Umsatz ging zurück, und Henry und June konnten bald weder ihre Rechnungen noch die Bestechungsgelder bezahlen. Sie bekamen von überall Mahnungen: vom Schwarzhändler, vom Vermieter, vom Lebensmittelhändler, vom Feinkosthändler und vom Eismann. Am schlimmsten war, daß Beatrice allmählich wegen der Alimente ungeduldig wurde. Nach der Scheidung hatte Henry ein Jahr lang regelmäßig gezahlt, aber nach der Kündigung bei der Western Union hatte er nur noch sporadische Beiträge geleistet, und im November 1925 war er über 650 Dollar im Rückstand. Beatrice beklagte sich bei ihm, sie sei völlig mittellos und müsse wieder Klavierstunden geben, um durchzukommen, aber Henry wußte nicht, wie er die ausstehenden Beträge bezahlen sollte. Er sagte ihr, daß er ohnehin gedenke, New York zu verlassen, um im Westen einen neuen Anfang zu machen. Daraufhin setzte Beatrice sich sofort mit dem Scheidungsanwalt in Verbindung, und auf ihr Ersuchen wurde Henrys Festnahme und Inhaftierung wegen Mißachtung eines Gerichtsbeschlusses vorbereitet. Ein Gerichtsdiener wurde beauftragt, Henry die Vorladung zuzustellen, konnte ihn aber nicht finden. Ein zweiter Versuch im Dezember, ihn vor das Bezirksgericht zu laden, wo er sich rechtfertigen sollte, war ebenfalls erfolglos. Beatrice glaubte, daß June hinter alldem steckte. Nur Junes Name stand an der Klingel der Wohnung in der Perry Street, und Beatrice war fest davon überzeugt, daß Henry sich dort auf Junes Rat hin versteckte und sich weigerte, ihr die Tür aufzumachen. In Wirklichkeit hatte er die Stadt schon verlassen und war auf dem Weg nicht in den Westen, sondern nach Florida.

4

Joe O'Reagan hatte die Idee gehabt, die Einzelheiten wurden dann bei einem Ukulele-Abend in der Küche in der Perry Street mit Miller und Emil Schnellock besprochen. Laut Joe schossen in

Florida die Grundstückspreise in die Höhe, und vielleicht konnten sie daraus Kapital schlagen, wenn sie schnell handelten. Er schlug vor, zu dritt aufzubrechen und in Florida Arbeit als Kellner, Tellerwäscher, Hoteljunge oder was auch immer zu suchen, billig zu leben und Geld zu sparen, bis sie genug hatten, um in Grundstücke zu investieren. Erst dann sollte June nachkommen. Zu Zeiten der Western Union hatte Miller das Freundestrio aus Joe Ramos, Sam Sattenstein und sich selbst »die drei Musketiere« genannt. Als O'Reagan, Schnellock und er jetzt die große Reise vorbereiteten, bildeten sie eine zweite Auflage des Trios. Später sollten weitere Auflagen folgen. Miller versuchte als junger Mann ständig, den Kameradschaftsgeist aus den Tagen der Xerxes Society wieder aufleben zu lassen, und die Reise nach Florida hatte weniger mit dem Boom der Immobilienbranche zu tun als mit der Flucht vor Verantwortung und dem Wunsch, zusammen mit ein paar Kumpeln Abenteuer zu erleben.
Für Miller persönlich hatte die Reise außerdem viel mit Jack London, Maxim Gorki und Knut Hamsun zu tun. Er wollte am eigenen Leib erfahren, was es bedeutete, wie Hamsun auf den Straßen von Kristiana zu hungern, wie Gorki durch tiefes Elend zu irren oder wie Jack London dem Ruf der Landstraße zu folgen. June durchschaute ihn. Sie war gegen die Reise, und Henry war enttäuscht, daß sie den Plan als »Blödsinn« bezeichnete. Er hörte nicht auf sie, und am Vorabend des Thanksgiving Day 1925 verließ er New York um ein Uhr nachts bei starkem Schneefall.
Miller und O'Reagan reisten zusammen. Da sie nur 40 Dollar dabei hatten, trampten sie. Emil Schnellock reiste mit Ukulele und Schachbrett im Zug voraus. Sie hatten verabredet, sich in Washington zu treffen und dann gemeinsam in den Süden nach Miami weiterzufahren. Sobald Miller sich in der Perry Street von June verabschiedet hatte, plagten ihn bereits Gewissensbisse, wenn er an sie dachte, »verlassen in jenem düsteren Keller, eine Beute für die Wölfe und meine lieben Freunde«, aber der Reiz des Abenteuers war stärker als sein »tiefer Kummer gleich nach dem Aufbruch und der Wunsch, sofort umzukehren«, deshalb setzte er die Reise fort.[18]
An jenem ersten Tag nahm sie ein Schlafwagenschaffner in seinem offenen Packard mit. Sie diskutierten die Rassenfrage und sangen gemeinsam Lieder. Der erfolgreiche Staatsbesuch des

Prince of Wales 1924 wurde ebenso besprochen wie seine Trinkgewohnheiten. »Jawohl«, sagte der Fahrer, »der verträgt schon was. Ist ein toller Kerl.«

Der Boom der Immobilienbranche Floridas 1925, der angeblich jeden Goldrausch und jede Hochkonjunktur in der Geschichte der USA übertroffen hat, hatte den Höhepunkt bereits überschritten, als das Trio noch in der Perry Street saß und über ihn sprach. Schon lange vor Miami merkten die drei, daß sie zu spät gekommen waren. Auf der Gegenfahrbahn stauten sich die Autos, und als die »Musketiere« in Jacksonville angekommen waren, beschlossen sie, daß es sinnlos war weiterzufahren und daß sie ebensogut in Jacksonville bleiben und nach Arbeit suchen konnten.

Ein fast zeitgleich entstandener Essay Millers, der erst viel später veröffentlicht wurde, *Gliding into the Everglades*, schildert anschaulich, was während ihres Aufenthalts in Jacksonville geschah. Eine ganze Reihe weiterer Möchtegern-Spekulanten war in der Stadt gelandet, und der Kampf um Arbeitsplätze war hart. Auf jede freie Stelle, und sei es die schlechteste, kamen zehn Bewerber, und es wurden ausschließlich Einheimische genommen. Wanderarbeiter aus dem Norden waren nicht gern gesehen, weil sie ihre Arbeitskraft billig verkauften und die Preise verdarben. Die drei Musketiere wohnten im YMCA, und zu ihrem Glück konnte ihnen der für Fortbildung zuständige Leiter des YMCA ein paar Tage lang Arbeit geben. Sie mußten Plakate aufhängen, die für neue Kurse warben, und als sie damit fertig waren, bekamen Henry und Joe Arbeit als Zeitungsjungen der örtlichen Zeitung. Für den früheren Personalchef der Western Union sollte es eine interessante Erfahrung sein:

> Ich werde nie vergessen, wie ich das erstemal brüllte: »Zeitung – die neuesten Nachrichten!« Ich hatte das Gefühl, der Mittelpunkt der Welt zu sein. Die Stimme blieb mir im Hals stecken, und ich wurde bis über beide Ohren rot. Dann fingen die Leute plötzlich an, mir Geld in die Hand zu drücken und mir die Zeitung aus der Hand zu reißen, und ich merkte, daß ich ein ganz gewöhnlicher Zeitungsjunge war, auch wenn ich einen Schlapphut trug und eine Pfeife im Mundwinkel hängen hatte.[19]

Eines Abends machte Henry zusammen mit Joe O'Reagan und einem Mann aus Tennessee, dem sie sich angeschlossen hatten, eine Art Besichtigungstour durch die Bordelle von Jacksonville. »Was ich zu berichten habe, ist vielleicht schockierend«, warnt er eventuelle Leser seines Berichts. Aber das wäre wahrscheinlich auch dann nicht der Fall gewesen, wenn der Essay schon in den zwanziger Jahren erschienen wäre, denn die Männer hatten weder für Drinks noch für Mädchen Geld, und nichts geschah. Millers Bericht *Gliding into the Everglades* ist unterhaltsam, und auch wenn er nicht besonders gut geschrieben ist, bietet er doch ein aufschlußreiches Bild von Millers damaligem Stil. Um die Sprechweise von Menschen wiederzugeben, die er auf der Reise getroffen hatte, schrieb er ganze Dialoge im entsprechenden Dialekt. Besonders stolz war er auf sein Geschick beim Schreiben des irischen Dialekts. Auffällig ist auch, daß viele der geschilderten Abenteuer, sei es aus Zufall oder mit Absicht, stark an Hamsuns Roman *Hunger* erinnern. Wie der hungernde, heimatlose Held jenes Romans bekommen Henry und Joe von einem freundlichen Polizisten den Hinweis, daß sie die Nacht kostenlos im Obdachlosenasyl der Gemeinde verbringen können. Dieses stellt sich wie bei Hamsun als düster und unheimlich heraus. Die Szene, in der sie auf der Suche nach Almosen am Haus eines Priesters anklopfen, der nicht zu Hause ist, kopiert eine Szene aus *Hunger*. Miller hat diese Episoden entweder abgeschrieben und seinen eigenen Zwecken angepaßt oder wirklich ein paar Szenen aus Hamsuns Buch durchgespielt, als er in Jacksonville war. Es war, als hätte er bewußt für die Vorstellung geprobt, die er in wenigen Jahren in Paris geben sollte.

Das Ganze war, wie June vorhergesagt hatte, »Blödsinn«, und als Miller es satt hatte, bat er seinen Vater telegrafisch um hundert Dollar und nahm den Zug zurück nach New York. Für einen richtigen Penner war er zu zart besaitet. In der Nacht, die er und Joe im Obdachlosenasyl verbracht hatten, waren beide lange vor Tagesanbruch aufgestanden und gegangen, weil sie den Geruch von hundert Schweißfüßen nicht länger ertragen konnten.

5

Bei der Rückkehr in die Perry Street stellte Miller fest, daß ihr Vermieter die Wohnung wieder in Besitz genommen hatte und June nach Hause zu ihrer Mutter und ihren Brüdern in Bensonhurst gezogen war. Da keiner der beiden Geld hatte, einigten sie sich darauf, eine Zeitlang getrennt zu leben, und Henry kehrte mit sechsunddreißig Jahren zurück zu Mutter und Vater in der Decatur Street. Dort versuchte er, bittere Bemerkungen seiner Mutter im Keim zu ersticken, indem er am laufenden Band Artikel zu so verschiedenen Themen wie »Numismatik«, »Jazz«, »Briefmarken« und »Vokabulare« produzierte, in der vagen Hoffnung, damit Geld zu verdienen. Louises Gleichgültigkeit und sogar direkte Feindseligkeit, was seine literarischen Ambitionen betraf, nimmt in Henrys mythologischem Bericht seines heroischen Kampfes um die Schriftstellerkarriere einen zentralen Platz ein, und wenn er erzählt, wie sie sich seinetwegen schämte und wie er sich in jener Zeit auf ihren Wunsch hin immer mit Schreibmaschine, Büchern und Zigaretten im Schrank verstecken mußte, wenn jemand zu Besuch kam, klingt das herzzerreißend. Wenn er trotzdem zufällig im Hause gesichtet wurde, hieß es, er sei »nur zu Besuch«.

Später hat er solche Demütigungen amüsant beschrieben, aber immer deutlich gemacht, daß er seiner Mutter nie verziehen hat. Vielleicht konnte sie ihn wirklich zu allem zwingen, obwohl es seltsam erscheint, daß ein sechsunddreißigjähriger Mann sich von seiner Mutter so behandeln läßt, auch wenn er ständig ihren Vorwürfen ausgesetzt ist, Frau und Kind verlassen zu haben. Vielleicht hatte er selbst die Idee gehabt, sich im Schrank zu verstecken, weil er verhindern wollte, daß Beatrice von seiner Rückkehr in die Stadt erfuhr und ihm die Vorladung zustellen ließ. Vielleicht steht die ganze unerklärliche Heimlichtuerei, die hinter der Schilderung dieser Zeit in *The Rosy Crucifixion* spürbar ist, tatsächlich in Zusammenhang mit der in der Trilogie verschwiegenen Angst, ein Klopfen an der Tür könne ein Vorspiel zu dem sein, was für Miller der furchtbarste aller Schrecken war – eine Gefängnisstrafe. Das würde besser erklären, warum er in der Perry Street nie die Tür öffnete, als das, was er in *Sexus* schreibt: June habe ihm als Teil ihres geheimnisvollen Rollen-

spiels verboten aufzumachen, weil ihre Verehrer nicht wissen sollten, daß sie verheiratet war.
Henry und June telefonierten zwar jeden Tag und aßen regelmäßig zusammen im Restaurant, aber June wurde über ihre Situation immer unglücklicher. Zu Henrys Kummer bekam sie ein nervöses Zucken im Gesicht, und es mag Zeiten gegeben haben, in denen sie an ihrem Mann zweifelte. Einem Menschen wie ihr, die bereit war, hart ums Überleben zu kämpfen, muß es manchmal als grausames Schicksal erschienen sein, mit einem intelligenten und gesunden Weißen verheiratet zu sein, der mit einer schier grenzenlosen Bereitwilligkeit die Dinge einfach geschehen ließ. Während der Trennung begann sie, an seiner Liebe zu zweifeln und sich zu fragen, ob er wirklich mit ihr leben wolle. Ihre Zweifel machten ihm angst, und er überredete seine Mutter, daß er nachts manchmal mit June auf dem Sofa in der Decatur Street schlafen durfte.
Allem Anschein zum Trotz hatte Henry Initiative, allerdings eine Initiative, die sich erst im letzten Augenblick zeigte. Ähnlich entschlossen wie fünf Jahre zuvor, als er sich auf den Weg in die Büros der Western Union gemacht hatte, suchte er jetzt das Büro Ronald Millars auf, des Herausgebers der Zeitschrift *Liberty*, um Millar einige Manuskripte zu zeigen, an denen er arbeitete. Er nahm June als seine Glücksfee mit, und der Streich gelang. Millar fand Gefallen an ein paar von Henrys Texten und beauftragte ihn, für die Zeitschrift einen Artikel über »Wörter« zu schreiben. Für jemanden, der den Wortschatz durchschnittlicher Menschen auf »deutlich über 10 000« Wörter und seinen eigenen auf »locker 100 000« schätzte, bot das Thema einen weiten Spielraum.[20] Henry beschloß, sich mit einem Spezialisten zu beraten, und arrangierte ein Interview mit Dr. Frank Vizetelly, Autor unzähliger Bücher über korrekte Grammatik und Zeichensetzung und Mitglied des Herausgeberteams von Henrys Lieblingslexikon *Funk and Wagnell*. Miller war damals immer ein wenig besorgt, er werde als Bücherwurm enden, und die Begegnung mit dem gelehrten Doktor war in dieser Hinsicht eine Erleichterung für ihn: »Was für ein kraftvoller, unwiderstehlicher Mann! Würde man, wenn man ihn auf der Straße sähe, jemals auf die Idee kommen, er könne der Herausgeber eines Lexikons sein?«[21]
Nach dem Interview schrieb Miller einen Monat lang an einem

Artikel, der dreimal so lang wurde wie vereinbart. Nachdem er ihn auf ungefähr die Hälfte gekürzt hatte, legte er ihn Ronald Millar vor. »Denken Sie daran, unsere Leser sind keine Universitätsprofessoren!« hatte Millar ihn gewarnt. Aber Henry hatte wieder Probleme mit dem Niveau. Er war gleichzeitig ein zu guter und ein zu schlechter Schriftsteller, weder so begabt, daß man ihn wirklich ernst genommen hätte, noch so schlecht, daß man ihn rundweg abgelehnt hätte. Millar und Vizetelly lobten ihn beide herzlich, und Vizetelly schrieb sogar einen Brief an seinen Vater, in dem er Henry als Genie bezeichnete. Beide rieten ihm, weiter zu schriftstellern, aber Millar veröffentlichte den Artikel nicht. Mit viel Taktgefühl erklärte er Henry, der Artikel sei für die aus Laien bestehende Leserschaft seines Fünf-Cent-Magazins »zu gut«. Als Zeichen seiner guten Absicht zahlte er ihm jedoch das Honorar von 250 Dollar, für Henry bis dahin die mit Abstand größte Summe, die er je als Schriftsteller verdient hatte.

6

Mit dem Geld von *Liberty* hätte Henry beinahe einen Ford kaufen können (ohne Selbstanlasser), wenn er Neigungen in dieser Richtung gehabt hätte. Statt dessen zahlte er damit die Kaution für ein möbliertes Zimmer in der Hancock Street in Brooklyn, nicht weit von der Decatur Street, in dem June und er wieder zusammenleben konnten:

> Eine ruhige, achtbare Straße: Reihe um Reihe der gleichen, schwer unterscheidbaren Fachwerkhäuser, alle mit hohen Vortreppen geschmückt, mit Markisen, Rasenstreifen und Eisenzäunen. Die Miete zu bescheiden. Es war uns gestattet, auf einem Gasbrenner, der in einer Mauernische neben einem altmodischen Ausguß stand, zu kochen.[22]

Henry versuchte sich weiter mit dem Schreiben, und June bekam Arbeit in einer anderen Mondscheinkneipe namens Perroquet in der East 61st Street. Henrys literarisches Porträt von ihr als Kellnerin gibt nur eingeschränkt wieder, was sie in den verschiedenen Cafés und Bars zu tun hatte, in denen sie arbeitete. Der Journalist und Schriftsteller Waverley Root, der damals in einer Wohnung in der Jane Street in Greenwich Village lebte, lernte June in einem Club kennen und erinnert sich an sie als »eine Mischung aus Animierdame und Zeremonienmeisterin«.[23] Wieder einmal stellten Junes männliche Verehrer jedoch die Haupteinkommensquelle dar. Eines Tages kam sie nach Hause und erzählte Henry, ein Mann names Schacht habe versprochen, ihr ein Haus zu kaufen. Der chronische Geldmangel dauerte an. Sie schafften es zwar gewöhnlich, genug Geld für die Miete zusammenzukratzen, aber zum Essen gingen sie oft in die Decatur Street zu Millers Familie. Als Louise June kennenlernte, erkundigte sie sich zuerst mißtrauisch, ob sie wirklich verheiratet seien oder nicht. Als June bejahte, schüttelte Louise den Kopf und murmelte: »Um so schlimmer, er ist ein Nichtsnutz, er ist ein Mörder.« June war schockiert, aber Henry und sein Vater hatten sich an Louises Art gewöhnt, über die Männer zu lästern, mit denen sie in ihrem Leben zu tun hatte, und sie zu ihren Ungunsten mit ihrem Vater Valentin zu vergleichen. Louise bemitleidete ihre Schwiegertochter und sagte ihr, es sei eine Schande, daß sie sich die ganze Zeit für ihren Mann abrackern müsse. June werde eine alte Frau sein, bevor Henry je Anerkennung als Schriftsteller erringen würde. June jedoch verteidigte Henry und seine potentiellen Fähigkeiten Louise gegenüber immer standhaft. »Die Essen an Fest- und Sonntagen in ihrem Haus waren für uns beide eine Tortur«, erinnert sie sich. Louise pflegte über Lauretta als Mittlerin mit ihnen zu sprechen: Sie flüsterte dem Mädchen die Fragen ein, die sie selbst nicht zu stellen wagte.

Auf Vorschlag Emil Conasons versuchte Henry als nächstes sein Geschick auf dem Gebiet pikanter Geschichten. Unter Junes Namen schickte er einen Text an eine Zeitschrift names *Snappy Stories* und bekam dafür fünfzig Dollar. Danach schrieb er zwei Monate lang eine Geschichte pro Woche für je fünfzig Dollar, alle unter Junes Namen und alle bis auf die erste leicht abgeänderte Versionen von Geschichten, die in früheren Ausgaben der Zeitschrift schon erschienen waren. Auch dies war eine Seite seines Kampfes um Anerkennung, die er im Rückblick amüsiert beschreiben konnte. Damals empfand er es freilich nur als weitere Enttäuschung und als weiteren lähmenden und gelegentlich deprimierenden Beweis seines Scheiterns.

Die Werte, die ihm anerzogen worden waren, waren immer noch so stark, daß er sich gelegentlich seiner Nutzlosigkeit schämte und des improvisierten, unsicheren Lebens, das er June seiner Meinung nach zumutete. Anfang 1926 erlag er den Verlockungen eines sicheren Lebens und bewarb sich um einen Job bei einer Zeitung in Long Island für fünfzig Dollar pro Woche, den er auch bekam. June war davon nicht angetan, und sie reagierte mit Drohungen. Ihr gemeinsames Leben empfand sie als künstlerisch und abenteuerlich, und sie fand nichts Beschämendes daran, Geld von anderen zu nehmen. Sie beschuldigte Miller, die Chance wegzuwerfen, die sie ihm durch ihren Rat verschafft habe, bei der Western Union aufzuhören. In Wirklichkeit aber war sie deshalb so besorgt, weil ihr immer mehr daran lag, daß Henry dort war, wo sie ein Auge auf ihn haben konnte. Sie hatte ihn von sich abhängig gemacht und würde jetzt keinen Beweis seiner Unabhängigkeit dulden. Später behauptete sie sogar, sie habe zweimal abgetrieben, ohne Henry davon zu erzählen, weil sie »ihn nicht verstimmen« wollte. Ob das stimmt oder nicht, jedenfalls betrachtete sie ihn immer offensichtlicher als ihren Schützling, ihr Kind. Als er von seinem ersten Arbeitstag nach Hause kam, war sie demonstrativ nicht da, um ihn zu begrüßen. Später erfuhr er, daß sie mit einem Freund, einem jungen spanischen Musiker, ausgegangen war. Er war zutiefst niedergeschlagen und erkannte, daß jeder Versuch aussichtslos war, ihr gemeinsames Leben zu stabilisieren. Deshalb gab er die Arbeit unverzüglich auf und vertiefte sich für den Rest des Winters in die Lektüre seiner Lieblingsschriftsteller Elie Faure, Oswald Spengler, Dostojewski und Hamsun.

Im Sommer 1926 trat Joe O'Reagan erneut in ihr Leben, auch diesmal mit hochfliegenden Plänen. Es ging um einen Boom auf dem Immobilienmarkt in North Carolina. O'Reagan schrieb den Millers einen dringlichen Brief, sie sollten mitmachen, und er bot Henry die Aussicht auf einen guten Job als Werbefachmann im Süden an. Zwar wollte June New York nicht verlassen, und nach dem vorigen »Boom« in Florida hatten sie beide nicht viel Vertrauen in O'Reagans Urteilskraft, aber Henry hörte nur auf sich selbst, und bevor sie ihn allein hätte gehen lassen, willigte June ein, ihn zu begleiten.

Statt einen ihrer männlichen Freunde um die Finanzierung der

Reise zu bitten, ging June diesmal zu einer lesbischen Verehrerin, die am Kosmetikstand von Tansy in einem großen Kaufhaus arbeitete. Miller mag June überzeugt haben, daß er nie auf ihre Verehrer eifersüchtig war, aber er macht kein Geheimnis daraus, daß er sie mißbilligte. Deshalb war er erleichtert, daß die fünfzig Dollar für ihre Reisekosten diesmal von einer Frau und nicht von einem Mann kamen. Hätte er in die Zukunft sehen können, wäre er vielleicht weniger froh über Junes neue Taktik gewesen.
Miller, der seine Jahre als alternder Schriftstellerlehrling oft mit zarter Ironie beschreibt, berichtet, er habe die Plötzlichkeit ihrer Abreise aus der Hancock Street der Vermieterin gegenüber damit entschuldigt, daß er beauftragt worden sei, ein Buch zu schreiben:

> »Was für ein Buch?« fragte sie und drückte mir zum Abschied die Hände.
> »Über die Cherokee-Indianer«, sagte ich und zog schnell die Tür hinter uns zu.[24]

Notlügen über seine Leistungen und Pläne waren ihm inzwischen zur zweiten Natur geworden.
Die Millers trampten los in Richtung Asheville. Sie hatten 145 Dollar in der Tasche, und als sie bei Harper's Ferry angekommen waren, war June müde und gelangweilt. Sie fand die Reise fürchterlich und vermißte Greenwich Village. Auf der Fahrt von Johnson City nach Asheville, wo sie O'Reagan trafen, stritten sie sich die ganze Zeit. Der Immobilienboom war natürlich vorbei. Und es gab auch keine Arbeit für Henry.
O'Reagan hatte oben in den Bergen die Hütte eines Wildhüters aufgetan, wo sie eine Weile mietfrei wohnen konnten. Schon nach der ersten heißen Nacht, in der sie von Insekten überfallen wurden, zogen sie jedoch nach Asheville zurück und mieteten dort ein Zimmer. Henry lieh sich von einem Restaurantbesitzer am Ort eine Schreibmaschine und tat, als versuche er zu schreiben, führte jedoch mindestens die Hälfte der Zeit Gespräche über Literatur mit seinem neuen Freund, der sich als ehemaliger Lehrer herausstellte. June wollte sich inzwischen um eine Lizenz bemühen, die ihr den Verkauf seidener Unterwäsche an die Frauen von Asheville erlaubt hätte. Sobald June genug Geld verdient hätte, wollten sie ein Auto kaufen, durch den Süden fahren und überall,

wohin sie kamen, seidene Unterwäsche verkaufen. Wieder einmal waren sie auf der ewigen, richtungslosen Suche nach einer Möglichkeit, Geld zu verdienen, ohne sich an eine feste Arbeit binden zu müssen, und wie aus den meisten ihrer Pläne wurde nichts daraus. Henry interessierte sich nur für seine Schriftstellerkarriere, und June wollte sobald wie möglich zurück nach Greenwich Village. Ein Besuch von Emil und Celia Conason heiterte die beiden ein wenig auf. Sie blieben noch ein paar Wochen in Asheville, aber dabei wurde das Geld immer weniger und die Schulden immer höher, und Mitte September beschlossen sie endlich, nach New York zurückzukehren.

7

Zurück in New York wohnten sie kurzzeitig bei den Conasons in der Bronx, dann kehrten sie nach Brooklyn Heights zurück und mieteten eine andere Wohnung in der Remsen Street. Miller, der von ihrer »unsicheren, beschämenden Lebensweise« mehr denn je angewidert war, zog eine Zeitlang von Tür zu Tür, um Enzyklopädien zu verkaufen – für ihn ein Tiefpunkt der Erniedrigung. Die Lebenskünstlerin June fand Arbeit im Pepper Pot in der West Fourth Street Nr. 148 und konnte der Liste ihrer Verehrer und väterlichen Beschützer immer neue Namen hinzufügen. Der Pepper Pot erstreckte sich über das Kellergeschoß eines ganzen Gebäudes und hatte eine eigenartige Atmosphäre, in der June sich wohl fühlte. Im Inneren war es dunkel, nur flackernde Kerzen erleuchteten die mit Gemälden bedeckten Wände. Der Geschäftsführer, ein Mr. Miller, hatte einen Bildhauer beauftragt, aus geschmolzenem Wachs Skulpturen zu schaffen, und diese waren an strategisch günstigen Stellen im Raum verteilt. Im darüber liegenden Stockwerk befand sich ein gewöhnliches Restaurant.

June hatte inzwischen eine zwiespältige Einstellung zu Henry. Sie liebte ihn aufrichtig, aber sie war tief enttäuscht, daß seine Versuche als Schriftsteller gescheitert waren, daß es nicht danach aussah, als sollte er je einer werden und daß er den Schriftsteller nicht einmal einigermaßen überzeugend spielen konnte. Sie hatte ihn auf ein Podest gestellt und merkte jetzt, daß er keine Ahnung hatte, wie er sich dort oben verhalten sollte. Sie sorgte für seinen

Lebensunterhalt und ermöglichte ihm damit, seine Träume zu verwirklichen, aber statt *Pan* oder *Schuld und Sühne* schrieb er »Braut Bier für Männer«. »Bourgeois« galt bei ihren Freunden in Greenwich Village als Schimpfwort, und June empfand es als bourgeois und als ein beschämendes Zeichen mangelnden künstlerischen Stolzes, daß Henry ihre sexuelle Selbstausbeutung mißbilligte. Er war kein Geistesaristokrat, kein Übermensch, kein Künstler, der das, was ihm gewöhnliche Sterbliche gaben, als sein gottgegebenes Recht entgegennahm, sondern ein bodenständiger deutscher Junge, der sich von einer mürrischen Mutter einschüchtern ließ. Er war eifersüchtig auf die Leute aus Greenwich Village, die ihr wichtig waren, interessante Leute wie Clairmont und sein Kreis, und er brachte in ihrer Gegenwart keinen Ton heraus. Wenn ihm Fremde Hilfe anboten, geschah das aus Mitleid, nicht aus Bewunderung. Er war ein charmanter Niemand.

Daß Henry ihre unzähligen Flirts so einfach hinnahm, enttäuschte June ebenfalls. Zwar war seine Teilnahmslosigkeit größtenteils einstudiert und die Folge pragmatischer Erwägungen, aber June mißverstand sie als wirkliche Gleichgültigkeit ihr gegenüber und war erstaunt und verletzt. Sie hatte außerdem allmählich selbst mit Eifersucht zu kämpfen – nicht auf andere Frauen, aber auf die Freunde, zu denen Henry so intime Beziehungen zu haben schien. Bei mindestens drei Gelegenheiten – in der Remsen Street Nr. 91 und auf den Reisen nach Florida und North Carolina – hatte sie den Eindruck gehabt, als sei ihm O'Reagans Glück wichtiger als das ihre.

June fand sich in der Pepper-Pot-Szene schnell zurecht, und im Frühwinter 1926 lernte sie eines Abends eine Frau kennen, die so exzentrisch und verrückt war, wie »echte Künstler« in Junes Augen sein mußten, anders als Henry, der Verlierertyp, der seine Bildung aus Zeitschriften bezog. Es handelte sich um eine Bildhauerin, eine junge Frau mit langen schwarzen Haaren, hohen Wangenknochen und dunkelblauen Augen, im Hosenanzug, ohne Strümpfe und mit abgetretenen Schuhen, die im Restaurant nach einem Job fragte. Ihre seltsame Aufmachung erregte Aufmerksamkeit, und die anwesenden Gäste starrten sie an und lachten. Aber June war eine weichherzige Frau. Sie hatte Mitgefühl mit Außenseitern und Benachteiligten und fing ein Gespräch mit dem Mädchen an. Nach wenigen Minuten versprach June dem

Mädchen mehr oder weniger das, was sie Henry zwei Jahre zuvor versprochen hatte. Sie sagte ihr, sie werde nicht zulassen, daß »eine so schöne und künstlerisch begabte Frau so niedrige Tätigkeiten wie Geschirrspülen oder Bedienen ausführt«, und sie werde bedienen und sich um sie kümmern und ihr sogar Geld leihen.[25]

Als June in jener Nacht nach Hause kam, trug sie eine groteske Puppe unterm Arm, die sie »Graf Bruga« nannte. Henry erntete einen Verweis, weil er diesen Namen noch nie gehört hatte. »Damit ist Bodenheim gemeint, Dummkopf«, teilte sie ihm mit. Bruga sei die Hauptfigur in Ben Hechts letztem Roman, der eine Satire auf Hechts ehemaligen Freund sei. »Man sagt, Hecht habe ihn einfach gekreuzigt.«[26] Die Puppe war ein Abbild der legendären Dekadenz Bodenheim: Sie hatte gelocktes, violettes Haar aus Seide, violette Augenlider und eine Nase wie Pulcinella und war mit einem schwarzen Sombrero, einer schwarzen Samtjacke und einem kaffeebraunen Hemd bekleidet. June wies ihr einen Ehrenplatz auf der Frisierkommode zu. Zu Millers Überraschung sprach June auf ganz ungewöhnliche Weise von der Puppe. Sie erklärte, die Puppe habe »mehr Persönlichkeit als ein Mensch«, sie habe Genie, weil sie das Werk eines Genies sei. Junes absonderliche Begeisterung für die Puppe und die Wärme, mit der sie deren Schöpferin als »meine Freundin« bezeichnete, erzeugte in Miller ein bis dahin unbekanntes Unbehagen. Wenn es Eifersucht war, dann war es eine neue, ihm unbekannte Art der Eifersucht.

KAPITEL 7

1926-1927: Das erste Dreieck: Henry, June und Mara/Jean

1

Miller, der Egozentriker, konnte engagiert für ein Recht eintreten, das er später äußerst heftig verteidigen sollte – das Recht jedes Menschen, die Zeitung nicht zu lesen. In seinem intimen Bericht über die fünf Jahre von 1923 bis 1928 in *The Rosy Crucifixion* tauchen zwar gelegentlich Bruchstücke der Zeitgeschichte auf – zum Beispiel hört er eines Tages in einer Bar zufällig mit an, wie zwei Männer über den Scopes-Prozeß von 1925 diskutieren* –, aber insgesamt schreibt er kaum über das, was in der Welt vor sich geht. Er war der Historiker seines Leben, nicht dessen Soziologe, in seiner Darstellung erscheint deshalb die Beziehung, die sich Ende 1926 zwischen seiner Frau und Jean Kronski entwickelte, als etwas, das ihn traf wie ein Blitz aus heiterem Himmel. In Wirklichkeit spiegelt die Beziehung in vieler Hinsicht eine allgemeine Wandlung der Einstellung zur Sexualität. Dieser Wandlungsprozeß begann 1912 in Greenwich Village und lief seit ungefähr 1920 immer schneller ab. Freudsche Theorien beeinflußten zwischen 1912 und 1930 zunehmend die Wertvorstellungen und das Verhalten junger Amerikaner.

* John T. Scopes war angeklagt, gegen das Gesetz des Staates Tennessee verstoßen zu haben, weil er im Klassenzimmer Evolutionstheorie gelehrt hatte. Sein Verteidiger war der berühmte Clarence Darrow.

2

Eine reiche, gastfreundliche Dame namens Mabel Dodge spielte eine wichtige Rolle in diesem Wandlungsprozeß. Ihre Mittwochssalons in der Fifth Avenue Nr. 23 markieren 1912 den Beginn der neueren Geschichte von Greenwich Village als Zentrum von Kunst und Kultur. An diesen Abenden diskutierte man über viele Tabuthemen wie Sex, Empfängnisverhütung, Arbeitsverhältnisse, Gewerkschaften und die Notwendigkeit einer sozialistischen Revolution. In Greenwich Village kamen politischer und persönlicher Radikalismus zusammen, wobei der politische Radikalismus überwog. Malcolm Cowley, der die Geschichte des öffentlichen Lebens in Greenwich Village schrieb, während Miller dessen private Seite aufzeichnete, notiert: »Die Bohemiens lasen Marx, und die Radikalen waren ein wenig Bohemiens: Beide Gruppen kämpften offensichtlich für dieselbe Sache.«[1] Man ließ sich etwa auf dem Union Square von der Polizei verprügeln, ging dann in den Liberal Club in der MacDougal Street Nr. 137 und rezitierte mit blutigem Verband Texte von Swinburne. Bill Haywood von der IWW, der Miller bei den Kundgebungen auf dem Union Square als Redner beeindruckt hatte, besuchte regelmäßig den Salon von Mabel Dodge, und Mabel Dogdes kurze Affäre mit dem Kommunisten und Dichter John Reed 1913 versinnbildlicht die Koexistenz von politischem und persönlichem Radikalismus der Bohemiens und Intellektuellen von Greenwich Village in der Zeit vor dem Ersten Weltkrieg.

Nach der Kriegserklärung und dem Wehrpflichtgesetz von 1917 spalteten sich die beiden Richtungen. Wer auf einer persönlichen Ebene vor allem gegen die einengende puritanische Moral rebellierte, kam ohne große Schwierigkeiten in Woodrow Wilsons Welt zurecht. Die politisch motivierten Radikalen dagegen bekämpften die Regierungspolitik und setzten sich damit den Sanktionen des Establishments aus. Die Zeitschrift *The Masses,* die 1911 im Keller der sozialistischen Rand School gegründet wurde, in der Miller beinahe einmal Literatur unterrichtet hätte, wurde unter ihrem Herausgeber Max Eastman zum Sprachrohr der Radikalen. John Reed berichtete für *The Masses* aus Europa über den Krieg. Seine Erlebnisse und seine Gespräche mit französischen Soldaten überzeugten ihn, daß der Krieg um Handelsrechte und nicht zur Verteidigung von Freiheit und Demokratie geführt wurde. Er sagte das in seinen Kriegsberichten, die stets mit den Worten endeten: »Dies ist nicht unser Krieg.«

The Masses geriet unweigerlich mit dem Gesetz in Konflikt, und in Prozessen im April und Oktober 1918 wurde die Zeitschrift politisch mundtot gemacht. Das Ende von *The Masses,* die Massenverhaftungen von »Roten« 1917 und 1919, die zu den berüchtigten Palmer-Razzien von 1920 führten, bei denen 4000 angeblich kommunistische Revolutionäre verhaftet wurden, und der Tod Reeds in Moskau im Oktober 1920 bedeuteten das endgültige Aus des politischen Radikalismus in Greenwich Village. Als Miller und June dort 1923 die Teehäuser und Mondscheinkneipen frequentierten, sprach man nicht mehr über Revolution, sondern über Psychoanalyse. Mabel Dodge begeisterte sich als eine der ersten für die neuen Thesen der Psychoanalyse und verkörpert so anschaulich den Wandel, den die tonangebenden Leute in Greenwich Village durchgemacht hatten: Statt um Politik kümmerten sie sich jetzt um persönliche Probleme.

Die Freudsche Theorie, die diesen Umschwung vom Politischen zum Privaten förderte, mußte sich gegen den Puritanismus durchsetzen, der in den Zeiten der Reformbewegung unter Theodore Roosevelt erstarkt war. Die Sexualmoral des institutionalisierten Puritanismus bestand aus Verboten, sie war freudlos und oft einschüchternd. Verpönt war etwa, daß Männer masturbierten: Ein typisches Produkt der Zeit war das 1900 erschienene Buch *Natural History and Hygiene* von Dr. J. H. Kellogg, das den besorgten Eltern pubertierender Jugendlicher neununddreißig untrügliche Anzeichen der Masturbation nannte. Noch 1912 gab es am Union Square und im oberen Teil der Bowery Museen »Nur für Männer«, wo man für zehn Cent die schrecklichen Folgen der Masturbation, der Syphilis und anderer Geschlechtskrankheiten besichtigen konnte. Erschreckt und fasziniert besichtigte Miller als Jugendlicher diese Museen, und seine Reaktion auf die sexuellen Erfahrungen mit Pauline Chouteau – die Tagebucheinträge für jeden Geschlechtsverkehr, die angestrengte sportliche Betätigung, das Schwimmen im Meer und die frühmorgendlichen Fahrradtouren – ist wahrscheinlich typisch für die Reaktion der meisten Jugendlichen dieser Zeit, in der die Gesellschaft sexuelle Erfahrungen als Schuld und Sünde anprangerte, die mit Krankheit bestraft würde. Ärzte glaubten bis ungefähr 1912, zu häufiges Masturbieren und zu häufiger Geschlechtsverkehr machten dumm und seien ganz allgemein gefährlich. Auch frühzeitiger Haarausfall und Kurzsichtigkeit gehörten zu den neununddreißig von Dr. Kellogg beschriebenen Symptomen der Masturbation. Aber egal was die Ärzte sagten, Miller ließ sich die Überzeugung nicht nehmen, daß Sex Spaß machen müsse. Sein Vertrauen in die Wahrheit der eigenen Wahrnehmung siegte.

Auch die Erfindung des Konzepts der Pubertät war eine Waffe im Kampf gegen den Sex. Einer Gesellschaft, die Sex mit Gewalt und mit zivilisationsfeindlichen Trieben in Verbindung brachte, erschien eine künstlich verlängerte Kindheit als Möglichkeit, sexuelle Triebe in einer besonders gefährlichen Phase zu unterdrücken. Erfunden hatten dieses Konzept Eltern in Deutschland und England, die dem gehobenen Bürgertum angehörten. Von dort kam es in die USA, wo es sich auch in kleinbürgerlichen Kreisen verbreitete. Die Folgen der Theorie waren mitunter seltsam. So beschreibt Miller in *The Rosy Crucifixion* wiederholt, wie er im Alter von zweiundzwanzig mit seinen Freunden von der Xerxes Society wie ein Vierzehnjähriger herumalberte, während er gleichzeitig ein sexuelles Verhältnis mit einer fünfzehn Jahre älteren Frau hatte.

Nach der herrschenden puritanischen Moral der Vorkriegszeit hatten nur erwachsene Männer, Huren und Frauen der Unterschicht Spaß am Sex. Das Bild, das sich die Medizin von der anständigen Durchschnittsfrau machte, wurde zwischen 1870 und ungefähr 1912 zunehmend weltfremd und unrealistisch, und 1911 glaubte zumindest ein praktizierender Arzt, die völlig leidenschaftslose Frau sei die Norm.[2] Unterdrückung der Gefühle und Mäßigung und Unschuld in Sachen Sex galten als Pendant guter gesellschaftlicher Manieren, und da viele Frauen an einen Zusammenhang zwischen sexuellem Genuß und Empfängnis glaubten, sahen sie in der Unterdrückung ihrer sexuelle Gefühle auch eine Methode der Empfängnisverhütung.

Frauen lasen mehr als Männer, und aus Rücksicht auf die Empfindsamkeit der Frauen wurden Ende des 19. und Anfang des 20. Jahrhunderts viele Bücher stark zensiert. Mabel Dodge erinnert sich, wie Hearst-Lektor Arthur Brisbane das Wort »pervers« aus einer ihrer Kurzgeschichten strich und erklärte, dieses Wort stehe »für einen Gedanken, den ich nicht Millionen von Lesern vergegenwärtigen will, auch nicht um der Wahrheit willen.«[3] In Brisbanes Worten klang an, was Anthony Comstock 1909 in der Clark University gesagt hatte, nur wenige Monate bevor Freud dort seine epochemachenden Vorträge hielt: »Sobald ein unreiner Gedanke die Vorstellungskräfte des Geistes mit der sinnlichen Natur verknüpft, rühren sich die Kräfte des Bösen, und Tugend und Wahrheit sind ihnen schutzlos ausgeliefert.«[4] Comstock trat für die »zivilisierte Moral« ein, mehr ein Verhaltensideal als eine Beschreibung der Wirklichkeit, deren Ziele sexuelle Reinheit, Keuschheit, Monogamie und moralische Sauberkeit waren. Theodore Roosevelt warb leidenschaftlich für diese Moral, welche die Empfängnisverhütung und damit auch den Sex um der Lust willen ablehnte.

Geistige Reinheit war ebenso wichtig wie körperliche Reinheit, und Comstock und seine Gesellschaft zur Unterdrückung des Lasters kämpften tatkräftig für ihre Sache. Sie ließen Bücher, Zeitschriften, Fotografien, Spielkarten, Tabletten, Puder und Artikel aus Gummi beschlagnahmen. Comstock, der sich einmal rühmte, fünfzehn Buchhändler und Verleger in den Selbstmord getrieben zu haben, verstand nichts von Literatur.[5] Daß *Frau Warrens Gewerbe* von George B. Shaw in England vom Lord Chamberlain verboten wurde und die New York Public Library 1905 *Mensch und Übermensch* aus den Regalen nahm, provozierte eine sarkastische Antwort Shaws und eine heftige Replik Comstocks. Comstock wetterte gegen »diesen irischen Schmutzfinken« und drohte mit rigorosen rechtlichen Schritten für den Fall, daß jemand dessen »schlüpfrige Werke« auf die Bühne bringe. Er bewirkte damit nur, daß *Frau Warrens Gewerbe* große Aufmerksamkeit erregte, als das Stück in New York gespielt wurde. Zwar wurde der Produzent des Stückes anschließend vor Gericht zitiert, aber überraschenderweise verlor die Gesellschaft zur Unterdrückung des Lasters den Prozeß.

Doch noch war es nicht soweit. 1916 zog der Verleger von Theodore Dreisers Roman *Das Genie* das Buch unter dem Druck von Comstocks Gesellschaft zurück; die Gesellschaft hatte »auf fünfundsiebzig Seiten Obszönitäten und auf siebzehn Seiten Gotteslästerungen« bemängelt. Sechs Jahre später, 1922, hatte das Buch ebenso wie Joyce' *Ulysses* und D. H. Lawrence' *Liebende Frauen* immer noch Schwierigkeiten. Selbst seriöse Wissenschaftler waren nicht vor Anfeindungen geschützt: 1913 wurden einem Bostoner Neurologen rechtliche Schritte angedroht, nachdem er Artikel veröffentlicht hatte, die von psychoanalytischen Ansichten zur Sexualität beeinflußt waren, und in der New Yorker Public Library standen noch 1917 viele grundlegende Texte zur Psychoanalyse unter Verschluß und durften nur mit besonderer Erlaubnis des Bibliothekars in einem abgeschlossenen Raum gelesen werden.

Doch wie die Entscheidung im Fall Shaws zeigt, änderte sich das Klima. Von 1911 bis 1917, dem Zeitraum, in dem sich Freuds Theorien in den USA durchsetzten, fand gleichzeitig eine Umorientierung der Gesellschaft statt, die man »das Ende der Zurückhaltung« genannt hat. Zum Teil war diese Umorientierung eine unbeabsichtigte Folge der Kampagnen der Keuschheitsfanatiker, die bestrebt waren, die Prostitution auszurotten, und dabei feststellen mußten, daß Arthur Brisbane recht gehabt hatte – jede Erwähnung der Sexualität, ob positiv oder negativ, erregt zunächst einmal die Neugier der Öffentlichkeit. Die Puritaner, die die Diskussion über die Sexualmoral in Gang gebracht hatten, verloren bald die Kontrolle über die öffentliche Auseinandersetzung, und den Diskussionen folgten mit der Zeit tatsächliche Veränderungen des Sexualverhaltens. Die eifrigen Verfechter der Prohibition hatten ebenfalls eine wichtige Folge ihres Feldzugs übersehen: Vor der Prohibition war der Saloon für Frauen tabu gewesen, jetzt, da eine ganze Tradition des Trinkens per Gesetz zerschlagen worden war, strömten die Frauen begeistert in die neu entstehenden Mondscheinkneipen.

3

Da vor allem Frauen unter dem verlogenen Frauenbild litten, waren sie in der Nachkriegszeit besonders daran interessiert, daß sich die sexuelle Revolution durchsetzte. Zu den Aktivisten in Greenwich Village gehörten viele Frauen. Von 1912, als Mabel Dodge ihren Salon einrichtete, bis 1929, als Marianne Moore ihre Tätigkeit als Herausgeberin von *The Dial* beendete, hatten Frauen großen Anteil daran, daß die literarischen und gesellschaftlichen

Tabus der Zeit gebrochen wurden. Margaret Anderson und Jane Heap, ihre Assistentin bei der *Little Review*, waren weltweit die ersten, die den *Ulysses* druckten. Der kapitelweise Abdruck in den Jahren 1918 bis 1920 brachte ihnen einen Schuldspruch wegen Verbreitung pornographischer Schriften und eine Strafe von hundert Dollar ein. 1915 wurde Margaret Sanger wegen ihres Buchs *Familiy Limitation* angeklagt: Sie habe »nicht nur gegen das Gesetz des Staates, sondern gegen das Gesetz Gottes« verstoßen. Margaret Sanger wurde zu einer Gefängnisstrafe verurteilt. Emma Goldman trat unermüdlich für freie Liebe, Empfängnisverhütung und die Aufhebung der Zensur von Literatur ein. Weitere herausragende Frauenrechtlerinnen der Zeit waren Crystal Eastman, deren Partei »Frauen für den Frieden« gegen den Kriegseintritt der Amerikaner opponierte; Henrietta Rodman, die kurze Haare, sackartige Kleider und Sandalen zur Uniform der Feministinnen machte und für Gleichberechtigung, Frauenwahlrecht und eine neue Kleidermode kämpfte; und Neith Boyce, Susan Glaspell, Elizabeth Cady Stanton und Susan B. Anthony, die Anführerinnen der Bewegung, die 1920 das Wahlrecht für Frauen erstritt. Neben diesen »verantwortlichen« Frauen gab es Frauen wie June, starke Persönlichkeiten, die ohne Unterstützung durch eine Bewegung oder die Autorität von Statistiken ihr Leben so lebten, wie es ihnen paßte. June war keine Feministin im eigentlichen Sinn. Ein enganliegendes rotes Kleid, ein wehender schwarzer Mantel und nackte Beine waren ihr lieber als Henrietta Rodmans trister Aufzug, und sie nützte den Unterschied zwischen den Geschlechtern schamlos aus. Und doch beeinflußten die gärende Stimmung und die sich wandelnden Normen und Werte die Art, wie June ihre Freiheit nützte, ebenso wie Henrys Reaktion auf ihr Verhalten.

Die Zahlen Kinseys bestätigen das Aufkommen einer neuen Sexualmoral nach der Jahrhundertwende. Seine Umfragen belegen, daß Frauen, die um die Jahrhundertwende geboren wurden, mit zwei- bis dreimal so hoher Wahrscheinlichkeit vorehelichen Geschlechtsverkehr hatten wie Frauen, die vor 1900 geboren wurden, und daß ungefähr ein Viertel aller zwischen 1900 und 1909 geborenen Mädchen vorehelichen Geschlechtsverkehr hatten, bevor sie zwanzig waren.[6] Meinungsumfragen amerikanischer Zeitschriften belegen, daß Ehebruch, Scheidung und Empfängnisverhütung zunehmend toleranter beurteilt wurden, vor allem zwischen 1925 und 1929 und insbesondere von Intellektuellen; bis Mitte 1920 war auch das Klischee der leidenschaftslosen Frau so gut wie tot.

Als praktische Experimente an die Stelle der Gespräche über Sexualität traten, wurden in Greenwich Village alle möglichen Lebensweisen erprobt. Die Bedeutung der Ehe als Institution wurde zum Thema einer lang anhaltenden Debatte, die auch nach Bertrand Russells Herausforderung und John Cowper Powys' Verteidigung 1930 weiterging. Eine Zeitlang war es Mode, daß Männer und Frauen ohne Trauschein zusammenlebten. Freilich hatten nur die Gebildeten und Wohlhabenden das nötige Selbstbewußtsein für solche Experimente. Während Miller seinen eigenen Worten zufolge »dem Stand der Ehe hörig« blieb,[7] wollte das Arbeitermädchen in June instinktiv die Ehe, während der Bohemien in ihr darauf bestand, die Ehe vor ihren Freunden geheimzuhalten. Das Ideal der »freien Liebe«, für das Emma Goldman so eifrig eintrat und das Henry sofort angesprochen hatte, ließ unweigerlich die Promiskuität zur Mode werden, und als Promiskuität langweilig wurde, kam die Homosexualität an die Reihe.

Die Anfänge des Kults der Homosexualität in Greenwich Village fallen in die Zeit um 1926 und sind mit einer Reihe von Clubs und Bars verbunden, darunter das Rainbow Inn, Trilby's und das Village Grove. Schon bevor June Jean Kronski kennenlernte, wußte sie, daß Homosexualität inzwischen schick war, und Orte, wo sich angeblich Homosexuelle trafen, machten sie neugierig. Wenn sie mit Henry darüber sprach, gab sie sich abwechselnd fasziniert und verächtlich, amüsiert und angewidert. Flirten, egal mit wem, war ihre zweite Natur, und jetzt fühlte sie sich auf einem neuen Feld herausgefordert. Eines Abends wurde sie in einem Club namens Jo's von einer Lesbierin in die Brust gebissen. Jo's war typisch für die Clubs, in denen June verkehrte. Caroline Ware, die zwischen 1920 und 1930 ausgedehnte soziologische Untersuchungen in Greenwich Village durchführte, beschreibt den Club so:

> Jo's befand sich im Keller eines Mietshauses. Der niedrige, enge Raum war mit billigen, grellbunten Tischen, wackeligen Stühlen, einigen Sitzgruppen und einem alten Klavier vollgestellt.

Alkohol wurde nicht ausgeschenkt, aber es war üblich, daß die Gäste Alkohol mitbrachten und Sandwiches und Limonade bestellten. Der Raum war häufig überfüllt, und immer ging es formlos zu. Mädchen, die zum erstenmal hierherkamen, konnten sicher sein, daß die Männer, neben denen sie Platz fanden, sich den Abend und die Nacht mit ihnen amüsieren wollten. Saß ein Mädchen zuerst allein am Tisch, bekam es mit Sicherheit Gesellschaft. Ab und zu fing jemand an, Klavier zu spielen, und die Gäste tanzten in den engen Gängen zwischen den Tischen mit Unbekannten, die zufällig am selben Tisch gesessen hatten. Der Inhaber stand an der Tür, begrüßte alle, begutachtete die Neuankömmlinge und gab von Zeit zu Zeit etwas bekannt. Viele der Anwesenden waren junge Frauen und Männer mit blassen Gesichtern und tiefen Ringen um die Augen, und sie tranken viel. Dann gab es noch ein paar Männer mittleren Alters, die sich offensichtlich entspannen und sich ein Mädchen anlachen wollten, und eine Reihe älterer Leute, manche mit literarischer oder künstlerischer Vergangenheit, die zum Stammpublikum gehörten. Ein junger chinesischer Kommunist suchte nach jemandem, der ihm bei der Übersetzung seiner Werke und mit Kritik helfen konnte. Einige Kunden, die dafür bekannt waren, daß sie immer Geld leihen wollten, wurden von allen geschnitten. Ein paar junge Mädchen aus dem Süden, die offenbar aus vermögenden und gebildeten Familien stammten, fielen regelmäßig auf, denn sie tanzten zusammen und waren ständig betrunken.

Diese Menschen hatten zwei Hauptbeschäftigungen – Sex und Alkohol. Anfang der zwanziger Jahre genügten in den meisten Gruppen noch freie Liebe und Promiskuität als Gesprächsthema und Zeitvertreib. 1930 waren die vielen heterosexuellen Affären langweilig geworden, jetzt wandte man sich der Homosexualität zu. Über ein bestimmtes Mädchen, das jeden Abend kam, machten sich alle lustig: Sie gab sich größte Mühe, lesbisch zu sein, aber wenn sie betrunken war, vergaß sie es und tanzte mit den Männern. Ein beliebter Unterhaltungskünstler des Clubs war eine »Schwuchtel«, und seine beste Nummer war eine Parodie auf sich selbst. Um dem Club einen intellektuellen Anstrich zu geben und seinen Gästen etwas zu bieten, veranstaltete der Inhaber an zwei Abenden pro Woche Diskussionen

> oder Aufführungen mit Stammgästen. Solche Veranstaltungen störten die Gruppe jedoch nicht bei ihrer Hauptbeschäftigung, denn man diskutierte über Themen wie »Die soziale Stellung des Gigolo« und »Was ist Sex-Appeal?«. Vor allem zu letzterem Thema war auch die Meinung der anwesenden Lesbierinnen gefragt.[8]

An einer anderen Stelle ihrer Studie stellt Caroline Ware fest: »In jeder Phase der Geschichte von Greenwich Village wurde eine andere Gruppe mit dem Viertel identifiziert, und Neulinge kamen mit dieser Gruppe leicht in Kontakt. 1930 waren es die Pseudo-Bohemiens und besonders die Lesbierinnen, zu deren Kreisen Fremde leicht Zugang fanden.«[9]

Freuds Schichtenmodell der Seele trug unter anderem dadurch zum Zusammenbruch der zeitgenössischen Sexualmoral bei, daß es manche Menschen im Hinblick auf ihre Sexualität verwirrte: Freuds Theorie des Unbewußten beinhaltete, daß eine richtige Selbsteinschätzung letztlich unmöglich sei. So gab es in Greenwich Village neben den echten Lesbierinnen und den Frauen, die nur so taten, als seien sie lesbisch, auch Frauen, die gar nicht wußten, ob sie nun simulierten oder tatsächlich lesbisch waren. Mit diesem verwirrenden Chaos halb rationalisierter sexueller Identifikationen sah Henry Miller sich konfrontiert, als seine Frau eines Abends atemlos und aufgeregt nach Hause kam, weil sie die junge Jean Kronski in ihrem Hosenanzug und ihren abgetragenen Schuhen kennengelernt hatte.

4

Miller sagte, er »vertraue Junes Integrität, Loyalität, Treue absolut«, auch wenn »Freunde meine Haltung mißdeuten ... sie für Gleichgültigkeit halten«.[10] Wenn er sich Männern wie Hoblitzell oder French gegenüber gelegentlich feindselig verhält, widerspricht das seiner Behauptung nur teilweise, denn es gibt einen feinen Unterschied zwischen wirklicher sexueller Eifersucht und der oberflächlich ähnlichen Reaktion, die vor allem Ausdruck verletzten Stolzes ist. Junes Verhältnis mit Jean Kronski stürzte Miller in eine heftige Eifersuchtskrise, die sicherlich Elemente beider

Reaktionen enthielt. Daß eine Frau die erste ernsthafte Rivalin um Junes Zuneigung war, demütigte ihn schon genug, aber mindestens ebenso sehr schmerzte ihn wahrscheinlich, wie begeistert June das künstlerische Genie ihrer neuen Freundin pries. June glaubte ganz offensichtlich, daß sie, nachdem ihr mit Henry ein kleiner Fehler unterlaufen war, jetzt endlich mit Jean eine »echte« Künstlerin entdeckt hatte.

Jean Kronski war nicht der richtige Name des Mädchens. June behauptete später, sie habe Jean so getauft, wobei allerdings keinesfalls sicher ist, ob sie die Wahrheit sagt: In späteren Jahren erlitt sie Nervenzusammenbrüche, die ihren ohnehin immer schon brüchigen Realitätsbezug weiter zerstörten, und als alte Frau stellte sie einige seltsame Behauptungen auf – zum Beispiel, daß sie ohne Wissen ihres Mannes für ihn bei der Western Union gekündigt habe –, mit denen sie den Anteil herausstrich, den sie angeblich an der Schaffung des Mythos um Millers Leben in den zwanziger Jahren gehabt hatte. In seinen Notizen zu der Dreiecksgeschichte nennt Miller die Freundin seiner Frau durchgängig »Jean Kronski«, in *The Rosy Crucifixion* dagegen heißt die Lesbierin, die sich in seine »Mona« verliebt, »Stasia«. In frühen Entwürfen für die autobiographischen Romane probiert Miller auch noch andere Namen aus. In *The Time of the Assassins*, dem langen Essay über Rimbaud, erwähnt Miller in diesem Zusammenhang beiläufig den Namen »Thelma«. Der österreichische Schriftsteller Alfred Perlès, der die junge Frau in Paris kennenlernte und in seinem autobiographischen Roman *The Renegade* auftreten läßt, nennt sie ebenfalls »Jean Kronski«.

Falls diese Geheimnistuerei einmal einen Sinn hatte, so ist dieser heute jedenfalls kaum noch auszumachen, und Jean Kronski hat sich in der Legende um Miller als richtiger Name der »Stasia« aus *The Rosy Crucifixion* durchgesetzt. In Wirklichkeit hieß sie Martha Andrews, und außerhalb von Millers Kreisen nannte man sie Mara. Sie stammte aus einer reichen Familie aus Baltimore, Maryland, und war erst vor kurzem nach New York gekommen, weil sie Künstlerin werden wollte. Waverly Root kannte Mara zu dieser Zeit flüchtig und hat beschrieben, wie sie ihn in seiner Wohnung in der James Street in Greenwich Village besuchte. Sein Zimmer war winzig, und wenn Mara eintrat, »war es plötzlich übervoll«: »Sie war mir an Gewicht und Kaliber überlegen.«[11]

Ihre physische Erscheinung verblüffte und löste widersprüchliche Reaktionen aus. June meinte, Mara habe »das Gesicht der Jugend, weder männlich noch weiblich«. Miller fand, sie sehe aus wie Rimbaud, und die Schwester von Junes enger Freundin Jean Bakewell hat sie als »sehr häßlich« in Erinnerung: »Sie sah aus wie ein Ochsenfrosch.«[12] Für Perlès war sie ein »reizendes Mädchen« und eine »wahre Prinzessin«. Cyril Connolly, der Jean Kronski 1928 durch seine spätere Frau Jean Bakewell kennenlernte, bemerkte vor allem ihre »Offenheit und Ernsthaftigkeit, ihre knabenhafte Kleidung und ihr auffallendes Talent zum Unglücklichsein«.[13] In ihrem kurzen Leben, das sie 1942 in einer Wohnung in der Bank Street in Greenwich Village durch Selbstmord beendete, kreuzte diese rätselhafte junge Frau 1926 ein paar Monate lang die Wege der Millers: Die Folgen waren verheerend.

Miller spürte Maras starken Einfluß auf seine Ehe schon einige Zeit, bevor er sie kennenlernte. Er hatte immer bemängelt, daß June keine Freundinnen habe, und June zu Freundschaften mit Frauen ermuntert, aber June hatte immer gesagt, sie brauche keine Freundinnen. Jetzt, als Miller sich über ihre intensive Freundschaft mit Martha Andrews zu beklagen begann, wehrte sie sich entschieden: »Du hast mich gezwungen, jemand anderen zu suchen.«[14] Die abstoßende Puppe Bruga auf Junes Frisierkommode wurde zum Symbol ihrer Unabhängigkeit, und wenn Henry sich darüber lustig machte, wie sehr sie sich für die Puppe begeisterte, verteidigte June Mara nur noch heftiger.

Miller bemerkte allmählich Veränderungen an June, die er auf ihre neue Freundschaft zurückführte. Zum Beispiel schminkte sie sich jetzt auf groteske Weise, bevor sie zur Arbeit ging: Kohlenstaub und Vaseline um die Augen, reichlich Wimperntusche, purpurroter Lippenstift und eine grüne Puderschicht auf den Backen. Dieser dramatische Aufzug gehörte vielleicht zu einer Mode, die vom starken Make-up verführerischer Frauen im Film inspiriert war, und Miller klagte, June sehe damit aus wie eine Hure. June blieb ungerührt – Henrys Klagen waren für sie nur ein weiteres Zeichen, daß unter seinem khakibraunen Hemd ein unverbesserlich bürgerliches Herz schlug. Und je extravaganter sie in ihrer unkonventionellen Lebensweise wurde, desto stärker kamen bei ihm germanische Korrektheit, Prüderie und Pedanterie zum Vorschein. Miller beschreibt das in einem Textentwurf einmal so:

> Kleider, Handtücher, Schuhe, Strümpfe in kürzester Zeit zerfetzt oder durch Zigarettenlöcher, Wein-, Fett- oder Farbflekken ruiniert. Tut, was sie will, egal was sie anhat – weil alles andere nicht zu ihrem Stil passen würde. Läßt andere ihre Kleider tragen und ruinieren: Pelzmantel, schöne Pumps, feine Umhangtücher, Spitzenschals usw. Verlegt, verloren, gestohlen: Geldbörsen, Armreife, Anhänger, wertvolle Tücher, Handschuhe, Geld. Finde 50-Dollar-Scheine auf dem Boden, der Treppe, in Kleiderschränken usw., die aus der Tasche gefallen sind, in der Joan [June] gewöhnlich ihr Geld herumträgt, zerknüllt wie gebrauchtes Klopapier. Deshalb übergroße Vorsicht meinerseits, was persönliche Dinge angeht, die einen besonderen Wert für mich haben. Wörterbuch zum Beispiel, passe jedesmal auf, wenn Joan es benutzt. Sie könnte es fallen lassen, Seiten zerknittern, zerschneiden oder ausreißen.[15]

Als er June einmal vor einem Restaurant traf, trug sie einen Hut, der mit Sägemehl oder Gipsverputz bedeckt war. Er machte sie darauf aufmerksam, aber ihr war das vollkommen gleichgültig.

Es kam zu immer heftigeren Auseinandersetzungen wegen Junes ausschweifendem Bohemeleben, und Millers Stand wurde immer schwerer. Jeden Morgen stritten sie über Junes Make-up und ihre Angewohnheit, in der Öffentlichkeit barfuß zu gehen. Heftige Debatten gab es auch darüber, daß sie gerne mit einer brennenden Zigarette im Mundwinkel aus dem Haus ging. Eine Verordnung von 1908 untersagte es Frauen, in New York City in der Öffentlichkeit zu rauchen, und obwohl die Verordnung seither schon so oft mißachtet worden war, daß sie 1927 nicht mehr viel bedeutete, vertrat Miller konservative Ansichten über die Geschlechterrollen und fühlte sich durch Junes Verhalten gedemütigt. Da er weder Geld noch künstlerischen Erfolg vorweisen konnte, hing sein Ansehen ganz davon ab, daß er eine schöne Frau hatte. Aber was nützte eine Frau als Statussymbol, wenn der Mann keine Macht über sie hatte? Jedenfalls störte ihn weniger, daß sie auf der Straße rauchte, als die Art, wie sie es tat. Wenn sie zusammen zur U-Bahn gingen – die Stimmung noch getrübt durch den morgendlichen Streit –, paffte June schweigend und rachsüchtig vor sich hin, was auf Henry »nicht nur provozierend, sondern beleidigend« wirkte.[16] Manchmal geriet er so in Wut, daß er sich beherrschen mußte, June die Zigarette nicht aus dem Mund zu reißen und in den Rinnstein zu werfen.

Miller lernte Martha Andrews erst einige Zeit später persönlich kennen, aber inzwischen hatte er mehr als genug von ihr gehört. June zufolge war Martha Andrews eine Prinzessin aus der russischen Zarenfamilie Romanow, ein Waisenkind, das im Kloster erzogen worden war. Mara Andrews sprach angeblich mehrere Sprachen, spielte verschiedene Instrumente und war nicht nur Bildhauerin, sondern auch Malerin und Dichterin. Sie war ein Genie und ein androgynes, rätselhaftes Wesen. Wenn sie einen Raum zum erstenmal betrat, stieß sie seltsame slawische Flüche aus, und sie trug Amulette zum Schutz gegen das Böse, rauchte Marihuana und zog mit zwei verschiedenen Schuhen an den Füßen durch die Straßen, einen Kulturbeutel unterm Arm und *Alice im Wunderland* in der einen Tasche ihres Hosenanzugs, das *Tao-Te-ching* in der anderen. Bei jeder neuen Enthüllung über die sagenhafte Mara wiegte Miller den Kopf »wie ein Jude, der gerade von einem neuen Unglück erfahren hat«. Allmählich kapierte er, worum es ging: Kein Wunder, daß er seiner Frau nicht romantisch genug war, schließlich war er weder ein Genie noch ein Romanow, noch ein uneheliches Kind. June sammelte Götter, und seinen Platz in ihrem Pantheon hatte jemand anders eingenommen. Plötzlich war alles »bourgeois«. Selbst seine Heterosexualität war bourgeois: Mara war die »größte zeitgenössische Dichterin Amerikas«, nur weil die Homosexualität so deutlich aus ihren Werken sprach wie bei Walt Whitman. Laut June konnte man mit der Fähigkeit, »die Grenzen der Normalität in der Liebe und in der Kunst zu überschreiten«, das »Unübertreffliche« erreichen.[17] Mara war eine Lesbierin, die zufällig Gedichte schrieb, ergo war sie eine große Dichterin.

Ebenso offensichtlich war Mara ein verwirrtes junges Mädchen, zu dem sich June wie zu allen Außenseitern und Benachteiligten stark hingezogen fühlte. Auf Junes Drängen zog Mara aus ihrer dreckigen Wohnung in der Clarkson Street in eine Wohnung in der Pierrepont Street unmittelbar nördlich der Remsen Street. Von jetzt an verbrachten die beiden Frauen viel Zeit miteinander.

Sie zogen entweder gemeinsam durch Greenwich Village oder waren bei Mara oder in der Remsen Street.
Als Henry Mara kennenlernte, konnte er sie nicht leiden. Er wurde noch eifersüchtiger, als er sah, wie June Mara mit der gleichen, beinahe religiösen Ehrfurcht behandelte, die einst ihm gegolten hatte. Einmal wusch sie in der Remsen Street Maras Füße. Wenn Henry gegen solche Szenen protestierte, tat June das mit der Bemerkung ab, er sei bourgeois, prosaisch und langweilig. Jetzt, da sie ihn endlich dazu gebracht hatte, seine Eifersucht offen zu zeigen, fand sie diese »unnötig«.
Eines Tages kam June mit der Nachricht nach Hause, Mara sei in die psychiatrische Klinik Bellevue eingeliefert worden. Die Behörden seien bereit, sie sofort zu entlassen, vorausgesetzt, June sage zu, sich um Mara zu kümmern. Obwohl Miller diese Geschichte für eine weitere Erfindung Junes hielt, erlaubte er aus Verzweiflung, daß Mara bei ihnen einzog. Kurz danach zogen alle drei in eine Kellerwohnung in der Henry Street um, in der vorher eine Wäscherei gewesen war.

5

Ob absichtlich oder nicht, in jedem Fall rächte sich June nun dafür, daß Henry ihr in der ersten Wohnung in der Remsen Street Joe O'Reagan aufgedrängt und außerdem immer wieder Freunde mitgebracht hatte, die er noch aus der Kindheit kannte. June und Mara lebten wie Männer. Sie verkehrten in Mondscheinkneipen, betranken sich zusammen und blieben ohne Erklärung die ganze Nacht aus, wenn sie Lust dazu hatten. Einmal bereitete Miller June bei ihrer Rückkehr einen dramatischen Empfang, dem weitere ähnliche Szenen folgen sollten. Er nahm seine alten Liebesbriefe aus dem hölzernen Kästchen, das June eigens zur Aufbewahrung der Briefe gekauft hatte, sammelte alte Fotos und Manuskripte zusammen, versah sie mit Anmerkungen und verstreute alles im Schlafzimmer. Die Heiratsurkunde klemmte er unter Graf Brugas Arm, dann lehnte er die Puppe an ein Kissen in Junes Bett. Als June und Mara an jenem Abend nach Hause kamen, fragte Mara, die sich – ein weiterer Einbruch in die Intimsphäre von Millers Ehe – angewöhnt hatte, Henry wie

June Val zu nennen, kühl: »Ist das wieder eine von deinen Aufmerksamkeiten, Val?« June machte sich nicht einmal die Mühe, Henrys Anmerkungen zu lesen. Sie betrachtete das Ganze als Witz. Henry war jetzt nicht mehr ein »Gott«, sondern »Val der Spinner«, ein kindischer Exzentriker, den man ungestraft anlügen durfte.

Waverley Root, der gelegentlich in der Kellerwohnung zu Gast war, erinnert sich an »sechs oder sieben große Zimmer, alle leer, von ein paar Jutesäcken in einer Ecke abgesehen«. Als er Henry dort kennenlernte, hatte er den Eindruck, daß Henry »die Vorstellung, mit zwei Frauen gleichzeitig zu leben, behagte«; eine der Frauen sei »hübsch und aufreizend weiblich«, die andere »gebaut wie ein Footballspieler«. Später merkte er, daß er sich geirrt hatte.

Für Miller wurde die Wohnung bald zu einem wüsten Alptraum: June gab sich keinerlei Mühe mehr, die Rolle der braven Hausfrau zu spielen. Die Betten blieben den ganzen Tag ungemacht, die Laken wurden nie gewaschen, ebensowenig die Handtücher oder seine Hemden. Regelmäßig verstopften Essensreste den Abfluß in der Küche, so daß man das Geschirr im Bad spülen mußte. Die Jalousien wurden den ganzen Tag nicht hochgezogen, die Fenster nie geputzt. Auf dem Boden lag überall Gips, der Martha Andrews bei der Arbeit an ihren Statuen danebengefallen war. Auch ihre Farben, Bücher, Zigarettenkippen, schmutzige Tassen und Untertassen waren überall verstreut. Die Wohnung war immer kalt.[18]

June war es jetzt egal, wenn ihr Mann in Gegenwart von alten Freunden das Gesicht verlor. Als eines Tages George Wright, der früher zur Xerxes Society gehört hatte, mit seiner Frau zu Besuch kam, verließ June bei der erstbesten Gelegenheit das Haus und ging mit Mara und einem Freund nach Harlem, um dort Geld aufzutreiben. Sie kam erst um fünf Uhr morgens zurück. Der glücklose Miller, der Junes Exhibitionismus einst genossen hatte, mußte dann noch ertragen, daß June auf ihn stieg, »obwohl Wrights Frau in der Nähe war«. Auf Henrys Wunsch und gegen Junes Willen schliefen sie jetzt in zwei Einzelbetten, was in den zwanziger Jahren noch eine Seltenheit war. Damals waren die beiden erst drei Jahre verheiratet; der Schluß liegt also nahe, daß Henry schon damals nicht mehr mit June fertig wurde. Später, als die Ehe endgültig zu Bruch ging, erinnerte er sich mit Wut und Sehnsucht daran, wie »überwältigend« sie im Bett gewesen war.

Miller fühlte sich zwar »übers Ohr gehauen und zu nichts mehr fähig«, aber er versuchte dennoch eine Zeitlang, mit Mara um Junes Aufmerksamkeit zu konkurrieren. Er kaufte zwei Eintrittskarten für den Film *Panzerkreuzer Potemkin* und lud June ins Kino ein. Sie machte Ausflüchte. Mit gequältem Humor schlug er vor, June solle einen Stundenplan erstellen und ihre Zeit zu gleichen Teilen mit ihm und mit Mara verbringen. Es war eine völlig neue Situation für Henry: In der Vergangenheit hatte immer er im Mittelpunkt der Aufmerksamkeit gestanden, war immer er der Geliebte gewesen, bei seiner Mutter ebenso wie bei Pauline oder Beatrice. Jetzt war alles anders. Bald mußte er auch noch mitansehen, wie die beiden Frauen zusammen im Bett neben ihm schliefen. Insgesamt erlebte er das zweimal, und obwohl auch er schon oft ganz unschuldig mit Freunden in einem Bett geschlafen hatte, war die Situation für ihn unheimlich und bedrohlich, weil er wußte, daß Mara lesbisch war. Miller überlegte sich zwar seinen eigenen Worten zufolge »idiotische Pläne«, wie er Mara Andrews endgültig zum Wahnsinn treiben und in eine geschlossene Anstalt bringen könne, einen wirklichen Ausweg aus seiner Lage fand er jedoch nicht.
Er wurde immer depressiver. Stundenlang und auf verletzende Weise diskutierte man am »Tisch der Eingeweide«, so Millers plastische Bezeichnung, über weibliche Homosexualität und Perversion. Die Gespräche machten Miller krank. Seiner Ansicht nach waren sie kopflastig und machten eine einfache Sache nur unnötig kompliziert. Immerhin las er Petrons *Satyricon*, Kommödien von Aristophanes und Auguste Forels *Die sexuelle Frage*, um Homosexualität besser zu verstehen. Bei der Lektüre Weiningers begegnete ihm zum erstenmal der Gedanke von der Polarität der Geschlechter, der ihn sein Leben lang verblüffen und faszinieren sollte. Manchmal konnte er Emil Conason dazu bewegen, sich an den Diskussionen zu beteiligen. Damit brachte er sich selbst in ein Dilemma. Freud wurde damals intensiv rezipiert, und Conasons Ansehen als Psychiater war entsprechend hoch. Nach Millers Vorstellung sollte Conason June und Mara beweisen, daß Homosexualität in irgendeinem absoluten Sinn falsch sei oder daß es sich um einen heilbaren Zustand handelte, zu dem es aufgrund gewisser Faktoren komme. Andererseits schätzte er unabhängiges Denken und subjektive Wahrheit sehr. Daher widerstrebte es

ihm, wenn Conason jede Aussage Maras, die nicht in seine Theorie paßte, als irrelevant oder unwichtig abtat und hartnäckig an seinen Erklärungen und Theorien festhielt, selbst wenn Mara aufgrund ihrer Erfahrungen nicht zustimmen konnte. Miller ahnte hier wohl zum erstenmal, daß sein erster Eindruck von der Psychoanalyse als dem magischen Schlüssel zum Verständnis des Menschen vielleicht getrogen haben könnte. June wußte, daß der Angriff Millers und Conasons eigentlich ihr galt, und suchte sich selbst einen Psychologen. Von dem Gespräch mit diesem Psychologen kehrte sie triumphierend zurück und redete laut Miller »ziemlich viel Unsinn über nicht richtig funktionierende Drüsen«. June, selbst eine Schauspielerin, war fest davon überzeugt, daß Mara nur tat, als sei sie lesbisch. Henry war sich weniger sicher. Während dieser schwierigen Monate kam manchmal auch Millers ausgeprägter Pragmatismus zum Vorschein. Mara und er verbrachten viel Zeit gemeinsam in der Wohnung und lernten sich besser kennen. Mara schrieb sogar ein Gedicht über Henry, mit der Widmung »An IHN«:

His pupils upheld his eyelids
with
spherical
blue
columns
Where he placed the gift of a
TARANTULA
(with a tiny pink bow
around its neck and spectacles resting on its nose)
This he pushed
with
a
pin
From his sardonic heights,
He pulled melted sand in
hopes of making it hard, and
wore nose rings in his tongue
that he might lick the steel dust off
chalk kettles where he kept his stew...
But come back to the shriveling surface:

Such a being has forgotten the fast-fading
        stars
IN SCIENCE AND CAT TRICKS
            Deck him in moon tears –
(the breath of a freshly turned tendril)
May dew bleach the copper hairs at his ear.
        HE CAN'T PRESS OUT HIS PEARL.
        WRINKLED WITH A SCRATCHING
          STEEL PEN.
Let him live to prove
        dissection
          doesn't
            sleep
              with
                sky.
His circus only flings sawdust
        To crack the dovetails of speed.
            On a dried sucking night he may muse
            and finger a cottonwad 'til it's gray
            and the beyond of his eyes will seek
            that of the lonesome unborn.*

Maras Gott hieß Rimbaud, und im Gespräch mit Mara hörte Miller zum erstenmal den Namen dieses Dichters. Mara war besessen von Rimbaud und behauptete, sie ahme mit ihrem Leben direkt Rimbauds Leben nach. Rimbaud mit seinem Genie, seiner Frühreife und seinem abenteuerlichen Schicksal paßte gut in Mil-

* Seine Pupillen stützten seine Lider / mit / sphärisch / blauen / Säulen / Dorthin stellte er das Geschenk einer / TARANTEL / (mit einer kleinen rosa Schleife / um den Hals und einer Brille auf der Nase) / Dieses stieß er / mit / einer / Nadel / Aus süffisanter Höhe / zog er geschmolzenen Sand und / hoffte, ihn zu härten, und / trug Nasenringe in der Zunge / damit er den Stahlstaub / von den kalkigen Kesseln lecken konnte, wo er seinen Eintopf aufbewahrte... / Aber zurück zur welken Oberfläche: / Ein solches Wesen hat vergessen die schnell verglühenden / Sterne / IN WISSENSCHAFT UND HEXENKUNST / Schmücke ihn mit Mondtränen – / (der Hauch einer frisch gekrümmten Ranke) / Mag Tau die kupferroten Haare an seinem Ohr bleichen. / ER KANN SEINE PERLE NICHT HERAUSDRÜCKEN. / ZERKNITTERT MIT EINER KRATZENDEN / STAHLFEDER. / Soll er leben zum Beweis / Zergliederung / schläft / nicht / mit / Himmel. / Sein Zirkus schleudert nur Sägemehl / um die Schwalbenschwänze der Geschwindigkeit zu brechen. / In einer getrockneten, saugenden Nacht mag er grübeln / und einen Wattebausch befingern, bis er grau ist / und das Jenseits seiner Augen wird suchen / das des einsamen Ungeborenen.

lers Pantheon, und Miller verehrte ihn später sehr. Damals konnte er jedoch einem Hinweis, der von der verhaßten Mara stammte, nicht nachgehen. Mara machte Miller auch mit der Welt der japanischen und chinesischen Kunst bekannt. Als sie die Wände ihres Zimmers mit bizarren Malereien bedeckte, war Miller tief beeindruckt. Er wollte selbst malen und bat Mara, ihm Unterricht zu geben.

Für June war abweichendes sexuelles Verhalten ein Beweis für die Qualität künstlerischer Arbeit, für Henry dagegen war Kindlichkeit das Kennzeichen des Genies. Nachdem er Mara kennengelernt hatte, schien es ihm oft, als habe sie »all die kindlichen Eigenschaften«, die ein Genie ausmachen. Zwar beeindruckten ihn weder ihre Puppen noch ihre Gedichte sonderlich, aber dennoch fürchtete er stets, Mara könne die wahre Künstlerin sein und er »der Versager«.

6

Von Millers früherem Leben ohne June war fast nichts übriggeblieben. Mit Beatrice hatte er keinen Kontakt mehr, zum einen, weil er die Alimente nicht zahlen konnte, zum anderen, weil das Projekt mit den Süßigkeiten gescheitert war. Es wäre ohnehin ziemlich sinnlos gewesen, die Beziehung aufrechtzuerhalten, da Beatrice und Henry sich nichts mehr zu sagen hatten. Bei einem seiner letzten Besuche bei ihr war es zu einer jämmerlichen Szene gekommen: Henry und Beatrice hatten die vor Angst schreiende kleine Barbara am Küchentisch festgehalten, während ein Arzt ihr das Trommelfell durchbohrte. Der Besuch endete mit einem ungewöhnlich heftigen Streit, und kurz darauf bekam Barbara gesagt, ihr Vater sei ins Ausland gegangen.

Als Miller einmal in der Nähe seines alten Zuhauses spazierenging, glaubte er, unter einer Gruppe spielender Kinder seine Tochter zu erkennen. Er war verunsichert und dachte daran, was für ein Verbrechen es gewesen sei, Frau und Kind zu verlassen. In seiner Verzweiflung versuchte er erfolglos, sein Gewissen dadurch zu erleichtern, daß er sich für einen Augenblick Strindbergschen Zweifeln an seiner Vaterschaft überließ:

> Woher weiß ich, daß sie mein Kind ist? Woher weiß ich, daß meine Frau mir treu war? Und welchen Unterschied macht es jetzt, ob sie treu war oder nicht? Ich habe sie betrogen. Jemand machte unvermutet eine Tür auf, und es war geschehen. Das ist Untreue. Wenn ich hier sitze und von all den Frauen träume, mit denen ich gerne schlafen würde, ist das in Ordnung. Das Gesetz sagt nichts über böse Gedanken. Böse Gedanken! Was sind böse Gedanken?[19]

Als Weihnachten näher rückte, war keine Rede davon, daß er Beatrice und Barbara besuchen und auch nur ein paar Stunden mit ihnen verbringen werde. Wie immer verabredete er mit seiner Mutter und seinem Vater einen Besuch in der Decatur Street. Er war zuerst überrascht, als June fragte, ob Mara sie begleiten dürfe. Ob Mara nun wirklich lesbisch war oder nur jedermann in sinnliche Verwirrung stürzen wollte, sie sorgte jedenfalls immer für Aufsehen. Wenn sie nicht gerade Zigarren rauchte, drehte sie sich Bull-Durham-Zigaretten. Sie kleidete sich wie ein Mann und bediente sich zur Vervollständigung ihrer Kostümierung ungehemmt aus Henrys Krawattensammlung. Sie besaß auch einen schweren, messingbeschlagenen Gürtel, den sie manchmal zu ihrem Cowboykostüm trug. Um June einen Gefallen zu tun und damit es nicht zu langweilig würde, sagte Henry, Mara könne mitkommen, wenn sie sich wie eine Frau anziehe. Die drei brachten kleine Geschenke mit, darunter auch eine Stange Camel-Zigaretten für Henrys Vater, und wie jedes Jahr murmelte Louise, das sei doch nicht nötig, Geschenke seien für June und Henry doch zu kostspielig. Sherry wurde herumgereicht und vertraute Szenen einmal mehr durchgespielt. Louise, die herausgefunden hatte, daß Henry wieder arbeitslos war, warf June Blicke voller Tragik und Mitleid dafür zu, daß sie eine solche Last tragen mußte. Dann sagte sie wie jedes Jahr zu Henry: »Du solltest sie nicht so viel arbeiten lassen. Das ist nicht recht.« Jede Hoffnung, aus seiner Schreiberei könne irgendwann einmal etwas werden, sei »vergebens«. Und Lauretta? Was solle aus ihr werden? Ob er je an sie denke? Natürlich, erwiderte Miller schwach. »Bitte höre auf, Mutter. Natürlich denke ich über diese Dinge nach. Natürlich. Natürlich! Aber ...« Er wand sich unter Louises Worten. Sie war so absolut sicher, daß er es niemals zu etwas bringen werde.

Inzwischen plauderten Mara und Henry senior angeregt über Maler und Malerei. Die Arroganz, mit der Miller seinem Vater als Jugendlicher begegnet war, hatte er inzwischen abgelegt. Die Erfahrungen mit kritischen und fordernden Frauen waren ihm eine Lehre gewesen, und jetzt mochte er die freundliche und bescheidene Art des alten Mannes. Miller lauschte dem Gespräch, und wenn es zu erlahmen drohte, sagte er etwas über das Buch von Ruskin, das sein Vater einst gelesen hatte, und erwähnte die Namen einiger Künstler, von denen er wußte, daß Henry senior sie besonders schätzte – Winslow Homer, Ryder und Sisley.
Im Lauf des Nachmittags machte sich jedoch trotzdem Langeweile breit. Nach dem Abendessen entschuldigten sich June und Mara. Sie waren müde, übernächtigt und erschöpft von der Anstrengung, sich von ihrer besten Seite zeigen zu müssen, und legten sich zu einem kleinen Schläfchen auf das Sofa. Als sie sich drehten und wendeten, um eine bequeme Stellung zu finden, gab es plötzlich einen lauten Knall: Das Sofa war zusammengebrochen. June fing an zu kichern, Lauretta ging eine Decke holen, Louise rief nach einem Hammer, und Henry senior ging auf den Hinterhof hinaus, von wo er mit einigen Ziegelsteinen im Arm zurückkehrte. Während das Sofa notdürftig abgestützt wurde, drehte Lauretta das Radio an, weil sie eine Operette hören wollte. Das Sofa war seit Valentin Nietings Zeiten in Familienbesitz.
Als June und Mara schliefen, mußte Henry sich den üblichen Fragen über Barbara und Beatrice stellen und sich dann die melancholischen Erzählungen anhören, was er einst für ein kluger und vielversprechender Junge gewesen sei. Später berichtete der Vater von seinen Versuchen, Französisch zu lernen. Er holte sein Berlitz-Lehrbuch und zeigte Henry, bei welchen Wörtern er Schwierigkeiten mit der Aussprache hatte. Miller wollte seinen Vater nicht verunsichern und sagte ihm, über solche Kleinigkeiten solle er sich nicht den Kopf zerbrechen. Er fügte hinzu: »Wahrscheinlich kommst du ohnehin nie nach Frankreich.« Dann fiel ihm ein, daß solche Bemerkungen sonst immer seine Mutter machte, und er hätte sich am liebsten die Zunge aus dem Mund gerissen. Um die Kränkung vergessen zu machen, schlug er seinem Vater einen gemeinsamen Spaziergang vor. Während sie durch die Straßen schlenderten, berichtete ihm sein Vater, der

sein Vorgänger als Chronist Brooklyns war, alle Neuigkeiten über alte Freunde und Nachbarn: wer verheiratet war und wer im Gefängnis, wer reich war und wer arm, wer gestorben war ...

Als sie zurückkamen, waren June und Mara aufgestanden und tranken mit Louise Kaffee. June versuchte Louise zu überzeugen, daß ihr Sohn Henry ein Genie sei, aber Louise hatte ihre Zweifel, besonders als June darauf beharrte, daß er ein Genie sei, selbst wenn er nie eine Zeile schreiben werde. Aus Louises Sicht war Henry beruflich gescheitert. Außerdem konnte sie ihm nie wirklich verzeihen, daß er Beatrice und Barbara verlassen hatte.

Dann wandte sich das Gespräch der Verwandtschaft zu. Das Familienalbum wurde hervorgeholt, und eine Weile sahen sie sich Fotos von Henrys deutschen Verwandten an. Insgesamt verlief der Abend besser, als sie alle erwartet hatten, und als die drei wieder in der Henry Street waren, blieben sie noch ein wenig auf, tranken und sprachen darüber, wie erfolgreich der Besuch gewesen sei. Erst sprachen sie über das erstaunliche Interesse von Henry senior an der Malerei, dann, nicht zum erstenmal, über Paris.[20]

7

Der Friede war, wie schon so oft, nur von kurzer Dauer. Die beiden Frauen verbrachten viel Zeit zusammen, und Henry blieb in der düsteren Wohnung in der Henry Street oft sich selbst überlassen. Damals schrieb er den ersten Entwurf zu einem Roman, an dem er die nächsten Jahre arbeiten sollten, zu *Crazy Cock*, einer Darstellung der Dreiecksbeziehung, in der er lebte. Dabei entdeckte er, daß das Schreiben über seine Probleme therapeutisch wirkte. Wenn er sich gegen die vereinten Anstrengungen der Frauen in der Realität nicht wehren konnte, so gelang ihm das vielleicht in der Literatur: Er konnte der Welt eine Version der Ereignisse präsentieren, die zeigen würde, welch großes Unrecht man ihm angetan hatte. Miller trug die Notizen zu seinem Buch mit sich herum wie ein geladenes Gewehr, und manchmal nahm er sie sogar in den Pepper Pot mit. June durfte lesen, was Miller über sie geschrieben hatte. Miller hoffte, sie würde dann erkennen, daß sie große Fehler machte, und wieder auf den rechten Weg zurückkehren. Aber June wehrte sich nach Kräften. Sie

fand die »Hildred«, wie Miller June in dem Buch nannte, psychologisch nicht stimmig und gab sich alle Mühe, Henry zu Änderungen zu überreden. Martha Andrews reagierte eher gelassen. Sie bemerkte lediglich, das Leid, das Henry jetzt durchzustehen habe, werde sicher einen besseren Schriftsteller aus ihm machen. Damals erschien Miller Maras Reaktion grausam, doch später sollte er genau dieselbe Meinung vertreten.
Miller vertrieb sich die Zeit auch noch mit anderen Dingen, wenn Mara und June weg waren, zum Beispiel damit, die Wohnung aufzuräumen. Beim Aufräumen wühlte er auch ein bißchen in Schubladen und Handtaschen herum, und einmal entdeckte er, daß Mara von ihrem Vater tatsächlich Geld für die Miete bekam. Mara stammte ganz offensichtlich aus einer wohlhabenden Familie, auch wenn sie keine Romanow war. June und Mara gingen beide äußerst nachlässig mit Geld um, und Miller fand immer wieder zerknüllte Dollarscheine auf dem Boden und zwischen der Bettwäsche.
Eines Abends im Januar, als Mara und June ins Mansfield Theatre gegangen waren, wo Mrs. Fiske in Ibsens *Gespenster* auftrat, machte Henry eine interessante Entdeckung: In Maras Zimmer fand er mehrere an Mara adressierte Liebesbriefe lesbischer Verehrerinnen – unterzeichnet mit »David«, »Lovely Jo«, »Michael Darling«. Er war schockiert, als er einen Brief Maras an June fand, der mit den Worten endete: »Du wärst eine besonders gefühlvolle Perverse (entschuldige!), wenn all das Chaos, das Dich umgibt, ein Ende hätte. Warum siehst Du bloß nicht, was in Dir steckt?« Am meisten entsetzte ihn, daß June am Schluß eines Briefes an Mara geschrieben hatte: »Ich bin untröstlich, meine Geliebte.« Darin sah er den endgültigen Beweis, daß seine Frau und ihr neues Idol inzwischen ein Liebespaar waren.
Selbst wenn es Miller sehr schlecht ging, gelang es ihm immer, Distanz zu seinen Gefühlen zu wahren. Diese Gabe war ihm schon in den leidvollen Jahren mit Pauline sehr zustatten gekommen, als er sich nach Cora gesehnt hatte, und sie kam ihm auch jetzt zu Hilfe. Er konnte aus seinem Mißtrauen ein literarisches Spiel machen, indem er in die Rolle einer Figur aus der Literatur schlüpfte und sich auf beinahe mystische Weise mit dieser identifizierte – mit Johan Nagel aus Hamsuns kurz davor erschienenem Roman *Mysterien*. Sowohl der fiktive Nagel als auch der echte Miller

machten aus ihrem Leid ein existentielles Spiel und arbeiteten heimlich wie Detektive, um einen Verdächtigen der Lüge zu überführen. Miller spionierte hinter June her und erschien jetzt öfter ohne vorherige Ankündigung im Pepper Pot. Wenn er June dort nicht antraf, zog er weiter zum Caravan, Vagabondia, Bamboo Forest oder Mad Hatter, alles bekannte Homosexuellentreffs in Greenwich Village. Hatte er June schließlich gefunden, sprach er sie nicht an, sondern machte sich Notizen, beobachtete alles genau und verfolgte sie weiter. Obwohl Miller viel über die Hintergründe der Homosexualität gelesen hatte, reagierte er darauf wie die Gesellschaft, in der er lebte – in Gesprächen über Homosexualität mit einer Mischung aus Belustigung und Verachtung und bei Begegnungen mit Homosexuellen mit ausgesprochenem Unbehagen angesichts der Befürchtung, ein Homosexueller könnte sich auf abartige Weise für seine Person interessieren. An einem Abend im Caravan geriet er in eine Gruppe von Homosexuellen:

> Sie hatten alle schmutzige Münder, jenen schiefen, bösen Ausdruck, bei dem jedermann, ob zu Recht oder Unrecht, an Verkommenheit denkt. Er überlegte, warum er nicht gleich wieder gegangen war. Er rieb die schwitzenden Hände an seinem Mantel, als ob er dadurch der Gefahr der Verunreinigung entgehen könne, die in ihren Zudringlichkeiten lauerte.[21]

Immer wieder drängte Miller June zuzugeben, daß sie mit Mara ein homosexuelles Verhältnis habe, aber June behauptete standhaft, ihre Liebe zu Mara sei platonisch und Mara eine »platonische Lesbierin«, die nur eine Rolle spiele. Miller bezweifelte dies und griff zu härteren Methoden. Einmal demütigte er June, indem er Mara im Pepper Pot vor ihren Freunden anpöbelte: Er wolle jetzt wissen, ob sie »verkehrt herum oder pervers« sei. Es kam zu einem heftigen Streit, in dessen Verlauf ihm June wütend vorwarf: »Du machst alles so kompliziert, so häßlich! Das machst du! Du hast nur deinen engen, männlichen Blickwinkel, alles hat für dich mit Sex zu tun. Und darum geht es überhaupt nicht ... Es geht um etwas ganz Seltenes und Schönes.«[22] Einmal gestand June, sie sei auf Millers enge Freundschaft mit Joe O'Reagan eifersüchtig. Henry, der fest davon überzeugt war, daß Mara ihre lesbischen

Neigungen aktiv auslebte, wollte diesen Vergleich nicht anerkennen.

Als die drei eines Abends am »Tisch der Eingeweide« saßen, gingen June und Mara schließlich noch weiter: Sie warfen Henry vor, die Freundschaft mit Joe O'Reagan sei ein Beweis seiner latenten Homosexualität. Miller wurde wütend. Er wurde »vulgär«[23] und drohte, wenn sie so weitermachten, werde er sich ein rotes Halstuch umbinden, durch die Clubs ziehen und sich anbieten: »Homo zu vermieten – wochen- oder monatsweise –, günstige Konditionen.« Er beklagte sich bitter: »Ich dachte immer, ich sei ein richtiger Mann.«[24] Aber wie konnte er das beweisen, wenn Freud und die ganze Theorie des Unbewußten gegen ihn waren?

Daß June weiterhin mit Männern flirtete, war auch unter diesen Umständen kein Trost. Als Henry um vier Uhr morgens wieder einmal vor dem Pepper Pot Wache stand, sah er June Arm in Arm mit einem gewissen Nat Pendleton herauskommen. Pendleton war Ringer und hatte bei den Olympischen Spielen 1920 in Antwerpen eine Silbermedaille gewonnen. Er war 1,80 m groß und wog rund 90 Kilogramm. Henry blieb wohlweislich auf Distanz, verfolgte die beiden aber eine Zeitlang und ging dann nach Hause in die Henry Street. Er hatte seine Notizen gemacht und wußte genau, wie er vorgehen würde. Als June zurückkam, konnte er sie mühelos in die Enge drängen, so daß sie lügen mußte in Bezug auf das, was sie am Abend getan hatte. Schwierig war nur, daß June nicht aus Schuldbewußtsein log; sie wollte mit ihren Lügen nicht etwas vertuschen, wofür sie sich schämte, sondern sich und ihr Leben aufregender machen. Pendleton war kurz zuvor erfolgreich als »Schurke« in einigen Filmen aufgetreten, und June hoffte vielleicht, mit seiner Hilfe ihre eigene Schauspielkarriere vorantreiben zu können. Doch offenbar hatte sie Nats Drängen ebenso wenig nachgegeben wie dem ihrer anderen Verehrer und fühlte sich deshalb nicht schuldig, daß sie Henry angelogen hatte, wo sie doch lediglich eine lange Nacht mit einem befreundeten Bohemien verbracht hatte. So erreichte Henry mit seinen Nachforschungen nicht das beabsichtigte Ziel: June war nicht so zerknirscht, daß sie das Lügen aufgegeben hätte. Nach der Nacht mit Pendleton konnte er ihr aber immerhin das Versprechen abringen, daß sie sich ändern und nicht mehr so lange ausbleiben würde.

In der nächsten Nacht blieb sie nicht nur lange aus, sie kam überhaupt nicht nach Hause. Als sie dann endlich kam, erzählte sie, ihre Mutter sei krank geworden. Miller konnte dies leicht durch einen Anruf in Bensonhurst als Lüge entlarven. Am Telefon gab er sich als millionenschwerer Holzhändler namens Johnson aus, ohne daß dafür eine Notwendigkeit bestanden hätte. Francis Smith sagte, sie habe June seit Monaten weder gesprochen noch gesehen. Mehr noch, sie stritt rundweg ab, daß ihre Tochter verheiratet sei. Wieder stellte Miller June zur Rede. Verzweifelt gab June zu, gelogen zu haben. Sie sei die ganze Nacht ausgeblieben, um ihn für seine Verdächtigungen zu bestrafen. Miller setzte seine hoffnungslosen Nachstellungen fort und verabredete sich mit einem von Junes Brüdern. Der Bruder bestätigte, daß June eine geborene Lügnerin sei und immer eine berühmte Schauspielerin habe werden wollen. Er riet Henry, sich an Nietzsches Rat zu halten und June mit der Peitsche zur Räson zu bringen. Henry war Nietzsche zwar schon zu Dank verpflichtet, weil Mara Nietzsches Philosophie für ihren periodisch wiederkehrenden Wahnsinn verantwortlich machte, aber letztlich war er ebenso wenig wie Nietzsche dazu fähig, Frauen zu schlagen.

8

Ungewöhnliche Szenen gehörten in der Kellerwohnung in der Henry Street zum Alltag. Eines Abends führte Shelley, ein Freund Maras, in ihrem Zimmer vor, wie er masturbierte. Henry war zunächst nicht dabei, aber er saß in seinem Zimmer und hörte Maras hysterisches Gelächter. Mara beschrieb auch, wie Shelley sie sexuell befriedigte, während sie Gedichte schrieb. Ihre Offenbarungen schockierten sogar June, und als Mara von Sexorgien mit Maxwell Bodenheim und einer Prostituierten zu erzählen begann und davon, wie sie und eine Prostituierte einem verlebten reichen Mann gegen Bezahlung lesbische Liebe vorgeführt hätten, wollte June Mara zum Schweigen bringen. Miller jedoch ermunterte Mara weiterzuerzählen und äußerte sich anerkennend über ihre Ehrlichkeit. Er hoffte eine Weile lang, Shelley, der offensichtlich wirklich an Mara interessiert war, könnte Mara sexuell auf den richtigen Geschmack bringen und sie ihm abnehmen.

June, die merkte, was vor sich ging, erteilte Shelley Hausverbot. Sie hatte im Haus das Sagen, und Henry und Mara hatten beide Angst davor, sie zu verstimmen. Shelley war ein Dichter, und daß in einem seiner Gedichte von »jener großartigen Halbfrau June« die Rede war, wertete Henry als weiteren deprimierenden Beweis für den Ruf, den sich June in Greenwich Village allmählich verschaffte.

Auch Miller veranstaltete ungewöhnliche Szenen. Als er eines Nachts aus Hubert's Café zurückkam, wo er bis zum Morgengrauen getrunken hatte, fand er Mara schlafend in seinem Bett vor. Außer sich vor Wut zerrte er Mara an den Haaren aus dem Bett, dann erbrach er sich und pißte in die Badewanne. Einer anderen, weniger feinen Darstellung dieses Abends zufolge pißte er auf Mara und schlief dann in der Badewanne.[25] In dieser Version verdreifachte er auch den Geldbetrag, den er zuvor in Hubert's Café für alkoholische Getränke ausgegeben hatte.

In dem verzweifelten Bemühen, seine Stellung im Haus zu behaupten, benahm sich Miller häufig äußerst kindisch. Einmal ging er so lange im Hinterhaus auf und ab, bis er vor Erschöpfung zusammenbrach. June tat so, als habe sie nichts bemerkt. Als Henry einmal ihre wenigen Möbel zusammenschlug und im Kamin verbrannte, war June von der Dramatik der Szene beeindruckt; ein halbherziger Selbstmordversuch Henrys dagegen war weniger erfolgreich: Als Henry bei der Heimkehr wieder einmal Mara und June im selben Bett schlafend vorfand, jagte er die beiden in die Nacht hinaus und schluckte ein paar Pillen, die Emil Conason ihm gegeben hatte. Dann vermachte er in einem Testament Conason seinen Körper, schrieb einen Abschiedsbrief an June, öffnete das Fenster und legte sich nackt aufs Bett. Am nächsten Morgen schickte Emil Conason ein Telegramm in den Pepper Pot: June solle sofort in die Henry Street zurückkehren – wahrscheinlich war das Telegramm im voraus vereinbart worden. In heller Aufregung eilte June nach Hause, wo sie Henry bei bester Gesundheit im Bett liegend antraf. Er hatte nur leichte Schlaftabletten genommen. June war froh und warf kaum einen Blick auf Henrys Abschiedsbrief. Mara kam nach Hause, als June und Henry noch zusammen im Bett lagen, und zu Henrys Empörung durfte Mara mit Junes Erlaubnis ins Zimmer kommen. Kurz darauf rauchten die beiden Frauen und überlegten, wo sie essen sollten.

»Würdet ihr bitte aufhören zu rauchen?« flüsterte Henry wehleidig. Als die Frauen gegangen waren, stieg er in Maras Bett und schrieb *Et haec olim meminisse iuvabit* (sic) auf das Kosmetikschränkchen über dem Bett. Vergils Einsicht, daß selbst aus qualvollen Erlebnisse einmal glückliche Erinnerungen würden, war der einzige Trost, den Henry noch hatte. Sie – und der Glaube, er werde eines Tages in der Lage sein, all diese Erfahrungen zu Literatur zu machen.

Henry und June scheinen sich gegenseitig in ihrem Hang zu melodramatischen Szenen bestärkt zu haben, und ihr Zusammenleben hatte bei aller Leidenschaft und Heftigkeit auch eine unwirkliche Seite. Miller schickte beispielsweise seinen Freunden verzweifelte Briefe, die er mit »der Versager« unterschrieb, und bewahrte gleichzeitig Kopien dieser Briefe für die Nachwelt auf, die, wie er hoffte, die Briefe eines Tages lesen würde. Außerdem liegt der Verdacht nahe, daß ihn am Selbstmord mehr die Vorstellung reizte, einen schönen Abschiedsbrief schreiben zu können, als das tragische Ende. Damit soll nicht gesagt sein, daß Miller nicht zutiefst unglücklich war, aber als romantischer Mensch erholte er sich schnell wieder.

Eheszenen aus früheren Zeiten wiederholten sich, allerdings mit vertauschten Rollen und mit Miller als bedauernswertem Opfer. Bald drohte Miller, June zu verlassen. Vor der belustigten Mara packte er seine Tasche und marschierte dann mit der Tasche, einem Strauß Veilchen und einem Brief in den Pepper Pot. June las den Brief, fand ihn wie zuvor seinen Abschiedsbrief »schön« und gab seinen Reiseplänen ihren mütterlichen Segen: »Gut, geh nur für eine Weile. Aber laß mich wissen, wo du bist.« Für Miller war Junes Gleichgültigkeit niederschmetternd; an seine eigene Gleichgültigkeit ihren Gefühlen gegenüber, als er ein Jahr zuvor mit Joe und Emil nach Florida abgehauen war und June in der Perry Street allein mit den Gläubigern hatte fertig werden müssen, dachte er nicht mehr. Statt dessen erinnerte er sich an eine Gelegenheit, als Mara auf seine inständigen Bitten hin angedeutet hatte, sie werde vielleicht aus der Henry Street ausziehen. June hatte daraufhin Henry angefleht, Mara klarzumachen, daß sie bleiben könne. June schwor, alles für ihn zu tun, »wenn du mir nur Mara zurückbringst. Sie soll bleiben.« Als Henry schließlich einlenkte, demütigte ihn Junes überschwengliche Dankbarkeit noch zusätzlich. June hatte fürchterliche Angst davor, ihre Freundin zu verlieren. Sie schenkte Mara ein Buch mit der Widmung: »Meiner ersten und einzigen wahren Freundin.«

Miller mußte damals eine Demütigung nach der anderen einstekken. Eines Tages brachte ein Polizist June nach Hause und gab ihm freundliche Ratschläge von Mann zu Mann: »Also, wenn sie meine Frau wäre ...« Er brauchte nicht auszureden. Auch Mara geriet mit der Polizei aneinander. Ein Polizist hatte sie im Hosenanzug und mit einer Zigarette im Mund auf der Straße angetroffen und sie nach Hause in die Henry Street begleitet. Miller versicherte dem Polizisten, daß mit Mara alles in Ordnung sei, sie sei eine Künstlerin, aber der Vorfall verstärkte nur seine Befürchtung, er und seine zwei unkontrollierbaren Frauen könnten inzwischen zum Gespött der Leute des Viertels geworden sein, zum Gegenstand des Klatsches wie Aimee Cortez mit ihrem ausgestopften Gorilla oder die Baronin Elsa von Freytag-Löringhoff, eine ältliche Dichterin, die den Deckel eines Kohleneimers und manchmal einen Obstkorb als Hut trug und ihr Gesicht mit Briefmarken verzierte. Am meisten jedoch demütigte ihn, was er eines Abends vom Treppenhaus vor der Wohnungstür aus anhören mußte. June versicherte Mara: »Meine Liebe für Val ist die Liebe einer Mutter zu ihrem Kind, mehr nicht.«[26] Vor allem diese Bemerkung machte ihm deutlich, wie tief er in den drei kurzen Jahren ihres Zusammenlebens in Junes Achtung gesunken war. Er war nicht Junes Raskolnikov, nicht ihr Myschkin, er war statt dessen zum Gespött der Leute geworden.

9

Seit Miller im September 1924 bei der Western Union gekündigt hatte, schlug er sich mühsam durchs Leben. Er war kein Überlebenskünstler wie June. Er war auf die Straße gerannt und hatte erwartet, daß dort immer noch Jungen spielten, ihre Abenteuer erlebten und zum Tee nach Hause gingen. Statt dessen fand er eine harte Welt vor, in der er ohne Junes Hilfe vielleicht untergegangen wäre. Seine Abenteuer wie der Trip nach Kalifornien 1913, die Flucht nach Florida 1925 und die Nacht mit den stinkenden Füßen zeigen, daß er Komfort und Bequemlichkeit durchaus schätzte. Die überstürzten Reisen nach Florida, North Carolina, Philadelphia, Atlantic City oder sonstwohin waren ebenso verzweifelte Versuche, vor unlösbaren praktischen oder persönlichen Problemen zu fliehen, wie Ausdruck seines Fernwehs. Wenn June es ihm nicht strikt verboten hätte, hätte er vielleicht wieder eine feste Anstellung angenommen.

Immer wieder brechen Menschen körperlich oder seelisch zusammen, ohne zum Arzt zu gehen. Als die Beziehung zwischen seiner Frau und Martha Andrews auf dem Höhepunkt war, scheint auch Miller eine Art Zusammenbruch erlitten zu haben. Er klagte über undefinierbare Beschwerden, Hämorrhoiden und nervöses Erbrechen. Als die Ärzte keine organischen Ursachen feststellen konnten, wurde er wütend. Immer mehr Anzeichen sprachen dafür, daß ihm sein Leben aus der Hand glitt: Wiederholt flüchtete er aus New York, ohne ein Ziel zu haben; er spionierte June angestrengt nach, obwohl es sinnlos war, und wußte dabei oft nicht genau, wonach er eigentlich suchte und ob er überhaupt nach etwas suchte; er betrank sich in regelmäßigen Abständen, wurde zornig und hatte kindische Wutanfälle. Im Februar 1927 war er nahe daran, seine Niederlage im Kampf der Geschlechter einzugestehen. Tony Bring, Millers Alter ego in *Crazy Cock*, bringt es auf den einfachen Nenner: »Die Bruga-Frau allein konnte er besiegen. Seine Ehefrau allein konnte er unterwerfen. Aber zusammen waren sie unschlagbar.«[27]

Diesmal probierte Miller eine andere Reaktion aus: Er flüchtete nicht, sondern legte sich ins Bett. Dort blieb er zehn Tage lang und stand nur auf, um auf die Toilette zu gehen. Zweimal täglich rieb June ihm den Hintern mit einer Salbe ein, die die Schmerzen der Hämorrhoiden lindern sollte. Emil Conason wurde herbeigerufen, um festzustellen, was Henry fehlte. Henry knurrte, er wolle nicht, daß irgendwelche Juden an ihm herumdokterten, und Conason diagnostizierte, Miller sei ein fauler Hypochonder. Dann spielten sie Schach und sprachen über Hilaire Bellocs Buch über die Juden. Miller bewunderte Belloc, Conason dagegen hielt Belloc für einen »Gelehrten ohne Weisheit«.

Die Freundschaft mit Conason war für Miller unendlich wichtig. Später neigte Miller oft dazu, Freunde um sich zu versammeln, die ihm nach dem Mund redeten. Conason dagegen unterstützte und ermutigte Miller zwar, er schmeichelte ihm aber nie und kritisierte ihn streng wegen seiner Sentimentalität. Miller selbst betrachtete Sentimentalität geradezu als Krankheit, und er geriet furchtbar in Wut, wenn man ihn deshalb kritisierte: »Dieser Dolch der Sentimentalität, den die Menschen einander so herzlos in die Brust stoßen – wie wenig verstehen sie doch davon! Gibt es denn einen Grund, warum sich ein sentimentaler Mensch mehr schämen sollte als ein Epileptiker oder ein Neurotiker?«[28]

Der zehntägige Urlaub vom Leben sollte für Miller in zweierlei Hinsicht ein Wendepunkt sein. Erstens bewältigte er eine schwierige Situation, indem er sich einfach fallen- und den Ereignissen ihren Lauf ließ, eine Taktik, die er bei dieser Gelegenheit wahrscheinlich zum erstenmal anwandte. In diesem Fatalismus, der dem fröhlichen *wu-wei* des chinesischen Taoismus näher steht als dem grimmigen Stoizismus isländischer Sagenhelden, lag für Miller später die tiefste Wahrheit der Kunst des Lebens.

Zweitens las er im Bett ein Buch, das für seine Zukunft als Schriftsteller in praktischer Hinsicht wichtig war. In Hamsuns *Hunger,* dem Buch, das Beatrice ihm 1922 geschenkt hatte, fand er ein mögliches Vorbild für eine Existenz als Schriftsteller. Daß Beatrice mit diesem Geschenk indirekt das Ende ihrer Ehe beschleunigt hatte, erschien Miller immer als Ironie des Schicksals. Eine ähnliche Ironie lag darin, daß seine zweite Frau ihm zu Weihnachten ein Buch von Proust geschenkt hatte. Hier fand er den literarischen Rahmen für die Figur des darbenden Schriftstellers aus *Hunger.* Proust brachte ihn auf folgende Idee: Wenn man sich, in Form eines literarischen Projekts, genau an alle Einzelheiten des eigenen Lebens erinnert, entsteht in der Erinnerung eine Synthese, die dem Leben desjenigen, der sich erinnert und seine Erinnerungen aufschreibt, Bedeutung verleiht. Außerdem erkannte Miller in Prousts Faszination für Albertine seine Probleme mit June wieder. Doch die eigentliche Schwierigkeit bestand, wie er bald erkannte, darin, daß er nur ehrlich über June schreiben konnte, wenn sie Teil seiner Vergangenheit geworden war. Es war ein seltsamer Tod, den June sich bereitet hatte, zumal wenn er daran dachte, wie sehr sie nach Ruhm gedürstet hatte und wie sie ihn in den ersten Tagen ihrer Affäre mit einer Mischung aus Angst und Hoffnung beschuldigt hatte, er laufe ihr nur nach, weil er eine Geschichte über sie schreiben wolle.

Von Proust beeinflußt, erprobte Miller im Bett seine Kräfte der

Erinnerung. Er begann mit seiner frühesten Erinnerung, wie er im Hochstuhl saß und einen deutschen Kinderreim aufsagte, und stellte zu seiner Überraschung fest: »Wenn ich lange genug hier liege und in Ruhe darüber nachdenke, kann ich mein ganzes Leben nacherzählen, Tag für Tag.« Das war eine wichtige Entdeckung. Wahrscheinlich kam Miller irgendwann zwischen dem 12. und 22. Februar auf die Idee, Proust ins Arbeitermilieu zu verlegen und einen Proust aus Brooklyn zu schreiben. Zum erstenmal kündigte sich die lebenslange Beschäftigung mit dem autobiographischen Projekt *The Rosy Crucifixion* an.

Daß ein solches Projekt auf jeden Fall viel mit Frauen zu tun haben müsse, war Miller sofort klar, und als er während der zehn Tage im Bett seine Vergangenheit an sich vorüberziehen ließ, dachte er über die Rolle nach, die Frauen in seinem Leben gespielt hatten:

> Er ging in seinem Leben zurück und erkannte, daß das Leben nicht, wie es so oft heißt, ein fortwährendes Drama war, sondern daß es aus einer Reihe deutlich begrenzter Dramen bestand; in den frühen Dramen ging es um Pflichten, Gott und die Moral und in den späteren immer um ... *Frauen.* Nicht um die Jagd auf Frauen, das war eine blinde, instinktive Angelegenheit, nicht wichtiger als das Nahrungsproblem; nein, es war die Bändigung der Frauen, die zu Streit und Zwist führte. Die Frauen schätzten ihre eigene Bedeutung falsch ein, deshalb wehrten sie sich gegen die Unterwerfung, sie hingen alle verrückten Ideen von Emanzipation an, was nur bedeutete, daß sie die Hosen anhaben wollten. Sie wollten keine Eheringe. Die Ehe sei Quatsch, Kinder lästig. Selbst die Menstruation war ihnen zuviel – ein Schlag für ihre Eitelkeit, eine unangenehme Erinnerung an ihre Weiblichkeit. Wenn sie sich für Naturwissenschaften interessierten, dann nur, weil diese ein Instrument, eine Waffe waren, mit der sie die Natur bekämpfen konnten.[29]

Solche Überlegungen mit ihren leisen Anklängen an Strindberg und Lawrence zeigen, wie erbittert Miller darüber war, daß er June nicht beherrschen konnte, eine Bitterkeit, die er auf alle »modernen« Frauen übertrug, die anscheinend nicht wußten, wo sie hingehörten. Außerdem machen sie deutlich, wie offen Miller zu seinen Vorurteilen stand – ein wichtiger Aspekt seines Schreibens. *Crazy Cock* ist voll von Gefühlsausbrüchen gegen Frauen. Miller wütet gegen die modernen Mütter, die »keine Brüste haben oder ihre Brüste in Büstenhaltern einschnüren«.[30] Wenn er mit Freunden wie Conason, Dewar oder Joe O'Reagan durch die Mondscheinkneipen zog, fiel ihm noch ein anderes besorgniserregendes Anzeichen für die grenzenlose Unverfrorenheit der modernen Frau auf; Kneipen wie der Perroquet, der Club New Yorker, die Côte d'Or, der Tree Club oder Hubert's unterschieden sich nur in einem Punkt auffallend von den Saloons der Zeit vor der Prohibition:

> Das einzig Neue war die Anwesenheit des anderen Geschlechts. Früher blieb das weibliche Element im Hinterzimmer. Die Frauen durften nicht an der Theke stehen und dreckige Geschichten erzählen oder damit angeben, mit wie vielen Männern sie ins Bett gingen. Sie mußten auch nicht mit Gewalt hinausgeschleift werden, wenn die Kneipe zumachte. Nein, früher benahmen sich die Frauen von der Straße manchmal wie Damen, oder sie versuchten es zumindest. Das neue Zeitalter erlegt es den Damen auf, wie Huren aufzutreten.[31]

Aber wie Strindberg vergaß Miller nie, wie sehr er seine Pein und seine Peinigerinnen dennoch liebte.

10

In den zwanziger Jahren verlagerte sich das Zentrum der Welt der Literatur von New York nach Paris. 1921 reisten Dos Passos, Cowley und Cummings ab, 1922 erschien Carl van Vechtens Roman *Peter Whiffle.* Damit begann eine Abwanderung großen Stils. Die einflußreichsten Schriftsteller im Exil – Pound, Eliot, Stein und Hemingway – hatten zwar keine Verbindung zur Szene von Greenwich Village, aber ihre Leistungen in Paris zogen die junge Generation magisch an. Malcolm Cowley beschreibt in *Rückkehr aus dem Exil* einen feuchtfröhlichen Abend: »Es war im Winter 1925/26, in einem unbekannten Saloon – im Hinterzimmer saßen viele junge Schriftsteller mit ihren Frauen, sie waren gerade aus Paris zurückgekehrt. Alle erzählten Geschichten über Hemingway, dessen erstes Buch gerade erschienen war, und sie sprachen in einer Art, die ich später als Hemingway-Stil identifizieren konnte – rauh, nüchtern und vertraulich. Irgendwann stand einer von ihnen auf, zog sein Jackett aus und führte damit vor, wie er einen Stier bezwingen würde.«[32] Miller las Hemingway. Er las Eliot, Pound und Faulkner, aber nicht Fitzgerald. Er las alle zeitgenössischen Schriftsteller – Hecht, Bodenheim, Dos Passos, Dreiser, Anderson, E. E. Cummings, Sinclar Lewis, Thornton Wilder, Willa Cather, James Branch Cabell, Elmer Rice, Amy Lowell, Paul Green, Carl van Vechten – und war eingeschüchtert und glaubte weniger denn je, daß unter diesen Männern und Frauen Platz für ihn sei. Er war ohnehin viel zu sehr damit beschäftigt, seine Frau unter Kontrolle zu bringen, als daß er hätte herausfinden können, wie man einen Stier bändigt. Dostojewski und Hamsun sprachen ihn nach wie vor besonders an, daneben auch Spengler, Faure, Van Gogh (die Briefe), Proust und James Joyce, dessen Mut und Sprachkunst er sehr bewunderte. D. H. Lawrence gehörte immer noch nicht zu seinen Favoriten, trotz oder vielleicht gerade wegen Schnellocks Begeisterung für diesen Schriftsteller – Miller war mit sechsunddreißig nicht weniger hartnäckig entschlossen als mit fünf, die Welt allein zu entdecken. Neben den Werken seiner großen Zeitgenossen las Miller auch John Cowper Powys und Arthur Machen, wo er die eher esoterischen Seiten seines literarischen Interesses befriedigen konnte. Außerdem entdeckte er Gurdjieff, dessen Schüler A. E. Orage 1924 nach New York kam und in Greenwich Village einige neue Anhänger fand. Nach der Lektüre von Machens *Hill of Dreams* 1925 fühlte Miller sich mehr denn je zu einer Literatur hingezogen, in der der Unterschied zwischen phantasievoller Fiktion und autobiographischer Darstellung nur minimal war. An Schnellock schreibt er: »Ich sitze in unverdienter Größe und Pracht in meinem Sessel, und eine heimliche Sehnsucht zerreißt mir das Herz: Ich möchte ein Buch schreiben wie dieses. Damit will ich nicht sagen, daß es das größte Buch ist, das je in englischer Sprache geschrieben wurde (das für die eitlen Kritiker), aber ich muß sagen, daß das Buch mich hingerissen hat.«[33] Millers Begeisterung für die keltische Schule des Mystizismus und Erotizismus, zu der auch Machen und Powys gehören, zieht sich wie ein roter Faden durch sein Leben. Diese religiöse Seite seines Wesens ging in den dreißiger Jahren ein wenig unter, weil Miller so sehr mit dem Sex beschäftigt war, aber um die Lebensmitte und in den fünfziger Jahren trat die religiöse Suche erneut in den Vordergrund: Sie verbindet die Interessen des alten Miller mit dem Interesse des jungen Miller an Madame Blavatsky und den Schriften ihres Schülers A. P. Sinnet.

Literarisches Zentrum der Welt hin oder her: Als Mara und June davon sprachen, zu dritt nach Paris zu reisen, war Henry nicht sonderlich begeistert. Er hatte zwar gelernt, Mara nach außen hin höflich zu begegnen, aber hinter der Maske der Höflichkeit brodelte sein Haß. Er wollte June nicht mit ihr teilen. Sein Scheitern als Mann machte sein Scheitern als Schriftsteller noch unerträglicher. Mit sechsunddreißig war aus der Zukunft, an die er mit June so fest geglaubt hatte, nichts geworden, und doch erschien ihm eine Zukunft ohne Erfolg als Schriftsteller undenkbar. Er schloß die Augen und stellte sich vor, es gebe keine Zukunft. Das war kein leichtes Unterfangen, denn die Frauen sprachen bald von nichts anderem als von ihrer bevorstehenden Reise nach »Paris. Verfluchtes Paris. Ewiges Paris«.[34]

Eine Zeitlang arbeiteten June und Mara an Puppen, die sie in Greenwich Village verkaufen wollten, um die Reise finanzieren zu können. Sie hämmerten die ganze Nacht lang, während Miller seine Probleme im Schlaf vergessen wollte. Er glaubte nicht, daß June je ohne ihn abreisen würde. Als der Frühling kam, planten die Frauen ihre Reise schon in allen Einzelheiten, und es kostete Miller immer größere Mühe, nicht daran zu denken.

Wenigstens ein Gebiet – die Vergangenheit – blieb von den geplatzten Zukunftsträumen unberührt. Die Vergangenheit stand still. Die Bewohner der Vergangenheit waren vertraut und zuverlässig. Bei einem Streifzug durch die Straßen Brooklyns traf er eines Tages einen alten Bekannten und Rivalen aus der Schulzeit, Jimmy Pasta. Die beiden gingen in eine Bar und tauschten Neuigkeiten aus. Pasta hatte inzwischen eine gute Stellung. Er war für die Grünanlagen im Stadtviertel Queens und die hundert ungelernten Arbeiter verantwortlich, die dort arbeiteten. Miller behauptete immer noch tapfer, er sei Schriftsteller, gab aber zu, daß es ihm finanziell nicht gutgehe. Pasta fand es schade, wenn ein fähiger Mann arbeitslos war, und er bot Henry an, sich dafür zu verwenden, daß Henry einen Arbeitsplatz im Büro seiner Abteilung bekam. Zuerst, so warnte er Henry jedoch, müsse er allerdings als Gärtner arbeiten.

June und Mara waren nicht übermäßig beeindruckt von Henrys neuer Arbeitsstelle. Dennoch machten sie ein großes Getue um ihn, als er von seinem ersten Arbeitstag nach Hause kam: Der Tisch war mit Blumen geschmückt, und es gab französischen Wein. Henry machte die Arbeit Spaß, und die anderen Gärtner waren wie die Arbeiter in Chula Vista nett zu ihm, weil er so weiche Hände hatte und schwere körperliche Arbeit nicht gewöhnt war. Die Lohntüte in der Tasche, kam er am Ende der Woche mit einem Büstenhalter und einem Paar Strümpfe für June nach Hause. Daß June und Mara beim Packen waren und ihre Abreise unmittelbar bevorstand, war nicht zu übersehen, aber Henry traute sich dennoch nicht, dieses Thema anzusprechen, aus Angst vor dem, was er zu hören bekommen würde. June und Mara gingen an jenem Abend aus, um sich von ihren Freunden zu verabschieden. Als sie nach Hause kamen, fing Henry einen heftigen Streit mit June an. Er ließ sich nicht von ihr trösten und wollte umgekehrt auch sie nicht trösten. Er schäumte vor Wut und erstickte beinahe an seinem eigenen Speichel.

Am nächsten Morgen stand eine Schale Erdbeeren auf dem Frühstückstisch für ihn bereit. Es war Samstag, und er mußte den halben Tag arbeiten. June begleitete ihn noch auf die Straße und winkte so lange, bis er um die Ecke gebogen war. Als er nach Hause kam, war die Wohnung leer. Junes kurzer Brief demütigte ihn tiefer als alles zuvor. Sie hatte geschrieben:

> Lieber Val,
> wir sind heute morgen mit der *Rochambeau* gefahren. Ich hatte nicht das Herz, es Dir zu sagen. Schreib mir über American Express, Paris.
>
> Alles Liebe.

KAPITEL 8

1927-1930: Erste Bekanntschaft mit Europa

1

Ein oder zwei Wochen lang pflanzte Miller Büsche und jätete Unkraut, dann wurde er in den Innendienst versetzt und mit seinen eigentlichen Aufgaben vertraut gemacht. Er mußte unter anderem Pasta helfen, für den Direktor der städtischen Grünanlagen Reden zu schreiben; hauptsächlich war er jedoch für die Herausgabe des Jahresberichts der Stadtgärtnerei verantwortlich.

Kurz nach Junes Abreise zog Miller zu seinen Eltern in die Decatur Street zurück. Louise freute sich, daß Henry nach drei Jahren zum erstenmal wieder eine feste Anstellung hatte. Henry bekam die ersten Briefe von June und unternahm in den nächsten Wochen zwei halbherzige Versuche, ihr nach Paris zu folgen. Er erkundigte sich, ob es möglich sei, die Überfahrt durch Arbeit auf dem Schiff zu finanzieren. Eines Abends kam er in einem italienischen Restaurant mit einem Innenausstatter ins Gespräch, der ihn anschließend zu sich nach Hause einlud. Im Morgengrauen legte der Innenausstatter seine Hand auf Henrys Knie und meinte, er wisse einen Weg, wie Henry die Fahrtkosten auftreiben könne. Henry lehnte das Angebot ab. Er vermißte June, aber nicht so sehr.

Außerdem bedeutete die Trennung auch, daß er mehr Zeit und Ruhe für sich hatte. Er war viel allein und gewann so den nötigen Abstand zu dem, was Martha Andrews Auftauchen in seinem Leben bewirkt hatte. Er dachte viel über ihr Dreiecksverhältnis nach. Im Mai blieb er eines Abends länger in Pastas Büro und machte sich erste Notizen über die Geschichte seiner Beziehung zu June. Zunächst beschrieb er seine Erregung, als er June zum erstenmal im Tanzpalast traf. Dann skizzierte er die folgenden Ereignisse in acht Kapiteln und schloß mit dem Morgen, an dem er zum Frühstück Erdbeeren bekam, zur Arbeit ging und bei seiner Rückkehr feststellen mußte, daß June und Mara verschwunden waren. Dieser Entwurf, zweiunddreißig maschinengeschriebene Seiten mit dem Titel *June*, ist eine wichtige Quelle für fast alle späteren autobiographischen Schriften Millers, vor allem für *Wendekreis des Steinbocks* und *The Rosy Crucifixion*. Miller schreibt darin zwar in Stichworten, aber wer von den veröffentlichten Texten auf diese Stichworte zurückgreift, dem fällt auf, wie eng Miller sich in wichtigen Punkten an den Entwurf hält. Im Mittelpunkt stehen durchweg und ausschließlich Henry und June. Miller nennt keine Daten, beschreibt nie das Wetter und geht mit keinem Wort auf weltpolitische Ereignisse ein. Die Notizen sind kurz, ausführlichere Überlegungen zu Gedanken und Unternehmungen fehlen. Der Text wirkt deshalb intim und spontan, was die Vermutung nahelegt, daß Miller hier, wie es nur selten der Fall war, ohne die übermächtige Befangenheit sich selbst gegenüber schrieb. Er schrieb June einen langen Brief über die göttliche Inspiration, bemerkte dann allerdings, daß er Junes Adresse in Wien nicht hatte, wo sie gerade Verwandte besuchte, und schickte den Brief nie ab.

2

Während Junes Abwesenheit ging Miller wieder häufiger in die Tanzpaläste und lernte dort noch einmal ein belesenes Taxigirl kennen. Diesmal war das Mädchen aus Texas, und die Unterhaltungen mit Miller gefielen ihr so gut, daß Miller nicht für die Tänze bezahlen mußte. Wie June bekam auch sie von Miller das Buch *Winesburg, Ohio*. Die Decatur Street weckte bei Miller Erinnerungen an die unerreichbare Cora Seward, und er machte wieder lange Spaziergänge an dem Haus in der Devoe Street vorbei, in dem Cora, inzwischen eine verheiratete Frau mit wachsender Kinderschar, schon lange nicht mehr wohnte. Diese Spaziergänge waren bereits Teil von Millers lebenslanger, hartnäckiger Beschäftigung mit der »unwiederbringlichen« Welt der Vergangenheit. Daß er sich in die Unmöglichkeit der Rückkehr in diese Welt nie ganz fügte, unterscheidet ihn von Schriftstellern

wie Proust oder Nabokov – Schriftstellern mit ähnlichen Anliegen, aber ganz anderem Ansatz.
Auch das Malen lenkte Miller von Junes Abwesenheit ab. Die Freundschaft mit Emil Schnellock und später die Zeit in der Henry Street, als Miller versucht hatte, sich mit Mara zu arrangieren, hatten sein Interesse am Zeichnen und an der Aquarellmalerei verstärkt. In einem Brief an Miller erwähnt Schnellock einmal eine Zeichnung von Junes »Rosenstrauch«, die Miller gemacht und in einer ihrer Wohnungen aufgehängt hatte. Erst 1926 oder 1927 begann Miller, sich selbst zu malen. Inspiriert hatten ihn vor allem einige Gemälde von Turner, die er im Schaufenster eines Brooklyner Kaufhauses gesehen hatte. Miller war während Junes Abwesenheit viel mit Joe O'Reagan in dessen Wohnung in der Hicks Street zusammen. O'Reagan hatte sich in Emil Conasons Schwester verliebt und besuchte die Conasons oft. Celia Conason erinnert sich, wie Joe und Henry stolz ihre neuesten »Turners« vorführten, die sie in Joes Wohnung produziert hatten, indem sie die fertigen Gemälde in ein Spülbecken mit Wasser getaucht und dann zum Trocknen auf die Leine gehängt hatten. Nach Turner interessierte sich Miller für Chagall und George Grosz. In der Zartheit, Mystik und unverhohlenen Sentimentalität des einen Malers und dem grellen, überspitzten, fast pornographischen Realismus des anderen erkannte Miller zwei gegensätzliche Seiten seines Wesens wieder. Bald malte er in einem Stil, in dem sich Elemente beider Richtungen mischten, und diesen Stil behielt er über die Jahre bei.
Seine künstlerische Begabung spielte Miller gewöhnlich herunter, obwohl er die Möglichkeit nie ganz ausschloß, daß er, ohne es zu wissen, ein »großer« Maler war. Weil er fest daran glaubte, daß ein Genie kindlich und unwissend sein müsse, fühlte er sich noch mehr in dieser Hoffnung bestärkt. Er hatte sich zweifellos viele Eigenschaften eines Kindes und Jugendlichen bewahrt wie die Empfänglichkeit für Wunder und die Fähigkeit, sich einer Phantasie ganz hinzugeben, was dazu führte, daß er noch mit sechsunddreißig manchmal Briefe mit »Hans Castorp« unterschrieb, dem Namen des Helden aus Thomas Manns *Zauberberg*. Millers kindliche Naivität war im wesentlichen echt, sie war jedoch auch durch Millers leidenschaftliche Identifikation mit Fürst Myschkin aus Dostojewskis *Idiot* bedingt, dessen kindliche Direktheit in ei-

ner Welt von Intellektuellen ursprünglich und zugleich eine äußerst reflektierte, philosophische Antwort auf das Leben ist.
Nach zwei Monaten – Zeit genug für Henry, um sich über Charles Lindbergh zu ärgern, der in nur dreiunddreißig Stunden von New York nach Paris fliegen konnte – kehrte June zurück. Zu Millers großer Erleichterung war sie allein, auch wenn sie immer noch die allgegenwärtige Puppe Graf Bruga unter dem Arm hatte, als sie den Landungssteg der *Berengaria* herunterkam. Mara hatte Junes angeberische Versuche, sich als Schriftstellerin auszugeben, bald satt gehabt und war mit einem amerikanischen Bildhauer und einem österreichischen Schriftsteller, in den sie sich – nur kurz und platonisch – verliebt hatte, nach Marokko geflohen. Der Ausflug dauerte nur ein paar Tage, aber mit Maras Flucht endete die Freundschaft der beiden Frauen. June hatte sicherlich immer mehr an Mara gehangen als umgekehrt. Als June in die USA zurückkehrte, schrieb Mara sich im Colorassi ein, einer Kunstschule in der Rue de la Grande Chaumière, die besonders auf die Bedürfnisse der vielen reichen jungen Amerikaner in Paris zugeschnitten war.
Natürlich freute Henry sich über das Wiedersehen mit June und hoffte, die Ehe noch einmal retten zu können, aber gleichzeitig kämpfte er mit jener unglücklichen Erkenntnis, die ihm in der Nacht, als er die Geschichte ihres Zusammenlebens skizziert hatte, gekommen war: Die Distanz, mit der er sein Unglück betrachtete, konnte nur bedeuten, daß das Ende ihrer Beziehung zwar noch entfernt, aber doch in Sicht war. Gerade weil er sich scheute, diese Tatsache zu akzeptieren, kaufte er auf dem Weg zum Hafen, wo er June abholen wollte, bei einem Juwelier in der Maiden Lane den Ring, der seit der Hochzeit an Junes Finger fehlte.

3

Miller hatte während Junes Abwesenheit ein relativ geregeltes Leben geführt, aber damit war es nun vorbei. June fand eine neue Wohnung in Brooklyn Heights und überredete Henry, seinen Job bei Pasta aufzugeben und sich wieder den ganzen Tag dem Schreiben zu widmen. Bald hatte sie sich einen neuen Gönner angelacht, einen Mann, den Miller »Pop« oder »Pop Roland«

nennt. Der Mann hieß eigentlich Roland Freedman und verdiente gutes Geld damit, die Witze zu Peter Arnos berühmten Cartoons im *New Yorker* zu schreiben. Freedman war bis über beide Ohren in June verliebt und wollte sie heiraten. Wenn sie ihn besuchte, hatte er immer Champagner kalt gestellt, und er schickte ihr Liebesbriefe, über die June sich zusammen mit Henry lustig machte. »Je leidenschaftlicher er wurde, desto mehr lachten wir«, schrieb Miller später. Die Briefe endeten zwar immer mit Küssen, aber »die Vorstellung, June könne Roland küssen, erschien mir immer grotesk«.[1] Offenbar war Roland ein häßlicher Mann, und deshalb und weil June so offen über die Beziehung sprach, sah Henry keinen Anlaß für Eifersüchteleien.

Eines Tages zeigte June Freedman ein paar von Henrys alten Mezzotinti, die sie wie immer als ihr Werk ausgab. Sie beeindruckte Freedman mit ihrem Talent – und mit ihrer Schönheit – so sehr, daß er ihr regelmäßige Zuwendungen anbot, wenn sie dafür einen kompletten Roman schrieb. Als zusätzlichen Anreiz versprach er ihr, wenn das Buch fertig sei, werde er ihr eine zweite Reise nach Europa finanzieren. June willigte ein, und bald darauf machte sich Miller an die Arbeit.

Moloch, auch als *This Gentile World* bekannt, ist eine Mischung aus »brutalem Realismus, Verherrlichung der Sinnlichkeit und skurriler Unwirklichkeit«. In achtzehn Kapiteln und auf 385 Seiten schildert Miller im wesentlichen die unglückliche Ehe mit Beatrice (»Blanche«) zu der Zeit, als er Personalchef bei der Western Union (»der großen amerikanischen Telegraphengesellschaft«) war. Am Ende des Buches scheitert sein Vorhaben, Beatrice zu verlassen. *Moloch* ist geradlinig und chronologisch aufgebaut und enthält keine ordinären Ausdrücke oder explizite Sexszenen. Ausführlich geschildert werden heftige Streitereien zwischen Dion Moloch und seiner Frau Blanche, häufig in Gegenwart von Molochs Freunden. Im Zentrum des Romangeschehens steht der Charakter des Helden Dion Moloch, der erstaunlicherweise nie ganz halten kann, was sein Name zu versprechen scheint: Der Roman zeichnet sich weniger durch dionysische Szenen und vulgäre Sprache aus als vor allem durch das forsch-fröhliche Selbstvertrauen, mit dem Millers Held als Antisemit auftritt. Der erste Abschnitt des Romans entpuppt sich bei genauerer Betrachtung als besonders erfolgloser Versuch eines Autors, beim Leser Interesse und Sympathie für seinen Protagonisten zu erwecken. Moloch trägt einen Cordanzug und ein blaßblaues Hemd, dessen Manschetten und Kragen durchgescheuert sind. Wie gesund er geistig und körperlich ist, wird auf fast schon absurde Weise betont: Er ist weder größenwahnsinnig noch schwachsinnig, noch leidet er an »einer anderen modischen Geisteskrankheit«. Daß ihm seine Freunde Antisemitismus vorwerfen, kümmert ihn nicht, denn das ist ein »Vorurteil und keine Krankheit«.

Was der Protagonist dem Leser ständig an Antisemitismus und Judenhetze vor Augen führt, spiegelt offensichtlich die Vorurteile wider, die Miller selbst auf der Straße aufgeschnappt hatte. Im Lauf des Romans wandert Moloch viele Male durch die Straßen von Brooklyn, »niedergeschlagen über die deprimierenden Veränderungen des alten Viertels«. Der Wallabout Market vermittelt Moloch jedoch ein Gefühl von Dauerhaftigkeit und Stabilität, »als ob Peter Stuyvesant seine schwere Hand darüber hält, damit Spaghettifresser und Itzigs nichts wegnehmen können«. Miller spult viele der gängigen Vorurteile ab: Juden stinken und schmeißen ihren Müll auf die Straße, weil sie Dreck mögen; Juden lassen Betrügereien zu, und Mogeln gilt ihnen als hohe Tugend; Juden glauben an Karl Marx, weil sie sich selbst bemitleiden, und so weiter. Wenn Miller als junger Mann kein Antisemit war, dann ist die Darstellung eines Antisemiten in *Moloch* jedenfalls sehr gut gelungen.

Wären Millers Eltern aufgeklärte, gebildete Menschen gewesen, wäre er vielleicht weniger leicht auf die primitiven Vorurteile der Banden hereingefallen, mit denen er als Junge durch die Straßen zog; aber seine Eltern waren weder aufgeklärt noch gebildet. Besonders seine Mutter scheint starke Vorurteile gegen Juden gehabt zu haben. Als die Familie im Jahr 1900 von Williamsburg nach Bushwick umzog, war das in erster Linie der Rückzug einer ehrbaren Familie der Mittelschicht aus einem Viertel, mit dem es sozial bergab ging. Den antisemitischen Wortschatz seiner Kindheit, wenn auch nicht die entsprechende antisemitische Überzeugung, behielt Miller bis ins frühe Mannesalter bei, was mit *Moloch* unrühmlich bezeugt ist. Erst als Miller sich endgültig von der engen Welt seiner Kindheit löste und mehr mit Intellektuellen zu tun bekam, die seine Einstellungen hinterfragten, gab er die antisemitischen Vorurteile schließlich ganz auf.

Miller konnte sich um so leichter von diesen Vorurteilen lösen, als sie viele Widersprüche enthielten. Viele von Millers Freunden waren Juden wie die Conasons und Abe und Esther Elkus, vor allem aber war seine Frau Jüdin. Einmal sagt Miller sogar ausdrücklich, er liebe June, gerade weil sie Jüdin sei, weil sie »für eine andere Rasse steht, die mir ganz fremd ist, die ich nicht kenne«.[2] Miller benutzte gerne kräftige Ausdrücke und wollte vor allem schockieren, und deshalb kam er auf den dummen Gedanken, seinen Antisemitismus im Roman so in den Vordergrund zu stellen. In *Moloch* stößt Miller den Leser ständig vor den Kopf. Die Angeberei im ersten Abschnitt von *Moloch* ist ein ebenso frontaler Affront gegen die Gefühle seiner Leser wie später in *Wendekreis des Krebses*. Dort nennt der Erzähler sein Buch »ein Maulvoll Spucke ins Gesicht der Kunst« und eine Beleidigung jeden Lesers und seines »dreckigen Leichnams«, auf dem der Erzähler tanzen will. Daß Miller vor allem provozieren will, zeigt sich in einer Szene besonders deutlich: Moloch hält in einem Restaurant freche Reden; ein Dr. Elfenbein tadelt ihn mit den Worten: »Sie könnten wenigstens auf den Gast, den Sie an Ihren Tisch eingeladen haben, etwas Rücksicht nehmen.« Für Moloch ist diese Antwort ein »völlig kraftloser Ausdruck verletzter Gefühle«, er habe sich nach einem »Schlag ins Gesicht« gesehnt. Moloch scheint zu ahnen, daß ihm etwas fehlt, daß er kein Gespür dafür hat, wann aus Spaß bitterer Ernst wird, und deshalb kann er nur aus den Reaktionen seiner Umgebung erkennen, wann er zu weit gegangen ist. Zu Millers erstaunlichsten Aussagen über sich selbst gehört das Eingeständnis, er habe manchmal Angst vor sich: »Ich weiß nicht, wo die Grenze ist.«[3] Dieses beunruhigende Lebensgefühl sollte zugleich seine größte Schwäche und seine größte Stärke sein.

4

Freunde, Bekannte und Miller selbst sind die Vorbilder für die Charaktere in *Moloch*, und dabei sollte es für den Rest seiner Schriftstellerkarriere bleiben. Das deutet darauf hin, wie sehr Millers Werk von Anfang an mehr Therapie als bewußte Kunst, mehr bekenntnishafter Ereignisbericht als literarischer Schöpfungsakt war. In späteren Jahren kümmerte Miller sich kaum mehr darum, wie seine Freunde und Bekannte reagieren würden, wenn sie ihr Porträt nur leicht verschlüsselt in seinen Büchern wiederfanden. Er glaubte, meist zu Recht, die Aussicht auf eine gewisse Berühmtheit gleiche jede eventuelle Beleidigung hinreichend aus. Am Anfang seiner Karriere, als er noch keinen Ruhm zu verteilen hatte, war er jedoch in diesem Punkt sensibler. Als *Moloch* zu etwa zwei Dritteln fertiggestellt war, las June eines Abends durch, was Miller geschrieben hatte. Sie war bestürzt über sein Porträt von Conason, was Miller so sehr schockierte, daß er dem Freund sofort einen Brief zu diesem Thema schrieb. Es lohnt sich, den Brief ausführlich zu zitieren, da er einen der seltenen Kommentare Millers über seine Ästhetik enthält, die Ästhetik – wenn Ästhetik das richtige Wort ist – eines Schriftstellers, der in seinen Büchern vielleicht rücksichtsloser als irgendein anderer bekannter Schriftsteller unseres Jahrhunderts Zeitgenossen als Vorbilder für seine Protagonisten benutzt hat.

> Sie wirft mir gelegentlich vor, ich hätte ein zwar treffendes, aber ganz offensichtlich unfaires Porträt von Dir gegeben, ich hätte Dich menschlicher darstellen sollen usw. Ihre Bemerkungen schockieren mich etwas, und doch war ich auf diese Reaktion nicht ganz unvorbereitet. Ich glaube, ich habe Dich absichtlich verzerrt dargestellt – wahrscheinlich sind alle, die wir kennen, in diesem Buch verzerrt dargestellt. Das ist nicht außergewöhnlich oder erwähnenswert.
> Es stellt sich hier freilich eine wichtigere Frage: Wenn ich Deinen Charakter verzerren mußte, warum geht meine Verzerrung dann in Richtung einer Verunglimpfung? Ich versuche, mich dieser Frage sehr ehrlich, sehr aufrichtig zu stellen. Ich glaube nicht, daß es nur Besserwisserei ist, wenn ich spontan antworte: Ich habe es getan, weil ich das Gefühl hatte, daß Du so interessanter wirkst... Das Porträt ist in vielem häßlich. Dazu bekenne ich mich ohne Wenn und Aber. Ich habe Deine absurden, unliebenswürdigen Seiten betont und übertrieben. Vielleicht habe ich fast eine Karikatur aus Dir gemacht. June erschrak, als sie es las, und meinte, wenn Du lesen würdest, was ich über Dich geschrieben habe, wäre das das Ende unserer Freundschaft... Aber Du weißt ja, ich will, daß Du alles liest, und ich brauche Deinen Rat, Deine Kritik und Deine Hilfe. Trotz alledem, und

das ist das wirklich Wichtige – ich habe keine Sekunde lang geglaubt, daß Du beleidigt sein könntest... auch wenn ich Dir gesagt hätte, daß ich Dich im Buch auf die und die Weise darstelle. Natürlich sehe ich Dich nicht wirklich so. Das ist mir von Anfang an klargewesen. Und ich glaube nicht, daß unsere Freundschaft an solchen Lappalien zerbrechen wird. Aber ich kann verstehen, wenn die Leute mir das ankreiden und sich über eine Freundschaft wundern, die ein solches Porträt zuläßt oder, anders ausgedrückt, provoziert.

Dann erklärt Miller noch, er habe den Roman »aus Gründen der Zweckdienlichkeit« unter Junes Namen geschrieben, Conason dürfe deswegen aber nicht glauben, das Porträt sei auf Junes Wunsch hin entstanden. »Wenn Du mir einen üblen Streich spielen wolltest, könntest Du einfach mit dieser Wahrheit herausplatzen«, deutet er an. Am Schluß des Briefes macht er Conason ein überraschendes Angebot: »Komm vorbei, sobald es Dir paßt. Ich zeige Dir dann, wie weit ich bin. Falls etwas geändert werden soll, brauchst Du es nur zu sagen.« Conason nahm Miller anscheinend beim Wort, denn in einem zweiten Brief über das Buch berichtet Miller: »Ich gebe mir Mühe, Deinen Erwartungen an das Buch gerecht zu werden. Geduldig schreibe ich von Anfang an alles um, streiche, verdichte, ändere und erweitere den Text und mache den Ton moderater. Hundertundfünfzig Seiten sind jetzt fertig.« Vielleicht billigte Conason die Häßlichkeiten, die Miller in *Moloch* darstellt, weil er darin »die bittere Realität«[4] abgebildet sah, die Miller ja angeblich erkunden wollte. Mit zunehmendem Alter nahm Miller in Geschmacksfragen immer entschiedenere Positionen ein. Als er *Moloch* überarbeitete, sah er mit June eine Aufführung von Eugene O'Neills Theaterstück *Seltsames Zwischenspiel*. June, deren literarisches Urteilsvermögen nicht durch Eifersucht auf einen Berufskollegen beeinträchtigt war, gefiel das Stück. Anders Miller: Für ihn war das Ganze nur »unverständlicher Schwachsinn. Ich behaupte weiterhin, daß Eugene nur mäßig intelligent ist, auch wenn er der bedeutendste amerikanische Dramatiker ist.« Miller war »verblüfft, welch ungeheuere Arbeit O'Neill in dieses Stück gesteckt hat. Soviel Dummheit gehört bestraft.«[5]

5

Miller mußte die Arbeit an dem unglückseligen Projekt *Moloch* mehrmals unterbrechen. Einmal bekam er Besuch von einem mittellosen Norweger namens Mastrup. Conason hatte Mastrup zu Miller geschickt und ihm den Tip gegeben, für eine gute Geschichte über Hamsun oder Ibsen werde Miller sicher etwas für ihn tun. Miller schmunzelte zwar über diese Dreistigkeit seines Freundes, kaufte Mastrup aber dennoch einen neuen Anzug, sechs neue Hemden feinster Qualität, sechs Krawatten und Unterhosen der Firma Bradley, Vorhies and Day »mit dem bequemen Schritt« und gab ihm fünfundzwanzig Cent für eine Fahrkarte nach Stamford. Dafür erfuhr er von dem Norweger, daß Ibsen ein eitler alter Mann sei, der einen kleinen Spiegel unter seinem Zylinder mit sich herumtrage, daß Knut Hamsuns Bruder Zollbeamter sei und daß Kristiana nur ein anderer Name für Oslo sei: »Ich hatte Kristiana immer für eine lebendige, alte Stadt gehalten (eine Art Paris des Nordens).« Trotz dieser Ablenkungen war *Moloch* im Frühjahr 1928 fast fertig. Ende April genehmigten sich die Millers einen kurzen Urlaub, und danach wollte Henry die letzten Kapitel in Angriff nehmen. Eine Weile erwogen sie, nach South Carolina zu fahren und sich dort mit den Conasons zu treffen, die durch Florida reisten, aber schließlich entschieden sie sich für ein ausgefalleneres Reiseziel – Quebec. Miller wollte trampen, kam aber nur bis Montreal: Das Tauwetter hatte eingesetzt und die Straße nach Quebec unpassierbar gemacht. June fuhr mit dem Zug nach Montreal, und von dort reisten sie schließlich gemeinsam mit dem Zug nach Quebec weiter.

Sie nahmen sich ein Zimmer in einem altehrwürdigen, teuren Hotel, dem Chateau Frontenac, und gaben das Geld aus »wie betrunkene Matrosen«. »Ich könnte heulen«, klagte Miller, »aber ich werde mich nie an ein Leben auf großem Fuß gewöhnen.« In Kanada gab es keine Prohibition, und eine Zeitlang genossen sie es, zu jedem Essen Wein zu trinken. Sie besuchten Vorstellungen im Variété und machten eine zweistündige Rundfahrt durch die verschneiten Straßen von Quebec in einer offenen Pferdekutsche, aber sie waren Großstadtmenschen, und Quebec langweilte sie bald. Es gab kein Theater, keine Konzerte, und die Filme, die im Kino gezeigt wurden, waren »so schlecht wie sonst nirgends, selbst im Süden habe ich keine so schlechten Filme gesehen«. Quebec erinnerte Miller alles in allem an die Grand Street in Williamsburg, »nur daß hier französische Namen an den Türen stehen«. Lange vor ihrer Rückkehr nach New York Mitte Mai dachten sie schon an das große Abenteuer, das sie unternehmen wollten, sobald der Roman fertig war. »Europa«, schrieb Miller an die Conasons, »ist eine beschlossene Sache. Nächsten Herbst sind wir entweder in Spanien oder in Frankreich.«[6]

6

Roland Freedman muß ein seltsamer Mensch gewesen sein. Als Dank für seine finanzielle Unterstützung von Junes vermeintlichen schriftstellerischen Versuchen erwartete er anscheinend nur, daß er ihr die leidenschaftlichen Liebesbriefe schreiben durfte, über die June sich dann mit Henry lustig machte. Freedman muß auch ein sehr gutgläubiger Mensch gewesen sein. Er glaubte June nicht nur, daß sie alleinstehend sei und bei ihrer schwerkranken Mutter lebe, sondern auch, daß sie den bissigen, aggressiven Roman *Moloch* geschrieben habe. Er hielt sie sogar für die Autorin des Mezzotintos »Braut Bier für Männer«, einer Hymne auf die Freuden des Biertrinkens, die mit dem trotzigen Aufschrei endet: »Behaltet eure Bibliotheken. Behaltet eure Gefängnisse. Behaltet eure Irrenhäuser. Gebt mir Bier.« Der Schlüssel zum Verständnis dieser Gutgläubigkeit war offensichtlich, daß June, wie es der Schriftsteller Lionel Abel ausdrückte, »geradezu erschreckend schön war, wie die Garbo«.[7] Einmal scheint Freedman June sogar so viel Geld gegeben zu haben, daß June ein Café in der MacDougal Street eröffnen konnte, das Roman Tavern hieß.
Als Teil ihres Spiels miteinander drängte Henry June zuzugeben, daß sie mit Freedman wenigstens ein- oder zweimal ins Bett gegangen sei. June erwiderte auf sein Drängen dann irgendwann, wie eine verträumte Sünderin aus einem Roman von Hamsun: »Ach nein, Val, das war öfter ... zu oft, als daß ich mich erinnern könnte ... den ganzen Sommer oder den ganzen Winter, ich weiß es nicht mehr. Jede Nacht.«[8] Es ist schwierig, sich ein eindeutiges Bild von June zu machen, weil fast alle Informationen über June von Miller selbst stammen. Miller erfindet June immer wieder neu

als rätselhafte und geheimnisvolle Frau, und es wäre deshalb unklug, alles zu glauben, was er über June schreibt. Hat sie wirklich gesagt: »den ganzen Sommer oder den ganzen Winter, ich weiß es nicht mehr«? Oder hat Miller das erfunden, weil er inzwischen um das Herz einer anderen Frau warb, der er sich als leidenschaftlich liebender, von einer unberechenbaren Geliebten grausam gequälter Mann präsentieren wollte? Oder hat June es zwar gesagt, aber nur weil Henry sie nicht in Ruhe ließ? Miller war nämlich, wenn er nicht gerade seine Spielchen trieb, Realist genug, um zu wissen, daß Pop Roland nur ein bedauernswerter Narr war, der sich unsterblich in eine für ihn unerreichbare junge Frau verliebt hatte und sich in weiter Ferne, und zu einem gewissen Preis, danach verzehren durfte, ihre Liebe zu gewinnen. Dies aber offen auszusprechen hätte den Spaß verdorben. Miller tat gern so, als sei das Leben ungeheuer kompliziert und romantisch, auch wenn die Wirklichkeit anders aussah. Dem armen Freedman dagegen war es bitter ernst. Er nahm sich Anfang der dreißiger Jahre das Leben, offensichtlich in der Erkenntnis, daß er June nicht für sich gewinnen konnte.

Auf Freedmans Kosten reisten die Millers im Spätsommer 1928 für ein halbes Jahr nach Europa. Das ist die einzige Zeit in Millers Leben, die überhaupt nicht dokumentiert ist. Rund dreißig Jahre später schreibt Miller, die Dauer des Abenteuers routinemäßig verdoppelnd: »Fast ein Jahr lang. Keine Tagebucheintragungen, keine Skizzen im Notizbuch«,[9] ein bemerkenswerter Umstand bei einem Menschen, der sonst beinahe krankhaft auf die Aufzeichnung aller Ereignisse versessen war.

Die Reise in die französisch-kanadische Provinz Quebec war als Vorgeschmack auf Frankreich gedacht gewesen. Miller war jedoch enttäuscht über das Französisch der Kanadier, das er als »Kauderwelsch Ludwigs XIV.« identifizierte. »Ihr Französisch ist flach, monoton und klingt amerikanisch.« Deshalb machte Henry sich auf eigene Faust daran, sein Schulfranzösisch aufzufrischen. Wenn er seine Eltern besuchte, nahm er jetzt immer ein Französischbuch mit. Sein Vater mußte ihm dann die englischen Fragen daraus vorlesen, und er antwortete auf Französisch. Henry senior machten diese Stunden viel Spaß. Wenn Henry antwortete: »*Qui, monsieur, je suis très content*«, lachte sein Vater und sagte: »Das verstehe ja sogar ich, es ist genau wie Englisch, nur mit anderen

Worten.« Dann gaben Vater und Sohn sich die Hand und fragten einander: »*Comment allez-vous aujourd'hui?*« Nach dem Erfolg dieser Stunden war Henry freilich um so bestürzter, als er bei der Ankunft in Europa feststellen mußte, wie groß der Unterschied zwischen seinem Schulfranzösisch und der lebendigen gesprochenen Sprache war.

Henry und June reisten auf einem französischen Liniendampfer, der *Ile de France*, gingen in Le Havre an Land und nahmen von dort aus den Zug zum Pariser Bahnhof Saint-Lazare. Miller, der mit siebenunddreißig Jahren zum erstenmal ins Ausland reiste, war begeistert. Für ihn waren schon die Bahnhofshalle mit dem Glasdach und der Wartesaal mit dem geheimnisvollen Namen *La Salle des Pas Perdus* ein Erlebnis. Vom Bahnhof fuhren sie in ihr Hotel, das Grand Hôtel de la France in der Rue Bonaparte, in der Nähe der Ecole des Beaux-Arts.

Die Millers blieben einige Wochen in Paris, schauten sich die Stadt an und besuchten einige der vielen Leute, die June auf ihrer Reise mit Mara Andrews 1927 kennengelernt hatte. Die meisten waren Künstler oder Möchtegernkünstler. Manche waren berühmt, wie Marcel Duchamp oder der russische Bildhauer Ossip Zadkine. Von Zadkine hatte June auf ihrer letzten Reise einige Werke mit nach New York genommen, um sie als seine Agentin in Amerika zu verkaufen. June machte Miller und Zadkine auf einer Party im Garten des Bildhauers bekannt. Miller erstarrte in Ehrfurcht, als er zum erstenmal einem europäischen Künstler die Hand schütteln durfte, und fühlte sich in Zadkines Gegenwart wie ein kleiner Junge.[10] June machte Henry auch mit einem Mann bekannt, mit dem Miller später enge Freundschaft schloß: Alfred Perlès. Sie hatte Perlès schon bei ihrem früheren Aufenthalt kennengelernt, Perlès konnte June allerdings von Anfang an nicht leiden. Er fand sie affektiert, und als sie ihm 1928 mit Miller auf der Straße entgegenkam, wollte er, wie er später erzählte, schon auf die andere Straßenseite wechseln, um eine Begegnung zu vermeiden. Er tat es nicht, und die drei vergnügten sich einen Tag lang im Jardin du Luxembourg bei einem Picknick mit Brot, Wein und Käse. Perlès erlebte Miller als einfachen und ungekünstelten Menschen und hörte gern zu, wenn Miller von Dostojewski und Spengler und der Reise durch Europa schwärmte, auf die er und June sich so freuten.

June hatte etwa zweitausend Dollar für die Reise auftreiben können. Bei dem guten Wechselkurs des Dollars konnten die Millers davon monatelang leben und sich sogar den Luxus einer langen und gemächlichen Fahrradtour durch Frankreich erlauben. Sie kauften zwei Fahrräder. June, der Bohemien aus Greenwich Village, konnte natürlich nicht Fahrrad fahren, deshalb durfte Henry ihr in der Rue Visconti, einer engen Straße in der Nähe ihres Hotels, Fahrstunden geben. Sobald June auf dem Rad zurechtkam, fuhren sie mitsamt den Fahrrädern im Zug nach Fontainebleau, von wo die Tour losgehen sollte.

Von Fontainebleau fuhren die Millers in gemächlichem Zickzack südwärts. Sie hielten sich ungefähr an eine von Zadkine vorgeschlagene Route, die über Marseille zu ihrem Ziel, der italienischen Grenze, führte. Wenn sie müde waren oder die Straße ihnen nicht gefiel, nahmen sie den Zug und fuhren dann auf Treidelpfaden an den Kanälen entlang. Oft aßen sie einfache Mahlzeiten aus Käse, Obst, Wurst und Wein, oder sie kehrten in den Cafés auf den Dörfern ein. An einem heißen Tag in Tournon, einem Ort zwischen Vienne und La-Voûlte-sur-Rhône, wußte Henry plötzlich nicht mehr, wer er war und wo er sich befand. Ähnlich war es ihm in National City gegangen, durch das er als Jugendlicher auf der Flucht westwärts nach Kalifornien gekommen war. Was damals eine bedrückende und befremdende Erfahrung gewesen war, war in Tournon die selige Selbstvergessenheit reinen, gedankenlosen Glücks.

Ende September bestaunten June und Henry die römischen Ruinen in Arles und freuten sich auf den Stierkampf in Nîmes am folgenden Tag. Als sie in Nizza ankamen, hatten sie kein Geld mehr. Sie lebten drei Wochen lang auf Kosten eines schwarzen Amerikaners, der als Schuhputzer am Boulevard des Anglais arbeitete. Als Geld eintraf und sie weiterreisen konnten, machten sie eine Pilgerfahrt nach Ezes-sur-Mère, wo Nietzsche *Also sprach Zarathustra* geschrieben hatten. Dann reisten sie per Zug weiter und besichtigten München, Wien, Budapest, Prag und Czernowitz.

Der Zug, in dem sie Budapest verließen, wurde an der rumänischen Grenze vom Zoll aufgehalten. Ein Onkel Junes, der bei den Husaren war, holte die beiden ab und fuhr sie in einer dreispännigen Kutsche nach Czernowitz. Dort blieben sie nur kurz und reisten dann nach Wien weiter, wo June ebenfalls Verwandte hatte.[11] Junes Verwandte waren arm, wollten die Gäste aus Amerika aber unbedingt gastfreundlich aufnehmen, obwohl June und Henry abwehrten und sagten, sie könnten auch in einem nahe gelegenen Hotel unterkommen. In der ersten Nacht wurden Henry und June von Ungeziefer malträtiert, und am nächsten Tag kauften sie Unmengen eines Insektenvernichtungsmittels und versprühten es heimlich im Zimmer. Es nützte jedoch nichts, und nach ein paar Tagen flüchteten sie in ein Hotel. Der Aufenthalt in Wien gefiel Miller von der ganzen Reise am wenigsten:

> Die Wiener Episode war für mich ein Alptraum – ich glaube, ich habe das im Roman *[Crazy Cock]* anklingen lassen – der Abschnitt über das Riesenrad, der Jude, der ständig über Gott spricht, die Frau im Café, die mit langen Fingernägeln Zither spielt, die Huren unter den Gaslaternen, Szenen, aus denen für mich jene imaginäre Landschaft entstand, die ich im Roman beschrieben habe. Wien! Ein Zauberwort für mich (nein, ich zerstöre den Zauber nicht!), und ich wollte dort mit June so glücklich sein. Wien, die Frauen, die schönen Boulevards, der überlebte Charme, die Weichheit. Aber wie immer kam alles ganz anders. Ich war eingepfercht in ein Ghetto, in eine abscheuliche kleine Wohnung mit verwanzten Betten, und um uns herum versank alles in Armut und Elend.[12]

Nun, da Henry Junes Verwandte persönlich kennengelernt hatte, konnte er sich nicht länger in Spekulationen ergehen, wer June wirklich war und woher sie kam. Henry fand andere Menschen schnell langweilig, und nachdem das Geheimnis um Junes Herkunft entzaubert war, stand es um die Zukunft ihrer Beziehung schlechter denn je.

Ein besonderes Erlebnis hatte Henry auf dieser Reise, als er eines Tages in Paris mitten auf der Straße dringend aufs Klo mußte. Er ging in ein kleines Hotel, an dem sie gerade vorbeikamen. Die Toilette lag im dritten Stock, war dunkel und so klein, daß Henry sich drehen und wenden mußte, bis er sich hinsetzen konnte. An einem Haken an der Wand hing säuberlich in Quadrate geschnittenes Zeitungspapier. Als Henry fertig war, stand er auf und wollte gehen, da sah er plötzlich durch das kleine, dreckige Fenster der Toilette eines der ältesten Viertel von Paris. Die Aussicht war »so überaus schön und berauschend, daß mir Tränen in die Augen traten«. Henry war wie in Trance und konnte sich nicht von dem Anblick trennen. Schließlich riß er sich los, eilte hinunter, um June davon zu erzählen, und drängte sie, hinaufzugehen und den Ausblick selbst zu genießen. In diesem Erlebnis, in dem sich die Gerüche der Toilette mit einer tiefempfundenen Verehrung für die uralte und verrußte Umgebung draußen mischten, klingt bereits der Grundakkord von Millers langer Liebesaffäre mit Paris an, die bald beginnen sollte. Vielleicht verliebte er sich sogar in diesem Augenblick in die Stadt.

Als die Millers Anfang 1929 nach New York zurückkehrten, hatte sich für Henry eine Welt neuer Möglichkeiten aufgetan. Im Unterschied zu Manhattan mit seinem rechtwinkligen Straßennetz, das in seiner Nüchternheit langweilig und allzu offensichtlich von Menschenhand gemacht war, hatte Henry in den europäischen Städten, die er besucht hatte, wunderbar zufällige Strukturen gesehen, die wie die chaotische Natur geschichtlich gewachsen waren. Nach der Reise sah Miller seine Heimat zunehmend in einem anderen Licht, und die Erlebnisse in Europa gaben den Rahmen für die Anklage, die er gegen die schlimmsten Auswüchse der amerikanischen Gesellschaft erhob: vor allem die Anbetung des Erfolgs, den blindwütigen Fortschrittsglauben, eine Arbeitsmoral, die Arbeit fast mit Religion gleichsetzte, und einen fast schon pathologischen Sauberkeits- und Hygienewahn. New Yorker Werbefirmen warben unermüdlich für dieses Sauberkeitsideal und propagierten damit gleichzeitig die alberne Idee eines »Lebensstils«: Sie flößten den Menschen Schuldgefühle dafür ein, daß sie schwitzten und Gerüche absonderten, und verdienten dann ein Vermögen damit, ihnen die Lösung dieses künstlich erzeugten Problems zu verkaufen. Zur Meßlatte des neu definierten Selbstwertgefühls wurde nun, wieviel von diesem abgepackten »Lebensstil« der Konsument sich leisten konnte.

Leider teilte June Henrys Vorliebe für französische Toiletten nicht. Im Gegenteil, sie fand die Gerüche dort ekelhaft, und das ließ nichts Gutes ahnen – es war ein weiteres kleines Zeichen, daß Henry und June sich immer weiter auseinanderlebten.

7

Als die Millers von ihrer sechsmonatigen Reise nach New York zurückkehrten, zogen sie erneut um, diesmal in eine Wohnung in der Clinton Avenue in Brooklyn. Hier begann Miller auf der Basis seiner Notizen von 1927 einen Roman über einen Mann zu schreiben, der von seiner Frau mit einer anderen Frau betrogen wird, was ihn in große Verwirrung stürzt. Das Thema schien auch in kommerzieller Hinsicht vielversprechend. Lesbische Liebe war 1929 nicht nur in Greenwich Village die meistdiskutierte Spielart der Sexualität, sondern seit der Aufregung um Radclyffe Halls Schilderung einer lesbischen Liebesaffäre in *The Well of Loneliness* auch in der Literatur ein vieldiskutiertes Thema. Halls Verleger hatte das Buch in London zurückziehen müssen, und in New York attackierte 1929 die Gesellschaft zur Unterdrükkung des Lasters den Roman. Von Charles Sumner persönlich angeführt, fielen Mitglieder der Gesellschaft in das Büro der New Yorker Verleger Boni and Liveright ein und konfiszierten die restlichen Exemplare der sechsten Auflage. Dann marschierten sie in die Buchabteilung von Macy's und räumten dort den Roman aus den Regalen. Miller hatte Halls Buch gelesen und hoffte vielleicht, mit seinem Roman zu einem vergleichbaren Thema ebenfalls einen solch skandalösen Erfolg landen zu können.

Doch während er an *Crazy Cock* arbeitete, änderte sich die literarische Mode. Als er 1926 in einem Brief an die *New Republic* leidenschaftlich die »billige, banale und geschmacklose« Sprache – so ein Kritiker – von Dreisers Roman *Eine amerikanische Tragödie* verteidigt hatte, hatte er noch voll im Trend gelegen. Doch die heftige Debatte über Thornton Wilder, die auf den Leserbriefseiten der Zeitschrift 1929 geführt wurde, war etwas ganz anderes. Der kommunistische Arbeiterschriftsteller Michael Gold hatte die Debatte mit einem Artikel ausgelöst, in dem er dem geschätzten Wilder den außerliterarischen Vorwurf machte, seine Werke seien auf geradezu fahrlässige Weise unpolitisch. Malcolm Cowley erinnert sich, daß dieser Artikel »Dutzende und Hunderte von Leserbriefen auslöste. In einigen wurde sorgfältig argumentiert, in anderen war der Ton heftig und fast hysterisch. Der Tenor der Zuschriften war, daß die Rezensenten sich auf Stil

und Aufbau des Buches beschränken und nicht über den Inhalt diskutieren sollten.«[13]
Als der erste Sturm der Entrüstung sich gelegt hatte, zeigte sich jedoch, daß Gold mit seiner Attacke viele Leser von seinem Standpunkt überzeugt hatte, auch wenn sie sich zunächst noch sträubten. Auch der Prozeß und die Hinrichtung von Sacco und Vanzetti im August 1927, der erbitterte und heftige Streik der Textilarbeiter in Gastonia in North Carolina im Herbst 1929 – der erste große Arbeitskampf unter Führung einer kommunistischen Gewerkschaft – und der New Yorker Börsenkrach am 29. Oktober förderten letztlich den Konsens unter amerikanischen Schriftstellern, daß sie aufgrund des Elends der Arbeiter die moralische Verpflichtung hätten, eine Literatur zu schreiben, die für den sozialen Fortschritt eintrat. Die Zügellosigkeit und die derben Späße, die die Kunst der zwanziger Jahre charakterisiert hatten, konnten sich noch einige Monate behaupten, aber dann standen endgültig ernsthaftere Zeiten ins Haus.
Für einen um seine Identität ringenden Schriftsteller gibt es kaum etwas Schwierigeres, als gerade dann auf einen neuen literarischen Trend reagieren zu müssen, wenn er noch versucht, mit dem alten Trend zurechtzukommen. Für Miller muß die Vorstellung entsetzlich gewesen sein, daß er jetzt nützliche und sozial engagierte Bücher schreiben mußte, wenn er Erfolg haben wollte, und vor allem Bücher, die nicht von ihm selbst handelten. Wenn der Börsenkrach überhaupt Auswirkungen auf ihn hatte, dann insofern, als er ihn in seiner Überzeugung bestätigte, er müsse dem Auf und Ab der Wirtschaft völlig gleichgültig gegenüberstehen, wenn er je etwas zustande bringen wolle.
So arbeitete er weiter an *Crazy Cock* und blieb seinen Absichten treu, auch wenn er ständig gegen das Gefühl ankämpfen mußte, er verschwende nur seine Zeit, denn das Buch werde auch im besten Fall nicht viel Aufsehen erregen. Außerdem mußte er sich damit abfinden, daß June ihm beim Schreiben über die Schulter sah. Sie hatte Conasons Porträt in *Moloch* mit Bestürzung gelesen und erkannt, daß ihr Mann von Natur aus dazu neigte zu karikieren. Jetzt las sie *Crazy Cock;* sie stellte fest, daß Henry sie auf dieselbe Weise verzerrte wie damals Conason, nämlich »in Richtung einer Verunglimpfung«, und protestierte. Miller persönliche Schwierigkeit war, daß er beim Schreiben des Buches die Konse-

quenz aus der Erkenntnis ziehen wollte, die er schon 1927 gehabt hatte, als June in Paris gewesen war und er erste Aufzeichnungen zu dem Buch gemacht hatte: Er liebte June eigentlich nicht mehr. Daß June sich für seine Schriftstellerei interessierte, war für Henrys Selbstbewußtsein sehr wichtig gewesen, June hatte damit aber auch gewisse Besitzansprüche verbunden. Jetzt fühlte sich Henry durch Junes Interesse sogar im Schreiben behindert.

Im Jahr 1929 ging die Arbeit am Buch nur stockend voran. Anfang Februar 1930 schlug June vor, Henry solle wieder nach Europa fahren und versuchen, das Buch dort zu Ende zu schreiben. Henry war sofort einverstanden. June versicherte Henry, sie könne ihm die Reise mit dem Geld Roland Freedmans finanzieren, und versprach, sobald als möglich nachzukommen. Es war kalt und schneite, als sie über die Reise sprachen, und Miller meinte deshalb spontan, er würde lieber in ein warmes Land wie Spanien reisen als nach Frankreich. Aber June, die alles für ihn organisierte, bestand auf Paris.

Mitte des Monats reiste er ab, mit zwei Koffern und einem Schrankkoffer voller Anzüge, die sein Vater geschneidert hatte. Im nachhinein maß Miller dem Tag seiner Abreise so große symbolische Bedeutung bei, daß er dazu viele widersprüchliche Angaben machte. Gesichert scheint zumindest, daß Emil Schnellock Miller zum Hafen begleitete und ihm zehn Dollar gab, mit denen er die zehn Tage auf dem Schiff bis zur Ankunft in London bestreiten sollte. In London sollte er bleiben, bis June ihm telegrafisch Geld angewiesen hatte, und dann seine Reise nach Frankreich fortsetzen. Die Zeit des unkonventionellen Helden war gekommen. Rin-Tin-Tin, der berühmte Filmhund, sollte in Kürze zum erstenmal laut bellend auf der Leinwand erscheinen, und wenige Monate nach seiner Ankunft in Frankreich sollte auch Henry Miller seine rauhe, leidenschaftliche Stimme erheben.

KAPITEL 9

1930-1931: Paris zu Fuß

1

Während Miller auf eine Nachricht von June wartete, verbrachte er eine Woche in London. Er wohnte im Melvin Private Hotel in der Gower Street, ganz in der Nähe der Tottenham Court Road, und nutzte die Zeit, um die Stadt ein wenig kennenzulernen. Sehr beeindruckt war er von der düsteren Majestät der Themse und der Albert Docks, »einer Symphonie aus Nebel und Dunst, zerrissen von der Musik gigantischer Kräne, die in Tonnen von Schmieröl rollen«, und er genoß auch einen Besuch der Tate Gallery, um die Bilder von Turner anzuschauen. Insgesamt aber war er von London wenig begeistert. Sein Hotelzimmer war zu kalt und die Stadt zu finster. »Du hast gesagt, die Düsterkeit sei mit Händen zu greifen«, schrieb er an Emil Schnellock. »Stimmt. Man konnte sie mit der Axt spalten.«[1] Charing Cross kam ihm vor wie ein Abklatsch der 42nd Street im Jahr 1895, und er spazierte viel lieber durch Whitechapel und Limehouse. Seine leichte Anglophobie, die das Erbe seiner Knabenzeit in Brooklyn und des Ersten Weltkrieges war, wurde durch den kurzen persönlichen Kontakt mit den Engländern in deren eigenem Land nicht geringer. Am 4. März fuhr er über den Ärmelkanal nach Frankreich.

2

Er nahm sich ein Zimmer im Hôtel St. Germain in der Rue Bonaparte und machte sich sofort daran, Paris zu Fuß gründlich zu erforschen. Abends schrieb er seine Eindrücke von der Stadt und

dem Leben in ihren Straßen in Briefen nieder, die er an Emil Schnellock richtete. Viele dieser Briefe waren zwanzig oder dreißig Seiten lang. Wie sein Mezzotinto »Bowery Phoenix« waren sie im Grunde mehr literarische Produkte als persönliche Mitteilungen. Inspiriert von Paul Morands Buch über New York, hatte Miller die Idee, daß diese Briefe gesammelt und als ganz persönlicher Führer durch Paris veröffentlicht werden könnten. Er hatte einen scharfen Blick für Details und reizvolle Kleinigkeiten, und seine Briefe vermitteln eine lebendige Vorstellung von den Bildern und Gerüchen des Pariser Straßenlebens. Nach anfänglichen Schwierigkeiten wurde auch sein Französisch besser, und er konnte sich radebrechend mit Kellnern in Cafés, Hotelportiers, alten Toilettenfrauen, Lieferanten und Straßenhändlern unterhalten. Er führte mit ihnen einfache, aber interessante Diskussionen über Dinge wie die jeweiligen Vorzüge der Funktionsweise französischer und amerikanischer Toiletten. Auch seine regelmäßigen Kinobesuche halfen sein Französisch zu verbessern, ebenso das gründliche Studium der Reklamen in der Metro. Wenn er tagsüber durch die Straßen schlenderte, häufig ein Buch wie *The Paris of the Novelists* von Arthur B. Maurice unter den Arm geklemmt, alle paar Schritte innehaltend, um das eine oder andere zu notieren, wurde er oft fälschlicherweise für einen Studenten gehalten und antwortete mit einer kleinen Clownerie: Er nahm seinen Borsalino ab, deutete auf die wenigen ihm noch verbliebenen Haare und sagte: »*Terminées, les études!*«
Während der ersten Wochen in Paris war er sehr allein. Das Briefeschreiben milderte seine Einsamkeit, und so verwandelte er sich in dieser Phase seines Lebens von einem großen Briefschreiber in einen gewaltigen Briefschreiber. Er hungerte nach Antwortbriefen, obwohl nur wenige seiner Briefpartner in New York so viel und so flüssig schreiben konnten wie er. Emil Schnellock, den er gelegentlich noch mit »Pop« anredete, schrieb dagegen dürftige Briefe, die kaum einmal über drei Seiten hinausgingen. Emil Conason und Joe O'Reagan waren kaum besser. »Gerade der Brief, den ich am sehnlichsten erwarte, bleibt aus«, beklagte Miller sich einmal traurig bei Schnellock. Dafür schickte June ihm regelmäßig Geld an das Büro des American Express in der Rue Scribe, und bald war es für ihn zur Routine geworden, täglich dort vorbeizuschauen.

Im April zog er von der Rue Bonaparte ins Hôtel Central in der Rue de Maine. Da er ein begeisterter Kinogänger war, entdeckte er bald die Welt des Avantgardefilms und besuchte häufig die drei führenden Zentren dieser Kunst – das Vieux Colombier, das Studio des Ursulines und das Studio 28, wo er den von Dalí und Buñuel gemeinsam gemachten Film *Un Chien Andalou* sah. Er achtete jedoch sorgfältig darauf, daß sein Geschmack nicht allzu abgehoben wurde, und verbrachte den Nachmittag des 14. April damit, im Vél d'Hiv dem Sechstage-Radrennen zuzuschauen. Dort war er der einzige, der den amerikanischen Radfahrer Sam Horan anspornte, und er »geriet beinahe in eine Schlägerei mit zwei Itakern«,[2] die einen Italiener anfeuerten. Ein Artikel, den er über das Rennen schrieb, wurde von der Pariser Zeitung *Herald* angenommen und veröffentlicht. Dieselbe Zeitung veröffentlichte auch einen Artikel über den Zirkus Medrano, wo Miller manchen angenehmen Abend verbrachte. Er begann, sich nach einer dauerhaften Einkommensquelle umzusehen, und diskutierte im Mai mit einem Bildhauer names Fred Kann die Möglichkeit, gemeinsam mit ihm eine Kunstschule für ihre amerikanischen Landsleute in Paris zu eröffnen. Miller mußte Kann bluffen, denn »er kennt meine wahre Lage nicht. Wenn er entdeckt, wie es um mich steht, wird wohl alles platzen – denn er gibt viel auf *Referenzen.* Wir müßten dem amerikanischen Konsul sagen, wer wir sind! (*Wer bin ich?*).«[3] Wie die einst mit June geschmiedeten Pläne, die schnell das große Geld bringen sollten, scheiterte auch dieses Vorhaben.

3

Nachdem Miller etwa zwei Monate allein verbracht hatte, entwikkelte er allmählich ein aktives Interesse an den Prostituierten, die er bei seinen Streifzügen »überall« beobachtet hatte: »...hinter dem Gare de Lyon, rund um die Bastille, in der Closerie des Lilas, auf den Champs-Elysées.« Wie nicht anders zu erwarten, verliebte er sich in das erste Straßenmädchen, auf das er sich einließ, eine Madame Germaine Deaugard, die ihn eines Sonntagnachmittags auf dem Boulevard Beaumarchais ansprach. Sie setzten sich in ein Café, um sich zu unterhalten, und er gestand ihr, daß er nicht genug Geld habe, sie zu bezahlen. Als sie jedoch hörte, er sei Schriftsteller, erklärte sie, die zwanzig Francs, die er ihr anbieten konnte, seien genug. Zweifellos nahm sie an, als Amerikaner sei er nur vorübergehend arm. Sie gingen in ein Fünf-Francs-Hotelzimmer in der Rue Amelot, wo Henry ein Zwei-Francs-Präservativ überzog und »sich bestens mit ihr vergnügte«.[4] Anschließend aßen sie zusammen zu Abend. Madame Deaugard war so von Miller angetan, daß sie anfing, ihm Postkarten zu schicken. Sie verabredeten ein weiteres Treffen im Café l'Eléphant. Auf Madame Deaugards Wunsch erschien Henry in Knickerbockers. Sie war so stolz darauf, mit einem Amerikaner gesehen zu werden, daß sie ihn auf seine Erklärung hin, er sei noch immer pleite, umsonst mit nach oben nahm. »Ich mag dieses kleine Fabrikmädchen«, schrieb er an Schnellock. »Sie scheint endlich einmal eine Hure mit Herz zu sein.« Dabei war es wirklich schäbig, sich die Liebesdienste einer Hure kostenlos zu erschleichen, die doch außer diesen Liebesdiensten nichts zu verkaufen hatte. Zudem wimmelte es in den frühen dreißiger Jahren in Paris von jungen amerikanischen Studentinnen. Weit weg von zu Hause, waren sie nach vielen zeitgenössischen Aussagen mit ihrer sexuellen Gunst recht freizügig und umsonst zu haben. Miller reizte eindeutig die Vorstellung, daß er etwas gratis bekam, wofür er eigentlich hätte bezahlen müssen.

Madame Deaugard war eine von den billigeren Huren. Zwar war sie eine Klasse besser als die Fünf- und Zehn-Francs-Mädchen, aber ihr voller Preis betrug auch nur etwa 45 Francs. Einer ganz anderen Klasse gehörte ein Mädchen an, das Miller eines Abends ansprach, als er nach einigen Gläsern Wein die Champs-Elysées entlangschlenderte. Das Mädchen nahm ihn mit in ein Hotelzimmer, knöpfte ihm 150 Francs ab und machte sich ans Werk. Sie tat so, als genieße sie es, und Henry fand das auch überzeugend bis zu dem Augenblick, in dem sie mit ekelverzerrtem Gesicht sein Sperma wieder heraushustete. Alles in allem kostete ihn der Abend 177 Francs, etwa ein Drittel des Monatspreises für das Zimmer im Hôtel Central. Im Licht solcher Verschwendung haben die reichlich in seine Briefe an Schnellock eingestreuten Klagen, er »führe ein Hundeleben« und habe es fünf schreckliche Tage lang »sehr schwer gefunden ... an andere Wörter als ›verzweifelt‹, ›hungrig‹, ›Gefangener‹ usw. zu denken«, einen melodramatischen Klang. Sein Leben mag ungemütlich gewesen sein, aber er setzte seine Prioritäten selbst.

Im Mai wechselte er wieder das Hotel. Er zog vom Central ins Alba, das im Viertel der Italiener und Russen hinter der Avenue de Maine lag. Dort hatte er nur ein einziges Zimmer ohne fließendes Wasser, aber dafür kostete ihn das Zimmer monatlich nur 125 Francs, und er konnte sechs Wochen vorausbezahlen.
Ende Mai telegrafierte ihm June, daß sie jederzeit »ohne Geld« bei ihm eintreffen könne. Er telegrafierte zurück und riet ihr, nicht zu kommen, denn »ich kann hier einfach keinen Job finden – obwohl ich mich sehr bemüht habe«. Edward Titus las damals eine Kopie von *Moloch* für seine Black Mannikin Press, eine weitere Kopie war bei einem Verleger in Berlin. Eine überarbeitete Version von *Crazy Cock* war fast fertig, und Miller hoffte, daß Schnellock bald in der Lage sein werde, seine Briefe aus Paris einem amerikanischen Verleger zur Begutachtung vorzulegen. Mit mehr Zuversicht, als die Situation tatsächlich rechtfertigte, teilte er June daher mit: »Ich rechne fest damit, in einigen Monaten Geld für die Bücher zu erhalten – und bin ganz sicher, daß ich ein paar ›Vorschuß-Tantiemen‹ bekommen kann. Auf sie setze ich meine ganze Hoffnung, noch länger hierbleiben zu können.«[5] Seine Gefühle bei der Aussicht auf Junes Gesellschaft waren geteilt, nachdem er vier Monate lang völlig uneingeschränkte persönliche Freiheit genossen hatte.
Seine Hoffnung, daß *Crazy Cock* bald gut genug für eine Veröffentlichung sein werde, stellte sich um diese Zeit als trügerisch heraus. Als er eines Tages vor dem Büro des American Express saß, traf er einen alten Bekannten aus der Zeit bei der Western Union, Jacobus Hendrik Dun. Sie verbrachten den Abend zusammen, und Henry berichtete Dun von seiner bisherigen Karriere als großer Schriftsteller. Zum Schluß skizzierte er knapp die Handlung von *Crazy Cock.* Als Dun die Geschichte von »zwei Lesbierinnen und einem Ehemann« gehört hatte, meinte er: »In einem solchen Fall liegt die Schuld immer beim Ehemann. Mit ihm muß etwas nicht in Ordnung gewesen sein.«[6] Henry empfand das als katastrophale Fehldeutung des Romans und machte sich schnellstens noch einmal an die Arbeit, um möglichst klar herauszustellen, wer der Held und wer die Schurken waren.
Im Spätsommer waren seine schlecht eingeteilten finanziellen Mittel wieder aufgebraucht, und er wurde aufgefordert, das Alba zu verlassen. Der Geschäftsführer eines Kinos ließ ihn ein paar

Nächte in seinem Büro schlafen. Dann wohnte er ein oder zwei Wochen lang in der Rue Lafayette Nr. 54 bei einem indischen Perlenhändler namens N. P. Nanavati, den er durch seine Freundschaft mit Haridas Maznudar kannte. Nanavati war zwar so anständig, Henry aufzunehmen, genoß es aber offensichtlich, einen Weißen als Hausburschen zu haben, und ließ ihn für seinen Lebensunterhalt arbeiten:

> Das Leben ist sehr hart für mich – sehr. Ich lebe mit Wanzen und Küchenschaben. Ich kehre die schmutzigen Teppiche, spüle das Geschirr, esse altbackenes Brot ohne Butter. Fürchterliches Leben. Ehrlich! Schlimmer als in Florida. Habe nur ein Paar Flanellhosen und einen Tweedmantel, um meine Blöße zu bedecken. Weiter läßt sich das Bohemedasein nicht mehr steigern.[7]

Das Leben mag fürchterlich gewesen sein, aber es war doch besser als eine ordentliche Arbeit. Und die Erniedrigungen, die er erdulden mußte, trugen ebenso zu seiner Entwicklung bei wie die schmerzhaften Erfahrungen in Florida als Zeitungsverkäufer. Statt seinen Lebensmut zu brechen, brachten sie ihn dem Aufschluß darüber näher, wie er am wirkungsvollsten jenes »zweckvolle literarische Possenspiel« üben konnte, in dem er allmählich seine wahre Berufung sah. Die literarische Verarbeitung der kurzen Zeit bei Nanavati im *Wendekreis des Krebses* füllt einige der amüsantesten Seiten des Buches.

4

In jenem September traf June zu ihrem ersten Besuch ein. Insgesamt kam sie viermal, um herauszufinden, wie es um ihre Ehe stand. Retten konnte sie die Ehe letztlich nicht. Wambly Bald, der die Kolumne *La Vie de Bohème* für die Pariser *Tribune* schrieb, schilderte seinen amerikanischen Lesern, wie eine typische Ankunft Junes im Hotel aussah:

> Sie trifft im Hotel ein, sagt dem Hotelier, er solle bitte den Taxifahrer bezahlen, belegt ein Zimmer und borgt Geld vom

Hotelier. Anschließend folgt ein Gang zum Telegrafenamt. »Brauche Geld. Verzweifelt. Krank.« Sie hat ein halbes Dutzend erprobte Formulierungen, die zuverlässig das erwünschte Resultat bringen.[8]

Solche Taktiken brachten es mit sich, daß Henry und June ständig umziehen mußten. Während Junes kurzem Aufenthalt wohnten die beiden in verschiedenen Hotels, aus denen sie jeweils flüchteten, ehe die Hotelleitung wegen Nichtbezahlung der Rechnung ihr Gepäck beschlagnahmen konnte. Zu Henrys Überraschung hatte June lediglich Abendkleider mit langen Schlitzen an den Seiten mitgebracht. June erklärte ihm, Abe Elkus werde ihr die übrige Garderobe nachschicken. Ein Ingenieur aus Martinique namens Stephen Blérald, der zu Henrys mittlerweile großem Bekanntenkreis gehörte und ihm beim Französischlernen half, gab June 150 Francs, damit sie sich eine Paar Schuhe kaufen konnte.
June war offenkundig mit der Absicht gekommen, längere Zeit zu bleiben. Wie sich jedoch bald herausstellte, hatte Henry sie mit falschen Versprechungen nach Paris gelockt, und ihr Besuch dauerte zuletzt nur drei Wochen. Henry hatte im Studio 28 den Avantgardefilm *La Souriante Madame Beudet* von Germaine Dulac gesehen und einen begeisterten Brief an die Regisseurin geschrieben, in dem er um ein Interview bat. Er hatte gehofft, sie werde ihm bei dieser Gelegenheit eine Stelle anbieten. »Ich wäre stolz darauf, bei der Produktion von Filmen zu assistieren, wie sie sie macht«, schrieb er an Schnellock. Bei dem Interview hatte er deutlich den Eindruck, daß sie ihm gewogen sei, denn sie behandelte ihn seinen eigenen Worten zufolge »wie einen Pfundskerl«. Sie hielt ihn an den Händen und rollte die Augen, während sie mit ihm sprach. Madame Dulac war jedoch Lesbierin, und Henry vermutete, daß June sie mehr interessiere als er.
June hoffte noch immer auf Erfolg als Schauspielerin und hatte bei ihrer Reise nach Paris ein stark übertriebene Vorstellung von Henrys Einfluß auf Madame Dulac. Sie wollte mit ihr über die Möglichkeit sprechen, beim ersten englischsprachigen Film mitzuwirken, den Madame Dulac und die Filmgesellschaft Gaumont-Aubert Franco planten. Die Dreharbeiten sollten im Januar 1931 beginnen.

Wie schon viele Pläne zuvor scheiterte auch dieser, und Junes Besuch schrumpfte auf einen Urlaub, der durch die Ebbe in der Kasse verdorben wurde. »Die arme June hat wegen unserer Verhältnisse noch gar nichts gesehen«, schrieb Miller an Emil Schnellock. Gemeinsam mit Martha Andrews, die noch immer an der Colorassi-Schule studierte, unternahm June einen kurzen Versuch, Geld zu beschaffen. Die beiden besuchten Waverley Root, der damals Journalist bei der *Tribune* war, in seiner Wohnung in der Rue de la Glacière und versuchten ihn anzupumpen. Root, der June von früher kannte, lehnte es ab, ihr zu helfen.
Als Henry June am 18. Oktober zur ersten Etappe ihrer Rückreise nach New York an den Bahnhof begleitete, hatte er fünfzig Francs in der Tasche und sie zehn. June sagte Wambly Bald, er solle den *Tribune*-Lesern mitteilen, wenn sie wieder in New York sei, werde sie einen Roman mit dem Titel *Happier Days* beginnen. Henry hatte mehr Vertrauen in einen anderen Plan: June solle sich einen gutbezahlten Job beim Theater suchen, damit sie »in einigen Monaten mit genug Geld für ungefähr ein Jahr«[9] wieder zu ihm nach Europa zurückkehren könne. Als sie abreiste, waren ihre Kleider noch immer nicht eingetroffen, aber Henry sagte Elkus, er werde sie aufbewahren, wenn sie kämen. Er hatte vor, Junes großes Cape selbst zu tragen, sobald es da war, denn »hier kann man alles anziehen, was einem einfällt, und keiner stößt sich daran«.

5

Nach Junes Abreise hielt Henry sofort nach einer billigeren Unterkunft Ausschau. In ihrem letzten Hotel in der Rue de Rennes hatten sie 22 Francs pro Tag bezahlen müssen. Drei Tage lang klapperte er viele Straßen ab, um ein Zimmer für etwa 15 Dollar im Monat zu finden. Als vierzigjähriger Mann machte er damit den Tausenden von armen Studenten Konkurrenz, die zum Wintersemester in die Stadt zurückfluteten und ebenfalls eine billige Bleibe suchten. Die Kluft zwischen seinem Ehrgeiz, ein berühmter Schriftsteller zu sein, und der lächerlichen Wirklichkeit seiner Leistung war noch nie so groß gewesen, aber sein Sinn für Humor ließ ihn nie lange im Stich. Einige seiner Briefe an Schnellock trugen noch immer die Unterschrift »der Kabinettsminister«. Das war eines der Pseudonyme, deren sich der Erzähler in Hamsuns *Hunger* während seiner Streifzüge durch die Straßen von Kristiania auf der Suche nach Wärme, Essen, Geld und Frauen bediente. Daß Miller diese Unterschrift übernahm, zeigt, wie sehr er sich um diese Zeit mit dem Helden von Hamsuns Roman identifizierte.

In *Hunger* taucht der Erzähler einmal auf einem Polizeirevier auf und erklärt, er habe keine Unterkunft für die Nacht. Da er nicht will, daß der diensthabende Beamte ihn für einen gewöhnlichen Landstreicher hält, gibt er sich großspurig als Journalist einer wichtigen Tageszeitung aus, der nur etwas zuviel getrunken und seinen Hausschlüssel verloren habe. Nach einer unangenehmen und schlaflosen Nacht kommt er am nächsten Morgen aus seiner Zelle und sieht die anderen Landstreicher um die kostenlosen Frühstücksmarken anstehen. Da auch er ausgehungert ist, würde er sich liebend gerne in die Schlange einreihen, aber dadurch würde er seine Hochstapelei vom Vorabend entlarven. Beim Verlassen des Polizeireviers fragt ihn der diensthabende Beamte höflich, ob er eine angenehme Nacht gehabt habe, und er antwortet mit einem verzweifelten Lachen, ja, er habe außerordentlich gut geschlafen, er habe geschlafen »wie ein Kabinettsminister«. Miller hatte keinen derart fanatischen Stolz, aber er erkannte in der Gleichzeitigkeit absurder Behauptungen gegenüber anderen und erbarmungsloser Ehrlichkeit gegenüber sich selbst deutlich sein eigenes Spiegelbild.

Das Schreiben hatte Henry bei Junes Ankunft eingestellt, aber sobald er eine zeitweilige Unterkunft gefunden hatte, fing er wieder an und machte sich an eine so radikale Überarbeitung von *Crazy Cock*, daß sie beinahe einer Zerstörung des Buches gleichkam:

> Herrgott, ich ziehe ein masochistisches Vergnügen daraus. Ich vernichte ganze Seiten – ohne auch nur eine einzige Träne zu vergießen. Weg mit dem Blödsinn, weg mit der Gefühlsduselei und dem Gefasel, weg mit dem Pathos, dem antiken Mythenzauber, den versteckten Anspielungen, der großen und pompösen Gelehrsamkeit (die ich gar nicht habe!). Weg, weg, verdammter Fliegendreck. Hier bin ich und bin, wie ich erst allmählich erkenne – eine sehr einfache, schlichte Seele, nicht

gelehrt, nicht weise, in keiner Hinsicht etwas Weltbewegendes – am wenigsten *»comme artiste«*. Aber eines muß ich tun, ehe ich mir eine Kugel durch den Kopf jage: ein paar simple Bekenntnisse in einfacher Millerscher Sprache schreiben.[10]

Inzwischen betrachtete er *Moloch* als gestorben. Er sagte später gern, Edward Titus habe das Buch »verloren«, aber das war vielleicht nur eine Wunschvorstellung, denn er besaß auf alle Fälle weitere Durchschläge davon. Sollte das spezielle Exemplar Titus' tatsächlich verlorengegangen sein, dann bot dieser Verlust gewiß nicht den Stoff für eine literarische Legende.

Als Miller *Moloch* aufgegeben hatte und auf unabsehbare Zeit mit der Überarbeitung von *Crazy Cock* beschäftigt schien, faßte er eine Rückkehr nach New York ins Auge. Die materiellen Hindernisse, die sich ihm in Paris entgegenstellten, waren beträchtlich, und er sah keinen zufriedenstellenden Weg, mit ihnen fertig zu werden. In der kurzen Zeit seines Aufenthaltes in Paris hatte er viele Bekanntschaften geschlossen und war ein überzeugter Frankophiler geworden. Sobald er die Knickerbockers und die grellbunten Golfsocken abgelegt hatte, war er weniger leicht als Amerikaner zu erkennen. Amüsiert stellte er fest, daß ihn selbst Amerikaner, die in Cafés in seiner Nähe saßen, für einen Franzosen hielten und in seiner Gegenwart laut und offen sprachen. Einen seiner stolzesten Augenblicke in Paris erlebte er, als die Besitzerin des Café des Gourmets eines Abends nach seinem fünften Glas *vin ordinaire* zu ihm sagte: *»Monsieur, il me semble, que vous êtes tout-à-fait Parisien maintenant.«*[11]

Er hatte mittlerweile auch einen Kreis von Freunden um sich versammelt. Zu ihnen gehörten Alfred Perlès, der Ungar Frank Dobo, der für Opera Mundi arbeitete, die größte Literatur- und Nachrichtenagentur Europas, der Fotograf George Brassai, ein ungarischer Maler namens Tihany, ein Maler aus Woodstock namens John Nichols sowie eine Reihe von Journalisten und Mitarbeitern der Pariser *Tribune* und des *Herald*, darunter Wambly Bald und Richard Thoma, den er über Perlès kennengelernt hatte. Viele glückliche Stunden saß er plaudernd und trinkend in Cafés, im Rotonde, Dôme, Coupole und Select. Vielleicht hatte er allmählich das Gefühl, er habe Paris »abgehakt« und genug gesehen. In seiner romantischen Art hatte er die speziellen literarischen

Huldigungen dargebracht, die er hatte darbringen wollen, Huldigungen, die ebenso viel mit Lebensstil wie mit Talent zu tun hatten. Er glaubte sogar, die Umrisse des eigenen Mythos in der Literaturgeschichte der Zukunft erkennen zu können, wenngleich in etwas schwächerem Glanz: »Wenn du eines Tages liest, wie gewisse berühmte Autoren ihre Bücher geschrieben haben«, schrieb er Schnellock, »wirst du wissen, daß ich vom selben Schlag bin – daß mein Kampf mit dem Schreiben ebenso pikaresk war wie der eines jeden von ihnen.« [12] Zufrieden stellte er fest, daß er in den Briefen an Schnellock bereits genug Material für sein Buch über Paris beisammen habe und es wohl in »ein paar Monaten relativer finanzieller Sicherheit« fertigstellen könne.

Mitte November 1930 hatte er sich entschieden und versuchte, 100 Dollar für eine Rückfahrkarte nach New York zusammenzukratzen. Die Reise nach Paris hatte seine Eltern – zumindest seinen Vater – davon überzeugt, daß es ihrem Sohn mit seinen literarischen Ambitionen bitterernst war, und jetzt vertraute Henry darauf, daß seine Eltern die Hälfte der Summe zahlen und Elkus, Joe O'Reagan, Conason, June und Emil Schnellock den Rest beisteuern würden. Er hatte vor, am Samstag, den 7. Dezember den Dampfer nach Amerika zu besteigen. Dann wäre er gerade rechtzeitig zu Weihnachten wieder in New York.

Aber als es soweit war, fuhr er doch nicht. Er wußte, daß Logik, Vernunft und selbst der gesunde Menschenverstand ihm die Rückkehr nach Hause befahlen, aber in tiefster Seele rebellierte er gegen die Tyrannei von allen dreien. Als ein Bekannter namens Richard Osborn ihm anbot, er könne ohne Beteiligung an der Miete in seine Wohnung in der Rue Auguste-Bartholdi Nr. 2 einziehen, ließ Miller den gesunden Menschenverstand glücklich fahren, nahm das Angebot an und setzte die Erforschung seiner menschlichen Schwächen fort, die ihn so faszinierte.

6

Osborn war ein amerikanischer Anwalt aus Bridgeport in Connecticut, der tagsüber in der Rechtsabteilung der Pariser Filiale der National City Bank arbeitete und abends nach Dienstschluß seine Identität wechselte und Bohemien wurde. Er wollte gern als

Schriftsteller gelten, schrieb aber wenig und klagte, wenn er etwas schreibe, werde es sofort von anderen verwendet. Er war ein labiler Mann, der an Schüben von paranoider Schizophrenie litt. Nach Aussage von Alfred Perlès gab er sogar mit seiner Krankheit an. Unter den Amerikanern in Paris gab es viele solche einsamen Neurotiker, die sich von Millers umgänglichem, stabilem Charakter und von seiner – wie Osborn es einmal formulierte – »angeborenen Begeisterungsfähigkeit, die fast einem chronischen Zustand der Trunkenheit entsprach«, angezogen fühlten.[13] Freundschaft mit ihm gewährleistete Geselligkeit, war ein Weg in die bunte Menge.

Von Dezember 1930 bis Anfang März 1931 teilten sich Miller und Richard Osborn die Atelierwohnung in der Rue Auguste-Bartholdi im siebten Stock. Osborn legte jeden Morgen, ehe er zur Arbeit ging, Henry zehn Francs als Taschengeld hin. Als Gegenleistung hielt Henry den Haushalt in Ordnung und kochte abends. Wie viele andere einschließlich Junes, die mit Miller zusammenlebten, war Osborn verblüfft über den offensichtlichen Widerspruch zwischen dem Bohemien in Henry und seiner »methodischen deutschen Art«. In stummer Empörung rückte Henry dem zu Leibe, was Osborn »meine schlampige Art, meine geistesabwesende Nonchalance, meine Unachtsamkeit« nannte, und hielt den Boden der Wohnung peinlich sauber, »damit die Mäuse wegblieben«.[14] In Osborns Wohnung konnte Miller halbwegs in Ruhe und Frieden schreiben. Er fuhr mit der Überarbeitung von *Crazy Cock* fort und hatte die ersten bedeutsamen Erfolge seiner Karriere mit zwei Artikeln. Der eine enthielt eine literarisierte Schilderung seiner Beziehung zu der Prostituierten Germaine Deaugard, die ihn in seiner Anfangszeit in Paris so großmütig behandelt hatte. In der Geschichte nannte er sie »Mademoiselle Claude«. Diesen Namen borgte er von einer anderen Prostituierten, deren Dienste er und Osborn gelegentlich in Anspruch nahmen und mit der Miller, ungewöhnlich wie er war, in französischer Sprache korrespondierte. Er schickte die Briefe c/o La Coupole. Der andere Artikel war eine Besprechung von *L'Age d'Or*, dem zweiten Film, bei dem Luis Buñuel und Salvador Dalí zusammengearbeitet hatten. *Un Chien Andalou* und *L'Age d'Or*, dessen Titel ironisch zu verstehen ist, hatten eine zutiefst befreiende Wirkung auf Millers Umgang mit der Kunst des Schreibens. Obwohl er

sich noch immer mit dem der Form nach traditionellen *Crazy Cock* abmühte, wurde ihm immer stärker bewußt, daß diszipliniertes Schreiben nicht seine Sache war. Die Gewalt und die Anarchie, die dem Surrealismus innewohnten – wie diese beiden Filme hervorragend veranschaulichten –, zeigten ihm einen Ausweg aus den hinderlichen Fesseln der literarischen Orthodoxie. Buñuel sagte später, *L'Age d'Or* sei »ein militanter Film, der darauf abzielt, reine Gewissen zu vergewaltigen.« Der Angriff des Films auf die Kirche, das Establishment und die bürgerliche Moral versetzte Miller in Ekstase. Die Angegriffenen waren weniger entzückt, und eine vereinte Schar aus Mitgliedern der Jeunesse Catholique, der Ligue des Patriotes und der Ligue Antijuive griff das Studio 28 an, in dem der Film gezeigt wurde. Die rechtsgerichtete Presse startete eine Kampagne gegen den Film, und die Zensur reagierte mit einem Verbot jeder öffentlichen Vorführung des Films auf zwanzig Jahre. Millers Artikel war eine leidenschaftliche und einfühlsame Verteidigung Buñuels. »Sie heißen Buñuel alles«, schrieb er, »Verräter, Anarchist, Perverser, Verleumder, Ikonoklast. Nur wahnsinnig nennen sie ihn nicht. Zwar porträtiert er tatsächlich den Wahnsinn, aber nicht seinen eigenen. Das stinkende Chaos, das für etwa eine knappe Stunde von seinem Zauberstab zu einem Ganzen zusammengeschmolzen wird, ist der Wahnsinn der Zivilisation, die Aufzeichnung der Errungenschaften des Menschen nach ungefähr zehntausend Jahren der Veredelung.« Beide Artikel, die in Samuel Putnams neuer Zeitschrift *New Review* erschienen, waren Vorboten von *Wendekreis des Krebses*, der erste dem Inhalt, der zweite der Einstellung nach.
Vieles von dem, was Miller schrieb, schickte er nach Hause in die Vereinigten Staaten, wo eine kleine Truppe von Freunden und Förderern als unbezahlte literarische Agenten für ihn tätig waren. Er erhielt 25 Dollar für einen Artikel, der in einer kurzlebigen Zeitschrift aus Philadelphia namens *USA* veröffentlicht wurde. Höhere Einnahmen erhoffte er sich von seinem Kontakt zu einer professionellen Literaturagentin namens Madeleine Boyd, die seine diversen Manuskripte von ihrem Büro in der East 49th Street aus verschickte. Madeleine Boyd schrieb ihm beruhigend, die Manuskripte seien »so gut, daß ich glaube, es besteht eine Chance, sie zu verkaufen«; sie verdarb aber den zuversichtlichen Klang durch den Zusatz, sie werde ihm die Manuskripte zurückschik-

ken, »wenn ich schließlich doch die Hoffnung aufgebe, sie zu verkaufen«.[15]

Eine weitere Kontaktperson in New York war ein Mann namens Leviticus Lyon. Miller hatte ihn kennengelernt, als er mit Abe Elkus zusammen unterwegs war, um bei Elkus' schwarzen Mietern in der Gegend von Navy Yard Miete einzutreiben. Er hoffte, Lyon könne vielleicht bei den Schwarzen einen Markt für seine Bücher und Artikel erschließen. Auch in anderer Hinsicht war es nützlich, Lyon zu kennen. Er arbeitete bei der Zoll- und Steuerbehörde, und Henry hatte es immer genossen, die große Sammlung beschlagnahmter pornographischer Schriften durchzublättern, die Lyon von der Arbeit mit nach Hause brachte. Henry interessierte sich für alle Aspekte menschlicher Sexualität und studierte eifrig jede Art von Pornographie. In seiner Pariser Zeit las er die vier neu erschienenen Bände von *Mein Leben und Lieben*, die sein alter Lieblingsautor Frank Harris geschrieben hatte. Auf der Reise mit June 1928 hatte er Eve Adams' pornographische Buchhandlung in Montparnasse entdeckt und dort ein Exemplar von *Fanny Hill* und eine Serie schmutziger Postkarten erworben. Während er bei Osborn lebte, besuchte er die Live-Sex-Shows in der Rue Saint-Lazare, in denen unter anderem lesbische Liebe, Sodomie und Homosexualität vorgeführt wurden. Auf einer eher unschuldigen Ebene entwickelte er eine erotische Obsession mit Marlene Dietrich. Er ging dreimal in den Film *Der blaue Engel*. An Schnellock schrieb er: »Emil, ihre Schenkel haben mich beinahe umgebracht. Ich habe sie von jedem möglichen Blickwinkel des Theaters aus studiert. Ich träume nachts von ihnen.«

Miller war Osborn für das Angebot eines kostenlosen Unterschlupfes im Winter 1930/31 aufrichtig dankbar, aber die Art ihres Arrangements führte unvermeidlich zu Konflikten. Osborn glaubte seinen Erinnerungen an diese Zeit zufolge, Miller verachte ihn heimlich dafür, daß er ihn einerseits überhaupt unterstütze und andererseits nicht großzügiger unterstütze. Er merkte zwar, daß Miller oft elend aussah, aber da dieser seine zehn Francs Taschengeld täglich für zwei Päckchen Gauloises Bleues anstatt für eine solide Mahlzeit ausgab, hatte er kein Mitleid mit ihm. Die Spannungen, die zwischen Bettler und Almosengeber aufkamen, ähnelten denen, die Millers Freundschaft mit Stanley Borowski Mitte der zwanziger Jahre beendet hatten, als er und June in Borowskis Haus Zuflucht gefunden hatten, nachdem sie aus der Wohnung in der Remsen Street hinausgeworfen worden waren. Die Spannung wuchs, als Osborn eines Abends auf den Champs-Elysées eine exzentrische russische Emigrantin namens Sonja auflas (nach Miller hieß sie Irene) und mit nach Hause brachte. Sonja sollte mit ihnen zusammenleben. Sie war eine wilde, theatralische, angeberische Frau, die viel trank und behauptete, sie besitze ein Vermögen, das von Banken verschiedener europäischer Großstädte aufbewahrt werde. Sie hatte dieselben undisziplinierten Manieren wie June und Mara, und bald nach ihrer Ankunft war der Boden übersät mit Orangenschalen, Flaschen, Scheren, benützten Kondomen, Kissen und Wattebäuschen voller Menstruationsblut. Miller graute vor ihrem Mangel an Hygiene. Als er eines Tages mit Schrecken feststellte, daß er ihr Handtuch benützt hatte, hielt er ihr einen väterlichen Vortrag über die Notwendigkeit, ihre Sachen von den seinen getrennt zu halten und den Toilettensitz jedesmal abzuputzen, wenn sie die Toilette benützt hatte. Sein Entsetzen war echt, und doch war er letztlich mehr fasziniert und amüsiert als entsetzt.

Niemand läßt sich gern allzu schamlos ausnützen, und bei einer Party in der Rue Auguste-Bartholdi Nr. 2 kam es eines Abends zu einem häßlichen Eklat zwischen Osborn und Henry. Miller, John Nichols, ein weiterer Malerfreund namens Frank Mechau und einige andere saßen beisammen und aßen und tranken – auf Osborns Kosten. Da fiel es Osborn plötzlich ein, das Gespräch an sich zu reißen. Nichols, ein glänzender Redner, war mitten in einem Monolog, als Osborn ihn plump und unnötigerweise unterbrach, um ihm einen Brief zu zeigen, den ein alter Freund ihm geschrieben hatte. Miller, der betrunken und in rechthaberischer, gereizter Stimmung war, fuhr ihn an, er solle den Mund halten, er rede sowieso zuviel. Osborn geriet in rasende Wut, packte einen glühendheißen Schürhaken und schwang ihn drohend. Er fragte, in wessen Wohnung man hier eigentlich sei, und schrie Miller an, er solle sich zum Teufel scheren. Miller holte tief Luft und ließ dann vor allen Anwesenden eine verbale Attacke vom Stapel. Er nannte Osborn einen puerilen Tyrannen und einen kindischen Exhibitionisten und häufte Beleidigung auf Beleidigung, bis von Osborn nichts mehr übrig war.

Millers Haltung gegenüber Osborn zeigt den Pragmatismus, zu

dem er bei der Wahl seiner Freunde fähig war. Er war sich dieser Neigung bewußt und schämte sich ihrer auch. Später gab er Osborn Schnellocks Adresse in New York und mußte sich dann brieflich bei Schnellock dafür entschuldigen, daß er ihm Osborn »auf den Hals gehetzt« habe, als dieser eines Tages tatsächlich vor Schnellocks Tür stand. Miller erklärte, er habe nichts mit Osborn gemeinsam, fügte aber hinzu, er könne »vielleicht ein paar Etagen tiefer reichen als Du«. Schließlich riet er ihm, Osborn einfach als »einen meiner ›Spinner‹ von der Western Union« zu betrachten.[16] An anderen Stellen und in der Öffentlichkeit nannte er ihn »meinen weisen und gutherzigen Freund Osborn« und widmete ihm ein Buch, denn er sei der Mann, »der mich in Paris vor dem Verhungern bewahrt und meine Schritte in die richtige Richtung gelenkt hat«. Und als der polnische Maler, dem die Wohnung gehörte, Anfang März aus dem Süden zurückkehrte, die Wohnung wieder haben wollte und alle ausziehen mußten, weinte Henry.[17]

7

Im Frühjahr 1931 war Millers Status als hungerleidender, aber nicht ernsthaft bedrohter Künstler fest etabliert. Er war ein akzeptiertes und beliebtes Mitglied der amerikanischen Kreise und hatte kaum noch Schwierigkeiten damit, Leute zu finden, die ihn bereitwillig durchfütterten und ihm ein Dach über dem Kopf boten. Er verdiente weiterhin ab und zu etwas Geld mit Zeitungsartikeln. So erhielt er von der *Chicago Tribune* 350 Francs für einen Artikel mit dem Titel »Paris in *Ut Mineur*«. Auch Privatstunden in Englisch brachten ihm etwas Geld, aber es erschien ihm verschwenderisch, dieses Geld für Miete auszugeben. Für eine Weile quartierte er sich bei Fred Kann in dessen Atelier in der Nähe des Cimetière Montparnasse ein, und er übernachtete häufig bei John Nichols und dessen Frau. Geduldig saß er für sie, wenn sie Porträts von ihm anfertigten, auf denen der Bart zu sehen ist, den er sich in jenem Winter wachsen ließ. Der Bart war dunkelrot, aber durchsetzt mit den Anzeichen fortschreitenden Alters. Nichols hatte, wie viele junge Amerikaner in Paris, sein privates Einkommen, so daß es ihn weniger persönlich traf, wenn Miller bei ihm schnorrte. Auch bei Tex Carnahan und Frank Mechau konnte er sich stets auf deren Hilfsbereitschaft verlassen, ebenso bei zwei jungen Männern aus Brooklyn, Albert Kotin und Dave Rosenberg. Als besonders nützlich erwiesen sich die Kontakte, die er durch Alfred Perlès zu den Mitarbeitern der *Chicago Tribune* geknüpft hatte. Der Journalist Louis Atlas erlaubte ihm häufig, sein Hotelzimmer in der Rue Monsieur-le-Prince mitzubenützen. Zwei weitere Helfer, die in dieser Zeit regelmäßig einsprangen, waren Walter Lowenfels und sein Nachbar Michael Fraenkel. Fraenkel ließ Miller mehrere Wochen lang in seinem Apartment in der Villa Seurat Nr. 18 schlafen, einer privaten Sackgasse im 14. Arrondissement auf der Ostseite der Rue de la Tombe-Issoire. Eine von Millers Stärken in dieser Zeit der Armut war sein ausgeprägter Sinn für Taktik. Er borgte sich immer nur kleine Summen und gab sich Mühe, die Verantwortung für sein Wohlbefinden auf so viele Leute wie möglich zu verteilen, damit er nicht die Gastfreundschaft einzelner Personen überstrapazieren mußte. Auch als er nicht mehr in der Villa Seurat wohnte, aß er weiterhin einmal pro Woche mit Fraenkel. Das war Teil eines Systems, das er ausgetüftelt hatte, um kostenlose Mahlzeiten zu bekommen. Er hatte eine Liste aller Haushalte erstellt, in denen er mit bereitwilliger Verköstigung rechnen durfte. Die Runde sollte so groß sein, daß er jeweils vierzehn Tage lang jeden Abend an einem anderen Tisch essen konnte. Als Gegengabe erheiterte, provozierte oder beweihräucherte er seine Gastgeber. Miller rechtfertigte seine Taktik ähnlich, wie June zu Hause in New York rechtfertigte, daß sie liebeshungrigen Männern mit leeren Versprechungen das Geld aus der Tasche zog, um ihren Lebensunterhalt sicherzustellen: Das Geld und die eingeheimsten Gefälligkeiten seien nicht mehr als der gerechte Lohn für einen intelligenten Zuhörer und die Gesellschaft eines interessanten Menschen. Solche Überlegungen zeigen, daß Miller um diese Zeit die Skrupel, die er einst wegen dieses Verhaltens empfunden hatte, die »Scham über Junes Goldgräberei«, von der er 1927 in seinem Notizbuch schreibt, völlig abgelegt hatte. Zu den Personen auf Millers Liste gehörte auch der Journalist Ned Calmer vom *New York Herald.* Calmer war selbst Schriftsteller und schlug Henry mit seinen eigenen Waffen. 1934 schrieb er einen Roman mit dem Titel *Always Summer,* der ein literarisches Porträt Millers

unter dem Decknamen »Irving Brace« enthält. Am Ende des Buches wird Brace von einem Taxi überfahren und getötet.
Millers wichtigste Stütze in jenem unsicheren Sommer war Alfred Perlès. Perlès war in Wien geboren und acht Jahre jünger als Miller, hatte aber eine bessere Bildung genossen und ein bewegteres Leben geführt. Infolge seiner Erlebnisse als Soldat im Ersten Weltkrieg hatte er einige Zeit in einer psychiatrischen Anstalt verbracht. Nach dem Zusammenbruch des österreichischen Kaiserreiches war er nach Paris gegangen, wo er seit 1920 lebte und sich mit seinem Charme und seinem Journalismus über Wasser hielt und gleichzeitig mit dem Schreiben von Romanen liebäugelte.
Perlès war stets bereit, Henry in sein Zimmer im Hôtel Central zu schmuggeln, und dieses Hotel wurde sozusagen Millers Heimatanschrift für das ganze Jahr. Im August konnte Perlès Miller einen Job in der Korrekturabteilung der Pariser *Tribune* besorgen. Der Lohn betrug zwölf Dollar pro Woche, und für mehrere Wochen kam Miller wieder in den Genuß regelmäßiger Arbeit. »Die Atmosphäre dort geht mir richtig ins Blut«, schrieb er. »Sie fehlt mir an meinem freien Abend. Erstens ist es ein wahres Labyrinth von Maschinen. Die Luft ist von Gestank erfüllt. Und dann der Lärm – ein ohrenbetäubender Lärm und das gleißend helle Licht.«[18] Noch mehr als das wilde Chaos des Arbeitsplatzes freute ihn die unterhaltsame Gesellschaft seiner Arbeitskollegen. Zu ihnen gehörten ein ehemaliger Stierkämpfer, der nun auf eine Karriere als Opernsänger hinarbeitete, und ein abgedankter Soldat namens Rush mit einem Holzbein und schlechtem Atem, der Gedichte schrieb.
Zusammen mit Perlès und Bald bildete Miller bei der *Tribune* eine Pariser Neuauflage der »drei Musketiere« nach dem Trio Miller, Sattenstein und Ramos bei der Western Union und dem Trio Miller, O'Reagan und Schnellock der Floridareise. Der Zusammenschluß dieser dritten Clique, die Gespräche und Abenteuer, die sie gemeinsam auf dem nächtlichen Heimweg von der Arbeit hatten, bildeten das Herzstück des Buches, mit dem sich Miller schließlich einen Namen machte, *Wendekreis des Krebses.* Schon seit seiner Ankunft in Paris hatte er, ohne es zu wissen, Stoff für diesen Roman gesammelt – der Roman entstand tatsächlich mehr als Stoffsammlung denn als Akt gezielten künstlerischen Schaffens. Millers

Streifzüge durch die Straßen der Stadt, seine Erfahrungen in den Pariser Hotels und seine Zufallsbekanntschaften wie Nanavati, der Winter in der Rue Auguste-Bartholdi mit Osborn und dem russischen Mädchen, Begegnungen mit Huren und Gespräche mit John Nichols, Ossip Zadkine, Walter Lowenfels und Michael Fraenkel, all das füllte seine Notizbücher und Briefe viele Monate lang, ehe er in einem Augenblick plötzlicher Einsicht zu der Erkenntnis gelangte, daß alle diese Erlebnisse eine Einheit bildeten, daß sie alle zusammen zwischen die Deckel eines einzigen Buches gehörten. Er hatte den Instinkt des Filmproduzenten, dessen Bewußtsein mit der Automatik einer Maschine Besetzung und Drehort auswählt und Stoff für das Drehbuch eines großen Films sammelt. Er selbst würde immer der wichtigste Star seines eigenen Films sein, aber mit Perlès und Bald, die im *Wendekreis des Krebses* zu Carl bzw. Van Norden wurden, hatte er die beiden Mitspieler gefunden, die neben ihm die wichtigsten Hauptrollen besetzten.
Wambly Bald war in Millers Leben eine Schlüsselfigur. Er war ein flotter junger Amerikaner von fünfundzwanzig Jahren und übte durch seine regelmäßige Klatschspalte in der *Tribune,* »La Vie de Bohème«, ein beträchtliches Maß an gesellschaftlichem Einfluß auf die Amerikaner in der Fremde aus, die vorwiegend Künstler, Studenten und Bohemiens waren. Sein persönliches Prestige bezog er daraus, daß er so viele Frauen wie möglich verführte und nachher seinen Freunden gegenüber damit angab. Etwa um zwei Uhr morgens, wenn Papier und Feder ruhten, pflegten Bald, Perlès und Miller gemeinsam das Büro der *Tribune* in der Rue Lamartine zu verlassen und zusammen nach Hause in ihre Hotels zu gehen. Manchmal kehrten sie unterwegs für ein oder zwei Stunden im Dôme, im Rotonde oder bei Gillotte's ein, wo Bald meist eine Schilderung seiner jüngsten Abenteuer zum besten gab. Miller lauschte ihm mit einer Mischung aus Faszination und Verachtung. Bald mochte Miller, empfand aber seinerseits auch eine gewisse Verachtung für einen Mann, der fünfzehn Jahre älter war als er und trotzdem noch wie ein Student lebte. Richard Thoma hat berichtet, wie er und Bald Miller einmal auf der Straße begegneten. Miller war allem Anschein nach in Geldnot und fragte, ob Bald ihm etwas Geld leihen könne. In der offenkundigen Absicht, ihn zu demütigen, bot ihm Bald lächerliche zehn Francs an. Thoma schämte sich für Bald, als Miller das Geld annahm,

aber sein Zartgefühl war überflüssig. Miller rächte sich gründlich, als der Augenblick gekommen war, Bald im *Wendekreis des Krebses* auftreten zu lassen.

Als Bald in späteren Jahren darüber befragt wurde, gestand er, daß ihn die erbarmungslose Grausamkeit, mit der Miller ihn im Roman als »einen hoffnungslosen, zahnlosen, schwadronierenden, sexbesessenen Narren« porträtiert hatte, schockiert habe. Er wandte ein, er habe mit seiner sexuellen Aufschneiderei Miller lediglich auf den Arm nehmen wollen, denn in seinen Augen gehörte Miller »zu diesen puritanischen Burschen, die in vorgerücktem Alter plötzlich mit großem Trara den Sex entdecken wie Kolumbus einst Amerika«. Für ihn war Miller »in Wahrheit ein Puritaner, der sich jedesmal wand, wenn ich das Thema aufs Tapet brachte«. Bald sagte, er habe eine Menge von dem, was er Miller über seine Abenteuer erzählte, frei erfunden, um Millers »typische Reaktion des schockierten Staunens« zu provozieren. In einer der berühmtesten Szenen im *Wendekreis des Krebses* unterhält Van Norden Miller mit einer Schilderung davon, wie er einst in einem letzten verzweifelten Versuch, seine mit Abscheu gemischte Faszination durch Sex zu ergründen, sogar mit einer Taschenlampe zwischen den Beinen eines Mädchens experimentiert habe. Bald behauptete, diese Geschichte sei nicht wahr, er habe sie nur zu dem Zweck erfunden, Miller aufzuregen und zu schockieren.[19]

Bald hatte guten Grund, sein Porträt im *Wendekreis des Krebses* nach Möglichkeit anzufechten, aber man muß seinem Einspruch zumindest ein gewisses Maß an Glaubwürdigkeit zugestehen, denn Miller hatte in den Jahren mit June in New York unter Beweis gestellt, daß er ein leichtgläubiger Mann war.

Auf alle Fälle ging Miller mit der Wirklichkeit äußerst sorglos um: Er sah in Bald seine Schöpfung. Sobald er ihn sich angeeignet und in Van Norden umgetauft hatte, konnte er mit ihm machen, was er wollte. Der Beobachter menschlicher Typen in ihm war amüsiert und fasziniert von Bald, dem Inbegriff des eingefleischten Frauenhelden. Ein Brief an Emil Schnellock enthält eine prägnante Schilderung der Monomanie seines neuen Freundes:

> Wambly Bald ist ein Misanthrop, wenn dieser Begriff in Verbindung mit einer so traurigen Figur nicht zu hochtrabend ist. Für ihn ist alles sinnlos. Alles außer Mösen. Auf dem Heimweg

geben wir uns gegenseitig Rätsel auf. »Dreimal dürft ihr raten – woran denke ich jetzt?« Die richtige Antwort lautet stets: Möse – Möse – Möse. Gestern abend war es Idas Möse. Am Abend vorher die der Jungfrau Maria. Ein sehr erbaulicher Zeitvertreib, wie Du siehst.[20]

In seinen »Notizen über Charaktere«, die er 1928 in sein Notizbuch über June eintrug, kennzeichnet Miller seinen Freund Dewar mit denselben drei Worten: Möse – Möse – Möse. Vielleicht hatte er Freude daran, auf solche Männer herabzusehen, aber vermutlich war er wie viele andere Männer auch ein wenig eifersüchtig auf solche rücksichtslosen Schürzenjäger und erkannte widerstrebend das Talent von Männern wie Dewar, O'Reagan und Bald an, für Leben zu sorgen und zahllose alberne, lustige und denkwürdige Histörchen aufzutischen, die halfen, die Zeit zu vertreiben. In einem anderen Brief an Emil Schnellock beschreibt Miller einen typischen Ausflug mit Bald, den er später als Grundlage für eine andere berühmte Szene in *Wendekreis des Krebses* verwendet hat: Zwei Männer und eine Hure überlegen lustlos, mit welcher sinnvollen menschlichen Tätigkeit sie zu dritt die zehn Francs der Rechnung aufbringen können, die auf dem Tisch des Hotelzimmers vor ihnen liegt. Bald, Perlès und Miller waren ins Les Halles gegangen, damit Bald eine Hure aufgabeln konnte. Wie gewöhnlich war Bald der Handelnde, und Miller und Perlès waren die Zuschauer.

Eine mit einem roten Kleid, durchsichtig, dünne Beinchen, aber Brüste und Hintern wohlproportioniert. Durch und durch Französin. Krank. Keck. Zehn Francs – und Fred und ich warten unten, während Bald eine schnelle Nummer mit ihr macht – an der Bettkante, die Kleider an. Das Zimmer hat keine Fenster, und es gibt nur ein ein Handtuch für beide. Sie raucht, während er sie bumst, ruhig, bedächtig, gleichgültig. Nur zu ... hol dir, was deine zehn Francs wert sind. Freier an der Tür, wartet darauf, hereingelassen zu werden, während Bald sich wäscht. Tür geht auf, und Freier schaut zu. Wir warten unten mit der Uhr. Viereinhalb Minuten.[21]

Miller sagte Michael Fraenkel einmal, »Haß und Rachsucht« seien die Haupttriebfedern hinter *Wendekreis des Krebses* gewesen,[22] und Bald begriff wahrscheinlich besser als jeder andere, daß diese scheinbar allgemein philosophische Aussage auch auf einer persönlichen Ebene relevant war. Er mußte für den Rest seiner Tage mit der Karikatur eines sexbesessenen Trottels leben, die Miller von ihm gezeichnet hatte, und wurde im Overseas Press Club als Sehenswürdigkeit verspottet: »Sehen Sie den Burschen dort drüben? Er ist der Van Norden in Millers Buch.« Für Miller war Bald der Typ von Mann, den er gern als genaues Gegenteil seiner selbst ansah, ein Mann, der nie eine Cora Seward von ferne verehrt, sondern ein solches Verhalten lächerlich gefunden hätte. Und doch war Miller so schwach, den hirnlosen Weiberhelden und seine kalte, gefühllose Art zu beneiden.

8

In einem Brief an Schnellock vom 24. August 1931 erklärte Miller, er habe *Crazy Cock* beendet. Bald darauf erfuhren die Leser von Balds Kolumne »La Vie de Bohème«, daß June Mansfield in Kürze wieder unter ihnen weilen werde und daß sie den Roman *Happier Days* fertiggestellt habe, an dem sie in New York ein Jahr lang gearbeitet habe. Zwei Wochen später, im Oktober 1931, kam June zum zweitenmal nach Paris. Möglicherweise bestand zwischen ihrer Rückkehr und der Vollendung des Romans ein Zusammenhang, vielleicht war *Happier Days* in Wirklichkeit *Crazy Cock,* und vielleicht klammerte June sich immer noch an irgendeine verrückte Abmachung – wie bei *Moloch* –, daß nämlich ein Buch Henrys unter ihrem Namen veröffentlicht werden sollte. Der Schriftsteller Lionel Abel, der in Greenwich Village wohnte, berichtet von einer Reihe von Gesprächen mit June Anfang der dreißiger Jahre, die diese Vermutung nahelegen. Der Titel des Buches, das gerade in Arbeit war und das sie Abel gegenüber erwähnte, war jedoch *Wendekreis des Krebses.* Daß Miller seine ersten beiden Bücher unter Junes Namen schreiben wollte, gehört zu den undurchsichtigsten und bizarrsten Aspekten seines Mythos.

Keine dieser Verwicklungen konnte etwas an der Tatsache ändern, daß *Crazy Cock* Millers drittes unveröffentlichtes Werk in vollem Buchumfang war, ehe er mit *Wendekreis des Krebses* endlich

Erfolg hatte. *Crazy Cock* ist ein außerordentlich schlechtes Buch, es liefert jedoch biographisch interessantes Material für Millers spätere, erfolgreichere Versuche der Selbstdarstellung, da es relativ ausführlich beschreibt, was Miller in den folgenden dreißig Jahren in *Wendekreis des Steinbocks* und *The Rosy Crucifixion* verarbeitete. Es handelt vorwiegend von der demütigenden Erfahrung des Zusammenlebens mit June und Mara Andrews in den Jahren 1926 und 1927.

Tony Bring, wie Miller sich in diesem Buch nennt, ist eine mitleiderregende Person, eingeschüchtert durch eine Welt voll zigarettenrauchender Frauen in Flüsterkneipen und Lesbierinnen, die schamlos in Overall und hohen Stiefeln durch die Straßen New Yorks stolzieren. Brings größte Sorge ist, wie er unabhängige Frauen wie June und Mara unter seine Kontrolle bekommen und dann auch unter Kontrolle halten kann. June, die im Roman Hildred heißt, werden überzeugende Sätze zu ihrer Verteidigung in den Mund gelegt, in denen sie Henrys Vorwurf zurückweist, sie und »Vanya« hätten eine lesbische Beziehung. Sie beklagt sich darüber, daß er als Mann unfähig sei, die qualitativ andersartige Liebe zu begreifen, die zwei Frauen füreinander empfinden könnten:

> Du komplizierst alles so und machst es so häßlich! Jawohl! Du siehst die Dinge nur auf deine enge, männliche Art; du machst aus allem eine Frage des Sex. Und darum geht es überhaupt nicht ... es geht um etwas Seltenes und sehr Schönes! Die Liebe eines Mannes zu einer Frau ist eine Sache der Begierde, vollkommen körperlich, vergänglich, ein Appell an die Eitelkeit. Du wirst mich niemals verstehen können, sosehr du dich auch bemühst. Du wirst nur das in mir sehen, was du sehen willst, was deinem Ego zusagt. Du liebst mich nicht um meiner selbst willen.[23]

Im Vergleich zu der späteren Darstellung ihres Charakters in *The Rosy Crucifixion* ist June in *Crazy Cock* eine normalere, glaubwürdigere Figur, eine Frau, die der Wirklichkeit näher steht als das dramatische, schattenhafte Symbol, zu dem Miller sie später machte.

Tony Bring leidet stärker unter der Schuld, seine Frau und sein kleines Kind verlassen zu haben, als er es in seiner späteren Verkleidung als Val Miller tut. In einer Szene, die für die eigentümlich rührende Unschuld vieler Textpassagen typisch ist, beschreibt Miller, wie Tony ein Bordell besucht und errötet, als ihm eine Dirne ein Kompliment über sein khakifarbenes Hemd macht. Als sie ihn später am Bein anfaßt, errötet er wiederum tief. Tony Brings Reaktionen und die Erörterungen des Erzählers über Sex im allgemeinen legen nahe, daß Wambly Bald wahrscheinlich recht hatte, wenn er Miller einen gewissen Puritanismus unterstellte. Tony leidet darunter, daß »Frauen sich gerne wie Huren herrichten. Ja, im Grunde sind sie alle Huren ... die Tochter einer jeden Mutter, selbst die Engel.« Eines Abends ist er dermaßen entmutigt durch die Richtung, in die sich das moderne Leben entwickelt, daß er in einer Flüsterkneipe offen alles bedauert, was ihm zugestoßen ist, seit er Frau und Kind verlassen hat, und Sehnsucht nach der Rückkehr ins Familienleben mit der konventionellen »Paula« bekundet. Beim Anblick einer alten Fotografie seiner früheren Frau zitiert er sogar Dowson und fühlt, wie »sein Herz noch einmal unter dem fernen Glanz eines alten Zaubers erbebt«. Eine ähnliche Sentimentalität charakterisiert auch den Erzählstil selbst, und manchmal benützt Miller sogar Inversionen, die für Trivialromane von Frauen charakteristisch sind, wie etwa: »Eng liegen sie beieinander, einer atmet den Atem des anderen.«[24]

Das Selbstporträt als Tony Bring ohne Ironie oder Distanz zeigt, wie sehr Miller während seiner Bohemezeit mit June in New York gesellschaftlichen und sexuellen Konventionen verhaftet blieb. Jede Veränderung schreckte ihn auf, ob die radikale Umgestaltung seines Viertels durch die Ankunft jüdischer Einwanderer in seiner Kindheit oder die Veränderung im sexuellen Verhalten junger Frauen, die der Krieg und die Einrichtung von Flüsterkneipen mit sich brachte. Später erklärte er irreführenderweise, er habe für seine ersten Bücher »nicht deshalb keinen Verleger gefunden, weil meine Werke vor Pornographie strotzten, sondern, wie ich inzwischen fest glaube, weil ich meine eigene Identität noch nicht gefunden hatte«. Tatsächlich gibt es weder in *Moloch* noch in *Crazy Cock* etwas, das man auch nur als entfernt pornographisch bezeichnen könnte, und an einem Zusammenstoß mit der Zensur war ihm so wenig gelegen, daß er selbst mit der Schreibmaschine im Manuskript Auslassungspunkte tippte, wo er meinte, die Sprache könne Anstoß erregen. Das soll nicht heißen, daß der spätere

Henry Miller in dem Buch nicht präsent war. Er war durchaus präsent, aber Tony Bring zensierte ihn.
Miller experimentierte mit mehreren unterschiedlichen Schlüssen für *Crazy Cock*, konnte aber nie ein zufriedenstellendes Ende finden. Die Schwierigkeit bestand darin, daß die dramatische Dreiecksliebe, auf die er das Interesse des Lesers gelenkt hatte, im wirklichen Leben im Sand verlaufen war und daß er keine großangelegte Handlung erfinden konnte, deren es bedurft hätte, um das Buch zu einem psychologisch befriedigenden Ende zu bringen. In seiner Verzweiflung schrieb er sogar einen Schluß, in dem Tony Bring Vanya die Kehle durchschneidet.
Angesichts des harmlosen Inhalts bleibt der Titel ein Rätsel. Vielleicht war er nur ein Werbetrick, der im Leser die falsche Hoffnung wecken sollte, das Buch sei voller erregender Sexszenen. Das Buch enthält allerdings Anklänge an das 1924 erschienene *Crazy Man* von Maxwell Bodenheim, das ein großer Erfolg war. Die Thematik ist in gewisser Hinsicht verwandt: Bodenheim schildert in seinem Buch eine Liebesaffäre zwischen einem Revuegirl und dem künstlerisch veranlagten Arbeiter John Carley. Die Anfangsbuchstaben des Namens sollen eine Identifikation mit Jesus Christus andeuten. Carley verliebt sich in das Mädchen, und seine Liebe gibt ihr ein Gefühl von persönlichem Wert, das bisher in ihrem Leben gefehlt hat.
Miller hatte hart an dem Buch gearbeitet, aber als er dessen Vollendung verkündete, wußte er bereits, daß sein Versuch, einen konventionellen Roman zu schreiben, gescheitert war. Noch schlimmer war, daß das Buch als Selbstporträt bereits hoffnungslos überholt war. Walter Lowenfels las das Buch und urteilte: »kitschiges und bombastisches Zeug, schwammig, Schund«.[25] Michael Fraenkel hielt es für die merkwürdigste Mischung von gutem und schlechtem Text, die er je gesehen habe, und riet Miller, es zu zerreißen und zu vergessen. Das tat Miller nicht, aber an dem Tag, an dem er *Crazy Cock* beendete, kündigte er freudig erleichtert an, er wolle »morgen« (am 25. August 1931) ein neues Projekt beginnen, auf das er sich offensichtlich viel mehr freute: »das Buch über Paris: in der ersten Person, unzensiert, formlos – zum Teufel mit allem!« – eine knappe, treffende Beschreibung von *Wendekreis des Krebses*.[26]

9

June hoffte vergeblich, sie könne Henry jetzt, da *Crazy Cock* fertig war, überreden, mit ihr nach New York zurückzukehren. Während ihres kurzen Aufenthaltes konnte sie ihn lediglich dazu veranlassen, seinen Job bei der *Tribune* aufzugeben. Wie bereits 1924, als Henry bei der Western Union gearbeitet hatte, ermunterte sie ihn, die Arbeit zu schwänzen. Nach zehn Tagen gab sein Chef Jules Frantz den Job einem anderen Korrektor, im Glauben, Henry sei nach Amerika zurückgekehrt, ohne jemandem etwas davon zu sagen. Miller nahm die Geschichte in *Wendekreis des Krebses* auf und bog sie so zurecht, daß es aussah, als sei er entlassen worden. Bald glaubte er das auch selbst, und 1935 schickte er seinem ehemaligen Chef eine Schrift mit der Widmung: »Für Jules Frantz, der mich gefeuert hat, weil ich ein lausiger Zeitungskorrektor war.«[27]

Frantz erinnerte sich nur an wenige Begebenheiten aus der Zeit von Millers erster Anstellung bei der *Tribune.* Er entschuldigte sich viele Jahre später bei einem Autor, der eine Biographie über Miller schreiben wollte, er könne ihm leider nicht weiterhelfen, denn »die Hälfte aller Mitarbeiter in der Redaktions- und Korrekturabteilung der Chicatrib hielt sich für ein angehendes Genie der einen oder anderen Sorte – für einen Schriftsteller, Maler, Opernsänger, Casanova oder was auch immer. Henry hat uns nicht so tief beeindruckt, wie er vielleicht Leute aus einem anderen Milieu beeindruckt hätte.«

Junes Abreise, der Verlust seines Jobs und die Befreiung von der Knochenarbeit an *Crazy Cock* ermöglichten Henry, alle Kräfte auf sein neues Buch zu konzentrieren. Er traf sich in dieser Zeit häufig mit Alfred Perlès, schlief auch oft in dessen Bett im Hôtel Central, während Perlès bei der Arbeit war, und lernte aus vielen wertvollen Anregungen von ihm, wie er seinem literarischen Possenspiel Richtung und Schärfe geben konnte, so daß es auch wirklich ein »zweckvolles« Possenspiel war. Es war die Zeit der Manifeste und der Literaturtheoretiker wie Gertrude Stein und Eugène Jolas, also nahmen Miller und Perlès als erstes gemeinsames Werk ein Manifest in Angriff. Eugène Jolas, der Herausgeber der Zeitschrift *Transition,* hatte mit der Juni-Nummer von 1929 ein gewisses Aufsehen erregt. Er hatte darin in Form von zwölf

gnadenlos formalistischen Programmpunkten die »Revolution des Wortes« ausgerufen. Der zwölfte Punkt lautete: »Den Durchschnittsleser soll der Teufel holen.« Der amerikanische Schriftsteller und Journalist Samuel Putnam, der bei *This Quarter* als Assistent von Edward Titus mitgearbeitet hatte, brach mit Titus, weil ihm die von diesem bevorzugten Texte nichts sagten und in ihrer Einfachheit altmodisch erschienen. Titus lehnte beispielsweise die vielen Geschichten, die James T. Farrell einsandte, als »Schrott« ab, so daß Putnam nichts anderes übrigblieb, als eine eigene Zeitschrift herauszubringen, wenn er diese Art von Realismus gedruckt sehen wollte. Die *New Review* wurde 1931 gegründet und war als Protest gegen ein allzu esoterisches Literaturverständnis gedacht, und Putnam war sehr angetan von den einfachen, aber erfrischend neuartigen Texten, die Miller der Zeitschrift zuschickte. In *L'Age d'Or* und *Mademoiselle Claude* sah Putnam ein gesundes Gegengewicht zum Intellektualismus eines James Joyce und einer Gertrude Stein.
Als Reaktion auf solche schriftstellerische Arbeiten und auf hochtönende programmatische Erklärungen wie die von Jolas schrieben Miller und Perlès selbst ein Manifest, in dem sie ihren »Neuen Instinktivismus« empfahlen. Sie verstanden ihr Manifest als »Aufruf zur Rebellion gegen die Kindereien in Kunst und Literatur, ein Manifest des Abscheus, einen Schleimklumpen in den Spucknapf des Nachkriegsdünkels, einen gesunden Schiß in die Wiege totgeborener Götter«. Außerdem kündigten Perlès und Miller die Vorbereitung einer instinktivistischen Bibel an. Die neue Religion war vollkommen subjektiv. Sie mischte Unsinn und Farce mit der Pseudowissenschaft von Alfred Jarrys *Pataphysique* und förderte die totale persönliche Anarchie: »Hast du deine Frau satt? Schick sie zum Teufel! Bist du der Politik überdrüssig? Geh nicht zur Wahl! Verabscheust du deine Arbeit? Häng sie an den Nagel! Was immer du tun willst, tu es!« Der gute Instinktivist war instinktiv *gegen* Admirale, aber *für* Konteradmirale, *gegen* Prostituierte, aber *für* Huren, *gegen* das Fotografieren von Händen – besonders Dichterhänden –, aber *für* die Kirche, denn »für sie zu sein stiftet mehr Schaden, als gegen sie zu sein«. Er war auch instinktiv gegen den Neuen Instinktivismus.
Angeblich hat der vielbeschäftigte Putnam die Veröffentlichung einer Nummer der *New Review* Perlès und Miller anvertraut, und

die beiden haben daraufhin sofort alle Beiträge weggeworfen, die Putnam bereits angenommen hatte, und sich darangemacht, die Nummer mit ihrer eigenen aufrührerischen Botschaft an die Welt zu füllen. Sie hatten jedoch das Pech, daß Putnams Frau merkte, was vorging, und ihren Mann informierte. »Aus Furcht vor rechtlichen Komplikationen« zwang er die beiden, ihre Texte zurückzuziehen, und enthob sie ihres zeitweiligen Herausgeberpostens. Der *Neue Instinktivismus*, ein langes, witziges und nicht übermäßig feinsinniges Dokument, blieb unveröffentlicht, aber es war ein interessanter Vorbote künftiger Entwicklungen und jenes respektlosen Angriffs auf die Kunst, den Miller auf der ersten Seite von *Wendekreis des Krebses* unternimmt.

10

Weihnachten rückte näher und gleichzeitig Millers vierzigster Geburtstag. Er war bei guter Gesundheit, und eine Beschreibung, die Wambly Bald um diese Zeit von ihm gab, zeigt ihn als einen jungen älteren Mann mittlerer Größe, sehr schlank, glatzköpfig, mit einem federnden, jugendlichen Gang, der ihn aus der Ferne wie einen Neunzehnjährigen wirken ließ. Unbekümmert trug er jene Mütze, die Bald als »Knabenkappe« bezeichnete, und die Zigarette, die ihm aus dem Mund hing, gab ihm »das Aussehen eines aufgeweckten, flotten Jungen«.[28] Miller selbst fühlte sich beim Herannahen dieses Geburtstages keineswegs wie ein Junge. Trotz des jungenhaften Spaßes am *Neuen Instinktivismus* spürte er allmählich, wie die Zeit verrann. In einem Weihnachtsgruß an Emil Conason schrieb er, er sei nun »beinahe vierzig Jahre alt, ein wenig kahler geworden, mein Goldzahn fällt stärker ins Auge, ich bin dünner geworden, älter etc. etc. Nein, ich bin nicht mehr der alte.« Zum erstenmal spielte der Altersunterschied zwischen ihm und seiner Frau eine Rolle in ihrer Beziehung. »June ist enttäuscht«, schrieb er. »Sie will, daß ich jünger, spritziger, romantischer bin.« Sie hatte ihn »zu duldsam, zu phlegmatisch, zu übellaunig, nörgelig, kritisch etc. etc.« gefunden.[29] Das war das wohlbekannte Gefühl der Enttäuschung vergangener Weihnachtsfeste, aber der Brief enthält noch etwas anderes: ein wachsendes Gefühl von Selbstsicherheit und Selbstvertrauen, das ihm sogar ein wenig peinlich schien. Junes Kritik war gerade deshalb verletzend, weil Miller allmählich stolz darauf war, »duldsam« zu sein. Für ihn war das kein Zeichen von Langweiligkeit, sondern ein philosophischer Durchbruch, eine »Antwort« der Art, wie er sie seit seiner Schulzeit bei Challacombe und Mills, in Chula Vista, bei Madame Blavatsky, Elie Faure, Oswald Spengler und seinen anderen ideologischen Vorbildern gesucht hatte.

Miller wußte, daß Conason sein unnachsichtigster Kritiker war, und ehe er enthüllte, daß er einen philosophischen Durchbruch erlebt hatte, bereitete er seinen Freund sorgfältig darauf vor. Er stellte sich zu Recht und mit verzeihlichem Stolz als einen der wenigen Amerikaner in Paris dar, der die französische Kultur wirklich aufgenommen hatten und sie nicht einfach als Hintergrund benützten, vor dem man sein amerikanisches Leben weiterlebte. Miller hatte nicht nur mit den historischen Größen der französischen Literatur Bekanntschaft geschlossen, sondern auch mit den Werken weniger berühmter Lieblingsautoren der Franzosen wie Georges Duhamel, Jean Giono und Blaise Cendrars. Seine Briefe nach New York waren atemlose Sendschreiben voller Erregung, aus denen stets die Begeisterung über alle Aspekte seines neuen Lebens sprach. Jetzt ließ er Conason gegenüber ausnahmsweise einmal die Maske fallen und gab zu, Montparnasse sei »ein trauriger Ort. Trotz ihrer Geilheit und Trunkenheit sind diese Menschen in Wahrheit unglücklich.« Aber obwohl er auch sich selbst an diesem »traurigen Ort« ansiedelte, beteuerte er, nicht dazuzugehören. Er empfand, daß ihn das starke Gefühl der Losgelöstheit von dem Leben seiner Umgebung zu einem beinahe religiösen Egoismus hinlenkte, der dem Streben des Individuums in schwierigen und turbulenten Zeiten die vordringliche Aufgabe stellte, für sich selbst und die eigene Zufriedenheit zu sorgen. Das war die befreiende Erkenntnis. Er schrieb Conason, er habe endlich »aufgehört zu suchen. Ich bin angekommen, entschieden, glücklich. Ich drehe mich langsam mit dem Rad, weil ich in der Mitte des Rades bin.« Das waren hochtönende Behauptungen, und sie erfüllten ihn selbst mit so viel Scheu, daß er sogleich die leicht hingeworfene Aufforderung an Conason anfügte: »Du kannst jetzt Deine eigene Philosophie auftischen und mich lächerlich machen. Ich lade Dich dazu ein.« Denn um Philosophie handelte es sich. Zwar wurden große Durchbrüche mit der Zeit zu regelmäßig wiederkehrenden Ereignissen in seinem Leben, aber Millers Glaube, er habe während der ersten achtzehn Monate in Paris eine innere Einstellung gefunden, die für ihn selbst und andere von bleibendem Wert sei, ist die überzeugendste dieser Erleuchtungen.

11

In dieser abgeklärten Stimmung hatte er sogar kurzfristig das Gefühl, er »habe es satt, Erfahrungen zu sammeln«. Die Tatsache, daß Wambly Balds Kolumne am 14. Oktober gänzlich ihm und der romantischen Armut seines Alltags gewidmet war, entzückte ihn weniger, als zu erwarten gewesen wäre, da er sie nach seinen eigenen Worten weitgehend selbst geschrieben hatte. Das war nur eines von vielen Beispielen für das lebhafte Interesse, das er an der Förderung und Gestaltung seines eigenen Ruhmes hatte. Er lieferte auch eine Selbstdarstellung für *Americans Abroad,* ein Verzeichnis, das 1931 von Peter Neagoe, Samuel Putnams Redaktionsassistent bei der *New Review,* angelegt wurde. Darin stellte er sich nicht nur als Schriftsteller, sondern auch als ehemaligen Radrennfahrer bei Sechstagerennen und Konzertpianist vor, der seinen Weg durch das Leben »ohne Schulbildung« gemacht habe. Zu den wenigen wahrheitsgetreuen Angaben gehörte, daß er nach Paris gekommen sei, um »das Laster zu studieren«, und daß er in seiner Freizeit geübt habe, »wie ein Heiliger zu leben«. Das ist feinsinnige Ironie, aber sie hätte witziger und eindrucksvoller gewirkt, wenn er nicht die Lügen vom »Naturkind« in die Welt gesetzt und behauptet hätte, er sei ein Konzertpianist ohne Ausbildung und ein professioneller Sportler. Sogar Perlès hat durch Miller eine deutlich übertriebene Darstellung vom Leben des Freundes vor der Pariser Zeit erhalten. Miller war angeblich »in ganz Amerika herumgekommen, hatte sich per Anhalter, durch Betteln und Schnorren der Länge und der Breite nach durch den riesigen Kontinent gearbeitet« und hatte »oft die Nacht auf einer Parkbank oder im örtlichen Gefängnis zugebracht«. Wo immer Miller auftauchte, hatten Menschen ihm weitergeholfen, und oft waren diese Helfer »selber bloß Tramps, denen es kaum besser ging als ihm selbst«, und »ab und zu nahm ihn auch einmal eine

Frau für eine Nacht oder vierzehn Tage auf«. All das fand angeblich statt, ehe er Beatrice heiratete. Zu diesem Zeitpunkt war er, wie er Perlès erklärte, »ein Meister der Kunst, sich mit Hilfe von Tricks durchs Leben zu schlagen«.[30] Offensichtlich wurde die Trennlinie zwischen Fakt und Fiktion, zwischen Wahrheit und Lüge immer unschärfer. Henry Miller verwandelte sich in »Henry Miller«, und der Prozeß der Bibliomorphose, dem er sich unterzogen hatte, ging seiner erfolgreichen Vollendung entgegen.

June war nach New York zurückgekehrt, aber Miller wußte inzwischen, daß er ihr auf absehbare Zeit nicht folgen würde. June mit ihrer »idiotischen Vorstellung von Frankreich und den Franzosen« würde nie nach Paris ziehen, und er selbst wollte, wie er Schnellock schrieb, »lieber als *garçon* in einem Bistro hier leben, als in einem feudalen Apartment in New York der Routine erliegen«. Am meisten wäre der Lage durch eine offene Aussprache ohne Umschweife gedient gewesen, aber eine offene Aussprache beraubt das Leben leicht allen Witzes und jeder Dramatik. Henry hatte June fraglos noch immer sehr gern, aber ihm fehlte in seiner Ehe etwas, das June ihm beim besten Willen nicht geben konnte, das der Liebessüchtige jedoch glühend ersehnte – das Prickeln des ersten Aufblühens einer neuen Affäre.

KAPITEL 10

1931-1933: Das zweite Dreieck: Henry, June und Anaïs

1

Miller hatte seit seiner Ankunft in Paris zwei oder drei halbherzige Liebesaffären gehabt. Außer der Affäre mit Madame Deaugard, bei der Madame Deaugard die treibende Kraft gewesen war, war er kurze Zeit der Liebhaber einer gewissen Bertha Schrank, deren Mann Joseph, ein erfolgreicher Musicalkomponist, in Amerika und damit aus dem Weg war. An Mrs. Schrank fand Henry vor allem attraktiv, daß sie äußerlich June ähnelte. Darüber hinaus hatte er wenig mit ihr gemeinsam. Zwar spielten die beiden kurzfristig mit der Idee, zusammen nach Rußland auszureißen, aber schon bald endete das Verhältnis aufgrund von Langeweile. Als es zu Ende war, bedauerte Henry lediglich, daß Bertha sich weigerte, ihm seine Liebesbriefe zurückzugeben. Er hatte sie in seinem Buch verwenden wollen.

Die Begeisterung für die Prostituierte war ein romantischer Scherz, die Beziehung mit Bertha Schrank eine rein körperliche Angelegenheit. Bis Miller Anaïs Nin kennenlernte, hat keine Frau Junes Platz in seinem Leben ernsthaft bedroht. Die Begegnung zwischen Miller und Anaïs Nin wurde von ihrem gemeinsamen Freund Richard Osborn arrangiert, der in einer Rechtsfrage für Nin tätig war. Dabei ging es um den Vertrag für ein Buch über D. H. Lawrence, das sie geschrieben hatte. Osborn hatte Anaïs seinen talentierten Freund warm ans Herz gelegt, und Anaïs hatte Henrys Artikel über Buñuel in der *New Review* gelesen. Noch wichtiger war, daß sie auch Auszüge des Materials gelesen hatte, an dem Miller Ende 1931 arbeitete und aus dem das Buch *Wendekreis des Krebses* hervorgehen sollte. June war noch einmal nach

Paris gekommen, um den geheimnisvollen Bann zu brechen, in den die Stadt ihren Mann geschlagen hatte. Ohne Zweifel war sie es, die ihm zunächst zuredete, die Bekanntschaft mit der reichen Nin zu pflegen, da diese sich leicht ausnehmen ließ. Als Osborn Anfang Dezember 1931 eine erste Begegnung in Nins Haus in Louveciennes vereinbarte, war auch June eingeladen. Aus taktischen Gründen beschloß sie jedoch, nicht zu gehen, und schickte Henry allein. Das erwies sich als Fehler. June hatte nicht erkannt, daß ihr Mann für ein neues Experiment in Sachen Liebe reif war. Die Begegnung verlief äußerst zufriedenstellend. Alles an Nin beeindruckte Miller. Sie war eine dunkelhaarige Schönheit und darin June ähnlich, wirkte aber körperlich viel zerbrechlicher. Sie las leidenschaftlich gern und viel und konnte intelligent mit Henry über seine damaligen literarischen Helden Dostojewski und Proust diskutieren. Mit ihrer Verehrung D. H. Lawrence' und der Psychoanalyse war sie ihm voraus. Die gemeinsam mit Osborn eingenommene Mahlzeit war ein großer Erfolg. Nin gefiel, was Miller sagte, aber noch mehr war sie von seiner lockeren, natürlichen Art und seiner augenfälligen Gabe beeindruckt, die Freuden des Augenblicks zu genießen. Miller zeigte sein Glück gern offen und war kein Anhänger der alten Weisheit, daß Glück in dem Moment zerbricht, in dem man davon spricht. Da Nin eine ausgesprochene Neurotikerin war, war seine irrationale und schamlose Zufriedenheit für sie eine Offenbarung. Das Ergebnis dieses so erfreulichen Abends war, daß Miller eingeladen wurde, in Louveciennes Silvester zu feiern.

2

Anaïs Nins familiärer Hintergrund war exotischer als alles, was June sich zu Henrys Erbauung hätte ausdenken können. Sie wurde 1903 in Paris als Tochter des spanischen Komponisten und Konzertpianisten Joaquin Nin y Castellanos und der dänischen Sängerin Rose Culmell geboren. Als Kind stand sie ihrem Vater sehr nahe und begleitete ihn auf seinen Konzertreisen durch Europa. Als er 1913 die Familie verließ, litt sie schwer darunter. Im Jahr darauf zog die Mutter mit ihr und ihren beiden Brüdern nach New York, wo Anaïs begann, ihre Gedanken in einem Tagebuch aufzuzeichnen. 1923 lernte sie in Kuba den reichen, jungen Bankier Hugh Guiler kennen und heiratete ihn. Als Guiler 1925 in das Büro der First National Bank in Paris versetzt wurde, kehrte sie mit ihm dorthin zurück. Guiler bekam sein Gehalt in Dollars ausbezahlt, das Ehepaar konnte sich deshalb ein komfortables Leben in den vornehmen Vierteln von Paris leisten, außerdem besaß es ein Auto und hatte hintereinander mehrere spanische Hausmädchen. Nach dem Börsenkrach in der Wall Street im Jahr 1929 mußten die beiden ihre Wohnung am Boulevard Souchet aufgeben und zogen nach Louveciennes am Stadtrand. Hier bewohnten sie ein weitläufiges altes Haus, das einmal Madame Dubarry gehört hatte. Hinter dem Haus erstreckte sich ein großer, verwilderter Garten. Anaïs stellte bald fest, daß sie in einem »schönen Gefängnis« eingesperrt war. »Ich stopfe Socken, beschneide Bäume, mache Obst ein und poliere Möbel«, schrieb sie in ihr Tagebuch, »aber während ich das tue, habe ich das Gefühl, nicht zu leben.«[1]

Die Rettung aus diesem Grab kam, als sie die Romane von D. H. Lawrence entdeckte. Begeistert schrieb sie ein schmales Bändchen zur Würdigung seines Werkes. Ganz besonders lobte sie *Lady Chatterley*. Der Verleger der Pariser Ausgabe von Lawrence' Buch, Edward Titus, war einverstanden, Nins *Passionate Appreciation* zu veröffentlichen, und beauftragte seinen Assistenten Lawrence Drake, das Manuskript redaktionell zu bearbeiten.

Drake erkannte bald, daß Nins Ehe mit Hugh Guiler sich in eine dezent kaschierte sexuelle Katastrophe verwandelt hatte (Nin gestand Miller später, sie habe noch nach sieben Jahren Ehe mit Guiler häufig zu Vaseline gegriffen), und unternahm einen raschen Versuch, sie zu verführen. Sie wehrte ihn nur schwach ab und erlaubte ihm »aus Mitleid«, zwischen ihren Beinen zu ejakulieren. Anschließend erzählte sie ihrem Mann von dem Vorfall, aber nur »auszugsweise, ohne meine Beteiligung zu erwähnen«. Sie merkte, daß der Vorfall keine Schuldgefühle in ihr auslöste, und damit eröffnete sich ihr eine Welt neuer Möglichkeiten. Jetzt hatte sie ein vorzügliches Heilmittel gegen die Langeweile und zugleich Stoff für ihr Tagebuch.

Nin brauchte jemanden, für den sich Untreue lohnte, und Henry war aus mehreren Gründen dafür geeignet. Eine Rolle, die er in Paris äußerst erfolgreich spielen konnte, weil sie nur ein Stück weit gespielt war, war die Rolle des edlen Wilden oder, sofern es sich um feine Damen handelte, des »rüpelhaften Rauhbeins«. Daß er sich in *Americans Abroad* damit brüstet, er habe »keine Bildung« genossen, gehörte ebenso zu dieser Rolle wie seine Selbstdarstellung als vogelfreier Vagabund und ehemaliger Totengräber. Er unterschlug, daß er in verschiedenen, manchmal zwar kleinen, aber meist recht komfortablen Apartments in Brooklyn gewohnt hatte, für die meist seine Frau bezahlte. Nin war fasziniert von der Brutalität und dem Primitivismus der Auszüge aus dem *Wendekreis des Krebses,* die Osborn ihr gezeigt hatte. Schon ehe Henry zu diesem ersten Abendessen erschien, hatte sie sich auf eine Begegnung zwischen »Zartheit und Brutalität« gefreut.

Als Henry an jenem Abend aus Louveciennes zu June zurückkehrte, war sie beunruhigt. Statt mit ihr über Nin als reiche Kuh mit künstlerischen Ambitionen zu lästern, war er ungewöhnlich still. Als June frage, wie der Abend verlaufen sei, zuckte er die Achseln: »So lala.« Und Nin? Sie sei wie ein Vogel gewesen. June fragte ihn, welche Art Vogel, aber er weigerte sich, weiter ins Detail zu gehen. Sie kannte ihn gut genug, um zu merken, daß Anaïs ihn stark beeindruckt hatte, und an jenem Abend hatten sie den ersten lautstarken Krach, dem bald weitere Auseinandersetzungen und das Ende ihrer Ehe folgen sollten. June war jedoch nicht gesonnen, kampflos aufzugeben. Am Silvesterabend begleitete sie Henry nach Louveciennes.

Sie war fest entschlossen, an jenem Abend die exotische Nin zu übertreffen, deshalb zog sie ihr rotes Samtkleid mit einem Loch im Ärmel und ihr Samtcape an. Ihre Haare, die inzwischen schulterlang waren und eine Farbe hatten, die Bald als »Rost mit einem Hauch Gold, beinahe Rot« bezeichnete, bedeckte sie mit einem zerbeulten Schlapphut. Wie gewöhnlich ging sie ohne Strümpfe und trug nur einen Ohrring mit einem Katzenauge. Henry ärgerte sie, als er sie beim Verlassen des Hotels ermahnte, bei den Guilers doch bitte darauf zu achten, was sie sagte. Meist war er derjenige, bei dem man in dieser Beziehung auf alles gefaßt sein mußte. Bei prüden Leuten oder Pharisäern, wie June sie nannte, benützte er mit Vorliebe ein höchst schockierendes Vokabular, während er in Gesellschaft von Huren die Wohlanständigkeit selbst war. Soweit June wußte, paßte Nin in keine der beiden Kategorien.

Das Mädchen Emilia servierte ein Karotten-Soufflé, und Nin weidete sich an der Verwirrung und Unsicherheit ihrer Gäste aus der Arbeiterschicht:

> Sie waren schon hypnotisiert von der eigenartigen Atmosphäre von Louveciennes, den Farben, meinen ausgefallenen Kleidern, meiner Fremdheit, dem Geruch nach Jasmin, den offenen Kaminfeuern, in denen ich nicht Holzscheite, sondern Baumwurzeln verbrannte, die wie Monster aussahen. Das Soufflé sah wie ein exotisches Gericht aus, und sie aßen es, als sei es Kaviar. Sie aßen auch Kartoffelpüree, das durch ein geschlagenes Ei luftig geworden war. Henry, der durch und durch bürgerlich ist, begann sich unwohl zu fühlen, als sei er nicht ordentlich gefüttert worden. Er hatte zwar ein wirkliches, saftiges Steak gegessen, aber es war säuberlich rund geschnitten, und ich bin sicher, daß er es nicht erkannt hat. June war in Ekstase.[2]

June wurde der Appetit allerdings durch Anaïs Nins Chow-Chow Ruby verdorben, der unter dem Tisch saß und an ihrem Bein masturbierte, während sie aß. Junes starke erotische Ausstrahlung wirkte auch auf Rubys Herrin, die sich im Laufe des Abends immer stärker von June angezogen fühlte. Nin lud June ein, sie in der folgenden Woche noch einmal allein zu besuchen, und zwischen Neujahr und Junes Abreise Ende Januar verbrachten die beiden Frauen viel Zeit miteinander. Zumindest für Nin waren diese Stunden eine Art qualvolle Ekstase, die sie am Ende des Tages minutiös in ihrem Tagebuch festhielt. Trotz der glutvollen Schilderung ihres emotionalen Aufruhrs gelingt es ihr dort freilich nie ganz, den Leser davon zu überzeugen, daß diese Gefühle Teil einer bedeutsamen und heroischen Suche nach ihrem wahren Selbst waren und nicht nur eine weitere Etappe auf der Flucht vor der Banalität des Alltags.

June war an dieser Situation nicht unschuldig. Sie wollte partout als außergewöhnlich gelten, andererseits durchschaute sie von den dreien wohl am deutlichsten, in welchem Ausmaß sie alle nur mit Gefühlen spielten. Anaïs in ihrer Unschuld verleitete sie wie früher Henry dazu, sich exzentrischer zu geben, als sie war. Sie machte zahlreiche Andeutungen über ungewöhnliche sexuelle Praktiken im Zusammenleben mit Martha Andrews sowie über Rauschgiftorgien in den Lasterhöhlen von Greenwich Village.

Anaïs wollte nicht das bürgerliche Hasenherz spielen und konterte mit aggressiver Intimität. Sie fragte June rundheraus, ob sie Lesbierin sei, und bekam eine ausweichende Antwort, die bei Licht besehen ein Nein war, gefolgt von dem hastigen Versuch, das Gesprächsthema zu wechseln und über Kleider zu reden.
Und doch machte June einige Tage lang bei dem Flirt mit, fast als spüre sie Nins Wunsch, »wirkliches Leben« zu spielen und die Lücke zu füllen, die der Ausstieg Maras aus dem ursprünglichen New Yorker Dreierverhältnis hinterlassen hatte. Nin träumte nachts von June, und June gestand, sie habe Nin so gern, daß sie unter anderen Umständen mit ihr zusammen Opium genommen hätte. Sie machten sich füreinander schön. June brachte auf Anaïs' ausdrückliche Bitte den alten Haudegen Graf Bruga zu ihren Treffen mit. Sie flirteten heftig miteinander, gingen Hand in Hand einkaufen und benahmen sich wie zwei halbwüchsige Schulmädchen, die die Sexualität entdecken. Einmal hatte Anaïs auf einem Spaziergang die Hand auf Junes nackter Brust liegen. Sie küßten sich sogar auf den Mund. »Henry ist unbehaglich zumute. Hugh ist traurig«, vertraute Nin ihrem Tagebuch an. Aber eigentlich war das alles Selbsttäuschung. In Wirklichkeit tobte ein erbitterter Kampf zwischen den beiden, bei dem es darum ging, wer Henry bekommen sollte.
Junes Lage erweckt Mitgefühl. Mitten in dieser Zeit stürmischer Liebeswerbung erklärte sie Henry in einem Augenblick nüchterner Einsicht: »Anaïs langweilt sich einfach, deshalb gibt sie sich mit uns ab.«[3] Tapfer wiederholte sie diese Bemerkung auch Anaïs gegenüber, vielleicht in der Hoffnung, so dem Unsinn ein Ende zu bereiten. Aber Anaïs hatte zuviel Vergnügen daran. In ihrem Tagebuch nennt sie Junes Worte »roh« und »das einzig Häßliche, das ich sie je sagen hörte«.[4] Henry gestand Anaïs allerdings später, er habe nach ihrer Begegnung zunächst daran gedacht, sie auf »grausame, kalte Art« auszunützen.[5]
In den zwei oder drei Wochen, die Nin und June zusammen verbrachten, gewann Anaïs Einsichten in Junes Wesen, denen Henry jahrelang aus dem Weg gegangen war, damit er June ungestört mystifizieren konnte. Als die Zeit für Junes Rückkehr in die Vereinigten Staaten gekommen war, begleitete Anaïs sie auf ihrem Rundgang durch die Büros verschiedener Reiseagenturen und beobachtete, wie June versuchte, Rabatt auf ein Schiffsticket dritter

Klasse nach New York zu bekommen. Sie war fasziniert von der entwaffnenden, verführerischen Art, in der June die Angestellten anlächelte, und deren beflissener Reaktion. In der Agentur, in der June dann schließlich das Ticket kaufte, verabredete sie sich sogar für den nächsten Abend mit dem Verkäufer zu einem Cocktail. Draußen erklärte sie Anaïs, sie habe keineswegs die Absicht, den Mann zu treffen, sie habe ihn einfach als Mittel zum Zweck benützt. Nin war für kurze Zeit über die Unehrlichkeit des Handels entsetzt und verglich June insgeheim erbost mit einer Prostituierten, die wenigstens eine Gegenleistung erbrachte: »June würde nie ihren Körper hingeben. Aber sie bettelt, wie ich niemals betteln würde, und verspricht, was ich niemals versprechen würde, wenn ich nicht zu geben bereit wäre.«[6] June rühmte sich Nin gegenüber ihrer sexuellen Unverletzlichkeit, und Nin sah in ihr »eine Frau, die riesige Schulden auftürmt, die sie nie zu bezahlen gedenkt«.[7]
Diese eine Erfahrung genügte, um ihr zu zeigen, daß June die Männer nur scharfmachte und an der Nase herumführte und daß sie nicht die Nymphomanin war, die Henry in ihr sah. Sie kam auch zu der Überzeugung, daß es sich bei Junes Lesbentum bestenfalls um den verwirrten und traurigen Annäherungsversuch einer Frau handelte, die nicht daran gewöhnt war, mit ihren Geschlechtsgenossinnen Freundschaft zu schließen, und schlimmstenfalls eine exzentrische Pose. Auf keinen Fall war es der Ausdruck einer andersartigen sexuellen Veranlagung. Sobald freilich June im Januar verläßlich nach Amerika unterwegs war, tat Nin sich mit Henry zu einer literarischen Orgie der Spekulation über sie zusammen. June wurde für beide zu einem bedeutsamen Symbol, allerdings konnten sie nie richtig artikulieren, was sie eigentlich symbolisierte. Auf alle Fälle dienten die leidenschaftlichen Diskussionen über June und die Analysen von Junes Charakter bald hauptsächlich dazu, ein intimes Verhältnis zwischen ihnen herzustellen.

3

Im Januar 1932 fuhr Henry nach Dijon und begann dort als *répétiteur* für Englisch am Lycée Carnot zu arbeiten. Diese Stelle hatte ihm Hugh Guiler über das französisch-amerikanische Austauschprogramm besorgt. Henry brauchte nur neun Stunden pro Woche zu unterrichten und erhielt dafür zwar kein Gehalt, aber Unterkunft und Verpflegung. Er hatte glückliche Erinnerungen an Dijon, das er von einer Fahrradtour mit June durch Frankreich im Sommer 1928 kannte. Dijon im Winter entpuppte sich jedoch als herbe Enttäuschung und erinnerte ihn mit seiner klammen Kälte an London. Insgesamt blieb er nur drei Wochen dort.

Die kurze Erfahrung als Lehrer von Jungenklassen machte ihm Spaß. Seine Vorgänger als *répétiteurs* hatten die Schüler mit phantasielosen Aufgaben gelangweilt. Sie hatten sie etwa laut aus amerikanischen Zeitungen vorlesen lassen. Henry dagegen gewann rasch das lebhafte Interesse und die gespannte Aufmerksamkeit der Schüler, indem er anarchistisch informelle Lehrmethoden der Art einsetzte, die er sich selbst als Junge gewünscht hätte. Mit großer Regelmäßigkeit drehten sich die Diskussionen im Klassenzimmer um das Thema Frauen, und als sich die Kunde davon verbreitete, wurden seine Klassen sehr schnell größer.

Es gab noch einen weiteren amerikanischen Lehrer an der Schule, Lawrence Clark Powell, mit dem sich Henry allerdings erst Jahre später anfreundete. Damals bevorzugte er die Gesellschaft der jungen *maîtres d'internat* oder *pions*, wie man sie nannte. Sein gesprochenes Französisch, das in Paris noch kaum existiert hatte, wurde durch den Kontakt mit diesen jungen Männern erheblich besser. Er entwickelte eine besondere Vorliebe für den Konjunktiv und benützte ihn, wo immer er konnte. Als er eines Abends mit den *pions* einen Streifzug durch die Tanzlokale der Stadt unternahm, verliebte er sich heftig in ein Mädchen, von dem man ihm sagte, sie sei eine Hure. Er quälte sich mit Phantasien darüber, wie bereitwillig sie sich dem ersten Mann hingeben würde, der sie darum bat, war aber zu schüchtern, sie auch nur zum Tanzen aufzufordern. Die Absurdität seiner Reaktion entzückte und amüsierte ihn: »Erst eine Woche hier, und *voilà, une femme!* Immer auf der Suche nach etwas zum Anbeten. Immer trifft die Wahl diejenigen, die leicht zu haben sind. Was für ein Schauspiel!«[8]

Henry entwickelte auch eine beinahe schwärmerische Zuneigung für den Nachtwächter der Schule, einen Mann mit schleppender Sprechweise, einem dicken Bauch, roten Wangen und kurz geschnittenen Haaren. Henry sah hingerissen zu, wie dieser Mann mit seiner Laterne und dem Schlüsselbund seinen stündlichen

Rundgang durch die Schule machte. Für Henry war er ein Idol, der »große Erdklumpen«, ein wildes Tier, das Gott dazu erschaffen hatte, zu essen, zu schlafen und Wein zu trinken.

Miller scheint keinen bestimmten Grund dafür gehabt zu haben, den unbezahlten Job in Dijon anzunehmen. Wahrscheinlich wollte er von June wegkommen und an seinem neuen Buch arbeiten. Vom Augenblick seiner Ankunft an schrieb er beinahe täglich lange Briefe an Anaïs Nin. Vielleicht merkte er, daß er nahe daran war, sich in sie zu verlieben, und wollte Abstand gewinnen und nachdenken. Abgesehen von den ersten Briefen, die sie einander schrieben, hatten er und Nin bald eine gemeinsame Sprache gefunden. Millers Briefe aus Dijon gehören zu den besten, die er schrieb, denn er wollte sie amüsieren, beeindrucken und erobern. Während der Zeit in Dijon vertiefte er sich gründlich in die Lektüre von Proust, und in vielen seiner Briefe an Nin schildert er seine Leseerlebnisse. Er war so überzeugt wie eh und je, die zentrale Aufgabe beim Lesen bestehe nicht darin, Literatur ins Leben zu übersetzen, sondern das Leben alchimistisch in Literatur zu verwandeln. Seine zwanghafte Überzeugung, das Leben mit June werde das große Thema seines Schreibens sein, führte dazu, daß er sie nun mit Prousts Albertine verglich. Er war nachhaltig verwirrt, als er hörte, Proust sei homosexuell gewesen und habe seinen Geliebten unter der Maske einer weiblichen Figur versteckt. Als Nin ihm dies in einem Brief bestätigte, schrieb er zurück, er erkenne jetzt, daß das Geschlecht der »wirklichen« Albertine letztlich irrelevant sei: »Was uns fesselt, ist das ungeheuerliche Panorama von Täuschung, Verrat, Lüge und Eifersucht. Es geht um das Phänomen, nicht um das Geschöpf, das es hervorruft.«[9] Er hatte eindeutig das Stadium der feuchten Hände hinter sich gelassen, unter denen Tony Bring in der Gegenwart von Homosexuellen gelitten hatte.

Miller charakterisiert sich in einem seiner ersten Briefe an Nin als einen Menschen, der sich seiner selbst »bewußt, bewußt, bewußt« ist. Daß dies auch Nins Problem war, drückt sich in ihrer ausdauernden Selbstbespiegelung beim täglichen Tagebuchschreiben aus. Die zwanghafte Selbsterforschung war das stärkste Band zwischen ihnen. Henry ließ sich im Unterschied zu Anaïs von dem Übermaß an Selbstwahrnehmung nicht lähmen, sondern lernte, damit umzugehen und sie sogar zu seinem Vorteil zu nutzen.

Daher ist die Annahme gerechtfertigt, daß die zahlreichen sexuellen Geständnisse, die seine frühen Briefe an Anaïs Nin enthalten, wohlkalkulierte Schachzüge waren. Er wollte sich als sexuell interessanten Mann und potentiellen Liebhaber darstellen. Miller spricht von seiner Passion für Bertha Schrank, eine verheiratete Frau, die auch Anaïs Nin kannte, und schreibt: »Aber ich muß zugeben, daß ich sie liebte ... eine Zeitlang. Vermutlich werde ich eine nach der anderen auf diese Weise lieben, aber June hält mich immer fest, löscht alle anderen aus, beweist mir, wie unbedeutend sie sind. Gott, wenn sie nur erkennen würde, wie brennend meine Leidenschaft für sie ist. Dann wäre sie niemals auch nur im geringsten eifersüchtig.«[10] Ein romantisches Bekenntnis wie dieses gegenüber einer überaus attraktiven und jungen, verheirateten Frau, die er gerade erst kennengelernt hatte, war eine deutliche Aufforderung zu mehr und die Botschaft, daß Ehebruch ihm keinen Schrecken einjage. In einem Brief vom 4. Februar erwähnt er auch, er habe etwas über »die Mansfield« geschrieben, eine Entpersönlichung Junes, die Nin rasch nachahmte und die bald zu einem besonders abstoßenden Charakteristikum ihrer Korrespondenz wurde.

Fast von Anfang an diskutierte er mit Nin freizügig über seine eigenen sexuellen Bedürfnisse und lieh ihr eine Kopie von *Crazy Cock* zum Lesen aus. Ihre Reaktion auf den Roman war Gegenstand mehrerer Briefe. Einmal bekundet sie ein besonderes Interesse an Blanches (Beatrices) Kritik an Tonys (Henrys) »Hypersexualität«, die Henrys Ehrlichkeit als Autor illustrieren mag, die dem Autor, der über sich selbst schreibt, aber auch eine elegante Möglichkeit bot, sich seiner sexuellen Potenz zu rühmen. Dasselbe läßt sich von dem Brief sagen, in dem Henry Anaïs schrieb, daß es ihn zum Lachen reize, wenn sie ihn mit Casanova vergleiche. »Du weißt noch nicht, wie Männer sind, vergib mir. Ich bin ziemlich normal. Es stimmt, daß ich ständig in einem Meer von Sex schwimme, aber die praktischen Unternehmungen halten sich eher in Grenzen.«[11]

Am 21. Februar teilte Henry Anaïs mit, er werde nach Paris zurückkehren. Perlès war es gelungen, ihm bei der *Tribune* einen festen Posten als stellvertretender Wirtschaftsredakteur zu besorgen. Miller sollte in der Spätschicht am Abend arbeiten und 1200 Francs in der Woche verdienen. Perlès war auch bereit, sein Hotelzimmer mit Henry zu teilen, bis sie eine Wohnung gefunden hätten, die sie teilen könnten. Nin hatte schon ihre Bereitschaft angekündigt, die Millers finanziell zu unterstützen: Im Januar, als ihre Beziehung zu June auf dem Höhepunkt war, hatte sie June 400 Francs gegeben, die diese mit Henry in einer einzigen Nacht ausgegeben hatte. Henry bat sie nun um so viel Geld, daß er davon die Rückfahrt nach Paris und das Taxi zum Bahnhof bestreiten und die Rechnung der Wäscherei und des Schuhmachers begleichen konnte. Er erklärte, das Geld, das sie ihm bereits geschickt habe, habe er für Mahlzeiten in Restaurants ausgegeben. Das kostenlose Essen, das er in der Schule bekommen konnte, sei zu schlecht gewesen.

4

Nin stand in der ersten Februarwoche einem befreundeten Künstler in Montparnasse Modell, und am Freitag, den 4., traf sie sich mit Henry im Rotonde. Wieder drängte sich Nin in eine Dreieckssituation mit den Millers hinein. Sie erstaunte und faszinierte Henry, als sie ihm wortreich von den »Qualen« erzählte, die sie litt, als sie vom Einfluß Martha Andrews' auf ihre geliebte June hörte. Henrys Briefe hatten gründliche Vorarbeit geleistet, und Anaïs' Begeisterung für Henry nahm zusehends eine erotische Färbung an. Sie genoß den Gegensatz zwischen der Gewalttätigkeit in seinen literarischen Arbeiten und der Sanftheit seiner Person, der »leisen Stimme, die sich beinahe ganz verliert, den sanften Gesten, den weichen, feinen, weißen Händen«. Aber die Liebeswerbung versteckte sich hartnäckig hinter der Literatur, als müßten beide sich selbst und den anderen ständig daran erinnern, daß sie Schriftsteller waren, um die Untreue, mit der sie spielten, rechtfertigen und entschuldigen zu können. Als Anaïs Henry im Rotonde laut aus ihrem Tagebuch vorlas, wie seine Texte auf sie gewirkt hatten, streckte Henry die Hand aus und versuchte, die ihre zu nehmen. Sie entzog sie ihm. Am folgenden Tag schrieb sie ihm mit purpurroter Tinte auf silbernem Papier: »Ich werde die eine Frau sein, die Du niemals besitzen wirst.« Am 5. März trafen sie sich im Vikings in der Rue Vavin, und Henry machte ihr eine Liebeserklärung. Aber Anaïs war noch nicht bereit nachzugeben. Ihr Widerstand löste in ihm ein plötzliches Gefühl tiefer Minderwertigkeit aus, und er schalt sich selbst für seine Aufdringlichkeit: »Ich bin ein Bauer, Anaïs. Nur Huren können mich schätzen.«[12]

Dieses Gefühl sozialer Unterlegenheit war echt. Es ist ein Nachklang des Snobismus seiner Mutter, der ihn sein ganzes Leben lang verfolgte. Miller hatte diesen Snobismus von seiner Mutter geerbt und verachtete sich dafür, denn einem Snob, der keinerlei Grund zum Snobismus hat, haftet etwas Tragisches und zugleich Lächerliches an. Bei all seinen Phantastereien über Junes Großartigkeit und Ungewöhnlichkeit konnte er vor sich selbst nicht verbergen, daß sie im Grunde ein derbes Mädchen aus der Arbeiterschicht war und aus einer armen Einwandererfamilie in Bensonhurst kam. Nin war June gesellschaftlich, materiell und intellektuell überlegen, sie war eine wirkliche Prinzessin. Dafür war ihre Einstellung zur Sexualität ebenso sehr durch falsche Vorstellungen verzerrt wie die einer Victoria, Edvarda oder Miss Julie. Nin sah Miller bei allem Respekt für sein Talent anfangs (und vor allem in ihrem Tagebuch) als Mellors und sich als Lady Chatterley, und sie amüsierte sich über sein ungeschicktes Benehmen bei gesellschaftlichen Anlässen und darüber, daß er die kostbaren Weine und erlesenen Speisen, die er an ihrem Tisch vorgesetzt bekam, nicht kannte. Miller beklagte sich Nin gegenüber häufig über Junes »vulgäres Wesen«, schämte sich jedoch ständig für seine eigene Vulgarität und Tolpatschigkeit und sein amerikanisches Auftreten. Selbst in den Zügen des kultivierten Perlès glaubte er Verachtung lesen zu können, wenn er ihn beispielsweise um Informationen über eine Geistesgröße der europäischen Kultur bat, über deren Namen er bei der Lektüre gestolpert war, und die Antwort erhielt: »Oh, der ist nichts für dich, Joey*!«[13] Später gestand er Anaïs: »Das Milieu, aus dem du kamst, hat mir angst gemacht.«

Seine Ehrlichkeit und ungewöhnliche Aufrichtigkeit über seine Schwäche bewogen Anaïs schließlich zur Kapitulation. In der Nacht des 8. März stiegen sie die Treppe zu seinem Zimmer im Hôtel Central hinauf und liebten sich. Junes Fotografie sah ihnen

* Miller und Perlès nannten einander häufig »Joey«, um sich gegenseitig daran zu erinnern, daß sie im Grunde Clowns waren.

vom Kaminsims dabei zu. Henry sagte, es gehe alles so rasch und sei so unwirklich. Anschließend deckte er Anaïs die Beine mit ihrem Mantel zu und fragte, ob sie erwartet habe, daß er brutaler sei.

5

Der egozentrische Charakter sowohl Millers als auch Anaïs Nins verführt dazu, ihre Affäre zynisch eine Begegnung zweier »Superseelen« zu nennen, die sich heroisch einem Prozeß der Selbstentdeckung verschrieben hatten, der kaum Rücksicht auf die Gefühle zweier gewöhnlicher, nicht schreibender Sterblicher wie June und Hugh Guiler erwarten ließ. Aber unter der Oberfläche dieser lebensfrohen Verachtung der Moral waren tiefe seelische Probleme verborgen, und gerade sie wurden zu ihrem gemeinsamen Interesse. Besonders Nin war vom Wert und der Wahrheit der psychoanalytischen Persönlichkeitstheorie fest überzeugt. Sie war fasziniert von der Vorstellung, daß ihre sexuellen Wünsche in dem unbewußten Verlangen gründeten, es ihrem Vater, einem Don Juan, gleichzutun und sich auf diesem Wege in einer Art inzestuöser Beziehung mit ihm zu verbinden.
Möglicherweise steckte sie mit ihrer Faszination auch Henry an, denn bald nach der Begegnung mit Nin begann er ausführlich alles aufzuschreiben, was er von seiner Kindheit noch wußte: seine frühesten Erinnerungen, seine Freundschaften, seine Ängste, seine angestrebten Ziele und seine Vorurteile. Diese Notizen, die den Grundstock seines zweiten veröffentlichten Romans – *Schwarzer Frühling* – bildeten, waren einfach und schmucklos aneinandergereiht und lesen sich wie ein hellsichtiges Bekenntnis, das ein Patient auf der Couch eines Psychoanalytikers macht. Eines der Grundthemen ist der Inzest, der latente Inzest, der in der erstickenden und besitzergreifenden Liebe seiner Mutter für ihn lag, und der wirkliche Inzest zwischen seiner Tante Carrie und ihrem Bruder in einem Heuschober über der Kneipe in Maspeth, der zur Geburt seines schwachsinnigen Cousins George Insel geführt hatte. Das Seltsame an diesen Enthüllungen ist, daß sie keineswegs von einem Gefühl des Schreckens, des Schmerzes oder der Katharsis begleitet werden. Miller selbst ist nicht schockiert:

Die Welt war schon immer so. Die Erinnerungen an George Insel und den Skandal um seine Geburt sind nur noch bunte und interessante Bilder, angenehm wie alle Erinnerungen, ein Stück volkstümlicher Geschichte und nicht ein Skelett, das mit klappernden Knochen aus den Tiefen des Unbewußten aufsteigt.
Nins Interesse am Inzest dagegen war Ausdruck einer echten Neurose, die ihr sexuelles Gleichgewicht störte. Einen Monat nachdem sie das Verhältnis mit Henry begonnen hatte, begab sie sich in Analyse zu Dr. René Allendy, um mehr über sich zu erfahren. Die Analyse gewann bald eine intensiv erotische Färbung, und nach kurzer Zeit gaben sich Doktor und Patientin leidenschaftlichem Petting hin, bei dem sie sich an den Bücherschrank zu lehnen pflegten. Allendy wurde eifersüchtig auf Henry und war es bald leid, Nin von dessen Männlichkeit schwärmen zu hören. Eines Tages überraschte er sie mit der Aussage, ihr »hundertprozentiger Mann«[14] und Liebhaber sei in Wahrheit ein latenter Homosexueller[15]; er habe keinen ausgeprägten Beschützerinstinkt und das verrate seine wahre Natur. Später verbrämte Allendy seine Eifersucht nicht mehr mit pseudowissenschaftlichen Argumenten. Er versicherte Anaïs, wenn Henry ihr jemals Schaden zufüge, indem er über sie schreibe oder ihre Briefe benütze, werde er ihn persönlich mit einer Peitsche bestrafen.[16]
Nins Tagebuch vermittelt während des ersten Jahres ihres Verhältnisses mit Miller überwiegend das Bild einer Person, die verzweifelt jemand werden will, der sie nicht ist. Allendys »wissenschaftliche« Analyse ihres Verhaltens verlieh ihren Experimenten eine falsche Seriosität und entschuldigte ihre Untreue. Die Art und Weise, in der sie sich damals der Psychoanalyse bediente, bestätigt viele der von Anfang an geäußerten Zweifel an der Ehrlichkeit dieser Methode, vor allem die Befürchtung, die Analyse könnte dazu benützt werden, unter dem Deckmantel der Suche nach einem eingebildeten wahren Selbst die Promiskuität zu rechtfertigen. Nins tiefe Unzufriedenheit mit dem Selbst, mit dem sie geboren worden war, drückte sich symbolisch darin aus, daß sie später im selben Jahr beschloß, ihre leicht gekrümmte Nase chirurgisch begradigen zu lassen.
Anaïs Nin interessierte Henry nicht nur für Inzest und Psychoanalyse, sondern auch für die Romane von D. H. Lawrence und für die Astrologie. Miller hatte sich seit Beginn der zwanziger

Jahre gegen Lawrence gesperrt und Emil Schnellocks übergroßer Begeisterung für Lawrence auf gemeinsamen Spaziergängen im Prospect Park widersprochen. Die Empfehlungen einer begehrenswerten Frau haben jedoch eine besondere Autorität, und bald vertiefte Henry sich in die Lektüre von Lawrence. Im Gegenzug bot Henry Anaïs seine Begeisterungsfähigkeit und die Ermutigung, die er allen angehenden Schriftstellern angedeihen ließ, die er kennenlernte, ohne Rücksicht darauf, ob sie Talent hatten oder nicht. Er machte es sich zur Religion, andere zu ermutigen, und entwickelte einen erfrischend exzentrischen Kanon literarischer Normen, bei dem Qualität selten ein entscheidender Faktor war. Nin war beim zweiundvierzigsten Band ihres Tagebuchs angelangt, als Henry sie kennenlernte, und allein der enorme Umfang ihres Unternehmens beeindruckte ihn mehr als alles andere. Einem Freund erklärte er einmal, das Tagebuch enthalte »über eineinhalb Millionen Wörter mehr als das Gesamtwerk von Proust«. Eher beiläufig fügte er hinzu: »Und ich glaube, daß es für die Welt unendlich viel wertvoller ist.«[17]

Nach Beginn ihres Verhältnisses im März 1932 war ihr zentrales gemeinsames Interesse stets June und das Problem, wie sie sich ihr gegenüber verhalten sollten. Henry hatte zunächst das Gefühl, eine Art problematisches Paradies betreten zu haben, und er war entschlossen, sich nicht daraus vertreiben zu lassen: »Ich werde sie nicht loslassen«, schrieb er an Nin, »aber ich werde auch Dich nicht loslassen. Es ist mir gleich, was sich daraus entwickelt – aber Du darfst mich nicht verraten. Ich liebe June, und ich liebe Dich.«[18] Ein andermal erklärte er: »Wenn ich das Gefühl hätte, ich müßte zwischen ihr und dem, was ich meine Kunst nenne, wählen, dann würde ich sie wählen.« Trotzdem beklagte er sich weiterhin bitter bei Anaïs über persönliche Fehler seiner Frau, die in Anaïs die Hoffnung nähren mußten, daß sie im Laufe der Zeit den Sieg davontragen würde. Häufig geht aus diesen Klagen hervor, daß Henry an June am meisten die Hartnäckigkeit störte, mit der sie darauf bestand, ihren Kopf durchzusetzen und eigene Ansichten und Freunde zu haben:

> Eben das macht mich so wütend auf June – daß sie ausgeht und alle möglichen Leute trifft und dann von den Falschen schwärmt. Wenn Du zum Beispiel Bob McAlmon kennen wür-

> dest, wie wäre Dir zumute, wenn Du June von ihm reden hörtest? Du würdest es zum Kotzen finden. Und sie hat mir sogar ein paar von seinen Erzählungen in die Hand gedrückt und zweifellos geglaubt, ich werde etwas Gutes an ihnen finden. Bob McAlmon gehört zu den übelsten Burschen auf Erden. Und dann Bodenheim – Du solltest sehen, wie er June grüßt! Wenn ich Dich solche Mißgriffe tun sähe, würde ich mein Vertrauen in Dich verlieren![19]

Im Mai telegrafierte June Henry, daß sie ihn vermisse und bald bei ihm sein werde. Im Juli schrieb Henry, den Anaïs damals kurze Zeit »Heinrich« nannte, beruhigend an sie, daß June noch nicht wiedergekommen sei, »und ich will sie auch nicht wieder hier haben«.[20] Im August kam ein Telegramm mit hundert Wörtern von June aus Amerika, das Henry sofort an Anaïs weiterleitete, zusammen mit der Nachricht, June werde erst im Oktober kommen. »Das ist nur der übliche Wortschwall, mit dem sie sich ankündigt.« Die Möglichkeit, daß ein so ungewöhnlich langes Telegramm in irgendeiner Weise ausdrücken könnte, daß June unglücklich war, wies er entschieden zurück – seiner Meinung tat sie das, um jemanden zu beeindrucken, mit dem sie zusammen war: »Es war gewiß nicht von Seelenqual ausgelöst.«[21]

Als Junes Plan, im Herbst wieder nach Paris zu kommen, Gestalt annahm, wurde Henry immer unruhiger. Er wußte von früher, daß er es nicht fertigbringen würde, June ins Gesicht zu sagen, ihre Ehe sei zu Ende, und er bat Anaïs inständig, ihn vor June zu retten.

Anaïs war es allmählich leid, soviel über June zu hören. Einige der Briefe, die Henry ihr schrieb, waren wunderbar direkt und erotisch und ließen keinen Zweifel daran, daß er mit ihr glücklich war und ein beträchtliches Maß an sexuellen Freuden genoß. Obwohl sie nicht in derselben Weise sexuell aggressiv war wie June, war sie ebenso offen für Liebesspiele auf dem Boden, auf Stühlen und in der Küche. Henry brachte ihr bei, so lange an seinem Penis zu saugen, bis er in ihren Mund ejakulierte. Zwar beschrieb sie diese Erfahrung in ihrem Tagebuch romantisch – »Seine Küsse sind naß wie Regen. Ich habe sein Sperma geschluckt. Er hat das Sperma von meinen Lippen geküßt. Ich habe den Duft meines Honigs von seinem Mund gepflückt«[22] –, aber Allendy gestand sie, daß sie das Erlebnis nicht besonders genossen habe und nur ihren Liebhaber habe erfreuen wollen. Unter Henrys Anleitung verlor Anaïs rasch ihre sexuelle Unschuld, was in Miller typischerweise zwiespältige Gefühle hervorrief. Er erklärte ihr, es mache ihm keinen Spaß, wenn sie obszöne Geschichten erzähle, weil das nicht zu ihrem Wesen passe, und er enttäuschte sie, als er sich weigerte, ihr seine weniger respektablen Freunde und Bekannten vorzustellen. Was sie ihm jedoch mit der Zeit am meisten verübelte, war seine Gewohnheit, sie ständig mit June zu vergleichen. Einmal, nach einem besonders glücklichen Nachmittag in Louveciennes, sagte er anerkennend, sie sei »beinahe noch sinnlicher als June«.[23] Sein Wankelmut in bezug auf June und die Beschönigung seiner Schwäche als »Ehrlichkeit« brachten sie an den Rand der Geduld. In einigen bissigen Briefen machte sie ihm im Frühherbst klar, daß sie lieber mit ihm brechen wolle, als ihm zu erlauben, June weiterhin gegen sie auszuspielen. »Jetzt komm mir nicht mit Deiner sogenannten spontanen Menschlichkeit«, schrieb sie ihm. »Hinter Deiner Menschlichkeit steckt immer ein berechnender Geist.«[24]

Ihre Standfestigkeit machte sich bezahlt. Ende September, ein paar Tage vor der erwarteten Ankunft Junes, schrieb Henry beruhigend an Anaïs, sobald seine Frau eingetroffen sei, »werde ich mich der Sache vernünftig annehmen, mit klarem Kopf und festem Willen ... Ich bin jetzt ein anderer Mensch als vor einem Jahr. Sie wird das spüren. Ich werde kein Drama dulden und auch keinen Kompromiß eingehen.«[25]

6

Mitte Oktober traf June ein. Sie wohnte zehn Tage lang im Hôtel Princesse, ehe sie mit Henry in der Wohnung in Clichy, die er mit Alfred Perlès teilte, Kontakt aufnahm. Als sie schließlich kam, war er sehr enttäuscht, daß sie seine gesammelten Werke aus den zwanziger Jahren nicht mitgebracht hatte. Diese Enttäuschung war einer der wenigen Triumphe, die June in dem mörderischen seelischen Kampf vergönnt waren, der jetzt zwischen ihnen ausbrach. Den tragikomischen Höhepunkt erreichte der Kampf etwa acht Wochen später. Dies war das endgültige Ende der Ehe.

Gleich nach Junes Ankunft rief Henry Anaïs an und sagte ihr mit Grabesstimme, June sei in einer »passablen Verfassung, zahm und vernünftig«. Zugleich warnte er sie, June wolle nach Louveciennes hinauskommen und sie besuchen. Tags darauf kam June und schüttete Anaïs ihr Herz aus. Sie sagte, Henry sei eine Art Frankenstein. Er sei dabei, in seinem Buch ein Monster aus ihr zu machen, nur um sein Leben aufregend erscheinen zu lassen:

> Es ist Henry, der aus mir eine so komplizierte Person gemacht hat, der mir meine Vitalität geraubt und mich getötet hat. Er hat die Literatur ins Spiel gebracht, hat eine fiktive Persönlichkeit entworfen, die ihn quälte, die er hassen konnte, denn er kann nur schreiben, wenn er sich durch Haß dazu aufpeitscht ... Er ist es, der das Drama sucht und monströse Dinge in die Welt setzt. Er will nichts Einfaches. Er ist ein Intellektueller. Er sucht Einfachheit und fängt dann an, sie zu verzerren, Monster, Schmerzen usw. zu erfinden. Es ist alles ganz falsch, falsch und noch mal falsch.[26]

Nin tröstete sie und spielte die Rolle der gütigen Vermittlerin zwischen zwei guten, aber unglücklichen Freunden. »Ich komme mir sehr menschlich vor«, vertraute sie ihrem Tagebuch an, »denn in meiner Angst will ich sie beschützen, alle beide.«[27] Sie ermutigte June dazu, weiterhin an Henry zu glauben, als Schriftsteller ebenso wie als Mensch, und schmeichelte sich dann: »Ich gebe Henry und June einander. Ich bin die unpersönliche Trägerin der Offenbarung.« Als June nach drei Stunden ging, stellte Anaïs fest, daß der Bann endlich gebrochen war: June hatte sie gelangweilt. Sie sah ihr nach, wie sie in einem Taxi davonfuhr, und der Anblick von Junes kindlichem Gesicht hinter der regennassen Scheibe weckte Mitleid in ihr. »Wie kann ich sie retten?« fragte sie sich. Anscheinend kam sie nie auf den Gedanken, June einfach die Wahrheit zu sagen.

Im November und Dezember hatten Henry und June eine Reihe von erbitterten Auseinandersetzungen, brutale, tief verletzende Wortgefechte, die bis sechs Uhr morgens dauern konnten. June versuchte alles, um ihn festzuhalten, einschließlich Tränen und Schüttelfrost mitten in der Nacht. Sie spürte, daß Henry und Anaïs ein Verhältnis hatten, aber solange keiner von beiden es

zugeben wollte, war sie dazu verurteilt, die höllische Ungewißheit ihres Verdachtes zu ertragen. Als sie von Louveciennes nach Hause kam, erzählte sie Henry, was Anaïs über ihn gesagt hatte, nämlich daß er in der Tiefe seiner Seele Frauen wie sie selbst und Anaïs, die exotisch oder intelligent seien, hasse und in Wahrheit nur Dienerinnen lieben könne. Henry, der Anaïs völlig verfallen war, wußte nichts Besseres zu tun, als sich dadurch zu revanchieren, daß er die Indiskretion an Nin zurückleitete. Nin fühlte sich von June verraten und betrachtete sich von nun an als von jeder Verpflichtung ihr gegenüber befreit: »Meine Loyalität gegenüber June war von da an unnötig. Sie selbst hatte keine.«[28]
Mit erstaunlicher Taktlosigkeit tauchte Nin sogar eines Abends in der Wohnung in Clichy auf, um an der Auseinandersetzung teilzunehmen. Sie riß das Gespräch an sich und verwickelte Henry in einen »brillanten Wortwechsel« – ihre eigenen Worte –, durch den June in die Rolle der passiven Zuschauerin gedrängt wurde. Henry und June tranken zuviel, und Henry machte einen kurzen Spaziergang, um frische Luft zu schnappen und Zigaretten zu holen. Als er zurückkam, ging er ins Bett. June saß noch eine Weile bei ihm und wollte ihn überreden, etwas zu trinken, damit er sich besser fühle. Er wollte ihr nicht zuhören, und gedemütigt bat June schließlich Anaïs, ihren Platz einzunehmen. Sie selbst zog sich in die Küche zu Perlès zurück und fragte immer wieder: »Was machen die da drin?« Etwas später stürzte sie sich auf Perlès und begann ihn zu küssen, brach dann zusammen, übergab sich und rief weinend: »Val, Val, Anaïs, ihre seid beide zu klug und zu grausam für mich. Klug und grausam. Ich habe vor euch beiden Angst.« Sie forderte Anaïs auf zu gehen: »Komm mir nicht zu nahe – der Geruch – du, du willst eine Künstlerin sein – es ist so schrecklich, mir ist so furchtbar übel, und ich bin müde – ich brauche Ruhe – laß mich doch in Frieden.«[29] Anaïs, die lediglich ein Glas Weißwein getrunken hatte, wischte das Erbrochene auf und schlief den Rest der Nacht angezogen auf dem Bett neben den betrunkenen Millers.
Henrys ständiger Vorwurf gegen June war, ihre Anwesenheit mache es ihm unmöglich zu arbeiten. Weder mit dem *Wendekreis des Krebses* noch mit einem Buch, das er über D. H. Lawrence schreiben wollte, kam er voran. Er tat so, als wäre das ganze Problem gelöst, wenn sie nur lernen könnte, ihm genug Zeit und

Ruhe zum Schreiben zu lassen. Nirgendwo tritt die Menschenverachtung, die in seinem Wesen latent vorhanden war, deutlicher zutage als in seinem Brief vom 21. Oktober an Anaïs: »June ... bemüht sich heldenhaft, so zu sein, wie ich sie gerne hätte – und ich fühle mich unwillkürlich davon angerührt.« Trotzdem beteuert er Anaïs im folgenden, seine Liebe zu ihr sei so groß, daß es ihr bei einem Besuch Junes »freisteht, mit ihr zu machen, was Du willst – das ist mein Geschenk an Dich.« Er habe June »behandelt, als wäre ich ein Psychoanalytiker. Ergebnis: Sie ist zufrieden.«[30]
Ende November gelang es ihm, den endgültigen Bruch herbeizuführen. »Großer Knall – endlich alles vorbei und eine Scheidung in Sicht«, berichtete er Emil Schnellock. Erstaunlicherweise hatte er es bisher fertiggebracht, Nin aus der Sache herauszuhalten. June blieb jedoch in Paris, wohnte bei Freunden in Montparnasse, und solange sie noch in der Stadt war, konnte die Möglichkeit eines Rückfalls nicht ausgeschlossen werden. Henry konnte nicht mehr schreiben und schien in derselben apathischen Hilflosigkeit zu versinken, die ihn auch 1923 gelähmt hatte, als er um Junes willen Beatrice verlassen wollte. Damals hatte ihn Stanley gerettet, wie Henry glaubte. Er hatte die dramatische Szene arrangiert, in der Henry mit June zusammen in der Wohnung erwischt worden war. Diesmal schlüpfte Alfred Perlès in die Helferrolle. Er schlug Henry vor, mit seinen Manuskripten für eine Weile nach London zu fahren, bis June abgereist sei. Henry nahm den Vorschlag an. Zusammen mit Nin kratzten sie 1000 Francs für die Reise zusammen. Sie kauften eine Rückfahrkarte bei Cook's und wechselten den Rest des Geldes in englische Pfund. Da Henry Amerikaner war, brauchte er kein Visum.
Am 18. Dezember sollte er abfahren. Am Abend vorher kam June zu Besuch und sah ihn mit gepackten Taschen in der Küche sitzen, einige Touristenprospekte von England vor sich auf dem Tisch ausgebreitet. Perlès verdrückte sich aus Furcht vor Ärger leise, so daß Henry allein mit June fertig werden mußte. Sie aßen und tranken und führten ein »bitteres, krankmachendes Gespräch«, das mehrere Stunden dauerte. Hier kam endlich die Wahrheit ans Licht, und June erkannte, in welchem Ausmaß sie von den beiden Wahrheitssuchern betrogen worden war. Sie stand auf und überhäufte Anaïs mit Schmähungen, die Henry in betretenem Schweigen anhörte. Immer »bewußt, bewußt, be-

wußt«, konnte er Junes Tirade im Rückblick sogar genießen: »Die abscheulichsten Drohungen und Anschuldigungen – so gräßlich, daß ich fasziniert zuhörte –, ganz überwältigt davon.«[31]
Der Höhepunkt des Abends war, daß Henry June das gesamte Geld aushändigte, das Nin ihm gegeben hatte, um seine Flucht nach London zu finanzieren. Miller sagte Anaïs, er sei in Tränen ausgebrochen, »weil ich an den Verrat an dir dachte«, aber June habe seine Tränen »gefühllos« als Zeichen der Schwäche interpretiert. Seine schlimmste Befürchtung war, daß June zu Hugh Guiler gehen und alles aufdecken werde. Das tat sie jedoch nicht, was darauf hindeutet, daß sie bei all ihrer angeblichen Treulosigkeit, ihrem Posieren und Lügen (Henry nannte es »pathologisches Lügen« im Gegensatz zu seinem eigenen »kreativen Lügen«[32]) eine genau definierte Vorstellung von Ehre hatte. Der letzte Pfeil, den sie an diesem Abend abschoß, war ihr Schlußsatz: »Und jetzt hast du das letzte Kapitel für dein Buch!«[33]
June blieb in Paris, eine beängstigende, bedrohliche und unberechenbare Präsenz. Eine Woche später machte Miller einen zweiten Versuch, Frankreich zu verlassen und sich Junes Reichweite zu entziehen, auch diesmal mit Geld von Perlès und Anaïs. Die Flucht wurde zu einem Fiasko anderer Art, weil ihn die Beamten der Einreisebehörde in Newhaven, die ihn beim Anlegen der Fähre aus Dieppe empfingen, als potentiellen Landstreicher über Nacht einsperrten (er hatte nur 178 Francs in der Tasche) und ihn am folgenden Morgen eine Dreiviertelstunde lang in die Mangel nahmen. Am Ende waren sie überzeugt, daß er verrückt sei, und da er keine Mittel für seinen Unterhalt vorweisen und auch keinen Bürgen in England nennen konnte, wurde er ohne weitere Umstände mit dem nächsten Schiff nach Dieppe zurückgeschickt. Miller war insgeheim davon überzeugt, daß er so schlecht behandelt wurde, weil zwischen den Vereinigten Staaten und England ein diplomatischer Konflikt schwelte, der mit der Bezahlung noch ausstehender Kriegsschulden zu tun hatte. Das Erlebnis verschärfte jedenfalls seine Anglophobie und lieferte ihm das Thema für eine spätere autobiographische Improvisation, die Abenteuergeschichte *Via Dieppe – Newhaven.*
Als er wieder in Paris war, versteckte er sich zehn Tage lang in Louveciennes, bis June in der Überzeugung, er sei aus Frankreich geflohen, endlich abreiste. Sie hinterließ eine Botschaft in seiner

Wohnung, mit Bleistift auf Toilettenpapier geschrieben: »Reiche bitte so bald wie möglich die Scheidung ein.« Miller schrieb das Datum auf das Blatt und klebte es auf Seite 84 in sein Pariser Notizbuch, neben eine Quittung von Thomas Cook über 799 Francs.

Danach spielte June keine aktive Rolle mehr in Millers Leben. Weil er wußte, daß er sie feige und grausam behandelt hatte, brach er manchmal in Tränen aus, wenn er getrunken hatte und an sie dachte. Aber Nin verstand es, seinen Seelenfrieden wiederherzustellen. June werde es gutgehen, versicherte sie ihm. Einer ihrer Lieblingsastrologen hatte Junes Horoskop erstellt und prophezeit: »June wird nicht unglücklich sein – trotz Neptun –, Venus und die Sonne machen sie stark, unbesiegbar und unzerstörbar.«[34] Das waren in der Tat gute Nachrichten, die Henrys wachsenden Glauben an den Nutzen der Astrologie festigten. Junes Pech war, daß die Prophezeiung sich nicht bestätigte.

KAPITEL 11

1933-1934: *Wendekreis des Krebses* und »ein halbes Dutzend schrecklicher Worte«

1

Miller behielt den Posten des »stellvertretenden Wirtschaftsredakteurs« bei der *Tribune*, der der vordergründige Anlaß für seine vorzeitige Rückkehr aus Dijon gewesen war, nur sechs Wochen. Die Zeitung stand finanziell kurz vor dem Ruin, und man erklärte Henry Ende März, seine Stelle sei ab dem 15. April im Rahmen von Rationalisierungsmaßnahmen gestrichen. Danach kehrte er für kurze Zeit in die Korrekturabteilung zurück und notierte die Erholung von Kursschwankungen nach dem Preissturz vom Vortag, die Schwäche von Schlüsselindustrien, den Anstieg der Stahlpreise und die erneute Stabilität bei Abitibi. Aber nach einigen Tagen verblaßte der Reiz der Neuheit, und Henry ging. Er sollte nie mehr einen geregelten Beruf ausüben.

Das Drama seiner Beziehung zu Anaïs Nin und June hatte ihm genau den Stimulus geliefert, den er als Schriftsteller brauchte. Auf einen Vorschlag von Putnam hin hatte er *Crazy Cock* an Pat Covici bei Covivi-Friede in New York geschickt, obwohl er das eigentlich nur aus einem Gefühl der Loyalität gegenüber dem Manuskript heraus tat. Für ihn drehte sich jetzt alles um das »Zum Teufel mit allem«-Buch, das Buch, das sich aus dem Nichts kristallisiert hatte, aus seinen Briefen, seinen Notizen, seinen Gesprächen, den Filmen, die er sah, und den Romanen, die er besprach. *Wendekreis des Krebses* wurde zwischen der ersten Erwähnung des Buches am 24. August 1931 und der Veröffentlichung im September 1934 viermal beinahe vollständig umgeschrieben, zuletzt im Sommer des Publikationsjahres. Das zeigt einerseits Millers Verlangen, die Qualität der Prosa zu verbessern, aber noch deutlicher zeigt es, mit welchem Ernst Miller in diesem Buch versucht, den gegenwärtigen Augenblick einzufangen. Sein Leben bestand damals aus einem Strom von gesellschaftlichen, sexuellen und intellektuellen Abenteuern, in dem er wie eine Art amerikanischer Heraklit watete, immer nach Kräften bemüht, so viel wie möglich auf den Seiten seines Buches festzuhalten.

Zwei Faktoren trugen dazu bei, daß er ab Frühjahr 1932 dem *Wendekreis des Krebses* seine volle Aufmerksamkeit widmen konnte. Der eine war die Beziehung zu der wohlhabenden Anaïs Nin, die das Ende seiner Geldsorgen bedeutete. Der andere war der Umzug in die Wohnung in der Rue Anatole France Nr. 4 in Clichy zusammen mit seinem Freund Alfred Perlès. Die Wohnung war später Schauplatz der schmerzhaften Begegnungen mit June bei ihrem letzten Besuch in Paris. Daß Miller nun einen festen Wohnsitz hatte, löste das zwar unterhaltsame, aber auch zeitraubende und manchmal unangenehme Problem, sich ein Bett für die Nacht suchen zu müssen, das er seit seiner Ankunft in Paris immer wieder gehabt hatte.

Clichy war ein Arbeiterviertel am Rande von Paris mit einer starken kommunistischen Tradition. In Clichy wohnten vorwiegend Fabrikarbeiter und Verkäufer, die nach Perlès' Aussage »relativ komfortabel und ohne Poesie« lebten. Das Haus Nr. 4 war ein Neubau in einer Reihe moderner Wohnhäuser. Nach den zahlreichen Nächten, die Perlès und Miller gemeinsam beengt in Perlès' Zimmer im Hôtel Central verbracht hatten, genossen sie nun den Luxus getrennter Schlafzimmer, eines Bads und einer Küche. Die Miete betrug knapp 300 Francs, lag also beträchtlich unter den durchschnittlichen Hotelpreisen. Die einzigen Nachteile waren die langweilige Aussicht auf Wellblechdächer, rauchende Fabrikschornsteine, Eisenbahngleise und Benzinpumpen und die Tatsache, daß sie auf dem Heimweg nach einem Abend in der Stadt durch eine gefährliche Gegend kamen. Henry wollte deshalb einen schweren mexikanischen Spazierstock zurückerbitten, den er aus Amerika mitgebracht und einem seiner Wohltäter geschenkt hatte. Perlès wollte sich sogar ein Messer kaufen.

Eine Zeitlang lebte Wambly Bald nebenan. Die drei Musketiere in der Pariser Version kauften sich gemeinsam Fahrräder und fuhren jeden Nachmittag um vier Uhr zusammen eine Runde Rad. Auch vom Kino waren alle drei begeistert, und wenn die

Tour de France stattfand, verbanden sie diese beiden Vergnügen miteinander und gingen jeden Abend ins Kino, um die neuesten Wochenschauberichte vom Rennen anzuschauen.

Um diese Zeit verliebte Miller sich in eine bekannte Tänzerin und Schauspielerin namens Mona Paiva. Er befestigte ein Bild von ihr an der Wand über seinem Waschbecken, ebenso ein Foto von Nin und zwei von June. Er hängte auch einige seiner Aquarelle auf und ein großes Stück Packpapier, auf dem er eine Liste von exotischen und ausgefallenen Wörtern zusammengestellt hatte, die er beim Schreiben benützen wollte.[1]

Die Begeisterung für Bald und seine sexuellen Obsessionen verblaßte bald. Bald mochte »von Kopf bis Fuß auf Mösen scharf« sein, aber er war letztlich »als Mensch uninteressant – nur ein *Charakter*.«[2] Miller war Realist geworden, hielt aber hartnäckig an seiner Sentimentalität fest, einem Souvenir seiner Jugend. Bald war zu jung, um das zu begreifen. Er war stolz auf seine Härte, stolz auf seinen Mangel an Sentimentalität. Er nannte Henry einen Mann, »der auf Scheiße steht«, und sagte von Millers Beziehung zu Anaïs Nin: »Er nahm sie aus, wie er jede ausnahm, die er kennenlernte.« Das kam der Majestätsbeleidigung nahe, und Bald wurde aus dem Trio ausgeschlossen. Kurz darauf zog er in eine andere Gegend. Miller kannte keine Gnade mit Freunden, die in Ungnade gefallen waren, und sagte danach triumphierend: »Bald ist gelähmt. Und jetzt hat er seinen besten Freund verloren – Henry Val Miller, den einzigen Mann, dem er insgeheim vertraute.«[3] Perlès andererseits war ebenso heftig in Anaïs verliebt wie Miller. Er litt Höllenqualen, weil Miller sie in seiner Anwesenheit so nachlässig behandelte. Besonders verletzt war er, als Miller ihn bei einem Besuch von Anaïs in Clichy einmal aus der Küche schickte, damit er mit ihr auf einem Stuhl Geschlechtsverkehr haben konnte. Miller »vulgarisierte« Anaïs gern ein wenig, wie er sich ausdrückte. »Ach, Anaïs«, sagte er häufig, »ich weiß nicht, wo du das gelernt hast, aber du kannst vögeln, du kannst wirklich vögeln.«[4] Im Gegensatz zu Beatrice mochte sie es, wenn er solche Wörter benützte.

Anaïs war häufig in Clichy zu Gast. Henry betrachtete sie als »in jeder Hinsicht mir ebenbürtig«,[5] und so wurde sie auch behandelt. Sie blieb die ganze Nacht auf, trank und nahm an den nächtlichen Gesprächen und taktischen Diskussionen über Angriffe auf die

Nachwelt teil. Manchmal spielte sie Hausfrau, kochte und putzte und spülte das Geschirr. Miller sah sie gern bei der Hausarbeit und freute sich besonders, wenn sie dazu sang. Er schilderte ihren Gesang als »eine Art unharmonisches, monotones kubanisches Klagelied«. Seit den Tagen mit Pauline Chouteau hatte er das Singen bei der Hausarbeit immer als Zeichen dafür interpretiert, daß seine Liebste in sexueller Hinsicht zufrieden war.

Henry kochte und spülte ebenso oft selbst. Perlès erinnert sich, daß er »in Fragen der Haushaltsführung immer eher Deutscher als Chinese war«.[6] Nin, die erwartet hatte, ihre ersten Tage und Nächte in Clichy würden »sensationell« und mit Szenen im Stile Dostojewskis angefüllt sein, fand zu ihrer Überraschung »einen sanften Deutschen vor, der es nicht aushielt, wenn das Geschirr ungespült herumstand«. Henrys prosaische persönliche Gewohnheiten, die June so sehr enttäuscht hatten, enttäuschten auch Anaïs, und bald verlor sie auch ihre Illusionen über seine romantische Armut: Der fleckenübersäte Hut und der Mantel mit dem Loch, den er trug, als er eines Tages zu einer Verabredung mit ihr kam, wirkten auf sie wie »gewollte Armut, kalkuliert, beabsichtigt, aus Geringschätzung für den Bourgeois, der den Geldbeutel fest in der Hand hält«.[7]

Millers chaotisches Wesen, seine Wildheit und sein Hang zur Boheme zeigten sich eher in seiner Disziplin beim Schreiben oder in deren Fehlen. Er tippte blind und gehörte nach Aussage von Perlès »zu den schnellsten Schreibern, die ich unter Schriftstellern je gesehen habe«. An guten wie an schlechten Tagen brachte er etwa zwanzig Schreibmaschinenseiten zustande. Perlès übertreibt jedoch, wenn er das Resultat als »perfekte Sätze« schildert, »die nachher keines Glättens mehr bedurften«.[8] Millers erste Entwürfe waren inzwischen zwar viel besser als zur Zeit von *Clipped Wings* im Jahr 1923, aber im Interesse der leichten Verständlichkeit mußte er seine »spontane Prosa« stets noch einmal überarbeiten, sosehr er das auch bedauerte. Daß er von nun an bereit war, Fragmente, Notizen und private Briefe zu Dokumenten zu erheben, die der Veröffentlichung würdig seien, mag schlichte Egozentrik sein. Vielleicht drückt sich darin aber auch seine Suche nach einer letzten Spontaneität und einer letzten Aufrichtigkeit bei der Niederschrift persönlicher Bekenntnisse aus. Die Notizen, die er beim Schreiben verarbeitete, hatten für

ihn einen »rohen, unverfälschten Geschmack, der nur schwer wieder zu erzeugen ist, wenn ich mich zu einer letzten Fassung hinsetze ... sie sind mit dem höchstmöglichen Tempo geschrieben, ohne Pause wegen der Fehler. Oft ist die Sprache schlecht, die Wörter stimmen nicht usw.«[9]
Miller rauchte ununterbrochen Gauloises Bleues und hörte oft Musik oder fing an zu singen. Nachmittags zog er einen Schlafanzug an und legte sich für zwei Stunden ins Bett. Wenn er ausgeschlafen hatte, stand er auf und machte häufig einen langen, ziellosen Spaziergang oder fuhr Rad. Da er niemals ein sorgfältiger Schriftsteller war, der künstlerische Probleme zu lösen hatte wie etwa Joyce, Beckett oder Nabokov, machte es ihm nichts aus, in Gegenwart anderer zu schreiben. Er saß dann mit einem Glas Wein an der Schreibmaschine und drehte sich ab und zu um, um sich ins Gespräch einzumischen. Strenggenommen spielte er noch immer Schriftsteller und hatte an den Requisiten der Rolle ebenso viel Spaß wie am Schreiben selbst. Wenn er nicht an der Schreibmaschine arbeitete, »kämmte er Dutzende von Büchern durch, die aufgeschlagen auf den Stühlen, seinem Bett und dem Fußboden verstreut lagen, und hielt dabei Buntstifte in der Hand, um bestimmte Passagen zu unterstreichen oder abzuschreiben. Die Wände seines Zimmers waren buchstäblich tapeziert mit Seiten, die er aus Büchern herausgerissen hatte, mit Notizen und Zitaten, die er mit Reißnägeln aufgehängt hatte und irgendwann benutzen wollte.« Wambly Bald, von dem diese Schilderung stammt, neckte Miller häufig wegen seines »literarischen Diebstahls«, worauf Miller lachend zu erwidern pflegte, alle Schriftsteller seien Diebe: »Ich stehle etwas, verdrehe es auf meine eigene Weise, und wer merkt das schon?«[10]

2

Am 30. Juli war das »Zum Teufel mit allem«-Buch fertig, und Henry schrieb an Anaïs Nin, er habe einen Titel dafür gefunden: »Wie gefallen Dir die folgenden beiden: *Wendekreis des Krebses* oder *Ich singe den Äquator*?«[11] Ein geplanter zweiter Band sollte den Titel *Wendekreis des Steinbocks* erhalten, ein letzter Band einfach den Titel *Gott*. Der Literaturagent William Aspenwall Bradley hatte über Dr. Krans vom französisch-amerikanischen Austauschdienst, der Miller die Stelle in Dijon vermittelt hatte, von Miller gehört. Bradley bat Miller, ihn in seinem Büro in der Rue Saint-Louis en l'Ile aufzusuchen. Henry ging hin und nahm sowohl das neue Buch als auch *Crazy Cock* mit. Am 8. August schrieb Bradley ihm, er habe beide Bücher gelesen und sei besonders an *Wendekreis des Krebses* interessiert, das er »großartig« fand. Er bat Henry um einen weiteren Besuch, damit sie über mögliche Verleger für das Buch sprechen könnten.

Die Begegnung mit Bradley bedeutete Henrys Durchbruch als Schriftsteller. Nachdem er etwa zehn Jahre lang versucht hatte, literarischen Erfolg weitgehend mit der Hilfe wohlmeinender Amateure wie Joe O'Reagan, Emil Schnellock, A. E. Elkus, Leviticus Lyon und George Buzby zu erreichen, hatte er nun zum erstenmal das Interesse eines professionellen Agenten gewonnen. Bradley war ein Mann, den Janet Flanner in ihrer Kolumne »Brief aus Paris« im *New Yorker* den »führenden Agenten und Propheten transatlantischer Angelegenheiten« nannte. Zu seinem Kundenkreis zählten zu unterschiedlichen Zeiten Gertrude Stein, John Dos Passos, Ezra Pound und Katherine Anne Porter. Im September zeigte er das Manuskript Jack Kahane von der Obelisk Press, und er konnte Miller berichten, daß Kahane seine Begeisterung teile.

Kahane war ein Engländer aus Manchester, der in den zwanziger Jahren nach Paris ausgewandert war, in der Hoffnung, Schriftsteller zu werden. Er brachte auch unter dem Pseudonym Cecil Barr einige pornographisch angehauchte Romane zustande, aber seit 1930 waren seine verlegerischen Aktivitäten bei der Obelisk Press seine Hauptaufgabe und wichtigste Einnahmequelle. Er war stolz darauf, Bücher wie Joyce' *Haveth Childers Everywhere* und *Pomes Penyeach* sowie Richard Aldingtons *Death of a Hero* veröffentlicht zu haben. Seinen größten finanziellen Erfolg hatte er damit erzielt, daß er 1931 dem todkranken Frank Harris die Rechte für die vier Bände von *My Life and Loves* abgekauft hatte, die er 1932 in einer eigenen Ausgabe veröffentlichte. Das brachte ihm den Ruf eines Mannes ein, der bereit ist, verlegerische Risiken einzugehen. Besonders gern ging er Risiken ein, wenn die literarische Qualität sich mit der Aussicht auf hohe Verkaufszahlen verbinden ließ, wie im Fall von *The Well of Loneliness* und Parker Tylers und

Charles Henri Fords *The Young and Evil,* beides Bücher, die von ihrem skandalösen Ruf profitierten.
Bis Oktober 1932 hatte Henry, entweder auf Anraten Bradleys und Kahanes oder auf eigene Faust, eine Überarbeitung des Buches vorgenommen, die beiden Männern gefiel. Kahane plante die Veröffentlichung von *Wendekreis des Krebses* vorläufig auf Ende Februar 1933. An dieses Datum hatte Henry auch gedacht, als er auf seiner mißglückten Flucht vor June im Winter 1932 vergeblich versucht hatte, die englischen Zollbeamten davon zu überzeugen, daß er ein Schriftsteller sei, dessen Werke schon so gut wie erschienen seien. Aus mehreren Gründen mußte *Wendekreis des Krebses* allerdings noch beinahe zwei Jahre warten, bis es endlich veröffentlicht wurde.

3

Henry kam während dieser Zeit häufig mit Michael Fraenkel und dessen Freund Walter Lowenfels zusammen. Fraenkel hatte ihn im Sommer 1931 einige Wochen lang in der Villa Seurat beherbergt und verköstigt. War Bald eine letztlich unbefriedigende Alternative zu Millers vulgären New Yorker Freunden Dewar und O'Reagan, so füllten Fraenkel und Lowenfels die Lücke der disputierfreudigen Freunde wie Emil Conason und Harold Hickerson. Lowenfels sympathisierte wie Hickerson mit den Kommunisten, Fraenkel war ein eigenständiger Denker und Philosoph. Beide Männer hegten große Bewunderung für D. H. Lawrence und gehörten zu den Anhängern der Psychoanalyse, die die subjektiven, vorsichtigen und zurückhaltenden Theorien C. G. Jungs dem Dogmatismus Freuds vorzogen.
Fraenkel war der Sohn litauischer Einwanderer und hatte eine harte Kindheit gehabt. Er war schon als Kind Lehrling auf der East Side gewesen und hatte in seiner Freizeit Süßigkeiten an die ausgebeuteten Arbeiter anderer Betriebe verkauft. Als junger Mann hatte er Enzyklopädien verkauft, wobei er erheblich erfolgreicher war als Henry. Er verdiente so viel, daß er sich 1926 mit dreißig Jahren nach Paris absetzen konnte, um Schriftsteller zu werden. Er war von Gedanken an den Tod besessen, die er in Büchern wie *Werther's Younger Brother* und einem späteren Werk

mit dem Titel *Bastard Death: The Autobiography of an Idea* zu artikulieren versuchte. *Werther's Younger Brother* wurde 1930 in seinem Verlag Carrefour veröffentlicht. Lowenfels war ein vielversprechender Dichter, der 1931 zusammen mit E. E. Cummings den Aldington Poetry Prize der Zeitschrift *This Quarter* erhielt, vor allem aufgrund seiner *Elegy for Apollinaire.* Gemeinsam hatten Fraenkel und Lowenfels eine Schrift mit dem Titel *Anonymous: the Need for Anonymity* herausgebracht, in der sie die idealistische Auffassung vertraten, Schriftsteller sollten ihre Werke anonym veröffentlichen, um auf diesem Weg das niedrige Trachten nach Geld und Ruhm zu überwinden. Getreu dieser Auffassung erschien *Werther's Younger Brother* anonym.
Lowenfels brachte Fraenkel und Miller zusammen. Er erzählte Fraenkel, er habe jemanden kennengelernt, der »nicht richtig lebendig, aber ganz gewiß auch nicht tot ist. Er ist lebendig auf eine verworrene, altmodische Weise.« Fraenkel schrieb Miller ein paar Zeilen, dieser besuchte ihn, und Fraenkel war sogleich von ihm eingenommen und verblüfft:

> Er war mir völlig fremd, ich wußte lediglich das über ihn, was mein Freund Walter in einigen vagen Bemerkungen angedeutet hatte, und doch fühlte ich mich sofort wohl und mit ihm vertraut, als er das Zimmer betrat und anfing zu reden.[12]

Fraenkel schenkte Henry beim Abschied ein Exemplar von *Werther's Younger Brother* und erhielt einige Tage später als Antwort einen langen Brief, der Wendungen enthielt wie »ließ mich aufhorchen«, »große Entdeckung«, »ich weiß nicht, wo ich anfangen soll«, »denke zu meiner Überraschung nur in Superlativen«, »applaudiere Ihnen ehrerbietig, aufrichtig« usw. Nicht zuletzt dieses Talent zu sachverständiger Schmeichelei hatte es Miller ermöglicht, sich während der schlimmsten Not in Paris über Wasser zu halten. Fraenkel war entzückt, als er hörte, was für ein großer Schriftsteller er sei, und setzte seinen Namen bereitwillig auf die Liste derer, bei denen Henry etwas Gutes zu essen bekam. Seine schöne Wohnung, sein Reichtum und sein Verlag waren weitere Pluspunkte, aber Miller war darüber hinaus wirklich von Fraenkel als Person angetan, was immer er im stillen von seinen Ideen gehalten haben mag. Er wußte, daß er in diesem leidenschaftlichen, wortgewaltigen und exzentrischen »Wetterpropheten« eine weitere Hauptperson gefunden hatte, die mit Wambly Bald, Perlès und ihm selbst in seinem Buch auftreten sollte.

Miller, Fraenkel und Lowenfels führten Anfang der dreißiger Jahre zahlreiche Diskussionen, als deren Aufhänger oft Fraenkels »Todestheorien« dienten. Henry überarbeitete in dieser Zeit den *Wendekreis des Krebses.* Er hatte Freude am apokalyptischen Grundton der Gespräche – Sätze wie »Es kann nichts mehr geschrieben werden, denn wir sind alle tot« waren an der Tagesordnung –, aber er befürwortete nicht den tiefen Ernst, mit dem seine Freunde die Lösung der Menschheitsprobleme angingen. Bei Diskussionen mit Miller trugen die beiden anderen in der Regel ernsthafte Ideen vor, die er dann attackierte. Menschlich mochte er an Fraenkel vor allem seine Begeisterungsfähigkeit, eine Eigenschaft, die er bei allen vorbehaltlos aufs höchste schätzte. Nach Millers Einschätzung war »Fraenkel ein Mensch, der glaubt, daß man Wortgefechte gewinnen kann. Ich machte bei dem Spiel einfach mit.« Sowohl Lowenfels als auch Fraenkel behandelten Miller etwas von oben herab. Sie gingen mit ihm um wie Lehrer mit einem brillanten, aber wankelmütigen Schüler. Miller förderte diese Haltung – in einem Brief an Lowenfels (er korrespondierte sogar mit Personen, die er täglich sah) schreibt er von »Ihrem Interesse an meiner Erziehung« und schlägt vor: »Wenn ich Ihnen so viel bedeute wie Sie mir und wenn wir einander wirklich etwas geben wollen, zum Guten oder zum Schlechten, dann sollten wir fleißiger die Notizen austauschen, die wir uns nach der Lektüre eines Buches machen. Besonders dann, wenn es um Gedanken geht, die der andere ablehnt.«[13]

Fraenkel wiegte sich in dem Glauben, daß ihre Diskussionen über »spirituellen Selbstmord« und das Thema Tod einen großen Einfluß auf Miller ausübten, und präsentierte sich in späteren Jahren gern als die »graue Eminenz« hinter *Wendekreis des Krebses.* Tatsächlich nahmen ihn aber weder Miller noch Perlès, der häufig ebenfalls mitdiskutierte, jemals so ernst, wie er das selbst tat. Seine Arbeit an einem prophetischen Werk mit dem Titel *The Weather Paper* wurde in der Avenue Anatole-France zum Gegenstand eines Witzes: Miller und Perlès gewöhnten sich an, einander in sarkastischem Ton mit der Frage zu begrüßen: »Und wie ist das Wetter heute?« Fraenkels Bedeutung für *Wendekreis des Krebses* und für Millers Denken bestand genau im Gegenteil dessen, was er glaubte: Seine düstere und niederdrückende Metaphysik raubten dem Intellektuellendasein den Glanz, in den Miller es getaucht hatte. Nachdem Henry jahrelang versucht hatte, die Menschen mit seinen abstrusen Lesegewohnheiten und der Schärfe seines logischen Denkens zu beeindrucken, bewegte er sich schon bald in die Fraenkel entgegengesetzte Richtung und erkor den »großen Erdklumpen« von Dijon zum Ideal und Helden.

Die Phase, in der Miller engen Kontakt zu Fraenkel und Lowenfels hielt, fällt daher mit einem Wendepunkt zusammen, der wohl zu den wichtigsten in seinem Leben zählt – dem stürmischen, befreienden Durchbruch durch die Barriere des Intellektualismus zur Entdeckung der Leere auf der anderen Seite. Von nun an hegte und pflegte er hartnäckig eine Religion des Instinkts, der Subjektivität und der gewollten Einfachheit, um einer Haltung treu zu bleiben, die er als seine wahre Bestimmung ansah: Er wollte so auf seine Weise Klassensolidarität praktizieren und in seinem Schreiben so weit wie möglich zeigen, daß er absolut gewöhnlich war. In einem Brief an Emil Schnellock vom 14. Oktober 1932 legt er seinen Standpunkt unmißverständlich dar: »Es geht mir immer gut, wenn ein ganz gewöhnlicher Sterblicher (reich oder arm, gebildet oder ungebildet) meine Sachen mit Vergnügen liest. In erster Linie will ich von den gewöhnlichen Leuten gelesen und gemocht werden. Denn ich bin selber der gewöhnlichste Bursche der Welt – ein Mann, der aus dem Solarplexus lebt ... Es ist mir scheißegal, ob ich *recht habe* oder *kunstvoll* oder *klar* schreibe – mich interessiert nur, was ich in diesem Augenblick schreibe.«[14] Miller behauptete in späteren Jahren stets hartnäckig, er sei beim Schreiben von *Wendekreis des Krebses* »er selbst geworden«, und verdeckte damit eine Tatsache, die Fraenkel mit erstaunlichem Scharfblick erkannte: daß Millers Ziel als Mensch und als Schriftsteller keineswegs darin bestand, »er selbst zu werden«, sondern vielmehr darin, er selbst zu bleiben.[15]

Miller konnte als Intellektueller freilich nicht zum unverdorbenen, einfachen Menschen werden, ohne sich dazu eines intellektuellen Instruments zu bedienen. In seinen Briefen Anfang und Mitte der dreißiger Jahre finden sich zahlreiche Anspielungen auf »China«, eine persönliche Chiffre, die er benützte, um seine Bewunderung und Sympathie für Lao-tzu und Chuang-tzu auszudrücken. In den Rätseln des Tao-Te-ching fand er seine eigenen Widersprüche als wesentliche Aspekte eines umfassenden und diffusen philosophischen und moralischen Weltbildes gewürdigt. Nach diesem Weltbild relativieren sich alle Ideen und materiellen Konzepte gegenseitig. Intellektuelle Pedanterie ist absurd, erforderlich ist ein bedingungsloser und fröhlicher Fatalismus. Die letzte Wirklichkeit in Sprache zu fassen ist unmöglich. Der Taoismus kennt keine Regeln und Dogmen. Wer nach ihm leben wollte, war lediglich aufgefordert, die Weisheit über Bord zu werfen und sich dem Strom des Seins zu überlassen, mit einem vollen Bauch und einem leeren Kopf.

Von diesem Zeitpunkt an strebte Miller bewußt danach, so zu werden wie ein Weiser des Tao-Te-ching. Wenn er sich am liebsten »glücklicher Felsen« oder »Mann im Felsengrund« nannte, so waren das wie »großer Erdklumpen«, »unbehauener Block« oder »wahrer Mensch alter Zeiten« taoistische Namen für einen Menschen, der seinen Geist bezwungen hat und im Einklang mit der Natur steht. Was ein solcher Mensch tut, ist stets natürlich und richtig, wie alles, was ein Baum, ein Pferd oder ein Fluß tut, richtig ist, da »Hausheit«, »Pferdheit« und »Flußheit« nicht von der Verunreinigung durch das Denken verdorben sind. Das ist eine gewagte Vision, deren moralische Gefahren auf der Hand liegen. Der unbekümmerte Mut, mit dem Miller direkt auf dieses Weltbild zusteuerte, hat im Laufe der Jahre immer rätselhafter und undurchsichtiger werden lassen, wer Miller eigentlich war. Für die einen war er schließlich ein Heiliger, für die anderen ein Psychopath.

Millers Begeisterung für China knüpfte an einige unvergessene Eindrücke aus seiner frühesten Kindheit an, die mit diesem Land und seinem Volk zusammenhingen. Da war zunächst ein eindrucksvolles Bild, das er in den neunziger Jahren in einer Kirche gesehen hatte. Es zeigte einen Chinesen mit einem Zopf, der im Regen über die Brooklyn Bridge ging. Ein faszinierendes und zugleich bedrohliches Geheimnis schien ihn zu umgeben. Die Chinesen waren von allen Einwanderern in Amerika am meisten gefürchtet. Die berüchtigten Exclusion Acts der achtziger Jahre des 19. Jahrhunderts sonderten sie von allen anderen ab als eine eigene Klasse verbotener Wesen. Für die ehrbaren Weißen und die abergläubischen Schwarzen waren sie furchterregende Geschöpfe: käufliche Killer, Rauschgiftsüchtige, Kulis, Fu Manchus.

Als solche zogen sie natürlich die Bewunderung des kleinen Henry Miller auf sich, ebenso wie Aguinaldo und jeder andere, der seine Eltern erschauern ließ. Wenn er mit den Hemden seines Vaters in die chinesische Wäscherei ging, erfüllten ihn die Fremdheit der chinesischen Besitzer, ihre glänzenden blauen Jakken und die seltsame Mischung von Gerüchen nach exotischem Essen und schmutzigen Kleidern mit ängstlichem Staunen. Er wußte schon damals, daß die Weißen nach Ansicht der Chinesen schlecht rochen, und er war stolz darauf, daß er es wußte. 1933 beschäftigte er sich erneut mit den Geheimnissen der Chinesen und drang tiefer in sie ein. Er war nun ein überzeugter Sinophiler und liebte unterschiedslos alles Orientalische. Außer den klassischen Texten des Taoismus studierte er Bücher über China und populäre Darstellungen der chinesischen Philosophie von Wissenschaftlern wie Herbert Giles und Richard Wilhelm. »Mein Geplapper über China« nannte er seine Studien in einem Brief an Lowenfels, aber zugleich beteuerte er: »China bedeutet mir viel. Es bedeutet mir alles.«[16]

4

Ende 1932 waren die 100 000 Dollar, die Michael Fraenkel 1926 mit nach Paris gebracht hatte, beinahe aufgebraucht, teils aufgrund der Verluste, die er beim Börsenkrach des Jahres 1929 erlitten hatte, teils aufgrund der verlegerischen Risiken, die er eingegangen war. Fraenkel wandte sich deshalb vorübergehend wieder dem Buchhandel zu, um seine Verluste wettzumachen. Innerhalb von zwei Jahren hatte er durch den Verkauf ganzer Schiffsladungen von Restbeständen amerikanischer Bücher auf den Philippinen und in China 50 000 Dollar verdient. Seine Geschäftsreisen führten ihn häufig nach New York, wo er einige von Henrys alten Freunden kennenlernte, unter anderem Emil Schnellock und Harold Hickerson. Schnellock mochte Fraenkel, aber er hatte nicht die nahezu übermenschliche Toleranz, die Henry für seine Mitmenschen aufbrachte. Deshalb gefielen ihm längst nicht alle Leute, die Henry von Paris aus zu ihm schickte. So mochte er den Maler John Nicholls nicht, und auch Richard Osborns Besuch war ihm lästig.

Osborn war 1933 in die Vereinigten Staaten zurückgekehrt, nachdem er von Miller aus den Klauen einer französischen Prostituierten namens Jeanne »gerettet« worden war. Miller verwendete diese Episode als Schluß für den *Wendekreis des Krebses.* Im Mai 1933 machte Osborn sich die Mühe, Henry einen zweiundvierzig Seiten langen Brief zu schreiben, in dem er ihm ausführlich die letzten Neuigkeiten über June mitteilte. Er informierte ihn, daß sie jetzt häufig in Begleitung eines Mannes im Village zu sehen sei, der »beträchtlich jünger« als Miller sei, und daß sie bittere Gefühle gegen Henry hege, besonders wegen der Aussicht, in seinem Buch bloßgestellt zu werden.

Der Brief deprimierte Henry zutiefst. Er begann zu trinken und schrieb einen langen Brief an Emil Schnellock, den er mit der ihm eigenen Ehrlichkeit »absolut aufrichtig« nannte, »so aufrichtig, wie ein Mann eben sein kann, der weint und gleichzeitig überprüft, ob das Kohlepapier noch genug Farbe enthält.«[17] Während des Schreibens wurde er zunehmend konfuser und mußte darum ringen, seine verwirrten Gefühle für June irgendwie in den Griff zu bekommen. Am besten beschrieb er sie so: »Ich liebe sie noch, aber ich will sie nicht mehr haben.« Er kämpfte mit heftigen Schuldgefühlen wegen der vielen Opfer, die June für ihn gebrachte hatte, und wegen der Härten, die er ihr zugemutet hatte, als sie in den zwanziger Jahren mit ihm zusammengelebt hatte: »Wenn ich daran denke, wie ich sie auf die Straße hinausgestoßen habe in bitterkalten Nächten, als wir meine kurzen Artikel oder die Süßigkeiten verkauften! Ich war hinter ihr her mit Liebe und Rachsucht und weiß Gott was. Ich war verrückt, irre. Ich liebte sie, und ich war hungrig. Ich war verzweifelt. Niemand begriff, was ich war, wer ich war. Ich wollte jemand sein.« Sein Leben ohne sie sei entsetzlich, schrieb er. Er erbot sich sogar, Selbstmord zu begehen, wenn sie das glücklich mache, aber eines werde er auf keinen Fall tun: aufhören, über sie zu schreiben. »Das kann ich nicht. Es ist mein Leben.« Er verfluchte ihr »schmutziges, enges, gemeines, kleinliches jüdisches Herz«, ihre »besitzergreifende Art, ihre Eifersucht, ihre zügellose Sexualität und ihren hackenden Schnabel«. Sie ist »June Smith-Smerth-Mansfield-Miller-Möse-Eier-Hure«, die er bis »in die Tiefen ihrer unersättlichen Möse hinein« kenne. In seinen verwirrten, heftigen Emotionen steht sie schließlich für ein Ame-

rika, das er liebt und haßt für das, was »Amerika mir angetan hat durch June, durch B., durch Muriel...«
Am Schluß des Briefes gerät Miller das Tippen völlig aus den Fugen, wenn er auf June und ihren »beträchtlich jüngeren« Freund schimpft, den »*five and cten tencet store athlete*«. Am meisten kränkte Miller das pedantisch genaue »beträchtlich jünger« Osborns. Es ist durchaus denkbar, daß es als gezielte Spitze gegen Miller gedacht war, mit der sich Osborn für die Demütigungen und Freuden des gemeinsamen Lebens in der Rue Auguste-Bartholdi im Jahr 1930 revanchieren wollte. Zwölf Stunden später schrieb Henry einen weiteren Brief an Emil Schnellock, in dem er sich über sein sentimentales Selbstmitleid und seine Verwirrung lustig machte. Sorgsam auf die Bedürfnisse der Nachwelt und die Nöte zukünftiger Biographen bedacht, schickte er das leidenschaftliche Original und den kühlen, beinahe herzlosen Widerruf im selben Umschlag. Er bezeichnete die Episode als »die Leiden Werthers von der vergangenen Nacht« und behauptete, als er den Brief noch einmal durchgelesen habe, habe er sich kaputtgelacht. »Traue nie dem Autor, traue nur der Erzählung. Wenn ich sage, daß mir das Herz bricht, dann glaub mir nie. Es ist nur Literatur.« Aber ein so plötzlicher und vollständiger Rückzieher war ebenfalls »nur Literatur«.
Erinnerungen an June und Nachrichten über sie verfolgten ihn den ganzen Sommer lang. Emil Conasons Schwester Betty kam Anfang Juni für einige Tage nach Paris. Gemeinsam saßen sie und Miller unter den Markisen auf der Place du Tertre am Butte de Montmartre, tranken Pernod und plauderten von alten Zeiten. Betty erzählte ihm auch, daß June Emil besucht und bitter über den Bruch zwischen ihnen geweint habe. Henry war am Ende des Abends betrunken und fühlte sich elend, was weniger am Pernod als an der Hoffnungslosigkeit seines Lebens lag.
Miller hatte die Schranken der Moral durch die Trennung von Beatrice und Barbara längst hinter sich gelassen. Jetzt mußte er selbst einen Weg finden, um ein Gegengewicht zu den Gefühlen der Schuld und des Schmerzes zu schaffen, die der eingeschlagene Kurs mit sich brachte. Auch wenn doppeltes Unrecht nicht zu Recht wird, kann es zumindest bewirken, daß das Unrecht weniger unrecht scheint. Statt Anaïs Nin, seiner neuen Liebe und

Partnerin im Bösen, romantisch die Treue zu schwören, stürzte Miller sich ganz offen nur noch tiefer in flüchtige sexuelle Abenteuer mit bezahlten Partnerinnen. Außerdem beugte er dem Entstehen von Gefühlen sexueller Loyalität dadurch vor, daß er diese Frauen manchmal mit Geld bezahlte, das er von Nin bekommen hatte.

Seine Lieblingshure im Sommer 1933 war teuer und korpulent wie die Modelle Renoirs, und ihre mütterliche Fülle war auch ihre Hauptattraktion für Henry: »Ich will diese da haben – ihren großen, wogenden Rumpf, der für mich wie eine Wiege ist, die massiven Glieder, die mich dazu verlocken, sie einfach nur zu berühren. Ich bücke mich gern tief unter sie, wenn sie sich auszieht und dabei einen Fuß auf einen Stuhl stellt. Ich sehe in ihren Schritt hinauf, der dunkel, geheimnisvoll, *groß* ist, und bin im Himmel.«[18] Er schrieb Emil Schnellock, er sei in alles an ihr verliebt – ihr Gesicht, ihre Stimme, ihre wundervolle Gabe des Zuhörens. »Und dann der Gedanke, daß es so leicht ist, mit jemandem zu gehen, den man wirklich heiß begehrt. Bloß ein bißchen Zaster.« Die französischen Bordelle wurden vom Staat überwacht, man brauchte bei solchen Abenteuern deshalb nicht zu fürchten, sich mit einer Krankheit anzustecken.

Miller teilte Emil Schnellock diese Information als weiteren Beweis dafür mit, daß er sich völlig von dem Kummer erholt habe, den ihm Osborns Brief bereitet hatte. »Du schreibst, der Brief über June habe Dich bewegt. Mein Gott, ja! Er war *Wirklichkeit* für eine halbe Stunde.« Er fuhr mit dem Geständnis fort, besonders schmerzhaft sei für ihn »die Vorstellung von June neben jemand anderem« gewesen. Offensichtlich wußte er ganz genau, daß June nun zum ersten und vielleicht einzigen Mal während ihrer Ehe einen Liebhaber genommen hatte, der wirklich im körperlichen Sinn ihr Liebhaber war. Er wußte sogar, wer der »beträchtlich jüngere« Mann war: Stratford Corbett von der New Yorker Life Insurance Company, den June später heiratete.

Das Eintauchen in die Welt des flüchtigen Sex und die entschlossene Beschränkung der gesamten Sexualität auf die simple Formel »Möse« war eine Methode, Schuld und Schmerz wegen seines Verhaltens gegenüber June abzuwehren. Ein anderer Weg war die Umsetzung der Erfahrung in die Spiegelwelt der Literatur – und zwar schnell, ehe die wirkliche Erfahrung Schaden anrichten konnte. Daher war sein Kummer über die Nachrichten von June »sehr ›Albertine‹. *Sehr,*«[19] und er freute sich darauf, eines Tages seine Empfindungen »vollständig« zu beschreiben.

5

Anfang Juni verbrachten Miller und Nin gemeinsam eine Woche in Chamonix. Dann trat Henry sein Bett im Hotel du Fin Bec an Hugh Guiler ab und kehrte in seine Wohnung in Clichy zurück. Eine Zeitlang widmete er sich seinem Onkel Dave, der mit seiner Frau in Paris Urlaub machte, brach dann aber bald mit Alfred Perlès zu einer Radtour auf. Sie fuhren mit der Bahn nach Orléans und radelten weiter Richtung Tours. Der starke Gegenwind, der ihnen achtzehn Kilometer lang entgegenblies, erschöpfte und deprimierte Henry. Das Loiretal und die Schlösser interessierten ihn nicht, das Hotelzimmer in Blois war schmutzig, und Perlès ärgerte ihn dadurch, daß er einen Kilometer vorausfuhr und sich dann beklagte, wenn Henry schlecht gelaunt war. Schließlich gab Henry auf und legte den Rest der Strecke nach Tours mit dem Bus zurück. Als Perlès mit dem Rad ankam, hatte Henry bereits eine Fahrkarte für die Rückfahrt nach Paris gekauft. »Ich habe genug vom Reisen. Ich habe genug von kleinen Provinzstädten und vor allem von der Natur«, schrieb er an Anaïs, als er wieder zu Hause war. »Ich bin ein Mann der Großstadt, wie ich leider feststellen muß. Das erkenne ich jetzt nur allzu deutlich.«[20] Außerdem erinnerte ihn der Ausflug schmerzhaft an die Radtour mit June im Jahr 1928, und ohne die Gelegenheit zum Schreiben sah er sich des wichtigsten schmerzstillenden Mittels beraubt, das er hatte. Seine hektische literarische Aktivität in dieser Zeit, die fast schon unmenschlich war, dokumentiert einerseits den Versuch, das Flair einer sich ständig wandelnden Gegenwart so vollständig wie möglich im Schreiben einzufangen, andererseits die Notwendigkeit, dieser von Schuld und Schmerz bedrohten Gegenwart fortwährend in die unbefleckte und leere Zukunft zu entkommen. Neben der Überarbeitung von *Wendekreis des Krebses* arbeitete er jetzt an einem zweiten Versuch, sein Leben mit June darzustellen, dem *Wendekreis des Steinbocks,* und außerdem an einem Buch mit dem Titel *Selbstporträt,* das er später in *Schwarzer Frühling* umbenannte.

Zusätzlich füllte er mehrere Notizbücher mit seinen Träumen und mit Schilderungen von Menschen und Orten, die sein Interesse geweckt hatten. Er schrieb zahllose Briefe an Anaïs Nin, mit deren Veröffentlichung er ebenfalls liebäugelte. »Es ist bereits ein 900 Seiten starkes Buch mit Briefen verfügbar«, schrieb er im Oktober 1932 an Emil Schnellock; und im August 1933 drängte Nin ihn: »Bitte datiere Deine Briefe.«[21] Er schwelgte auch genüßlich in einer Welt phantastischer Projekte wie *The Palace of Entrails*. Dem baumförmigen Diagramm nach, das den geplanten Umfang des Buches abbildete, sollte es ein Versuch sein, eine endgültige Synthese des bisherigen menschlichen Wissens zu bilden, von Adam und Eva über die Astrologie bis zu den psychoanalytischen Theorien des Österreichers Otto Rank.

6

Dasselbe baumförmige Diagramm – zu dem er wahrscheinlich durch seine Vorliebe für das Bild des Yggdrasil, des Weltenbaums der nordischen Mythologie, angeregt wurde – benützte er auch für ein unveröffentlichtes Projekt, das er damals mit dem größten Ernst betrieb, eine Studie über D. H. Lawrence. Er begann diese Arbeit auf Anregung Kahanes, der die Veröffentlichung von *Wendekreis des Krebses* noch immer hinauszögerte. Kahane hatte Henry geraten, sich beim Lesepublikum mit einer solchen Untersuchung als ernsthafter Schriftsteller einzuführen, ehe er die Bombe seines eigenen Buches platzen ließ. Trotz seiner Überzeugung, *Wendekreis des Krebses* sei »großartig und überwältigend« und das Werk eines wortgewaltigen, eindrucksvollen Schriftstellers, neben dem *Lady Chatterley* und *Ulysses* nur »Limonade« [22] seien, befürchtete Kahane, das Buch könnte als Pornographie abgetan werden. Nachdem Henry sich anfangs gegen diese Idee gesträubt hatte, weil er sie unter seiner Würde fand, war er schließlich bereit, etwas zu schreiben. Zunächst war von einem »Heft« über Lawrence die Rede. Kurz darauf erweiterte er Kahanes Vorschlag kühn auf das Dreifache und kündigte an, er werde in einer umfassenden Untersuchung nicht allein Lawrence, sondern auch Proust und Joyce ein für allemal abhandeln. Walter Lowenfels entwickelte ein lebhaftes Interesse an diesem Vorhaben. Seine Begeisterung für Lawrence führte gegen Ende 1932 zur Veröffentlichung einer *Elegy in the Manner of a Requiem in Memory of D. H. Lawrence* bei Carrefour. Als Freund Samuel Becketts empfahl er Miller Becketts kurze Abhandlung über Proust, die Miller begeistert las.

Das Buch über Lawrence, das bis Anfang der vierziger Jahre auf Millers Arbeitsplan stand, ehe er es zuletzt aufgab, war in gewisser Weise der letzte Ausdruck des schweren Kampfes, den Miller auszufechten hatte, bis er den hemmenden Einfluß bekannter und erfolgreicher Romanautoren auf sein eigenes Schaffen überwunden hatte. Ursprünglich hatte er vor, Lawrence zu vernichten. »Lawrence' Sünde ist sein ›Idealismus‹«, schrieb er an Schnellock. »Er haßte den Menschen zugunsten eines unbekannten und abstrakten Geschöpfes, das niemals geboren werden wird.«[23] Diesem unmenschlichen Idealismus stellte er seine eigene, absolute Bejahung des unverfälschten Lebens entgegen: »Ich hasse es manchmal durchaus – aber so ist die Welt, Emil, und wir sind nicht daran schuld, und es ist nicht einmal unsere Aufgabe, sie in Ordnung zu bringen.« Aber der Wunsch, dem Schatten zu entfliehen, den Lawrence' Ruhm warf, verwandelte sich bald in eine faszinierte Beschäftigung mit dessen Ideen. Miller kehrte zu der Gewohnheit seiner Jugend zurück, lange Passagen aus den Büchern abzuschreiben, die er las. Was ihn schließlich zu Lawrence bekehrte, war die Lektüre der *Fantasia of the Unconscious*, des Aufsatzes *The Crown* in der Sammlung *The Death of a Porcupine* und der *Apocalypse*.

Seine übergroße Begeisterung bedeutete freilich den Untergang des Projekts. Etwa Mitte 1933 schrieb Miller, er habe »den größten Teil der vergangenen acht Monate einer Studie über Lawrence gewidmet«[24] und sei so tief in sein Universum eingedrungen, daß er jede Übersicht darüber verloren habe, wo Lawrence' Ideen aufhörten und seine eigenen begannen.

»Wie? Wo?« war in späteren Jahren Tennessee Williams' empörte Reaktion, als er vom angeblichen Einfluß Lawrence' auf Miller hörte.[25] Aber Miller war nicht in erster Linie an Lawrence' Kunst interessiert, sondern an seinen Gedanken über die Beziehung zwischen den Geschlechtern und noch mehr seinem glühenden Stolz darauf, Künstler zu sein. Daß Lawrence den Roman als »das einzige, strahlende Buch des Lebens« bezeichnete und mit kompro-

mißlosem Stolz darauf beharrte, der Romanautor sei dem Heiligen, dem Wissenschaftler, dem Philosophen und dem Dichter von Natur aus überlegen, mußte ein starkes Echo in Miller auslösen. Denn auch Miller glaubte, daß Religion von der Kunst abstammte und nicht die Kunst von der Religion. Seit je hatte er den Künstler als höheren Menschen betrachtet, der dem Priester, dem Weisen und dem Heiler näherstand als dem tüchtigen Geschäftsmann. Miller war sicher auch von Lawrence' mutigem Versuch beeindruckt, offen über Sexualität zu schreiben. Auch Lawrence' Gedanke, man müsse auf der Ebene des Individuums die Existenz und Bedeutung der sexuellen Polarität anerkennen, legte Miller nahe, sich mit der Person, über die er schrieb, zu identifizieren, wenngleich er diesen Gedanken bereits vor der Lektüre von Lawrence' Werken in Otto Weiningers Buch *Geschlecht und Charakter* kennengelernt hatte.
Im Grunde aber waren die Unterschiede zwischen Miller und Lawrence größer als die Gemeinsamkeiten. Das merkwürdige Nebeneinander von Sexualität und Religion, das von da an in den meisten Werken Millers anzutreffen ist, hatte vermutlich seinen wahren Ursprung in Millers Entdeckung der Bibel. Miller gibt nicht genau an, in welchem Alter er sie entdeckte, hielt das Ereignis aber in Notizen fest, die er in *Schwarzer Frühling* zum Thema französischer Urinale einzuflechten beabsichtigte:

> Hole die Bibel von der Kanzel und lege sie in die Toilette. (Achtung Gideon-Gesellschaft! Nicht in ein Hotelzimmer legen, wo sie aus dem Fenster geworfen oder für Rechnungen und Geschäftsnotizen und notfalls als Toilettenpapier benützt wird.) Ich begann erst in der Bibel zu lesen, als ich die Gewalt und die Obszönität in ihr entdeckte, die großen, irrsinnigen Bilder. Dann las ich sie mit Genuß und Vergnügen, *con amore* ... Wenn ich hörte, wie sie von der Kanzel herunter ausgelegt wurde, lief sie an mir herunter wie Wasser, hatte keine Bedeutung für mich, keine Beziehung *zu mir persönlich.* Erst durch den Sex entdeckte ich ihre großartige Bedeutung und ihre großartige Poesie ...[26]

Den anarchistischen Subjektivisten in Miller reizte Lawrence' Rebellion gegen die moralische Heuchelei bezüglich der Sexualität und seine Überzeugung, »die Welt liegt im argen, lag im argen und wird immer im argen liegen«. Henry erkannte jedoch auch, daß Vulgarität ein so bedeutender Bestandteil dessen war, was er zu sagen hatte, daß er seine Botschaft nicht auf eine Art überhöhtes Evangelium des Sex reduzieren durfte. Er war ehrlich genug, zu erkennen, daß Lawrence seine Art, über Sexualität zu schreiben, und die Sprache, in der er sich ausdrückte, wahrscheinlich verabscheut hätte.[27]

Henrys Ehrgeiz reichte oft weiter als sein Verstand, und ein Teil seiner liebenswerten Torheit beruhte darauf, daß er bereitwillig kolossale Projekte in Angriff nahm, ohne auch nur über den Grundstock der dafür erforderlichen Vorkenntnisse zu verfügen. Die Selbstdisziplin, die ihm vielleicht ermöglicht hätte, das Buch über Lawrence in den Griff zu bekommen, widersprach seinem Wesen zutiefst. Als er das Gefühl hatte, daß sich das Material chaotisch vor ihm auftürmte und ihn weit überragte, verteidigte er vehement »*meine* Form und nicht das, was die Dummköpfe Form nennen«. Er argumentierte, auch Spenglers *Der Untergang des Abendlandes* habe so gut wie keine Form, und er setzte »den Künstler, der etwas taugt«, mit dem Menschen gleich, »der über den üblichen formalen Skrupeln steht«.[28] Um diesen Ansichten Nachdruck zu verleihen, plante er kurze Zeit sogar, das Vorwort mitten in das Buch zu setzen. Er gab zu, dies sei ein ungewöhnlicher Schritt, aber vertretbar im Hinblick auf die Tatsache, daß es ihm bis dahin nicht gelungen sei, den Gegenstand seiner Darstellung zu verstehen.

Schließlich legte er ungefähr auf Seite 800 das Manuskript beiseite. 1928 erklärte er, das Projekt sei gestorben, aber 1941 teilte er Anaïs Nin mit, er wolle sich als Schriftsteller unmittelbar »nach Fertigstellung des Buches über Lawrence« zurückziehen.[29] Tatsächlich behielt er sogar sein ganzes Leben lang ein gewisses Interesse daran. Wie es typisch für ihn war, deutete er die Nichtvollendung des Buches in einen Erfolg um, da ein Fehlschlag ebenso wahrhaftig zum menschlichen Streben gehöre wie der Erfolg.

Am nächsten kam das Manuskript einer Veröffentlichung im Frühjahr 1934, als Nin es mit nach London nahm, um es Rebecca West zu zeigen. West hielt es für ein »ganz törichtes Buch«, aber aus Loyalität gegenüber Nin legte sie es mehreren englischen Verlegern vor, deren Weigerung, es anzunehmen, nach Wests

Ansicht ihrem Urteilsvermögen Ehre machte. Besonders lächerlich fand sie Henrys »irrige Vorstellung, Lawrence sei in England mißachtet, in Amerika jedoch gelesen und gewürdigt worden, was keineswegs zutrifft, denn seine Bücher wurden in England fünfmal so oft verkauft wie in Amerika«.[30] Ihr Urteil hätte noch mehr Gewicht, wenn sie nicht einmal erklärt hätte, Anaïs Nin sei »das einzige wahre Genie, dem ich in meinem Leben begegnet bin«. T. S. Eliot lehnte das Manuskript im Namen von Faber und Faber aufgrund kommerzieller Erwägungen bedauernd ab, hielt es jedoch für »interessant«. Eine gerechte Beurteilung des Buches könnte so lauten wie Millers Urteil über Lawrence' Whitman-Essay in dessen *Studies in Classic American Literature*: »eine Mischung aus Genie und Geschwafel«.

Vielleicht war es unklug von Kahane, das Buch über Lawrence überhaupt vorzuschlagen, und vielleicht spiegelt sich in Millers Bereitschaft, es zu schreiben, die Angst wider, daß ihm jetzt, da er dem ersehnten Ziel der Veröffentlichung und des vollen Status eines wirklichen Schriftstellers so nahe gerückt war, noch einmal die Erfüllung seines Traumes vorenthalten werden könnte, wenn er sich nicht den Wünschen des Verlegers fügte. Aber auch wenn das Unternehmen zuletzt steckenblieb, half es ihm doch zumindest, seine Gedanken von June und den Schuldgefühlen abzulenken, die ihn bedrängten.

7

Auf der praktischen Ebene gestaltete sich die Affäre zwischen Miller und Nin ungewöhnlich einfach. Miller war ein häufiger und gerngesehener Gast im Hause der Guilers in Louveciennes, und daß er übernachtete und bis zu vier oder fünf Tage auf Besuch blieb, erregte bei Anaïs' Mann keinen Verdacht. Zwar waren die beiden Liebenden noch nicht allgemein als Schriftsteller anerkannt, aber sie empfanden sich trotzdem als solche, und die gemeinsame Arbeit am Schreiben diente ihnen als Ausrede für alles. Einmal, als Anaïs, ihr Mann, ihre Mutter und Henry in Louveciennes zusammensaßen, stand Henry auf und sagte zu Anaïs: »Ich muß ein paar Minuten mit dir reden. Ich habe dein Manuskript korrigiert.« Gleich darauf liebten sie sich in Anaïs'

Schlafzimmer eine Treppe tiefer leidenschaftlich. Anaïs mußte sich auf die Finger beißen, um nicht zu schreien. Anschließend ging sie »noch ganz erregt« wieder hinauf und setzte das Gespräch mit ihrer Mutter fort. Henry erschien ein wenig später, »mit der Miene eines Heiligen und seidenweicher Stimme.«[31]

Henry mochte Guiler, und Nin war gerührt, wenn sie zusah, wie demütig Henry um Guilers Sympathie warb und wie er sich freute, wenn Guiler freundlich zu ihm war. Nin scheint ihrem Mann mit liebevoller Herablassung und nicht ohne Respekt begegnet zu sein. Es amüsierte sie, wenn sie ihn mit einigen der Tricks überraschen konnte, die sie von Henry gelernt hatte, so zum Beispiel, wenn sie ihre Beine um seine Taille schlang. Sie verglich unfairerweise die frisch begonnene erotische Beziehung mit ihrer sieben Jahre alten Ehe und fragte Hugh eines Tages, warum er nicht versuche, zwei Orgasmen hintereinander zu haben – »wie Henry«, fügte sie in ihrem Tagebuch hinzu. Sie nahm ihren Mann auch mit zu Live-Sex-Shows in einem Haus in der Rue Blondel Nr. 32, das ihr Henry persönlich empfohlen hatte. Als sie bemerkte, daß eine Darbietung lesbischer Liebe ihn kaum weniger erregte als sie, flüsterte sie ihm zu, sie habe nichts dagegen, wenn er zu einem der Mädchen gehen wolle. Er wußte aber besser als sie, was zu ihm paßte, und schlug das Angebot aus. Teils aus Sorge um ihren eigenen Ruf, teils aus Rücksicht auf die Gefühle ihres Mannes gibt Nin bei der Schilderung dieses Erlebnisses in ihrem veröffentlichten Tagebuch an, ihr Begleiter an jenem Abend sei Henry Miller gewesen.

»Das Haus ist die Behausung eines Astrologen, mit blauviolettem Licht und Tierkreiszeichen an den Wänden, das Speisezimmer aprikosenfarben, die Schlafzimmer pfirsichfarben. Es gibt schwarzlackierte Bücherregale und Schalen, die mit fremdartigen Steinen gefüllt sind. Die Hausmädchen sind alle leicht schwachsinnig.« So beschrieb Henry Emil Schnellock das Haus von Anaïs. Das Dorf Louveciennes war weniger exotisch. »Wenn ich ins Dorf gehe, gebe ich mir Mühe, nicht wie ein Deutscher auszusehen. Die Leute gehen auf der Straße an einem vorbei und schauen gerade durch einen hindurch ohne ein Lächeln ... Man ist unter französischen Bauern, die dich bis in die Eingeweide hinein hassen, die dich mit offenen Augen betrügen, dir verdorbenes Fleisch verkaufen. Großartige Typen. Ausgezeichnete Nachbarn.«[32]

Anaïs und Henry hatten von Anfang an eine so lebendige intellektuelle Beziehung, daß Henry sich für eine der beiden Disziplinen entscheiden mußte – Astrologie oder Psychoanalyse –, die Nins Denken und Schreiben so tief prägten, weil sie von ihm verlangte, er müsse sie ernst nehmen. Die Astrologie mit ihren esoterischen Ritualen der Prophezeiung und der pseudoastronomischen Autorität ihrer mathematischen Berechnungen machte auf Miller letzten Endes den stärkeren Eindruck. Aber es dauerte eine Weile, bis er so weit von der Komplexität und den kosmologischen Ansprüchen des Horoskops überzeugt war, daß er die Astrologie als mögliche, langersehnte Synthese allen Wissens akzeptierte, als seine Version einer einheitlichen Feldtheorie, die das Leben weniger rätselhaft mache würde, ohne ihm den Spaß zu rauben.

Zunächst hatte er die gesunde Skepsis eines Straßenjungen aus Brooklyn. Im September 1932 schrieb ihm Anaïs Nin von einer Bemerkung ihres Psychoanalytikers, die sie beeindruckt hatte. Eine Person oder ein Wille könne nicht gegen die Vorherbestimmung ankämpfen, aber zwei Willen, die sich gegen den Einfluß eines Planeten stemmten, könnten vereint dessen Wirkung ändern. Sie erklärte Henry, sie müßten den Oktober und November unbedingt so gut wie möglich nutzen, »denn im Dezember werden uns die Planeten trennen!«[33] Henry hatte den starken Verdacht, daß die Gefahr einer Trennung im Dezember ebenso viel mit Junes angekündigtem Besuch wie mit der Bewegung der Planeten zu tun haben könnte, und er tat das Gerede von einem Zusammenschluß gegen die Macht des Schicksals als »Geschwätz« ab. »Das Königreich des Himmels ist in Dir«, schrieb er. »Dort schüttle ich Jesus Christus die Hand.« Er versicherte Nin, wenn June komme, werde er allein mit ihr fertig werden. Aber seine Neugier war doch geweckt, und als er in der Woche darauf seinem Vater eine Geburtstagskarte schickte, bat er in einem Zusatz um den genauen Zeitpunkt seiner Geburt. Dieselbe Ambivalenz scheint auch noch in einem Brief vom Februar 1933 auf, in dem er Anaïs schrieb, wie wohl er sich fühle, nachdem die »Krise« nun vorüber sei: »Der Saturn muß eine Spitze der Melancholie über mich gebreitet haben. Jetzt werde ich von Merkur beflügelt, und wenn ich bei Jupiter gelandet bin, werde ich wieder voll bei Kräften sein.«[34]

Er war auch amüsiert und fasziniert von einem Gespräch mit einem Bekannten namens Walter Freeman, der ihm mit seiner »blödsinnigen Zahlenmystik« für 1933 ein gutes Jahr mit einigen Reisen vorhersagte. Etwa im Oktober ende sein letzter Neunjahreszyklus und ein neuer Zyklus beginne. Freeman schloß auch die Möglichkeit des Todes nicht aus, den Miller jedoch um jeden Preis vermeiden solle. Millers persönliche Interpretation der Todeswarnung war, daß sie vielleicht in Wahrheit ein mißverstandener Hinweis auf eine kommende Wiedergeburt sei, aber »vielleicht komme ich trotzdem ins amerikanische Krankenhaus«.[35]

Die Zahlenmystik mag »Blödsinn« gewesen sein, aber es sieht so aus, als habe die Todesprophezeiung im Verein mit Fraenkels unermüdlich vorgebrachter Behauptung, es seien sowieso alle Menschen tot, ihre Wirkung nicht verfehlt. Schließlich war Miller offenbar überzeugt, an alledem könnte doch etwas sein, und im Dezember 1933 verfaßte er ein fünfseitiges Testament und erklärte Anaïs: »Das Gefühl eines drohenden Verhängnisses lastet auf mir, und ich kann es nicht abschütteln. Es ist die Vorahnung eines nahen Todes.«[36] Er ernannte sie zur Testamentsvollstreckerin und Alleinerbin und legte umsichtig eine Liste seiner damaligen Schulden bei, die sich auf 3300 Dollar beliefen. Später ließ er sich dazu hinreißen, eine Liste mit Daten und Adressen zusammenzustellen, die die Bedeutung der Zahl Sechs in seinem Leben zeigen sollte. Er tat das mit einer Gründlichkeit, die typisch war für die Hingabe und Begeisterung, welche stets dicht unter der Oberfläche seiner Welt lag. Unter anderem wurden Beatrice' Adresse in der 9th Street aufgenommen, weil die Neun eine umgedrehte Sechs ist, der Geburtstag seiner Mutter am 13. Juni, weil Juni der sechste Monat ist, und der Geburtstag seines Vaters am 23. Oktober, weil zweimal drei sechs ist.

Obwohl nichts kopflastiger und weiter vom Leben der »offenen Straße« entfernt sein konnte als die Astrologie, war Henry von deren zentralem Gedanken, daß der Kosmos dem Schicksal eines jeden einzelnen Menschen Rechnung trage, beeindruckt, geschmeichelt, getröstet und erbaut. Als er die Astrologie erst einmal akzeptiert hatte – zu seinen eigenen Bedingungen –, erlaubte er ihr lange Zeit, eine manchmal entscheidende Rolle in seinem Leben zu spielen. Gelegentlich benützte er sie, um seinen Pro-

phezeiungen Autorität zu verleihen. Eine seiner verblüffendsten Vorhersagen dieser Art war seine Prophezeiung im Jahr 1938, daß aufgrund des Einflusses von Uranus und Pluto »im Jahr 2000 n. Chr.... das Wort Kommunismus ein obsoleter Begriff sein wird, den nur noch Philologen und Etymologen kennen«.[37]
Durch Nin lernte er mehrere Astrologen kennen, darunter Nins Cousin Eduardo Sanchez und den Franzosen Conrad Moricand, die sich ihren Lebensunterhalt mit der Erstellung von Horoskopen verdienten. Moricand kannte einige berühmte Künstler und Schriftsteller oder hatte sie gekannt, zum Beispiel Max Jacob, Blaise Cendrars und Modigliani, und bald ging Henry einmal in der Woche zu ihm in sein Hotel in der Rue Notre-Dame-de-Lorette, ließ sich von diesen Leuten erzählen und gegen Bezahlung in der Ausstellung von Horoskopen unterrichten. Henry hatte Mitleid mit Moricand, »einem unheilbaren Dandy, der das Leben eines Bettlers lebt«, und überredete seine Freunde dazu, sich von Moricand Horoskope machen zu lassen. Er selbst brachte das Geld dafür und die Geburtsdaten seiner Freunde zu Moricand. Als ihm die Freunde ausgingen, erfand er Kunden, damit er Moricand Geld zukommen lassen konnte, ohne seinen Stolz zu verletzen. Durch Moricand lernte er weitere Erleuchtete kennen und traf auch einige Male mit Aleister Crowley zusammen. Als er eines Tages hörte, wie Crowley sich damit brüstete, er könne mit Leichtigkeit die Gedanken der Menschen lesen, machte er es sich zur Regel, in seiner Gegenwart zu schweigen. »Ich sagte kein Wort über meine Sorgen«, teilte er Anaïs mit. »Ich habe keine Lust, mir von diesem Burschen in mein Leben hineinpfuschen zu lassen. Vielen Dank!«[38] Etwas anderes war freilich, wenn es um Geld ging, und Henry bemühte sich bei mehr als einer Gelegenheit erfolgreich, bei dem »Großen Tier« Geld zu borgen.
Mit der Psychoanalyse machte Miller kürzeren Prozeß als mit der Astrologie, sowohl aus persönlichen wie aus beruflichen Gründen. Anaïs konsultierte 1932 die beiden Psychoanalytiker, mit denen er nahe persönliche Erfahrungen machte: den Franzosen René Allendy, der die orthodoxe Lehre Freuds mit Alchimie, Astrologie und Zahlenmystik vermischte, und seinen Nachfolger Otto Rank, der sich von Freud abgewandt hatte und den Nin aufsuchte, als sie von Allendy genug hatte. Daß Anaïs gerade zu diesem Zeitpunkt in Analyse ging, legt den Gedanken

nahe, daß sie, die auf Irrwege geratene Katholikin, einen Beichtvater brauchte, als sie mit Miller Ehebruch beging. Allendy, der mit Henry um die Gunst von Anaïs zu konkurrieren begann, bezichtigte diesen im Laufe eines Jahres sowohl der latenten Homosexualität als auch der Spionage für Deutschland.[39] Henry seinerseits sah in Rank einen Rivalen, obwohl er aus Respekt vor Anaïs eine Zeitlang ein ernsthaftes Interesse an ihm heuchelte. Die Ideen, die Rank in seinem Buch *Art and Artist* vertrat, inspirierten Henry zum Entwurf von mehr als einem Buch, das er beinahe geschrieben hätte.

Als die beiden sich von Angesicht zu Angesicht gegenübertraten, ging es jedoch lediglich darum, die Stärke des anderen einzuschätzen. Am 6. März 1933 traf Miller eine Stunde mit Rank zusammen. Anschließend schickte er Anaïs einen ausgiebigen Bericht über das Gespräch, in dem der Gegenstand ihrer Diskussion völlig unklar bleibt. Deutlich wird nur, daß Henry sich nicht von Ranks Ruf und seinen zwanzig Jahren in Wien bei Freud einschüchtern ließ:

> Was ich brauchte, war diese scharfe Herausforderung, dieser harte Test, und ich bekam ihn. Und wo Rank nach dreißig Jahren Kampf, Fleiß, Forschung, Erprobung usw. usw. steht, da stand ich, ebenso fest, fester als er, sage ich Dir, trotz aller Unterschiede im Temperament und all der Fragen und Unklarheiten und Widersprüche in meiner Seele. Der Triumph lag in der Atmosphäre der Situation – es gab kein Duell auszufechten, es war eher eine Art vorbereitender Erprobung der Waffen, bei der man die Kräfte des anderen taxiert. Und, wenn ich mit dieser Metapher fortfahren darf, ich hatte das Gefühl, mein Handgelenk sei stärker, fester, mein Ziel genauer, ein tödliches Ziel.[40]

Miller hatte Ranks Theorien offenbar durch gezielte Zweifel bis an die Grenze getestet, wie er es schon bei Fraenkel gemacht hatte. »Ich bin jetzt dem Schlagabtausch mit den Größten gewachsen«, schrieb er Schnellock.

Millers ausdrücklichste und bemerkenswerteste Ablehnung der Ansprüche der Psychoanalyse findet sich in einem Brief, den er später im selben Jahr an den Maler Hilaire Hiler schrieb. Im Win-

ter 1933 wurde Hilers finanzielle Lage so schlecht, daß er überlegte, ob er das Malen zugunsten der Psychoanalyse aufgeben solle. Vor allem wollte er eine allgemeinverständliche Einführung in das Werk Freuds schreiben. Miller versuchte in einem langen Brief vom 23. November unter anderem, ihn davon abzubringen, indem er die Schwächen der Psychoanalyse darlegte. Er räumte ein, daß Freud der Typ des Künstlers sei, zu dem er sich am stärksten hingezogen fühle: der standhafte Außenseiter, der für seine Ideen verspottet werde und der in seinem fanatischen Verlangen, sie in die Tat umzusetzen, lieber eine Welt erfinde, die seine Ideen bestätige, als sich mit der Realität abzufinden, die sie nicht bestätige. Freud habe »eine Lüge, eine Fiktion« geschaffen, »eine Welt, die nicht ist, wie sie ist, sondern wie sie sein sollte, wie er sie haben wollte«. Freud sei ein großer Mann, den er bewundere als »eines der besten Beispiele eines Weisen in unserer Zeit«, doch seien seine Bemühungen letzten Endes für niemanden von Nutzen als für ihn selbst. Sein Werk besaß für Miller einen »Wert als Fiktion«, womit er Freud ein Kompliment machen wollte, indem er ihn auf eine Stufe mit Dichtern und großen religiösen Führern stellte, andererseits aber auch andeuten wollte, daß seine Ideen »eine kurze Lebensdauer« haben würden. Dann brachte Miller eine merkwürdige Theorie vor, die auf dem seiner Meinung nach »unbewußten Wunsch des Arztes« beruhte, »Krankheit auszunützen«. Sie führte ihn zu dem Schluß, daß die praktischen Resultate von Freuds Werk »nicht allein unwichtig, sondern sogar schädlich, gefährlich sein können«.
Warum Miller mit solcher Klarheit und Leidenschaft über Freud und seine Ideen schrieb, liegt auf der Hand. Der Geist der Freudschen Psychologie richtete sich gegen die Existenz von Leuten wie Miller. Diese Leute sollten mit der Zeit durch die erzwungene Anpassung an eine Welt vernichtet werden, die von Grund auf chaotisch und verrückt war. Miller begriff, wie nur ein leicht zu beeinflussender Mensch begreifen kann, der sich seiner Beeinflußbarkeit bewußt ist, daß manche Leute nur von einem Kastrationskomplex oder Ödipuskomplex zu hören brauchen, um diesen Komplex tatsächlich zu entwickeln, und daß die Bezeichnungen und Definitionen der Freudschen Theorie und die Behauptung, eine Neurose sei an Worten erkennbar, lächerlichen Sorgen die Würde der Realität verleihen konnten, die sie anson-

sten nie erlangt hätten und ohne die sie womöglich einfach wieder verschwunden wären:

> Es ist unvermeidlich, daß sich mit dem wachsenden Einfluß des Analytikers der Bereich der Neurose ausweiten wird – sie wird universell werden. Die Neurose wird ihren legitimen Platz in der Hierarchie unserer Krankheiten einnehmen, ebenso wie Tuberkulose, Krebs usw. Der Analytiker wird einen Raum schaffen für sie, eine Nische, und je mehr er sie zu bekämpfen vorgibt, desto fester wird sie sich einnisten ... Die Neurose ist ein so klar umrissener und fester Bestandteil unseres Lebens (des modernen, westlichen Menschen) wie die Maschine, das Flugzeug, der Wolkenkratzer usw. Sie ist das Material, die psychische Konfiguration, die wir wollen. Und in dem Augenblick, in dem wir eine andere Konfiguration tatsächlich wollen, werden wir sie auch bekommen – einfach aufgrund unseres Wollens![41]

Der gesunde Menschenverstand, der sich hier ausdrückt, wird in seiner Überzeugungskraft stark gemindert durch weniger scharfsinnige Bemerkungen über die »kreative und anarchische« Natur von Freuds Beitrag zur Menschheit, der »zu seinem Temperament und seiner Rasse paßt«. Das erinnert an Millers Bemerkung, Ranks »Optimismus« sei charakteristisch für das »germanische Streben, dieses dynamische, aggressive, hoffnungsvolle, sehnsüchtige Etwas, das den deutschen Geist am Ende stets in den Sumpf eines hoffnungslosen Mystizismus führt«. Man fühlt sich auch an Millers Ausspruch erinnert, »Marie Bonaparte« sei »ein kurioser Name für eine Psychologin«, denn »man kann nicht einen solchen Namen haben und ernst zu nehmende Arbeit leisten«.[42]

Trotz solcher plötzlicher Ausrutscher ins Absurde ist Millers Ablehnung der Psychoanalyse und der gesamten »Patientenmentalität« eine aufrichtige und insgesamt eindrucksvolle Verteidigung der Notwendigkeit, auf die eigene Wahrnehmung zu vertrauen und sich zu seinem Leben zu bekennen. Miller ist fest davon überzeugt, daß gerade menschliche Schwächen oder Gebrechen oder Neurosen, oder wie immer man es nennen möchte, das Leben interessant machen. An der Astrologie faszinierte Miller, der

ausgefallene Wörter liebte, vor allem der phantastische Jargon, und in gleicher Weise war der Lexikograph in ihm vom Vokabular der Psychoanalyse fasziniert, besonders von Wörtern wie »Enantiodromie«. Auf den Punkt gebracht, war der zentrale Mangel der psychoanalytischen Theorie in seinen Augen, daß sie nicht so viel Spaß machte, wie ihr Name versprach.
Miller versuchte energisch, Nin zu seinem Standpunkt zu bekehren. 1932 sagte er, sie solle aufhören, Tagebuch zu führen, denn das Tagebuch sei »eine Frucht der Einsamkeit« und entspreche »der Haltung eines zusammengerollten Igels, aus der heraus du deine Existenz begutachtest«.[43] Außerdem sei jegliche Psychoanalyse »nekrophil«. Nin stimmte ihm bis zu einem gewissen Grad zu, hatte aber an den spannenden Sitzungen mit Allendy und Rank zu viel Freude, um sie aufzugeben. Henry war eifersüchtig auf den Einfluß, den Rank auf Nin hatte, und argwöhnte zu Recht, daß die beiden eine Affäre hatten. Nichts konnte jedoch den großen Triumph jenes Herbstes verderben: Im September 1934 erschien *Wendekreis des Krebses.* Endlich war er ein Schriftsteller, der veröffentlicht hatte.

8

Etwas mehr als zwei Jahre waren vergangen, seit William Bradley Henry in einem begeisterten Brief versprochen hatte, das Buch zu betreuen, und seit Henry am 28. November 1932 mit Kahane einen Vertrag über drei Bücher geschlossen hatte. Henrys Interesse an den finanziellen Regelungen des Vertrages war minimal. »Ich kann mich an die genauen Abmachungen nicht mehr erinnern«, sagte er zu Nin, »aber im wesentlichen soll ich bei den nächsten beiden Büchern für die ersten 5000 Exemplare zwölfeinhalb Prozent und ab 5000 Exemplaren fünfzehn Prozent bekommen, plus einen Vorschuß über die Hälfte der Summe, die durch den Verkauf der vorhergehenden Bücher bis zum Zeitpunkt des Abschlusses eingenommen wurde. Ist das verständlich?«[44] Diese Gleichgültigkeit war teils wesensbedingt, teils eine Folge der Tatsache, daß das Buch in den Vereinigten Staaten bei den damaligen Pornographiegesetzen nicht frei verkäuflich sein würde. Damals galt noch die Hicklin-Bestimmung, die 1868 for-

mulierte gerichtliche Auslegung eines britischen Gesetzes aus dem Jahre 1857, in der juristisch definiert wurde, was Pornographie war: Pornographie war alles, was eine »Tendenz hat, die zu verderben und zu korrumpieren, deren Geist für solche unmoralischen Einflüsse offen ist und in deren Hände eine Publikation dieser Art fallen könnte«. Zollbeamte beschlagnahmten und vernichteten seit über sechzig Jahren willkürlich Bücher und Zeitschriften, die dieses Kriterium zu erfüllen schienen. Seit 1918 wurde *Ulysses* von James Joyce regelmäßig konfisziert und verbrannt. Zwar wurde das Verbot des Buches 1934 aufgehoben, aber das bedeutete nicht den Durchbruch eines liberaleren Denkens, wie einige vielleicht gehofft hatten. Als Richter Wolsey das Verbot aufhob, erklärte er die Entscheidung damit, daß die sexuellen Passagen des *Ulysses* »eher Brechreiz verursachten als erotisch anregten«. Die erotischen Stellen seien außerdem »in das Buch als Ganzes eingebettet«, was zur Folge habe, daß sie »wenig Wirkung erzielten«. Mit Argumenten dieser Art konnte man Henrys Buch nicht verteidigen, und das wußten er und Kahane sehr gut. Die französischen Zensurbestimmungen jener Zeit waren zwar auch nicht wesentlich liberaler als die der Vereinigten Staaten oder anderer europäischer Länder, aber es gab eine Gesetzeslücke: Die Publikation englischsprachiger Texte unterlag nicht der Zensur. Kahanes Obelisk Press konnte überhaupt nur aufgrund dieser Gesetzeslücke existieren.
Deshalb war nicht die Angst vor strafrechtlicher Verfolgung daran schuld, daß die Veröffentlichung von Millers Buch sich so lange verzögerte – Kahane glaubte leidenschaftlich an *Wendekreis des Krebses* und erklärte, er sei notfalls bereit, wegen dieses Buches mit Henry ins Gefängnis zu gehen –, sondern vielmehr Kahanes eigene finanzielle Probleme. Was ihn schließlich dazu bewog, die Veröffentlichung auf Ende 1934 festzusetzen, war die Bereitschaft Anaïs Nins, für den Roman eine Bürgschaft über fünftausend Francs in bar zu übernehmen. Das Geld dafür borgte sie von Otto Rank.
Die meisten Überarbeitungen, die Henry während des zweijährigen Wartens auf die Veröffentlichung an dem Roman vornahm, betrafen den Aufbau und die Länge (die ursprüngliche Fassung war mehr als dreimal so lang wie die veröffentlichte). Er schwächte sentimentale Passagen ab und brachte mehr Handlung hinein. In

einem Brief an Schnellock beschrieb er seine Arbeit salopp: »Ich werfe die nutzlose Scheiße raus. Tue neue Scheiße hinein.«
Was dabei herauskam, war eine fiktionalisierte und verdichtete Darstellung der Abenteuer, die er seit seiner Ankunft in Paris im April 1930 erlebt hatte, »aus einem Grund, den ich bisher noch nicht ausloten konnte«. Der Roman hat keine durchgängige Handlung und keine Struktur und bezieht seinen Reiz einzig aus der lebhaften, anarchischen und respektlosen Persönlichkeit des Erzählers »Henry Miller«, der sich mit List, Lügen und Charme durch ein Leben am Rand des Existenzminimums schlägt, während er hartnäckig seinen Wunschtraum verfolgt, Schriftsteller zu werden. Im Laufe dieses Prozesses entdeckt »Henry Miller« beinahe zufällig, daß die Erfahrung der ständigen Unsicherheit ihn nicht etwa entmutigt, sondern ihn vielmehr zum »glücklichsten Mann der Welt« macht. Die Geschichte endet mit einem Abenteuer, das auf einer wirklichen Begebenheit beruht, in der Richard Osborn und Miller selbst eine Rolle spielen. Er rettet seinen Gefährten »Fillmore« vor »Ginette«, einer schwangeren Prostituierten, die Fillmore davon überzeugt hat, er sei der Vater ihres Kindes und müsse sie nun heiraten. Henry verfrachtet Fillmore in einen Zug nach London. Er verspricht, Ginette später zu besuchen und ihr die zweitausend Francs zu übergeben, die Fillmore ihm anvertraut. Etwa die Hälfte des Geldes gelangt schließlich in die Hände des Mädchens. Die andere Hälfte steckt noch in Henrys eigener Tasche, als er auf den letzten Seiten des Buches am Ufer der Seine sitzt und über sein Glück und die Großzügigkeit des Lebens meditiert und sich auf den Augenblick freut, in dem er aufstehen und das Geld verputzen wird.
An *Wendekreis des Krebses* besticht besonders die Freude am Leben und an den Menschen, auch wenn sie noch so roh und unattraktiv sind. Im Grunde ist der Roman die temperamentvolle Bestätigung eines Standpunkts, den etwa zweitausend Jahre vorher Chuang-tzu vertreten hatte:

> Meister Tung-kuo fragte Chuang-tzu: »Dieses Ding, das man den Weg nennt – wo existiert es?
> Chuang-Tzu sagte: »Es gibt keinen Ort, an dem es nicht existiert.«
> »Bitte«, sagte Meister Tung-kuo, »drücke dich genauer aus!«

»Es ist in der Ameise.«
»In einem so geringen Ding?«
»Es ist in der Hirse.«
»Aber die ist noch geringer!«
»Es ist in den Ziegeln und Tonscherben.«
»Was kann so gering sein?«
»Es ist in der Pisse und im Kot.«[45]

Wenn man für *Wendekreis des Krebses* überhaupt Vorbilder reklamieren kann, dann sind das vor allem Hamsuns Roman *Hunger*, Rabelais und der schamanistische Walt Whitman, der sich selbst feiert und besingt und seinen Lesern verkündet, was sie in ihren Händen hielten, sei nicht in erster Linie ein Buch, sondern das Ergebnis eines Aktes der Transsubstantiation. In zweiter Linie wären Rilkes *Aufzeichnungen des Malte Laurids Brigge* und Célines *Reise ans Ende der Nacht* zu nennen, das Miller 1932 in einer Manuskriptfassung las, die ihm Frank Dobo zur Verfügung gestellt hatte. Millers Buch steht auch in der Schuld des Surrealismus von Buñuel, Dalí und sogar Lewis Carroll, von dem Miller lernte, daß man auf Elemente wie Logik und Chronologie in einem Roman verzichten kann, wenn es einem dafür gelingt, durch eine einheitliche Atmosphäre eine andere Art von Einheit zu schaffen.
Wie bei praktisch allem, was Miller später schrieb, hängt der Erfolg von *Wendekreis des Krebses* beim Leser überwiegend davon ab, ob dieser bereit ist, die Perspektive des Erzählers einzunehmen, statt ihn von außen zu beobachten. Ob wir dazu bereit sind, hängt wiederum von außerliterarischen Gesichtspunkten ab, etwa unserem Alter bei der Lektüre des Buches, unserer Stimmung, der veränderten Zeit, in der wir leben, oder dem Umstand, wie oft wir das Buch schon gelesen haben. Wer das Buch in der falschen Stimmung, im falschen Alter und zur falschen Zeit liest, dem mag vieles darin langweilig, abstoßend, entmutigend und dumm vorkommen. Aber zur rechten Zeit und in der richtigen Stimmung gelesen, ist es immer noch meisterhafte literarische Posse, eine befreiende Explosion schlechter Manieren, schlechter Gedanken und schlechten Benehmens und damit das ideale Gegengift gegen ein Übermaß an Rechtschaffenheit, Vernunft und Ernsthaftigkeit.

9

Miller und Perlès wohnten bis Februar 1934 in Clichy, beinahe zwei Jahre lang. Danach quartierte Miller sich in verschiedenen Hotels und Apartments ein, während er letzte Hand an *Wendekreis des Krebses* anlegte und die Arbeit an *Wendekreis des Steinbocks* und *Schwarzer Frühling* vorantrieb. Im Februar 1934 wohnte er in einem vornehmen Hotel in der Rue des Marroniers Nr. 24 in Passy – »all die aufgeblasenen Pinsel wohnen hier!« –, um näher bei Anaïs Nin zu sein. Anaïs war auf Drängen Ranks umgezogen, um für die Zeit ihrer Analyse näher bei ihm zu sein.

Kurz nach seinem Umzug nach Passy hatte Henry ein für ihn typisches Erlebnis. Er hatte sich tief in sein Buch über Lawrence vergraben und über eine Woche lang keine Zeitung mehr gelesen, als er am 9. Februar einen Abendspaziergang machte und sich plötzlich in einem Umsturzversuch wiederfand:

> Ich spazierte mitten hinein – instinktiv. Spazierte hinein und wieder hinaus – in Eile ... Ich befand mich zwischen Rue de Richelieu und Rue Drouot, auf den *Grands Boulevards*, eingeschlossen von Polizisten und Soldaten. Hatte das seltsame Gefühl (das nicht trügt, wenn man in Gefahr ist), ich sei eine Zielscheibe. Sah, wie der Mob mich an die Wand drückte und die Kugeln uns niedermähten. Erkannte, daß ich in der Falle war. Suchte hektisch nach einem Ausschlupf. Kam gerade nach Hause, als die Sache losging.[46]

Die unmittelbaren Ursachen der Gewalt – weltweite wirtschaftliche Rezession, hohe Arbeitslosigkeit, zwei Jahre häufig wechselnder linker Regierungen und der Aufstieg faschistischer Kreise, die den Stavisky-Skandal dazu benützten, den Antisemitismus zu fördern und der Demokratie Korruption und Ineffizienz vorzuwerfen – interessierten Henry wenig. Er reagierte auf die Vorfälle lieber historisch-kosmisch und benützte die Gelegenheit, »das römische Stadium der Auflösung – Mob und Tyrannen« und die von Spengler vorausgesehene Schlacht zwischen Blut und Geld zu prophezeien. Als Ergebnis dieser sich lang hinziehenden Schlacht würden »wundervolle Tyrannen, wundervolle Sadisten, Entartete, Perverse usw.« aus der Unterwelt der

Vereinigten Staaten nach oben gespült werden. Außerdem werde ein »Heer billiger Arbeitssklaven entstehen, die sich allmählich in Roboter verwandeln, die gefüttert und unterhalten werden müssen – weil sie das, was sie an Innenleben, an Individualität besaßen, an die Maschinen abgegeben haben«. Die Mittelschicht werde »zwischen den Mühlsteinen zu Staub zermahlen werden, vollständig verschwinden, und mit ihr die Begriffe ›Demokratie‹ und ›Freiheit‹ – *Illusionen*«.[47]

Millers Reaktion auf wirkliche Gewalt legt ein zentrales Paradox seines Charakters offen: Seine heftige, durch eine gewalttätige Sprache ausgedrückte Sehnsucht nach der gewaltsamen Zerstörung der Zivilisation erlosch in dem Augenblick, in dem auch nur entfernt die Möglichkeit bestand, die Gewalt könne Wirklichkeit werden. »Die Menge war häßlich«, schreibt er. Sie habe mit ihren Tumulten großen Schaden angerichtet, habe aber »seltsamerweise und vielleicht zum Glück keinen Anführer gehabt«. Warum zum Glück? Vielleicht, weil Miller instinktiv wußte, daß dann, wenn Gewalt sich in Taten manifestiert, gewalttätige Worte drastisch an Wert verlieren. Er war der geborene Agitator, der aufhetzte und Emotionen entfesselte, aber sobald die Emotionen entfesselt waren und die Dinge ihren Lauf nahmen, rannte er davon, so schnell ihn seine Beine trugen, und brachte sich in Sicherheit. Er schrieb Schnellock, daß ihm an jenem Abend, als er durch die leeren Straßen gegangen sei, »nach und nach dämmerte, daß etwas *Wirkliches* geschehen wird«, und die Wirklichkeit blieb für ihn, sofern es nicht die Wirklichkeit der Literatur war, ein problematischer und beinahe hypothetischer Zustand.

Im Mai wohnte er im Grand Hôtel de la Havane in der Rue de Trévise. Seine Zeit verteilte er nach wie vor begeistert auf verschiedene Projekte. Eine ehemalige Hure namens Bijoux las ihm eines Abends aus der Hand. Sie machte ihre Sache erstaunlich gut, denn sie prophezeite, er werde über achtzig werden, nie Unfälle haben, große Reisen machen, viel Glück haben und ein schönes junges Mädchen heiraten. Im Juni, Juli und August hielt er sich häufig in der Stadtwohnung von Nins Mutter in der Avenue de Versailles Nr. 18 auf. Dort las er die Fahnen von *Wendekreis des Krebses* und arbeitete an der Einleitung für das Buch, das er gemeinsam mit Anaïs schreiben wollte. Seine allgemeine Abneigung gegen Mütter erstreckte sich auch auf Mrs. Nin, die er als

»eifrige Katholikin – und eine dumme Trine« bezeichnete, und auf ihre Kanarienvögel. Als er die Vögel einmal versorgen sollte, schrieb er: »Ich lasse sie sterben. Sie sind Nervensägen und zwitschern den ganzen Tag ohne Grund.« Er hängte einige seiner Bilder zwischen die Ikonen und El Grecos, um das Zimmer freundlicher zu machen.

Im September 1934 schließlich zog er in die Villa Seurat Nr. 18, wo er – oder jemand anders – siebenhundert Francs warm im Monat bezahlte für eine Atelierwohnung, in der vorher Antonin Artaud gewohnt hatte. Mit Hilfe von Anaïs Nin und anderer Freunde richtete er die Räume neu her, ehe er einzog. Er ließ die sanitären Einrichtungen in Ordnung bringen und die Kissen reinigen und hängte Bilder an die Wände. Anaïs stellte aus ihrem Haushalt in Louveciennes Handtücher und Bettwäsche und angeschlagene Tassen und Gläser zur Verfügung. Die Veröffentlichung von *Wendekreis des Krebses* fiel passenderweise mit dem Umzug zusammen: Kahane überreichte Miller am Tag seines Einzugs feierlich das erste Exemplar an der Haustür.

Die Villa Seurat, die für die nächsten fünf Jahre Millers Zuhause werden sollte, war eine kurze Sackgasse, die von der Rue de la Tombe-Issoire im 14. Arrondissement abging. Sie war acht Jahre vorher eigens so gebaut worden, um den Bedürfnissen von Malern und Bildhauern zu entsprechen. Raoul Ubac und Chaim Soutine waren zwei der bekanntesten Maler, die dort lebten. Henrys Vermieter war Michael Fraenkel, und Henry kannte den Ort gut von seinem Aufenthalt dort 1931 als Gast Fraenkels. Das Atelier war geräumig, es hatte ein Dachfenster, einen Balkon und eine eingebaute Küche. Außerdem gab es ein Schlafzimmer und ein Bad. Rebecca West, eine Freundin Anaïs Nins, die mehrmals zu Besuch in die Wohnung kam, nannte sie ein »ganz hinreißendes Apartment, das mich mit großem Neid erfüllte«, und Miller selbst stellte fest, daß ihn, als sich die Nachricht von seiner neuen Wohnung verbreitete, plötzlich jedermann kennenlernen wollte: »Man braucht die Straße nur zu erwähnen, um Sehnsucht und Neid zu wecken.«[48]

Orders for Cossery's "Men God Forgot"

1\. 7 Stairs Book Shop (Chicago) - [illegible] - 10 copies 40 #
2\. Red Arrow Book Shop " - " (Paid) - 10 " "

Outline of "Tropic of Capricorn"

Note: "On the Ovarian Trolley"

Background - antecedents - philosophy of life - desire to
live imaginatively (rather than seek "truth") - against work
(Jack Rawson's death) - desperate always - looking for work -
a pastime. Western Union job (p.19-50). Valeska - my Gorman
(Sunset Place)

Note: (see how "waybills" is translated in French version - p.27 top!)
Mallory (Catholic Welfare League. Real names of goofy niggers mentioned!
(cases). Always broke - Swindling blind newspaper man for carfare.
"Once we did get a bonus and Hymie took me to Delmonico's" (sic!)

Note: p. 32: The Horatio Alger first book! "Dave Olinski" (p. 40-41)

Note: Ulric - friends - loads of them, all despise the other friends! (Talk of Paris - descriptions) "Just a

Note: cor. 6th ave + 49th St: Europe! "euphorias! Hymie - "ovaries"
Brooklyn Boy!" Kronski and my (in the head!) Fantasy on
Book of the hours - same talk always. Love for the old things. "Should have
Hymie the bull-frog! (p.55-57). (Persona non grata)

Note: been a clown!" My irritating talk! Borrowing money of her. Playing dominos
Valeska + her nigger blood. Valeska takes food
truck and child while B gets abortion. "always dragging
Sense of desolation - wrong birthday + hour! a fanatic!

Note: behind", etc. (Born with crucifixion complex") Live like a rock!"
Beyond crucifixion - becoming "gay" (p.67-8) "Whoever thou too great
O'Rourke + nocturnal rambles thru streets. one man in me that has died! Walking around

* love...." (p.72.) more on telegraph rigmarole (Chaos) - p. 74-81)

x in center of chaos!

~~End of Part I~~

Valeska + Lesbian midget (hermaphrodite) - First upstairs (no

Note: name) - sexual affair (p. 79) - "I wanted to be alone for a
thousand years - in order to forget!" Note this ending!!

End of Part I. (p. 78)

Pauline Janowski + Balzac. Telegram from "Monica" (~~[illegible]~~)
Love letters. Her erudition. Egyptian
corpse at Grand Central. "It's me, ~~[illegible]~~" Death of Kronski's first
Jewess episode (Kronski) walk thru Prospect Park with him - His crazy talk!
wife - Yetta. Des of our German funerals, by contrast.

10

Der Winter 1934 war ein entscheidender Wendepunkt in Henrys frühen und mittleren Lebensjahren. Endlich war ein Buch von ihm erschienen, er hatte ein festes Zuhause, und am 20. Dezember trafen an Bord der *Paris* seine Scheidungsunterlagen ein. Die *Paris* war das Schiff, mit dem er und June 1928 nach Europa gefahren waren. Die Scheidung wurde von der Anwaltskanzlei William Dewars geregelt, in Zusammenarbeit mit der Kanzlei Salvador, Hernandez & Co in Mexiko. »Hurra!« war Henrys Reaktion.

Bei all der Aufregung um die Veröffentlichung von *Wendekreis des Krebses* und den Umzug in die Villa Seurat war Henry entgangen, daß das Kind, das Anaïs im August zur Welt gebracht hatte, sein Kind war. Es war eine Totgeburt, ein kleines, dunkelhaariges Mädchen. Das Kind kam drei Monate zu früh, war etwa dreißig Zentimeter groß und sah laut Nin wie eine Puppe oder eine winzige Indianerin aus. Der Arzt sagte ihr nach der Geburt, die Hände und Füße des Kindes hätten genauso ausgesehen wie die ihren und der Kopf sei überdurchschnittlich groß gewesen. Nin wußte, daß Henry der Vater war,[49] und sie glaubte auch genau zu wissen, was für eine Art Vater er dem Kind gewesen wäre. Die veröffentlichte Fassung ihres Tagebuches gibt darüber freilich keine Auskunft, der Leser wird vielmehr zu zwei unzutreffenden Annahmen verleitet: daß das Kind von Hugh Guiler stammte und daß der Angriff auf Väter als von Natur aus verantwortungslose Geschöpfe, der den betreffenden Tagebucheintrag begleitet, sich gegen Anaïs' eigenen Vater richtet, der die Familie verließ, als Anaïs zehn war. Die bittere Leidenschaft der Worte läßt vermuten, daß Anaïs die Totgeburt vielleicht sogar absichtlich herbeigeführt hat.

KAPITEL 12

1935-1939: »Rom muß brennen, damit jemand wie ich singt«

1

Anaïs Nin glaubte, Henrys Wert für sie und für andere müsse dadurch geschützt werden, daß man ihn von Verantwortung abschirme und ihm erlaube, sich spielerisch durchs Leben zu bewegen. Diese seltsame Mischung aus Gönnerhaftigkeit und Mütterlichkeit war zwangsläufig nahe an der Grenze zur Geringschätzung angesiedelt. Die belastende Erfahrung der Schwangerschaft und das Verschweigen der Fehlgeburt führten dazu, daß Anaïs für kurze Zeit diese Grenze überschritt. In jenem Winter hatten sie und Miller einen schwerwiegenden Streit, der ihr Verhältnis beinahe beendet hätte.

Seit Miller die letzte Überarbeitung von *Wendekreis des Krebses* abgeschlossen hatte, hatte er stets vorgehabt, wieder einmal nach New York zu fahren. Anaïs war Ende November »offiziell« als Mrs. Guiler dorthin gereist und hatte Henry genug Geld dagelassen, die Miete in der Villa Seurat Nr. 18 bis Februar zu bezahlen. Dann sollte er ihr nach New York folgen, während Guiler drei Wochen lang auf Geschäftsreise ging. Inzwischen wollte Anaïs für Otto Rank in dessen neueröffneter Praxis in New York arbeiten.

Schon bald nach Beginn ihrer Korrespondenz stellte Henry fest, daß Anaïs ihn belogen hatte und allein gereist war. Er bekam einen Anfall rasender Eifersucht, der um so schlimmer war, als New York Anaïs offensichtlich gefiel. Außerdem hatte sie geschrieben, viele attraktive amerikanische Männer hätten versucht, mit ihr anzubandeln. Henry war eifersüchtig auf ihre Verbindung mit Rank und schrieb mit bitterer Ironie über den »freundlichen Otto« und dessen »Limousinen und sanfte deutsche Wörter«.

Nin war nicht zur Buße bereit. In ihren Antworten auf Henrys lange und verzweifelte Briefe machte sie ihm klar, sie habe ihn vorsätzlich angelogen, weil sie Abstand von ihm brauche. Als Reaktion gab er klein bei. Er bot ihr an, alles für sie zu tun und sie überallhin zu begleiten. Er bat sie, Guiler zu verlassen und mit ihm ein neues Leben zu beginnen. Plötzlich erschien ihm seine Taktik, sich mit Schummeln und Schnorren durchs Leben zu gaunern, erheblich weniger großartig. »Ich habe den großen Fehler gemacht, mich von Dir bemuttern zu lassen«, schrieb er ihr. Sie erwiderte mit mitleidiger Herablassung, sie habe Paris verlassen, »weil ich auf eigenen Füßen stehen will, denn Du kannst das nicht. Du bist schwach, Henry.«[1] Sie rieb noch zusätzlich Salz in die Wunde durch die Versicherung, sie liebe ihren »kleinen Henry« und werde ihm telegraphisch Geld schicken, sobald sie könne. Inmitten dieses Wirbels erhielt Miller eines Tages einen Brief von Anaïs, der eigentlich an Guiler gerichtet war. Er vermutete, daß dafür der Brief, den sie an ihn geschrieben hatte, in Guilers Händen gelandet war, und begann Blut zu schwitzen. Er überlegte kurz, ob er Paris verlassen und sich verstecken sollte, bis Guiler nach Amerika gefahren war, entschied sich dann aber dagegen und überredete statt dessen Perlès, zu ihm zu ziehen, für ihn die Tür aufzumachen und ihn moralisch zu unterstützen. Die nächsten drei Tage war er damit beschäftigt, bei jedem Klopfen an der Tür eilig die Feuerleiter auf der Terrasse hinunter- und wieder hinaufzukletterten. Schließlich kam Nins Cousin Eduardo und brachte den falsch adressierten Umschlag mit. »Wunderbar«, freute sich Henry, nachdem er den Brief gelesen hatte, »er enthält kein einziges verräterisches Wort!!! Ich hatte mir ausgemalt, daß *alles* in dem Brief stehe – daß Du alles ausgeplaudert hättest.«[2]
Seine Freude verwandelte sich jedoch bald in Enttäuschung, gerade wegen der Harmlosigkeit des Briefes. Im stillen hatte er gehofft, der falsch adressierte Brief werde genügen, die Ehe zu beenden und ihm Anaïs in die Hände zu spielen, aber der Ton freundlicher Neutralität stand in bestürzendem Kontrast zu der Wärme des Briefs an ihren Mann. Nin ließ Henry wenig später wissen, Guiler habe ihr nach Lektüre des Briefs geschrieben: »Der Irrtum, der Dir unterlaufen ist, hat mir bewiesen, daß zwischen Dir und Henry nichts war.«[3] Erst jetzt begann Miller die Wahrheit zu dämmern: daß nämlich Anaïs die Verwechslung absicht-

lich inszeniert hatte, um ihren Mann von der richtigen Fährte wegzulocken. So waren am Ende alle zufrieden: Henry hatte das Drama genossen und fand sich in seiner Auffassung bestätigt, daß alle Frauen, ob Huren, Ehefrauen oder Prinzessinnen, Schauspielerinnen waren. Anaïs hatte ihre Unabhängigkeit bewiesen und einiges Vergnügen daran gehabt, June zu spielen. Und Guiler, der von alledem keine Ahnung hatte, konnte beruhigt seinen Bankgeschäften nachgehen, in der Überzeugung, seine Frau habe kein Verhältnis mit Henry Miller.

Trotzdem hatte Anaïs' Spott eine gewisse Wirkung auf Henry. Er beschloß, nicht bis Februar zu warten und Anaïs auch nicht das Vergnügen zu gönnen, seine Überfahrt nach Amerika zu bezahlen. Statt dessen raffte er sich auf und schrieb ein halbes Dutzend Bettelbriefe an Freunde in Paris und New York. »Ich wollte Dir zeigen, daß ich es auch allein schaffe«, schrieb er an Nin und glaubte, damit habe er sie gründlich Lügen gestraft.[4] Am 3. Januar 1935 machte er sich auf den Weg. Die Annehmlichkeiten der dritten Klasse der *SS Champlain* entzückten ihn, besonders das Essen, das er »unglaublich gut und wunderbar reichhaltig« fand und das »genau dasselbe wie in der ersten Klasse« war. Er schloß bald Bekanntschaft mit den drei intelligentesten Leuten an Bord – dem jungen Kabinensteward, dem Barmann und dem Steward – und hatte bereits zwei Tagesreisen von Frankreich entfernt »alles unter der Sonne« mit ihnen diskutiert. Einzige Ausnahme war die Psychoanalyse: Miller hatte mit Befriedigung festgestellt, daß noch kein Mitreisender von ihr gehört hatte.[5]

2

Als die *Champlain* anlegte, war Henry in streitbarer Stimmung, und seine erste Tat an Land war ein Kampf mit einem irischen Gepäckträger um sein Gepäck. Er brauchte sich jedoch keine Sorgen zu machen, seine verzweifelten Briefe hatten Anaïs überzeugt, daß er sie wirklich liebte. Als Guiler Anfang Februar New York aus geschäftlichen Gründen verließ, bezogen Anaïs und Henry ein gemeinsames Zimmer im Barbizon Plaza Hotel, Ecke 58th Street und Sixth Avenue, in dem Nin in Zusammenhang mit ihrer Arbeit bei Rank auch Patienten empfing.

Miller behauptete später immer wieder, er habe auf dieser Reise als Analytiker für Rank gearbeitet, aber es gibt keinerlei Beweise für diese Behauptung. Dagegen scheint Anaïs Nin ihm erlaubt zu haben, in jenem Februar ein oder zwei Wochen lang einige ihrer Patienten zu betreuen, gerade so lange, daß sich Millers Überzeugung bestätigte, die meisten Analysanden seien egozentrische Schwindler, die genug über psychoanalytische Theorie gelesen und genügend einschlägiges Vokabular erworben hatten, um sich krank zu stellen, und die in Wirklichkeit lediglich über sich selbst reden wollten. Mit seinem Repertoire an Zuhörertricks, zu denen ein gleichbleibend ruhiger Blick und ein fortwährendes, kaum hörbares Summen und Grunzen gehörten, war Miller das ideale Gegenüber für sie.

Als Guiler drei Wochen später nach New York zurückkehrte, zog Miller vom Hotel in die Roger Williams Apartments in der East 31st Street Nr. 28 und begann ein gesellschaftliches Leben. Für Amerikaner, die aus Europa nach Hause zurückkehrten, war es geradezu zu einer Art Verpflichtung geworden, das Verbot, sexuell explizite Literatur mitzubringen, zu umgehen. Die vielen Exemplare von *Wendekreis des Krebses,* die bereits durch den Zoll geschmuggelt worden waren, hatten in den literarischen Kreisen New Yorks großes Interesse an Miller geweckt. William Carlos Williams hatte über seinen Freund Hilaire Hiler ein Exemplar bekommen und Gefallen daran gefunden. Er nannte das Buch »eine Hure ohne Unterhose, so rein und offen«, und Williams und Miller trafen sich zweimal in Hilaire Hilers Haus in der 12th Street. Obwohl Miller Lyrik nie liebte oder verstand, war er doch ein großer Bewunderer von Doktoren, vor allem literarischer Doktoren. Williams stand damit der ehrwürdigen Tradition von Rabelais und Millers Helden aus neuerer Zeit etwas näher, der Célines und Duhamels; und er und Miller hatten Freude aneinander.

Weniger erfolgreich verlief eine Begegnung mit E. E. Cummings, den Miller auf einer Party kennenlernte und mit dem er ein »freundliches Duell über nichts« hatte. Katastrophal war ein Treffen mit Nathaniel West und James T. Farrell. Die beiden wollten ausgehen und sich betrinken, und Miller hatte keine Lust, sich ihnen anzuschließen. »West war in Ordnung«, schrieb er später, »aber Farrell kommt mir vor wie eine kleine Laus, eine Kanalrat-

te.« Außerdem fühlte er sich nicht ernst genommen: »Sie haben mich wie einen kleinen Jungen behandelt.« Sein jungenhaftes Auftreten und seine Taktik, den Hilflosen zu spielen, ermutigte die beiden wohl zu ihrer gönnerhaften Haltung. Kay Boyle, die er als Schriftstellerin bewunderte und die einen Beitrag von ihm in einer Sammlung von Kurzgeschichten mit dem Titel *365 Tage* veröffentlichte, enttäuschte Miller durch ihre herablassende Art, mit ihm zu sprechen. Er erinnert sich, daß sie ihm von Lautréamont erzählte, »als erteile sie mir Unterricht in Arithmetik«. Miller wollte ihr einmal ein Kompliment machen und schrieb ihr, sie müsse Brüste »spitz wie Dolche« haben, um schreiben zu können, wie sie es tat, aber sie antwortete ihm lediglich, er solle mit seinem »Exhibitionismus« aufhören.[6]
Miller und seine Freunde taten alles, was in ihren Kräften stand, um das Interesse an *Wendekreis des Krebses* in den Vereinigten Staaten zu fördern. Schon im November 1934 hatte Hiler erklärt, ein Kaufmann aus Hollywood habe Interesse an einem Privatdruck des Buches angemeldet, und Nin und Miller ließen sich von William Dewar rechtlich über die Möglichkeit beraten, einen Raubdruck des Buches in New York herauszubringen. Außerdem hatte Miller die vage Hoffnung, er werde einen amerikanischen Verleger finden, der genug Mut habe, eine Veröffentlichung von *Wendekreis des Krebses* auf legalem Weg zu versuchen. Er hatte sogar eine kurze Zusammenkunft mit einem Vertreter von Harcourt Brace & Co., bei der er »von dem eingebildeten Pinsel ziemlich kühl empfangen wurde«.[7] Auch eine private Luxusausgabe von Simon and Schuster war im Gespräch. Millers praktikabelster Schritt war die Kontaktaufnahme zu Leviticus Lyon von der Zollbehörde, den er fragte, wie man das Buch unter Umgehung der Postbestimmungen der USA sicher von Frankreich in die Staaten schicken könne.
Das wichtigste Ergebnis der Zeit in den Roger Williams Apartments, die nur wenige Blocks östlich von dem Schneidergeschäft lagen, in dem Henry seine langwierige literarische Odyssee begonnen hatte, war die Vollendung von *Schwarzer Frühling*, einer Sammlung autobiographischer Texte, die später als sein zweites Buch erscheinen sollte. »Die Straße selbst hatte sich völlig verändert«, schrieb er an Frank Dobo. »Ich kann mich nicht damit abfinden. Deshalb bin ich so deprimiert über meine Rückkehr

und den Anblick der ungeheuren Veränderungen. Die Dinge wandeln sich immer zum Schlechteren.«[8] Zu seiner Stimmung trug auch das Schicksal eines Artikels mit dem Titel *Portrait of General Grant* bei, den er eigens für den *New Yorker* geschrieben hatte und der abgelehnt wurde. Auch *Esquire* erteilte ihm eine Absage: »Sagten, ich wisse nicht, wie man schreibt (sic!). Also zum Teufel mit ihnen!«[9]

Während seines Aufenthaltes in New York traf Miller mehrere alte Freunde und war auch darüber deprimiert. Die einzigen, mit denen er seinem Empfinden nach noch etwas gemeinsam hatte, waren Emil Schnellock und Emil Conason. New York selbst widerte ihn an. Er fand es »bösartig, vulgär, derb, dumm, leer, geometrisch, jüdisch«. Jeder New Yorker war »ein angehender Schläger oder Gangster« und die Stadt selbst »die leibhaftige Verkörperung von Spenglers Prophezeiungen«.[10]

Richard Osborn, der »Fillmore« im *Wendekreis des Krebses,* hatte ein besonderes Talent, in seinen Briefen Millers Achillesferse zu treffen. Er war es gewesen, der ihm von June und dem Mann geschrieben hatte, der »beträchtlich jünger« sei als er. Kurz vor seiner Abreise nach New York erhielt Henry einen Brief mit Nachrichten über seine Tochter Barbara. Osborn hatte sie gesehen und berichtete, sie sei »groß geworden, ein goldiges Mädchen usw.« Miller schrieb Emil Conason, er sei hin- und hergerissen, ob er versuchen solle, Barbara zu sehen:

> Es wird ein schrecklicher Augenblick sein. Ein- oder zweimal, als ich allein war, erweckte plötzlich eine vertraute Melodie, die ich von irgendwoher hörte, die Vergangenheit wieder zum Leben, und sie brach über mich herein, überflutete mich. Und ich brach in Tränen aus, ohne zu wissen, worüber ich weinte.[11]

Am meisten sorgte er sich darum, was Beatrice Barbara über ihn erzählt haben mochte. Nach außen hin freilich behauptete er hartnäckig, er bereue nichts: »Ich würde es wieder genauso machen, wenn ich müßte. Was ich getan habe, war richtig – für mich.« Er wußte, daß Beatrice wieder geheiratet hatte, aber er fürchtete trotzdem, sie könnte die noch ausstehenden Alimentezahlungen von ihm einfordern, und am Ende verließ ihn der Mut. Am letzten Abend in New York war er »halbtot vor Hunger« – was ins Millers

Sprache besagte, daß er hungrig genug war, ein Sandwich und eine Tasse Kaffee anzunehmen, die ihm ein alter Freund bei einem Besuch anbot –, und er reiste ab, ohne seine Tochter gesehen zu haben. Anaïs Nin und ihr Mann waren bereits früher im Sommer nach Paris zurückgekehrt.

3

Als Miller wieder in die Villa Seurat Nr. 18 zurückgekehrt war, setzte er eine persönliche Werbekampagne für sich und sein Buch fort, die er bereits im November des Vorjahres begonnen hatte. Das Porto dafür kostete ihn so viel Geld, daß er dafür »einen reinrassigen Terrier hätte halten können«.[12] »Mein Verleger schimpft, weil ich so viele Exemplare umsonst weggegeben habe«,[13] schreibt er, und er fährt fort, wenn er die Sache nicht auf diese Weise selbst in die Hand genommen hätte, wäre das Buch ein Flop geworden. Für die Werbekampagne hatte er kurz nach seiner Rückkehr aus New York eine Liste nützlicher Adressaten und Kontakte zusammengestellt, »um mir eine stabile Grundlage zu verschaffen und notfalls auch allein klarzukommen«.[14] Die Kampagne enthüllt eine ganz andere Seite des faulen, aber talentierten Schnorrers Henry Miller, der sich einfach treiben läßt, wie Miller sich selbst im *Wendekreis des Krebses* darstellt. Sie zeigt einen nüchtern kalkulierenden Menschen, von dem man sich plötzlich viel besser vorstellen kann, daß er vier Jahre lang als Personalchef bei der Western Union gearbeitet und eines der lebhaftesten Büros der Gesellschaft in den Vereinigten Staaten geleitet hat.

Wendekreis des Krebses wurde an jeden einflußreichen Schriftsteller und Kritiker verschickt, der Miller einfiel: an T. S. Eliot, Ezra Pound, Aldous Huxley, William Carlos Williams, Sherwood Anderson, Theodore Dreiser, H. L. Mencken, Emma Goldman, Havelock Ellis und Gertrude Stein sowie an französische Schriftsteller, die er bewunderte, darunter Céline und Blaise Cendrars, und an Kritiker, die er für nützlich hielt. Er schrieb buchstäblich Hunderte von Briefen und verschenkte Dutzende von Exemplaren, suchte außerdem persönlich große und kleine Pariser Buchhandlungen auf, plauderte mit Geschäftsführern oder Eigentümern und überreichte ihnen ein gedrucktes Rundschreiben, das vorteilhafte Äußerungen über das Buch von all den Leuten mit berühmten Namen enthielt, die so höflich gewesen waren, seine Bitte um einen Kommentar zu erfüllen. Aus den meisten Zitaten sprach Begeisterung. Eliot etwa hatte gesagt, das Buch sei »ein wirklich großartiges Stück Arbeit«. Andere, wie Aldous Huxley, waren zurückhaltender. Huxley fand das Buch »ein wenig erschreckend, aber gut geschrieben« und verglich es mit »gewissen Arten von Volksmusik – beispielsweise der serbischen –, die reine, unverfälschte Leidenschaft ausdrücken und den Zuhörer vollkommen überschwemmen, in einer Art und Weise, die ich nicht lange ertragen kann«. John Dos Passos gestand lediglich zu, das Buch sei »gewiß interessant«, Pound dagegen lobte es als »ein schmutziges Buch, das sich zu lesen lohnt« und »eine Zote, die sehr nützlich sein wird, um Wyndham und J. J. ins wohlverdiente Abseits zu befördern, denn Miller ist kerngesund und kein bißchen abartig«.[15] Die Kampagne wurde zu einem uneingeschränkten Erfolg, und schon ein Jahr nach der Veröffentlichung galt das Buch als heimlicher Klassiker des Untergrunds.

Trotz dieser positiven Reaktionen war Millers Glauben an sich selbst leicht zu erschüttern. Über negative Kritik konnte er sich furchtbar aufregen, und als Robert McAlmon sich über *Wendekreis des Krebses* lustig machte und spöttelte, er sei ob Millers Keuschheit »errötet«, beschimpfte Miller ihn wütend als »einen Hochstapler, einen Scheißkerl, einen Päderasten, einen nichtsnutzigen Hurensohn«.[16] Cyril Connollys Urteil, das Buch sei »das Wichtigste, was in den zehn Jahren seit Hemingway von einem Amerikaner in Paris erschienen ist«, besänftigte ihn beträchtlich: Connollys Besprechung sei »nicht nur schmeichelhaft, sondern auch äußerst intelligent und gerecht«.[17]

Etwas freilich störte ihn an der Begeisterung des literarischen Establishments: Er selbst interessierte sich nicht für Pound, Huxley oder Eliot, und die Werke dieser Schriftsteller langweilten ihn. Pound war »voller Scheiße – die Cantos sind die größte Scheiße, die ich je gelesen habe. Alles geliehen oder gestohlen. Trocken, leer, künstlich.« Eliots Dichtung beurteilt Miller im *Wendekreis des Krebses* ganz ähnlich – »steril, hybrid, vertrocknet wie das Herz von Boris« (Boris ist im Roman der Name Michael Fraenkels, des Mannes, der Miller wahrscheinlich deutlicher als sonst jemand durch sein trauriges Beispiel vor Augen geführt

hatte, wie sinnlos es ist, sich als Intellektueller auszugeben, wenn man dazu nicht geboren ist). Miller wußte, daß er kein Intellektueller war, und wollte seinen Wurzeln treu bleiben, dem vulgären Straßenleben Brooklyns.
Für sein Denken spielte auch ein gesunder Geschäftssinn eine Rolle. So schrieb er an Schnellock, er habe ein

> starkes Verlangen, mehrere Ebenen zu treffen und besonders die Leute aus Hollywood und vom Broadway anzusprechen ... Offenbar glaube ich, daß diese einfacheren Gemüter mich besser verstehen werden. Ich genieße jetzt die enthusiastische Begeisterung der englischen Intellektuellen – durch irgendeine merkwürdige Ironie. Aber was nützt mir das? Ich habe sehr wenig mit ihnen gemeinsam. Ich habe das Gefühl, sie mögen mich aus den falschen Gründen. Vielleicht ist das ein Vorurteil von mir – ich weiß es nicht.[18]

Mit der Arbeit am *Wendekreis des Krebses* entfernte Miller sich zunehmend von dem blasierten Intellektualismus, der ihn seit seiner Jugend verfolgt hatte, und kultivierte statt dessen eine gewollte Einfachheit, von der er hoffte, sie werde mit der Zeit den Erwachsenen in ihm abtöten. Seine Definition eines Intellektuellen war simpel. Einmal stritt er mit Henri Matisse über Joan Miró und nannte dabei Mirós Bilder »hochintellektuell«. Matisse war anderer Meinung und sagte, Miró sei einfach ein Bauer, worauf Miller entgegnete, er könne nicht verstehen, »wie ein Bauer so abstrakt werden kann wie Miró, ohne ein Intellektueller zu sein«. Miller assoziierte den Intellekt mit einer erzwungenen Komplexität, die dem Leben jeden Spaß nahm. Indem er im *Wendekreis des Krebses* das Leben auf der rohesten und niedrigsten Ebene feiert, erteilt er dem Intellektualismus eine entschiedene Absage.
Aufgrund seiner aggressiven Art, seine Meinung kundzutun, geriet er häufig in Streitgespräche, wenn er auf jemanden stieß, der andere Ansichten hatte. In einem Meinungsaustausch mit dem Maler Hilaire Hiler über den Film *The Informer* äußerte er sich deutlich über die moralische Haltung, die er für erstrebenswert hielt. *The Informer*, der 1935 fünf Oscars erhielt, unter anderem für den Regisseur John Ford und den Hauptdarsteller Victor McLaglen, erzählt die Geschichte eines Mannes aus Dublin na-

mens Gypo Nolan, der für Geld einen IRA-Kameraden an die Polizei verrät. Miller mochte den Film und schrieb in einem Brief an Hiler begeistert: »Als ich ihn sah, dachte ich – das ist das Ende der Psychoanalyse. Da stolziert unser Mann durch die Straßen, macht, was er will, und zum Teufel mit allen! Das dürfte eine Menge trauriger Grübler kuriert haben, oder?«[19] Hiler machte sich in seiner Antwort über Millers Begeisterung lustig, deshalb führte Miller seine Ansichten in einem zweiten Brief noch weiter aus:

> Als ich schrieb, der Film setze der Psychoanalyse ein Ende, meinte ich, daß für mich die Moral in jenen vierundzwanzig Stunden der Gesetzlosigkeit und Freiheit lag. Wäre ich und nicht die Gesellschaft der Richter gewesen, er wäre freigesprochen worden. Ich hätte ihm sogar einen hohen Posten verschafft und ihn so vor künftigen Bedrohungen bewahrt.[20]

Für Miller lag die Schönheit des Films darin, daß die Hauptperson sich vierundzwanzig Stunden lang vom Gefängnis des Intellekts befreien kann. Trotz der nachfolgenden Strafe war diese Freiheit es »wert, daß man Freund und Vaterland verrät, wert, daß man die Frau verliert, die man liebt, wert, daß man dafür stirbt«. Alles, was ein Gypo Nolan tun mochte, war richtig, »selbst wenn er meine Großmutter gevögelt hätte«, weil er das tat, was er tun wollte. Miller hob besonders hervor, daß die Nebenpersonen des Films Nolan verzeihen, »wenn nicht offen ausgesprochen, dann stillschweigend«, weil sie ihn Millers Ansicht nach beneideten. Miller verteidigte das Töten »aus Notwendigkeit« gegenüber dem Töten aus moralischen Gründen: »Ich mag den Mann, der in einem Augenblick der Schwäche tötet, aus Furcht oder Gier oder etwas derartigem – aber nicht den Mann, der kaltblütig tötet, weil er als Vertreter des Gesetzes handelt. Zur Hölle mit diesen Burschen!«[21] Entscheidend war für Miller der Neid, den er bei den Zuschauern des Dramas wahrzunehmen glaubte, beim »Publikum« von Gypos Auftritt. Das wirft die interessante Frage auf, wie weit Miller auf ein gewisses Maß an schuldbewußtem, geheimem Einverständnis bei seinen Lesern setzte, als er sich selbst in *Wendekreis des Krebses* in einem so unmoralischen Licht präsentierte. Er wußte genau, was er tat, als er auf den Idealismus verzichtete, und er hatte Vergnügen an der Reaktion empörter oder verblüffter Idealisten und Intellektueller wie Otto Rank, der auf *Wendekreis des Krebses* mit der verständnislosen Frage reagierte: »Warum haben Sie ausgerechnet dieses Buch als erstes herausgebracht? Warum zeigen Sie sich nicht von Ihrer guten Seite?«

4

Hiler, dessen Vater zur Hälfte indianischer Jude war, stellte Miller als erster wegen des angeblichen Antisemitismus in *Wendekreis des Krebses* ernsthaft zur Rede. Miller setzte sich ausführlich mit dem Vorwurf auseinander:

> Du bist der erste, der dieses Thema anschneidet, und vielleicht hatte Dein wacher Instinkt recht, vielleicht bin ich das, was Du sagst. Ich habe Dir einmal ganz offen erklärt, daß ich Juden nicht mag, ebenso wie ich Iren nicht mag und Schotten noch weniger und Engländer sogar noch weniger. Aber das ist eine intellektuelle Einstellung. Man nennt so etwas meist ein »emotionales Vorurteil«, aber offen gesagt, es steckt nie viel Emotion darin oder dahinter. Wenn dem so wäre, könnten wir es rasch ablegen. Mehr als alles andere ist es eine Pose, und zwar eine, die man ablegen muß, für die man sich schämen muß, nehme ich an. Ich sage das und muß doch gleich hinzufügen, daß ich kein Mensch bin, der Vorurteile verbirgt. Daß ich es sogar für richtig halte, Vorurteile zu haben, alle möglichen Vorurteile. Ich glaube, nichts ist verlogener als dieses heuchlerische, verschwommene Gerede, man sei aufgeschlossen, gerecht, tolerant usw. Wenn es um Rassenvorurteile geht, weiß ich, daß sie keine berechtigten Gründe haben. Eines der besten Bücher zu diesem Thema, das ich je gelesen habe, ist *Race Prejudice* von Jean Finot. Vielleicht kennst Du es. Es ist vernichtend. Es gibt keine andere Antwort auf Finots Argumente als die alte, instinktive Stimme des Blutes, die sich weigert, Instinkt oder Logik oder Gerechtigkeit usw. anzuerkennen. Wenn ein Mann wie Hilaire Belloc ein so vollkommen vernünftiges, gelehrtes Buch schreibt, wie er es mit *The Jews* getan hat, und sich mit stichhaltigen Gründen gegen sie stellt, dann wissen wir alle, daß

es sich um einen Fall von Rationalisierung handelt. Aber, verdammt noch mal, die Sache existiert und hält sich hartnäckig, und wie sollen wir sie aus der Welt schaffen? Ich glaube nicht, daß ich in meinem Buch viel aus diesem Thema gemacht habe, aus dem einfachen Grund, daß es mich nicht sonderlich beschäftigt. Und dann darfst Du nicht vergessen, daß ich ein Spaßvogel bin und oft etwas ironisiere. Auf der Ebene der menschlichen Beziehungen würde es mir nie einfallen, vom Standpunkt des Antisemitismus aus zu operieren. Tatsächlich ist sogar mein ganzes Leben eine lange Geschichte jüdischer Beziehungen – eine jüdische Ehe, jüdische Freunde, jüdisches Brot, jüdisches Verhalten, Du verstehst, was ich meine? Ich muß selbst sehr viel Jüdisches in mir haben. Woher soll ich wissen, was meinen Vorfahren zugestoßen ist, damals in den Tagen der großen Heimsuchungen, der Völkerwanderung usw.? ... Na ja, hier rede ich lang und breit über die Juden. Seltsam, daß wir diesem Thema so viel Platz eingeräumt haben, wir beide. Angeblich ist es nicht so wichtig, und sieh, wie viele Worte wir darum machen. In Wahrheit ist es heute natürlich sehr wichtig. Das Problem wird jeden Tag größer und größer, schlimmer und schlimmer, es ist widerlich. Und wenn mein Buch jemals einem fanatischen Anhänger Hitlers oder einem anderen Menschen dieser Sorte in die Hände fallen und als antisemitische Propaganda ausgeschlachtet würde, wäre ich gewiß der erste, der zu den Waffen greifen würde, um die Juden zu verteidigen. Ich würde bei Gott den bösartigsten Angriff auf die Nichtjuden schreiben, der je geschrieben wurde. Beachte, daß ich nicht geschrieben habe »Verteidigung der Juden«, aber das ist charakteristisch für mich, immer der Angriff.[22]

Der Ton dieser Antwort ist weit entfernt von Millers törichter, »schockierender« Prahlerei mit seinem Antisemitismus in *Moloch* und zeigt, wie sehr der Wechsel von Brooklyn nach Paris seinen geistigen Horizont erweitert hat. Viele seiner besten Freunde in Paris waren Juden oder jüdischer Abstammung, unter anderen Alfred Perlès und Michael Fraenkel. Miller unterhielt auch freundschaftliche Beziehungen zu einer Reihe geflohener deutscher Juden in Montparnasse, zum Beispiel zu Heinz Liepman, der einen Bestseller mit dem Titel *Mord in Deutschland* geschrieben hatte.

Von Liepman hatte er aus erster Hand gehört, wie dieser einmal von SA-Männern zusammengeschlagen worden war.
Ebenso wichtig wie seine persönlichen Kontakte war die Aufarbeitung und Neubewertung seiner Vergangenheit im Zusammenhang mit seiner Arbeit an *Schwarzer Frühling.* Er verstand jetzt, was ihn davor bewahrt hatte, den Weg seiner Freunde aus der Kinderzeit in Brooklyn und seiner Mutter zu gehen und wie sie die Juden zu hassen. Es war die Erkenntnis, daß »der Unterschied zwischen mir und anderen Nichtjuden bedrohlicher für mich war als der Unterschied zwischen den Juden und mir. Und so begann ich, vermutlich aus reiner Taktik, meine jüdischen Bekannten zu Verbündeten zu machen.«[23] Schon lange vor Ausbruch des Krieges 1939 hatte er Sympathie für den Widerstand der Juden Amerikas gegen die volle Angleichung an die amerikanische Kultur bekundet. Er identifizierte sich auf einer persönlichen Ebene mit dem Bedürfnis der Minoritäten, ihre eigene Identität zu wahren.
Alfred Perlès erinnert sich an eine kurze Ferienreise, die er und Miller nach Luxemburg machten. Sie hatten ein Café in einer kleinen Stadt besucht. Als sie aufstanden und gehen wollten, dankte ihnen der Besitzer für ihren Besuch, drückte ihnen seine Karte in die Hand und lud sie ein wiederzukommen. Auf der Karte stand in deutscher Sprache: »Café – judenfrei.« Miller wurde wütend. Er warf dem Mann vor, sich im eigenen Dreck zu wälzen, und behauptete, selbst ein Jude zu sein. Was er jetzt mit ihm tun wolle? Der Besitzer konnte nur stammeln, Miller sehe nicht wie ein Jude aus, worauf Miller entgegnete, er, der Besitzer, sehe auch nicht wie ein Idiot aus, sei aber trotzdem einer. Auf dem Weg aus der Stadt meldeten die beiden einem Polizisten, im Café Judenfrei sei ein Tumult ausgebrochen, er solle dort schleunigst nach dem Rechten sehen, ehe der Besitzer jemanden umbringe.
»Vergiß nicht, daß ich ein Spaßvogel bin«, hatte Miller warnend an Hiler geschrieben. In diesen Zusammenhang gehört auch seine Bemerkung in einem Brief an Frank Dobo, daß »Hitlers jüngste Reden über die Bolschewiken und die Juden wirklich erstaunlich einfallslos sind. Sogar ein Judenschinder wie ich kann ein solches Gefasel nicht schlucken.« Ironie ist ein Luxus, den sich ein wirklicher Rassist nicht erlauben kann.[24]

5

Die Werbekampagne zur Verbreitung von *Wendekreis des Krebses* nahm nach Millers Rückkehr aus New York einen Großteil seiner Zeit in Anspruch. Daneben konnte er freilich noch am *Wendekreis des Steinbocks* und an *The World of Lawrence* arbeiten, desgleichen an einer Reihe kürzerer Texte wie dem komischen Essay *Money and How It Gets That Way* und der biographischen Erzählung *Max*.

Der Erzählung *Max* liegt die Geschichte von Millers kurzer Beziehung zu Rudolf Bachman zugrunde, einem geflohenen österreichischen Juden, dem er und Nin in Paris zu helfen versucht hatten. Die Erzählung gehört zu den vier oder fünf besten Kurzgeschichten Millers. Die Hauptfigur wird im ersten Abschnitt als ein Mensch geschildert, »zu dem man sich unmittelbar hingezogen fühlt, nicht weil man ihn mag, sondern weil man ihn verabscheut«, wie Miller mit der für ihn typischen erfrischenden Ehrlichkeit schreibt. Die Erzählung ist auch ein gutes Beispiel für Millers erzählerischen Trick, sich seinen Lesern als herzloses Monster zu präsentieren, dessen Ansehen durch die gute Meinung der anderen Charaktere der Geschichte über ihn wiederhergestellt wird. *Max* endet mit einem rührend konfusen und von Fehlern strotzenden Liebesbrief von Max an Miller, der zeigt, wieviel Henry inzwischen für ihn bedeutet. Es war das zweitemal, daß Henry mit einem solchen Brief experimentierte. Seine Erzählung *Black and White* aus dem Jahre 1924 endet mit einem vertraulichen »Brief an den Erzähler«, der die Geschichte unvermittelt von einem fast dokumentarischen Bericht über hinduistische Einwanderer in Amerika in eine tragische Liebesgeschichte verwandelt. Die Inspiration dafür stammte in beiden Fällen aus einem Werk, das immer zu Millers Lieblingslektüre gehörte, Knut Hamsuns Roman *Victoria*. Hamsuns Roman endet mit einem herzzerreißenden Liebesbrief der Heldin Victoria an Johannes.

Mit dem Entschluß, der Figur, über die er in seinen Büchern und Kurzgeschichten schreibt, den eigenen Namen zu geben, appelliert Miller gleichsam direkt an seine Leser, ihm zu glauben. Wenn sich jemand namentlich vorstellt, nehmen wir schließlich nicht an, daß er anschließend Lügen auftischt. Aber die Entscheidung, für Autor und Hauptperson eines Buches denselben Namen zu benützen, schafft ihre eigenen Komplikationen. Hamsun löste das Problem, indem er in *Hunger* seinem Helden und Erzähler gar keinen Namen gab. Wenn dagegen mitten in *Wendekreis des Krebses* eine Frau den Erzähler anruft und sagt: »Hallo! Sind Sie Henry Miller?« und der Erzähler ihr nicht widerspricht, dann ist das zugleich eine Aussage, die besagt: Das hier ist keine Fiktion, es ist wirklich geschehen.

Die problematische Natur dieser Aussage wird dort besonders interessant, wo Menschen, die Miller so nahe standen, daß er über sie schrieb, die Gelegenheit hatten, seine veröffentlichte Version bestimmter Ereignisse mit ihrer eigenen Erfahrung zu vergleichen. Anaïs Nin wurde darauf aufmerksam, als sie *Via Dieppe – Newhaven* las, Millers 1937 verfaßten Bericht über seine Flucht vor June nach London 1932. Nin war verblüfft über die Diskrepanz zwischen der in ihren Worten »harten, blechernen« Darstellung in *Via Dieppe – Newhaven* und der Schilderung derselben Ereignisse in einem Brief, den Henry ihr damals geschrieben hatte und in dem er von einer letzten, häßlichen Szene mit June berichtet hatte, in deren Verlauf June ihn praktisch gezwungen habe, ihr das Geld für die Fahrt auszuhändigen. In *Via Dieppe – Newhaven* sitzt das Paar »fröhlich zechend beisammen, und in einem Anfall trunkener Sentimentalität gibt Henry June Geld usw.« Als Nin Henry darauf ansprach, gab er offen zu, die veröffentlichte Version sei eine »Fiktion«. Durch Erfahrungen dieser Art wurde Anaïs, die von der Beziehung zwischen Henry und June weiterhin fasziniert war, allmählich klar, daß Miller genau die Selbstmystifizierung betrieb, die er June vorwarf.

Orwell dagegen, der die Erzählung in der *Tribune* besprach, nannte sie »eine aufrichtige und sogar bewegende Geschichte« und sympathisierte eindeutig mit dem Erzähler »Henry Miller«. Rebecca West, die Miller seit 1933 kannte und überhaupt nicht mochte, machte sich die Mühe, Orwell einen langen Brief zu schreiben, in dem sie Miller als Scharlatan und Lügner denunzierte. Sie schreibt, sie sei »aus tiefstem Herzen überzeugt, wenn er eine Auseinandersetzung mit einem Polizisten oder jemand anderem gehabt hat, dann wahrscheinlich deshalb, weil er zu dem Polizisten äußerst unfreundlich gewesen ist.«[25] Viele Leser waren wie Rebecca West nicht gewillt, zwischen Lügen und der literarischen Fiktion zu unterscheiden, die Miller schrieb.

Millers Gewohnheit, seine Briefe als Literatur zu behandeln und sie zu veröffentlichen, ist ein weiteres Beispiel für seine gewagten literarischen Verfahren. Der Brief an einen Freund ist keine literarische Form, und von einem Brief nimmt man an, er sei spontan, aufrichtig und privat. Miller nützte diese Annahmen aus, um seine Leser von der Ehrlichkeit und Intimität des Geschriebenen zu überzeugen. *Reise nach New York* etwa war dem Anschein nach ein langer Brief an Alfred Perlès, in dem Miller seine jüngste Reise nach New York beschrieb. Der Brief wurde jedoch nie abgeschickt. Statt dessen wurde er in einer bearbeiteten Fassung in der Freshman Issue des *Harvard Advocate* im September 1935 veröffentlicht und später in vollständiger Fassung als Nr. 1 in der »Siana Series« der Obelisk Press (»Siana« ist »Anaïs« rückwärts gelesen).

Ein Großteil von *Reise nach New York* war einem Lieblingsthema Millers gewidmet – der Klage über die Behandlung der Künstler in den Vereinigten Staaten. 1935 schnitt er das Thema noch einmal an, wieder in Form eines Briefes mit dem Titel *What Are You Going To Do About Alf?* Der Text strotzt von Pathos und Platitüden über »Kunst und Künstler«, war jedoch, wie Miller später zugab, in Wahrheit lediglich »Schaumschlägerei« und diente allein dem Zweck, »ein paar Dollars zu verdienen«.[26]

Ende Januar 1936 kehrten Henry und Anaïs nach New York zurück. Anaïs hatte dieselbe Begabung wie Henry, sich von emotionalen Bindungen frei zu machen, wenn sie bekommen hatte, was sie brauchte, und auf dieser zweiten Reise beendete sie ihre persönliche und berufliche Beziehung zu Otto Rank und fuhr dann nach Algier. Die zweite Reise war nur kurz, und Miller war im April wieder in Paris.

Das Buch *Schwarzer Frühling*, für das er ursprünglich einen Vertrag mit Fraenkels Verlag Carrefour abgeschlossen hatte, wurde im Juni 1936 von Obelisk veröffentlicht, nachdem Miller die Rechte für hundert Dollar von Carrefour zurückgekauft hatte. *Schwarzer Frühling* ist eine Sammlung von Aufsätzen, die zu verschieden sind, um als Roman gelten zu können, und enthält manche von Millers surrealistischsten Texten. *Ins Nachtleben hinein* ist zu gewollt seltsam, um wirklich einzuleuchten. Erfolgreicher ist *Hin und her in China*, das eine fast drei Seiten lange wirre Liste mit Orts- und Personennamen enthält. *Jabberwhorl Cronstadt* ist ein burleskes Porträt von Walter Lowenfels, *Der Schneiderladen* eine lebendige und amüsante autobiographische Darstellung der Jahre, in denen er in der West 31st Street für seinen Vater gearbeitet hatte.

Miller widmete das neue Buch Anaïs Nin und arbeitete fleißig weiter an *Wendekreis des Steinbocks*, dem »June-Buch«, wie er es weiterhin nannte. *Wendekreis des Steinbocks* blieb das stabilisierende Zentrum seines Lebens inmitten des Chaos persönlicher Beziehungen und des Durcheinanders kleinerer Publikationen, Notizen, Beinahe-Projekte und Briefe, das seine Tage füllte. Das Buch wurde nun, beinahe zehn Jahre nachdem er sich dazu Notizen gemacht hatte, langsam zur Obsession: zur Suche nach seiner ehemaligen Frau und zur Gelegenheit, in schriftlicher Form so viel wie möglich von der schwindenden Vergangenheit zurückzuholen und sich dieser Aufgabe völlig hinzugeben.

Auf der Reise nach New York im Jahr 1936 hatte Miller einen nützlichen Kontakt zu Frances Steloff vom Gotham Book Mart geknüpft. Im Oktober desselben Jahres schickte er ihr die Titel von fünf Werken, die in Vorbereitung seien und die sie in ihren neuen Katalog aufnehmen könne: *Wendekreis des Steinbocks* – ein autobiographischer Roman in drei Bänden; *The World of Lawrence; Letters to Emil* – Briefe in drei Bänden, beginnend mit Millers Ankunft in Paris; *Scenario,* – ein Film zum Lesen, der auf *The House of Incest* basiert; und *Money and How It Gets That Way* – eine phantastische Geschichte über Gold. Sein abgesehen von *Wendekreis des Steinbocks* interessantestes Projekt erwähnte er nicht – die *Hamlet*-Briefe.

Die Korrespondenz mit dem Titel *Hamlet* war eine Idee, die eines Nachmittags im Jahre 1935 entstand, als Miller, Fraenkel und Alfred Perlès im Café Zeyer gegenüber der Metrostation Alésia saßen und etwas tranken. Fraenkel wollte schon seit einiger Zeit ein Buch schreiben, das genau tausend Seiten lang war, und als die drei philosophierend bei ihren *fines à l'eau* saßen, hatten sie die Idee, gemeinsam ein Buch zu schreiben. Thema sollte eine Improvisation über Fraenkels Gedanken des »geistigen Todes« und des »Seelentodes« sein. Das Buch *Bastard Death,* das Fraenkel damals gerade beendete, war sein eigener Versuch, seine Theorie in eine umfassende Aussage zu verwandeln, und er hoffte, das Buch den Rezensenten als Artikulierung der Ideen empfehlen zu können, die seiner Meinung nach in *Wendekreis des Krebses* enthalten und verarbeitet waren. Ohne sie, schrieb er an Orwell, »würde die völlige Nacktheit des Buches nur ängstigen und deprimieren«.[27] Die geplante Korrespondenz konnte als nützliches Pendant zu *Bastard Death* fungieren. Nach einigem Hin und Her über den genauen Titel, unter dem sie das Buch schreiben und veröffentlichen wollten, einigten sie sich auf *Hamlet.*

Die folgende Korrespondenz, aus der Alfred Perlès rasch wieder ausschied, dauerte von November 1935 bis Oktober 1938. Fraenkel publizierte 1939 bei Carrefour einen ersten, gekürzten Band der Briefe. Ein zweiter Band folgte 1941, eine vollständige Fassung des ersten Bandes 1943. Millers Beiträge gehören zu den besten, lockersten und amüsant-provokativsten Texten, die er geschrieben hat. Die Form des brieflichen Duells liegt ihm besonders, da bei ihr jenes klaustrophobische Gefühl nicht aufkommen kann, das der militante Egoismus der Texte, die Miller allein verfaßt hat, manchmal beim Leser hervorruft. Miller war inzwischen fest davon überzeugt, daß »China«, sein Kürzel für jene »erfrischenden taoistischen Prinzipien, die ... die Quelle und Haupttriebfeder meiner Vitalität sind«,[28] der philosophische Boden war, auf dem er stehen wollte. Als er die Briefe schrieb, las er Chuang-tzu, der eine der »Bibeln« des Taoismus verfaßt hat, und das Duell mit Fraenkel bot ihm eine hervorragende Gelegenheit, die Debatten nachzuahmen, die Chuang-tzu, der Philosoph »des freien und unbeschwerten, weglosen Wanderns«, mit seinem Gegenspieler Hui-tzu führt, einem der Phantasie abgeneigten Intellektuellen, wie Arthur Waley es ausdrückte, einem Propheten »des Harten und Weißen«, der niemals von dem Pfad abweicht, den Worte und Logik ihm vorzeichnen.

Millers Briefe sind ein brillanter, spielerischer Tanz und vielleicht sein bester Auftritt als der Weise, der er so gerne sein wollte und für den er sich manchmal auch fast hielt. Fraenkel war dafür ein idealer Hintergrund: ernsthaft, leidenschaftlich, aber mit einem pedantischen Einschlag, ein überzeugter Rationalist und Intellektueller, »der glaubt, daß man Wortgefechte gewinnen kann«, wie Miller einmal sagte. Was diese Briefe so vergnüglich macht, ist die Art und Weise, in der Miller zu Fraenkels Verblüffung immer wieder vom Thema Hamlet abschweift und sich jedem beliebigen Gegenstand zuwendet, der im Augenblick des Schreibens seine

Phantasie beschäftigt. Miller nahm das Projekt nie ernst, und er nahm auch Fraenkel als Philosophen nicht besonders ernst. Der Briefwechsel »bekommt ab und zu einen bissigen Ton«, schreibt er an Schnellock. »Fraenkel verreißt mich nach Strich und Faden, und ich mache es mit ihm genauso. Hamlet geht in dem Tumult unter – wie Vater!«[29] Es geht zu wie im Variété. Der Brief vom 8. November 1935, der später in einer Essaysammlung mit dem Titel *The Cosmological Eye* veröffentlicht wurde, ist ein besonders witziges Beispiel für den gereizten Spott, der genau an gelangweilte Schuljungen erinnert, die an einem heißen Sommertag in einem muffigen Klassenzimmer mit Shakespeare traktiert werden. Der Text erinnert an *Saloonio,* Stephen Leacocks musterhafte Parodie auf ein ähnlich an Shakespeare orientiertes Thema.

Michael Fraenkel war im Grunde kein begabter Vertreter einer intellektuellen Lebenseinstellung, zumindest nicht, soweit sich das von seinen Schriften ablesen läßt. Man kann auch nur schwer verstehen, warum ihm die Idee, der moderne Mensch sei geistig tot, so ungewöhnlich erschien. Die Titel, die er seinen Büchern gab, darunter *Werther's Younger Brother* und *Bastard Death: the Autobiography of an Idea,* wirken hölzern und gezwungen, und sein Stil in *Bastard Death* ist ein unsicherer Versuch, Dichtung und Prosa miteinander zu vermischen. Seine philosophische Absicht bleibt dabei unklar. Ein typischer Satz lautet etwa: »Das Licht wird dünner und schwindet, es schreitet über die Hügel, Wehmut zehrt an ihm – der Schmerz der Ferne, des Andersseins.«

Fraenkel und Miller entfremdeten sich im Lauf dieser Korrespondenz, obwohl Miller ein Vorwort für *Bastard Death* schrieb und von Fraenkel sogar die Vertriebsrechte für eine Luxusausgabe von vierhundert Exemplaren zu je fünfzig Francs erwarb, die bei Carrefour erschien. »Ich soll den gesamten Gewinn erhalten«, schrieb Miller an Frank Dobo, aber das Projekt war ein Fehlschlag wie die meisten Projekte, die er sich selbst ausdachte, um an Geld zu kommen. Als Fraenkel 1938 Paris verließ, war dies praktisch das Ende seiner Beziehung zu Miller. Heute kennt man ihn nur noch als Mitglied von Millers Kreis in der Villa Seurat und als »Boris der Wetterprophet« im *Wendekreis des Krebses.* Fraenkel blieb seinem Urteil treu, der Mensch des 20. Jahrhunderts sei ein lebender Leichnam, und erfreute sich weiterhin der Bewunderung seines Freundes Walter Lowenfels, der ihm schrieb, daß »Henry sogar Karriere mit Deinen Todesthemen macht«. Als Hiroshima zerstört wurde, war Fraenkel nicht überrascht. Er fand nur, es sei »nicht genug. Ich hatte mit einem größeren Ausmaß gerechnet.«[30]

6

George Orwell, mit dem Miller Ende der dreißiger Jahre eifrig korrespondierte, war ein Gegner mit mehr Substanz. Orwell hatte *Wendekreis des Krebses* am 14. November 1935 in der *New English Weekly* wohlwollend besprochen. Zwar hielt er das Buch nicht für wirklich groß und noch nicht einmal für ein Kunstwerk, aber er stufte es als »beachtlich« ein und legte die Lektüre jedem ans Herz, der ein Exemplar bekommen konnte. Er nannte Miller einen »scharfsichtigen, wenn auch hartgesottenen Menschen, der sagt, was er vom Leben hält«, und die Botschaft des Buches war für ihn, daß man, »wenn man sich durch die Beschäftigung mit dem Häßlichen stählt, das Leben am Ende nicht weniger lebenswert, sondern lebenswerter findet«.

Später, als Orwell *Schwarzer Frühling* rezensierte und es unvorteilhaft mit *Wendekreis des Krebses* verglich, stellte er fest, daß *Wendekreis des Krebses* »eine Art Brücke über die riesige Kluft ist, die in bezug auf die Romanliteratur zwischen dem Intellektuellen und dem Mann von der Straße existiert«. Diese Bemerkung erklärt ein Stück weit die »begeisterte Aufnahme« von *Wendekreis des Krebses* durch die englischen Intellektuellen, die Miller so verblüffte. Der Roman wurde als Arbeit eines Angehörigen der breiten Masse aufgefaßt, eines repräsentativen, wenngleich höchst sprachgewandten Mannes der Arbeiterklasse, einer Schicht, mit der die intellektuell und literarisch Gebildeten jener Zeit, die überwiegend aus der Mittel- und Oberschicht stammten, sonst nicht in Berührung kamen.

Orwell blieb seiner Begeisterung für den Roman während der gesamten dreißiger Jahre treu, und 1940 schrieb und publizierte er einen langen Essay über Miller mit dem Titel *Im Inneren des Wals*. In diesem Essay spricht er von einer Erfahrung, die unter den Lesern von *Wendekreis des Krebses* weit verbreitet war: »...die besondere Art von Erleichterung, die weniger aus dem Verstehen hervorgeht als aus dem Verstandenwerden. Man hat das Gefühl,

er weiß alles über mich, er hat das nur für mich geschrieben.«
Etwa zur selben Zeit, als Orwell diesen Essay schrieb, schrieb er in einer »Autobiographical Note«, seine Erlebnisse während der Kämpfe in Spanien und das, was er vom Innenleben linksgerichteter politischer Parteien mitbekommen habe, hätten ihm Abscheu vor der Politik eingeflößt. Er nannte seine politische Einstellung zwar »definitiv ›links‹«, sagte aber, ein Schriftsteller könne »nur ehrlich bleiben, wenn er kein Parteiabzeichen trägt«.[31]
Gerade aufgrund ihrer absoluten Freiheit in einem Jahrzehnt, in dem die politische Mode diktierte, jeder ernsthafte Schriftsteller und Literaturkritiker müsse eine ausgeprägte politische Meinung haben, bedeutete Millers fröhliche und schamlose Egozentrik für Orwell eine solche Erleichterung. Orwell wußte nur zu gut, wie gefährlich es war, wenn Schriftsteller sich zu stark mit bestimmten Schulen politischen Denkens identifizieren. Am unheilvollsten war für ihn die freiwillige Zensur der eigenen Gedanken im Namen einer gerade geltenden Orthodoxie und Rechtschaffenheit. »Darf ich das sagen? Ist es profaschistisch?« war das Beispiel, das Orwell in den dreißiger Jahren dafür anführte. In Millers Denken gab es keine solche Zensur.
Ende Dezember 1937 kam Orwell auf dem Weg nach Spanien, wo er im Bürgerkrieg mitkämpfen wollte, durch Paris. Er verbrachte einen Nachmittag bei Miller in der Villa Seurat und nahm dann den Mitternachtsexpreß an die spanische Grenze. Miller versuchte nicht, Orwell von der Fortsetzung seiner Reise abzuhalten, machte aber auch keinen Hehl daraus, daß er es für außerordentlich töricht hielt, daß Orwell aus Pflichtgefühl fuhr. Wäre Orwell aus Neugier gegangen oder aus einem anderen selbstsüchtigen Grund, Miller hätte ihn verstanden. Miller war ein absoluter und bedingungsloser Pazifist, und sein Ideal war der absolute und bedingungslose Egoismus des taoistischen Philosophen Yang Chu. Dem *Lieh-tzu* zufolge hätte Yang Chu sich, »auch wenn er dadurch dem Reich hätte nützen können, nicht ein Haar ausgerissen«. Nur bei jemandem, der um sein eigenes Wohlergehen und seine Zufriedenheit so besorgt war, konnte man darauf vertrauen, daß er ein Land führen werde, ohne es in einen Krieg zu verwickeln.
Die beiden Männer korrespondierten noch ein oder zwei Jahre lang sporadisch miteinander, sind sich aber nie mehr begegnet.

Im April 1938 versuchte Miller Orwell, der sich damals in einem Krankenhaus in Aylesford erholte, in einem Brief davon zu überzeugen, daß es keinen Zweck habe, die Welt beeinflussen zu wollen. Orwell solle statt dessen lieber dem Pfad der Inaktivität folgen. Miller erbot sich sogar, ihm ein Exemplar des *Tao-Te-ching* und der Schriften Chuang-tzus zu schicken.

Der Abstand zwischen den beiden Männern war jedoch zu groß, und wie die meisten von Millers »respektablen« Anhängern fand auch Orwell Millers literarischen Egoismus mit der Zeit zu plump und zu undifferenziert. Miller seinerseits reagierte auf Orwells Abkehr und dessen abfällige Rezensionen seiner späteren Bücher nach dem Krieg damit, daß er ihn einfach einen weiteren dummen englischen Idealisten schalt.

Im Jahr 1937 trennten sie sich jedoch freundschaftlich, und Miller schenkte Orwell eine Cordjacke für die Reise nach Spanien. Er hatte eine scharfe Zunge und eine spitze Feder, war aber trotzdem oder vielleicht gerade deswegen ein toleranter Mensch. »Was mich an den Menschen heute erbost, ist ihre Bereitschaft, für alles mögliche zu sterben – für jeden verdammten Mist!« schrieb er 1934 an Emil Conason. Miller hätte allerdings, wie Perlès schreibt, Orwell die Cordjacke auch dann geschenkt, wenn dieser nach Spanien gefahren wäre, um sein Leben für Francos Republikaner aufs Spiel zu setzen.

7

Etwa um die gleiche Zeit, zu der Miller und Orwell sich vorsichtig einander näherten, festigte Miller seine Freundschaft mit einem weiteren englischen Schriftsteller, Lawrence Durrell. Durrell lebte auf der griechischen Insel Korfu und hatte im Sommer 1935 von dem Engländer Barclay Hudson ein Exemplar von *Wendekreis des Krebses* bekommen. Ein frühreifer Schriftsteller von dreiundzwanzig Jahren, dessen erster Roman bereits zur Veröffentlichung angenommen war, reagierte er entzückt auf die massive Respektlosigkeit von Millers Roman. Im August 1935 schrieb er dem Autor einen begeisterten Brief, in dem er *Wendekreis des Krebses* als »das Musterbuch meiner Generation« bezeichnete.[32] »Mich begeistert der Schneid des Buches«, schrieb er Miller.

»Mich begeistert, wie der ganze Kanon der angedeuteten, netten Gefühle weggefegt wird, wie jeder Schnickschnack und jede Bagatelle Ihrer Zeitgenossen von Joyce bis Eliot unter Dung begraben wird. Gott gebe uns jungen Männern den Mut, Gänseblümchen obendrauf zu pflanzen und das Werk zu Ende zu bringen.«

Miller hatte mit Verehrern schon unangenehme Erfahrungen gemacht. Leute, die sein Buch gelesen hatten, hatten sogleich versucht, ihn im Dôme oder Rotonde zu treffen, was er haßte und was ihn langweilte. Die Begeisterung Eliots, Pounds, Orwells, Connellys und anderer schätzte er lediglich aus kommerziellen Gründen. Die Reaktion des jungen Durrell stand jedoch auf einem anderen Blatt. Miller antwortete ihm, er sei nicht nur der erste Brite, sondern »überhaupt der erste, der den Nagel auf den Kopf trifft«.

Schon nach den ersten paar Briefen hatte sich die Tonlage ihrer lebenslangen literarischen Freundschaft eingespielt. Durrell merkte zwar an, daß es dem Buch an Kunst fehle, machte dabei aber nicht den geringsten Abstrich von seiner bedingungslosen Begeisterung für Millers Leistung. Millers aggressive Ablehnung literarischer Intellektueller war vielleicht teilweise bedingt durch den Verdacht, daß diese ihn nicht als »richtigen« Künstler betrachteten, sondern eher als eine Art dressierter Zirkusaffe, dem man nicht dafür Beifall klatscht, daß er gut radfahren kann, sondern daß er überhaupt radfahren kann. Mit Durrell hatte er jedoch jemanden gefunden, der intelligent und belesen war, der Ben Jonson und François Villon zitierte und ihn trotzdem zu seinen eigenen Bedingungen bewunderte. Miller schenkte Durrell sein Vertrauen, und noch lange bevor sie sich kennenlernten, ehrte er ihn mit dem Geständnis, daß er »kaum etwas über die elisabethanische Literatur« wisse. »Sozusagen gar nichts, müßte ich sagen.«[33]

Durrell, der in Indien geboren war, hatte bereits Bekanntschaft mit Lao-tzu geschlossen und schätzte nicht nur die Anklänge an Rabelais in Millers Buch, sondern auch das von Miller vermittelte Gefühl einer Unverletzlichkeit und einer »strahlenden, harten Immunität gegen das Leben«. Miller war für ihn der Autor eines großen, originellen Romans und eine literarische Vaterfigur von fünfundvierzig Jahren, ein Autor, der noch immer um Anerkennung kämpfte und Jahre des Mißerfolgs nicht nur unbeschadet überstanden hatte, sondern sichtlich gestärkt aus dieser Erfahrung hervorgegangen war. Rasch entwickelte sich eine Beziehung, die auf der gemeinsamen Leidenschaft für einen chinesischen Philosophen, einem tiefen Mißtrauen gegen Politiker, jugendlicher Respektlosigkeit und dem genußvollen Streben nach literarischem Erfolg beruhte.

Im August 1937 reisten Durrell und seine Frau Nancy für einige Monate nach Europa und trafen in der Villa Seurat erstmals mit Miller zusammen. Dank der beträchtlichen Intimität, die die beiden Männer bereits durch ihren Briefwechsel hergestellt hatten, verlief das persönliche Zusammentreffen reibungslos. An einem warmen Sonntagnachmittag wurde zu Ehren der Gäste ein Essen im Erdgeschoß der Villa Seurat Nr. 18 zubereitet, wo eine amerikanische Kunststudentin namens Betty Ryan wohnte. Durrell, Miller, Betty Ryan, der Maler Hans Reichel, Mr. Chu, ein chinesischer Freund, Alfred Perlès und Nancy Durrell aßen Filetsteaks, die Nancy Durrell zubereitet hatte, tranken Wein und plauderten bis spät in die Nacht über Korfu, Nijinsky, Lao-tzu, Hamsun, Krishnamurti und Madame Blavatsky.

Die Durrells blieben mehrere Wochen lang in Paris. Durrell war entzückt, so amüsante Leute kennengelernt zu haben, und Miller war nicht minder entzückt, jemanden gefunden zu haben, der ihn immer wieder in Frank Capras *Lost Horizon* begleitete, die verfilmte Version von John Hiltons gleichnamigem Buch mit Ronald Coleman als Conway und H. B. Warner als Chang. Miller hielt *Lost Horizon* für den »ersten bedeutenden Film aus Hollywood«, und die meisten zeitgenössischen Kritiker teilten seine Begeisterung – James Agate sprach von »dem besten Film, den ich seit langer Zeit gesehen habe«. Die wenigen abweichenden Stimmen kamen von denen, die mehr die vielen spektakulären Effekte des Films lobten als seine tiefsinnige Metaphysik. Genau diese Metapyhsik aber zog Henry besonders stark an. Mit dem schöpferischen Selbstbewußtsein und dem willkürlichen kritischen Unterscheidungsvermögen des Autodidakten nahm er *Lost Horizon* sofort neben dem *Tao-Te-ching* und den Schriften Chuang-tzus in seinen Kodex orientalischer Weisheit auf und entwickelte eine Begeisterung für das verlorene Paradies Shangri La, die ihn den Rest seines Lebens begleitete. Aber auch konkretere Freuden kamen nicht zu kurz. Miller nahm Durrell zu einer Besichtigung der Sphinx mit, ein Luxusbordell am Boulevard Edgar-Quinet, damals das einzige Gebäude mit Klimaanlage in Paris. Er hatte eine Werbebroschüre für das Etablissement geschrieben und bekam eine kleine Provision für jeden Amerikaner, den er dorthin brachte. Außerdem machte er Durrell mit einer Technik bekannt, die er und Joe O'Reagan 1927 in New York entwickelt hatten und mit der man Bilder im Stil Turners malen konnte.

Miller war damals wesentlich an der Veröffentlichung dreier literarischer Zeitschriften beteiligt. Er schrieb regelmäßig Beiträge für *Volontés,* die ein Bewunderer seiner Werke namens Georges Pelorson herausgab. Pelorson veröffentlichte französische Übersetzungen seines *Open Letter to Surrealists Everywhere* und seiner begeisterten Besprechung von Balzacs Roman *Seraphita.* Außerdem konnte Miller sich großartig Europakorrespondent der Zeitschrift *The Phoenix* nennen, die in Woodstock erschien und von James P. Cooney herausgegeben wurde. Sie war der Förderung des Werkes von D. H. Lawrence gewidmet. Miller war bald eifrig darum bemüht, statt der Werke Lawrence' seine eigenen fördern zu lassen. So schickte er hundertfünfunddreißig Seiten Verehrerpost an Cooney, der sie als Broschüre veröffentlichen sollte. Er versuchte Cooney auch zur Publikation eines Horoskops zu überreden, das Moricand für ihn erstellt hatte.

Durrell war gerade rechtzeitig in Paris eingetroffen, um den Start einer dritten Zeitschrift mit dem Namen *The Booster* mitzuerleben. Alfred Perlès gab sie heraus. Seit dem Ende der *Chicago Tribune* 1933 hatte Perlès Mühe gehabt, genügend Geld zu verdienen, während er an seinen Romanen arbeitete (Miller hatte mit dem Appell *What Are You Going To Do About Alf?,* seiner »Schaumschlägerei«, versucht, Geld für Perlès aufzutreiben). Der amerikanische Geschäftsmann Elmer Prather hatte einen Country Club und einen Golfplatz zur Unterhaltung der Amerikaner und Engländer in Paris eingerichtet und Perlès als für die Clubmitgliedschaft zuständigen Manager und als Herausgeber der Vereinszeitschrift *The Booster* angestellt. Perlès entpuppte sich als charmanter, jedoch untalentierter Geschäftsmann, und Prather entließ ihn bald, milderte die Folgen aber dadurch, daß er ihn weiterhin *The Booster* herausgeben ließ und ihm erlaubte, aus dem Blatt eine Literaturzeitschrift zu machen.

Perlés steuerte das Blatt geradewegs in den Abgrund mit Hilfe seiner Redakteure für Mode (Henry Miller), Sport (Charles Norden, ein Pseudonym Durrells), Orient (Mr. Chu), Metaphysik und Metempsychose (Michael Fraenkel), Literatur (Durrell, Miller und William Saroyan), Pferderennsport (Patrick Evans), Gesellschaftliches (Anaïs Nin) und verschiedenen anderen dubiosen Abteilungen. Walter Lowenfels, Sohn eines reichen Butterhändlers, war für die »Butternachrichten« zuständig.
Die erste Nummer erschien im September 1937 und fand kein großes Echo. Erst die zweite Nummer schaffte das. Sie enthielt ein erfundenes Märchen der Eskimos, das Durrell »aufgezeichnet« hatte: Ein alter Junggeselle wird während des Geschlechtsakts langsam von einer jungen Frau verspeist, die am folgenden Tag sein Skelett wieder ausscheidet. Kurz nach dem Erscheinen der Geschichte entzog Mr. Prather dem Unternehmen die Unterstützung des American Country Club, und damit schwanden die Einnahmen der Zeitschrift aus der Werbung. Die Herausgeber kratzten genug Geld zusammen, um eine dritte Nummer herauszubringen, und beugten sich dann dem Druck, den Namen der Zeitschrift zu ändern. Unter dem Namen *Dial* erschienen noch drei weitere Nummern. Die zweite und beste davon war die »Spezielle Friedens- und Zerstückelungsnummer mit einem Jitterbug-Shag-Requiem«, die unmittelbar nach dem Münchener Abkommen 1938 und der Farce vom »Frieden in unserer Zeit« erschien. Unter anderem enthielt sie einen Ausschnitt aus dem *Wendekreis des Steinbocks*, der seiner Fertigstellung entgegenging, einen Auszug aus Nins Roman *Eiszeit*, Durrells *Hamlet, Prince of China*, ursprünglich ein privater Brief an Miller über das Thema der *Hamlet*-Korrespondenz zwischen Miller und Fraenkel, eine Kurzgeschichte von Antonia White, einen Text von Durrells Freund Dylan Thomas und Beiträge von Perlès selbst und Fraenkel. Die letzte Nummer, die der Lyrik gewidmet war, erschien wenige Wochen vor Kriegsausbruch. Zu dieser Zeit waren Perlès und Miller nicht mehr direkt an der Herausgabe beteiligt.
Nach einer Reise nach London kehrten die Durrells 1938 nach Griechenland zurück. Stark beeinflußt von *Wendekreis des Krebses* hatte Durrell das Buch *Black Book* geschrieben, das er dem Verlag Faber zur Begutachtung vorlegte. Bei Faber wollte man das Risiko einer Veröffentlichung nicht eingehen, wenn Durrell nicht

bereit war, Streichungen vorzunehmen. Miller drängte Durrell, nicht zu kürzen, und bot sich an, als sein Agent in Paris zu fungieren. Zusammen mit Anaïs Nin verbrachte er viele Stunden damit, weitere Exemplare des Manuskripts zu tippen, und er warb für den Autor in *The Booster*, wo er ihn als »den wichtigsten – praktisch einzigen – englischen Schriftsteller unserer Zeit« bezeichnete. Miller ermöglichte schließlich auch die Veröffentlichung des Buches 1938 in Kahanes Obelisk Press.

Ende 1938 kam Durrell wieder nach Paris. Gemeinsam mit Miller setzte er nach England über, um Weihnachten und Neujahr in London zu feiern, wo er Henry mit einigen seiner Freunde bekannt machte. Miller lernte in Durrells Wohnung in Notting Hill Gate T. S. Eliot kennen, und das Bleichgesicht und die Rothaut vertrugen sich gut. Eliot war ernst und zurückhaltend, und er war überrascht, daß Miller im persönlichen Gespräch keine ordinären Wörter verwendete. Er hatte *Wendekreis des Krebses* bewundert, war aber von den späteren Arbeiten Millers weniger angetan und befürchtete, ein Kult sei im Entstehen. 1937 hatte er Miller zehn *Hamlet*-Briefe zurückgeschickt, die dieser ihm mit der Bitte zugesandt hatte, sie, wenn möglich, in *The Criterion* zu veröffentlichen. Miller beschrieb Eliots Begleitbrief als »leicht sarkastischen Brief, in dem es heißt, das Manuskript sei eher für meine ›Bewunderer‹ geeignet«.[34]

Bei einer Begegnung mit Dylan Thomas war die Atmosphäre lockerer. Es war Durrell gelungen, den Dichter aus einer Kneipe herauszulocken, in der er sich versteckt hielt und trank, »zu verängstigt, um sich zu bewegen«. Thomas schildert Miller als »lieben, verrückten, sanften Mann, glatzköpfig und fünfzig und mit einer großen Begeisterung für Gemeinplätze«, und Miller sagte, Thomas sei »ein wunderbarer Mensch. Sehr liebevoll.« Thomas meinte, *Wendekreis des Krebses* sei »das verdammt beste moderne Buch«, hielt es aber nicht für ein »universales Leben-&-Tod-Buch«.

Miller war am 12. Januar wieder in Paris, erfreut über den Erfolg der Reise nach London, die viel dazu beitrug, die Demütigungen des Fiaskos von Dieppe – Newhaven wiedergutzumachen. Durrell kehrte nach Griechenland zurück, und Perlès, der ebenfalls mit in London gewesen war, fand eine Arbeit als freiberuflicher Korrespondent für *Paris-Soir*, verliebte sich in ein englisches Mädchen und beschloß, zunächst einmal in London zu bleiben. Er hatte Glück: Als österreichischer Jude, der mit einem tschechischen Paß ohne feste Stelle und geregeltes Einkommen in Paris lebte, wäre er nach dem Einmarsch der Nazis in Frankreich mit Sicherheit von der Gestapo verhaftet worden.

8

Perlès war während der gesamten Zeit in der Villa Seurat einer von Millers engsten Freunden. Ein anderer Freund, mit dem Miller regelmäßig zusammenkam, war der Auslandsamerikaner David Edgar, ein schüchterner, ordentlicher, neurotischer Mann, der heimlich Aquarelle malte. Edgar trug mit seiner Begeisterung für Rudolf Steiner, den Zen-Buddhismus und Madame Blavatsky maßgeblich dazu bei, daß Henrys Interesse an ausgefallenen Philosophien und Religionen, das er in der Jugend gehabt hatte, wieder erwachte. Die Gespräche mit Edgar ergänzten den Einfluß des Astrologen Moricand und Nins Berichte von ihren Abenteuern in den Gefilden der psychoanalytischen Theorie. Die Kultivierung interessanter und halbmystischer Ideen gab Henrys Ablehnung des Intellektualismus eine Richtung, und die Neubelebung von Interessen aus seiner Jugendzeit gab ihm ein für ihn wichtiges starkes Gefühl der Kontinuität der eigenen Persönlichkeit.

Lange Zeit war der deutsche Maler Hans Reichel ein willkommener Gast bei Miller in der Villa Seurat. Wie Perlès und Edgar wohnte auch er nur ein paar Schritte weit entfernt, in der Impasse du Rouet. Miller bewunderte aufrichtig Reichels Talent und seine dämonische Persönlichkeit, tat sich aber mit Reichels Alkoholismus schwer. Perlès erinnert sich an die furchterregend aggressiven Wutanfälle, die Reichel immer wieder bekam und die durch Millers provozierende Ruhe oder seine spitzzüngigen Sticheleien noch verschlimmert wurden. Henry trank selber gern Alkohol und betrank sich häufig mit Wein, aber er gestand Schnellock einmal, eine seiner Schwächen sei es, daß er Alkoholiker nicht ausstehen könne, »vor allem die, die sich plötzlich verändern, wenn sie betrunken sind«.[35] Reichel war ein solcher Alkoholiker, und Henry entwarf eine Strategie, mit der er ihn zu heilen ver-

suchte: Wenn der Maler in der Villa Seurat auftauchte und um etwas zu trinken bat, pflegte Henry sechs Gläser vor ihn hinzustellen und sie alle zu füllen. Dann zog er den Mantel an und sagte, er gehe kurz weg, um Nachschub zu kaufen, komme aber so schnell wie möglich wieder zurück. Der Sarkasmus griff manchmal, aber wenn er versagte, wurde Reichel zorniger denn je. Schließlich wurde er wie Osborn wegen seiner Dipsomanie zur Beobachtung in ein Krankenhaus eingewiesen.
Auch einige Ungarn gehörten damals lose zum Kreis der Villa Seurat, darunter der Fotograf Brassai, Frank Dobo sowie Michonze, ein weiterer Maler. Außerdem beherbergte die Villa eine große Schar wechselnder Gäste, die Perlès als »Spinner, Narren, Trinker, Schriftsteller, Künstler, Schnorrer, Strandgut von Montparnasse, Tippelbrüder und Psychopathen« bezeichnete.[36]
Miller war der unangefochtene Anführer der Gruppe. Cecily Mackworth, die durch David Edgar in den Kreis der Villa Seurat eingeführt wurde, erinnert sich, daß Millers Freunde »unterschiedliche, aber wichtige« Rollen in seinem Leben spielten. »Ziemlich viele von ihnen waren jünger als er, so daß er manchmal wie ein wohlwollender Onkel wirkte oder einer jener Gurus, die sich weigern, sich selbst ernst zu nehmen, und die ihre Weisheit in scherzhaften, beiläufig hingeworfenen Sätzen versprühen.« »Guru« ist für das Jahr 1935 vielleicht ein anachronistischer Terminus. Miller glich eher Ibsens Dr. Relling, der fast selbst gescheitert ist und ein tiefes Verständnis für das Bedürfnis seiner Mitmenschen nach einer Lebenslüge aufbringt. In den meisten Fällen lag dieser Lebenslüge die Sehnsucht zugrunde, sich für einen Künstler halten zu dürfen oder für einen Philosophen, oder für einen in irgendeiner Hinsicht ungewöhnlichen Menschen. Miller bestätigte seine Freunde in ihren Hoffnungen, und sie liebten ihn dafür.
Mackworth erinnert sich auch an Anaïs Nin, die »auf einem Sofa lag wie eine geschmeidige, schöne Katze« und einen eindrucksvollen Kontrast zu Henry bildete, der »eine Glatze hatte, eine Brille trug und schon in mittleren Jahren war ... eine ungepflegte Erscheinung ... mit zerknitterten Kleidern, vielleicht auch nicht besonders sauber ... und einem gespannten, konzentrierten Blick, als warte er darauf, daß etwas geschehe, um bereit zu sein, wenn es eintrete«. Das, worauf Miller wartete, war meistens die Inspira-

tion. Mackworth' Schilderung von Millers Arbeitsmethode, wenn der große Augenblick gekommen war, macht deutlich, wie sehr sein Schreiben ein sozialer Akt war:

> Wenn der Augenblick des Schreibens gekommen war, änderte sich nicht viel. Waren Gäste da, spielten sie weiter Jazz auf dem Grammophon, lasen einander laut ihre Gedichte vor oder fuhren mit dem fort, was sie gerade beschäftigte. Henry setzte sich einfach an den Tisch in der Ecke und fing an zu schreiben. Wenn er erst einmal angefangen hatte, machte er weiter. Er verspürte allem Anschein nach nie das Bedürfnis, spazierenzugehen oder zu schlafen. Er schrieb einfach weiter, und die Seiten von *Wendekreis des Steinbocks* türmten sich neben ihm auf, während der Rotweinpegel in der Flasche neben seinem Ellbogen tiefer und tiefer sank. Nach einiger Zeit pflegte ihm jemand – meist Alfred Perlès – einen Teller mit Essen zu bringen, das er gabelweise mit einer Hand unordentlich in den Mund schaufelte, während die andere weitertippte.[37]

Mackworth' Erinnerungen sind voller Wärme, und dasselbe gilt für die Erinnerungen Betty Ryans, der reichen Kunststudentin, die im Erdgeschoß der Nr. 18 wohnte. Andere Frauen, die damals kürzeren Kontakt mit Henry Miller hatten wie die Malerin Buffie Johnson, fanden seinen Charme durchaus widerstehlich. Buffie Johnson kann sich nur an einen Mann erinnern, der die ganze Zeit über sich selbst redete, und sie reagierte mit Verachtung auf seine Versuche, von ihr, einer jungen Studentin von knapp zwanzig Jahren, Geld zu borgen. Die Abneigung war gegenseitig.

Im Jahr 1938 löste sich der Kreis der Villa Seurat allmählich auf. Perlès und David Edgar waren in London, Durrell war wieder abgereist, Hans Reichel war eingesperrt und trocknete allmählich aus. Fraenkel war ganz aus dem Blickfeld verschwunden, und auch Lowenfels' Pariser Abenteuer war vorbei. Statt dessen war Richard Osborn – »der verrückte Osborn«, wie Miller ihn nannte – in schwer gestörtem Zustand aus New York zurückgekehrt. Er hatte keine Arbeit und hing in Henrys Wohnung herum. Dort räkelte er sich auf der Couch, streckte die Zunge heraus und versuchte, sie an der Wurzel abzukauen, oder stocherte mit einer Schere in seinen Haaren herum. Manchmal holte er seinen Penis heraus und verlangte von Henry, er solle ihn untersuchen und ihm bestätigen, daß er nicht Syphilis habe. Seine Anwesenheit wurde mit der Zeit so störend, daß Miller das Haus zu meiden begann, und selbst wenn er zu Hause war, mochte er die Schreibmaschine nicht mehr benützen, weil er fürchtete, Osborn könne ihn hören und hereinkommen, um mit ihm zu reden.

Aus Dankbarkeit für das, was Osborn zu Anfang seiner Pariser Zeit für ihn getan hatte, und vielleicht aufgrund eines leisen Schuldgefühls wegen der Art und Weise, in der er ihn in *Wendekreis des Krebses* als verrückten, alkoholisierten Clown dargestellt hatte, wollte Henry seinen früheren Wohngenossen nicht einfach fortschicken. Osborn war ein Außenseiter, eine unglückliche Seele und einer der Menschen, die sich zu Miller hingezogen fühlten, weil er so beliebt war und soviel Toleranz und Zuversicht ausstrahlte. Für Miller war Osborn wahrscheinlich nicht viel mehr als ein streunender Hund, dem er eines Tages geistesabwesend den Kopf getätschelt hatte und den er nun nicht mehr loswerden konnte. Wo immer er war, schienen ihm ein oder zwei solche Menschen anzuhängen. Von den unzähligen Personen, die während Millers Pariser Zeit in den dreißiger Jahren in sein Leben traten und wieder verschwanden, waren Durrell und Fred Perlès die beiden einzigen, die er als echte Freunde bezeichnete.

Dann war da noch Anaïs Nin, seine Schattenfrau und Schattenmutter. Von Anfang an hatte er gehofft, sie werde sich eines Tages von Hugh Guiler scheiden lassen und einwilligen, ihn zu heiraten. Aber obwohl sie keine glückliche Ehe führte, kann man sich nur schwer vorstellen, daß sie jemals ernsthaft daran dachte, ihren Mann um Henrys willen zu verlassen. »Ich kenne buchstäblich Tausende von Menschen«, schrieb Henry ihr einmal, »und ich kenne Hunderte davon sehr gut.« Aber niemand kennt Tausende von Menschen und auch nicht Hunderte sehr gut. Nin erkannte schon bald, daß Henrys Talent darin lag, mit der ganzen Welt intim zu sein; eine enge persönliche Freundschaft war dagegen nicht seine Stärke. Außerdem nahm er für sich die Freiheit in Anspruch, stets das zu tun, was ihm gefiel, und er war auf einen ständigen Strom neuer Gesichter und neuer Beziehungen angewiesen, um sein Leben interessant zu machen. Das mußte eine Frau, die ihn heiratete, zutiefst verunsichern. Henry suchte, noch lange nachdem er sich in Anaïs verliebt hatte, immer wieder Prostituierte auf, und er konnte dem besonderen Reiz, den es für ihn hatte, ihm nahestehende Frauen sexuell zu betrügen, nicht widerstehen. In einem Brief an Schnellock aus dem Jahr 1935 schildert er genußvoll, wie er und Perlès sich einmal zusammen mit Maggie, der Freundin ihres gemeinsamen Freundes Roger Klein, betranken und wie sie Maggies Klagen, sie würden sie wie eine Hure behandeln, vom Tisch wischten. »Und während Fred ihre Möse mit der Zunge bearbeitet, ramme ich ihr meinen Schwanz in den Schlund.«[38] Klein beherbergte und verköstigte Perlès zu jener Zeit.

Aber selbst wenn Miller der treueste Liebhaber der Welt gewesen wäre, hätte das Nins Haltung vermutlich nicht verändert. June hatte sicher recht, wenn sie Anaïs kurz nach ihrer ersten Begegnung sagte, sie möge zwar sie und Henry um ihr buntes Leben beneiden, hänge aber zu sehr an ihrem Reichtum und an der Sicherheit ihrer Ehe, um je mit dem Gedanken zu spielen, sie aufzugeben.

Im Jahr 1937 hatten Henry und Anaïs einen zweiten großen Streit, der wiederum von Nin herbeigeführt wurde. Sie beschuldigte Henry des Sexismus, wie man heute sagen würde. In einem besonders freimütigen Brief, den sie schrieb, nachdem sie einen Ausschnitt aus *Wendekreis des Steinbocks* gelesen hatte, kritisierte sie, er depersonalisiere Frauen beim Schreiben und reduziere sie »auf eine Öffnung, auf ein biologisches Merkmal, das alle Frauen gleich mache«. Sie erklärte, daß June die einzige sei, die ihm aufgrund ihrer kraftvollen Persönlichkeit das Zugeständnis einer individuellen Realität abgerungen habe. Laut Nins aufschlußreicher Formulierung war es June gelungen, »sich aus dem Meer herauszuheben, das Du schaffst«.[39] Die sexgetränkte Welt, die er beim Schreiben entwerfe, sei nicht die Welt eines Gottes oder Propheten, sondern das Produkt eines kranken Geistes, einer Phantasie im Prozeß der Auflösung. Nin attackierte auch seine »primitive Einstellung zur lesbischen Liebe«, die ihn nur auf der Ebene der Frage fasziniere: »Hat sie es getan oder nicht?« Noch schärfer kritisierte sie seine Persönlichkeit auf der gesellschaftlichen Ebene als pathologisch statt bewundernswert:

> Du vereinfachst die ganze Welt auf eine Weise, wie wir es mit Bekannten tun. Wir sagen immer: Wir verbringen eine angenehme Zeit mit gewissen Leuten, die uns nicht viel bedeuten,

> aber wir alle sind uns darin einig, daß diese »angenehme Zeit« nicht das ist, was unser Leben nährt, und wer nur diese Art von flüchtigem, oberflächlichen Kontakt mit Menschen hat, die fortwährend eine angenehme Zeit haben, stellt bald fest, daß sein Leben leer ist.[40]

Der Streit ging vorüber, aber jede Auseinandersetzung dieser Art machte es unwahrscheinlicher, daß Anaïs Nin sich je für ein Leben mit Henry entscheiden würde.

9

An seinem sechsundvierzigsten Geburtstag war Miller nachdenklich gestimmt. »Unglaublich«, schreibt er an Emil Schnellock, »die Jahre sind so schnell vergangen – zu schnell. Männer meines Alters kommen mir alt vor.« Seine Stimmung wurde weiter verdüstert durch Gedanken an seine Tochter Barbara. Schon zweimal hatte er bei Aufenthalten in New York die Gelegenheit versäumt, mit ihr in Verbindung zu treten. Vor kurzem hatte ihm Joe O'Reagan geschrieben, Beatrice lebe »in großer Armut, halb übergeschnappt usw.« und gebe Musikunterricht, um ihre Mutter zu unterstützen. Beatrice war auch schriftstellerisch tätig und hatte offenbar bei »Schreibwettbewerben« von Zeitungen gewonnen. »Es berührt mich merkwürdig«, schreibt Henry, »zu denken, daß ich eine erwachsene Tochter habe, aber keine Ahnung, wie sie aussieht, und daß ich nicht einmal weiß, wie ihre Stimme klingt. Vor allem letzteres berührt mich – ich weiß nicht, warum.«[41] Er hatte versucht, auf dem Umweg über seinen norwegischen Freund Ostergren mehr über Beatrice und Barbara zu erfahren, hatte aber keine Antwort auf seinen Brief erhalten.

Außerdem erhielt er einen mitleiderregenden Brief von seinem Vater, der ihn fragte, ob er ihm – heimlich – mit ein wenig Taschengeld aushelfen könne. Der lange, allmähliche Niedergang der Firma Henry Miller und Sohn war nun endlich zu Ende, und trotz der finanziellen Hilfe des Zuschneiders Robert Berg, der Anfang der zwanziger Jahre als Partner bei Henry senior eingestiegen war, war die Firma 1937 geschlossen worden, und Henry senior hatte sich auf Kommissionsbasis bei einem anderen Schneiderbetrieb verdingt. Sein Vater war nicht mehr gesund. Er hatte Probleme mit der Prostata und mußte sich mühsam daran gewöhnen, einen Gürtel mit einem Säckchen um die Taille zu tragen. Louise entdeckte, daß ihr Mann sich an seinen Sohn gewandt hatte, und schrieb Henry hastig, er solle die Klagen seines Vaters nicht allzu ernst nehmen, es gehe der Familie finanziell gut. Miller erkannte im Brief seines Vaters seine eigene Neigung wieder, eine Notlage zu dramatisieren, und schickte ihm drei Dollar. Außerdem veranlaßte er Frances Steloff, die Gewinnanteile aus dem Verkauf von *Scenario* seinem Vater zukommen zu lassen. Er schrieb auch den Empfängern von *The Booster* in New York, wenn sie das Gefühl hätten, sie schuldeten ihm für die Zeitschrift eine »symbolische« Bezahlung, dann sollten sie das Geld direkt seinem Vater zusenden. Er schickte auch Louise und Lauretta ein wenig Geld. Dann verwandelte er, wie es typisch für ihn war, die ganze Episode in Literatur. Er schrieb und veröffentlichte in Form eines offenen Briefes an seinen Vater eine Darstellung seiner eigenen Armut, seit er den Entschluß gefaßt hatte, sein Leben dem Schreiben zu widmen. Er schilderte die Leiden, die er ertragen hatte, und den Verfall seiner moralischen Maßstäbe. In mancher Hinsicht war das der Versuch, die Verantwortung für die Not seines Vaters einer Welt in die Schuhe zu schieben, die sich weigerte, im Sohn den wahren Künstler anzuerkennen und zu belohnen. Hier wird deutlich, wie sehr ihn seine Unfähigkeit, Geld zu verdienen, gelegentlich schmerzte. »Und doch habe ich irgendwie das Gefühl, es wird nicht immer so sein«, schrieb er an Schnellock. »Aber wenn das Geld kommt, wird es, wie üblich, zu spät sein. Die Menschen, denen ich gerne etwas zurückzahlen oder helfen würde, werden tot sein.«[42]

Das hörte sich rührend an, wäre da nicht die Tatsache, daß er damals tatsächlich Geld verdiente. Bis Ende der dreißiger Jahre war allein *Wendekreis des Krebses*, das meistverkaufte Buch auf Kahanes Liste, fünfmal nachgedruckt worden. Nin hielt in ihrem Tagebuch fest, daß Miller im März 1937 dreitausend Francs an Tantiemen erhielt, und Miller sagte Frank Dobo, daß er 1938 achttausend Francs an Tantiemen verdient habe, »die ich in zehn Minuten ausgab. Tatsache!«[43] Er verdiente Geld, aber damit zu haushalten oder vernünftig umzugehen hätte den Spaß verdorben.

Miller hatte von Anfang an nichts von Hitler und den Vorgängen in Deutschland seit 1933 gehalten. Die rasche Ausbreitung des Antisemitismus bestätigte ihn in seiner Ansicht, die Menschen seien nur wenig besser als denkende Tiere und die Zivilisation selbst sei eine Massenhalluzination. In Hitler sah er einen »künstlich beatmeten menschlichen Fötus der neuen menschlichen Spezies, die das Maschinenzeitalter zur Vollendung führen wird«, und in den Nazis »wirklich Schwachsinnige, kaum eine Stufe besser als die Botenjungen«.[44] Allerdings war er vom Kommunismus kaum mehr beeindruckt. »Es kommt nicht darauf an, ob der Kommunismus oder der Faschismus herrscht – wo immer eine Diktatur besteht, gibt es den Purismus«, schrieb er an Leviticus Lyon. »Für mich als Künstler gibt es absolut keinen Unterschied zwischen dem kommunistischen Rußland und Hitlerdeutschland. Beide sind Reinheitsapostel, beide sind intolerant. In beiden herrscht das Kollektiv ... Wenn ich nicht mit meiner Zeit übereinstimme, in Ordnung. Ich will gar nicht mit ihr übereinstimmen. Ich will notfalls lieber allein sein, als mich zu diesen Schweinen zu gesellen.«[45] Schon seit 1933 hatte er den Ausbruch eines apokalyptischen Krieges vorhergesagt, und als er im September 1938 schließlich das Gefühl hatte, dieser stehe unmittelbar bevor, machte er sich eiligst aus dem Staub.

Die französische Mobilmachung war der Auslöser für seine überstürzte Flucht. Zutiefst entsetzt über die augenscheinliche Bereitschaft der arbeitenden Bevölkerung, Uniform und Waffen zu tragen, und überzeugt, daß bald eine deutsche Invasion drohe, fuhr er gleich nach Beendigung von *Wendekreis des Steinbocks* nach Bordeaux, um von dort ein Schiff nach Amerika zu nehmen. Sein Gepäck bestand aus zwei Koffern, einem Spazierstock und einer Schreibmaschine. An den Wänden seines Zimmers in der Villa Seurat ließ er drei Bilder von Reichel zurück, einige seiner eigenen Aquarelle und ein paar Bücher, von denen er meinte, die Nazis sollten sie lesen. Allein in Bordeaux, wo »ich keine Menschenseele kenne und niemals hin wollte«, verfaßte er einen letzten Beitrag zu den *Hamlet*-Briefen, in dem er seine Einstellung zum Krieg ganz deutlich macht:

> Krieg ist nicht einfach Krieg: Er ist ein Universum, das jeder zu einem anderen Zweck erforscht. Ich selbst habe schreckliche Angst davor. Wenn das Feigheit ist, dann bin ich der schlimmste Feigling unter der Sonne. Solange ich zwei Beine habe, mit denen ich rennen kann, werde ich vor dem Krieg wegrennen, und wenn es nötig ist, werde ich auf allen vieren davonkriechen, sogar auf dem Bauch wegrutschen und durch den Matsch robben, irgendwie, ganz egal wie, nur weg! Selbst wenn das, was ich jetzt um mich herum sehe, die Hölle ist, ist es doch Leben, und ich ziehe dieses Leben der Hölle dem Hasardspiel des Krieges vor. Ich liebe das Leben mehr als die Wahrheit, mehr als die Ehre, mehr als Freunde, Vaterland, Gott oder sonst etwas. Ich möchte leben, bis ich genug gehabt habe. Ich will aus freiem Entschluß sterben, friedlich und erfüllt, wenn möglich im Bett und im Schlaf.[46]

In Bordeaux wurde er ein Opfer seiner mangelhaften Planung. Nachdem er Kahane einen Brief geschickt hatte, in dem er ihn ersuchte, sechs seiner Freunde telegraphisch um Geld zu bitten, erkundigte er sich bei verschiedenen Schiffahrtsgesellschaften nach den Abfahrtszeiten. Erst dann stellte er fest, daß von Bordeaux aus überhaupt keine Schiffe nach Amerika fuhren. Er bekam jedoch Geld, unter anderem dreitausend Francs von Kahane und eine kleinere Summe von Durrell. Dieses letztere Geschenk gab er zurück, was seine ungewöhnliche Wertschätzung für Durrell illustriert.

Die Aussicht auf einen Krieg brachte ihn an den Rand der Hysterie, und er war bald überzeugt, daß er mit seiner Vorahnung recht hatte: Hitler würde am 30. September um Mitternacht Frankreich den Krieg erklären und Paris bombardieren. Er schrieb an Nin und bat sie inständig, an diesem Abend unter keinen Umständen in Paris zu bleiben. Eine Zeitlang erwog er sogar, persönlich zu intervenieren, um den Krieg zu verhindern. Er spielte mit der Idee, sich an den amerikanischen Botschafter in Paris zu wenden und ihm vorzuschlagen, die verkrüppelten Kriegsveteranen von ganz Europa zu versammeln und sie mit Flugzeugen nach Deutschland zu bringen, um Hitler mit ihren Wunden zu konfrontieren. Wenn Hitler sich davon nicht beeindrucken ließ, sollten sie an der tschechischen Grenze eine Men-

schenkette bilden und erklären, die Tschechoslowakei könne nur über ihre Leichen besetzt werden.
Leider war Chamberlain schneller bei Hitler, und obwohl Henry wenig Vertrauen in einen Pakt hatte, den zwei »bis an die Zähne bewaffnete Banditen« geschlossen hatten, gab er sein Vorhaben, Frankreich zu verlassen, vorerst auf. Nach einer kurzen Besichtigungsreise nach Toulouse und Lourdes, das ihn an Coney Island erinnerte, kehrte er in die Villa Seurat zurück. Er war noch immer aufgebracht darüber, wie Hitler ihm das Leben schwer machte. »Er ist launisch – und schrecklich ernst«, schrieb er an Lawrence Durrell.[47] »Jemand muß ihn zum Lachen bringen, oder wir sind alle verloren.« Der drohende Krieg erschien ihm wie eine ungeheuerliche persönliche Beleidigung, und er schwor Anaïs, er wolle fortan sein möglichstes tun, nicht nur den Sturz Hitlers herbeizuführen, sondern das gesamte deutsche Volk zu kastrieren. Anaïs warf ihm vor, er sei neurotisch, aber er erwiderte, eine Neurose sei in einer so absurden und schrecklichen Situation gewiß die einzig normale Reaktion.
Seine Rückkehr nach Paris war nur ein Aufschub des Unumgänglichen. Wieder in der Villa Seurat, bereitete er die Veröffentlichung von *Wendekreis des Steinbocks* vor. Ursprünglich sollte das Buch im Februar 1939 erscheinen. Tatäschlich erschien es dann, nach Beseitigung einiger Schwierigkeiten, im Mai. Eintausend Exemplare waren schon im voraus bestellt worden. Das Buch war im Geist eines blinden, heftigen Trotzes geschrieben und damit Millers eigene Apokalypse. Er nannte es seinen letzten Akt: »Zum Teufel mit allen und allem! ... Alle Verbindungen, alle Brücken zerstören. Ich will das Monster werden, das ich bin.«[48] Formal gesehen, war es eine locker an den Fakten orientierte Darstellung seines Lebens bei der Western Union Anfang der zwanziger Jahre, gemischt mit Schilderungen seiner unglücklichen Ehe, seiner Seitensprünge und seiner Freundschaften und dem zornigen Versuch, die Zivilisation durch das Aufdecken einer verborgenen Welt zu sprengen, die er »Land Fick« nannte:

> Das alles ist eine bildliche Art und Weise, über das Unaussprechliche zu sprechen. Unaussprechlich sind reines Ficken und reine Möse; man darf davon nur in Luxusausgaben schreiben, sonst fällt die Welt auseinander. Was die Welt zusam-

menhält, ist, wie ich aus bitterer Erfahrung gelernt habe, der Geschlechtsverkehr. Aber das Ficken an sich und die Möse an sich scheinen ein nicht identifizierbares Element zu enthalten, das wesentlich gefährlicher ist als Nitroglycerin.

Wendekreis des Steinbocks war nominell das »June-Buch«, um das er zehn Jahre lang gerungen hatte. Der Titel stammt nicht aus der Astrologie, sondern ist Henrys Kosename für eine von Junes Brüsten. »Wendekreis des Krebses« war sein Kosename für die andere, so daß er in diesem Buch im wörtlichen Sinn das Vorhaben vollendete, seine zweite Frau vor aller Welt zu enthüllen. Dennoch ist June mehr im Hintergrund anwesend und keine Protagonistin. Erst auf den letzten Seiten erscheint sie als jene Vision des »Amerika auf zwei Beinen, mit Flügeln und Geschlecht«, die Miller 1923 in Wilson's Tanzpalast in Bann schlug. Biographisch gesehen, ist Beatrice wahrscheinlich wichtiger, denn hinter Millers Wut beim Schreiben – besonders im Abschnitt über das »Land Fick« – steht offenbar der Groll eines Mannes, der irgendwann in seinem Leben einmal erniedrigt und gedemütigt worden ist, weil er sich weigerte – oder unfähig war –, Sexualität im Einvernehmen mit seiner Frau als schmutziges kleines Geheimnis zu behandeln. Die daraus resultierende aufgestaute Wut entlud sich im Buch mit einer heftigen und befreienden Gewalttätigkeit.

Hitler zum Lachen zu bringen oder sein Vorrücken mit einem Veteranenkorps aufzuhalten war kein praktikabler Plan. Vielleicht hätte Miller ihm lieber ein Exemplar von *Wendekreis des Steinbocks* schenken sollen. Vielleicht hätte das Buch mit etwas Glück die Katharsis herbeigeführt, die Hitler so offensichtlich brauchte, und damit der Welt viel Leid erspart. 1939 hatte Henry jedoch die Idee einer aktiven Beteiligung am Krieg aufgegeben und seine Gedanken auf ein neues Buch gerichtet, *Draco and the Ecliptic*, das er bis 1942 fertigstellen wollte. *Draco and the Ecliptic* war ein eindrucksvoller Titel, aber Henry hatte, wie er Durrell stolz mitteilte, noch keine Ahnung, wovon das Buch handeln sollte. Wie aus *The Palace of Entrails* wurde daraus schließlich eines der vielen Projekte, die über das Stadium der Planung nicht hinauskamen.

Vielleicht um das Gespenst des drohenden Krieges zu verscheuchen, vertiefte Henry sich 1939 zunehmend in esoterische Philosophien und Religionen. Er studierte das Leben des tibetischen Buddhisten Milarepa, den er für einen »tollen Kerl« hielt, und begeisterte sich gemeinsam mit Durrell für die taoistisch inspirierten Theorien eines obskuren englischen Psychoanalytikers namens E. Graham Howe. In den ersten Monaten des Jahres gehörte er einer Gruppe an, die sich einmal wöchentlich auf dem Hausboot *La Belle Aurore* auf der Seine traf, das Anaïs gekauft hatte. Dort wurden Artikel des *American Astrologer* diskutiert. Conrad Moricand, den Henry damals finanziell unterstützte, versuchte eifrig, Hitler wegzuzaubern: Er erstellte Horoskope, die eindeutig Hitlers Tod in naher Zukunft prophezeiten. Ob Hitler aufgrund einer natürlichen Ursache oder durch Mord sterben werde, war noch unklar, sein baldiges Ende jedenfalls schien gewiß.

11

Im Winter 1938/39 beschloß Miller, Lawrence Durrells Einladung zu einem Besuch in Griechenland anzunehmen. Da ihm die Vermieterin der Villa Seurat gekündigt hatte, zog er am 22. Mai aus und quartierte sich in einem Hotel in der Nähe der Porte d'Orleans ein. Daß er in zehn Minuten achttausend Francs ausgab, hatte natürlich eine weitere harte Runde der Geldbeschaffung zur Folge. Zuerst versuchte er mit zwanzig Erstausgaben von *Wendekreis des Krebses* und fünfzehn von *Schwarzer Frühling* über den Gotham Book Mart an Geld zu kommen. Auf Anweisung der Firma brachte er die Bücher zum Büro ihrer französischen Mitarbeiter, die sie versehentlich per Schiff in die Vereinigten Staaten schickten, wo sie prompt vom Zoll beschlagnahmt wurden. Als nächstes schickte er eine dringende Nachricht an Bessie Breuer, in der er ihr mitteilte, er verlasse die Villa Seurat »auf dringendes Anraten des Arztes« für immer und zwanzig Dollar wären eine große Hilfe für ihn: »Der Arzt hat alles kassiert – sogar mehr, als ich hatte.«

Darin steckte ein Körnchen Wahrheit, denn seit er erwachsen war, litt er fast immer an Hämorrhoiden, und der studentische Lebensstil der gemeinsamen Zeit mit Perlès in Clichy, als sie manchmal dreimal am Tag Hafergrütze aßen, hatte das Leiden verschlimmert. Auch Henrys Zähne mußten behandelt werden, und im Juni gab er bei einem Optiker achthundert Francs für eine Augenuntersuchung und zwei neue Brillen aus. Ein Scheck über zweihundert Dollar von Frances Steloff half jedoch, diese Ausgaben zu verkraften. Als er Anfang Juni schließlich Paris verließ, hatte er etwa dreitausend Francs bei sich. An einem der letzten Abende vor der Abreise besuchte er eine Vorstellung von Jean-Louis Barraults Bühnenfassung von *Hunger*. Damit rundete er seinen Aufenthalt in Paris passenderweise mit dem Buch ab, das so großen Einfluß auf sein Leben, Schreiben und Handeln während dieser neun Jahre im Ausland gehabt hatte.

Er fuhr zuerst nach Rocamadour, um einen letzten Blick auf eine der schönsten Gegenden Frankreichs zu werfen, die Dordogne. Vom Hôtel Lion d'Or in Rocamadour als Standquartier aus besuchte er die befestigte Stadt Domme und die herzförmige mittelalterliche Stadt Sarlat: »Ich könnte begeistert über sie schreiben und werde das wahrscheinlich auch tun«, teilte er Nin mit.[49] Nichts konnte seinen Enthusiasmus dämpfen, und in dem Restaurant bei den Cromagnonhöhlen in Les Eyziès bekam er für zwanzig Francs ein Essen, das er auf die Liste der besten Mahlzeiten setzen konnte, die er je gegessen hatte.

Er reiste weiter nach Nizza, sonnte sich und badete, wanderte in den Bergen und sah Edward Titus dabei zu, wie er die Pflanzen im Garten seiner Villa goß. Er sah sich im Kino einen Dokumentarfilm über das Leben im malaiischen Dschungel an, in dem eine Kobra mit einem Alligator kämpfte und ein Tiger mit einer Python rang. Er war von der Exotik dieser Szenen fasziniert und ebenso von der Erkenntnis, daß Tiere in solchen Situationen nicht bis zum Tod kämpfen.

Später im Juni ging er, bewaffnet mit einigen astrologischen Ratschlägen Moricands, ins Kasino und schaute eine Weile beim Roulette zu, um festzustellen, wie es ihm ergangen wäre, wenn er gesetzt hätte. Da er wußte, wie ernst seine Lage war, ließ er seine letzten neunhundert Francs in der Tasche stecken.

Abends las er Nostradamus und stellte erfreut fest, daß dessen Prophezeiungen mehr oder weniger mit seinen eigenen Intuitionen übereinstimmten – Paris werde eines Nachts durch einen Luftangriff zerstört werden, die Deutschen würden die Maginot-Linie durchbrechen und bei Poitiers vernichtend geschlagen werden. Ein französischer König werde in Avignon auftauchen, und

Frankreich und Spanien würden ein Bündnis schließen. Italien und Deutschland werde es überlassen bleiben, den Kampf bis zum bitteren Ende zu führen. »Klingt mir recht wahrscheinlich«, meinte Henry.

Im Juli fuhr er nach Marseilles, um ein Schiff nach Griechenland zu besteigen. Anaïs Nin machte gerade in dieser Gegend Urlaub, und sie und Henry verbrachten Henrys letzte Nacht in Frankreich gemeinsam in Aix-en-Provence. Nin wollte Guiler nicht verlassen. Miller mußte die Hoffnungen, die er sich in den dreißiger Jahren auf ein Leben mit Nin gemacht hatte, endgültig begraben, als er am 14. Juli an Bord der *Théophile Gautier* ging und nach Griechenland abfuhr.

KAPITEL 13

1939-1944: Die alten Griechen und die klimatisierten Amerikaner

1

In dem Buch *Der Koloß von Maroussi*, das Miller im Frühjahr und Sommer 1940 schrieb, schildert er detailliert seinen fünfmonatigen Aufenthalt in Griechenland von seiner Ankunft in Piräus am 19. Juli bis zu seiner Abreise nach Amerika am Jahresende. Den überwiegenden Teil dieser Zeit verbrachte er bei den Durrells auf Korfu. Durch sie lernte er eine Reihe griechischer Schriftsteller kennen. Einer davon war Giorgos Katsimbalis, der im Titel von Millers Buch unsterblich gemachte »Koloß«, ein anderer der Dichter Giorgos Seferiades, der später den Nobelpreis für Literatur erhielt. Miller ließ sich einen Bart wachsen und bekam von den Einheimischen von Korfu den Spitznamen »der Alte«, denn sie hielten ihn für Durrells Vater. Seine zwanglose Art und seine Bereitschaft, den Clown zu spielen, machten ihn sehr beliebt. Kurz nach seiner Ankunft zelteten Durrell und er einige Tage lang am Meer. Einmal wanderte Miller allein am Strand entlang und traf den Bürgermeister eines Bergdorfes. Die beiden unterhielten sich eine Weile mit Gesten und Zeichensprache, dann hielt Miller in seinem speziellen chinesischen Kauderwelsch à la *Lost Horizon* einen langen Monolog über seine Reisen nach China und seine vielen Besuche bei den Pygmäen in Afrika. Der Bürgermeister konterte mit einem Lügenmärchen von einer chinesischen Dschunke, die vor einigen Jahren angeblich genau an der Stelle, an der sie standen, gestrandet war, so daß die vierhundert Mann Besatzung am Strand leben und schlafen mußten, bis ihr Schiff wieder flott war. Das Gespräch war ein glänzender Auftakt für Millers Besuch.

Von seinem Standquartier bei den Durrells reiste er mehrmals nach Athen, und unter der Führung von Katsimbalis besuchte er Spetsai, Nauplia und Mykene. Wenn er durch die Ruinen der altgriechischen Zivilisation wanderte, konnte er oft kaum glauben, daß er, Henry Miller, tatsächlich hier war und diese Orte sah. Griechenland hatte, wie Frankreich, eine alteingesessene und selbstbewußte Kultur, in der sich leben ließ, und allein das erhabene Alter dieser Kultur weckte in Miller manchmal ein Gefühl der Scham darüber, daß er »nur« Amerikaner war. Obwohl selbst nicht gerade ein Inbegriff der Reinheit, haßte er es, die Reinheit des heilen Griechenlands seiner Phantasie durch die überall aus dem Boden schießenden Getränkebuden, Eisdielen und Süßwarenkioske befleckt zu sehen. Aber während er Griechenland um der Griechen willen verehrte, verehrten paradoxerweise die Griechen ihn, weil er Amerikaner war. Am schlimmsten war für Miller, wenn ihn heimgekehrte Auswanderer ansprachen wie jener Grieche, den er eines Tages in Mykene traf und der auf Coney Island in der Bude eines Zuckerbäckers Melasse gerührt hatte. Solche Leute versicherten ihm leidenschaftlich, was für ein armes, langweiliges, schäbiges Land Griechenland doch sei, verglichen mit dem strahlenden und glanzvollen Amerika.

Sie entsetzten ihn beinahe ebenso sehr wie die Engländer, die er in Griechenland traf. Bezüglich der Engländer hielt er sich für einen großen Experten: Die Handschrift von H. G. Wells, die er im Gästebuch des Hotels Apollo in Delphi sah, kam ihm zart, klein und feminin vor, »aber das ist so charakteristisch für englische Handschriften, daß daran nichts Ungewöhnliches ist«.[1] Seine subjektive Ehrlichkeit gibt immer Aufschluß über ihn selbst: Als er sich bei einer anderen Gelegenheit ins Gästebuch von Phaistos eintrug, entdeckte er dort den Namen eines alten Freundes. Sobald er sich von seinem Erstaunen erholt habe, so Miller selbst, sei sein erster Impuls gewesen, den Namen einfach durchzustreichen. Miller nannte sich gern den letzten Menschen der Erde, aber bei solchen Anlässen reagierte er instinktiv wie jemand, der am liebsten der einzige Mensch auf der Welt gewesen wäre.

Durrell arrangierte einen gemeinsamen Besuch in einer Sternwarte in Athen, und sie erfreuten sich am Anblick der Plejaden und der Milchstraße, pfiffen vor Staunen durch die Zähne und flüsterten einander *Rosicrucian* zu. Hinterher nannte Miller das Teleskop freilich wenig schmeichelhaft ein »langweiliges Instrument« und bekundete zugleich seine Abneigung gegen die Wissenschaftler, die es bedienten, faktenorientierte Menschen, deren Fähigkeiten und Entdeckungen seiner Meinung nach nicht entfernt an die Wunder heranreichten, die die Berechnungen eines erstklassigen Astrologen wie Conrad Moricand, Dane Rudhyar oder Frederick Carter enthüllen konnten. Seine Abkehr vom Rationalismus vertiefte sich in Griechenland, und er knüpfte verstärkt an die religiösen Interessen seiner Jugendzeit an, wie er es bereits in Paris unter dem Einfluß David Edgars getan hatte. Von Frances Steloff, die selbst Theosophin war, hatte er ein Exemplar des Buches *Die Geheimlehre* bekommen, und in Ghikas Haus in Hydra führten er und Katsimbalis, Seferiades, Aspasia und Madame Hadji-Kyriaco lange, durch Whisky belebte Diskussionen, deren Themen von Tibet bis Madame Blavatsky reichten.

Noch wichtiger war, daß Miller während seines Aufenthalts in Griechenland selbst zwei ungewöhnliche, geheimnisvolle Begegnungen hatte. Die erste war seine Begegnung mit einem armenischen Wahrsager in Athen, der ihm prophezeite, er werde der Welt große Freude schenken und später würden ihm die größten Ehrungen zuteil, die die Menschheit einem Menschen erweisen könne. Er werde drei Reisen in den Orient machen, und von der letzten werde er nicht mehr zurückkehren. Er werde aber nicht sterben: Ähnlich wie Lao-tzu werde er einfach verschwinden. Henry bat den Wahrsager, das näher zu erklären – war er etwa unsterblich? Der Armenier weigerte sich jedoch, das weiter auszuführen, und wiederholte lediglich, Henry werde niemals sterben. Diese Weissagung beeindruckte ihn tief.

Die zweite Begegnung dieser Art hatte er in Phaistos. Miller war mit einem gemieteten Auto dorthin gefahren, um die Ruinen zu besichtigen. Wegen des drohenden Krieges war der Tourismus auf der Insel sehr zurückgegangen, und Miller wurde von einem ortsansässigen Führer wie ein König empfangen. Der Mann schenkte ihm eine Blume, putzte ihm die Schuhe und führte ihn dann durch die Ruinen, bewirtete ihn anschließend mit Essen und Wein und schenkte ihm zum Abschied noch einmal Blumen. Das ganze Erlebnis kam Henry höchst wundersam vor.

Diese beiden Begegnungen waren die symbolischen Höhepunkte von Millers Griechenlandreise. Sie liegen der Überzeugung zugrunde, die sich gegen Ende seiner Ferien einstellte, daß er dort eine Wiedergeburt erfahren habe und jetzt weniger ein Schriftsteller als vielmehr ein Weiser sei. Für jemanden, dessen erstes Idol Whitman gewesen war – Whitman hatte geglaubt, die Religion entstehe aus der Kunst –, war eine solche Entwicklung nur konsequent. Aber diese zweite Wiedergeburt so bald nach der ersten in Paris mit *Wendekreis des Krebses* mag manchem wie eine Wiedergeburt zuviel vorkommen. Miller hatte sich leidenschaftlich in Griechenland verliebt, aber eine solche Leidenschaft ist oberflächlich, sei ihr Gegenstand eine Frau oder ein Land. Fünf Monate reichen nicht aus, um ein Land und seine Bewohner gründlich kennenzulernen. Immerhin bildete Henry sich ein, einen tiefen Einblick in den Geist Griechenlands getan zu haben. Das Kriegsgeschehen und die Greuel und Verdienste des Faschismus, des Kommunismus und der Demokratie interessierten Miller nicht. Ihn interessierte nur, wie er alldem aus dem Weg gehen konnte. Der Krieg holte ihn jedoch im Dezember ein: Am 5. Dezember forderte der amerikanische Gesandte in Griechenland alle Bürger der Vereinigten Staaten auf, das Land bis zum 1. Januar 1940 zu verlassen. Nach diesem Datum seien ihre Pässe ungültig.

Miller nahm am 27. Dezember von den Durrells Abschied und ging an Bord der *Exochorda,* die nach Boston und New York fahren sollte. Er war schlecht gelaunt und ließ seinen Verdruß an einem Griechen aus, der Amerikaner geworden war und am selben Tisch saß. Der Mann war nicht nur proamerikanisch, sondern auch gebildet und selbstbewußt. Seine Ansichten brachten ihm die respektvolle Anerkennung aller Tischgenossen ein, mit Ausnahme Henrys, der bemüht war, durch seinen Widersacher durchzusehen, wenn er ihn ansprach, wegzuschauen, wenn er von ihm angesprochen wurde, nicht zu lachen, wenn er scherzte, und mit anderen am Tisch über ihn zu reden, als sei er nicht anwesend. Er verdarb die Stimmung mit großem Erfolg, und die Ankunft in Boston Mitte Januar 1940 muß für alle Betroffenen eine Erlösung gewesen sein.

2

Kurz nach seiner Ankunft in Amerika besuchte Henry seine Eltern und Lauretta. Was er dabei erlebte, schildert er in der Erzählung *Wiedersehen in Brooklyn*, die zu dem halben Dutzend seiner besten Erzählungen gehört. Sein Vater war damals schon unheilbar krebskrank. Er konnte nur noch mühsam gehen und war einer jener alten Männer geworden, die an sonnigen Tagen auf einem Stuhl vor dem Haus sitzen und die Leute beobachten. Miller setzte sich manchmal dazu und war belustigt, wenn er immer wieder für den Bruder seines Vaters gehalten wurde. Er mochte es, wenn sein Vater sich von seinen Abenteuern berichten ließ und etwa fragte: »Jetzt erklär mir mal, was ist der Parthenon?« Die Atmosphäre zu Hause war noch immer dieselbe. Sein Vater stand zwar unter dem Pantoffel Louises und auch Laurettas, wurde aber liebevoll gepflegt. Millers Haß auf die Mutter tritt in seiner Schilderung der Begegnung stark in den Vordergrund und wirkt so kraß übertrieben wie eh und je. Er brachte fünfzig Dollar als Geschenk mit, die aus dem Verkauf eines Manuskripts an einen Sammler stammten, und bekam daraufhin die gefürchtete alte Leier zu hören – er hätte sich keine Umstände machen sollen, das sei zuviel Geld, er solle sich nicht so viel abknapsen. In den wenigen Briefen, die Louise Miller Ende der dreißiger Jahre an Henry in Paris geschrieben hatte und die in der Sammlung der University of California in Los Angeles aufbewahrt werden, klingt ein ähnlicher Ton an, wenn Louise Henry für die kleinen Geldgeschenke dankt, die er manchmal der Familie schickte. Sie entschuldigt sich für die Klagen seines Vaters, der in seinen Briefen darüber jammerte, wie schrecklich sein Leben sei und wie sehr er leide, und erklärt beruhigend, sie kämen ganz gut zurecht. Dieser rührende Mut und die beinahe übermäßige Bescheidenheit, das tapfere Lächeln, das manchmal allzu tapfer ist, irritierten Henry. Er neigte mehr wie sein Vater dazu, die Hände zu ringen und zu klagen wie Hiob oder Jeremias, wenn nicht alles nach Wunsch verlief.

Der vielleicht aufschlußreichste Moment des Besuches kam, als Henry wieder aufbrechen wollte. Louise eilte herbei und sagte mit tränenerstickter Stimme, an seiner Jacke hänge ein loser Faden. Eifrig zupfte sie ihn weg. Für Henry zeigte sich darin ledig-

lich einmal mehr, wie dumm seine Mutter war, wie trivial und kleinkariert sie dachte. Ein Psychologe freilich hätte in dieser Geste eine tiefere und bewegendere Bedeutung sehen können.
Miller schließt die Schilderung des Besuches, die im Grunde eine weitere Elegie auf seine verlorene Kindheit und den unerbittlichen Wandel aller Dinge ist, mit der wunderbaren Schilderung eines transzendenten Augenblicks. Als er vom Haus weggeht, schaut er zufällig hoch und sieht durch ein Fenster ein junges Mädchen an einem Tisch sitzen und ein Buch lesen:

> Es war, als ob sich all das, das Mädchen, ihre Haltung, das düstere Licht im Zimmer, das auf das Buch fiel, das sie las, die beeindruckende Stille, in die die ganze Gegend gehüllt war, als ob sich all das verband, um einen Augenblick solcher Scharfsichtigkeit hervorzubringen, daß ich für die Dauer eines unermeßlich kurzen, fast meteorhaft aufleuchtenden Blitzes die tiefe und ruhige Überzeugung hegte, daß alles seine Ordnung hatte, daß es Gerechtigkeit in der Welt gab und daß das Bild, das ich gesehen hatte und mir vergeblich einzuprägen suchte, der Ausdruck des Glanzes und der Heiligkeit eines Lebens war, wie es sich stets in Augenblicken äußerster Stille offenbaren würde.

3

Im Jahr 1939 veröffentlichte der Verlag New Directions, den der reiche und junge Amerikaner James Laughlin, ein Verehrer Millers, gegründet hatte, eine Sammlung von Essays, Auszügen aus bereits veröffentlichten Büchern und Werken, die damals in Arbeit waren, unter dem Titel *The Cosmological Eye.* Nach den drei Pariser Publikationen, die in den Vereinigten Staaten mit einem Einfuhrverbot belegt worden waren, war dies Millers erstes Buch, das in seiner Heimat erschien. Unter den darin aufgenommenen Essays war Millers »Schützenhilfe« für Anaïs Nin, *Une Etre Etoilique.* Der Aufsatz stellte Nin zum erstenmal der amerikanischen Öffentlichkeit vor und war der Anfang einer langen Werbekampagne für ihre Tagebücher, die schließlich zu deren kommerzieller Veröffentlichung in den sechziger Jahren führte. Das Buch enthielt außerdem den Artikel über Buñuel, der Nin 1931 so

beeindruckt hatte, ferner einen Auszug aus den *Hamlet*-Briefen, eine kurze *Autobiographische Notiz* und den *Der Schneiderladen* betitelten Abschnitt aus *Schwarzer Frühling*. Kurios ist, wie die in die Anthologie aufgenommene Version des *Schneiderladens* abgeändert wurde, um den Zensurbestimmungen der Vereinigten Staaten zu genügen: Das Wort »fuck« durfte an zwei Stellen stehenbleiben, während eine Szene, in der »Henry« mit seiner Frau schläft, so geändert werden mußte, daß sie nachher lautete: »Ich konnte sie auf den Kopf stellen und* alles mit ihr anfangen – sie schwelgte in Entzücken.« In beiden Versionen endet die Schilderung mit dem Satz, der von Miller selbst kursiv gesetzt wurde: »›*Und Gott soll mich verdammen*‹, wie der gute Meister zu sagen pflegte, ›*wenn ich nicht die reine Wahrheit sage!*‹«
Miller klagte zwar später, die Auswahl für *The Cosmological Eye* sei ohne seine Zustimmung und Ermächtigung getroffen worden und er sei nicht einmal zum Titel befragt worden, aber er freute sich über die Möglichkeiten, die eine Essaysammlung bot. Wie der Brief erlaubte ihm diese Form, seine Meinung zu Themen zu sagen, die ihn gerade interessierten, ohne daß er sich dafür hätte rechtfertigen müssen. Später veröffentlichte er noch mehrere Essaysammlungen bei New Directions.
Der schwache Ruf, den Miller zur Zeit der Veröffentlichung von *Wendekreis des Krebses* in den Vereinigten Staaten hatte, hatte sich zur Zeit seiner Rückkehr nach New York 1940 und der Veröffentlichung von *The Cosmological Eye* beträchtlich gefestigt. Beigetragen hatten dazu drei deutlich unterscheidbare Gruppen. Die erste Gruppe bildete das bereits erwähnte literarische Establishment. Zu ihm gehörten T. S. Eliot und Ezra Pound. Edmund Wilsons Besprechung von *Wendekreis des Krebses* in der *New Republic* am 9. März 1938 war die bis dahin tiefgründigste Kritik des Buches. Wilson nannte die Passagen über die Ekstasen der Kunst oder den drohenden Untergang der europäischen Kultur »altmodisch und rhetorisch im Stil einer spätromantischen Phantasie, die an *Les Chants de Maldoror* erinnert«, war jedoch beeindruckt von einer jugendlichen und sogar kindlich unbefangenen Qualität, die für ihn in einem eigentümlichen Gegensatz zum Zynismus der

* An dieser Stelle wurde gestrichen: »und in sie hineinblasen, ich konnte sie hin- und herwälzen, über den Boden schleifen«.

Geschichte stand. Außerdem sprach er von einer »seltsamen Liebenswürdigkeit in Temperament und Stil, die den gesamten Text charakterisiert, selbst dort, wo er unangenehm oder widerwärtig ist«. Als Schriftsteller sei Miller »weder befangen noch dilettantisch, und es ist ihm irgendwie gelungen, vulgär, nicht jedoch schmutzig zu sein«.

Trotzdem hat Wilson die Schlußszene des Romans nicht verstanden, in der »Henry Miller« an der Seine sitzt und in das strömende Wasser blickt, die Taschen mit dem Geld eines anderen vollgestopft. Die Szene schien Wilson eine »tödlich ironische Bedeutung« zu haben, die sich *gegen* den Erzähler und seine »Hirngespinste am Ufer der Seine« richtet, denen er »offensichtlich eine gewisse Bedeutung beimißt«. Wilson war ein gebildeter Mann, ein Kenner der Literaturszene. Aber obwohl er in seiner Jugend oft ins Variété gegangen war und sogar eine anerkennende Besprechung desselben Variétés in der Houston Street verfaßt hatte, das Miller zum Gegenstand eines seiner Mezzotinti gemacht hatte, war er doch so orthodox, daß er es künstlerisch für unvorstellbar hielt, ein Schriftsteller könne die Amoral rühmen und gleichzeitig die Sympathie seiner Leser erwarten. Miller korrigierte ihn in seiner Antwort, einem Brief an den Herausgeber. In ihm findet sich die Schlüsselaussage, er habe »gewissenhaft im gesamten Buch darauf hingewiesen, daß ich selbst der Held bin. Übrigens verwende ich keine ›Helden‹ und schreibe auch keine Romane. Ich bin der Held, und das Buch bin ich selbst...«

Im selben Brief kritisierte er Wilson, der gesagt hatte, er habe als erster dem *Wendekreis des Krebses* ernsthafte Aufmerksamkeit geschenkt. Miller verwies Wilson auf eine frühere Besprechung von Professor Herbert West im *Dartmouth Alumni Magazine* von 1937. West gehörte zu einer zweiten Gruppe früher und begeisterter Anhänger Millers, den Akademikern und Hochschulprofessoren. Ihre Reaktion auf seine Werke und seine Persönlichkeit ähnelte in vielem der Reaktion einer dritten Gruppe, der angesehene Geschäftsleute, Berufsdiplomaten und Politiker angehörten, die sich als »Sammler von Erotika« bezeichneten. Sie suchten nach Originalmanuskripten erotischer und pornographischer Schriften, für die sie hohe Preise bezahlten. Zu dieser Gruppe gehörte einer von Millers leidenschaftlichsten Bewunderern, Huntington

Cairns. Cairns mit Leib und Seele gewonnen zu haben war ein ganz besonders großer Triumph, denn Cairns war Berater beim Finanzministerium der Vereinigten Staaten und dafür zuständig, pornographische Bücher, die der Zoll beschlagnahmen mußte, von »Kunstwerken« zu trennen, die passieren durften. Er war, mit anderen Worten, der Mann, der persönlich für das Verbot von Millers Buch in Amerika verantwortlich war. Im August 1936 hatten sich der Schriftsteller und der Zensor in Paris getroffen. Miller hatte Cairns durch die Stadt geführt und ihn gänzlich für sich eingenommen, denn er wandte mit großem Geschick jenen Trick an, den er vor Jahren von dem Variétéschauspieler Frank Fay gelernt hatte: Er redete mit so viel Charme über verschiedene Tabus, daß sogar der Zensor angetan war. Miller mochte Cairns. Er erkannte deutlich, wie wertvoll ein solcher Verbündeter für ihn war, und schmeichelte ihm schamlos. In einem Brief erklärte er ihm, er halte ihn für einen der beiden einzigen Freunde, die er in Amerika habe.

West und Cairns genossen *Wendekreis des Krebses* als das, was es war: ein aufrichtiges Buch bar jeden Selbstmitleids und der Sentimentalität der Lost generation und stellenweise von einem überwältigenden sarkastischen Witz. Zugleich machte ihnen als respektablen Mitgliedern der Gesellschaft Henrys Auftritt als Huck Finn mittleren Alters ungeheuer Spaß. Henry war ihr Alter ego, der Barbar in ihnen, die Rothaut, einer, der sämtliche Regeln übertrat und ungestraft davonkam. Sie waren naiv wie viele gebildete Menschen und glaubten ohne weiteres Millers wiederholten Beteuerungen seiner eigenen Charakterfestigkeit, seiner künstlerischen Integrität und seiner völligen Ablehnung jeglichen Kompromisses. Sie beteten ihn in einer Weise an, die welterfahreneren Männern wie Wilson und Eliot fremd war. Cairns erklärte Miller offen, wenn er mit ihm zusammen sei, habe er das Gefühl, sich »in der Gegenwart eines Heiligen« zu befinden.[2] Miller widmete einen großen Teil seiner Korrespondenz in den nächsten Jahren Männern, die mit ihm in »metaphorischen Schuhplattlern« schwelgen wollten, wie Lawrence Durrell es einmal formulierte.[3] Miller genoß und förderte diese Reaktionen. Die Bewunderung solcher Männer stärkte seine gelegentliche Neigung zum Größenwahn. Cairns war der Empfänger von Millers erstem authentischem und ernst gemeintem biographischem Dokument, einem

Brief vom 30. April 1939 über sein bisheriges Leben und seinen bisherigen Werdegang, »der später für die Biographen von Interesse sein wird«.

Die frühen Reaktionen auf Miller scheinen sich nicht nach Geschlechtern unterschieden zu haben. Männer und Frauen wehrten sich gemeinsam gegen die Zensur sexueller Literatur, und es gab keinerlei Debatten oder mißbilligende feministische Analysen zu Millers literarischer »Einstellung« gegenüber Frauen. In einem Brief an Morton Czabel vom Jahre 1939 lobte die Dichterin Louise Bogan Miller sogar wegen der Ehrlichkeit seiner sexuellen Passagen, besonders in *The Tailor Shop,* in der der junge »Henry Miller« berichtet, wie er eine trauernde Witwe verführt. Der Gegensatz zwischen der ängstlichen Frage der Witwe: »Du wirst mich doch immer lieben, nicht wahr?« und der Überlegung des Jungen: »Warum habe ich so lange gewartet, jeder könnte sie haben, sie ist leicht zu erobern« schien ihr »den Unterschied zwischen der männlichen und der weiblichen Einstellung zum Geschlechtsverkehr sehr wahrheitsgetreu und deutlich aufzuzeigen«.[4] Louise Bogan fand Miller amüsant und clownesk, »sehr deutsch und Till Eulenspiegel ähnlich«, und sie mochte seine possenhaften Schilderungen in *Hamlet.* In der Korrespondenz vieler weiterer Schriftsteller dieser Zeit sind ähnliche Bemerkungen zum Phänomen Henry Miller zu finden, auch wenn es sich, wie im Fall von Wallace Stevens, nur um die lapidare Feststellung handelt: »Der einzige deutliche Eindruck, den ich von Miller habe, ist der, daß er weitschweifig ist«.[5]

Vielleicht bewunderten die jungen Schriftsteller Miller am meisten. Eine ganze Generation amerikanischer Autoren, die in den fünfziger Jahren bekannt wurden, ist in den vierziger Jahren mit *Wendekreis des Krebses* und *Schwarzer Frühling* aufgewachsen. Die jungen Schriftsteller liebten Miller und stellten sich hinter ihn, weil er ein Rebell war. Schon 1934, drei Monate nach der Veröffentlichung von *Wendekreis des Krebses,* hatte Miller an Anaïs Nin geschrieben, er habe eine Postanweisung von »einem Menschen aus Philadelphia« erhalten, »den ich nicht kenne und von dem ich keine Adresse habe«.[6] Er sollte bald entdecken, daß es in Amerika viele solcher Menschen gab.

4

Im Frühjahr und Frühsommer 1940 schrieb Miller in New York drei kürzere Texte. Einer hieß *Die Welt des Sexus.* Huntington Cairns hatte Miller gebeten, darin seine Ansichten über Sexualität darzulegen. Der Text erschien als Privatdruck in einer begrenzten Auflage. Der zweite Text entstand im Mai und Juni 1940. Er trug den Titel *Stille Tage in Clichy* und war ein Pendant zu *Wendekreis des Krebses.* Es handelt sich um eine kurze, literarisierte Darstellung der beiden glücklichen Jahre, in denen Miller in Clichy eine Wohnung mit Alfred Perlès geteilt hatte. Das Buch besteht weitgehend aus der Schilderung sexueller Begegnungen im Stil einer Posse, mit exzentrischen Frauen und empfindsamen Huren, die Sachen sagen wie: »Du bist ein toller Kerl«, wenn Henry ihretwegen seine Taschen bis auf den letzten Franc leert. Es gehört zu Millers vergnüglichsten Büchern und ist das Porträt des Autors als Pantomime und Clown, der auf den Putz haut: Wenn es etwas zu essen gibt, vertilgt er es, wenn eine Frau erscheint, versucht er sie zu verführen, wenn ein Polizist auftaucht, schlägt er ihn zusammen. Wenn er sich aufregt, dann geschieht das heftig, tränenreich und kurz, und alles endet gut mit einer gemeinsamen Mahlzeit. *Stille Tage in Clichy* enthält auch ein handfestes Stück Anti-Antisemitismus, wenn Henry seinen Zusammenstoß mit dem Besitzer des Cafés Judenfrei in Luxemburg beschreibt. *Mara-Marignan,* ein Abschnitt aus *Stille Tage in Clichy,* schildert im selben burlesken Ton verschiedene Verhältnisse, endet aber mit einem Anflug existentiellen Zweifels, der in Millers Werk einzigartig ist. Nach einem temperamentvollen Techtelmechtel setzen er und »Carl« sich zum Essen hin. Plötzlich »murmelte Carl etwas vor sich hin und fügte dann hinzu, als ziehe er Bilanz: ›Es macht keinen Sinn.‹«

Millers Hauptprojekt für den Sommer war die Beendigung von *Der Koloß von Maroussi.* Dafür wollte er vor allem die Notizen ausarbeiten, die er im November in Hydra gemacht hatte. Er arbeitete den Sommer über in New York an dem Buch und schloß es im August in Hampton Manor in Bowling Green in Virginia ab. Dort wohnte er im Haus der Schriftstellerin Caresse Crosby, die er in Paris kennengelernt hatte. Auch der exzentrische Salvador Dalí und seine Frau zählten zu den Gästen. In Hampton Manor schrieb Miller den gelungensten Teil seines Griechenlandbuches, eine Passage mit dem Titel *Boogie-Woogie-Passacaglia.* Sie hatte ganz und gar nichts mit Griechenland zu tun, sondern war vielmehr eine surrealistische Lobeshymne auf »die großartige Rasse der Schwarzen, die allein Amerika vor dem Auseinanderfallen bewahren«, repräsentiert von Louis Armstrong, Count Basie und Duke Ellington. Der Text war später bei den schwarzen Jazzmusikern Chicagos sehr beliebt, obwohl Louis Armstrong ihn offenbar nicht verstand, als er ihm gezeigt wurde.

Obwohl Miller sich, wie es typisch für ihn war, die Freiheit nahm, gelegentlich das abwertende Wort »Nigger« zu gebrauchen, bewunderte er die Schwarzen Amerikas sehr. Ähnlich wie Orwell in den Proletariern sah Miller in den Schwarzen die Hüter einer Natürlichkeit und geistigen Gesundheit und die Bewahrer des Geheimnisses einer allgemeinen Lebensfreude, die den Weißen aufgrund zu großen materiellen Erfolges und zu vieler Deodorants abhanden gekommen war. Carl van Vechten war damals der führende weiße Vertreter dieser romantischen Verehrung der schwarzen Amerikaner, und Miller schickte ihm eine Abschrift der *Passacaglia* mit Widmung und erwartete seine Antwort »mit Zittern und Zagen«. Van Vechten war einer von Millers Idolen aus den zwanziger Jahren, die Miller in den vierziger Jahren persönlich kennenlernte, und es muß ihm gutgetan haben, wenn seine Idole jetzt umgekehrt ihn feierten. H. L. Mencken war ein anderes früheres Idol, mit dem er sich um diese Zeit anfreundete.

Im Jahr 1940 hatte Miller kurz beruflichen Kontakt mit John Slocum, einem Agenten von Russell and Volkening. Slocum machte ihn mit Wyndham Lewis bekannt, einem Schriftsteller, den Miller mit der Zeit sehr bewunderte. Lewis wohnte in jenem Sommer auf Long Island, und Miller fand ihn »geistreich, charmant und äußerst intelligent«. Er war offenkundig ein Kandidat für Henrys Pantheon stürmisch-genialer Volksfeinde wie Knut Hamsun und Louis-Ferdinand Céline. Lewis mochte Miller persönlich, interessierte sich jedoch kaum für seine Arbeit.

Als Miller das Buch über Griechenland beendet hatte, übergab er es John Slocum, und Slocum schickte es an verschiedene Verlage. Zu Millers Enttäuschung wurde das Buch nacheinander von zehn Verlagen abgelehnt. Die meisten Verleger kamen nicht mit der Mischung des Buches aus kosmischer Meditation, Klamauk,

Mystik, unzuverlässiger Historie und seltsamen Wortmeldungen des Autors zurecht (Miller entschuldigte sich etwa bei Hans Reichel wegen eines alten und gänzlich privaten Mißverständnisses). Slocum konnte jedoch von Interesse an einem Buch über Amerika berichten, das Miller ihm gegenüber erwähnt hatte. Die Idee dazu hatte Miller schon 1935 gehabt, nach der Rückkehr von seiner Reise nach New York. Damals schrieb er Hilaire Hiler von einem Buch, das »wie ein geladenes Gewehr auf den Kopf Amerikas« zielen sollte.[7] 1938 hatte er einen Titel gefunden: *Amerika, der klimatisierte Alptraum*, und er hatte fünfzig Kapitelüberschriften notiert. Doubleday, Doran, wie der Verlag Doubleday damals hieß, war bereit, das Buch in Auftrag zu geben, und zahlte Miller im August 1940 fünfhundert Dollar Vorschuß. Einen Teil davon gab Miller für einen Buick Baujahr 1932 aus. Anaïs Nin lebte inzwischen in New York, und eine Zeitlang hoffte Miller, sie werde ihn auf seiner Reise durch Amerika begleiten. Aber sie konnte oder wollte nicht, und so tat er sich schließlich mit dem Maler Abe Rattner zusammen, den er in Paris kennengelernt hatte. Im Oktober brachen die beiden Männer auf, um sich Amerika anzusehen, Rattner mit seinen Aquarellfarben und Miller mit seinen Notizbüchern. Im Gepäck hatte Miller außerdem einen Blindband der *Grashalme* von Whitman, einige Bücher von Dostojewski, Hamsuns *Mysterien*, ein Exemplar von Walters *My Secret Life* und die *Grashalme* selbst.

5

Abgesehen von kurzen Unterbrechungen, in denen er nach New York zurückkehrte, fuhr Miller fast genau ein Jahr lang durch Amerika, ehe er seinen Bericht über den Zustand des Landes vorlegte. Mit dem Instinkt des Journalisten suchte er nicht nach dem aktuellen Amerika, sondern nach Spuren eines gesunden, alternativen Amerika. Jedes Zeichen der Unabhängigkeit, jedes Anzeichen dafür, daß die Gesellschaft der Weißen abgelehnt wurde, freute ihn. In einem von Schwarzen bewohnten Bezirk von Washington wurde ihm zu seinem Entzücken eines Novemberabends der Zutritt zu einem Café verwehrt, weil er weiß war. In einem Brief an Anaïs Nin drückte er die Hoffnung aus, daß Clubs und Bars in Harlem ebenfalls den Ausschluß von Weißen einführen würden.[8]

Von Washington aus fuhren die beiden Männer in einem Bogen nach Richmond hinunter, dann in südwestlicher Richtung nach Asheville und weiter nach Atlanta in Georgia, dann in südöstlicher Richtung nach Jacksonville. Diese Stadt war fünfzehn Jahre zuvor der Schauplatz von Millers unglückseligem Versuch gewesen, zusammen mit Joe O'Reagan und Emil Schnellock vom Immobilienboom in Florida zu profitieren. Von Jacksonville aus fuhren sie genau nach Osten und dann an der Küste entlang nach Mobile in Alabama. Sie folgten dem alten spanischen Weg von St. Augustine aus durch verlassene Gegenden Floridas, in denen es auf fünfzig Meilen nicht einmal eine Tankstelle gab. Die einzigen Lebenszeichen waren die Schweine und Kühe, die die Straßen bevölkerten. Überall lagen Kadaver von toten Schweinen auf der Straße. »Die Ferkel sehen gespenstisch aus«, schrieb Henry an Anaïs, »als hätte man sie nackt erschlagen.«

Am Montag, den 20. Januar trafen sie in New Orleans ein. Sie machten eine Dampferfahrt auf dem Mississippi und besuchten für einige Tage Freunde von Rattner. Zu ihnen zählte die alte Ärztin und Aquarellmalerin Dr. Marion Souchon, die Miller später in seinem Buch über die Reise porträtierte. Auch ein Schriftsteller namens Weeks Hall gehörte dazu, ein wilder, exzentrischer Mann. Hall besaß einen Hund, der schwarzen Kaffee trank und ein ganzes Bett für sich allein hatte.

Anschließend trennten Rattner und Miller sich für eine Weile. Miller fuhr allein nach Natchez weiter und machte unterwegs Station, um einen alten Grabhügel der Natchezindianer zu besichtigen. Er hatte eine Karte bei sich, die er vom Indianischen Büro bekommen hatte, und besuchte gezielt Dörfer und Siedlungen, historische und heilige Stätten der Indianer, weil er durch die Oberfläche der Zivilisation hindurchsehen wollte, mit der die Weißen alles überzogen hatten. Er stellte fest, daß man die Indianer zynisch mit den trockensten und unfruchtbarsten Gebieten abgespeist hatte.

In Natchez erhielt Miller die Nachricht, daß sein Vater im Sterben lag. Er stellte den Wagen in einer Garage unter und flog in zehn Stunden nach New York, traf aber zwei Stunden zu spät für ein letztes Wiedersehen ein. Zum Glück hatte er seine Reise En-

de November unterbrochen und war zur goldenen Hochzeit seiner Elten nach New York heimgekehrt. Er hatte schon längere Zeit gewußt, daß sein Vater todkrank war, und hatte ihn im Sommer 1940 oft besucht und mit ihm gesprochen. Die beiden hatten keine besonders intensive Beziehung, und wenn Henry das Grab seines Vaters auf dem Evergreen-Friedhof besuchte, war er eher in besinnlicher Stimmung als traurig.
Nach der Beisetzung blieb er noch vier Wochen in New York, dann machte er sich wieder auf den Weg. Er beschloß, erst einmal etwas vom industrialisierten Norden kennenzulernen und dann wieder nach Süden zu fahren und sein Auto abzuholen. Mit dem Zug fuhr er nach Cleveland in Ohio, dann weiter nach Detroit und nach Chicago. Die Gegend deprimierte ihn und ebenso die Vertreter, die er ständig in den Hotels traf. Er las ein Buch über indische Philosophie und versuchte, sich mit heiterer Gelassenheit über alle Anfechtungen zu erheben, aber der Gedanke an die Firma Ford, die keine zehn Meilen von Detroit entfernt die Landschaft verschandelte, brachte ihm Céline innerlich näher als Ramakrishna. Die Entdeckung der Gemeinden der Amish in Pennsylvania und der Amaria in Iowa munterte ihn ein wenig auf. Die Ablehnung der amerikanischen Lebensart und die Treue dieser Menschen zu ihrer eigenen Vergangenheit gefiel ihm. »Auch wenn die anderen umkommen«, notierte er, »die religiösen Gruppen werden Amerika neu erschaffen.«[9] Die Anhänger der Bahai-Religion, die er in Wilmette in Illinois aufsuchte, beeindruckten ihn ähnlich stark, und er prophezeite, die Bewegung werde im Laufe der nächsten hundert Jahre stärker werden. Er machte sich ständig Notizen und schrieb viel, stets mit dem Gefühl, daß der Zorn, mit dem er Amerika »feierte«, ganz und gar nicht den Erwartungen seiner Auftraggeber bei Doubleday, Doran an ihn entspreche. Aber er konnte nichts daran ändern. Nicht einmal die Slums auf der Nordseite von Chicago konnten ihn aufheitern. Schließlich wandte er sich nach Süden in Richtung Natchez, um die Reise mit dem Auto fortzusetzen.

6

Ehe er sich wieder nach Westen wandte, besuchte er Jackson, wo er drei Tage bei Eudora Welty und ihrer Mutter verbrachte. Der Besuch stand in Zusammenhang mit einem merkwürdigen Unternehmen, in das Miller damals verwickelt war. Es ging dabei darum, pornographische Texte für einige private Sammler von Erotika zu schreiben. Außer den Dalís war im Haus Caresse Crosbys, wo Henry einen Teil des Sommers 1940 verbracht hatte, auch ein gewisser Barnet Ruder zu Gast gewesen. Ruder fungierte als Agent für diese Sammler und überredete Miller, Caresse Crosby und die Malerin Virginia Admiral, für ihn zu schreiben. Miller zog Nin hinzu, die ihrerseits wieder einige ihrer Freunde an die Arbeit setzte, darunter George Barker, Harvey Breit und Robert Duncan. Der Zweck von Millers Besuch in Jackson war, Miss Welty, die er in Paris kennengelernt hatte, ebenfalls zum Mitmachen zu überreden. Er hatte ihr vorher geschrieben und ihr angeboten, sie mit einem »unersättlichen pornographischen Markt« in Kontakt zu bringen, falls es ihr je an Geld fehlen sollte.

Da Henry bereits einschlägig bekannt war, begannen Texte, die angeblich er geschrieben hatte, bald als Typoskripte zu kursieren und als Untergrundliteratur aufzufallen. Sechs Kopien unsignierter Erzählungen, die angeblich Miller geschrieben hatte, wurden bereits 1946 anonym dem Kinsey-Institut für Sexualforschung in Indiana geschenkt. Durchschläge der Maschinenskripte machten bei den Sammlern von Erotika im Verlauf der nächsten vierzig Jahre die Runde. Schließlich wurden die Texte 1983, drei Jahre nach Millers Tod, gesammelt und unter dem Titel *Opus Pistorum* veröffentlicht, was Küchenlatein für »Arbeit von Müllern oder Schleifern« ist. Die sechs Texte bilden eine Serie pornographischer Phantasien, in denen die Rede ist von Sex mit einem perversen Kind und mit einer Zwergin, von Inzest, Orgien großen Stils, Bestialität und rituellen Demütigungen mit Urin und Flaschen. Sammlern und Biographen gegenüber, die im Laufe ihrer Recherchen auf die Typoskripte stießen, leugnete Miller stets, sie geschrieben zu haben. Vermutlich aufgrund der rohen Phantasie der Texte hielten sich auch stets Gerüchte, denen zufolge die Geschichten tatsächlich Fälschungen waren. Jay Martin, der 1979 eine Biographie über Miller schrieb, schloß sich dieser Meinung

29 Blockhaus und Studio in Anderson Creek, 1946.

30 In Big Sur, mit Tony Miller.

31 *Rechts*: Eve, Henry, Valentine und Tony 1959 auf der Heimreise nach einem viermonatigen Aufenthalt in Europa.

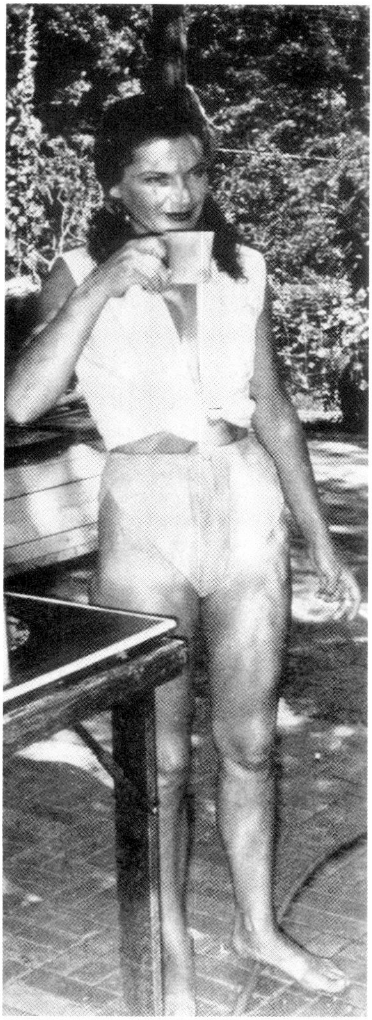

32 + 33 Eve Miller, Henrys vierte Frau. Sie war wie Lepska über dreißig Jahre jünger als Henry.

34 Das Haus auf dem Partingdon Ridge, in dem Miller über fünfzehn Jahre wohnte.

35 Links: Im Tanga, mit Sonnenhut.

36 *Oben*: Millers Freund Emil White baute den kleinen Wagen, mit dem Miller Lebensmittel zu seinem Haus hinaufkarrte.

37 *Links*: Miller 1960 in Frankreich, mit seinem Chauffeur und Reisebegleiter Vincent Birge (rechts) und dem französischen Schriftsteller F.-J. Temple, einem frühen Biographen (links).

38 *Mitte*: Richard Aldington, Lawrence Durrell und Miller 1959 in Frankreich. Es war das erste Mal seit 1939, daß Miller und Durrell sich wieder trafen.

39 *Unten*: Mit Durrell auf dem Schriftstellerkongreß in Edinburgh im August 1962. Miller war der Star des Kongresses.

40 *Links*: Miller und Emil White 1962 in Kalifornien.

41 *Mitte*: Mit seiner deutschen Freundin Renate Gerhardt, 1960.

42 *Unten*: 1960 und 1961 fuhren Miller und Birge mit einem Fiat durch Europa, um einen Ort zu finden, an dem Miller sich mit Renate und den beiden Familien niederlassen konnte.

43 *Oben*: Miller und seine Tochter Barbara auf einer Ausstellung seiner Gemälde. Vater und Tochter hatte fast dreißig Jahre lang keinen Kontakt zueinander gehabt.

44 *Links*: Miller und Lauretta 1962. Nach dem Tod seiner Mutter 1956 übernahm Miller die Pflege der Schwester.

45 *Unten links*: Henry mit Tony Miller.

46 *Unten rechts*: Wiedersehen mit Anaïs Nin anläßlich einer Ausstellung seiner Aquarelle.

47 *Rechts*: Miller mit der Schauspielerin Brenda Venus. In seinen letzten Jahren nahm er seine Zuflucht immer offener zu emotionalen Spielen und fand in Brenda und anderen jungen Frauen willige Partnerinnen.

48 *Mitte*: Brenda posiert im Juli 1986 für das Magazin *Playboy*.

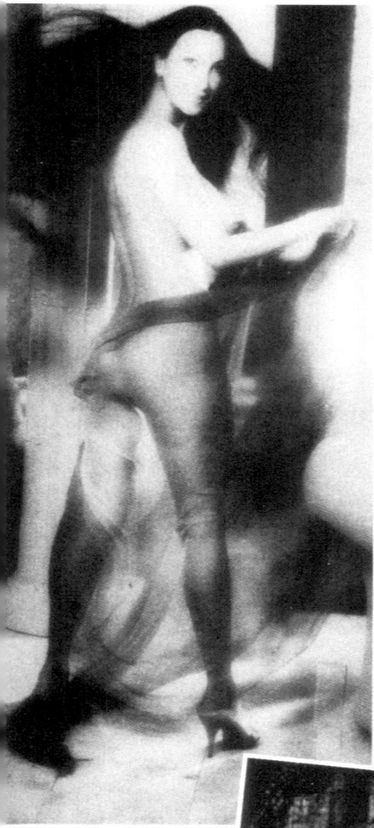

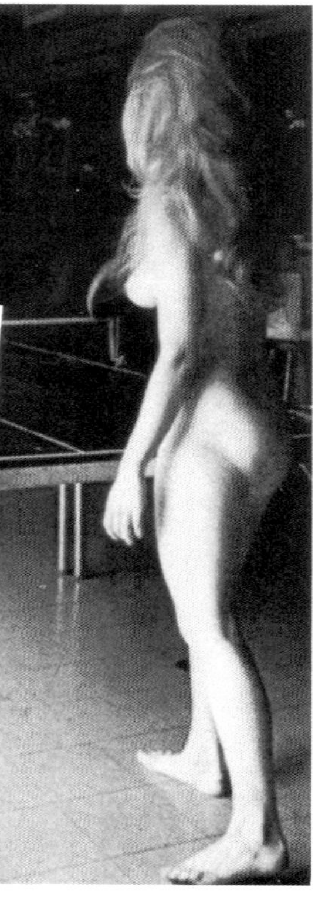

9 *Rechts außen*: Miller vollte sein Publikum ie enttäuschen und osierte willig für gestellte Bilder wie diesem von 1972.

0 *Rechts*: Miller in seinem etzten Zuhause in Pacific alisades mit seiner fünften rau Hoki Tokuda Miller nd Puko, einer der vielen ıngen japanischen reundinnen, die zu erschiedenen Zeiten las Haus mit den eiden teilten.

51 *Rechts*: Miller neben seinem Porträt von Aron Kalman Mitte der sechziger Jahre.

52 *Mitte*: In Big Sur in griechischer Kleidung.

53 *Unten*: Die Grafitti-Wand in Pacific Palisades.

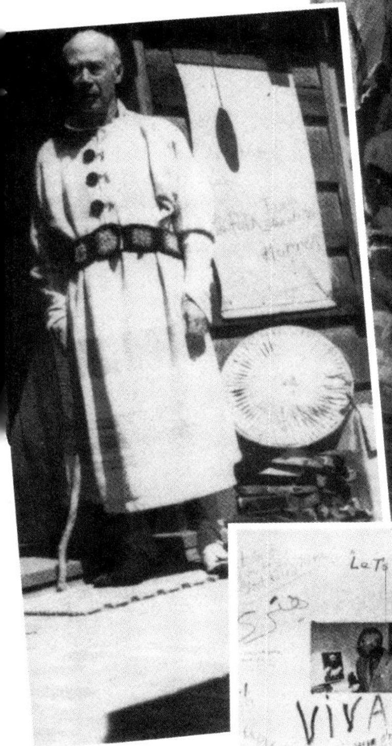

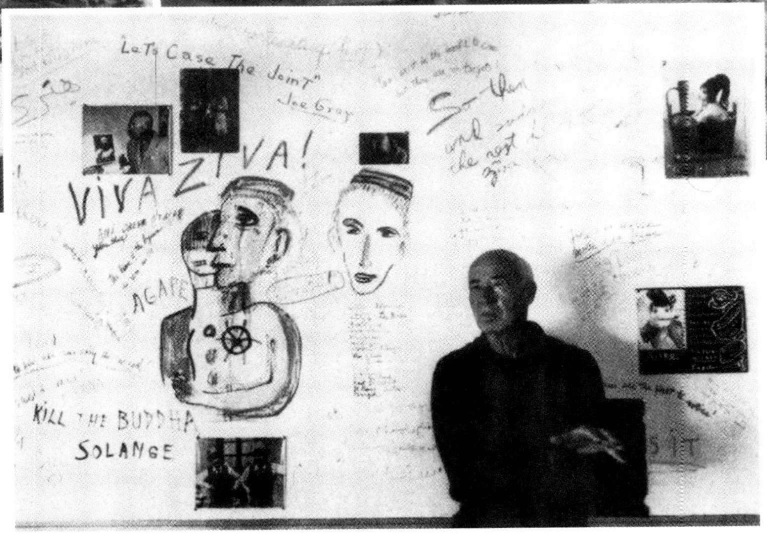

an. Am gründlichsten hat sich jedoch der Schriftsteller und Volkskundler Gerson Legman mit der Echtheit der Manuskripte befaßt. Legman besitzt ein geradezu enzyklopädisches Wissen über die Geschichte pornographischer Schriften. Ihm wurden die Typoskripte schon 1945 von einem Sammler zum Kauf angeboten, aber er glaubte nicht an ihre Echtheit. Er argumentierte, Miller könne sie nicht geschrieben haben, denn »das hätte bedeutet, seine eigene, ernste Arbeit zu verleumden und zu karikieren«. Legman war so sehr von der Fälschungstheorie überzeugt, daß er in einer Einleitung, die er 1983 für die Ausgabe von *Opus Pistorum* durch die Grove Press schrieb, quasi das Geständnis ablegte, er habe die Texte selbst geschrieben, zusammen mit einem anderen Verfasser pornographischer Schriften, Robert Sewall. Er war allerdings nicht der einzige, der das behauptete. Ein anderer Kandidat war der verstorbene Bernie Wolfe, Journalist, Drehbuchautor und Verfasser des Buches *Memoirs of a not altogether shy pornographer*. Besser bekannt ist er allerdings für *Really the Blues*, ein Buch, das er in Zusammenarbeit mit dem Jazzmusiker Mezz Mezzrow geschrieben hat. Auch Lupton Wilkinson wurde schon als möglicher Autor genannt.

Daß Miller, Nin und ihre Freunde harte Pornographie geschrieben haben, steht außer Zweifel. Die Frage ist nur, ob Miller für die Geschichten verantwortlich ist, die unter seinem Namen auf den Buchmarkt gebracht wurden. Originaltyposkripte existieren nicht, die Argumente für eine Fälschung stützen sich deshalb fast ausschließlich auf die Verwendung eines bestimmten sexuellen Slangs mit Wörtern wie *»jism«* (Sperma), »John Thursday« oder *»bonne-bouche«*, Wörter, die sonst nirgendwo in Millers Schriften auftauchen, weder in den veröffentlichten noch in den unveröffentlichten. Andererseits spricht vieles für Miller als Autor: Bilder wie die Vagina als Muschel oder die Ejakulation als Explosion einer Leuchtkugel, eine deutliche Anglophobie, eine beiläufige Anspielung auf Dostojewski und sogar auf den Schachmeister Alekhine sowie in »Frankreich in meiner Hose« ein achtseitiger Abschnitt über amerikanische Journalisten in Paris, der überhaupt nichts Sexuelles enthält und geradewegs aus *Wendekreis des Krebses* stammen könnte. Überdies enthalten die Geschichten viele Beispiele für Millers komischen sexuellen Surrealismus, wie die Schilderung eines Nabels von der Größe, daß eine Roßkastanie darin Platz hätte, oder von Schamhaaren, die so dicht waren, daß man eine Laterne brauchte, um hindurchzufinden. Auch die berühmte Taschenlampe aus *Wendekreis des Krebses* taucht wiederholt auf. Man ist versucht zu sagen, daß ein gewöhnlicher Fälscher kaum die erzählerische Neugier aufgebracht hätte, die danach fragt, ob die Zwergin zu Hause wohl eine Toilette in Kindergröße hat. Außerdem haben wir auch das Zeugnis George Barkers, der Millers Leugnen kurzerhand als »glatten Schwindel« bezeichnet und bestätigt, daß die Texte, die um 1940 für private Sammler geschrieben wurden, von der rohesten Sorte waren.[10]

Das wirklich Interessante an *Opus Pistorum* ist, daß sich Miller wegen seiner Beteiligung an diesem Projekt offenbar ausnahmsweise geschämt hat.* Erstmals leugnete er 1950, die Texte geschrieben zu haben. Er korrespondierte damals mit dem Sammler J. Rives Childs, der in einem Brief erwähnte, ein gemeinsamer Freund namens George Howard habe ihm für sechzig Dollar einige Manuskripte »von Henry Miller« angeboten. Childs zitierte aus Howards Brief und nannte die französischen Titel der Texte, die zugleich Wortspiele waren: »Sous les toits de Paris«, »Rue de Screw« und »France in my pants«. Sie seien ihm als »exzellente Millersche Texte« empfohlen worden. Miller beantwortete Childs Brief am 21. Juni 1950 und leugnete kategorisch, etwas mit diesen Texten zu tun zu haben: »Die Titel der drei Geschichten, die Sie erwähnen, hätte *ich* niemals erfinden können! Sie entsprechen überhaupt nicht meiner Art. Ich verabscheue Erotika – diese Sorte – ›Schweinereien um der Schweinereien willen‹ – wie ich annehme. Nun ist es natürlich auch möglich, daß ›jemand‹ diese Titel erfunden hat – vielleicht für Texte, die ich geschrieben habe – aber ich bezweifle es sehr.«[11]

Vielleicht wollte Miller seine Scham dadurch mindern, daß er so viele Leute wie möglich in das Projekt verwickelte, und vielleicht hat er Eudora Welty deshalb von einem »unersättlichen pornographischen Markt« geschrieben und ihr angekündigt, er werde sie in Jackson besuchen. »Nicht in diesem Haus«, war die Reak-

* Kopien aller sechs Texte befinden sich seit 1962 in der Henry Miller Collection der University of California in Los Angeles. Miller hatte großes Interesse an dieser Sammlung und wußte, daß auch diese Texte dort waren. Als Lawrence Clark Powell, der für die Sammlung zuständige Bibliothekar, ihn direkt fragte, ob er die Geschichten geschrieben habe, bestätigte er das nicht, aber er leugnete es auch nicht.

tion der Mutter Eudoras. Als Miller tatsächlich kam, waren Mutter und Tochter gleichermaßen nervös, und Miss Welty sorgte dafür, daß sie in den drei Tagen, in denen sie Miller in ihrem Auto spazierenfuhr, stets in Begleitung von mindestens zwei Anstandsdamen war. Sie hatte sich Miller als Autor von *Wendekreis des Steinbocks* aufregend vorgestellt, begegnete jedoch statt dessen »dem langweiligsten Geschäftsmann, den man sich vorstellen kann«. Sie schrieb, Miller habe während der gesamten Zeit seines Besuches kein einziges Mal den Hut abgenommen. Drei Abende hintereinander aßen sie im selben Restaurant, in der Rotisserie, worauf Miller meinte, er sei erstaunt, daß es in Jackson drei so exzellente Restaurants gebe.[12]

Ob er das Thema der pornographischen Texte Eudora Welty gegenüber anschnitt, ist fraglich. Wie im Fall von *Moloch*, dem ersten der beiden klappernden Skelette, die in Millers Schublade spukten, wird auch bei diesem Projekt deutlich, daß Millers innere Stimme manchmal nicht genügend Orientierung bot und er eine Reaktion von außen brauchte, um zu wissen, was er tun sollte. Die wachsame Gastfreundschaft der Familie Welty machte ihm wahrscheinlich klar, daß es keinen Sinn hatte, die Angelegenheit weiter zu verfolgen. Bald genug sollte er auch seine eigene Beteiligung an dem Projekt bereuen. In einem Brief an Nin nannte er die Arbeit »niederschmetternd«, und er hatte das Gefühl, er müsse »einen Inkubus loswerden«. »Ich will diese Arbeit um nichts in der Welt weiter machen«, schrieb er. »Es tut mir leid, daß auch Du darin verwickelt bist.«[13]

7

Nachdem er sein Auto in Natchez abgeholt hatte, fuhr er über Little Rock nach Santa Fe weiter und von dort nach Albuquerque, wo er entdeckte, daß er einen Namensvetter hatte. Als er in Albuquerque zum Postamt ging, um seine Post und die Schecks abzuholen, die Nin ihm in regelmäßigen Abständen schickte, erklärte ihm der Schalterbeamte, daß alle Post für Henry Miller an einen Mann dieses Namens in Colorado weitergeleitet worden sei. Der Buick mußte dringend repariert werden, und wenn Miller die Rechnung bezahlte, würden ihm noch ganze acht Dollar verbleiben. Seine einzige Hoffnung war, daß der andere Henry Miller ehrlich genug sein würde, die Postanweisungen an ihn zurückzugeben, falls er die Briefe versehentlich geöffnet hatte. Nin gegenüber war er freilich nicht sicher, ob der andere Mann der Versuchung widerstehen würde, das Geld selbst zu kassieren. Schließlich riskierte er die Reparatur und schickte wieder einmal einen Stapel Briefe los, »mit der Bitte um Hilfe und einer Erläuterung der Situation«.

Rattner gesellte sich wieder zu ihm, und gemeinsam besuchten sie eine weitere Indianersiedlung in Isleta bei Albuquerque. Der Anblick des blauen Maises begeisterte ihn und ebenso die einfache Lebensweise der Indianer. »Die Leute sagen, die Indianer stinken«, schrieb er. »Mir ist das nicht aufgefallen.«[14] Den größten Spaß hatte er, als sie einmal von einem sechsjährigen Indianermädchen übers Ohr gehauen wurden, die ihre Dienste als Führerin anbot. Das Mädchen fuhr eine Weile mit ihnen im Auto herum und gestand ihnen dann, daß sie sie an keinen bestimmten Ort führen, sondern einfach gern Auto fahren wollte. Für Miller war das wahrer Taoismus und unbeschwertes Wandern auf nicht vorgegebenen Wegen. Sogar in Paris hatte er immer Kinder nach dem Weg gefragt. »Man kommt vielleicht nicht hin«, pflegte er zu sagen, »aber man hat es interessanter.« In Albuquerque ließ er sich von einem mexikanischen Friseur die Haare schneiden, der sich über die Arroganz der Weißen beklagte und darüber, daß sie sich nie die Mühe machten, die Sprache der Ortsansässigen zu lernen. Staatenlos, wurzellos, eine Nation für sich allein, stimmte Miller ihm von ganzem Herzen zu.

Er blieb in Albuquerque und arbeitete einige Tage an seinem Amerikabuch, ehe er zum Grand Canyon weiterreiste. Dort verbrachte er weitere neun Tage, in denen er viel schrieb, dann legte er die letzte Etappe seiner Fahrt von Küste zu Küste zurück. Sein Ziel war Hollywood. Dort blieb er, denn Klima, Palmen und Landschaft gefielen ihm. Obwohl er im Mai 1941 an Nin schrieb, er wolle seinen Buick verkaufen und in den Osten zurückkehren, blieb er den ganzen Sommer über in Hollywood. Er traf dort unter anderem Aldous Huxley, Christopher Isherwood, die Schauspielerin Miriam Hopkins, den Astrologen Dane Rudhyar und alte Bekannte aus Paris wie Richard Thoma und Hilaire Hiler. Er lernte auch den Filmmagnaten Joseph von Sternberg und seine

Erotika-Sammlung kennen (deren Wert auf 100 000 Dollar geschätzt wurde) sowie John Steinbeck, den er nicht besonders mochte. Besser zurecht kam er mit dessen Freund Ed Ricketts, dem Original des »Doc« in Steinbecks *Die Straße der Ölsardinen*, mit Tennessee Williams, den er in Man Rays Haus kennenlernte, und mit John Cage, der ihm die Zusammenarbeit bei einem Rundfunkauftrag anbot. Er schüttelte Dos Passos die Hand, der zu seinen frühen Lieblingsautoren unter den amerikanischen Romanschriftstellern gehörte, und wurde in den RKO-Studios gefeiert. Kurz, man behandelte ihn wie einen bedeutenden Mann, und er genoß es.

Inzwischen hatte er die Hoffnung aufgegeben, einen großen Verlag für *Der Koloß von Maroussi* zu finden, deshalb nahm er ein Angebot der Colt Press in San Francisco an, das Buch herauszubringen. Damit setzte er die Zusammenarbeit mit Kleinverlagen fort, die mit der Obelisk Press begonnen hatte und auch weiterhin für seine literarische Laufbahn charakteristisch sein sollte. Seine Befürchtung, dem Amerikabuch *Der klimatisierte Alptraum* werde keine allzu gute Aufnahme beschieden sein, schien sich zu bestätigen, als die *Atlantic Monthly* es ablehnte, einen Auszug zu veröffentlichen. In Amerika schlug damals gerade der Patriotismus Wellen, und obwohl Henry den ursprünglichen provozierenden Titel aufgegeben hatte, fürchtete er, er habe seine Zeit vielleicht verschwendet und es werde »bald Hochverrat sein, irgend etwas gegen Amerika zu sagen«.[15]

Später sagte er zu Durrell, es sei »ein verschwendetes Jahr« gewesen, und Anaïs Nin gestand er, er habe nur an der Oberfläche des Landes gekratzt: »Der durchschnittliche Amerikaner weiß mehr über Amerika, als ich jemals wissen werde.« Aber es war ein kühnes Unternehmen gewesen, und vielleicht konnte nur ein echter Autodidakt die Dreistigkeit haben, die erforderlich war, um sich in einem zehn Jahre alten Auto und ohne Scheckbuch in der Tasche auf die Suche nach einem so großen und komplexen Land zu machen und es auch beinahe zu finden. *Der klimatisierte Alptraum* erschien schließlich 1945 und war ein gelungenes Buch. Vielleicht handelte das Buch mehr von den Amerikanern als von Amerika, aber es illustrierte anschaulich Millers Liebe für groteske Gestalten, Genies, Sonderlinge, Exzentiker und jene Namenlosen, die nicht unterzukriegen sind und die neunundneunzig

Prozent der Bevölkerung eines jeden Landes ausmachen. Zusammen mit Philip Wylies Buch *A Generation of Vipers* galt Millers Buch vielen als nützliches Gegengewicht zur Selbstgefälligkeit der amerikanischen Gesellschaft.
Im September konnte er sich endlich von Hollywood trennen. Aus verschiedenen Quellen war ihm etwas Geld zugeflossen: aus dem Verkauf von *Der Koloß von Maroussi*, aus einer limitierten, in Chicago erschienenen Ausgabe von *Die Welt des Sexus* und aus einigen handsignierten Exemplaren seiner Bücher, die in Shanghai als Raubdruck erschienen und von amerikanischen Seeleuten ins Land gebracht worden waren. Außerdem hatte er einige ausstehende Tantiemen erhalten und offenbar erfolgreich ein Notizbuch über seine Amerikareise aus Auszügen seines echten Notizbuches hergestellt und verkauft. Damit hatte er genug, um die Rückreise nach New York bezahlen zu können.
Dort wohnte er im Winter und Frühjahr 1942 und arbeitete vorwiegend am ersten Entwurf von *Sexus*. Mit den tagebuchartigen Aufzeichnungen von *Wendekreis des Krebses* war es ihm gelungen, beinahe vollständig in der Gegenwart anzukommen, aber schon in *Schwarzer Frühling* und *Wendekreis des Steinbocks* war er in seine wahre Heimat in der Vergangenheit zurückgekehrt. Offensichtlich war Henry auch sieben Jahre nach der Scheidung von June und nach der Therapie durch *Wendekreis des Krebses* noch zwanghaft von Junes Bild besessen, und er blieb dem 1928 gefaßten Vorsatz treu, eine umfassende Darstellung des Lebens mit ihr zu Papier zu bringen. *Sexus* sollte die Geschichte des Anfangs ihrer Beziehung sein und mit einer Schilderung des Zusammenbruchs seiner Ehe mit Beatrice beginnen, gefolgt von einer Beschreibung der ernüchternden Arbeit bei der Western Union und seines wachsenden Ehrgeizes, Schriftsteller zu werden. Das Buch sollte umfassender und genauer sein als *Wendekreis des Steinbocks* und das getreue Abbild eines Lebens und einer Liebesaffäre vermitteln wie Prousts *Auf der Suche nach der verlorenen Zeit.* Miller strebte eine ähnlich bis ins Detail getreue Nachschöpfung der Szenen und Bilder und Gerüche seiner Kindheit und Jugendzeit an.
Die Affäre mit Anaïs Nin war inzwischen so gut wie vorbei. Daß er den ganzen Sommer fern von ihr in Hollywood zugebracht hatte, empfand sie als persönliche Beleidigung. Im Juli 1941 schrieb sie ihm, ihr sei egal, ob und wann er nach New York

zurückkehre: »Du läßt zu, daß zwei unwichtige Dinge – das Buch und Deine Mutter – Deine Rückkehr zu mir verhindern.«[16] Seine Haltung schien ihr darauf hinauszulaufen, daß »die Zeit der Trennung gekommen ist«. Henry, der am Ende einer Beziehung, deren er überdrüssig geworden war, nie der Schuldige sein wollte, protestierte. Nin habe nicht recht, wenn sie glaube, seine Arbeit sei »jetzt nur eine Entschuldigung dafür, zu tun, was Dir gerade einfällt«.[17] Aber im Grunde hatte sie recht. Miller hatte gerade erst die Arbeit an einem Projekt begonnen, das ihm seit nunmehr fünfzehn Jahren als die eigentliche Aufgabe seines Lebens erschienen war. Beziehungen zu starken Frauen mit einem eigenen Kopf wie June und Anaïs waren zwar anregend, überforderten Miller langfristig aber sowohl persönlich wie als Schriftsteller. Die Reise nach Griechenland und die lange Fahrt durch Amerika hatten die Bindung an Anaïs gelockert und ihm die Freiheit verschafft, die er für die Verwirklichung seines literarischen Ziels brauchte. Zum erstenmal in seinem Erwachsenenleben war er jetzt von allen starken Gefühlsbindungen frei. Im Grunde seines Wesens hat er immer nur tun wollen, was ihm gefiel, ohne auf die Wünsche anderer Rücksicht nehmen zu müssen. In mancherlei Hinsicht schien er nun, da er die Fünfzig überschritten hatte, diesem Ideal näher gekommen.

8

Der Sommer 1941 hatte Miller davon überzeugt, daß Kalifornien das Land war, in dem er leben wollte. Reinheit war etwas für andere Leute. In der Traumfabrik Hollywood hatte er unter Scharlatanen und unter reichen, berühmten, ehrgeizigen, prätentiösen, armen und gescheiterten Menschen Amerikaner entdeckt, die in einem umfassenderen Sinne seine Amerikaner waren, als es die Amish oder Bahai sein konnten. Im Sommer 1942 kehrte er nach Kalifornien zurück und nahm das Angebot eines jungen Ehepaars namens Neiman an, ihr kleines Haus in Beverly Glen in Hollywood mit ihnen zu teilen.

Fast sofort sah er sich ernsthaft nach Arbeit in der Filmbranche um. Eine Zeitlang wirkte er an dem Projekt mit, Jakob Wassermanns *The Maurizius Case* für die Leinwand zu adaptieren. Was-

sermann war in den dreißiger Jahren als Romanautor geschätzt und wurde viel gelesen. Er gehörte einer Klasse von Schriftstellern an, die Miller immer lieber wurden, je mehr seine Feindschaft gegen den Intellektualismus wuchs. Andere Lieblingsautoren Millers waren Jean Giono, Georges Duhamel und der späte Hamsun. Bei der Lektüre von Gionos *Que ma joie demeure* und Duhamels *Salavin*-Serie konnte er sich mit Protagonisten identifizieren, die eine ekstatische Lebensbejahung mit der Ablehnung materieller Werte vereinten. Zudem zeigten diese Romanhelden im Lauf der Zeit persönlich attraktive Fehler und Schwächen, die ihre Größe relativierten und verhinderten, daß sie zu den Göttern wurden, die sie gern sein wollten, oder zu den Ungeheuern, die zu sein sie im stillen fürchteten.
Miller legte tatsächlich eine Bearbeitung des Romans von Wassermann vor, konnte aber nicht das Interesse eines größeren Filmstudios dafür gewinnen. Sein Mitarbeiter Dr. Friedman, der die Filmrechte für das Buch gekauft hatte, bezahlte ihm im September 100 Dollar für die bereits geleistete Arbeit und versprach ihm eine prozentuale Beteiligung, falls der Film jemals gedreht werde. Das war das letzte, was Miller von dem Projekt hörte.
Aber im Grunde kümmerte ihn das wenig. Er verbrachte wie vorher viel Zeit damit, die einzigartigen Möglichkeiten zu genießen, die Hollywood zu bieten hatte. Der Puritaner in ihm mißbilligte diesen Ort und alles, wofür er stand, und Miller gab häufig seiner Hoffnung Ausdruck, die Japaner würden Hollywood mit Bomben dem Erdboden gleichmachen. Andererseits war er von dem vulgären und exzentrischen Benehmen der Einwohner Hollywoods fasziniert. In einem seiner Notizbücher erwähnt er, daß einige Filmstars von der um sich greifenden Syphilis und den häufigen Erpressungen angeblich so genug hatten, daß sie den Geschlechtsverkehr mit Menschen überhaupt aufgaben und stattdessen raffinierte Sexmaschinen benützten. Besonders beeindruckte ihn die Geschichte eines Mannes, der sich vor einem Spiegel erschossen hatte, während er einen Masturbationsapparat am Penis trug.
Miller war verwirrt, wenn er Schauspieler, die er von der Leinwand kannte, persönlich kennenlernte. Sie erschienen ihm »wie lebende Geister«, und es bereitete ihm großes Vergnügen, wenn sich bei solchen Gelegenheiten die Grenzen zwischen Phantasie

und Realität verwischten. Besonders anregend war die Begegnung mit einem Schauspieler, der in *Lost Horizon* einen Mönch gespielt hatte. Danach war Miller noch stärker von diesem Film fasziniert. Er genoß die traumhafte Atmosphäre eines Ortes, wo es möglich war, innerhalb einer Woche Marlene Dietrichs Tochter kennenzulernen, bewundernde Botschaften von Errol Flynn zu erhalten, mit Strawinsky (den er zu höflich fand) zu dinieren und bei einem Vortrag über Musik von Schönberg einzuschlafen.
Hollywood gefiel ihm, aber die reichen Leute, die er dort kennenlernte, konnten nicht seinen Glauben erschüttern, daß Geld und Glück nichts miteinander zu tun haben. Er schrieb Nin, es sei schrecklich mitanzusehen, wie sehr die Leute die Arbeit verabscheuten, die sie taten. Er selbst werde nie seine Integrität dadurch beschmutzen, daß er kommerziellen Schund für Filmstudios schreibe. Nin erwiderte, es sei nicht viel besser, pornographischen Schund für einen Dollar pro Seite zu schreiben.
Tatsächlich erhielt Miller in Hollywood mehrere seriöse Angebote, darunter die Möglichkeit, Graham Greenes *Am Abgrund des Lebens* für die Leinwand zu adaptieren. Zum Teil schlug er diese Angebote aus, zum Teil wurden sie wieder zurückgezogen. Miller merkte bald, daß seine wortreichen Beteuerungen, er sei ein kompromißloser und leidender Künstler, sich nachteilig für ihn auswirkten. Die Künstler in Hollywood nahmen ihn beim Wort. Sie behandelten ihn, als sei er tatächlich ein solcher Inbegriff der Integrität, wie er vorgab, und nagelten ihn auf diese Rolle fest. Sie sahen aus den Tiefen ihres von Kompromissen und Verderbtheit geprägten Lebens in Reichtum und Luxus zu ihm auf und liebten ihn dafür, daß er sich nicht verkaufte. Der Lone Ranger legte nie die Maske ab, wenn Kinder anwesend waren, und in ganz ähnlicher Weise fühlte Henry Miller sich seinen Bewunderern verpflichtet. Also konnte er nicht an Filmen mitwirken. Wenn man freilich aus seinem einzigen Theaterstück *Ganz wild auf Harry* Rückschlüsse ziehen darf, dann war er vermutlich in Wahrheit unfähig, Filmdrehbücher zu schreiben, und nicht etwa nur abgeneigt.
Im November 1942 hatte er die Hoffnung aufgegeben, in Hollywood eine Million zu verdienen, und er bewarb sich um eine Stelle als Bewährungshelfer für ehemalige Strafgefangene. Das Kommen und Gehen im Büro der Behörde während seines Bewerbungsge-

spräches erinnerte ihn stark an die Zeit bei der Western Union. Mit einer Quote von 750 Männern pro Bewährungshelfer war die Arbeitsbelastung etwa dieselbe. Miller wurde zunächst abgelehnt, weil er keinen Collegeabschluß hatte. Später war man jedoch bereit, seine Bewerbung noch einmal zu überdenken, so daß Henry, als Weihnachten und sein einundfünfzigster Geburtstag näher rückten, knapp davor stand, in ein geregeltes bürgerliches Leben zurückzukehren.

Vielleicht hätte ihm die Arbeit in dieser Behörde gefallen, aber er erkannte, daß die Rückkehr auf eine Ganztagsstelle es ihm noch schwerer machen würde, *The Rosy Crucifixion* zu schreiben. Daher entschloß er sich zu einer weiteren Briefkampagne zwecks Geldbeschaffung, ähnlich umfangreich wie die Kampagne von 1935, die ihm über die ersten Monate der Arbeit am *Wendekreis des Krebses* geholfen hatte. Gegen Ende des Jahres begannen seine Bemühungen Früchte zu tragen. Er bekam eine Arbeit als Rezensent angeboten (Thema seiner ersten bezahlten Rezension für die *New Republic* war eine Biographie über Kierkegaard), sein alter Verehrer Cyril Connolly schickte ihm einen Scheck über achtzig Dollar für einen Auszug aus dem Buch über Amerika, der in *Horizon* veröffentlicht wurde, und mit jeder Post kamen weitere Sendungen als Antwort auf seinen »offenen Brief an alle« in Form von Geld, Wohnangeboten, Nahrungsmitteln, Zigaretten, Briefmarken und anderem. Eine englische Ausgabe von *Der Koloß von Maroussi* war innerhalb eines Monats ausverkauft und sollte nachgedruckt werden. Über eine griechische Ausgabe wurde verhandelt. Auch die amerikanische Ausgabe war beinahe ausverkauft, und obwohl Colt in Finanznöten steckte, war ein Nachdruck geplant. Die größte Hilfe war ein Scheck über zweihundert Dollar vom National Institute of Arts and Letters, der Mitte Januar ankam. Wieder einmal war Miller gerettet. »Man stelle sich vor, daß ich Geld auf der Bank habe«, schrieb er an Anaïs Nin. »Ich kann es kaum glauben.«

9

Bald mehrten sich die Anzeichen dafür, daß um Miller ein Kult im Entstehen begriffen war. Ein besonders aktiver Förderer Millers war Bern Porter, ein junger Mann und Physiker, der während

eines Forschungsauftrags in Berkeley auf Miller gestoßen war. Porter hatte auch einen kleinen Verlag, und im Herbst 1942 besuchte er Miller in Beverley Glen und bat ihn um Texte. Miller gab ihm die Briefe, die er aus Paris an Emil Schnellock geschrieben hatte, zur Begutachtung mit. Einige Zeit später brachte Porter tatsächlich eine kleine Auswahl dieser Briefe unter dem Titel *Semblance of a Devoted Past* heraus, illustriert mit einigen von Henrys Aquarellen. Er war auch bereit, Gelegenheitsarbeiten Millers wie *Plight of the Creative Artist in the United States of America* oder, in einer Neuauflage, das Plädoyer für Alfred Perlès *What Are You Going To Do About Alf?* zu veröffentlichen.
Das waren Arbeiten, die eher ein bestimmtes Bild von Miller förderten, als seine literarischen Talente zu zeigen. Henry bezeichnete Porter bald als »einen meiner eifrigsten Anhänger« und als einen Mann, der »nicht selbst Geld verdienen will, sondern Geld in meine Taschen bringen möchte«.[18] Porter war sichtlich entschlossen, sein Scherflein dazu beizutragen, daß sein Held unsterblich würde, und bald war er nicht mehr nur Millers Verleger, sondern auch sein Bibliograph. Henry beteiligte sich aktiv an dieser Arbeit und half Porter, die unzähligen kleinen Zeitschriften aufzutreiben, in denen seine Essays erschienen waren, etwa einzelne Nummern der Londoner Zeitschrift *Modern Mystic*, die 1939 *The Wisdom of the Heart* und *Seraphita* veröffentlicht hatte. So trug er dazu bei, den Boden für seinen späteren Ruhm als Schriftsteller zu bereiten.
Ein weiterer Helfer, der früh an der Entwicklung des Kultes mitwirkte, war ein junger Freund Porters namens George Leite, der Taxifahrer in Oakland war. Gemeinsam publizierten die beiden eine recht primitive literarische Zeitschrift unter dem Namen *Circle*. Miller schrieb Beiträge für *Circle* und überredete auch bald Freunde wie Anaïs Nin, dasselbe zu tun. Die Aufmerksamkeit schmeichelte ihm. »Ich weiß, daß man einen ziemlichen Kult um mich macht«, meinte er zu Anaïs, machte aber seine Bücher dafür verantwortlich. Er behauptete, er könne nichts dagegen tun, und er förderte den Kult sogar noch. Einmal drängte er den jungen Leite in einem Brief, unbedingt die Biographie eines millionenschweren Viehzüchters zu lesen, aus dem einzigen Grund, daß der Mann Henry Miller hieß. Ein solches Verhalten war nur die logische Folge der zwanghaften Ruhmsucht, die Miller be-

herrschte, seit er ein junger Mann war. In den frühen Briefen an Emil Schnellock wirkte diesem Charakterzug manchmal eine gesunde Selbstironie entgegen, aber als er in Hollywood angelangt war, hatte er die Fähigkeit und den Wunsch, sich über seine Ambitionen lustig zu machen, weitgehend eingebüßt.

10

Inzwischen beginnt sich in Millers Leben ein Muster herauszukristallisieren. Miller erweckt immer wieder den Eindruck eines Menschen, der verzweifelt versucht, ein soeben verlorenes Glück wieder einzufangen, ein schönes Traumbild unversehrt wiederzufinden oder eine bessere Zeit, einen besseren Ort oder eine bessere Frau zu beschwören. Das neue Land war, wie die neue Frau, auf den ersten Blick stets besser als das alte Land oder die alte Frau: Beatrice war besser als Pauline, June besser als Beatrice, Anaïs besser als June. Frankreich war besser als Amerika, Griechenland besser als Frankreich.
Griechenland war seine neue Flamme, und von nun an interessierte er sich besonders für die Griechen, denen er begegnete. Ganz besonders freute er sich, wenn Griechen sein Buch *Der Koloß von Maroussi* bewunderten, und er freundete sich mit Melpomene Niarchos an, der damaligen Frau des Millionärs und Reeders Stavros Niarchos. Eine weitere Verehrerin war eine junge Frau namens Sevasty Koutsaftis. Sie hatte Anfang 1943 mit der geplanten Übersetzung des Buches ins Griechische zu tun und schrieb nach der Lektüre einen begeisterten Brief an Miller. Der befreundete Bibliothekar, der die beiden miteinander bekannt machte, sagte Henry vorher, Sevasty sei sehr schön und er werde sich bestimmt in sie verlieben.
Miller verliebte sich tatsächlich in sie, obwohl er erleichtert feststellte, daß sie nicht ganz so schön war, wie er sie sich vorgestellt hatte. Sie lebte zusammen mit ihrer Schwester und ihrer Mutter, die etwa so alt wie Henry war, in einem Haus in den Hollywood Hills, sechs bis sieben Meilen von seiner Wohnung in Beverley Glen entfernt. Henry begann ihr »eifrig den Hof zu machen und ging stets zu Fuß zu ihr«. Der Name Sevasty bedeutete »die Verehrungswürdige«, und Henry maß dieser Tatsache große Bedeu-

tung bei.[19] Der Name und Sevastys Selbstbeherrschung, die intensives Petting, aber keinen Geschlechtsverkehr zuließ, sorgten dafür, daß Henry ihr sklavisch verfiel, sehr zum Entsetzen von John Dudley, mit dem er damals das Haus in Beverley Glen teilte. John Dudley, ein Maler, den Henry bei Caresse Crosby in Bowling Green kennengelernt hatte, war entschlossen, etwas gegen diese Liaison zu unternehmen. Eines Tages, als Henry in einer Bar mit Sevasty verabredet war, begleitete er ihn und überredete ihn nach ein paar Drinks, die Verabredung nicht einzuhalten. Die Situation erinnert an den Schluß von *Wendekreis des Krebses.* Henry spielte jetzt die Rolle des liebeskranken Narren Fillmore, Dudley die frühere Rolle Henrys als des realistisch denkenden Befreiers. Kurz danach hatte die Affäre ein Ende. Miller liebte Sevasty in den wenigen Monaten, die die Beziehung dauerte, abgöttisch und schrieb ihr zu Ehren sogar das miserable Gedicht »O Lake of Light«.

Die Affäre mit Sevasty ist der Anfang einer ganzen Reihe teils komischer, teils tragischer Beziehungen zu wesentlich jüngeren Frauen, auf die sich Miller im Laufe der nächsten dreißig Jahre immer wieder leidenschaftlich, aber ohne rechte innere Überzeugung einließ. Vielleicht hatten seine Erfahrungen mit June und Anaïs seine Fähigkeit zu echter Liebe aufgezehrt, so daß er die Liebe nur noch in einer Art Spiel mit Frauen simulieren konnte, die so viel jünger waren als er, daß sie den Unterschied noch nicht kannten oder sich nicht darum kümmerten. Nach dem Bruch mit Sevasty traf er sich eines Tages mit ihr, um über ein Wiedersehen im Jenseits zu diskutieren. »Ich liebe dich mehr, als ich jemals jemand anderen lieben werde«, erklärte ihm Sevasty. »Aber ich bin nicht in dich verliebt.[20]

Miller hatte in dieser Zeit auch noch andere Affären, eine davon mit einer Frau, von der er nur als »Laure« spricht, und er mußte auch eine ganze Reihe von Anträgen abwimmeln, wie den einer jungen Frau, die von den Abschnitten aus *Sexus,* die sie für ihn abtippte, so bewegt war, daß sie eines Tages in sein Zimmer hereinplatzte und ihm eine Liebeserklärung machte. Zwar wollte er sie nicht haben, aber er sah darin eine erfreuliche Bestätigung seiner Absicht beim Schreiben des Buches, »auf den Gesichtern all meiner zukünftigen Leser den Ausdruck rückhaltloser Liebe und Bewunderung hervorzuzaubern«.[21]

11

In Henrys Leben in Beverley Glen mit den Neimans und dann mit John Dudley nahm die Geselligkeit immer mehr überhand, und er sehnte sich nach Einsamkeit. Zwar war er alles andere als reich, aber er hatte jetzt finanziell Boden unter den Füßen. Der Erfolg seiner gelegentlichen öffentlichen Bittschreiben hatte eine Langzeitwirkung, und Henrys ungewöhnliche umgekehrte Paranoia hatte damals die größte Wirkung: Ein nicht versiegender Strom von Geld, Kleidung, Solidaritätsbekundungen, Hilfsangeboten und Malutensilien traf bei ihm ein – und das alles nur, weil er in seinem »offenen Brief an alle« von der Weigerung des Obersten Gerichtshofes geschrieben hatte, »ein halbes Dutzend schrecklicher Wörter« wieder in Umlauf zu bringen. Er hatte sich allmählich auch einen Ruf als Maler bezaubernder, kindlich naiver Aquarelle geschaffen, die er sehr rasch malte und auf Ausstellungen und privat für dreißig bis hundert Dollar pro Bild verkaufte. 1943 verdiente er allein 1400 Dollar am Verkauf seiner Bilder –, und als ihm die eigenen Bilder ausgingen, schreckte er nicht davor zurück, die Aktbilder Margaret Neimans zu signieren, die noch bei ihm herumlagen, und sie ebenfalls zu verkaufen. Zu seinen größten Bewunderern zählte Arthur Freed von Metro-Goldwyn-Mayer, der einmal ein ganzes Schaufenster voll Bilder in der Kunsthandlung Bowinkel in Westwood Village aufkaufte. Die Bilder waren zwar unzweifelhaft ansprechend, aber ein Großteil des Interesses hatte Miller eindeutig seiner Bekanntheit als Schriftsteller zu verdanken.

Im August 1942 träumte er davon, sich irgendwohin zurückzuziehen, und er schrieb sehnsüchtig an Nin, wenn »ich eine kleine Hütte für mich allein in den Bergen hier hätte, würde ich vielleicht Einsiedler werden«.[22] Als eines Tages der Malers Janko Varda zu einem Besuch in Beverley Glen auftauchte, kam Henry der Verwirklichung dieses Traumes einen Schritt näher. Varda war ebenfalls ein Fan von *Wendekreis des Krebses* und *Wendekreis des Steinbocks* und begierig, den Autor der Bücher kennenzulernen. Miller mochte ihn sofort. Varda war nicht nur Grieche, sondern ein extrovertierter, übersprudelnder Mensch, ein Abenteurer im Stil von Rabelais, und zu solchen Menschen fühlte Miller sich stets hingezogen. Bevor Varda wieder ging, bat er Miller um einen

Gegenbesuch. Miller nahm ihn schon bald beim Wort und besuchte ihn in seinem Wohnort Monterey.
Varda machte mit ihm eine Autofahrt entlang der zerklüfteten Küste von Big Sur südlich von Monterey. Henry hatte Varda gegenüber einmal erwähnt, er werde vielleicht nach Mexiko ziehen, um dort einfach und billig zu leben, und Varda hatte erwidert, das könne er auch in Big Sur, es gebe dort einige Hütten an einem Ort namens Anderson Creek, in denen früher die Strafgefangenen untergebracht gewesen seien, die die Küstenstraße gebaut hätten. Jetzt seien sie unbewohnt und für eine Miete von fünf Dollar im Monat zu haben.
Sie fuhren durch diese Gegend, und Miller verliebte sich sofort in die schroffe und einsame Landschaft. Anderson Creek im Winter schien ihm jedoch zu einsam. Auf dem Heimweg machte Varda Henry mit einer Freundin namens Lynda Sargent bekannt, die ganz in der Nähe ein Haus gemietet hatte, das viel hübscher war als die Hütten in Anderson Creek, denn es hatte zwei Schlafzimmer und ein Gästezimmer. Es war ein einstöckiges Holzhaus, wunderschön auf einer vorspringenden Felsnase hoch über dem Meer gelegen. Als Henry Lynda sagte, daß er Beverley Glen gern eine Zeitlang den Rücken kehren wolle, lud sie ihn ein, zu ihr zu ziehen und in einem der ungenutzten Zimmer zu wohnen. Er nahm ihr Angebot an und zog Anfang März 1943 ein. Lynda Sargent galt in der Umgebung zwar als sehr sinnliche Frau, aber die Beziehung zwischen ihr und Miller war streng platonisch. Henry war belustigt über seinen Ruf eines Sexmonsters, den er sich durch *Wendekreis des Krebses* und *Wendekreis des Steinbocks* erworben hatte. In einem Brief an einen Freund über das keusche Zusammenleben mit Lynda Sargent schrieb er, daß die Klatschmäuler der Halbinsel, auf der sie wohnten, darüber sicher Bescheid wüßten und wohl den naheliegenden Schluß gezogen hätten, der große Henry Miller sei impotent.
Miller wohnte etwa acht Wochen im Log House, wie das Haus genannt wurde, und war von seinem neuen Zuhause restlos begeistert. Er erklärte Durrell, es liege am äußersten Rand der westlichen Welt, China gegenüber, und habe nicht nur Ähnlichkeit mit dem Tibet in *Lost Horizon*, sondern auch dem Griechenland in *Der Koloß von Maroussi*. Mystik, Magie und Exzentrik lagen in der Luft, und als Lynda Sargent beim Kirschkuchenessen eines

Abends bemerkte, eine der Besonderheiten von Big Sur sei, daß dort niemand sterbe, fiel Miller sofort wieder die Prophezeiung des armenischen Wahrsagers in Griechenland ein. Big Sur erschien ihm immer mehr als der Ort, an dem er sich von »Henry Miller« in »Henry-tzu« verwandeln konnte.
Im Mai 1944 wurde Log House von seinem Besitzer verkauft, und Lynda Sargent und Henry mußten beide ausziehen. Lynda hatte jedoch viele Kontakte in der Gegend und half Henry, eine Bleibe für sich allein zu finden, ein möbliertes Holzhaus auf dem Partington Ridge mit zwei Zimmern, eingebauter Toilette und eigener Quelle. Es gehörte einem Einheimischen, der auswärts Militärdienst leistete. Lynda Sargent nahm Verbindung mit dem Besitzer auf und arrangierte, daß Henry für fünfzehn Dollar im Monat dort wohnen konnte. Am 5. Mai war er eingezogen.
Miller überdachte seine Situation und kam zu dem Schluß, endlich am idealen Ort gelandet zu sein. Er hatte ein eigenes Zuhause in einer Umgebung, wie er sie sich erträumt hatte. Ein Gönner hatte sich auf seinen letzten öffentlichen Bittbrief hin anonym bei ihm gemeldet und ihm angeboten, ihm zweihundert Dollar im Monat zu zahlen. Er hatte sogar die erste Rate pünktlich bezahlt. Außerdem war unter Leitung von Bern Porter eine regelrechte kleine Miller-Industrie entstanden. Und nicht zuletzt war Henry damals in eine der surrealistischsten Episoden seines Lebens verwickelt: Er stand mit einer Frau in Verbindung, die er später als seine »Postversandbraut« bezeichnete.
Das Mädchen hieß June Lancaster. Sie wohnte in New York und lernte Henry über einen ehemaligen Matrosen und hoffnungsvollen Schriftsteller namens Harry Herkovitz kennen. Herkovitz war Miller nach der Lektüre von *Wendekreis des Krebses* und *Wendekreis des Steinbocks* dermaßen verfallen, daß er ebenfalls eine Tänzerin mit dem Namen June gesucht und gefunden hatte. 1944 war er eifrig bemüht, sich wie Miller als Schriftsteller durchs Leben zu schlagen. Anaïs Nin wurde auf unerquickliche Weise in Herkovitz' Kult um Millers Leben und Werke hineingezogen: Eines Tages tauchte er in ihrer Wohnung in der West 13th Street in New York auf, um sie zu besuchen. Sie sah sich einem »gewalttätigen, primitiven und verwirrten Mann« gegenüber, der behauptete, symbolisch Henrys Sohn zu sein. Bei seinem Besuch erwartete er offensichtlich, die mythische Anaïs Nin anzutreffen,

die Miller ihm in Gesprächen in Kalifornien so überzeugend geschildert hatte. In Worten, die gespenstisch denen glichen, die Miller ihr gegenüber verwendet hatte, beklagte sich Herkovitz bei Nin, daß er Schriftsteller sein wolle, daß ihn aber seine June nicht schreiben lasse. Auf seinen Besuch folgte ein Liebesbrief an sie, adressiert an June, Anaïs, Sabina, Djuna, Alraune, Isolina (Figuren aus Nins Roman *Haus des Inzests*). Ein paar Tage später erhielt Anaïs Besuch von seiner June, June Lancaster, einem mitleiderregenden Mädchen, das wußte, daß sein Liebhaber es in einen Mythos verwandeln wollte. Nin, die wie Miller direkt und selbstsicher war, wenn es darum ging, die Probleme anderer zu lösen – obwohl sie dazu genauso wenig Grund hatte –, erklärte Miss Lancaster, es sei ihre Lebensaufgabe, Harry wieder in die Wirklichkeit zurückzuholen. Die beiden Frauen umarmten sich »wie Schwestern« und trennten sich.

Was June Lancaster ihrer »Schwester« unterschlagen hatte, war, daß sie einige Monate lang eine briefliche Liebesbeziehung zu Henry Miller unterhalten hatte, in der sie ihn auf seine ausdrückliche Bitte hin als »Lieber Val« angeredet und als »June die Zweite« unterschrieben hatte. Noch bevor Miller sie kennenlernte, schrieb er an Durrell, die neue Frau sei »beinahe eine Kopie der ersten June. Ich bin verrückt nach ihr.«

Im Mai entschloß sich June nach langem Zögern, die Chance zu nutzen und zu Henry Miller nach Big Sur zu reisen. Henry hatte kein Auto, und da es keine öffentlichen Verkehrsmittel in die abgelegenen Winkel von Big Sur gab, fuhr sie zuerst nach Monterey. Sie kam Ende des Monats an und wohnte bei Janko Varda, bis Henry benachrichtigt war und kam. Während sie darauf warteten, daß Henry seine Eroberung abholte, kam Varda – als Künstler auf Collagen spezialisiert – auf die Idee, June Lancaster in exotische Kleider zu stecken und sie auf ein aufrecht stehendes Faß zu stellen. Dort sollte sie posieren und die Hände in einer flehentlichen Geste über den Kopf erheben. Als Henry schließlich eintraf, war er begreiflicherweise von dem Anblick verblüfft und blieb an der Tür kurz stehen. Dann gewann er seine Fassung wieder, stürmte vorwärts und warf sich vor dem behelfsmäßigen Podest zu Boden.

Nach sechs Wochen hatte er, wie nicht anders zu erwarten, gründlich genug von seiner »Postversandbraut«, und Mitte August war June wieder auf dem Rückweg nach New York. In seinem Bestreben, sie so schnell wie möglich loszuwerden, gab er ihr sogar seinen Handkoffer und seinen Schrankkoffer mit. Bern Porter nahm später Kontakt zu June auf und bat um Eindrücke von ihrem Zusammenleben mit Henry. Er erfuhr, daß Henry Katzen möge, Ungeziefer und Insekten hasse wie die Pest und unglaublich großzügig sei. June hatte den Eindruck gewonnen, daß Henry wie ein Chamäleon im Laufe des Tages mehrere Metamorphosen durchmachte. Außerdem hielt er peinlich Ordnung und war ganz verstört, als er June eines Tages dabei ertappte, wie sie seinen fadenscheinigen und ausgebleichten Waschlappen als Putztuch benützte. Sie schien keine Bitterkeit gegen ihn zu hegen und er gegen sie auch nicht.

Im Oktober jenes Jahres sorgte Harry Herkovitz noch für ein Nachspiel der Episode. Er rief Anaïs Nin an und erklärte ihr, er warte unten auf der Straße mit einem Revolver auf sie und werde sie umbringen. Nin rief die Polizei an, aber die Polizei wollte erst tätig werden, wenn sie tatsächlich erschossen worden sei. Daraufhin rief sie einen Freund an, der Herkovitz vom Sehen kannte. Er kam vorbei, um nach Herkovitz zu sehen, aber dieser war inzwischen verschwunden.

Das Scheitern der Affäre mit June der Zweiten bescherte Miller wieder die Einsamkeit, die er gleichzeitig genoß und fürchtete. Eine Zeitlang suchte er Erleichterung in Gesprächen mit Pascal, einem streunenden Hund, den er bei sich aufgenommen hatte. Er versuchte den Hund zum Zuhören zu bewegen, wenn er Musik auf dem Grammophon spielte, aber das war nicht so einfach, und wenn er versuchte, ihn durch Tanzen zu unterhalten, winselte das Tier nur erschreckt. Henry besaß nur eine einzige Schallplatte mit der Musik einer *Carmen*-Verfilmung. Diese Platte ließ er manchmal unentwegt laufen und tanzte dazu und brüllte wie ein Stier. Er war ein Großstadtmensch, ein New Yorker, ein Pariser, und es war schwer für ihn, sich an sein neues Einsiedlerdasein zu gewöhnen. Einmal traf er auf einem Spaziergang Robinson Jeffers, einen anderen Schriftsteller, der in der Gegend wohnte. Er mochte ihn, aber als Gesellschaft nützte Jeffers nicht viel. Henry fand ihn »sehr, sehr schüchtern. Ein zitternder Felsen.«[23]

Erlösung von seiner Langeweile fand er schließlich auf unerwartete Weise: Im September erhielt er die Nachricht, seine Mutter müsse sich einer Krebsoperation unterziehen. Er beschloß, nach New York zu fahren und sie zu besuchen. Louise erholte sich jedoch rasch von der Operation, und statt seiner Mutter beizustehen, besuchte Henry Freunde. Er blieb kurze Zeit in New York bei Harry Herkovitz und fuhr dann nach New Haven hinaus, wo er zwei Wochen bei einem neuen Brieffreund namens Wallace Fowlie verbrachte, der in Yale unterrichtete. Fowlie war ein Bewunderer seiner Bücher und Spezialist für Rimbaud, der noch immer zu Millers besonderen Lieblingen zählte. Er gehörte zu jenen respektablen Mitgliedern der Gesellschaft, die die Brutalität von Millers Sprache und die Unberechenbarkeit seines Charakters als befreiend und aufregend empfanden.

Als Millers Anwesenheit auf dem Campus bekannt wurde, fanden sich noch andere Verehrer ein, und der Präsident des Trumbull College bot ihm sogar tausend Dollar für einen Vortrag an. Miller lehnte ab. Fowlies Bewunderung stieg daraufhin ins Grenzenlose, was allerdings im Rückblick schwer verständlich ist – tausend Dollar für einen einzigen Vortrag waren schließlich kein Pappenstiel.

Der wahre Grund von Millers Besuch scheint aber nicht die Begegnung mit Fowlie gewesen zu sein, sondern der Wunsch, den Kontakt zu einer interessanten jungen Studentin wieder aufzufrischen, die er in New York kennengelernt hatte. Sie war ein hübsches, blondes Mädchen, das gerade einundzwanzig geworden war, hieß Janina Martha Lepska und stammte aus einer polnischen Immigrantenfamilie. Henry fühlte sich stets zu Frauen mit einem ungewöhnlichen Akzent hingezogen und war bezaubert von Lepskas polnisch getöntem Englisch. Sie hatte in Bryn Mawr graduiert und war dann nach Yale gewechselt, um dort Philosophiegeschichte zu studieren. Während Fowlie unterrichtete, lernten Miller und sie sich in Fowlies Apartment näher kennen. Zusammen machten die beiden einen Ausflug nach Bryn Mawr, um Paul Weiss zu besuchen, der ebenfalls zu den von Henry bewunderten Intellektuellen gehörte. Dann trennten sie sich für kurze Zeit. Lepska kehrte nach New Haven zurück, Henry besuchte Richard Osborn in Bridgeport. Später trafen sie sich wieder in New Haven, und Mitte Oktober hatten sie beschlossen, ihre junge Liebe mit der Heirat zu krönen.

Ehe Miller nach Kalifornien zurückkehrte, wollte er noch einen oder zwei weitere Besuche machen. Von Yale aus suchte er einen weiteren akademischen Bewunderer auf, Professor Herbert West vom Dartmouth College. Er erklärte sich bereit, in einem Seminar Wests einen Vortrag zu halten. Das Seminar bestand hauptsächlich aus zukünftigen Marinegefreiten und Seeoffiziersanwärtern, die im Rahmen des V-12-Programms der Navy am College studierten. Miller verursachte eine kleine Sensation, als er seinen jungen Zuhörern sagte: »Die Nazis sind nicht anders als ihr. Sie kämpfen für dieselben Dinge, für die ihr auch kämpft.« Als ein junger Student ihn fragte, was er für das rechte Ziel im Leben eines Mannes halte, antwortete Miller: »Den eigenen Impulsen gemäß zu handeln und sich die eigenen Wünsche zu erfüllen.« Er machte ihnen klar, daß »ihr Uniform tragt, nicht weil ihr das wollt, sondern weil es eine Autorität gibt, die euch dazu zwingt. Die einzige Autorität, der man sich meiner Meinung nach beugen darf, ist die Autorität des eigenen Willens.«

Die taoistischen Feinheiten seiner Argumentation waren den FBI-Männern, die ihn und Professor West am Tag nach seinem Vortrag aufsuchten, entgangen. Sie legten ein Dossier über seine »antiamerikanischen Aktivitäten« an. Auf diesen Vorfall folgte einige Wochen später ein kritischer Artikel über Miller in der New Yorker Zeitschrift *New Currents.* Sein Verfasser, Albert Kahn, schrieb jeden Monat eine Kolumne, in der er Schriftsteller und Idole der Kulturszene bloßstellte, die er für faschistisch und antisemitisch hielt. Aufgrund des Vortrags und einer Untersuchung von Millers veröffentlichten Werken hielt er Miller wie Gide, Pound und Hamsun eindeutig für beider Verfehlungen schuldig. Es war vermutlich das erstemal seit den heftigen Diskussionen mit Michael Fraenkel, daß Miller eine seiner provozierenden Äußerungen so ernst genommen sah. Kahn berief sich vor allem auf den Ruf nach »wahren Verrätern, *Verrätern der menschlichen Rasse*«, der in einem Artikel Millers auftauchte, und brachte das unwiderlegbare Argument, die deutschen Nazis hätten die menschliche Rasse in Europa jahrelang mit großer Effizienz verraten. Kahn hatte Miller absichtlich mißverstanden, aber Millers Art zu reden und zu schreiben ließ solche Mißverständnisse immer zu. Dieses Erlebnis verstärkte Millers Horror davor, öffentlich zu reden. Mit einem öffentlichen Auftritt setzte er sich zu sehr einer unkontrollierbaren Welt aus, in der eine Miller-freundliche Haltung nicht

zu garantieren war. In Kalifornien verstand man ihn besser, und dorthin fuhr er nun zurück.
Miller und Janina Lepska reisten langsam und mit vielen Umwegen. Sie besuchten Emil Schnellock in Fredricksburg in Virginia und versuchten dort zu heiraten, was aber nicht gelang, weil einige Papiere fehlten. Von Fredricksburg aus fuhren sie nach Washington, wo sie Caresse Crosby und Huntington Cairns trafen. Dann ging es weiter nach Boulder in Colorado zu einem Besuch von Henrys ehemaligen Gastgebern in Beverley Glen, den Neimans. Als sie in Denver eintrafen, hatten sie alle Dokumente beisammen, und am 18. Dezember 1944 wurden Henry und Lepska im dortigen Rathaus getraut.

KAPITEL 14

1944-1951: Familienleben in Big Sur

1

Man braucht keine psychologischen Theorien zu bemühen, um zu erklären, warum ein Mann von dreiundfünfzig Jahren ein attraktives Mädchen von zwanzig heiraten möchte. Einiges weist jedoch auch darauf hin, daß Miller durch die Ehe mit einer so jungen Frau versuchte, sein Leben noch einmal von vorn zu beginnen. Seine Erfahrungen als Jugendlicher mit Cora Seward, nach der er sich verzehrte und die er doch nie bekam, hatten ihn gelehrt, daß es gefährlich ist, eine Frau auf einen Sockel zu stellen. Bei Pauline Chouteau hatte er die Freuden der Sexualität kennengelernt, bei Beatrice Wickens hatte er das Gefühl gehabt, eine Frau geheiratet zu haben, die von sich aus auf einen Sockel kletterte. June Mansfield war ihm zuerst als ideale Mischung aus Freundin und Geliebter erschienen, aber dann hatte sich gezeigt, daß er in bezug auf die Rolle der Geschlechter zu konservativ dachte und mit einer Frau, die gleichberechtigt sein wollte, nicht zurechtkam.

Die lange Beziehung mit Anaïs Nin war in vielfacher Hinsicht ein ideales Arrangement gewesen, das ihm sexuelle Freuden sowie eine intellektuelle und spirituelle Gemeinschaft gewährt hatte, ohne ihn mit der Bürde und Banalität gewöhnlicher persönlicher Verantwortung zu belasten. Henry hing jedoch fast gegen seinen Willen am Stand der Ehe, und ohne die Hoffnung auf Dauerhaftigkeit und vorzeigbare, geordnete Verhältnisse war auch diese Beziehung zum Scheitern verurteilt. Mit seiner reichhaltigen Erfahrung mag Henry das Gefühl gehabt haben, daß sich jetzt, im Alter von dreiundfünfzig Jahren, die Chance biete, endlich alles richtig zu machen. Es ist interessant, daß Janina Lepska als einzige der Frauen, mit denen Henry als Erwachsener zu tun hatte, der blonde nordische Typ war, der an seine Schilderungen von Cora erinnert. Außerdem müssen der Tod des Vaters und die schwere Krankheit der Mutter ernüchternd auf ihn gewirkt haben und ihm die Erkenntnis nahegebracht haben, daß die Zeit verrann.

Auf den ersten Blick hatten die beiden nicht viel gemeinsam. Janina Lepska war eine gebildete, sogar intellektuelle Frau. Huntington Cairns nannte sie »die einzige Hegelianerin, die ich kenne«. Miller hatte sich zwar an Anaïs Nins Intelligenz erfreut, aber seine Abneigung gegen Bildung wurde jedes Jahr stärker. Was beide miteinander verband, war eine spirituelle Unruhe: Henry suchte noch mit Mitte Fünfzig nach den Einheit schaffenden Theorien, die eine in sich stimmige Erklärung des Lebens liefern konnten, Lepska hatte in der Jugend eine Phase intensiver Religiosität durchlebt, während der ihre Eltern sie nur mit Mühe davon abhalten konnten, von zu Hause wegzulaufen und Nonne zu werden. Vielleicht erhoffte sie von Henry die Führung, die Reife und die emotionale und intellektuelle Stabilität, die man aufgrund seiner äußerlichen Ruhe oft bei ihm vermutete. Henry seinerseits, dreißig Jahre älter als seine Frau und berühmt, hoffte wahrscheinlich, daß er sie ohne allzu große Schwierigkeiten unter Kontrolle halten könne und daß sein zweiter Versuch, seßhaft zu werden und eine Familie zu gründen, erfolgreicher ausfallen werde als der erste.

Im ersten Jahr ihrer Ehe wohnten sie in dem kleinen Haus auf dem Partington Ridge, wo am 18. November 1945 ihre Tochter Valentine geboren wurde. Anfang 1946 kehrte der Besitzer des Hauses, Keith Evans, aus dem Krieg heim, und die Familie mußte in eine Hütte in der alten Gefangenensiedlung in Anderson Creek umziehen. Die Lebensbedingungen waren primitiv, das Dach war undicht, und Lepska mußte auf einem alten, mit Holz gefeuerten Herd kochen. Sie investierten jedoch hundert Dollar in notwendige Reparaturen, strichen die Decken und Wände weiß, die Türen und Fensterrahmen blau und die Küche leuchtend gelb, so daß das Häuschen bald wie ein Puppenhaus aussah. Nachbarn stifteten Teppiche, Stühle, einen runden Tisch und ein Grammophon samt ein paar Schallplatten, und Varda schenkte Henry zwei Collagen, mit denen er die Wände schmücken konnte. »Schade, daß die Gefangenen nicht so leben konnten!« schrieb er an Emil Schnellock.

Es gab keinen Arzt in der Nähe, deshalb blieb Henry oft allein zu Hause, wenn seine Frau mit dem Kind zu Vorsorgeuntersuchungen nach Berkeley fuhr. Er verbrachte die Zeit damit, in Vorbereitung auf die Regenzeit Kohle zu zerkleinern und Holz zu sägen, und malte Aquarelle. Er war so berauscht von den Freuden der Vaterschaft, daß er in jenem Jahr wenig schrieb. Manchmal marschierte er mit der schmutzigen Wäsche der Familie zu den heißen Quellen in Slate. Die Quellen waren eine Art sozialer Treffpunkt, und er lernte dort viele andere Einwohner der Gegend kennen.

Miller hatte bereits zahlreiche Freunde in Big Sur und der näheren Umgebung, zu denen auch eine exzentrische »weiße Hexe« und Anhängerin der Christlichen Wissenschaft namens Jean Wharton gehörte. Zu ihr entwickelte er eine besondere Zuneigung. Jean Wharton wohnte in einem Haus auf dem Partington Ridge, das ihm stets gefallen hatte. Als sie beschloß, die Gegend zu verlassen, schrieb sie das Haus für sechstausend Dollar zum Verkauf aus. Sie fand keinen Käufer, aber da sie wußte, daß Henry das Haus mochte, bot sie es ihm und seiner Familie an. Er erklärte, daß er die Kaufsumme nicht aufbringen könne, aber sie überließ ihm das Haus trotzdem unter der Bedingung, daß er es bezahlte, sobald er das Geld hatte. Im Februar 1947 zog die Familie um.

Das Haus lag etwa dreihundert Meter oberhalb der Küstenstraße, die sich am Pazifik entlangzieht, und gehörte zu dem halben Dutzend Häuser auf dem Ridge. Es hatte einen kleinen Anbau auf der Rückseite, den Miller als Arbeitszimmer benützte, und eine baufällige Garage für das Auto, das er noch nicht besaß. Die Verbindung zur Hauptstraße bestand aus einem einspurigen Weg, von dem Abzweigungen zu weiteren Häusern abgingen. Es gab dort oben keine Geschäfte, aber der Postbote brachte in seinem Lieferwagen Lebensmittel, die er an die Anwohner verkaufte. Hier sollte Miller die nächsten fünfzehn Jahre wohnen. Im zweiten Jahr der Ehe gebar seine Frau einen Sohn, Henry Tony.

2

Einer der Gründe dafür, daß Henry jetzt glaubte, sich mit einem dauerhaften Wohnsitz und einer geregelten Lebensweise anfreunden zu können, war die Tatsache, daß er sein ehrgeiziges Ziel erreicht hatte: Er war ein berühmter Schriftsteller. In seinem bisherigen Leben hatte er im heiligen Namen der Kunst all jene Vergehen vor sich gerechtfertigt, deren er sich schuldig fühlte – die Enttäuschung, die er seinen Eltern damit bereitet hatte, daß er den Schneiderbetrieb nicht übernommen hatte, den Treuebruch gegenüber Beatrice und Barbara, den Verrat an June um Anaïs' willen. Die drei in Paris verfaßten Bücher, mit denen er berühmt geworden war, waren therapeutische literarische Gewaltakte, die ihm erlaubt hatten, die weicheren Seiten seines Charakters stärker zu leben. Sein neuerwachtes Interesse an religiösen Philosophien und am Okkulten ist in seinem Leben und seiner Korrespondenz in den vierziger Jahren zunehmend spürbar. Lawrence Durrell, der bald Millers einziges noch verbliebenes Bindeglied zur Welt der konventionellen Literatur war, war verblüfft und erheitert über die ihm anomal erscheinende Entwicklung des Mannes, der früher einmal so unduldsam auf Heuchelei und Humbug reagiert hatte. Schließlich erklärte er sich die Entwicklung als Reaktion auf den krassen Materialismus des Lebens in Amerika. Gewiß war dieses Element der Ablehnung in Millers Kultivierung des Bizarren und Lächerlichen enthalten, aber abgesehen davon stammte sein Interesse für exzentrische Religionen und Philosophien schon aus den Zeiten Robert Challacombes und Benjamin Fay Mills'. Es wurzelte in jenen Tagen, in denen er als junger Mann versucht hatte, die korrupte Stadt hinter sich zu lassen und zur Scholle zurückzukehren, ein Versuch, der schließlich auf der Zitronenplantage bei Chula Vista geendet hatte.
Zwar hat Miller *Sexus* Ende der vierziger Jahre noch einmal überarbeitet, aber das ursprüngliche Manuskript wurde 1942 geschrieben. Es war Millers letzter Versuch, dem Sex dadurch einen Sinn abzugewinnen, indem er über ihn schrieb, und in gewisser Weise Teil der umfassenderen Suche nach dem Sinn des Lebens, die ihn seit seiner Schulzeit beschäftigte. Seine kleinlichen Lügen, das Zurechtstutzen der Wirklichkeit und die Begeisterung für die Astrologie dienten überwiegend dem Beweis, daß das Leben eine

Ordnung habe und daß die Ereignisse seines eigenen Lebens die Existenz dieser Ordnung bewiesen. In einem Brief an Huntington Cairns vom April 1939 schreibt er: »Der Kreis meiner philosophischen Wanderung ist vollendet. Ich bin von aller metaphysischen Spekulation befreit. Sozusagen die Hälfte der Wegstrecke markierte Sinnetts ›Esoterischer Buddhismus‹, dessen Lektüre ich im Alter von zweiundzwanzig oder dreiundzwanzig Jahren – oder früher – in der Stadtbücherei von Brooklyn abbrach, wenn ich mich recht erinnere, und erst vor einem Jahr hier in der Villa Seurat wieder aufnahm, an der Stelle, an der ich abgebrochen hatte.«[1]

Im Herbst 1945 erhielt Miller von der Zeitschrift *Town and Country* den Auftrag, französische und englische Kriegsliteratur zu besprechen. Das gab ihm die Gelegenheit, unter anderem Gertrude Stein, Rex Warners *The Aerodrome,* Vercors, Sartre und Camus' *Der Fremde* zu lesen. Miller war froh über die fünfhundert Dollar, die er damit verdiente. Über Gertrude Stein schrieb er amüsanterweise: »Die Frau, die vierzig Jahre ihres Lebens in Europa zugebracht hat, klingt heute mehr denn je wie jemand aus dem Mittleren Westen.«[2] Von Claude Houghtons erbaulichem *All Change, Humanity!* war er begeistert. Obwohl er von Idealisten stets mit Verachtung sprach, verabscheute er paradoxerweise Warners Roman, weil darin »die neuen Führer der Menschheit ... als Männer der Macht, nicht als Männer der Wahrheit oder des Friedens oder des guten Willens dargestellt werden«. Obwohl er auch weiterhin Literatur las und beispielsweise die Größe von Carson McCullers erkannte, fand er von nun an eher Geschmack an okkulten oder erbaulichen Büchern, die weit abseits vom Hauptstrom der Literatur angesiedelt waren. Typische Titel, über die er in Briefen an Freunde Lobeshymnen schrieb, waren etwa *The Flying Saucers Are Real* von Donal Kehoe, *Choose Life: the Biblical Call to Revolt* von Eric Gutkind, *Crisis and Resurrection; A Prognostic of Destiny* von Samuel Greiner, *A Treatise on White Magic* von Alice Bailey und *Interlinear to Cabeza de Vaca: The Power Within Us* von Haniel Long. Solche Bücher sprachen seine prophetische Ader an, die erstmals von Walt Whitmans schamanistischer Dichtung, von den philosophischen Werken Grant Allens und von Edward Bellamys erfolgreichem und einflußreichem utopischem Roman aus den achtziger Jahren

des neunzehnten Jahrhunderts, *Ein Rückblick aus dem Jahre 2000 auf das Jahr 1887*, angerührt worden war.
Millers religiöser Enthusiasmus beeinträchtigte jedoch nicht seinen Geschäftssinn. Als George Leite Schwierigkeiten mit dem Gotham Book Mart hatte, gab ihm Miller folgenden Rat: »Die Steloff – ja, ich kenne ihre Linie! Wenn du bei der was erreichen willst, dann spiele auf der spirituellen Flöte, das liebt sie.«[3] In Frances Steloffs Fall meinte er mit der spirituellen Flöte seine eigenen alten Favoriten, Madame Blavatsky und die Theosophie. Eine Kuriosität aus jener Zeit ist ein Brief, den Miller an seinen ebenfalls nach spiritueller Erkenntnis suchenden Freund Emil Schnellock über Madame Blavatsky schrieb. Schnellock leitete inzwischen das Seminar für Kunst an einem College der Universität von Virginia und verfiel immer mehr dem Alkoholismus. 1944 schrieb ihm Miller einen liebevollen Brief mit »desillusionierenden Neuigkeiten« über die Mahatmas in *The Secret Doctrine:* Ein Buch, das ihm vor kurzem in die Hände gefallen sei, beweise zweifelsfrei, daß »Koot Hoomi« und »Mahatma Morya« Madame Blavatskys eigene Erfindungen seien und daß sie die ihnen zugeschriebenen schriftlichen Testamente über die Existenz anderer Seinsebenen eigenhändig gefälscht habe. Als Miller in den fünfziger Jahren eine ähnliche Enttäuschung mit T. Lobsang Rampa erlebte, dem Autor des Bestsellers *Das dritte Auge,* war sein Glaube stärker geworden. Die Nachricht, daß Rampa keineswegs ein tibetischer Mönch, sondern ein englischer Klempner aus Devon namens Cyril Henry Hoskins sei, schien ihm die grundsätzliche Wahrheit der in Rampas Buch geschilderten tibetischen Erziehung nicht zu zerstören. Er schrieb: »Wahr oder gefälscht, es ist ein wundervolles Buch.«[4]

3

Im Jahr 1946 schrieb Schnellock an Miller von »der kleinen Schar Deiner Anhänger, die mich aufsucht, um Deine Bücher und Manuskripte zu sehen – eine wachsende Schar«.[5] Einige dieser Anhänger verließen sogar ihr Zuhause und siedelten sich in Millers Nähe in Big Sur an. Ein typisches Beispiel dafür war Robert Fink, Biochemiker aus Chicago und einer von Tausenden, die während ihrer Dienstzeit in der Armee in den Bann der *Wendekreise* gerieten. Fink schrieb Miller einen Verehrerbrief, besuchte ihn später persönlich und begann ihn bald mit gebrauchten Kleidern und kleineren Geldsummen zu unterstützen. 1949 zogen er und seine Frau dann nach Kalifornien, wo sie Miller besser helfen konnten. Der erste und nach Aussage der ebenfalls in Big Sur ansässigen MacCollums beste aller Jünger Millers war Emil White. Er war Österreicher und hatte *The Cosmological Eye* für sich entdeckt, als er in einer Buchhandlung in Chicago arbeitete. Einer der Bettelbriefe Millers war ihm in die Hände gefallen, und er hatte angefangen, in den literarischen Kreisen von Chicago für Miller Geld zu sammeln. Er schickte kleine Summen von jeweils drei Dollar – nicht viel, aber damals genug, um davon eine Woche zu essen, wenn man sparsam war. White lernte seinen Helden in Chicago kennen, mußte dann aber zunächst eine Weile nach Alaska verschwinden, um sich der Einberufung zum Militär zu entziehen. Die beiden schrieben einander, und Miller, der spürte, wie sehr ihm White zugetan war, ermunterte diesen, sich in seiner Nähe niederzulassen. Über Geld brauche White sich keine Sorgen zu machen, darum werde er sich kümmern. Das war 1944, ehe Miller Lepska kennenlernte. Wie die possenhafte zölibatäre Beziehung zu Sevasty Koutsaftis und die »Postversandbraut« June Lancaster zeigten, hatte Miller damals nicht viel Glück mit Frauen. White dagegen war in dieser Beziehung sehr erfolgreich, und Henry hatte stets solche Männer in seinem Leben gebraucht, von William Dewar und Joe O'Reagan in New York bis zu Wambly Bald und Alfred Perlès in Paris. »Ich werde dich als Lockvogel für Mösen in Carmel verwenden«, teilte er White mit. »Du treibst sie auf und bringst sie aufs Land.«[6]

White kam tatsächlich nach Big Sur. Er zog in ein Häuschen mit drei Zimmern an der Küstenstraße, dreihundert Meter unterhalb von Partington Ridge und fungierte dort als Wachhund für Miller: Er trennte die echten Fans von denen, die nur hinaufklettern und das Ungeheuer angaffen wollten, das sich hinter einem »Kult von Sex und Anarchie« verbarg, wie eine Zeitung schrieb, und nun angeblich in Big Sur Wurzeln schlug. Besucher wie Frieda, die Witwe von D. H. Lawrence, mit der Miller inzwischen korrespondierte, und die Tochter seines alten Freundes Blaise Cendrars, die eines Tages in Begleitung eines weiteren alten Freundes vom Film aus Hollywood auftauchte, wurden hinaufgewiesen. White machte sich auch noch in anderer Weise für Miller nützlich: Er hackte Holz, beantwortete Verehrerpost und kümmerte sich um tausend Kleinigkeiten. Miller entwickelte damals eine leidenschaftliche Liebe zu den Romanen Hermann Hesses, besonders zu *Siddharta*, und eine Zeitlang suchte er Emil auf, um sich aus dem deutschen Original vorlesen zu lassen. White hielt reiche Ernte unter den Frauen, die nach Big Sur kamen, um den wilden Mann der *Wendekreise* kennenzulernen, und statt des wilden Mannes einen hingebungsvollen Vater und Möchtegernweisen vorfanden, der, wie der spätere Besucher Dylan Thomas sagte, »eine Vorliebe für Gemeinplätze« hatte.

White war der treuste jener zahlreichen Verehrer, die in Big Sur ein und aus gingen, nachdem Miller sich auf dem Berg niedergelassen hatte. Unter ihnen waren verwirrte Gemüter, Menschen mit persönlichen Problemen, die häufig mit Alkohol zu tun hatten. Sie fühlten sich bei Henry wohl, weil dieser ihr chaotisches Benehmen tolerierte und bemüht war, sie vor sich selbst zu retten. Andere wollten Schriftsteller oder Künstler werden und versprachen sich von der Bekanntschaft mit einem Mann wie Miller Glück und Nutzen. Zu diesen Leuten gehörte der israelische Künstler Bezalel Schatz, der später Millers Schwager werden sollte. Mit Schatz machte Miller einen großen Bildband, der aus einem mit Siebdrucken illustrierten Kapitel aus *Schwarzer Frühling* bestand. Miller schrieb das Kapitel von Hand neu und versuchte, die Atmosphäre des Inhalts durch verschiedene Schreibweisen auszudrücken. Das Buch wurde zum Subskriptionspreis von hundert Dollar pro Stück verkauft.

Wahrscheinlich hat es Miller nichts ausgemacht, von seinen Verehrern auf diese Weise ausgenützt zu werden. Er war selbst ein Meister der Eigenpropaganda, und ihm erschien so etwas natürlich und keineswegs anstößig. Er benützte andere virtuos und scheute nicht davor zurück, sie ab und zu darauf hinzuweisen, wie sie mit ihm umzugehen hatten. »Ein Freund scheint Dir jemand zu sein, der etwas *für dich* tut«, tadelte er einmal Bern Porter. »Aber ist ein Freund nicht zuerst und vor allem jemand, *für den du etwas tust?*« Nach dieser Definition war Bezalel Schatz »ein wunderbarer Freund. Er denkt an alles und tut alles für mich.«[7]

Daneben hatte Miller noch andere, weniger formelle Beziehungen, wie etwa die zum Kunstkritiker der *New York Evening Sun*. Über ihn schreibt Miller: »Ein alter Mann – habe seinen Namen vergessen – ein guter Freund von mir.«[8]

Viele von denen, die es in den vierziger Jahren nach Big Sur zog, waren offen stolz darauf, einen »berühmten Mann« zu kennen. Fink prahlte gern damit: »Henry Miller ist einer meiner engsten Freunde und ein Mensch, den viele für einen Heiligen halten.« Einem anderen Briefpartner gestand er, Miller sei »nur in dem Sinne ein Heiliger, daß er ein so annähernd vollkommener Mensch ist, wie ihn die Welt vielleicht seit Leonardo da Vinci nicht mehr gesehen hat«.[9] Miller protestierte gegenüber der Außenwelt in Gestalt von Journalisten und Freunden wie Durrell, er sei ganz gewiß kein Heiliger, er tat jedoch wenig, um Aussprüche wie die von Fink zurechtzurücken.

Als 1945 Bern Porters *The Happy Rock* erschien, wurde alles noch schlimmer. Porter hatte mit dieser Publikation offenbar ein Mittelding zwischen Festschrift und Fanclub-Magazin im Sinn gehabt, aber im Endeffekt war die Sammlung von Essays und sentimentalen Huldigungen an Henry von Freunden und Bewunderern eindeutig mehr das zweite. Einziger Lichtblick war der Beitrag des Dichters Kenneth Patchen, eine barsche Weigerung, überhaupt etwas beizusteuern. Patchen sprach verächtlich von einem »Festzugswagen« und drängte den Autor von *Wendekreis des Krebses* mit beißender Schärfe und einer Direktheit, die Miller selbst alle Ehre gemacht hätte, er solle die »schmachtäugigen Nullen« (d. h. alle übrigen Beitragenden) herunterscheuchen und den Wagen in den nächsten Abwasserkanal fahren. »Um Gottes willen, Miller«, schloß er, »das Wichtige ist doch, von diesen Leuten nicht gemocht zu werden!«[10] Wie der Bildband mit Schatz kann dieses Unternehmen den Verdacht bestimmter Kreise, Henry sei ein literarischer Scharlatan, nur bestärkt haben.

Einigen Briefpartnern wie namentlich Wallace Fowlie schrieb Miller, er billige *The Happy Rock* und habe vorher nichts davon gewußt. Als er davon erfahren habe, habe er Bern Porter nicht durch ein Verbot den Spaß daran verderben wollen. Was Miller schrieb, hing jedoch stark vom Adressaten ab. Fowlie, ein praktizierender Katholik, war für Miller ein Inbegriff der Reinheit geworden, und wenn er ihm schrieb, spielte er stets »die spirituelle Flöte«. So war es zum Beispiel undenkbar, daß er Fowlie je ermutigt hätte, seinen Job in Yale an den Nagel zu hängen und nach Kalifornien zu kommen, um als »Lockvogel für Mösen in Carmel« zu fungieren. Durrell bekam von Henry dieselben Beteuerungen seiner Unschuld zu hören wie Fowlie, während Miller bei Schnellock darauf vertrauen konnte, daß dieser jede Facette seines Charakters kannte. Schnellock war mit seinem Beitrag *Just a Brooklyn Boy* der Star unter den Textlieferanten für *The Happy Rock*, und im Mai 1944 bat Miller Schnellock, ihn zu unterrichten, falls Porter versuchen sollte, seinen Text zu ändern. Um diese Zeit drängte er Schnellock auch, seine Biographie zu schreiben, und er plante eine Reise nach England, wo er jemanden zu finden hoffte, der ein solches Buch veröffentlichen werde. »Daß ich mit Dir zusammengearbeitet habe, wird unerwähnt bleiben«, versicherte Miller Schnellock,[11] und er fügte hinzu, Schnellocks Essay über ihn sei so gut, daß er »nicht viel an dem herumpfuschen« wolle, was Schnellock geschrieben habe. Trotz seiner rastlosen Bemühungen, einen Verleger für Anaïs Nins Tagebücher zu finden, begann ihn die Aussicht, daß die Tagebücher eines Tages tatsächlich veröffentlicht werden könnten, zu beunruhigen. Wenn Schnellock eine Biographie schrieb und er selbst ein Auge darauf haben konnte, war damit einem womöglich einseitigen Porträt Nins vorgebeugt. »Deine Version wird der von Anaïs gegenüberstehen – wenn das Tagebuch je veröffentlicht wird«, schrieb er seinem alten Freund.[12] Der Titel von Porters Anthologie, der das Bild des Schriftstellers als eines taoistischen Weisen unterstrich, war sogar Henrys eigene Wahl. Miller interessierte sich außerdem lebhaft für die Zusammenstellung eines Buches mit dem Titel *Of, By and About Henry Miller*, das der Buchhändler Oscar Baradinsky 1947 in seinem Alicat Book Shop in Yonkers veröffentlichte. Eine eigene Idee Millers, ein Buch mit Fotografien von »HM und ›Genossen‹«, nahm nie Gestalt an. Allerdings erschien 1972 mit *Mein Leben und meine Welt* etwas ganz Ähnliches.

Henry gebot dem Kult um ihn also nicht Einhalt, sondern ließ ihm seinen Lauf. Was ihn selbst betraf, so genoß er es, nach Jahren harter Arbeit nicht mehr zur Gemeinde zu gehören, sondern auf der Kanzel zu stehen. Er verwendete das Wort »holographisch«, wenn er von seinen handgeschriebenen Briefen sprach, und war bereit, »holographische« Schemabriefe in alle Welt zu schicken, wie zum Beispiel den Brief, der für das 1944 veröffentlichte *The Angel Is My Watermark* werben sollte. Dieses »Buch« bestand aus einem Originalaquarell Millers, einem abfotografierten Brief, dem *Open Letter to all and Sundry*, einem Kapitel aus *Schwarzer Frühling*, das der Sammlung den Titel gab, sechs Schwarzweißreproduktionen seiner Gemälde und mehreren Fotos, die ihn beim Malen dieser Bilder zeigen. Das Ganze kostete fünfzig Dollar und wurde, wie Henry potentiellen Käufern mitteilte, »im Geiste der Huldigung von Freunden Henrys für seine Freunde« zusammengestellt.

Miller konnte über sich und über vieles, was man über ihn sagte, lachen, aber sein Status als Künstler und Weiser war tabu. Sobald es um diesen Status geht, findet sich bei ihm nirgendwo auch nur eine Spur von Spott oder Selbstironie, und dasselbe gilt für die vielen anderen kleinen Projekte dieser oder späterer Perioden, bei denen alte Briefe, Fetzen von Notizzetteln und Notizbücher en bloc veröffentlicht und angeboten wurden wie heilige Reliquien für die Gläubigen. Das Bedürfnis, von Fans statt von Freunden umgeben zu sein und den eigenen Namen und sogar die eigene Handschrift gedruckt zu sehen, auch wenn es sich um eine völlig unbedeutende Zeitschrift handelte, zeigt vielleicht, wie wenig Zutrauen Miller tatsächlich zu sich als »wirklichem« Schriftsteller hatte. Offenbar brauchte er den Rummel um seine Person, um weiterhin an die Wirklichkeit dessen glauben zu können, was ihm widerfahren war. In einem Brief an Alfred Perlès, den er kurz nach seiner Ankunft in Griechenland 1939 geschrieben hat, schildert er seine Gedanken bei Spaziergängen durch Athen: »Ich denke auf diesen Spaziergängen über vieles nach, nicht zuletzt darüber, wie phänomenal es ist, daß ich, Henry Miller, in diesen Straßen unterwegs bin.«[13] Aber was war daran so phänomenal? Solche Gedanken sind ein Echo jenes merkwürdigen Erstaunens, das ihn 1928 am Gare Saint-Lazare in Paris überkam und noch früher als jungen Mann auf dem ziellosen Weg nach Westen, der ihn 1913 nach Chula Vista führte. Anscheinend empfand er sein Leben manchmal als eine kaum glaubhafte Hypothese, die fortwährend der Bestätigung durch die Außenwelt bedurfte, sollte sich nicht alles – Leben, Person und Name – einfach in Luft auflösen.

4

Das häusliche Leben entwickelte sich wenig erfreulich. Sehr bald stellte sich heraus, daß Henry und Lepska überhaupt nicht zusammenpaßten. Sie fand ihn launisch, verantwortungslos und unzuverlässig, er seinerseits ärgerte sich über ihre Versuche, Ordnung und Routine in ihr gemeinsames Leben zu bringen. Seine vielen Freunde in der Gegend sorgten zwar stets für Unterhaltung, aber das Leben als Familienvater ödete ihn wieder einmal an. Deshalb freute er sich, als er Ende 1945 einen Brief von Conrad Moricand erhielt, der vor dem Krieg in die Schweiz geflohen war und jetzt dort lebte. Vor allem Moricand hatte Henry davon überzeugt, daß man sich mit der Astrologie ernsthaft beschäftigen müsse. Mit seinem Kreis von Künstlerfreunden und Leuten, die sich mit dem Okkulten beschäftigten, war er in Henrys Augen noch immer eine eindrucksvolle und exotische Gestalt. Moricand war mittellos. Er schrieb Henry noch weitere Briefe, bis dieser ihm seine Hilfe für die Einwanderung in die Vereinigten Staaten anbot und ihm fest zusagte, sich »für den Rest seines Lebens« um ihn zu kümmern. Lepska war gegen den Plan, aber Henry überredete sie dazu.

Es dauerte mehrere Monate, bis die Vorbereitungen abgewickelt waren, und während dieser Zeit unterstützte Miller Moricand mit insgesamt tausend Dollar, den gesamten Tantiemen aus dem Verkauf seiner Bücher in Amerika in vorangegangenen Halbjahr. Als Moricands Papiere schließlich vollständig waren, bezahlte Henry ihm den Flug von Genf nach London und die Schiffspassage auf der *Queen Mary* von England nach New York. Die letzte Etappe der Reise, für die gleichfalls Henry bezahlte, war der Flug nach Kalifornien zu Moricands Gastgebern. Es war wirklich Altruismus: Henry hatte von Moricand nichts zu erwarten; er hoffte lediglich, die Erfahrung des Lebens in Big Sur werde ihn von seinem Elend heilen.

Moricand kam Anfang 1947 und wurde in Henrys früherem Arbeitszimmer einquartiert. Eine seiner ersten Taten war, an den Fenstern Vorhänge zu befestigen, um die Zugluft auszusperren. Moricand klagte über die Kälte und ließ in seinem Zimmer die ganze Nacht einen Ölofen brennen. Außerdem stöhnte er darüber, daß es keine Badewanne im Haus gab, und er schien auch die Kinder nicht besonders zu mögen.

Schon wenige Wochen nach Moricands Ankunft wurde klar, daß das Experiment gescheitert war. Miller war enttäuscht und gelangweilt von einem Mann, dem er auch in Paris nie persönlich nahegestanden war. Außerdem hatte er von Haus aus eine Abneigung gegen Gespräche über die privaten Probleme anderer. Anstatt mit Moricand über das traurige Debakel von dessen Leben zu diskutieren, gab er ihm den vom Zen inspirierten Rat, nicht zu klagen, sondern sich zusammenzureißen und glücklich zu sein. Aber Moricand war kein jugendlicher Sucher und kein wettergehärteter Veteran. Er war ein einundsechzig Jahre alter Mann, der ins Schlittern gekommen war und das Gefühl hatte, vom Schicksal gedemütigt worden zu sein. Henrys Vorschlag, Moricand solle seinen Beitrag zum häuslichen Leben dadurch leisten, daß er seiner zweijährigen Tochter Französisch beibrachte, sagte ihm nicht zu, und bald entwickelte Moricand eine intensive Abneigung gegen seinen Gastgeber.

Als Miller sah, daß sein Zen-Zauber bei Moricand nichts bewirkte, schickte er ihn eines Tages zu der »weißen Hexe« Jean Wharton. Einige Stunden später kam Moricand angewidert zurück, in der Hand ein Exemplar von Mary Baker Eddys *Science and Health*, das Jean Wharton im aufgedrängt hatte. Miller, in dessen Vokabular das Wort »Spinner« nicht vorkam, vertiefte sich später selbst in das Buch und fand Mary Baker Eddy »eine große Seele, erfüllt von großem Licht«.[14]

Moricands Gesundheit war schlecht und wurde immer schlechter. Er klagte von Anfang an über Juckreiz und wunde Stellen an den Beinen, und im März erklärte Miller sich bereit, ihn zu einem Spezialisten im County Hospital von Salinas zu bringen. Er buchte für Moricand ein Zimmer im Hotel Serra in Monterey, das ihn vier Dollar pro Tag kostete, und unterstützte ihn den ganzen März und April hindurch. Gleichzeitig versuchte er ihn davon zu überzeugen, daß es im Interesse aller am besten sei, er kehre nach Frankreich zurück. Ende Mai schätzte Miller, daß er seit 1945 rund dreitausend Dollar für Moricand ausgegeben hatte.

Moricand wollte selbst gern nach Paris zurück, aber er stellte Bedingungen. Eine davon war, daß Henry seinen Einfluß geltend machen sollte, um ihm eine Stelle bei der Obelisk Press zu verschaffen. Eine weitere war, daß ihm bei seiner Ankunft in Paris auf Veranlassung Millers eine stattliche Summe der dort aufgelaufenen französischen Tantiemen ausgezahlt werden sollte. Miller wollte keine der beiden Bedingungen erfüllen, und das philanthropische Experiment entgleiste zu einer häßlichen Farce, an der sowohl der schweizerische als auch der französische Konsul in San Francisco beteiligt waren. Dann war die Sache endlich ausgestanden, und Moricand, bis obenhin von Haß gegen seinen Möchtegernwohltäter erfüllt, verschwand für immer aus Millers Leben, nachdem er ihn noch als *»quel farceur«* beschimpft hatte. 1949 wurde er des Landes verwiesen und kehrte nach Paris zurück, wo er die letzten fünf Jahre seines Lebens in Einsamkeit und Armut verbrachte. Er starb auf einem Hausboot auf der Seine, das seine reichen Eltern als Bleibe für Pariser *clochards* gestiftet hatten.

»Die ganze Geschichte ist ein Buch wert«, schrieb Miller an den französischen Konsul Monsieur Bertrand, und schließlich wurde auch eins daraus: *Ein Teufel im Paradies*, verfaßt und veröffentlicht 1954, zwei Jahre nach Moricands Tod. Wie die meisten Werke Millers enthält auch diese Darstellung sehr heitere Passagen und Momente treffender Selbsterkenntnis, aber insgesamt ist das Bild zu einseitig. Beim Lesen bekommt man den Verdacht, daß Miller sich hier des Rufmords schuldig macht, und man hat das Bedürfnis, auch Moricands Version der Ereignisse zu erfahren, wie man gern die Version Wambly Balds oder Beatrice Millers gehört hätte. Um dem bereits erledigten Moricand endgültig den Garaus zu machen, bringt Miller eine Geschichte, die Moricand eines Tages nach dem Abendessen erzählt hat. Vorher schildert er noch eine Szene, in der seine kleine Tochter sich ein Stück Brot von Moricands Teller schnappt, das Moricand ihr mit flammenden Augen sofort wieder entreißt. Später, als das Kind im Bett ist, beginnt Moricand von einem Abenteuer zu erzählen, das er einmal in Paris erlebt hat. Damals folgte er einer Frau und ihrer kleinen Tochter durch die Straßen. Im Verlauf der Erzählung merkt Miller, daß Moricand die Entwicklung einer erotischen Zuneigung nicht zur Mutter, sondern zum Kind schildert. »Der Gedanke an das, was ihm durch den Kopf ging, ließ mich schaudern«, schreibt er. Mutter und Tochter nahmen ein Hotelzimmer, Moricand folgte ihnen. Die beiden Erwachsenen tauschen Blicke aus, die Mutter verläßt diskret das Zimmer, Moricand tritt ein und ... Miller lauscht entsetzt, unfähig, das Bild aus seinem Kopf zu verbannen, das er selbst heraufbeschworen hat: Das Kind sitzt auf dem Bett in einem Zustand unschuldiger Entblößung und »knabbert an einem Stück Kuchen«. Währenddessen erreicht Moricand triumphierend den Höhepunkt seiner Geschichte: *»Je l'ai eu.«*[15] Miller sträuben sich die Haare, und er hat das Gefühl, Satan persönlich sei anwesend. Nicht einmal die Inspektion von Moricands Sammlung pornographischer Zeichnungen, auf denen Kinder vergewaltigt werden, Nonnen mit sakralen Gegenständen masturbieren, Menschen gefoltert und koprophagische Orgien gefeiert werden, hat ihn darauf vorbereitet. Seine Empörung über Moricands Geschichte ist ein in seinen Werken einzigartiger Ausdruck von Ekel über einen Aspekt menschlichen Sexualverhaltens. Da der Bericht am Ende von Millers Buch über Moricand steht, schließt das Buch mit einer Verurteilung dieses Mannes, die jegliches Mitleid ausschließt, das der Leser sonst vielleicht mit ihm haben könnte. Für Miller war in der Liebe, im Krieg und in der Literatur jedes Mittel erlaubt. Als ihm später von einem bewundernden Kritiker vorgeworfen wurde, er habe auf Kosten Moricands moralisiert, gab Miller das zu. Zugleich gestand er den überraschend großen Einfluß ein, den *Lost Horizon* auf seinen Wunsch hatte, ein Weiser zu werden. Er schrieb an Thomas Parkinson, der Versuch, Moricand zu retten, sei »vielleicht ganz unabsichtlich von dem Film inspiriert worden, den ich mindestens ein halbes dutzendmal gesehen habe – ›The Lost Horizon‹. Besonders von dem Teil, in dem der Held sein Paradies verläßt, um seinen Bruder zu retten.«[16] Man könnte beinahe vermuten, daß Moricands Hauptsünde in Millers Augen nicht seine Pädophilie war, sondern sein Widerstand gegen Henrys Charisma.

5

Millers größere Veröffentlichungen aus der Zeit unmittelbar nach dem Krieg waren die Essaysammlung *Sunday After The War* im Jahr 1944, die auch *Reunion in Brooklyn* enthält, *Der klimatisierte Alptraum* 1945 und *Remember to Remember* zwei Jahre später. *Remember to Remember* trägt den Untertitel *The Air-Conditioned Nightmare Volume Two* (Der klimatisierte Alptraum Band zwei), obwohl der Titelessay vor allem in die glücklichen Tage in Paris zurückführt. Die literarischen Porträts von Varda, Beauford Delaney, Jasper Deeter und Abe Rattner sind langweilig, dafür sind einige der anderen Texte hervorragend, vor allem das satirische *Astrologisches Frikassee* und das fanatisch pazifistische *Murder the Murderer.* Besonders gelungen ist *The Staff of Life,* ein Essay, in dem sich Miller über die Obsession der Amerikaner mit feinem Weißbrot und die Lebensangst lustig macht, die sich dahinter verbirgt. Das Ende ist ein glänzendes Beispiel für die geistreiche surrealistische Phrasendrescherei, auf die sich Miller so gut verstand.

Ebenfalls 1946 schrieb er den ersten Teil eines langen Essays über Rimbaud für das Jahrbuch Nr. 9 von New Directions. Ein zweiter Teil wurde im Jahrbuch für 1949 veröffentlicht, beide Teile erschienen unter dem Titel *When Do Angels Cease to Resemble Themselves?* Das vollständige Buch, *The Time of the Assassins,* wurde erst 1956 in englischer Sprache veröffentlicht. Rimbaud war ein besonderer Liebling Millers, nachdem es ihm gelungen war, den Namen von der Erinnerung an Martha Andrews' Enthusiasmus und die Kellerwohnung in der Henry Street zu befreien. Wie bei vielen von Millers literarischen Helden faszinierte ihn mehr das Leben Rimbauds als dessen Werk. Rimbaud war im November 1891 gestorben, einen Monat vor Millers Geburt, Miller schloß deshalb die Möglichkeit einer Seelenwanderung nicht aus. Auch der Haß auf die Mutter verband ihn mit Rimbaud. Am meisten inspirierte ihn freilich die Art und Weise, in der es Rimbaud offenbar geglückt war, durch die gesamte Welt der Literatur zu reisen und sie auf der anderen Seite wieder zu verlassen. Das war inzwischen auch Millers großer Traum.

Mit Lepskas Hilfe bemühte er sich eine Zeitlang um eine eigene Übersetzung von *Une saison en enfer.* Als Ideal schwebte ihm bezeichnenderweise eine Übersetzung ohne den genauen Vergleich mit dem Original vor. Er wollte lediglich aus der Erinnerung die Stimmung des Werkes evozieren. Schließlich gab er die Übersetzung zugunsten des Essays auf. Er bereitete sich gründlich vor, indem er fast alle vorhandenen Werke über Rimbaud las und drei verschiedene Geburtshoroskope für ihn erstellen ließ. Auch ein Gespräch mit Stephen Spender erwies sich als nützlich. Mrs. Ruth DeWitt-Diamant, eine Dame der Gesellschaft, die Miller verehrte, hatte Spender eines Tages zu Miller mitgebracht, und Spender berichtete, daß vor kurzem eine neue Untersuchung über Rimbaud erschienen sei. Miller korrespondierte auch mit Wallace Fowlie über das Thema. Trotz all dieser Vorarbeiten war das fertige Buch dann kein auf Fakten bezogenes Werk und auch keine kritische Untersuchung, sondern eine spirituelle Biographie. In mancher Weise erinnert sie an ein Buch, das Miller sehr bewunderte, an J. W. Sullivans *Beethoven: His Spiritual Development.* Rimbaud erscheint als ein Vorläufer Henry Millers, ein Mann, der sich selbst nach der Niederschrift seines bedeutendsten Werkes »so vollkommen offenbar geworden war, daß er nicht länger das Bedürfnis hatte, sich auf der Ebene der Kunst auszudrükken«.[17] Trotz ihres anderen Charakters weist die Arbeit über Rimbaud auf die Erzählung *Das Lächeln am Fuße der Leiter* voraus, die 1948 erschien. Beide Bücher stellen einen weiteren Schritt in die Richtung dar, die erstmals *Der Koloß von Maroussi* anzeigte: weg von der Gewalttätigkeit in den *Wendekreisen* und in *Der klimatisierte Alptraum* und hin zu einer Welt, in der eher Weisheit als literarische Meisterschaft das angestrebte Ziel war.

Das Lächeln am Fuße der Leiter war eine Auftragsarbeit. Es entstand als Text zu Zeichnungen von Fernand Léger über den Zirkus. Als Kind hatte Miller davon geträumt, einmal ein Clown zu werden, und bei seinen Freunden hatte er stets als Clown gegolten, mehr ein Zirkusclown als ein Clown Shakespeares. Außerdem hatten ihn zwei Bücher seines Freundes Wallace Fowlie um diese Zeit tief beeindruckt, *Clowns and Angels* und *The Clown's Grail.* Miller nahm den Auftrag an.

Das Buch ist in zweierlei Hinsicht ungewöhnlich für Miller: Erstens ist es eine Erzählung in der dritten Person, zweitens schildert es angeblich erfundene Ereignisse. Paradoxerweise gibt die Erzählung jedoch mehr Einblick in Millers Leben als viele seiner so offenkundig biographischen Schriften. So ist es enthüllend und bewegend zugleich, wenn Miller schildert, wie Auguste, der Held seiner Erzählung, zufällig den Trick entdeckt, der ihn weltberühmt macht. Während eines Auftritts vergißt Auguste plötzlich, was er als nächstes zu tun hat, und während er versucht, sich an das nächste Kunststück zu erinnern, setzt er sich in der Arena am Fuß der Leiter hin und mimt Ekstase. Das Publikum brüllt vor Lachen, und Auguste ist ein gemachter Mann. Sein Erstaunen über den Ruhm, den ihm dieser Trick beschert, der von nun an die Glanznummer seines Auftritts ist, könnte sehr wohl Millers eigenes Erstaunen über die schnelle und gewaltige Ausbreitung seines Ruhmes nach dem Erscheinen von *Wendekreis des Krebses* widerspiegeln. Dieses Buch war beinahe zufällig entstanden, als er versucht hatte, *Crazy Cock* in einen kommerziellen Erfolg zu verwandeln. *Wendekreis des Krebses* ist nicht nur ein burlesker Roman, es ist zugleich ein Zirkusroman, kindlich in der Art und Weise, in der Chagalls Zirkusbilder kindlich sind, nur von einem zynischeren Kind hervorgebracht. Augustes Schilderung des Zirkus und der Rolle des Clowns in der Arena könnte ebensogut eine Schilderung der Welt von *Wendekreis des Krebses* und ihrer Bewohner sein:

> Das Leben in der Arena war ein stummes Schauspiel, eine Pantomime mit Stürzen, Ohrfeigen, Fußtritten – ein endloses Stoßen und Auffangen von Stößen, Treten und Getretenwerden. Und bei dieser schmachvollen und erniedrigenden Rigolade gewann man die Gunst des Publikums. Der beliebte Clown! Seine besondere Aufgabe war, die Irrtümer und Sinnlosigkeiten, allen Wahnsinn und alle Mißverständnisse, die wie Seuchen die Menschheit quälen, wiederzuerwecken und darzustellen. Die Albernheit selbst, Gestalt geworden in den Manegen, das begriff auch der dümmste Einfaltspinsel. Nichts zu verstehen, wo alles klar am Tage liegt, den Trick nicht zu erfassen, wenn er auch tausendmal vorgespielt wird, wie ein Blinder zu tappen, wo die Richtung überall deutlich angezeigt ist, immerfort an der Tür zu rütteln, obwohl mit großen Lettern darauf geschrieben steht: »Gefahr«, mit dem Kopf voran in den Spiegel zu laufen, statt ihn zu umgehen, von der falschen Seite in das Gewehr zu schauen – ein *geladenes Gewehr!*[18]

Schließlich wird Auguste seines Ruhmes müde und läuft weg. Er lebt nun anonym als Zirkusarbeiter in einem kleinen Wanderzirkus. Er hilft das Zelt aufbauen und mistet die Wagen der Tiere aus, während der durchschnittlich begabte Antoine für seine abendlichen Auftritte als Clown nur mäßigen Beifall bekommt. Eines Abends wird Antoine krank, und Auguste läßt sich dazu überreden, für ihn einzuspringen. Auguste hat eine, wie er meint, gute Idee: Er will Antoine berühmt machen, indem er in der Arena zwar dessen Kostüm und Make-up trägt, jedoch den Auftritt mit dem ganzen Talent des großen Auguste bestreitet. Der Auftritt ist ein sensationeller Erfolg, aber der Plan endet tragisch: Antoine erfährt, was geschehen ist, und stirbt an gebrochenem Herzen.

Miller war bei seinen Freunden für seine Begeisterungsfähigkeit bekannt, aber diese Erzählung illustriert einige Tücken der Begeisterung und des selbstgerechten Wunsches, Dinge verändern zu wollen, von denen man besser die Finger läßt, wie zum Beispiel den Ruf eines Menschen. In seinem eigenen Leben passierte Miller dieser Fehler immer wieder. So porträtierte er Freunde in Essays wie *The Amazing and Invariable Beauford Delaney*, *Varda: The Master Builder* und *A Boddhisatva Artist* (über den Maler Abe Rattner). Die Essays sollten eigentlich für diese wenig bekannten Künstler werben, die zufällig auch zu seinen persönlichen Freunden gehörten, aber verblüffenderweise stellt sich in allen Fällen heraus, daß Miller letztlich über sich selbst schreibt. Er bemächtigte sich eines Rufes und verdarb ihn durch eine Großzügigkeit, die an Herablassung grenzte, und durch einen derart verschwenderischen Gebrauch von Superlativen, daß er damit in der großen Welt außerhalb der Grenzen der Miller freundlich gesinnten Welt nur Mißtrauen erwecken konnte.

Das Buch *Sexus*, das Anfang der vierziger Jahre geschrieben, aber erst 1949 veröffentlicht wurde, bewegte sich auf bekanntem Boden. Die zahlreichen Sexszenen des Buches schlossen eine Veröffentlichung in den Vereinigten Staaten aus, deshalb erschien es in zwei Bänden in Paris, wiederum bei der Obelisk Press. Bei der Pariser *Editions de la Terre de Feu* erschienen gleichzeitig zwei französische Übersetzungen, die eine gereinigt, die andere vollständig. Letztere wurde fast sofort nach ihrem Erscheinen von der französischen Polizei beschlagnahmt.

Die Zensur verhinderte auf diese Weise eine öffentliche kritische Rezeption, und die persönlichen Reaktionen, die Miller bekam, fielen negativ aus. Besonders enttäuscht war Lawrence Durrell. Für Durrell waren, sehr zu Millers Mißvergnügen, die Bücher über Griechenland, Amerika und Rimbaud nur Nebenprodukte. Durrell hatte ungeduldig auf ein autobiographisches Buch gewartet, da er in diesem Genre Millers Stärke sah. Die Auszüge aus *Sexus*, die 1944 in der Sammlung *Sunday After The War* erschienen

waren, versprachen Gutes, aber nach der Lektüre des ganzen Werkes war Durrells Urteil ins Gegenteil umgeschlagen. Er setzte die Freundschaft mit Miller aufs Spiel, indem er ihm mitteilte, das Buch sei »schändlich schlecht« und es könne leicht seinen Ruf ruinieren, wenn er es nicht sofort zurückziehe und überarbeite.[19] Durrell war in einer schwierigen Lage: Er hatte sich bereit erklärt, das Buch in drei oder vier literarischen Zeitschriften zu rezensieren, aber er wollte es weder verreißen noch um der alten Freundschaft willen Lügen zu Papier bringen.
Millers Reaktion auf Durrells Brief war überraschend gelassen. Er versicherte ihm, daß seine professionelle Kritik nichts an ihrer Freundschaft ändern werde, und ermutigte ihn sogar, sie zu veröffentlichen, wenn er das wolle. Die Meinungsverschiedenheit schwang noch ein paar Briefe lang nach, legte sich aber bald, da Durrell sich Millers Einschätzung anschloß, es sei ihm vielleicht zu gut gelungen, die Armseligkeit und Sterilität seines Lebens mit June in den zwanziger Jahren in Brooklyn und Greenwich Village zu vermitteln.
Kaum ein bekannter oder unbekannter Schriftsteller hätte einem Freund einen solchen Angriff auf seine professionelle Kompetenz verziehen, und es drängt sich der Verdacht auf, daß Miller nur bei Durrell eine Ausnahme gemacht hat und daß eine ähnliche Attacke von anderer Seite wohl kaum auf solchen Gleichmut gestoßen wäre. Wie dem auch sei: Millers Verhalten ist auch so bewundernswert und veranschaulicht die ungewöhnliche Geschmeidigkeit seiner Persönlichkeit und seinen unorthodoxen Mut. Eine weitere Demonstration dieses Mutes war Millers beharrliche und lautstarke Unterstützung für eine Kampagne, die Célines Freilassung aus dem Gefängnis von Kopenhagen erreichen wollte. Céline saß dort ein, weil er der Kollaboration mit den Nazis während der deutschen Besatzung Frankreichs angeklagt war. Miller unterschrieb eine Petition, die von dem amerikanischen Journalisten Milton Hindus aufgesetzt worden war, und drängte andere dazu, ebenfalls zu unterschreiben. Er setzte sich auch vehement für die Veröffentlichung von Célines verbotenem Buch *Bagatelles pour un Massacre* in den Vereinigten Staaten ein, das er durchgängig *Massacres pour une bagatelle* nannte, bis er entdeckte, daß das Buch ein antisemitisches Traktat war. Miller empfand eine heftige, mit fürsorglichen Gefühlen gemisch-

te Bewunderung für Céline. Céline hatte wie Hamsun, Millers zweites großes Vorbild der europäischen Moderne, die Konsequenzen seiner antidemokratischen Überzeugungen am eigenen Leib erfahren müssen, und sein Leben war zu einer Tragödie geworden. Millers charakterliche – nicht künstlerische – Ähnlichkeit mit beiden Schriftstellern war groß, aber er wußte, daß sie durch ihren völligen Bruch mit dem verachteten »Mob«, der sie dafür haßte, einen Mut an den Tag gelegt hatten, den er sich wünschen mochte, den er jedoch, wie er wußte, nicht besaß. »Die Welt ist voller Menschen, die recht haben«, schrieb ihm Céline einmal. »Deshalb ist sie so EKELHAFT.« Auch Hamsun verabscheute selbstgerechte Menschen und mißtraute ihnen, und Miller ging es nicht anders. Was ihn daran hinderte, sich seinen Vorbildern anzuschließen, war eine Eigenschaft, die Anaïs Nin schon früh in ihrer Beziehung an ihm wahrgenommen hatte – sein Wunsch, von den Menschen geliebt zu werden. Immerhin erinnerte er jeden, der es gern vergessen hätte, an das, was ihm an Céline so wichtig war – daß er »großartig ist – und es ist mir egal, ob er Faschist oder Demokrat oder Scheißhausputzer ist. *Er kann schreiben.*«[20] Zwei weitere Favoriten Millers, Blaise Cendrars und Jean Giono, wurden ebenfalls beschuldigt, Faschisten und ganz allgemein nichtswürdige Menschen zu sein, die als Schriftsteller nach dem Krieg erledigt seien, und Miller verteidigte beide mit derselben Hartnäckigkeit.

6

Selbst an Millers surrealistischen Maßstäben gemessen, war seine finanzielle Lage während der Zeit seiner Ehe mit Lepska chaotisch. Er machte 1948 voller Angst unter falschem Namen bei einem Fünf-Dollar-Kettenbrief mit, trug abgelegte Hemden und Hosen, die ihm ein Großverdiener aus Hollywood schenkte, und beklagte sich beim schweizerischen Konsul, er müsse Moricand neue Hemden kaufen, dabei könne er seiner Frau nicht einmal die neuen Schuhe kaufen, die sie so nötig brauche. Gleichzeitig spricht er jedoch davon, in den vergangenen zwei Jahren dreitausend Dollar für Moricand ausgegeben zu haben. Die Erklärung dieses Paradoxons ist einfach: Er hatte zu seiner eigenen großen

Überraschung entdeckt, daß er dank des Verkaufs seiner in Paris erschienenen Bücher in Europa ein reicher Mann geworden war. Jack Kahane hatte Miller schon 1937 versichert, *Wendekreis des Krebses* werde ihm ein lebenslanges Einkommen verschaffen, aber der Ausbruch des Krieges hatte die Lage drastisch geändert. Als Henry in Griechenland war, erhielt er von Maurice Girodias, dem achtzehnjährigen Sohn und Erben Kahanes, der nach dem Tode seines Vaters 1939 den Verlag übernommen hatte, die Nachricht, er werde ihm auf absehbare Zeit die Summe von tausend Francs im Monat schicken. Als Paris eingenommen wurde, zeigte sich, daß die absehbare Zeit sehr kurz war. Henry erhielt nicht einmal die erste Rate dieser Tantiemen.

Aber der Verkauf war auch im Krieg weitergegangen. Bald stellte sich heraus, daß Millers Bücher bei den deutschen Soldaten beliebt und bei den Amerikanern, die 1944 Frankreich befreiten, noch beliebter waren. Die Verkaufszahlen des Buches stiegen sprunghaft an, und die französischen Übersetzungen von *Wendekreis des Krebses, Wendekreis des Steinbocks* und *Schwarzer Frühling* 1945 und 1946 waren kommerziell und vom Echo der Kritik her ein Erfolg. Im Dezember 1945 konnte Miller an Durrell schreiben, in Paris warteten dreitausend Dollar auf ihn. Allerdings kam er an das Geld nicht heran, weil die Ein- und Ausfuhr ausländischer Währung beschränkt war.

Im Jahr 1946 bestand Millers offizielles Einkommen in Anderson Creek im wesentlichen aus einem monatlichen Scheck über fünfzig Dollar, den er von James Laughlin vom Verlag New Directions erhielt. In Amerika waren alle seine größeren Werke seit *The Cosmological Eye* im Jahr 1939 bei diesem Verlag erschienen. Zusätzlich verdiente er über zweitausend Dollar im Jahr mit dem Verkauf seiner Aquarelle. Ein genügsamer Mann hätte von einem solchen Einkommen bequem leben können, aber Miller war kein genügsamer Mann. Zwar betrug die Miete für sein Häuschen nur sieben Dollar im Monat, aber er mußte eine Familie und Moricand ernähren, er brauchte Tabak, Wein, Essen und eine Million Briefmarken: Das Einkommen reichte nicht. Er schuldete sogar dem Briefträger von Big Sur Geld für Lebensmittel.

Maurice Girodias erwies sich zur Überraschung seiner Geschäftspartner und Autoren als tüchtiger Geschäftsmann. Ende

1946 schickte er Henry 300 000 Francs (etwa 2000 Dollar), die es Henry ermöglichten, Jean Wharton das Haus abzukaufen und im folgenden Jahr zum Partington Ridge zurückzukehren. Auch nach Abzug dieser Summe warteten Mitte des Jahres noch immer 4 470 000 Francs in Frankreich auf ihn, und er überlegte verzweifelt, wie er an das Geld herankommen könne. Durrell und Perlès drängten ihn in einem Telegramm aus Schottland, irgendein altes Schloß zu kaufen, ehe die drohende Abwertung des Franc sein Vermögen dezimiere, und auch Anaïs Nins Mann, der Bankier Hugh Guiler, bot ihm seinen Rat an. Die Abwertung kam tatsächlich und senkte den Wert der ausstehenden Tantiemen um rund ein Drittel. Die strengen Einfuhrbeschränkungen für ausländisches Geld in Amerika blieben indes bestehen. Anfang 1948 bot Girodias Miller in einem Brief an, ihm zwischen 500 und 700 Dollar im Monat zu zahlen, wenn er genügend Freunde und Touristen überreden könne, für Dollars Francs zu kaufen.

Miller wollte sein Geld zwar haben – »Ich kämpfe jetzt mit allen Kräften darum, mein Geld aus Frankreich herauszubekommen«, schrieb er Schnellock[21] –, aber doch nicht so sehr, daß er sich ernsthaft darum gekümmert hätte, es auch in die Hand zu bekommen. Mit etwas professioneller Hilfe wäre es relativ leicht gewesen, das Problem zu lösen, aber vielleicht beunruhigte ihn die Aussicht auf so viel Geld. Einer seiner unumstößlichen Glaubensartikel war, daß Künstler nicht nur arm, sondern für aller Augen sichtbar arm sein sollten. Sie sollten in Bruchbuden leben, Kleider aus zweiter Hand tragen und auf einer ramponierten alten Schreibmaschine tippen, die den alten Bleistiftstummel ersetzt hatte. Eine Art finanzielle *Anorexia nervosa* war das Markenzeichen von Millers Autorität als Rebell, Verweigerer und Weiser, und jede drastische Veränderung seiner wirtschaftlichen Lage hätte ihm ein erhebliches Identitätsproblem beschert. Er mochte sich so, wie er war. Plötzlicher Reichtum konnte die Lage nur komplizieren. Also war er nur theoretisch ein kommerziell erfolgreicher Schriftsteller, und er verdiente an seinen sechs Veröffentlichungen bei New Directions in den Jahren 1948 und 1949 sechshundertundfünfzig Dollar im Jahr.

7

Einen weiteren Schwund seiner Mittel verursachte Junes Wiedereintritt in seinen Lebenskreis. Mitte 1947, nach einem Schweigen von beinahe fünfzehn Jahren, erhielt Miller den ersten einer Reihe bedrückender Briefe von ihr. Sie hatte inzwischen Stratford Corbett geheiratet, jenen Mann, mit dem Osborn sie vor der Scheidung von Miller zusammen gesehen und den er als »beträchtlich jünger als Du« bezeichnet hatte. Anaïs Nins Astrologe hatte sich gründlich geirrt, als er June ein glückliches Leben prophezeit hatte. Sie war wieder von ihrem Mann getrennt und lebte allein in Armut und Schmutz in einem Apartment in der Clinton Avenue, das sie »Palast der Exkremente« nannte. Sie wog nicht einmal siebzig Pfund. Die erste Nachricht von ihrer Not kam von Millers altem Freund Emil Conason. Er nannte die Frau, die Taxigirl und Königin der Boheme gewesen war, in seinem Brief ein »wandelndes Skelett« mit »matten Augen, die eingesunken in tiefen Höhlen liegen«. Von Esther Elkus hatte Conason erfahren, June lebe von 60 Dollar im Monat in einer Wohnung, die 42,50 Dollar Miete koste, und habe sich völlig von der Außenwelt abgekapselt. »Ich kann nicht hoffen, daß Du unbedingt etwas von Deinem Reichtum abgeben willst«, schloß Conason bitter. Er hoffte zwar trotzdem, Miller werde tausend Dollar für June an Esther Elkus schicken, zweifelte jedoch daran, daß er es wirklich tun werde, und glaubte statt dessen, Henry werde »in seiner unnachahmlichen Weise rationalisieren« und June der Fürsorge seiner »geliebten Vorsehung« überlassen.[22]

Conasons Brief zeigt die ganze Ambivalenz der Gefühle, die Menschen, die Henry nahestanden, manchmal für ihn empfanden, und daß sie ihn abwechselnd für einen Teufel und einen Heiligen hielten. Er zeigt außerdem, daß selbst seine engsten Freunde nicht begriffen hatten, wieviel June wirklich für Henry bedeutet hatte. Die Notizbücher, die Miller auf seiner Reise durch Amerika für *Der klimatisierte Alptraum* gefüllt hatte und die sieben Jahre nach dem Ende der Beziehung mit June entstanden, nachdem auch die Gefühle für Anaïs Nin abgekühlt waren, enthalten eine Handvoll verstreuter Einträge über seine zweite Frau, die in sehr persönlichem Ton gehalten sind. Einer von ihnen lautet: »Sitze hier und träume von June. Wo bist du jetzt, kleine June? Bist du glücklich?« Ein weiterer Eintrag beschreibt eine Begegnung mit einer Bedienung in Mobile in Alabama, die eine so schöne Stimme hatte, daß er sie nur mit der Stimme Junes vergleichen konnte. Später, in Hollywood, stellt er sich vor, er schicke June ein Telegramm mit einer Liebeserklärung, unterzeichnet mit »Valentine Valentino«. Solche Gefühle legen nahe, daß seine Liebe zu June eine echte, persönliche und individuelle Liebe war und daß es anderen, späteren Frauen nie mehr gelang, ihn in ähnlicher Weise zu berühren, auch wenn die leicht erregbaren romantischen Gefühle, die Miller in seinem späteren Leben umtrieben, das Gegenteil vermuten lassen.

Er antwortete rasch auf Conasons Brief, begann June wieder zu schreiben, schickte ihr kleinere Geldsummen, wenn er konnte, leitete Geld, das ihm geschuldet wurde, an sie um, und beauftragte seinen alten Freund William Allen aus Brooklyn, ihr einen Wintermantel und Lebensmittelpakete zu bringen. Conason leistete ihr ärztliche Hilfe, froh und erleichtert, daß sein alter Freund sich nicht als das unmenschliche, herzlose Monster erwiesen hatte, das er in seinen Romanen manchmal zu sein schien.

8

Henrys Ehe mit Janina Lepska scheint nie richtig glücklich gewesen zu sein und endete schon bald. Vielleicht hat Lepska nie eine Chance gehabt. Eines der großen Paradoxe an Miller ist, daß er unaufhörlich das Leben in der Gegenwart pries, in seinen wichtigsten Arbeiten jedoch zwanghaft die weit zurückliegende Vergangenheit aufsuchte – und zwar ganz offensichtlich nicht, um dort Vergangenheitsbewältigung zu betreiben, sondern um das Glück und die Intensität früherer Jahre noch einmal zu erleben. So spielte er in *Sexus* und später in *Plexus* – das 1948 schon ein gutes Stück weit gediehen war – zwanghaft noch einmal seine Liebe zu der fiktionalisierten June durch. Als dann die wirkliche June noch einmal in seinem wirklichen Leben auftauchte und es zusätzlich komplizierte, hatten die Gegenwart und die in ihr lebenden Menschen wie seine Frau kaum noch eine Chance.

Ein weiterer störender Geist erschien eines Tages im Sommer 1947, als Anaïs Nin sich anschickte, die Millers zu besuchen. Das

Wiedersehen war kein Erfolg. Anaïs war peinlich berührt von Henrys Bemühen um einen vertrauten Ton und eine Herzlichkeit, von der sie das Gefühl hatte, sie sei zwischen ihnen nicht mehr möglich, und sie spürte die Spannung zwischen ihm und Lepska und die Art und Weise, in der er seine Frau für ihr Schweigen tadelte. Henry glaubte, Anaïs sei vor ihrem Leben in New York davongelaufen, und sie mußte ihm erst auseinandersetzen, daß das nicht der Fall war. Sie kürzte ihren Besuch ab und notierte später, der Besuch markiere das endgültige Ende der Intimität, die einmal zwischen ihnen bestanden habe.

Später nannte Miller seine Ehe mit Janina Lepska eine Zeit von sieben Jahren, in denen er fortwährend miesepetrig, gereizt, deprimiert oder zornig gewesen sei.[23] Sogar wenn er nicht arbeitete, war er lieber mit seinen Kindern zusammen, besonders mit seiner vergötterten Tochter, oder mit seinen Freunden als mit seiner Frau, denn eine Ehefrau konnte niemals eine Freundin sein. Schon 1947, über ein Jahr vor der Geburt des Sohnes, hatten die beiden über eine Trennung nachgedacht, und eine endgültige Trennung war nur eine Frage der Zeit.

Ein häufiger Streitpunkt war die Disziplin. Henry arbeitete in einem Schuppen außerhalb des Hauses, und in *Ein Teufel im Paradies,* das zahlreiche Hinweise auf die Schrecken dieser Ehe enthält, schrieb er, seine Frau mache ihm Vorhaltungen, wenn sie merke, daß er spazierengehe statt zu schreiben. Eine der wenigen positiven Aspekte von Moricands Anwesenheit inmitten dieses Dauerstreits war, daß Henry und seine Frau, wie streitende Paare das häufig mit Dritten tun, einander über ihn als Vermittler in zivilisierter Form ansprechen konnten. Lepska muß auch darüber verärgert gewesen sein, daß Moricands Wunsch nach einem neuen Hemd Vorrang vor der Tatsache hatte, daß sie neue Schuhe brauchte. Der pathologische Horror vor jeglicher Disziplin, den Miller aufgrund der Kämpfe mit seiner Mutter in der Kindheit hatte, hat ihn nie mehr verlassen, und er weigerte sich auch, die Kinder zu disziplinieren. Er hätte ihnen am liebsten die Erziehung und Ausbildung zukommen lassen, die er einmal einer entsetzten Beatrice für Barbara skizziert hatte. Sie bestand im wesentlichen darin, das ganze Leben lang der eigenen Nase zu folgen. Millers Weg zum Antiintellektualismus war damals so gut wie beendet. In politischer Hinsicht war sein Weltbild nie einfacher gewesen:

»Eine weltweite Revolution ... aber gegen alle verdammten Regierungen, die es gibt.«[24] Die Fähigkeit, seine Probleme zu externalisieren oder sie in leidenschaftlichen und erleichternden Ausbrüchen gewalttätiger verbaler Phantasien womöglich einfach zu vergessen, kam ihm sehr zustatten, als Lepska ihn schließlich wirklich verließ. Im Juni 1951 lief sie mit einem promovierten rumänischen Biophysiker davon, der bei Nachbarn zu Gast gewesen war. Mit ihrem Weggang war für Miller das Experiment, ein normales Familienleben zu führen, endgültig gescheitert.

KAPITEL 15

1951-1959: *The Rosy Crucifixion:* auf der Suche nach der verlorenen Jugend

1

Nachdem Lepska gegangen war, versuchte Miller kurze Zeit, allein mit den Kindern fertig zu werden. Valentine war inzwischen sechs und Tony vier Jahre alt, und Henry fand seine Aufgabe sehr aufreibend. Er wollte zwei seiner Jünger, Emil White und Walker Winslow, als Helfer anheuern, aber so weit ging deren Verehrung für ihn doch nicht: Beide verschwanden sofort aus Big Sur, White zu einem langen Urlaub, Winslow für immer. Es war allgemein bekannt, daß Millers Kinder undiszipliniert waren, und ein junges Kindermädchen, dem Miller die Betreuung der beiden anvertrauen wollte, suchte innerhalb von vierundzwanzig Stunden wieder das Weite. Schließlich gab er auf und schickte die Kinder zu ihrer Mutter, bis er in der Lage war, sich besser um sie zu kümmern. Lepska nahm sie mit nach Osten und brachte sie bei ihren Eltern in New York unter. Später zogen sie und ihr neuer Mann zusammen mit Valentine und Tony in ein Haus in der Kennebec Avenue in Long Beach in Kalifornien.

Henry fand schon bald einen Ersatz für Lepska. Er korrespondierte bereits seit einiger Zeit mit der Schwägerin von Bezalel Schatz, der jungen Eve McClure, die in Beverley Hills wohnte. Wie viele seiner Leser und Leserinnen hatte sie sich in den Henry Miller verliebt, den sie aus seinen Büchern kannte. Sie schickte ihm ein Foto, dem er entnehmen konnte, daß sie attraktiv und dunkelhaarig war und einer anderen Verehrerin aus Hollywood glich, Ava Gardner. Im Frühjahr 1952, nach einem Besuch bei seinen Kindern in Long Beach, besuchte er seine Brieffreundin. Die Begegnung war für beide sehr erfreulich, und

am 1. April zog Eve zu Miller in das Haus auf dem Partington Ridge.
Eve McClure war 1924 geboren, in dem Jahr, in dem Henry und June geheiratet hatten. Mit siebzehn hatte sie einen ehemaligen Filmstar geheiratet, der auf die Sechzig zuging, sie hatte also schon Erfahrung damit, die junge Geliebte eines älteren Mannes zu sein. Ihr Vater war fünf Jahre jünger als Henry und mißbilligte die neue Liaison. Alle, die Eve kannten, schilderten sie als sympathische Frau – warmherzig, liebevoll, fleißig und eine gute Hausfrau. Eve war eine gute Köchin und Gastgeberin, eine Frau, die keine Ansprüche stellte, sondern stolz darauf war, einem Mann zur Seite zu stehen, den sie für ein Genie hielt. Miller war von ihr entzückt und schrieb seinen Freunden geradezu verdächtig ekstatische Briefe mit der Nachricht, er habe ein neues Leben begonnen. Er sei überglücklich, jeder Tag sei ein Geschenk, die neue Frau sei ein Arbeitstier, eine wundervolle Kameradin und die erste wirkliche Partnerin, die er je gehabt habe. Das Wichtigste an der neuen Frau war für ihn vielleicht, daß er seine Kinder jetzt fast den ganzen Sommer über auf dem Partington Ridge haben konnte.
Seine Bücher verkauften sich in Europa weiterhin gut, und die Deutschen, Dänen und Schweden kauften bald wie die Franzosen Übersetzungen seiner Werke in ihre Muttersprache. Trotz Millers Anglophobie hatten auch die Engländer ihn ins Herz geschlossen, und 1950 verkaufte Penguin 50 000 Exemplare einer Taschenbuchausgabe von *Der Koloß von Maroussi.* Der japanische Markt, der später eine bedeutende Einnahmequelle für Miller wurde, machte 1953 mit einer englischen Ausgabe von *Wendekreis des Krebses* den Anfang, der bald eine japanische Übersetzung folgte. Henry spielte freilich immer noch den Armen. Er führte Karteikarten mit den Namen und Adressen von Freunden und anderen nützlichen Leuten. An einen ausgewählten Kreis von ihnen schrieb er ab und zu Briefe mit der Bitte um gebrauchte Handschuhe Größe 8, vorzugsweise aus Glacé- oder Schweinsleder, warme Unterwäsche (»aber keine *juckende Wolle*«) und dicke Winterhosen. Da Eve sich in den Mann verliebt hatte, den sie aus seinen Büchern kannte, war dies das mindeste, was er für sie tun konnte.

2

Die Ankunft einer neuen Geliebten nach sieben schwierigen und deprimierenden Jahren mit einer Frau, die er nicht hatte beherrschen können, mußte gefeiert werden. Nach der Trennung von Lepska hatte Henry sich vorgenommen, wieder einmal nach Frankreich zu fahren. Die meisten seiner wirklichen Freunde waren noch in Europa – Brassai und Reichel in Paris, Durrell als Pressechef bei der britischen Botschaft in Belgrad, Fred Perlès, der mit einer Schottin verheiratet war, in Somerset in England –, und sie alle drängten ihn in ihren Briefen, wiederzukommen und sich zu ihnen zu gesellen. Die Scheidung von Lepska war im November abgeschlossen und bestätigte die vorläufig getroffene Absprache, sich das Sorgerecht für die Kinder zu teilen; Henry sollte sie in den Sommermonaten bei sich haben. Lepska, Henry und die Kinder feierten am 29. Dezember in Long Beach gemeinsam Weihnachten, dann brachen Henry und Eve zu einer sieben Monate langen Reise nach Europa auf, die teils Hochzeitsreise, teils Triumphzug war.

Zuerst fuhren sie nach Paris, wo Miller viele seiner Freundschaften aus der Vorkriegszeit wieder auffrischte. Er hatte die Nostalgie jedoch bald satt, klagte häufig über Heimweh und war unglücklich über den drastischen Anstieg der Lebenshaltungskosten in Frankreich. Für Eve war es die erste Reise nach Paris, und sie war begeistert. Sie fand es aufregend, Leute wie Léger, Man Ray, Brassai, den Schauspieler Michael Simon oder den Jazzmusiker Mezz Mezzrow kennenzulernen. Bald reiste das Paar auf der Suche nach Sonne in den Süden. Sie blieben ein paar Tage an der Riviera, und Ende des Monats fuhren sie nach La Ciotat im Departement Bouches-du-Rhône, um Michael Simon zu besuchen, und dann nach Die, wo sie Gäste von Albert Maillet waren. Nach einiger Zeit stießen Eves Schwester und ihr Mann Bezalel Schatz zu ihnen, und zu viert fuhren sie von Paris nach Brüssel, um Pierre Lesdain zu besuchen, einen von Henrys unzähligen Brieffreunden. Lesdains Bruder stellte ihnen einen Wagen mit Chauffeur zur Verfügung, und sie kutschierten einige vergnügliche Tage lang im Land herum und tranken »das beste Bier der Welt«. Wie immer regte das Reisen Henrys Phantasie an, und als er die Belgier eine Zeitlang beobachtet hatte, kam er zu dem

Schluß, sie seien »weder Fisch noch Fleisch – eher wie Kartoffelklöße«.[1] Im Mai fuhren sie nach Spanien. Unterwegs holten sie den französischen Schriftsteller Joseph Delteil und seine Frau in Montpellier ab. Für Henry war der Höhepunkt der Spanienreise das Wiedersehen mit Alfred Perlès in Barcelona – es war die erste Begegnung der beiden seit 1938. Von Barcelona fuhr die Gruppe nach Toledo weiter, wo Henry von den Hotelpagen beeindruckt war, bildhübschen kleinen Bengeln von etwa zwölf Jahren – »wenn ich Päderast wäre, würde ich mich in sie verlieben«.[2] Weiter ging es nach Cordoba, Granada und Segovia, wo er einen angehenden Matador sah und natürlich auch ansprach, der auf einem Fahrrad Stierkampf übte. Auf dem Rückweg fuhren sie noch durch Andorra, dann kehrten sie über Montpellier nach Paris zurück.

In Paris besuchten Henry und Eve den Maler Maurice Vlaminck, vor dem Henry besonderen Respekt hatte, weil er in der Jugend Radrennprofi gewesen war. Das Gespräch wurde fast ausschließlich von Vlaminck bestritten, während Miller schweigend zuhörte. Er versuchte sich vorzustellen, wie Vlaminck, der jetzt ein Hüne von zwei Zentnern war, es jemals fertiggebracht hatte, sein Hinterteil auf einem schmalen Brooks-Sattel unterzubringen. Das Bild beschäftigte ihn eine Weile zwanghaft. Noch viele Jahre später schloß er seine Schilderung der Begegnung mit der Bemerkung, er bedauere es außerordentlich, Vlaminck nie auf einem Fahrrad gesehen zu haben. Nicht einmal bei den Sechstagerennen in den Madison Square Gardens in den zwanziger Jahren habe er je einen Radsportler gesehen, der auch nur annähernd Vlamincks Statur gehabt habe.

Ehe Henry und Eve nach Big Sur zurückkehrten, machten sie einen kurzen Abstecher nach England, um das Zuhause von Alfred Perlès in Wells kennenzulernen. Millers Anglophobie klang allmählich ab, besänftigt durch den Erfolg seiner Bücher, durch Perlès' ebenso ausgeprägte Anglophilie und seine Liebe zu englischen Pubs. Die vier tranken bei ihrem Wiedersehen eine Menge Wein, wodurch Perlès' Ansehen bei den Müllmännern, die danach die Flaschen an der Hintertür seines Hauses einsammelten, gewaltig stieg.

Die Millers besuchten auch Stratford-on-Avon, aber der Höhepunkt ihrer literarischen Pilgerfahrt war ein Besuch in Cae Coed in Corwen, Wales, bei John Cowper Powys. Miller und Powys

korrespondierten seit etwa drei Jahren miteinander, seit Miller beschlossen hatte, Powys in das Buch *Die Kunst des Lesens* aufzunehmen, in dem er beschrieb, welche Bücher ihn im Laufe seines Lebens als Leser beeindruckt hatten. Powys war höchst geschmeichelt, als er erfuhr, wie sehr er den jungen Henry Miller beeinflußt hatte, und belustigt, als Henry ihm erzählte, er und Emil Schnellock hätten nach einem seiner Vorträge im Labour Temple einmal so lange mit ihm diskutiert, daß schließlich sein Bruder Llewelyn habe eingreifen müssen. Auch Miller war von der Begegnung mit Powys bewegt, und er fühlte sich ähnlich geschmeichelt, als er erfuhr, daß sein einstiges Idol jetzt sein Fan war. Tatsächlich sieht es so aus, als sei der Besuch bei Powys ein weiteres Beispiel für Millers unermüdliches Bemühen, seinem Leben zumindest den Anschein einer sinnvollen Ordnung zu geben, indem er so viele Verbindungen wie möglich zwischen der weit zurückliegenden Vergangenheit und der Gegenwart herstellte. Zugleich konnte er sich bei dieser Gelegenheit in seiner Treue zur Vergangenheit bestätigt fühlen, denn er war stolz darauf, von den Helden seiner Knabenzeit und Jugend später nie enttäuscht worden zu sein.
Die Zeiten, in denen Miller als Terrorist und satanische Inkarnation des Sexus gegolten hatte, waren nun vorbei. Powys entschuldigte sich zwar für seine »Altjüngferlichkeit«, aber Henry war vermutlich sowieso mehr an Powys' Theorie über den versunkenen Kontinent Atlantis interessiert als an einer Diskussion über die Sexualmoral. Die beiden Männer gehören zu den wichtigsten Bindegliedern zwischen jener Mystik, die in den Jahrzehnten um 1900 einen Aufschwung erlebte, und ähnlichen Tendenzen, die heute beim Herannahen des Jahres 2000 zu beobachten sind. Bis auf die schmale, aber starke Basis des gemeinsamen Interesses am Okkulten lagen ihre Interessen jedoch Lichtjahre auseinander, vor allem im literarischen Bereich: Als Miller während seines Besuches Powys' Bücherregal inspizierte, sah er dort Homer, Vergil, Dante, Villon, Rabelais, Shakespeare, Marlowe, griechische Dramatiker, Ovid, Longinus und Lukrez. Überrascht fragte er das Idol seiner Jugend, ob er in diese Bücher überhaupt noch hineinsehe. »Natürlich, Henry, ich lese sie alle einmal im Jahr!« erwiderte Powys. Henry war über diese Antwort nicht weniger erstaunt als Powys über die Frage. Später schickte Powys Miller per Post

einen seiner dicken Spazierstöcke aus Schlehdornholz, den Miller als kostbares Andenken an diese Begegnung hoch in Ehren hielt. So endete diese Reise, zu deren Beginn Henry über Heimweh geklagt hatte, doch noch mit einem Erfolg. Auch Eve hatte die Ferien genossen, aber ihre Briefe nach Hause an Bob und Edie Fink zeigen, daß ihr Verhältnis zu Henry beunruhigenden Schwankungen unterworfen war. Auf der einen Seite idealisierte sie ihn noch immer als Genie und schrieb von ihrer glühenden Liebe zu ihm. »Er ist wie der Heilige Gral für mich«, erklärte sie und schilderte in ähnlich religiösen Begriffen, sie empfinde es wie einen Segen, wenn er ihren Kopf berühre oder ihren Arm tätschle. Die Zukunft erschien ihr wie »ein Weg aus purem goldenem Licht«.[3] Auf der anderen Seite ist ein tiefes Unbehagen zu spüren, wenn sie von seiner »wortlosen Liebe einer Frau gegenüber« spricht. »Ich glaube nicht, daß er das will, weder für sich noch für die Frau, die er liebt, aber so ist es.« Sie erinnert an einen Brief, den Lepska an Henry geschrieben hatte und in dem Henry »nach Strich und Faden dafür geschmäht und beschimpft wurde, daß er so egoistisch und unfähig ist und diese und jene Fehler hat«. Lepskas größte Sorge und Frustrationsquelle waren »die Bücher« und der Unterschied zwischen dem literarischen und dem persönlichen Henry Miller gewesen. Dieser Unterschied war ein wichtiger psychologischer Faktor, der die Qualität der persönlichen Beziehungen Millers bestimmte.

In ihrem Brief hatte Lepska Henry vorgeworfen, daß er sich in seinen Büchern als ein Mann darstelle, der fähig sei, sich auch sprachlich seiner Frau zu öffnen, während ihre Erfahrung im Zusammenleben mit ihm gewesen war, daß er weder willens noch imstande war, über irgend etwas mit ihr zu diskutieren. Ihre Kritik erinnert an Anaïs Nins Bemerkung, Henry könne nie zugeben, daß man über ein Problem sprechen müsse. Wenn sie bedrückt wirkte, beschränkte er sich stets auf die beklommene Frage: »Alles in Ordnung?« Einmal schrieb er an Durrell: »Ich bin monoman. Ich diskutiere nicht.«[4] Eine solche Haltung muß in einer Ehe zu Schwierigkeiten führen. Eve versuchte sich mit dem Gedanken an eine Verbindung mit einem Mann abzufinden, der offenbar nicht die Absicht hatte, eine intime geistige Beziehung zu ihr einzugehen, einem Strindbergschen Verfechter männlicher Dominanz, der nicht Liebe, sondern Vergötterung wollte. »Ich glaube«, schrieb sie an die Finks, »daß er noch nie fähig war, sich sprachlich zu öffnen.« Dennoch bekämpfte sie ihre bösen Vorahnungen und pries ihn als einen Mann, der »so zärtlich, so sanft und so verdammt maskulin ist. Was für eine Mischung!«[5] Ende des Jahres heiratete sie ihn standesamtlich in Ephraim Doners Haus in Carmel Highlands.

Im August, etwa sechs Wochen nach ihrer Rückkehr nach Big Sur, starb Eves Vater an einem Herzschlag. Zum Glück hatte sie ihn noch zwei Wochen vor seinem Tod besucht, und er hatte ihrer Beziehung zu Henry seinen Segen gegeben.

Am Ende des Jahres konnte Miller auf eine sehr glückliche Zeit zurückblicken. Im Sommer hatte er die Kinder bei sich gehabt. Eve hatte ihm eine Lederjacke genäht, und jetzt machte sie Mokassins für die Kinder nach Mustern, die Lepska ihr geschickt hatte.

3

Da Miller nun einen festen Wohnsitz hatte, konnte ihn seine Vergangenheit leichter einholen. Er korrespondierte nicht nur mit June, sondern schrieb auch regelmäßig an Barbara, seine Tochter aus erster Ehe, die er runde dreißig Jahre nicht gesehen hatte. Beatrice hatte wieder geheiratet und den Namen Sandford angenommen. 1954 wohnte sie mit ihrer Familie in Hollywood und hatte keine Ahnung, daß auch Henry sich in dieser Gegend niedergelassen hatte. In einem Blatt, das der Supermarkt Safeways herausgab und das ironischerweise *Family Circle* hieß, hatte Barbara einen Artikel über Big Sur gelesen, in dem ihr Vater erwähnt war. Daraufhin hatte sie ihm einen Brief geschrieben und so den Kontakt zu ihm wiederhergestellt.

Freunde wie Richard Osborn, Joe O'Reagan und Ostergren hatten Henry im Laufe der Jahre gelegentlich Informationen über seine erste Familie zukommen lassen. Henry wußte, daß Barbara Ende der dreißiger Jahre bei einem Schreibwettbewerb einen Preis gewonnen und ein oder zwei Artikel in einer Zeitschrift veröffentlicht hatte. Aus späteren Informationen ging hervor, daß Beatrice finanziell in Not war und daß Barbara, die die musikalische Begabung beider Eltern geerbt hatte, ihre Mutter dadurch unterstützte, daß sie Klavierstunden gab. Als Miller 1940 aus Griechenland nach New York zurückgekehrt war, hatte er Kontakte mit alten Bekannten unter anderem deshalb gescheut, weil Ostergren ihm gesagt hatte, Beatrice habe einen Privatdetektiv eingeschaltet, der Henry ausfindig machen und ihm wegen der ausstehenden Unterhaltszahlungen auf den Pelz rücken sollte. Im November 1941 hörte er, Barbara sei krank, was ihn für kurze Zeit in Panik versetzte – nach Aussagen Anaïs Nins faßte er die Krankheit seiner Tochter als ihm auferlegte göttliche Strafe auf. Trotzdem brachte er es nicht über sich, Barbara persönlich aufzusuchen, er versuchte sie jedoch über Mittelspersonen zu kontaktieren. Ein Journalist der Zeitschrift *Colliers,* der ihn interviewte, entpuppte sich als Bekannter Barbaras und sagte ihm, daß sie ihn nicht hasse, wie er vermutet hatte. Sie sei sogar stolz darauf, ein Exemplar seiner ersten Veröffentlichung in Amerika zu besitzen, *The Cosmological Eye.* Miller spielte kurz mit dem Gedanken, Wallace Fowlie eine Begegnung mit Barbara in New York einfädeln zu lassen, überließ die Sache dann aber lieber dem Schicksal. Hätte Barbara nicht 1954 die Initiative ergriffen, hätten Vater und Tochter sich vielleicht nie mehr gesehen.

Nach einem ersten Austausch von Briefen lud Henry Barbara nach Partington Ridge ein. Sie kam im Juni und blieb mehrere Wochen bei den Millers. Die Wiederaufnahme einer persönlichen Beziehung mit seinem ersten Kind nach einer Pause von beinahe dreißig Jahren bereitete Miller viel Freude, und nachdem Barbara wieder abgereist war, blieben die beiden in regelmäßigem Briefkontakt.

Eine Möglichkeit der Versöhnung mit Beatrice gab es jedoch nicht. Sie behielt seine Liebesbriefe an sie, bis er berühmt war, um sie dann, wie Henry vermutete, zu verkaufen. »Sie haßt mich zutiefst«, schrieb er an einen der vielen Sammler, mit denen der korrespondierte. »Ein wahres Monster.«[6] Auch Lepska widerstand Henrys Charme eisern. Als er 1954 einen zaghaften Versuch machte, ihre Hälfte des Hauses auf dem Partington Ridge zu erwerben, weigerte sie sich zu verkaufen.

June war die einzige seiner früheren Frauen, die weiterhin in seinem Bann stand. Henry hielt während der gesamten fünfziger Jahre über Annette und Jim Baxter, zwei seiner Leser, einen sporadischen Kontakt zu ihr aufrecht. Die Baxters kümmerten sich

persönlich um Junes Wohlergehen. Von ihnen erfuhr Miller, daß June Anfang der fünfziger Jahre für kurze Zeit wieder in einer psychiatrischen Klinik war, nachdem sie sich eine Zeitlang seltsam benommen und Halluzinationen gehabt hatte. Als sie wieder entlassen wurde, war sie leicht behindert, weil sie bei einer Elektroschockbehandlung schwer gestürzt war. Die Baxters lasen Millers Werke mit großem Eifer und freuten sich, daß June ihnen einige der alten Schauplätze in Greenwich Village zeigte. Allerdings vermieden sie es auf Henrys Bitte hin, *The Rosy Crucifixion* zu erwähnen. June hat nach *Wendekreis des Krebses* offenbar kein Buch Henrys mehr gelesen. Die Reaktion der Baxters auf die persönliche Begegnung mit June enthüllt, was für ein bedauerliches Schicksal Vorbilder von Romanfiguren aus dem wirklichen Leben erleiden, wenn der Autor sie nicht mehr braucht. Die beiden waren von Junes Offenheit und innerer Ruhe derart beeindruckt, daß sie Henry berichteten: »Wenn wir nicht Mona so gut kennen würden, hätten wir June vermutlich nie Monas Tücke zugetraut.«[7]
Die Baxters taten für June, was sie konnten. James Baxter war Arzt, und er gab ihr gelegentlich Arbeit als Nachtwache bei seinen Patienten. Die Baxters und die Conasons sorgten dafür, daß June sich ordentlich ernährte, halfen ihr, aus ihrem »Palast der Exkremente« herauszukommen, und verschafften ihr eine Zahnprothese auf Kosten der Wohlfahrt. (»Habe meine Zähne bekommen«, schrieb sie an Henry, »und habe das Gefühl, ich esse um einen gläsernen Schädel herum. Jetzt habe ich noch einen meiner Sinne verloren, den Geschmacksinn.«[8]) Sie luden June ein, Thanksgiving und Weihnachten bei ihnen zu feiern, und sie retteten mehrere Versionen von Millers »Tony Bring«-Manuskript *Moloch* aus Junes chaotischer Verwahrung, die vielleicht besser verlorengegangen wären. Junes Leben war seit der Trennung von Henry nicht leicht gewesen, aber sie blieb ihm wohlgesonnen und hegte keinen Groll gegen ihn: »Ich beneide Eve«, schrieb sie, »und alle, die das Privileg haben, in Deiner Umgebung zu leben.«[9]
Junes Schicksal sollte gründlich untersucht werden: Nach Miller und Nin war nun Annette Baxter an der Reihe. Sie war Psychologin und begann sich Notizen zu einem Buch über June zu machen, aber die Notizen gingen wie alle anderen Papiere der Baxters in einem Brand auf Fire Island verloren, bei dem auch das Ehepaar Baxter ums Leben kam.

4

Die einzige Frau, deren Einfluß auf Millers Leben mit dem Junes vergleichbar war, war seine Mutter Louise. Sie siechte an Krebs dahin, und im Januar 1956 flogen Eve und Henry nach Brooklyn, um ihr in den letzten Tagen ihres Lebens beizustehen. Nichts verdeutlicht die Hoffnungslosigkeit der Beziehung von Mutter und Sohn besser als die Tatsache, daß Henry die Ehe mit Eve vor seiner Mutter verheimlicht hatte, weil er ihre Mißbilligung fürchtete. Als Lepska ihren Mann 1951 verlassen und die Kinder zu ihren Eltern nach New York gebracht hatte, sah Louise ihre beiden Enkelkinder zum erstenmal und schrieb Henry begeistert von ihren Besuchen. Sie beteuerte, wie sehr sie ihre Enkelkinder und ihre Schwiegertochter liebe, und gab der Hoffnung Ausdruck, Henry werde stets ein glückliches Familienleben führen. Offenbar hatten ihr weder Henry noch Lepska gesagt, daß die Ehe bereits zu Ende war. Bevor Henry und Eve Big Sur verließen, wies er seine Freunde an, ihre Briefe an Eve McClure zu adressieren, nicht an Eve Miller. Als die beiden im Haus von Henrys Mutter waren, stellte er Eve als Freundin seines New Yorker Freundes Vincent Birge vor.

Eve war vom Zustand des Hauses in der Decatur Street und vom Schmutz und der Armut entsetzt, in denen Louise und die inzwischen einundsechzigjährige Lauretta lebten. Gegen den Willen seiner Mutter engagierte Henry eine Krankenschwester für die Nacht, was einen handfesten Krach auslöste, in dem er hin und her gerissen war zwischen Bewunderung für ihre Willenskraft – sie konnte kaum sprechen, war halbseitig gelähmt, und ihre Nieren begannen zu versagen – und Wut und Empörung über die unglaubliche Sturheit, mit der sie ihn noch immer bekämpfte. »Was für eine Szene!« schreibt er. »Ich mußte sie fast im Bett niederknüppeln.«[10] Das Hauptproblem war, dafür zu sorgen, daß sie regelmäßig jede Stunde etwas zu essen bekam. Wenn das nicht geschah, wurde sie schwach, teilnahmslos und, wie Henry die weiteren Folgen frustriert zusammenfaßte, »abgründig dumm, stur und engstirnig. Schlimmer als Lauretta.«

Louise starb erst am 21. März. Miller wurde frühmorgens ins Krankenhaus gerufen, sprach mit einer charmanten italienischen Assistenzärztin und kehrte in Hochstimmung ins Hotel zurück.

Die Beerdigung fand vier Tage später während eines Schneesturms auf dem Friedhof Evergreen statt. Henry erklärte Emil White hinterher, dieser Tag sei einer der beiden schönsten seit seiner Ankunft in New York gewesen. Der andere war der Todestag seiner Mutter.

Damit war die einflußreichste Beziehung in Millers Leben zu Ende. Teilweise war der Unterschied zwischen ihm und seiner Mutter wesensbedingt. Miller fand seine Mutter konventionell, langweilig, phantasielos und unverzeihlich dumm. Mit besonderem Abscheu erinnerte er sich an die lächerliche Ermahnung, mit der sie versucht hatte, seine verrückte Tante Melia zu ordentlichem Benehmen zu bewegen: »Denk daran, daß du Amerikanerin bist.« Aber darüber hinaus enthielt ihre Beziehung auch einen kräftigen Schuß sexuellen Unbehagens und sogar Ekels. Mitte der dreißiger Jahre, als Miller beim Schreiben von *Schwarzer Frühling* erstmals seine frühen Jahre unter die Lupe nahm, glaubte er zum erstenmal verstanden zu haben, welch einflußreiche und zerstörerische Rolle Louise für sein Sexualleben gespielt hatte. Er machte sie für die Schüchternheit verantwortlich, die ihn davon abgehalten hatte, sich Cora Seward wie einem menschlichen Wesen zu nähern und sie »wie ein Mann« zu nehmen. In seiner anschließenden Affäre mit Pauline Chouteau sah er einerseits einen Racheakt, andererseits den Vollzug einer inzestuösen Neigung. »Niemals«, schreibt er, »bei keiner Frau, die ich liebte, hatte ich die leiseste Ahnung von der Rolle, die meine Mutter spielte.«[11] Im Rückblick warf er ihr vor, sie habe ihn seinem Vater entfremdet, habe bei Streitigkeiten versucht, ihn auf ihre Seite zu ziehen, habe ihn mitten in der Nacht geweckt und auf die Suche nach seinem Vater geschickt – mit anderen Worten, sie habe ihn dazu gedrängt, den Platz seines Vaters im Haus einzunehmen. Er warf ihr auch vor, daß sie ihn emotional unter Druck gesetzt habe, um ihn zum Eintritt in das väterliche Geschäft zu zwingen, wo er auf seinen Vater aufpassen sollte, obwohl sie gewußt habe, daß er das nicht wollte. Als Henry dann rebellierte, diese Rollen ablehnte und seinen ungesicherten und exzentrischen Weg durchs Leben als Schriftsteller begann, behandelte ihn Louise wie einen kleinen Jungen. Wir werden leicht das, wofür andere uns halten, und Miller blieb in mancherlei Hinsicht sein Leben lang ein kleiner Junge. Die Folge dieses unglücklichen Verhältnisses war, daß Henry seine Mutter und schließlich alle Mütter fürchtete und haßte. Eine Zeitlang suchte er bei Freud nach einer Lösung des Problems, er wandte sich aber bald von Freud ab, als er erkannte, daß die Freudsche Synthese so einfach und so unbefriedigend war, daß sie ihm nicht genügte. Die weniger genau definierte Welt der Literatur schien ihm mehr Aussicht auf eigene Entdeckungen zu bieten. Auch das gründliche Studium D. H. Lawrence' und der Versuch, ein Buch über ihn zu schreiben, der Miller in den dreißiger Jahren beschäftigte, sollten ermöglichen, intellektuell zum Kern des ödipalen Problems vorzustoßen. Schließlich entdeckte Miller, daß man alle Probleme am besten dadurch löst, daß man sich gar nicht mit ihnen beschäftigt, sondern sie durch Mißachtung aushungert.

Eine solche Philosophie mußte Probleme aufwerfen, wo andere Menschen mitbetroffen waren. Für die Frauen, die Henry heiratete, bedeutete das, daß er sich ihnen nicht auf gleicher und freundschaftlicher Ebene öffnen konnte. Eine enge Beziehung zu einer Frau bedeutete letzten Endes immer einen Kampf darum, die Herrschaft über sie zu erringen und zu behalten. Eine solche Einstellung steht in krassem Gegensatz zu Millers literarischem Selbstporträt, das ihn als Bewunderer der Frau zeichnet und als Propheten einer völligen Unterordnung unter die Frau. Dieses Bild verleitete sowohl Lepska als auch Eve zu der irrigen Annahme, Henry sei der richtige Mann für sie. Nur Anaïs Nin, die sich in den geschützten Bereich ihrer Ehe zurückziehen konnte, vermochte diese Seite Henrys zu tolerieren, während sie zugleich von anderen Eigenschaften Millers, die ihr nutzen konnten, profitierte. So kam es, daß ein Mann, der sich mit der Hälfte des Lesepublikums auf der ganzen Welt duzte, große Schwierigkeiten hatte, ein vertrautes Verhältnis zu den Menschen aufzubauen, die ihm am nächsten standen.

Lauretta war nach Louises Tod ein Problem. Ihr Schicksal war besonders grausam – sie war nicht verrückt, konnte aber trotzdem nicht für sich sorgen. »Lieber geisteskrank als schwachsinnig«, war Henrys Kommentar. Er kämpfte mit der ungewohnten Last der Verantwortung und erkundigte sich, ob sich eventuell eine Mitbewohnerin finden ließ, die das Haus in der Decatur Street mit Lauretta teilen würde. Am Ende entschloß er sich, das Haus zu verkaufen und seine Schwester nach Kalifornien mitzunehmen.

In einem Heim in Pacific Grove fand er einen Platz für sie. Dort gab es mehrere Fernsehapparate, eine Kapelle und nicht zuletzt eine ganze Reihe von Damen in Laurettas Alter, so daß für alle ihre Bedürfnisse gesorgt war. Die Kosten betrugen 200 Dollar im Monat, sie wurden jedoch reichlich durch die 7500 Dollar gedeckt, die Henry beim Verkauf des elterlichen Hauses erhielt.

5

Miller wußte genau, daß die meisten der Hunderte von Leuten, die er kannte und mit denen er korrespondierte, weniger Freunde als Fans waren. Innerlich war er sich über den Unterschied völlig im klaren, und er wußte, daß er nicht mehr echte Freunde hatte als andere Menschen auch. Besonders wichtig war ihm, sich die Achtung seiner ältesten Freunde zu erhalten. Daß er sich Conasons Respekt durch die spontane Anteilnahme an Junes Schicksal erhalten hatte, bedeutete ihm viel. Die Beständigkeit seiner Freundschaft mit Conason und Schnellock war auch in anderer Hinsicht wichtig für ihn: Sie schien ihm darauf hinzudeuten, daß weder der beträchtliche Ruhm, den er erlangt hatte, noch sein langer Aufenthalt in Europa ihn verändert hatten. Er war immer noch der »Junge aus Brooklyn«, und zwischen Conason und ihm hatte sich nichts verändert, »nur habe ich in der Zwischenzeit ein paar Bücher geschrieben«.[12]

Dieselbe Qualität hatte die Beziehung zu Alfred Perlès, der Ende 1954 nach Big Sur kam, um die letzten Kapitel seiner Biographie *My Friend Henry Miller* zu schreiben. Perlès sei sein »liebster Freund«, schreibt Miller einmal, »er ist eine Wohltat für jedermann. Ich vermisse ihn, wie ich nie jemand anderen vermißt habe.«[13] Natürlich war Miller als Gegenstand der Biographie lebhaft daran interessiert, wie er der Welt präsentiert wurde, und die Manuskriptfassung des Buches im Archiv der University of California in Los Angeles weist einige erheiternde redaktionelle Eingriffe auf. Der beste ist vielleicht die von Miller eigenhändig vorgenommene Änderung von Perlès' entschiedener Aussage: »Er hat sein Leben lang kein pornographisches Buch gelesen.« Miller änderte den Satz zu: »Ich glaube nicht, daß er in seinem Leben je ein pornographisches Buch gelesen hat.« Interessant ist weiterhin, wie Perlès in *My Friend Henry Miller* die Beziehung zwischen Anaïs Nin und Henry verschleiert. Er führt Nin unter ihrem richtigen Namen als enge Freundin Millers ein und erfindet dann eine Figur namens »Liane de Champsaur«, angeblich eine Choreographin, die Henrys große Liebe und Wohltäterin während der dreißiger Jahre in Paris gewesen sein soll. Dennoch brach Nin mit Perlès: Sie war nach wie vor entschlossen, ihre lange außereheliche Beziehung zu Henry vor ihrem Ehemann geheimzuhalten, und fühlte sich in Perlès' Buch nur unzureichend maskiert.

Zwar zeichnet sich das Buch bezüglich der biographischen Daten durch eine fröhliche Sorglosigkeit aus, es ist jedoch ein gelungenes »instinktivistisches« Porträt Millers. Bei aller Liebe zu Henry und des hohen Lobes für dessen schriftstellerische Fähigkeiten war Perlès kein Schmeichler, und er geht mit Millers Anspruch darauf, ein Weiser zu sein, streng ins Gericht. Als Perlès in einem Brief an Miller einmal ihren gemeinsamen Freund David Edgar lobte, meinte er: »Das Beste, was ich über Edgar sagen kann, ist, daß er kein Gauner ist wie alle anderen einschließlich Dir und mir.« Er hatte kurz zuvor einen neunzehn Seiten langen Brief Edgars an Miller gelesen und festgestellt, daß Edgar kein einziges Wort über sich selbst geschrieben hatte: »Nicht einmal seine Schreibfehler sind persönlich.«

Perlès war von Henrys Freunden in Big Sur nicht sonderlich beeindruckt und nannte sie später »freundliche Trottel«. Es gefiel ihm jedoch, daß sein alter Freund in Geldangelegenheiten noch so einfältig war wie eh und je. Miller hatte inzwischen zwar ein Konto bei der Bank of America und somit ein eigenes Scheckbuch, aber er sah noch immer wie ein schuldbewußter Betrüger aus, wenn er einen Scheck einlösen wollte. Er errötete und fahndete in seinen Taschen nach einem Ausweis, lange bevor ihn der Kassierer dazu aufforderte. Perlès hatte den Eindruck, daß Miller sich in seiner Bergeinsamkeit wohl fühlte, daß es ihm aber an Anregungen fehlte. Er gehörte deshalb zu den alten Freunden, die Miller am hartnäckigsten dazu drängten, wieder nach Europa zu gehen und sich dort niederzulassen. Im stillen hatte er wie Michael Fraenkel das Gefühl, Verrat an Miller zu begehen, wenn er den Freuden des Daseins als Guru in Kalifornien zustimmte.

Auch mit einem anderen alten Freund, Emil Schnellock, korrespondierte Henry bis zu dessen Tod im Jahr 1959. Schnellock blieb ihm bis zum Schluß treu und war seinem alten Freund rührend dankbar für die Art und Weise, »in der Du mich großzügig der Obhut der Nachwelt übergibst, indem Du Deine Briefe an mich veröffentlichst«.[14] Schnellock spielt damit auf die Veröffentlichung von *Semblance of a Devoted Past* im Jahr 1944 an. Auch Joe O'Reagan behielt seinen alten Freund in liebevoller Erinnerung, und als er 1961 starb, vermachte er Miller in seinem Testament 1500 Dollar. Emil Conason, der 1966 starb, war mit Ausnahme Harold Hickersons der einzige von Henrys Freunden aus Brooklyn, von dem je etwas gedruckt wurde. Conasons *Salt-Free Diet Cookbook,* das 1949 erschien, war auf seine Weise auch ein Stück Avantgardeliteratur.

Inzwischen beanspruchten Henry Millers Verehrer einen immer größeren Platz in seinem Leben. Von ihnen gab es zwei Sorten. Die einen begründeten offizielle Einrichtungen wie die Sammlung von Milleriana, die Lawrence Clark Powell Anfang der fünfziger Jahre an der University of California in Los Angeles begann, oder die Henry Miller Literary Society in Minneapolis, die sich 1954 auf Anregung des früheren Journalisten Eddie Schwartz formierte. Beide Einrichtungen waren zwar in erster Linie Fanclubs (das interne Mitteilungblatt der Society bezeichnete Miller »liebevoll« als »den Meister«), aber sie sollten auch die öffentliche Meinung gegen die literarische Zensur aktivieren, indem sie Miller als ernsthaften Schriftsteller etablierten.

Die anderen Fans schrieben Miller persönliche Briefe, die später dann in die Sammlung der University of California aufgenommen wurden. Für viele dieser Anhänger war Miller eine Art Briefkastenonkel; sie bedankten sich bei ihm dafür, wie sehr seine Bücher ihr Leben bereichert hätten. Manche waren Spinner, die Miller um Unterstützung für Ideen baten, mit denen sie die Welt retten wollten. So schlug zum Beispiel jemand vor, man solle alle Menschen umbringen, die älter als zwölf Jahre seien, und die Kinder einen neuen Anfang machen lassen. Viele waren Frauen, die ihren Briefen Nacktfotos von sich beilegten, andere wollten Schriftsteller werden oder waren als solche bereits gescheitert und sahen in Millers Bericht von seinem Kampf als Schriftsteller eine Beschreibung ihres eigenen Lebens. Manche von ihnen wurden auch tatsächlich Schriftsteller, aber für die meisten war das nur ein

vorübergehendes Ziel. Ein typisches Beispiel ist der Brief einer Frau, die schrieb, sie habe Schuldgefühle gehabt, weil sie sich als Schriftstellerin gefühlt habe, bis sie *Der Koloß von Maroussi* gelesen habe. Nach der Lektüre sei ihr klargeworden, »daß die Liebe einen Schriftsteller ausmacht, nicht die Worte«. Viele Bewunderer wollten Henry besuchen; ein Mann kündigte an, er werde eine große Schallplattensammlung mitbringen, die von Bach bis Prokofieff reiche, »und auch etwas von Robeson und Burl Ives, falls Gesprächspausen entstehen«. Viele Absender waren Jugendliche, die erfrischend aufrichtig waren. Ein junger Mann schrieb an Henry, er sei »von derselben Leidenschaft erfüllt, welche manche zu einer Größe emporhebt, die sie nachher oft bedauern. Aber machen Sie sich nichts daraus. Ich habe nicht Ihre Ausdauer und Ihre Fähigkeit, die schmutzigen Städte dieser Welt durch eigene Erfahrung kennenzulernen. Diese Orte widern mich an.« Aus anderen Briefen spricht ein rührender Trotz, wie aus dem Brief eines Mannes, der von seinen vielen Romanen und Theaterstücken vom Leben auf See und in Holzfällerlagern schrieb: Seine Werke seien unveröffentlicht geblieben, weil die Menschen in ihnen »sich nicht im Bett herumwälzen in der Hoffnung, dadurch zu gefallen«. Henry, der sich durchgängig als Versager porträtierte, war für solche Männer und Frauen ein Idol. Gerade solche Leser reagierten auf einen weiteren seiner absurden Bettelbriefe, den er im Februar 1955 losschickte. In ihm behauptete er, er »gehe unter«, wenn nicht jeder der fünfzig Empfänger des Briefes ihm einen Dollar pro Woche schicke, bis »die Krise« überstanden sei. Seine berühmten Kollegen wiesen ihn ab. Valerie Fletcher antwortete im Namen T. S. Eliots mit der spitzen Bemerkung, auch Eliot müsse Vorträge und Lesungen halten, wenn er in den Vereinigten Staaten sei, um die Kosten des Aufenthalts bestreiten zu können. Ein Bill Fountaine jedoch vervielfältigte Millers Brief und verteilte die Kopien in seinem Freundeskreis. Miller erhielt damals häufig große Summen aus dem Verkauf seiner Bücher im Ausland – einmal etwa 530 Dollar aus Frankreich und 950 Dollar aus Japan.
Den größten Gewinn aus Millers Bereitschaft, mit seinen Lesern zu korrespondieren, zogen wahrscheinlich die beiden Häftlinge Edwin Becker und Roger Bloom, die lange Strafen absitzen mußten. Miller wechselte mit beiden viele Jahre lang regelmäßig Briefe. Seine Briefe an sie waren warmherzig, freundlich und vol-

ler Nachrichten über sein Familienleben, seine Vergangenheit, seine Reisen und sein Schreiben. Sie enthielten auch gute Ratschläge darüber, was die beiden lesen sollten, und schlechte Ratschläge darüber, wie man schreibt. Er ermahnte sie, Geduld zu haben und die Hoffnung nicht aufzugeben, wenn ihre Bitten um bedingte Haftentlassung abgelehnt wurden. Diese Briefe zeigen Miller in seiner charakteristischsten Rolle, der Rolle des großen Ermutigers. Miller regte auch Freunde wie Emil White, Anaïs Nin und Alfred Perlès an, den Gefangenen Briefe zu schreiben, und sogar Millers Kinder beteiligten sich: »Ich gehe zum Hautarzt und kriege meine Warzen weggemacht«, schrieb Valentine an Roger Bloom. »Hast Du auch Warzen?« Eines Tages zog Miller sogar einen Anzug an und reiste zum Direktor des staatlichen Gefängnisses von Ohio, um ihn davon zu überzeugen, daß Bloom, der wegen eines Bankeinbruchs lebenslänglich bekommen hatte, inzwischen voll rehabilitiert sei. Seine Bemühungen hatten schließlich Erfolg, und im Jahr 1966 wurde Bloom freigelassen, nachdem er zehn Jahre mit Miller im Briefwechsel gestanden hatte.

6

Die mittleren fünfziger Jahre waren eine glückliche Zeit für Miller. Er genoß es, seine Kinder im Sommer bei sich zu haben, er schrieb seine Bücher, korrespondierte mit seinen Lesern, besuchte Lauretta und fuhr sie in seinem alten Cadillac spazieren, ging so oft wie möglich ins Kino und glaubte, das sei der wahre Wilde Westen. Eve nahm ihm die Lasten der praktischen Seite des Lebens ab, unterstützt von Robert Fink, Emil White und Vincent Birge, die von New York an die kalifornische Küste umgezogen waren, um Miller nahe zu sein. Sie fungierten als Sekretär, Chauffeur, Faktotum und Wärter. Miller machte morgens, mittags und abends stramme Spaziergänge, immer den Schlehdornstock in der Hand, den ihm Powys geschickt hatte. Er griff zur Hacke und bekämpfte die Klapperschlangen, wenn sie dem Haus zu nahe kamen, und mühte sich darum, den Giftsumach in Schach zu halten. Eve zog das Gemüse, das sie brauchten, und es gab jeden Abend eine gute Flasche Wein. Sie lebten weitgehend so, wie die idealistischen Hippies später in den sechziger Jahren zu leben versuchten, auch wenn Henry den Widerstand gegen die Schule längst aufgegeben hatte und sich sogar verantwortungsbewußt für die Belange der Schule interessierte, die Valentine und Tony besuchten, wenn sie bei ihm waren: Einmal schrieb er aus eigenem Antrieb einen Brief an den Chef der Kommunalverwaltung, in dem er sich darüber beklagte, daß der Fahrer des Schulbusses seit zwei Monaten kein Gehalt mehr bekommen habe und daß die Beleuchtung und die Toiletten in der Schule gänzlich unzulänglich seien.

Wenn er in orientalischer Stimmung war, trug er oft ein Mandarinkäppchen, das ihm ein Verehrer geschenkt hatte, und wenn ihm griechisch zumute war, legte er die griechischen Kleider an, die er gekauft hatte. Ein hebräischer Talisman, den er von Bezalel Schatz bekommen hatte, der inzwischen in Jerusalem lebte, hing stets um seinen Hals, obwohl er lange nicht wußte, was die Inschrift auf dem Talisman bedeutete. Solche Einzelheiten kümmerten ihn nicht. Einer der vielen Briefköpfe, die er sorgfältig auswählte und die meist ein Motto enthielten, bestand aus acht chinesischen Schriftzeichen. Als sie ihm übersetzt wurden, stellte sich heraus, daß es sich um eine formelle Bitte an die verehrten Kunden handelte, ihre Rechnung freundlicherweise vor Ende des Jahres zu begleichen: Selbst wenn Henry sich dessen nicht bewußt war, enthielt jeder Brief von ihm eine Bitte um Geld.

Fink kannte einen Steuerberater, der ebenfalls Miller-Fan war. Gemeinsam nahmen sie Miller die Mühe ab, seine Einkommenssteuererklärung selbst zu machen. Sie entdeckten zu ihrer Freude, daß Millers Gesamtausgaben von 6881 Dollar im Jahr 1953 fast genau seinem Bruttoeinkommen von 6872,75 Dollar entsprach. Der Steuerberater wollte als Gegenleistung lediglich ein Originalaquarell von Miller. Zu den wichtigeren Ereignissen des Jahres 1954 gehörte, daß Big Sur an das Elektrizitätsnetz angeschlossen wurde und man nicht mehr auf Kerzenlicht angewiesen war. Fink, der ein tüchtiger Elektriker war, bastelte eine hervorragende Stereoanlage für Miller, und das alte Victoria-Grammophon, das man von Hand ankurbeln mußte, wurde ausrangiert. Obwohl Miller in *Der klimatisierte Alptraum* einst einen begeisterten »Werbeartikel« für seinen alten Freund Edgar Varèse geschrieben hatte, war sein musikalischer Geschmack altmodisch und romantisch, und

er mochte vor allem Ravel und Skrjabin. Fink schenkte ihm auch einen grünen, gebirgstüchtigen Jeep.
Miller war inzwischen das Idol einer ganzen Generation junger amerikanischer Schriftsteller geworden. Manche von ihnen, wie Norman Mailer, Saul Bellow, John Updike und James Baldwin, schätzten und bewunderten an ihm seinen Mut und seine Aufrichtigkeit beim Schreiben über Sexualität, ohne sich von seinem Stil oder seinen religiösen Neigungen beeinflussen zu lassen. Andere, wie Jack Kerouac, Allen Ginsberg, John Clellon Holmes, Lawrence Lipton, Kenneth Rexroth, Lawrence Ferlinghetti und die übrigen Dichter der Beat-Generation, begeisterten sich besonders für seinen Antiamerikanismus und Antimaterialismus. Miller war auch zum großen Teil für das starke Interesse am Zen-Buddhismus und an orientalischen Religionen und Philosophien verantwortlich, das für die Beat-Bewegung kennzeichnend war. Michael McClure gehörte zu denen, die Miller auf dem Partington Ridge besuchten, und Kerouac und Ferlinghetti planten ein Essen mit Miller in Ephraim Doners Haus in Carmel Highlands. Kerouac fing jedoch an zu trinken, und das Treffen kam nie zustande. Henry bewunderte Kerouacs Bücher sehr und steuerte sogar ein neues Vorwort zu *Gammler, Zen und hohe Berge* bei, in dem er gestand: »Wenn ich von ›Bop-Prosodie‹ lese, ziehe ich die Augenbrauen hoch. Diese Burschen sagen vielleicht Sachen.«[15] Vielleicht erkannte er nicht, daß er selbst mit seinem »großartigen, natürlichen Wortschleudern«, wie Ginsberg formulierte, weitgehend für die Entstehung der »Bop-Prosodie« verantwortlich war. Es war merkwürdig und traurig, daß letztlich nur wenige seiner glühendsten Verehrer unter den jungen Schriftstellern den ganzen Weg Henry Millers nachvollziehen konnten. Kerouac, der jung an Leberzirrhose starb, schrieb ihm einmal: »Sie und ich, wir werden nicht an ›Herzverfettung‹ sterben wie H. G. Wells.«[16]
In politischer Hinsicht blieb Millers Einstellung im wesentlichen dieselbe wie in den dreißiger Jahren. Er mißtraute den Zielen und Motiven professioneller Politiker abgrundtief und hielt eisern an der Richtigkeit einer Haltung fest, die in einem der letzten Sprüche des *Tao-Te-ching* vorgeführt wird. Dort findet sich die Vision einer Welt, die aus kleinen und friedlichen Ländern besteht und deren Bewohner die Verwendung aller zeit- und arbeitsparenden

Erfindungen ablehnen, gut essen, sich bequem kleiden und so wenig wie möglich reisen:

> Und mögen die benachbarten Länder einander sehen und des Hahnes und Hundes Ruf einander hören können, den Leuten nahe Alter und Tod, ohne daß sie zueinander kamen noch gingen.

Wenn er sich zu einem aktuellen Ereignis äußerte, tat er es im allgemeinen mit treffsicherem Instinkt – der russische Einmarsch in Ungarn erschien ihm als »ein neues Tief für die Zivilisation«,[17] und er schickte Kleiderpakete nach Ungarn, wie er in den ersten Jahren nach dem Zweiten Weltkrieg Kleiderpakete nach Polen und Deutschland geschickt hatte. Zwar erkannte er die Anziehungskraft des Kommunismus auf die Armen an, er war jedoch fest davon überzeugt, daß es aufgrund der Beschränkungen der menschlichen Natur unmöglich sei, den Kommunismus in die Praxis umzusetzen. Als guter Antiamerikaner applaudierte er jedoch dem Triumph Fidel Castros in Kuba.
Seine Weigerung, das Tagesgeschehen zur Kenntnis zu nehmen, hatte insgesamt zur Folge, daß er in ungewöhnlichem Maß Herr über sein persönliches Glück war. Er sah, wie leicht sich der Durchschnittsbürger über die Schrecken der Welt ängstigte und aufregte. Sein praktischer Rat an alle, die vor lauter Sorgen am Rand einer Neurose standen, war stets, für eine Weile das Zeitunglesen einzustellen, das Radio auszuschalten und sich eine gute Mahlzeit mit allem Drum und Dran zu kochen.
Vielleicht war es in jenen Tagen vor dem Fernsehzeitalter leichter, eine solche Philosophie der Losgelöstheit zu befolgen. Aber schon damals war das nicht immer möglich: So gelangte Miller, wie die meisten Amerikaner, zu der Überzeugung, daß der Koreakrieg zu einem weltweiten Krieg zwischen Kapitalismus und Kommunismus eskalieren werde, und er erging sich in hektischen Prophezeiungen eines drohenden Dritten Weltkrieges und einer anschließenden bizarren Neuordnung der Machtverhältnisse.
Die Astrologie interessierte ihn weiterhin, und als seine Popularität zunahm, begannen sich die Jünger dieser Kunst mit ihm zu beschäftigen. Sidney Omarr, ein bekannter Verfasser von Horoskopen, die in mehreren Zeitungen veröffentlicht wurden, schrieb

sogar eine astrologische Abhandlung mit dem Titel *Henry Miller: His World of Urania*, und es gab noch mehr solche Untersuchungen. *Astrologisches Frikassee*, der heitere Essay, den Miller in Hollywood geschrieben hatte und in dem er sich über die Astrologie lustig machte, war natürlich ein Problem für Omarr, aber er löste es, indem er seinen Lesern erklärte, Miller habe sich mit dem Essay gegen den *Mißbrauch* der Astrologie gewendet. Auf jeden Fall schrieb Miller selbst ein Vorwort für Omarrs Buch – zwar ungern, aber trotzdem sehr ausführlich –, in dem er behauptete, ähnliche Untersuchungen über andere berühmte Männer wie Dostojewski, Rimbaud, da Vinci und Gilles de Rais würden viel zu einem besseren Verständnis dieser Menschen beitragen.

Miller interessierte sich damals auch lebhaft für ein anderes exzentrisches Thema: fliegende Untertassen. Er las Bücher darüber und bat den Autor eines dieser Bücher in einem Verehrerbrief um die Erlaubnis, ihn besuchen zu dürfen. »Ich will nicht leugnen, daß mir Ihre Beweise nahezu unglaublich vorkommen«, schrieb er, »aber da ich selbst im Laufe meines Lebens Zeuge vieler unglaublicher Ereignisse und Vorgänge geworden bin, habe ich nicht die Absicht, Sie zu kritisieren.«[18] Zaghaft behauptete er sogar, selbst einmal etwas gesehen zu haben, »was dem Anschein nach eine fliegende Untertasse war, aber weit entfernt am Horizont, in der Morgendämmerung, und ich hatte kein Fernglas bei mir«. Andere Stationen der Reise, die der Journalist Jonathan Cott einmal Millers »kosmischen Tourismus« nannte, waren die Scientology L. Ron Hubbards, die apokalyptischen Schriften der Essener, die Christian Science, Khalil Gibran, die Weiße Magie und der moderne Hinduismus Sri Ramakrishnas. Vielleicht hoffte Miller, durch die beharrliche Beschäftigung mit dieser Welt vielfältiger und fortwährender Offenbarungen die Möglichkeit existentieller Langeweile abwehren und die Furcht besiegen zu können, die letzte Offenbarung werde einfach nur Leere sein. In diese Richtung geht zumindest eine melancholische, aber merkwürdig faszinierende Bemerkung in dem Essay *My Life As An Echo*, die andeutet, daß die Suche nach einer Synthese Selbstzweck geworden war: »Jede Theorie, jede Idee, jede Spekulation kann die Lebensfreude steigern, solange man nicht den Fehler macht zu glauben, sie bringe einen irgendwohin.«

7

Trotz seiner umfangreichen Korrespondenz und der spirituellen Suche fand Miller noch immer Zeit, Bücher zu schreiben. Nachdem er *Sexus* veröffentlicht hatte, machte er sich rasch an die Arbeit an *Plexus*, legte das Buch aber Anfang 1950 beiseite, um *Die Kunst des Lesens* zu verfassen. Dieses Buch erschien 1952 bei New Directions. *Plexus* kam 1953 in Paris in zwei Bänden und einer auf 2000 Exemplare begrenzten Auflage heraus. Das Jahr 1956 war besonders erfolgreich: Eine englische Ausgabe seines Buches über Rimbaud erschien unter dem Zitel *The Time of the Assassins*, eine umgeschriebene Version von *Stille Tage in Clichy* wurde von Girodias' Olympia Press veröffentlicht, und *Ein Teufel im Paradies*, der Bericht über Conrad Moricands Aufenthalt in Big Sur im Jahr 1948, erschien in einer englischen und einer französischen Ausgabe. Im darauffolgenden Jahr erschien er noch einmal als Anhang zu *Big Sur und die Orangen des Hieronymus Bosch*, einer Sammlung von Meditationen, Essays und Porträts über das Leben in Big Sur.

Von den kleineren Werken, die Miller neben der Arbeit an seinem Hauptwerk *The Rosy Crucifixion* verfaßte, ist *Die Kunst des Lesens* ein besonders geglücktes Beispiel autobiographischen Schreibens. Millers verträumte, volkstümliche Erinnerungen an verschwundene Variétés, verstorbene Entertainer und vergessene Filmstars mischen sich darin reizvoll mit Meditationen über das Vergnügen, auf der Toilette zu lesen, mit Gedanken über sexuelle Polarität, mit leidenschaftlichen Huldigungen an persönliche Vorbilder wie Rider Haggard, Blaise Cendrars, Jean Giono und Cowper Powys und mit bruchstückhaften autobiographischen Einblicken in sein frühes Arbeitsleben und sein Dasein als unglücklicher, in Pflichten eingebundener Liebhaber Pauline Chouteaus. Millers Liebe zu Büchern und zum Lesen ist ansteckend und regt in ihrer äußerst subjektiven Art wahrscheinlich mehr zu einem gesunden und eigenständigen Interesse an der Literatur an als die klinischen Analysen der professionellen Kritiker, aus deren jugendlicher Liebe zur Literatur im Lauf der Zeit meist Routine und Verachtung für »den Job« geworden sind.

Big Sur und die Orangen des Hieronymus Bosch stellte Big Sur als Paradies auf Erden dar und bewirkte, wie vorauszusehen war, daß

noch mehr Blumenkinder, Beatniks, Möchtegernkünstler und andere »Narren, Toren, Langweiler, Pedanten und Leser deiner Bücher, für die man sich schämen muß«, an Millers Tür klopften. In diesem »kultischsten« Buch Millers wimmelt es von Anspielungen auf »weiße Hexen«, fliegende Untertassen, Mary Baker Eddy und anderes, und wer kein persönliches Interesse für derlei Leidenschaften mitbringt, wird von der Lektüre gelangweilt sein. Die Nachbarn, die Henry beschreibt, und das Leben, das er führt, wirken nicht besonders interessant, und der Versuch, Moricand als Teufel darzustellen, der »das Paradies verlassen hat«, scheitert schon allein deshalb, weil der Leser nicht glaubt, daß Big Sur so paradiesisch ist, wie Miller behauptet.
Der vergnüglichste Abschnitt des Buches ist eine Fortsetzungsgeschichte, die Miller für seine Kinder geschrieben hat und die von einem kleinen Mädchen handelt, das allein in einem vornehmen Hotel in New York lebt. In die Geschichte eingeflochten sind die Reaktionen der Kinder auf Chamas Abenteuer und komische Schilderungen davon, wie Miller sich durch das freie Spiel seiner Phantasie in erzählerische Engpässe hineinmanövriert und sich wieder aus ihnen befreit, meist durch einen großen Sprung. Die Schilderungen geben wahrscheinlich ein recht gutes Bild von seiner improvisierenden Arbeitsweise beim Schreiben. Miller wäre, hätte er das gewollt, vielleicht ein guter Kinderbuchautor gewesen.

8

Anfang 1959 vollendete Miller *Nexus*, den dritten Band von *The Rosy Crucifixion.* Wie die beiden anderen Bände wurde *Nexus* von Girodias' Verlag in Paris veröffentlicht, der eine Zeitlang Olympia Press geheißen hatte, dann aber wieder den Namen erhalten hatte, unter dem Jack Kahane ihn gegründet hatte, Obelisk Press. In *Sexus* hatte Miller die gescheiterte Ehe mit Beatrice und den Beginn der Beziehung zu seiner späteren zweiten Frau June dargestellt, in *Plexus* fährt er mit der Schilderung der ersten beiden Ehejahre mit June fort und beschreibt seine ersten Versuche als Schriftsteller, nachdem er die Stelle bei der Western Union aufgegeben hatte. Gegen Ende des Buches tritt Martha Andrews auf,

und der dritte Band *Nexus* beschreibt, auf welche Weise sie June und die Ehe der Millers beeinflußt hat. Nach Maras und Junes Reise nach Paris 1927, von der June allein zurückkehrt, scheint die Ehe sich wieder zu erholen. Am Ende von *Nexus* brechen Henry und June 1928 gemeinsam nach Paris auf. Sie finanzieren die Reise mit dem Geld, das Henry für *Moloch* bekommen hat.
Miller plante, als Vollendung seines Proustschen Zyklus einen vierten Band zu schreiben, der von dieser ersten Reise nach Frankreich handeln sollte, von der Rückkehr nach New York für ein Jahr und von seinem erneuten Aufbruch nach Frankreich ohne June. Wahrscheinlich hätte dieses Buch mit einer Szene aufgehört, in der Miller an Michael Fraenkels Schreibtisch in der Villa Seurat Nr. 18 sitzt und schreibt: »Ich wohne in der Villa Borghese«, die erste Zeile von *Wendekreis des Krebses.* Miller nahm mehrere Anläufe, den vierten Band zu schreiben, gab das Vorhaben aber schließlich auf.
The Rosy Crucifixion ist zweifellos ein einzigartiges Dokument menschlichen Lebens. Die Trilogie ist unter anderem eine gute Geschichte des alltäglichen Lebens in Brooklyn und New York in den zwanziger Jahren; sie enthält alles, was die Zeitungen damals unerwähnt ließen, und läßt dafür praktisch alles weg, was in den Zeitungen stand. Während die Form der Bücher und die Streuung der Themen von der Sexualität bis zur Religion an Memoiren wie etwa *My Life and Loves* von Frank Harris erinnern mögen, ist der Stil der Trilogie einzigartig. Miller begeisterte sich schon früh für japanische Filme wie *Die sieben Samurai,* und der Stil der Trilogie erklärt diese Vorliebe: In beiden Fällen ist eher die Axt als das Messer die bevorzugte Waffe, und Ereignisse und Gefühle werden mit kindlicher Offenherzigkeit und Übertreibung beschrieben. Die Personen grunzen und schneiden Grimassen und blicken finster drein, klatschen sich beim Lachen auf die Schenkel, blasen sich auf und gehen mit gespreizten Beinen, wenn sie stolz oder zornig sind, und vergraben das Gesicht in den Händen, wenn sie traurig sind.
Millers langjährige Übung als Briefschreiber und Icherzähler hatte ihn zum Meister darin gemacht, ein Gefühl der Intimität zwischen sich und dem Leser herzustellen und mit seinen Beschränkungen als Romanautor umzugehen. Wie ein tolpatschiger Jongleur konnte er die Sympathie seines Publikums gerade durch seine

Ungeschicklichkeit gewinnen, indem er einen Trick nach dem anderen vermurkste, während er zwischendurch in der Lage war, mit Passagen von erstaunlicher und eindrucksvoller Kraft zu verblüffen. Mit einem gesunden Instinkt für Wirkung plazierte er diese Passagen in der Regel am Ende eines Kapitels. Kapitel neunzehn von *Sexus* schließt mit einem solchen Höhenflug, der Vision des Lebens im jüdischen Ghetto:

> In einem anderen Keller sitzt ein alter Mann in seinem Mantel auf einem Holzstoß und zählt seine Kohlen. Er sitzt im Dunkeln, wie er es in Krakau getan hat, und streicht seinen Bart. Sein Leben ist ganz Kohle und Holz, kleine Fahrten von der Dunkelheit zum Tageslicht. In seinen Ohren hallt noch das Dröhnen von Pferdehufen auf gepflasterten Straßen, der Klang von Rufen und Schreien, das Rasseln von Säbeln, der Aufprall von Gewehrkugeln auf eine leere Mauer. Im Kino, in der Synagoge, im Kaffeehaus, wo immer man sitzt, erklingen zwei Arten von Musik – eine bitter, die andere süß. Man sitzt mitten in einem Heimweh genannten Fluß. Einem Fluß, angefüllt mit kleinen Erinnerungen, die beim Schiffbruch der Welt gesammelt wurden. Erinnerungsstücke der Heimatlosen, der Zuflucht suchenden Vögel, die sich aus Stöckchen und Zweigen immer wieder ihr Nest bauen, überall zerstörte Nester, Eierschalen, eben flügge gewordene Vögel, mit umgedrehten Hälsen und ins Leere starrenden toten Augen. Heimwehkranke Flußträume unter blechgekrönten Mauern, verrosteten Schuppen, gekenterten Booten. Eine Welt zerstörter Hoffnungen, erdrosselter Bestrebungen, kugelsicheren Hungers. Eine Welt, in die sogar der warme Lebensatem eingeschmuggelt werden muß, wo Edelsteine, groß wie Taubenherzen, gegen eine Elle Raum, eine Unze Freiheit gehandelt werden. Alles ist zu einer vertrauten Leberpaste vermischt, die auf einer geschmacklosen Oblate geschluckt wird. Auf einen Zug werden fünftausend Jahre der Bitterkeit, fünftausend Jahre der Asche und fünftausend Jahre zerbrochener Zweige, zerbrochener Eierschalen, erdrosselter Jungvögel hinuntergeschluckt …

Die Wirkung einer solchen Passage, die unvermutet aus einer oft nachlässigen und schwerfälligen Prosa hervortritt, kann sowohl

erfrischend als auch verwirrend sein. Es ist, als erwache man plötzlich auf einem hohen Berg, ohne daß ein Weg zu sehen ist, auf dem man heraufgekommen sein könnte. Wer ein paar Seiten zurückblättert, um den Anfang des Aufstiegs zu finden, hat selten Erfolg und kann am Ende nur achselzuckend weiterlesen, ohne daß er weiß, was als nächstes geschehen wird. Gelegentlich tauchen in den Büchern auch thematische Entwicklungen oder Erzählstränge auf, etwa in Zusammenhang mit Harcourt, dem Besitzer des Tanzpalastes. Henry pfeift durch die Zähne und flucht und schüttelt den Kopf vor Staunen, wenn sich die Gerissenheit dieses Mannes aufs neue offenbart, jedoch ist nur schwer zu ergründen, was Harcourt eigentlich im Schilde führt oder was das alles mit Henry zu tun hat.
Die Charaktere sind manchmal ähnlich verwirrend: Zwar gibt es in *The Rosy Crucifixion* keine schwierigen Namen, aber trotzdem tut der Leser sich oft genauso schwer, die Personen auseinanderzuhalten, wie bei einem russischen Roman. Ulrics und Stanleys und Curleys und O'Maras und O'Rourkes tauchen unvermutet auf und verschwinden ebenso plötzlich wieder, sind kaum von einander zu unterscheiden und reden alle wie Henry Miller. Emil Schnellock, das Vorbild für Ulric in *Sexus,* gab einmal einen vorsichtigen Kommentar zu diesem Phänomen ab. »Ich kann nicht sagen, daß ich mich darüber freue, daß Du an meinem Porträt arbeitest«, schreibt er. »Ich erinnere mich natürlich daran, daß Du mir mehr als einmal gesagt hast, Du würdest über mich als Olivier an Deinen Christophe schreiben, und auf tausenderlei Weise hast Du das auch getan ... Ich vergesse nicht, Dir zu danken, daß Du Ulric in seiner Rede über den Künstler (an Dewar) mit Engelszungen sprechen läßt und mit der inspirierten Stimme Henry Millers.«[20]

Durrell gegenüber hatte Miller unaufrichtig behauptet, er habe beim Schreiben von *Sexus* versucht, »eine Armut und Sterilität ... einzufangen, die wenige Menschen erlebt haben«, und er hätte, wenn er »ein Aufschneider und ein Egoist wäre, vielleicht großartiger geschrieben«.[21] Den Lesern des Buches bleibt freilich nicht verborgen, daß Miller sich im Umgang mit den anderen Personen immer als derjenige darstellt, der recht hat, der gesund ist und der sich fair verhält. Die Kronskis und O'Maras und Ulrics sind Hampelmänner, deren Hauptaufgabe im Leben es ist, unrecht zu haben, damit Henry sie eines Besseren belehren kann. Die Technik ähnelt der Chuang-tzus: Eine Reihe von Parabeln wird locker aneinandergereiht, um die Weisheit des Weisen zu veranschaulichen. Der Erzähler in *The Rosy Crucifixion* ist eine umgekehrte Pinocchio-Figur, er ist die einzige wirkliche Person in einer Welt voller Puppen, die bauchreden. Henry hatte beim Schreiben von *Sexus* auch noch andere Ziele im Auge; er empfahl das Buch einer seiner Leserinnen einmal mit der Versicherung, es werde sie »über und über erschauern lassen«.[22]

The Rosy Crucifixion ist voller interessanter Extravaganzen. Dem Buch *Nexus* sind, ohne Quellennachweis, die letzten Zeilen von Gogols *Die toten Seelen* in der russischen Originalsprache vorangestellt. Miller selbst konnte kein Russisch, und vermutlich verstanden auch nur wenige seiner Leser das Zitat. Hie und da hat der Text Fußnoten, die Einzelheiten der Geographie von Brooklyn erklären oder eine ungewöhnliche Verwendung des Wortes »Mond«. An mehreren Stellen streut Miller liebevolle, aber deutlich konfuse Erinnerungen an einige seiner Lieblingsfiguren aus den Romanen Knut Hamsuns ein. June Miller, die am Anfang von *Sexus* Mara heißt, ändert ihren Namen später ohne Erklärung in Mona. Man könnte mit den Assoziationen spielen, die diese Namen wecken – die Rolle von »Mara« in der buddhistischen Mythologie und die Anklänge des Rätselhaften im Namen »Mona« –, darf damit aber nicht allzu weit gehen. Solche Bezüge passen nicht zu Millers künstlerischem Selbstverständnis. Zwar sollen wir vielleicht die Fiktion am Ende der »Kreuzigung« spüren, aber die Tatsache, daß noch eine weitere Figur in der Trilogie O'Mara heißt, soll ganz gewiß nicht irgendeine Assoziation mit der Mara des Erzählers andeuten. All das macht den Reiz dieser Bücher aus und läßt an den scharfsinnigen Kommentar Perlès' denken, sein Freund Henry Miller sei im Grunde genommen ein Amateurschriftsteller, ein Sonntagsschreiber, ein Mann, der – welch ein erstaunlicher Gedanke – aus Spaß am Schreiben schreibe.

Das Problematische an solchen autobiographischen Romanen ist, daß man keinen Gewinn daraus zieht, sie mehrmals zu lesen. Sie sind nicht wie Symphonien oder große Romane, die bei jeder neuen Lektüre neue Perspektiven enthüllen. Vielmehr bieten sie immer weniger, bis an einem gewissen Punkt dem Leser, der seine Lektüre mit Leben erfüllen will, nichts anderes übrigbleibt, als die

Perspektive des Erzählers zu verlassen und statt dessen ihn selbst ins Visier zu nehmen. Miller kannte dieses Gefühl selbst sehr gut und mochte es nicht. In einer Passage in *Der Koloß von Maroussi* beschreibt er, wie er eines Tages einem Monolog des »Kolosses« Katsimbalis zuhörte. Plötzlich stellte er fest, daß er sich auf unerklärliche Weise von der Geschichte gelöst hatte und, statt zuzuhören, kühl den Geschichtenerzähler musterte. Nach diesem Erlebnis fühlte er sich »dumm und ohnmächtig, wie man sich fühlt, wenn es einem gelingt, die Macht der Illusion zu zerstören«.[23] Aber das Wissen um die Lebensgeschichte des Autors führt schließlich zwangsläufig zu einer solchen Loslösung, und man beginnt außerhalb des Buches nach Antworten auf die Rätsel im Buch zu suchen.

So versteht man etwa die stark hervortretende Verherrlichung der Juden in der Trilogie, vor allem in dem zehnseitigen Abschnitt in *Sexus,* der auf den Tod von »Monas« Vater folgt, erst dann richtig, wenn man weiß, daß Miller sich wegen gewisser Passagen schuldig fühlte, die er zu einem früheren Zeitpunkt seiner Karriere im unveröffentlichten *Moloch* über die Juden geschrieben hatte. Die Vorwürfe des Antisemitismus, die aufgrund seiner veröffentlichten Schriften immer wieder gegen ihn erhoben wurden, hatten ihn nachhaltig verstört, und in einem Vorwort, das er eigens für eine französische Übersetzung seines Briefes *Reise nach New York* aus dem Jahr 1935 schrieb, erklärte er, daß er in dieser neuen Ausgabe die »harten, anscheinend ungerechtfertigten Aussagen über die Juden« gegenüber der Originalversion abgeschwächt habe, denn er habe in all seinen zahlreichen Werken »nach Herzenslust karikiert, gewettert, beschimpft und Blasphemien ausgestoßen. In den ersten Monaten des Jahres 1935, als dieser Text geschrieben wurde, war ich mit meiner Sprache zügelloser und rücksichtsloser, weil ich jünger war und weniger an andere dachte.« Die Trilogie enthält keine solche Erklärung. Statt Bedauern über seine frühere Haltung zu bekunden, statt zuzugeben, daß sein Instinkt ihn in dieser Frage auf Abwege geführt habe, und einfach zu sagen, daß Juden genauso wie alle anderen sind, manche gut, manche böse, entschied er sich dafür, die Entgleisung jetzt durch das Gegenteil wiedergutzumachen. Ähnlich mag ein ptolemäischer Astronom lieber seine Berechnungen noch komplizierter gestaltet haben, als sie einfach auszustreichen und neu zu beginnen.

Biographische Informationen sind interessant, aber zuviel davon kann eine Erzählung verderben und einen Ichroman in eine Fallstudie verwandeln. Als Alltagsgeschichte des Brooklyn der Einwanderer aus Millers Jugend und frühen Mannesjahren ist *The Rosy Crucifixion* eine Schatztruhe, angefüllt mit Erinnerungen, wie diese Zeit sich vergnügte und woran sie glaubte. Als Roman fehlen der Trilogie die erzählerische Distanz und die bewußte künstlerische Leistung, die aus ihr eine neue, ins Arbeitermilieu verlegte Version von Prousts *Auf der Suche nach der verlorenen Zeit* hätten machen können. Man gesteht besser zu, daß das Werk mehr eine Therapie als ein Kunstwerk ist, und akzeptiert, daß es Miller lediglich darauf ankam, die Intensität seines vergangenen Glücks einzufangen und es anderen mitzuteilen. Zu den besten Eigenschaften der Trilogie gehört die absurde Zwanglosigkeit der Sexszenen, in denen etwa freudig verzeichnet wird, daß Celia Stuhlgang hat, und die ohne Zweifel manchen jungen Mann vor den lähmenden Folgen einer übergroßen Befangenheit bei seiner ersten Begegnung mit einer Frau bewahrten. Gelungen sind außerdem der witzige Surrealismus der Sprache, das durch die Darstellung wirksam vermittelte Gefühl, wie es ist, jemand anders zu sein, und die beharrlich vorgetragene Überzeugung, daß das Leben Spaß mache und Geld nichts mit Glück zu tun habe. Besonders besticht vielleicht eine seltsame Schwermut, die damit zusammenhängt, daß Miller in der Trilogie die Bedeutung des Trivialen und Banalen im Alltag hervorhebt im Gegensatz zu der oft verlogenen Unterhaltung, mit der Fernsehen, Radio, Film, Zeitung und Unterhaltungsmusik unser Gewissen und unsere Aufmerksamkeit in Beschlag nehmen. Wohltuend ist auch, wie Miller für unser Recht eintritt, gelegentlich schamlos in Sentimentalität, Vulgarität und privaten Erinnerungen und Phantasien zu schwelgen, ohne das Gefühl haben zu müssen, daß wir damit gleich den Rest der Welt im Stich lassen.

Was die Wahrheit seiner Bücher angeht, wer könnte darüber entscheiden? Vielleicht kannte sie nicht einmal mehr der Autor, als er damit fertig war, sein Leben noch einmal zu erfinden. William Dewar und Emil Conason erkannten sich nicht in den Porträts, die ihr alter Freund von ihnen gezeichnet hatte. Auch Schnellock erkannte sich nicht, aber er erkannte dafür, daß Miller sämtliche Rollen selbst spielte. Was Miller betraf, so plagte ihn lange Zeit die Angst, Beatrice werde ihn, sollten die Bücher je in Amerika erscheinen, für das, was er in seinen Büchern über sie geschrieben hatte, gerichtlich belangen.

KAPITEL 16

1959-1970: Jedermanns Held, jedermanns Schurke

1

Nexus war der letzte Band von *The Rosy Crucifixion* und markierte das Ende von Millers literarischer Beschäftigung mit June Mansfield. Miller hatte die Trilogie 1927 konzipiert und 1959 beendet, er hatte sich also die Zeit gut eingeteilt, und die lange Geschichte begleitete ihn den größten Teil seines Erwachsenenlebens. Andere alte Männer, die auf die Siebzig zugingen, hätten sich nun vielleicht der Gartenarbeit oder dem Alkohol zugewandt. Miller dagegen, dessen Verhalten sich nie vorhersagen ließ, steuerte auf ein besonders ereignisreiches, interessantes Jahrzehnt voller Umbrüche zu. Der Höhepunkt dieser Zeit war, daß die *Wendekreise* und die anderen Bücher sexuellen Inhalts endlich auch in seiner Heimat zugelassen wurden. Die beiden anderen Hauptthemen waren Frauen und Reisen.

Im April 1959 machte er die erste von mehreren Reisen nach Europa, auf denen ihn Eve und die Kinder begleiteten. Reisen erschienen Miller als die vernünftigste Weise, jene 540 000 Francs auszugeben, die seine europäische Agentur Hoffmann in Frankreich für ihn bereithielt. Er mietete für seine Familie eine Wohnung in der Rue Campagne-Première, nahe beim Friedhof Montparnasse und fünfzehn Minuten zu Fuß von Millers früherer Wohnung in der Villa Seurat. Dort blieben sie einige Wochen, machten Besichtigungen und trafen alte Freunde. Dann fuhren sie zu Henrys dänischem Verleger Hans Reitzel in Farum am Stadtrand von Kopenhagen. Wieder in Frankreich, besuchten sie den mit Henry befreundeten Schriftsteller Albert Maillet in Die, kauften dort einen alten Fiat und fuhren in Begleitung Alfred

Perlès' nach Süden zu einem längeren Besuch bei Lawrence Durrell. Durrell hatte für sie in Sommières eine Wohnung mit Blick auf den Marktplatz gemietet, und an mondhellen Abenden fuhr Miller auf dem Markt Rollschuh. Mit der Veröffentlichung von *Justine* 1957 und *Balthazar* und *Mountolive* im Jahr darauf war Durrell endlich der Durchbruch zu literarischem und finanziellem Erfolg gelungen, nachdem er zwanzig Jahre lang relativ unbekannt gewesen war. Miller, der von Anfang an sein Möglichstes getan hatte, um den Freund zu fördern, freute sich aufrichtig mit ihm, so daß das Wiedersehen ein großes Fest war. Was Stil und Inhalt betraf, so waren Durrells Romane nach *Die schwarze Chronik* jedoch zu gedrechselt und zu komplex für Henrys Geschmack, der inzwischen geradezu in Opposition zur Literatur stand.

Zusammen mit Durrell besuchten sie Saint-Rémy und das Geburtshaus des Nostradamus, die Gorges du Tarnes und Les Baux, das Dante zu seinem *Inferno* inspiriert hatte. Sie besuchten Joseph Delteil in Montpellier, einen weiteren der zahlreichen Schriftstellerfreunde Henrys, und kehrten dann für einige Tage nach Paris zurück, bevor sie die Heimreise nach Kalifornien antraten.

Miller hatte an der Reise überhaupt keine Freude. Im Juli hatte er Emil White geschrieben, er erlebe »wundervolle Augenblicke, wann immer ich Durrell sehe. Abgesehen davon ist sie ein Alptraum.«[1] Ein Brief an Durrell kurz nach der Rückkehr nach Hause vermittelt ein ähnliches Gefühl des Unbehagens; Miller zweifelt darin an sich selbst, wie er es selten tat:

> Ich gehe durch eine Art Krise. Habe mich nie elender gefühlt. Darunter aber bin ich sehr hoffnungsvoll. Vor zwei Nächten stand ich mitten in der Nacht auf, mit dem festen Vorsatz, alles zu zerstören – aber es war eine zu große Aufgabe. So will ich weitermachen und *Nexus* (Bd. 2)* beenden. Dann werden wir sehen. Schreiben scheint mir jetzt so verrückt, so überflüssig zu sein. Nicht Deines natürlich, aber meines. Was Dich betrifft, so ahne ich eine glorreiche Zukunft voraus. Du hast eben erst angefangen. Und mit was für einer Salve! Mach weiter, Du bringst überall Freude. Was mich betrifft, fühle ich, daß alles, was ich getan habe, nur eine Schreckfalle war.[2]

* Gemeint ist der geplante Schlußband von *The Rosy Crucifixion.*

Miller redete noch öfter von »einer Art Krise«, und im Herbst 1959 spielte er mit seinem alten Traum, nach Ostasien zu reisen und Japan, Siam und Burma zu besuchen. Er hatte sogar schon Vorbereitungen für einen Flug nach Japan im April 1960 getroffen, als er eingeladen wurde, bei den Filmfestspielen in Cannes als Mitglied der Jury mitzuwirken. Er hatte sich sein Leben lang für Filme aller Art begeistert und ergriff begierig die Chance, vom Schauplatz seiner Depression wegzukommen, ein paar Filme anzusehen und sich von den Franzosen feiern zu lassen. Diesmal reiste er allein nach Europa – zumindest wollte er Eve in diesem Glauben lassen.

Tatsächlich stieß in Frankreich durch Vermittlung von Vincent Birge eine Frau namens Caryl Hill Thomas zu ihm. Sie war geschieden und Mutter zweier Kinder, und Miller hatte mit ihr bereits seit einigen Monaten eine Affäre. Hill arbeitete als Bedienung im Nepenthe, einem Restaurant, das an der Stelle des Log House errichtet worden war, Millers erster Wohnung in Big Sur, in der er 1944 kurze Zeit mit Lynda Sargent gelebt hatte. Birge hat Hill als hübsch, aber oberflächlich in Erinnerung und meint, sie habe sich hauptsächlich von Millers Ruhm angezogen gefühlt.

Miller und Hill hatten sich zweimal an der Bar getroffen, und beim drittenmal nahm Miller seine alte Liebe mit, um sie mit der neuen bekannt zu machen. Eve mußte dieselbe Demütigung über sich ergehen lassen wie vor ihr Pauline Chouteau, Beatrice Miller und June Miller. Sie hatte seit einiger Zeit Probleme mit Alkohol und betrank sich, deshalb wartete Miller draußen im Auto auf sie. Hill kam, vermutlich auf ein verabredetes Zeichen hin, zu ihm hinaus.

Im Dezember und Januar war Eve häufig von zu Hause weg, um ihre schwerkranke Mutter in Berkeley zu pflegen und nach deren Tod die Beerdigung zu arrangieren. Dadurch hatten Miller und Hill reichlich Zeit, ihre Affäre auszukosten. Miller glaubte, niemand wisse von der Affäre, aber Big Sur war klein, und Eve wußte wie alle anderen, was vor sich ging. Aber sie wußte auch, daß ihr Mann nicht promiskuitiv war. Er war auch kein Frauenheld, sondern einfach ein Mann, der nie so weit gekommen war, daß er auf den prickelnden Reiz der Erfahrung verzichten wollte, »sich zu verlieben«. Eine sieben Jahre dauernde enge Bindung an eine einzige Frau war seit seiner Ehe mit Beatrice stets die Obergrenze gewesen. Eve hoffte, die Affäre mit Hill sei nur die Wiederkehr dieses periodisch auftretenden Bedürfnisses. Wenn sie Henry genug Freiraum gab, stellte ihn das vielleicht zufrieden und ermöglichte langfristig das Überleben der Ehe. Henrys Reise nach Frankreich war jedoch eine Demütigung, die Eve nur schwer ertrug.

Miller schickte Berichte über seine Europareisen an das Mitteilungsblatt der Henry Miller Literary Society, und in seinen Schilderungen der Reise von 1960 beklagte er sich darüber, daß die zweiunddreißig Filme, die er sich anschauen mußte, »schlecht und alle zu lang« seien. Sein persönlicher Lieblingsfilm war der japanische Beitrag *Kagi*. Verständlicherweise erwähnt er nirgendwo, daß ihn seine Geliebte auf der Reise begleitete und daß ihn am Tag seiner Ankunft in Cannes ein Brief von Eve erreichte, in dem sie die Scheidung verlangte.

Hill und Miller verbrachten eine unbehagliche Woche bei den Durrells in Sommières, und reisten dann weiter nach Mailand und Pisa, wo Henry eine besondere Vorliebe für den Schiefen Turm zeigte, nach Florenz, wo sie das Haus besichtigten, in dem Dostojewski *Der Idiot* geschrieben hatte, und nach Paris, wo Miller die Reise abbrach und allein nach Hause zurückkehrte, um die Scheidung abzuwickeln. Einen Monat nach seiner Heimkehr erfuhr er, daß Hill beschlossen hatte, den Mann zu heiraten, mit dem sie vor dem Zwischenspiel in Cannes zusammengewesen war. Eve verließ Miller und zog bis zur Scheidungsverhandlung zu Nachbarn. Henry war allein.

2

Frauen wie Frieda Lawrence und Frank Harris' Nellie kannten nur zu gut die Risiken der Ehe mit einem Mann, in dessen Büchern der Sex eine große Rolle spielte. Vielleicht war auch Eve sich dieses Problems bewußt, als sie im Sommer 1952 *Sexus* las und die Ungeheuerlichkeit von Henrys Mythos spürte. Dennoch hätten wohl nur wenige Frauen von sechsunddreißig Jahren, deren Mann auf die Siebzig zuging, ernsthaft an die Gefahr gedacht, ihren Partner an eine noch jüngere Frau zu verlieren. Aber Miller war ein ungewöhnlicher Siebzigjähriger. Er hatte noch immer eine schlanke, sportliche Figur und war außerdem eitel, was sich immer mehr in den klassischen, gutgeschnittenen Anzügen und Jacketts ausdrückte, die er nun anstelle der Cordhosen, karierten Hemden und Stiefel aus zweiter Hand trug, welche in den gesamten vierziger und fünfziger Jahren seine Standardkleidung gewesen waren. Das sexuelle Leben Henrys und Eves war seit einiger Zeit nicht mehr befriedigend gewesen, und Eve nahm die Schuld daran tapfer auf sich. »Ich habe sie nie eine Wort gegen Henry sagen hören«, erinnert sich Vincent Birge.

Wie die meisten Menschen, die die beiden kannten, hielt Birge das Scheitern der Ehe für eine Tragödie für Eve. Sie war jung und unschuldig genug gewesen, einem Bild zum Opfer zu fallen, dem Bild des offenen, ehrlichen, warmherzigen, sogar väterlichen »Henry Miller«, das Miller in seinen Büchern von sich entworfen hatte. Dann mußte sie, wie vor ihr schon Lepska, feststellen, daß er all seine Zeit dafür brauchte, ein »glücklicher Felsen« zu sein. Es gab keinen Weg zu ihm, nicht einmal für eine Ehefrau – vielleicht gerade nicht für eine Ehefrau. Ihr Mann war ihr die ganze Zeit ein bedrückendes Rätsel geblieben: »Sie dürfen Henry nicht falsch verstehen«, schrieb sie an eine Bekannte. »Er ist einer der gedankenlosesten, taktlosesten Männer der Welt ... und gleichzeitig der sensibelste, großzügigste und verständnisvollste. Er ist ein Prisma. Aber er verletzt andere nie absichtlich.« Als sie einem Bekannten ein Manuskript in Henrys Namen ungelesen zurückgab, entschuldigte sie sich persönlich dafür: »Er kann nicht immer seine eigenen Wahrheiten, seine hohen Ideale leben ... glaubt mir, ich weiß es! ... Ich bin seine Frau (ich könnte euch Sachen erzählen, daß euch die Haare zu Berge stehen, meine Lieben).«[3] Millers philosophisches Ideal der Standhaftigkeit, der »Felsenhaftigkeit« und der Unantastbarkeit der Person, das die Folge seiner taoistischen Überzeugungen oder schlichter Egoismus war (oder womöglich eine Mischung aus beidem), war mit einem erfolgreichen, normalen Eheleben nicht vereinbar. Angesichts eines solchen Ideals mußte Eve notgedrungen das Gefühl bekommen, sie sei für die emotionalen Bedürfnisse ihres Mannes überflüssig, und vielleicht war dieses Gefühl des Ausgeschlossenseins daran schuld, daß sie von einer gemäßigten Trinkerin allmählich zur Alkoholikerin wurde.

Sie bemühte sich jedoch sehr, vor der Öffentlichkeit eine ordentliche Fassade aufrechtzuerhalten und das Ausmaß ihrer Verletztheit und Enttäuschung zu verbergen. So ermöglichte sie es Henry, wieder einmal als einfältiger, schuldloser Fatalist aufzutreten. »Auch wenn man damit rechnet«, jammerte er, »es ist immer ein Schlag. Vielleicht können wir nun bessere Freunde sein; natürlich hege ich keinen Groll gegen sie – wie könnte ich auch?«[4] Als Scheidungsgrund wollte Eve »böswilliges Verlassen« angeben, denn das fand sie »weniger schmutzig als ›seelische Grausamkeit‹ oder so etwas«.[5] Henry hatte sie, selbst wenn sie betrunken war, stets so vollkommen dominiert, daß er einigermaßen überrascht war, als er erfuhr, daß sie vor Gericht Unterhaltszahlungen beantragen wollte.

3

Inzwischen war Millers Gefühlsleben beinahe ganz auf die Ebene der reinen Spielerei abgesunken, und als er seine persönliche Freiheit wiedergewonnen hatte, galt sein erster Gedanke dem Wunsch, seine lebenslange spirituelle Begeisterung für den Osten auch auf die körperliche Ebene auszudehnen. »Das nächste Liebchen muß Orientalin sein«, schrieb er einem jungen Freund.[6]

Ehe er das in die Wege leitete, machte er jedoch noch einen letzten Versuch, sich ernsthaft zu verlieben. Er reiste eigens ein drittes Mal nach Europa, um Renate Gerhardt zu besuchen, eine junge Deutsche, die er im Büro seines deutschen Verlegers Rowohlt kennengelernt hatte, als er im Frühjahr mit Caryl Hill durch Europa gereist war.

Auf dieser Reise begleitete ihn als Gefährte, Sekretär, Übersetzer, Dolmetscher, Chauffeur, Tischtennispartner und Faktotum Vincent Birge. Birge war ein Verehrer, der Anfang der fünfziger Jahre an Miller geschrieben hatte, nachdem er *Wendekreis des Krebses* gelesen hatte. Birge war Bordfunker auf den internationalen Flügen der TWA. Er wußte daher, wo man die besten Wechselkurse für Henrys auflaufende französische Tantiemen in Paris bekam, und half ihm oft in dieser Hinsicht. Außerdem hatte er einige Bücher für Miller nach Amerika geschmuggelt. Er war ein treuer, ehrlicher und bescheidener Mann, dessen Ehe ebenfalls gefährdet war, so daß er seine eigenen Gründe dafür hatte, Amerika den

Rücken zu kehren. Er war der ideale Gefährte für Miller. »Ich bin gespannt, was wir in Sachen Frauen unternehmen werden«, schrieb Henry ihm, bevor sie losfuhren. »Wenn wir zwei Homos wären, wäre die Situation perfekt, was?«[7] Sie waren natürlich keine zwei Homos, aber Eve hatte sicher allen Grund zu der Bemerkung, sie sei froh, daß Vincent ihn begleite und sich um ihn kümmere und für ihn sorge, »statt irgendeiner schlecht gewählten Frau«.

Miller und Birge verließen Big Sur am 24. September und flogen von Los Angeles nach Paris, wo sie zwei Wochen blieben und sich mit alten Freunden wie Georges Belmont, Man Ray, Brassai, Maurice Nadau und Maurice Girodias trafen. Letzterem war mit Nabokovs *Lolita* ein großer Erfolg gelungen. Henry las das Buch, kam damit aber nicht zurecht. Für ihn war zuviel Kunst darin.

Von Paris fuhren die beiden Männer nach Die, um den Fiat abzuholen, der seit Millers Reise mit Eve im Jahr 1959 dort untergestellt war. Albert Maillet hatte den Wagen vor der Ankunft der beiden zum Kundendienst gebracht. Der Mechaniker, der die Wartung durchgeführt hatte, sagte warnend, das Auto sei ein Wrack und der Motor werde bald seinen Geist aufgeben. Maillet gab die Warnung weiter, aber Miller und Birge brachen trotzdem nach Deutschland auf. Sie fuhren in einem Schneesturm los und nahmen einen Weg, der sie durch Grenoble, Besançon, Colmar und Straßburg nach Deutschland führte. Dort ging es über Darmstadt nach Minden weiter. Miller fand Minden ganz besonders hübsch und fragte sich, wie sein Großvater Heinrich Müller eine solche Stadt gegen New York hatte eintauschen können. Bewaffnet mit einem Brief seiner Tante Mary Smith aus Brooklyn, der Spezialistin für Millersche Familiengeschichte, durchforschte Henry das Rathausarchiv und suchte nach für die Familie bedeutsamen Daten, fand jedoch zu seiner großen Enttäuschung nichts. (Als er wieder zurückkam, frotzelte Emil Conason, er habe deshalb nichts gefunden, weil er aus einer Familie abtrünniger Juden stamme.) Am folgenden Tag, dem 19. Oktober, trafen sie in Reinbek bei Hamburg ein, wo Renate wohnte und der Rowohlt-Verlag seinen Sitz hatte. Das Auto kam zur Reparatur in die Werkstatt, und Miller machte Renate den Hof.

Renate war Witwe und hatte zwei kleine Söhne, Titus und Ezra. Sie war eine attraktive Frau von sechsunddreißig Jahren und ein dunkler, sinnlicher Typ, wie Miller ihn schon seit der Zeit Paulines und Beatrice' stets bevorzugt hatte. Über ihre Arbeit bei Rowohlt, wo sie in der Lizenzabteilung tätig war, hatte sie Millers Bücher kennengelernt, die sie sehr bewunderte. Als sie und Miller sich im Herbst wiedersahen, bestätigten sich seine Eindrücke von der ersten Begegnung im Frühjahr. Henry war wieder einmal verliebt und mußte das allen sofort mitteilen. Die eilig an seine Freunde verschickten Briefe mit der Nachricht seines grenzenlosen Glücks hatten den altbekannten Klang: Ein neues Leben hatte begonnen, er hatte endlich die richtige Frau gefunden, er war seit Jahren nicht mehr so vollkommen glücklich gewesen. Eve verwendete Anführungszeichen, als sie den Finks schrieb, Henry sei wieder einmal »verliebt« ...

Ein Grund für Henrys Interesse an Renate war wohl auch, daß sie Deutsche war. Erstmals seit seinem Abschied von Frankreich im Jahr 1939 dachte er ernsthaft darüber nach, sich ganz in Europa niederzulassen. Vielleicht brachte ihm das Leben mit einer deutschen Ehefrau die Synthese, die ihm als das Nonplusultra vorschwebte – die Rückkehr zu den Wurzeln der Familie Müller aus der Zeit vor Brooklyn, die das Gefühl der Wurzellosigkeit auslöschen würde, das Miller als Amerikaner hatte und für das er sich beinahe schämte. Auch der in Minden unternommene Versuch, seine Vorfahren aufzuspüren, war Ausdruck dieser Hoffnung. Ein weiterer Vorstoß in dieselbe Richtung war Millers Bemühen, das Deutsch wieder aufzufrischen, das er als kleines Kind so viel gesprochen hatte. Ehe er Big Sur verließ, hatte er einen Sprachkurs belegt, und er versuchte auch eine Zeitlang, mit Renate Deutsch zu sprechen. Er gab jedoch bald auf und klagte, die Sprache sei eher für Elefanten und Nashörner geeignet als für Menschen. Zum Scherz schrieb er einen kurzen Artikel in Nonsens-Deutsch und schickte ihn seinem Freund Gilbert Neiman, der ihn in *Between Worlds* abdrucken sollte, einer Zeitschrift, die Neiman in Puerto Rico herausgab. »Neiman glaubt, der Text hat einen Sinn«, schrieb Henry an seine Tochter Val, »und will ihn übersetzen lassen. Ein Philologe aus Wien arbeitet daran. Pst! Nichts verraten!«[8]

Henry blieb etwa vierzehn Tage in Reinbek. In dieser Zeit spielte er mit den Angestellten von Rowohlt viel Tischtennis, und er besuchte auch Mölln, wo Till Eulenspiegel begraben ist. Dann brachen er und Birge zusammen mit Emil White zu einer dreiwöchigen Besichtigungsreise auf. White machte auf dem Weg nach Israel in Europa Station. In Frankfurt sahen sich die drei Goethes Geburtshaus an, dann verbrachten sie eine angenehme Woche in Wien. Der Höhepunkt des Monats war jedoch ohne Zweifel Millers kurzer Aufenthalt bei Georges Simenon in der Nähe von Lausanne, wo er zu seiner großen Freude Charlie Chaplin kennenlernte und mit ihm zusammen dinierte. White und Birge nahmen ein Zimmer in einem Hotel in der Nähe, wo Henry sie anrief und sich dafür entschuldigte, daß Simenon sich weigere, sie ebenfalls zu dem Essen mit Chaplin einzuladen. Vor allem White war untröstlich, und er entschädigte sich dadurch, daß er beim nächsten Besuch in Simenons Haus dessen Hausmädchen verführte. Miller lernte auf dieser Reise auch Erskine Caldwell und den isländischen Schriftsteller Halldor Laxness kennen, mochte aber beide nicht besonders.

Ende November trennten sich die drei Männer. White reiste nach Israel weiter, Birge fuhr mit dem Fiat nach Paris, und Miller flog nach Hamburg zurück zu Renate. Über Weihnachten kamen die beiden zu dem Schluß, daß sie zusammenleben wollten. Im März wurde Birge nach Reinbek beordert, um Henry abzuholen. Er sollte ihm helfen, den idealen Ort zu finden, an dem er, Renate und die vier Kinder sich niederlassen konnten. Die Grundvoraussetzungen waren ein mildes Klima in einer Gegend, in der die Lebenshaltungskosten erschwinglich waren, in der es eine deutsche und eine englische Schule in erreichbarer Nähe gab und in der eine gute medizinische Versorgung gewährleistet war. Die Gesundheit des Siebzigjährigen war nicht mehr so robust wie früher, und Henry sorgte sich über Herzgeräusche.

Auf der Suche nach einem solchen Ort fuhren die beiden Männer drei Monate lang kreuz und quer durch Frankreich, Deutschland, die Schweiz, Österreich, Spanien, Portugal, Italien, Liechtenstein und San Marino. Sie orientierten sich mit Hilfe eines Atlas, den Renate mit einer Widmung versehen und ihnen geschenkt hatte. Das Auto blieb, vorsichtig geschätzt, ungefähr siebzehnmal stehen, obwohl Birge auf Millers Geheiß jeden Tag die Batterie überprüfte, wofür er jedesmal einen kompletten Satz Ersatzreifen, Schneeketten, eine Schaufel und ein Abschleppseil ausladen mußte, alles Dinge, die Miller unbedingt dabeihaben wollte. Es half

nichts, daß Birge, der sich mit Autos auskannte, gegen diese tägliche Überprüfung protestierte. Birge seinerseits war über ein lautes Kreischen des Wagens im dritten Gang beunruhigt. Millers Erklärung, das Geräusch gehöre dazu und sei von den Fiatherstellern beabsichtigt, damit der Fahrer wisse, daß er im dritten Gang fahre, überzeugte ihn nicht.
Die Reise hatte durchaus ihre denkwürdigen Momente, so zum Beispiel einen Besuch im Museum von Montpellier, wo Miller die Erlaubnis erhielt, den Talar von Rabelais anzuprobieren, oder ein Abendessen mit Joseph Delteil und dessen amerikanischer Frau Caroline, nur zwei Tage nachdem Delteil in seinem Garten der heilige Franziskus erschienen war, ferner eine Aufführung von Ionescos Stück *Die Nashörner* und eine Besichtigung von Cervantes' Haus in Valladolid. Zwar fanden die beiden auf ihrer Suche zwei Gegenden, die ihren Ansprüchen genügten, das Tessin und Gibraltar, aber Miller lehnte schließlich beide als zu vollkommen ab – dieselbe Kritik, die er auch an Mozarts Musik übte.
Er hatte sowieso nur halbherzig gesucht. Fast von Anfang an litt er an einer merkwürdigen und tiefen Depression, die ihn veranlaßte, viel Zeit im Bett zu verbringen. Dafür gibt es viele mögliche Gründe: unterdrückte Schuldgefühle wegen der beiläufigen Art, in der er Eve davongeschickt hatte; Anzeichen des nahenden Alters, wie zum Beispiel das Nachlassen der Sehkraft auf einem Auge, und ein schwerer Sturz in Biarritz, bei dem er sich ein Bein verletzte und der ein hartnäckiges Hüftleiden nach sich zog; die Angst, er werde seine sexuelle Potenz bald einbüßen, und der alte, lähmende Schrecken, der ihn stets befiel, wenn er eine Entscheidung treffen mußte. Bei der Schilderung seines Zustandes bezieht er sich wieder einmal auf jenen Film, den er und Durrell 1937 in Paris fünfmal gemeinsam angesehen hatten: »Es ist beinahe, als hätte ich, als ich Big Sur verließ, mein wahres Paradies verloren – und jetzt bin ich im Arsch, wie der Held in *Lost Horizon*!« Er vertraute Birge an, er hoffe, Durrell werde seine Probleme lösen und ihm sagen, wo er leben solle. Deshalb trödelte er im April zwei Wochen herum und wartete darauf, daß sein Freund von einer Reise nach London zurückkehrte. Aber Durrell konnte ihm nicht helfen, und Renate wollte nicht. »Was können wir tun?« antwortete sie auf einen seiner kläglichen Briefe. »Ich kann nicht für Dich nach einem Platz suchen! Das mußt du selber tun.«[9]

Das Schlimmste war, daß Miller Ende Mai seinen langgehegten Plan fallenlassen mußte, die Kinder im Sommer zu sich zu nehmen. Er erläuterte Emil White seinen Entschluß:

> Mußte die Reise der Kinder streichen – brach beinahe zusammen – bin immer noch wackelig – voller Angst, Schuld, Zweifel, Unentschlossenheit, Frustration – eine richtige Neurose. Ich fühle mich trostlos. Ich bin zum Inbegriff des wandernden Juden geworden. Ich weiß nicht, wohin ich mich wenden soll, was ich tun soll. An manchen Tagen denke ich, ich sollte mich einfach in die Klapsmühle sperren lassen. Ich kann nicht aufhören zu denken – und ganz egal, was ich denke – keine Lösung. Aber *bitte* erzähle den Leuten nichts von meinem Zustand.
> PS: Ich warte auf Nachricht, was Eve und Lepska mit den Kinder tun werden. Ich fühle mich so schuldig, so untröstlich deswegen, daß ich mich umbringen könnte. Aber das würde niemandem etwas nützen.[10]

Renate hatte bei ihrer ersten Begegnung mit Henry bemerkt, daß er ihr gegenüber unsicher, beinahe schüchtern war. Das bewog sie dazu, sich ihm gegenüber passiv zu verhalten, was bei ihm den falschen Eindruck erweckte, sie wolle sich ihm unterordnen. Mit der entwaffnenden Ehrlichkeit, die Henry manchmal an den Tag legte, erzählte er ihr gleich zu Beginn ihrer Beziehung, er brauche es vor allem, von einer Frau aus der Ferne angebetet zu werden,[11] aber während der Wochen der sinnlosen Odyssee, in denen Henry mit Renate korrespondierte, stellte sich nach und nach heraus, daß Renate kein Interesse an einer Beziehung hatte, die nicht auf völliger Gleichberechtigung beruhte. »Ich höre Dir gern zu«, hatte sie ihm einst geschrieben, »und werde wahrscheinlich nie wissen, was ich lieber tue: Dich lesen oder Dir zuhören.« Im Juni 1961 scheint sie dagegen zu dem Schluß gekommen zu sein, daß es vielleicht besser sei, Henry nur zu lesen. Als er zurückkam, machte sie ihm klar, daß sie von einer Heirat nichts mehr hielt. Wie Henry glaubte sie fest an die Astrologie, und beide benützten später die Prognosen ihrer jeweiligen Astrologen dazu, die Schuld am Scheitern der Beziehung auf den negativen Einfluß der Sternbilder und Planeten zu schieben. In Henrys Fall hatte offenbar

Saturn sein Geburtshoroskop ungünstig beeinflußt, aber man darf annehmen, daß Henry darüber insgeheim ganz zufrieden war. Im einundsiebzigsten Lebensjahr zu emigrieren und noch einmal ein neues Leben zu beginnen war eine entmutigende Aussicht.
Die beiden schrieben einander noch einige Jahre lang Briefe, und da Miller in den sechziger Jahren wiederholt nach Europa reiste, trafen sie sich gelegentlich. 1962 verbrachten sie sogar ein paar Tage gemeinsam auf Mallorca; Henry gehörte damals der Jury für den Literaturpreis *Prix de Formentor* an. Die Aura des emotionalen Spiels, die Miller umgab, wirkte sich allmählich auch auf Renate aus. Sie erlag der Faszination der mythologisierten June, die Henry in seinen Büchern geschaffen hatte, und fragte ihn viel über June. Einmal begann sie sogar selbst eine June-ähnliche Rolle zu spielen. Rowohlt hatte es abgelehnt, das ausgesprochen schlechte Theaterstück *Ganz wild auf Harry* zu veröffentlichen, das Henry Weihnachten 1960 in Reinbek geschrieben hatte. Man riet ihm, das Stück zu vernichten und zu vergessen, wenn ihm sein guter Ruf etwas wert sei. Daraufhin ließ sich Renate dazu verführen, selbst einen kleinen Verlag zu gründen und das Stück zu veröffentlichen. Später geriet das Unternehmen in finanzielle Schwierigkeiten, und Renate schrieb eine Reihe verzweifelter Briefe an Henry, in denen sie plastisch die ihr drohende Einkerkerung in einem feuchten Schuldturm schilderte, falls Henry ihr nicht umgehend einen großzügigen Scheck ausstelle. Henry erfüllte diesen Wunsch, womit er die Affäre schließlich auf die Ebene brachte, auf der er mit Frauen am besten umgehen konnte.
Henrys Persönlichkeit wurde von seinem Drang nach Offenbarung und Selbstdarstellung so vollkommen beherrscht, daß Renate ihn am Ende genauso wenig wie seine anderen Frauen und Geliebten davon überzeugen konnte, daß ein Privatleben mit Geheimnissen und Intimitäten, die nur von zwei Menschen geteilt werden, ebenfalls seinen Reiz haben kann. Als er sie 1965 bat, die selbstgemalten Aquarelle, die er ihr geschenkt hatte, als Leihgaben für eine Ausstellung seiner Bilder zur Verfügung zu stellen, war sie überrascht und verletzt. Noch bestürzter war sie, als er später andeutete, sie könne viel Geld verdienen, wenn sie seine Liebesbriefe irgendeiner Institution oder Universitätsbibliothek verkaufe. Renates intime Briefe an Henry gelangten nach einiger

Zeit in das Archiv der University of California in Los Angeles, versehen mit einer handschriftlichen Notiz, daß die Briefe erst nach seinem Tod gelesen werden dürften. Nach *seinem* Tod, nicht nach *ihrem.*

4

Ein verborgener Grund der Depression, die Miller 1961 befiel, war, daß er im Frühjahr jenes Jahres über Nacht ein reicher Mann geworden war. Im Mai war, beinahe dreißig Jahre nachdem Miller das Buch geschrieben hatte, *Wendekreis des Krebses* legal in den Vereinigten Staaten veröffentlicht worden. Miller hatte im Juni 1960 in Paris mit Barney Rosset von der Grove Press und mit Girodias bei einem Mittagessen ein vorbereitendes Gespräch geführt – Miller war schockiert gewesen, wie verschwenderisch die beiden jungen Unternehmer mit Geld umgingen, denn sie bestellten beide Taubenpaté für tausend Francs als Vorspeise – und dann am 18. Februar 1961 im Hotel Atlantic in Hamburg einen Vertrag mit Rosset unterzeichnet. Der Vertrag gab Rosset das Recht, sowohl *Wendekreis des Krebses* als auch *Wendekreis des Steinbocks* in den Vereinigten Staaten zu publizieren. Als Gegenleistung erhielt Miller Vorschußtantiemen in Höhe von 50 000 Dollar. Er und Birge hatten auf ihrer Reise im April und Mai die Fahnen beider Bücher zur Korrektur gelesen. Als das Publikationsdatum näher rückte, bekam Miller immer mehr Angst, er könne bei seiner Rückkehr in die Vereinigten Staaten verhaftet, angeklagt und mit einer Geldstrafe belegt werden oder sogar ins Gefängnis kommen. Auch mögliche Reaktionen auf die erfundene Episode in *Wendekreis des Steinbocks,* in der ein Junge mit einem Stein getötet wird, bereitete ihm Sorgen. Außerdem kehrten seine alten Befürchtungen zurück, eine frühere Ehefrau – in diesem Fall June – könne ihn wegen der Dinge, die er in dem Buch über sie geschrieben hatte, gerichtlich belangen.

Die Bewegung zur Abschaffung der Zensur der Literatur in den Vereinigten Staaten hatte seit ihren Anfängen 1956 rasche Fortschritte gemacht. Die Anwälte, die die beiden Bücher verteidigten, um die es in erster Linie ging – *Lady Chatterley* von D. H. Lawrence und *Wendekreis des Krebses* von Miller –, hatten mit ihrer

Argumentation im wesentlichen versucht, die in der bisherigen juristischen Praxis gebräuchliche Definition der obszönen Literatur zurückzuweisen. Bisher hatte der literarische Wert eines Buches keine Rolle gespielt. In den meisten Fällen war lediglich die Hicklin-Bestimmung angewandt worden, die als obszön alles klassifizierte, was geeignet war, diejenigen zu verderben und zu korrumpieren, »deren Geist für solche unmoralischen Einflüsse offen ist und in deren Hände eine Publikation dieser Art fallen könnte«. Es hatte inzwischen liberale Modifikationen dieser Bestimmung gegeben, und Ende der vierziger Jahre war die Praxis seltener geworden, aufgrund einzelner Passagen statt der Gesamttendenz gegen ein Buch vorzugehen. Gleichzeitig setzte sich die Erkenntnis durch, daß die Formulierung »in deren Hände eine solche Publikation fallen könnte« die ethische Reife der amerikanischen Gesellschaft auf der Ebene von Kindern ansiedelte. Trotzdem blieb die Hicklin-Bestimmung das Leitprinzip, wenn es um die Entscheidung ging, mit welcher Wahrscheinlichkeit ein Buch seine Leser verführte. Die Entscheidung, die der Oberste Gerichtshof 1957 gegen Roth* traf, schien die Auffassung zu bestätigen, daß obszöne Literatur nicht durch die Garantien des ersten Zusatzartikels zur Verfassung geschützt wird, der »die Freiheit der Rede und der Presse« zusichert. Die freiwillige Erklärung eines Richters in einer schriftlichen Stellungnahme, obszön sei, was »ohne jede nutzbringende gesellschaftliche Wirkung« sei, schuf die Lücke, in die Anwälte liberaler Verleger wie Rosset vorstießen, um die herkömmlichen Definitionen durch neue zu ersetzen. Grove hatte 1959 in Amerika eine ungereinigte Fassung von *Lady Chatterley* veröffentlicht, die vom Postminister beschlagnahmt und als »öbszön und nicht verschickbar« klassifiziert worden war. Bei der Berufung argumentierte der Anwalt des Verlegers, die richterliche Erklärung zum Fall Roth impliziere, daß nur Schriften, die »ohne jeden gesellschaftlichen Nutzen« seien, als obszön bezeichnet werden könnten und nicht vom ersten Zusatzartikel der Verfassung geschützt würden. Daraus folgte umgekehrt, daß alle Schriften *mit* einem gesellschaftlichen Nutzen unter dem Schutz der Verfassung standen, ein Schluß, der maßgeblich dazu beitrug,

* Samuel Roth hatte billige, unverhüllt pornographische Bücher veröffentlicht und war unter Berufung auf den Comstock Act vor Gericht gestellt worden.

daß Richter Bryan vom Bundesgerichtshof der Berufung stattgab und *Lady Chatterley* von der amerikanischen Post befördern ließ. Die Regierung legte gegen seine Entscheidung Berufung ein, aber am 25. März 1960 bestätigte das Revisionsgericht Bryans Urteil. Durch diesen Sieg ermutigt, hielt Rosset den Zeitpunkt für gekommen, endlich Henry Millers berüchtigtstes Buch herauszubringen. Zuerst wollte er noch das Urteil im Fall der Malerin Dorothy Upham abwarten, die die Zollbehörden darüber informiert hatte, daß sie versuchen werde, mit einem Exemplar von *Wendekreis des Krebses* im Gepäck in die Vereinigten Staaten einzureisen; das Buch war erwartungsgemäß beschlagnahmt worden, und nun versuchte die Malerin, es per Gerichtsentscheid zurückzubekommen. Da jedoch mit Raubdrucken gerechnet werden mußte, sah sich Rosset zu beschleunigtem Handeln gezwungen, und im Juni 1961 veröffentlichte Grove das Buch. Wenig später erging im Fall Upham das Urteil, *Wendekreis des Krebses* sei »nicht obszön«, das Buch dürfe deshalb nach Amerika eingeführt werden. Unabhängig davon waren die Bundesbehörden zu dem Schluß gekommen, daß die Entscheidung, das Verbot von *Lady Chatterley* aufzuheben, auch verfassungsrechtlichen Schutz für Millers Buch impliziere. Auf Anordnung des Justizministeriums hob die Zollbehörde das Einfuhrverbot auf, und die Post ließ die postalische Beförderung von *Wendekreis des Krebses* zu. Im Juni schrieb Val Miller an ihren Vater, daß sie ein Exemplar von *Wendekreis des Krebses* in der Buchhandlung des Reed College in Oregon gekauft habe, und Miller schrieb Roger Bloom im Gefängnis in Ohio von einem »weiteren, großen Sieg – und er war leicht. Es tut sich was in Amerika – ganz plötzlich fallen die Barrieren. Ich hätte nie gedacht, daß sie mir gegenüber so nachgiebig sein würden.«[12]
Er irrte sich jedoch, denn das abenteuerliche Schicksal des Buches war noch nicht ganz zu Ende. Die vergangenen dreißig Jahre hatten dem Buch allerdings nichts anhaben können, und jetzt war es mit beinahe mystischen Überlebenskräften ausgestattet. Nachdem die vorsichtigen Versuche, Harcourt Brace und Simon and Schuster 1934 und 1935 für die Veröffentlichung von *Wendekreis des Krebses* zu interessieren, und ebenso Millers Versuche, einen Raubdruck zu lancieren, bei dem er Tantiemen kassieren konnte, fehlgeschlagen waren, war der Roman als Raubdruck in Shanghai

und Wien erschienen. Die Höhe der Auflage war unbekannt, und Miller verdiente nichts an ihnen. Die einzige Übersetzung vor dem Zweiten Weltkrieg war die ins Tschechische. Für diese Ausgabe hatte Matisse persönlich den Umschlag entworfen. Denoel hatte 1938 eine französische Übersetzung anfertigen lassen und versprach so oft, das Buch zu publizieren, ohne es zu tun, daß Miller schließlich die Geduld verlor und die beiden sich beinahe schlugen: »*Je vous emmerde!*« schrie Denoel, und Henry erwiderte auf Englisch: »*Go fuck yourself!*«[13] Denoel gefiel das Buch zwar sehr gut, aber letztlich war er wenig geneigt, noch einmal die Schwierigkeiten durchzustehen, die er als Verleger von Célines Romanen durchgestanden hatte.

In Paris erschienen fünf legale Auflagen von *Wendekreis des Krebses*, ehe der erste Raubdruck in Amerika herauskam, die sogenannte Medusa-Ausgabe des Jahres 1940, die von Jacob R. Brussells publiziert und in der Lexington Avenue gedruckt wurde. Zwar stand »Imprenta de Mexico« in dem Buch, aber die Behörden ließen sich durch diesen Trick nicht hinters Licht führen, und Brussells bekam für seine Beteiligung an dem Unternehmen zwei Jahre Gefängnis. Miller wußte von dieser Ausgabe. Der Großteil der zweitausend Exemplare wurde durch Frances Steloff vom Gotham Book Mart und Ben Abrahamsons Buchhandlung in Chicago für zehn Dollar pro Buch verkauft. Einem Gerücht nach soll Miller von beiden Buchhändlern statt einer Verkaufsbeteiligung von zehn Prozent eine Pauschalsumme von je tausend Dollar erhalten haben, aber in seinen Briefen gibt es nirgendwo einen Hinweis auf einen solchen Geldsegen, und wahrscheinlich ist das Gerücht falsch.

In einer Sache blieb Miller stets hart: Ihm war ein Raubdruck des Buches lieber als eine gereinigte Fassung. Schon 1938 machte er das Frank Dobo unmißverständlich klar. Dobo, der damals von Paris nach New York zurückgekehrt war, hatte vorgeschlagen, in einem Buch Auszüge aus *Wendekreis des Krebses* und *Schwarzer Frühling* zu veröffentlichen, die nicht beanstandet werden konnten, aber Miller wollte nichts davon wissen:

> Die Öffentlichkeit all diese Jahre warten zu lassen und ihr dann eine verwässerte, modifizierte Version meiner Werke vorzusetzen ist kaum eine gute Strategie – es könnte sich als Bumerang

> erweisen. Eine Menge hängt vom Verleger ab, davon, welcher Verleger es ist und welche Einstellung er mir gegenüber und gegenüber dem Publikum hat, für das er publiziert. Ich will nichts mit irgendwelchen gerissenen, opportunistischen Gaunern zu tun haben, von denen es in New York jede Menge gibt. Schließlich habe ich lange gewartet, um *in toto* angenommen zu werden, nicht in Teilen. Und je länger ich warte, desto bessere Karten habe ich, was Amerika betrifft... Strategisch gesehen ist es so: Je länger ich meine Bücher der amerikanischen Öffentlichkeit vorenthalte, desto mehr Prestige gewinne ich nolens volens. Meine Taktik war die ganze Zeit der in Amerika üblichen Taktik genau entgegengesetzt. Ich habe meine Karten ausgespielt wie ein Chinese... Wenn Amerika nie kapituliert, komme ich ohne Amerika aus. Ich will nicht Millionär werden. Ich will meine Integrität bewahren, schreiben, wie es mir paßt, und von niemandem Befehle entgegennehmen – außer von Gott, der mein Boß ist.[14]

Im Jahr 1945 veröffentlichte Denoel endlich Henri Fluchères Übersetzung von *Wendekreis des Krebses*, und die französischen Behörden versuchten sofort, das Buch zu beschlagnahmen. Französische Schriftsteller, darunter viele Freunde Millers, starteten einen erfolgreichen Feldzug zu seiner Verteidigung. Zu Protokoll gegebene eidliche Aussagen einiger dieser Schriftsteller wurden von der American Civil Liberties Union für eine Kampagne im Jahr 1950 gesammelt, mit der die Union erreichen wollte, daß *Wendekreis des Krebses* legal nach Amerika eingeführt werden durfte. Das Ziel mußte jedoch im Oktober aufgegeben werden, da der Richter sich weigerte, die eidlichen Aussagen zuzulassen. Drei Jahre später bestätigte das Revisionsgericht der Vereinigten Staaten, das seinen Sitz in San Francisco hat, in zweiter Instanz das Verbot beider *Wendekreise*. Inzwischen war *Sexus* in Frankreich verboten worden, und 1956 wurde dieses Buch auch in Norwegen verboten.

Im Jahr 1955 legte Frank Dobo einen neuen Plan vor. Er schlug vor, Henry solle mit einem etablierten amerikanischen Verleger einen Vertrag für beide *Wendekreise* abschließen. Die beiden Bücher sollten dann in einer gereinigten Fassung erscheinen, und wenn sie so lange auf dem Markt gewesen seien, daß sie einen gewissen Gewinn eingebracht hätten, könne Henry die List »entdecken« und sein Gewissen damit beruhigen, daß er von einem skrupellosen Verleger hereingelegt worden sei. Obwohl Dobo strengste Geheimhaltung der Sache zusicherte, bezweifelte er, daß Miller dem Plan zustimmen werde, was Miller dann auch nicht tat.

Es wäre ungerechtfertigt zynisch anzunehmen, Miller habe bei dieser Taktik des »Alles oder nichts« keinerlei idealistische Motive gehabt, aber andererseits wäre es naiv zu glauben, Miller habe nicht von Anfang an gewußt, daß es ihm mehr Prestige brachte, ein Buch zu schreiben, das so gut war, daß es anerkannt wurde, und so obszön, daß es verboten wurde, als einfach ein weiteres gutes Buch zu schreiben. *Wendekreis des Krebses* war aufgrund des Verbotes im Lauf der Jahre zur Legende geworden, und bis 1949 waren von den beiden *Wendekreisen* zusammen allein in Europa über hunderttausend Exemplare in englischer Sprache verkauft worden. Alles sprach dafür, daß das Buch sich weiterhin so gut verkaufen würde – solange es auf der Liste der verbotenen Bücher blieb. Miller riet 1958 auch Durrell in einem Brief dringend davon ab, für die Veröffentlichung von *Die schwarze Chronik* Kompromisse einzugehen: »Das Buch wird verkauft werden, solange es verboten ist. Die anderen Bücher dagegen werden überschwengliches Lob ernten und dann eines schnellen Todes sterben.«[15] Mit erstaunlicher Offenheit schrieb Miller an Emil White, warum er die Folgen einer Veröffentlichung fürchtete: »Rosset wird die Gans umbringen, die das goldene Ei gelegt hat. Unabsichtlich natürlich. Er wird mich umbringen, und dann wird mein Name vergessen sein.«[16]

Wenn je ein Mensch nach der Devise gelebt hat, es sei besser, auf dem Weg zu einem Ziel zu sein, als am Ziel anzukommen, dann war es Henry Miller. Um diese Devise hat er sein literarisches Ego aufgebaut. Das Reisen war ihm zur Sucht geworden, und nach so vielen Jahren plötzlich und unerwartet anzukommen stellte ihn vor ganz neue Schwierigkeiten. Die 50 000 Dollar von der Grove Press, denen noch viel mehr Geld folgen sollte, befreiten ihn ein für allemal von allen wirklichen und eingebildeten Geldsorgen, bescherten ihm dafür aber eine ganze Reihe anderer Probleme. Zum einen befürchtete er, seinen bisherigen Ruf einzubüßen. Zum anderen erkannte er, daß seine Identität als leidender Künstler in diesem Geldsegen völlig verlorenging. Das Problem war schon einmal aufgetaucht, als Maurice Girodias ihm 1946 geschrieben hatte, er verwahre für ihn ein Vermögen in französischen Francs. Die Tatsache, daß das Geld »dort drüben« festlag, hatte Miller damals ermöglicht, mit dem Problem fertig zu werden, indem er es einfach ignorierte. Jetzt stand ihm diese Möglichkeit jedoch nicht offen. Er erkannte, daß er die Rolle des hungerleidenden Künstlers, die ihn so viele Jahre lang aufrecht gehalten und entzückt hatte, nicht mehr glaubwürdig spielen konnte. Das steigerte seine Ängste: War die Öffentlichkeit auch jetzt noch bereit, ihn als Kritiker der amerikanischen Lebensart und des Materialismus ernst zu nehmen, nachdem er nicht mehr aufgrund seiner Armut und des Verbots seiner Bücher dazu autorisiert war? Bedeutete die drastische Veränderung seiner Finanzlage, daß er sich noch einmal neu erfinden mußte? Und wenn ja, konnte er das noch?

Die Armut mochte für immer der Vergangenheit angehören, aber die Ablehnung hielt noch eine Weile an. Zwar hatte Henry zuversichtlich von einem »leichten« Sieg gesprochen, aber innerhalb eines halben Jahres nach der Veröffentlichung von *Wendekreis des Krebses* hatten sich die Kräfte formiert, die für Langeweile und Unterdrückung eintraten. Grove ließ auf die gebundene Ausgabe im Oktober 1961 eine Taschenbuchausgabe folgen. Taschenbücher galten damals von vornherein als subversive Literatur, da sie zu einem Preis verkauft wurden, den sich jeder leisten konnte. Die Polizei begann in Chicago und Umgebung, systematisch Buchhändler einzuschüchtern, die das Taschenbuch vorrätig hatten. Es kam zu Verhaftungen. Der Roman wurde mit einer Flut von Strafprozessen bekämpft: Plötzlich waren gegen *Wendekreis des Krebses* bei dreiundfünfzig Gerichten in den Vereinigten Staaten Strafverfahren anhängig. Man konnte geradezu den Eindruck gewinnen, als habe die Lobby, die für die Zensur eintrat, eine neue Taktik entdeckt: den anstößigen Verleger und sein Buch einfach so oft vor Gericht zu bringen, daß die Kosten der Verteidigung ihn am Ende ruinierten.

Der Musterprozeß fand im Cook-Kreisgericht in Chicago statt, wo Elmer Gertz das Buch vor Richter Samuel B. Epstein verteidigte. Gertz, der in jungen Jahren ein Buch über Frank Harris geschrieben hatte, bemühte sich zu zeigen, daß Miller aufgrund seiner Schriften im Grunde ein religiöser Mensch sei. Es war ihm gelungen, als Zeugen unter anderem einen jungen lutheranischen Prediger zu gewinnen, der Millers Bücher ganz besonders bewunderte. Am 21. Februar 1962 fällte Epstein das Urteil: *Wendekreis des Krebses* sei nicht obszön im Sinne des Gesetzes. Die Ausführungen des Richters muten heute kurios an, etwa wenn er von einer Gesellschaft spricht, »in der der einteilige Badeanzug durch den Bikini ersetzt wird und der Tanz im Ballsaal von einst vom Twist abgelöst wurde«. Außerdem meinte er, *Wendekreis des Krebses* werde nicht zu einem Anstieg jugendlicher Kriminalität führen, denn sexuelle Straftäter »haben einen so niedrigen Bildungsstand, daß sie Bücher dieses literarischen Niveaus nicht lesen«. Auch die Vertreter der Anklage lasen keine Bücher dieses literarischen Niveaus: Im Lauf der Verhandlung fand Gertz heraus, daß sie mit Ausnahme eines Polizisten lediglich einen einzigen Abschnitt aus *Wendekreis des Krebses* gelesen hatten – die berühmte »Prosa-Hymne an Tania auf Seite fünf oben«.[17]

Chicago war nur eine Schlacht, der Krieg war noch nicht gewonnen. Der Polizeichef erhob Einspruch gegen Epsteins Urteil, und im Juli wurde eine »Erklärung zur Verteidigung der Lesefreiheit« veröffentlicht, die zweihundert Schriftsteller und Verleger unterschrieben hatten. Ende Juli gab der Oberste Gerichtshof von Massachusetts das Buch frei. Die Querelen hielten freilich noch zwei Jahre lang an, und es kam zu weiteren Verhaftungen, Appellen und Freisprüchen. Im September 1962 brachte Grove Press ohne viel Aufhebens *Wendekreis des Steinbocks* auf den Markt, samt dem Abschnitt über das »Land Fick«. Die gesamte Aufmerksamkeit der Puritaner konzentrierte sich auf *Wendekreis des Krebses*, das Pendant dazu wurde in den Vereinigten Staaten deshalb nie strafrechtlich verfolgt.

Wie in den Vereinigten Staaten bahnte *Lady Chatterley* auch in England den Weg für Millers Bücher. Ermutigt durch Rossets Erfolg publizierte der Verlag Penguin Books 1960 eine ungereinigte Fassung von Lawrence' Roman, gegen die der Leiter der Anklagebehörde aufgrund des Obscene Publications Act vom Vorjahr gerichtlich vorging. Da England keine schriftlich niedergelegte Verfassung hat, mußten die Anwälte des Verlags eine andere Taktik anwenden als ihre amerikanischen Kollegen, um ihre Behauptung zu beweisen, das Buch sei »nicht obszön«. Unter anderem boten sie fünfunddreißig Zeugen der Verteidigung auf, darunter Universitätsprofessoren, Priester, Schulleiter, Journalisten, Schriftsteller und sogar zwei Mitglieder des Parlaments, das für die Verabschiedung des Obscene Publications Act verantwortlich war. Penguin gewann den Prozeß. Die Gründe für den Freispruch waren jedoch eher subjektiver als juristischer Natur, und das Urteil stützte sich stark auf die positiven Aussagen der Experten über die angeblichen literarischen und moralischen Qualitäten von Lawrence' Roman. Das Recht auf Freiheit des Ausdrucks, das bei den amerikanischen Gerichten entscheidend gewesen war, stand nicht im Mittelpunkt, das Urteil ließ den britischen Behörden deshalb einen erheblichen Ermessensspielraum, gegen andere Romane vorzugehen. Als die sexuelle Revolution weiter voranschritt, nutzten sie diesen Spielraum etwa gegen Hubert Selby juniors *Letzte Ausfahrt Brooklyn.* John Calders erste englische Ausgabe von *Wendekreis des Krebses* jedoch, die im März 1963 erschien, wurde nicht beanstandet, und das gleiche galt für spätere Ausgaben von Millers Romanen.

In Amerika gingen die zahlreichen Prozesse gegen *Wendekreis des Krebses* weiter. Im Juli 1963 entschied der Oberste Gerichtshof von Kalifornien, das Buch sei nicht obszön, während das Revisionsgericht von New York das Gegenteil feststellte. Im Juni 1964 hob der Oberste Gerichtshof von Illinois das Urteil von Richter Epstein auf, und der Oberste Gerichtshof der Vereinigten Staaten hob die Verurteilung des Buches durch ein Gericht in Florida auf, und am 7. Juli zog der Oberste Gerichtshof von Illinois seine Entscheidung vom Juni zurück und erklärte das ursprüngliche Urteil Epsteins wieder für gültig. Das Buch war frei.

Zu seiner großen Erleichterung mußte Miller nie persönlich an einem dieser Prozesse teilnehmen. Er hatte sein ganzes Leben entsetzliche Angst davor, in der Öffentlichkeit zu sprechen, und als das Buch 1934 erstmals veröffentlicht wurde, hatte er gelegentlich Alpträume, in denen er auf der Anklagebank saß und den aussichtslosen Versuch unternahm, das Buch vor einem Meer ablehnender Gesichter zu verteidigen.

Am nächsten kam er diesem Alptraum, als er im Sommer 1962 in Brooklyn zusammen mit der Grove Press und drei Buchhändlern der Verabredung zur Verübung einer Straftat angeklagt wurde. Das absonderliche Ziel dieses Prozesses war der Beweis,

daß Miller sich 1934 mit dem damals zwölfjährigen Rosset und drei Buchhändlern aus Brooklyn zusammengetan habe, um ein Buch »vorzubereiten und zu verfassen«, das »Ereignisse und Szenen schildern und darstellen sollte, in denen die Geschlechtsteile männlicher und weiblicher Personen in einer Weise dargestellt und beschrieben werden, die sexuelle Degeneration und sexuelle Perversion beinhaltet und die von einem solchen pornographischen Charakter ist, daß sie geeignet ist, lüsterne Gedanken und Wünsche zu wecken«. Die Buchhändler und Rosset erschienen persönlich vor Richter Manuel Gomez, der die Buchhändler gleich wieder gehen ließ und Rosset gegen eine Kaution von fünfhundert Dollar auf freien Fuß setzte. Den »Jungen aus Brooklyn« dagegen wollte Gomez persönlich im Gerichtssaal sehen. Als Henry zu verstehen gab, er sei nicht geneigt, eigens dafür aus Kalifornien anzureisen – nicht einmal, als der Staatsanwalt ihm anbot, ihm die Reisekosten zu bezahlen –, erließ der Verhandlungsrichter einen Haftbefehl. Das Gericht drohte mit einem Auslieferungsverfahren, wenn er nicht freiwillig kam, aber als der Oberste Gerichtshof im Juni 1964 entschied, *Wendekreis des Krebses* sei nicht obszön, wurde die Anklage fallengelassen.
Damit endete in den Vereinigten Staaten eine Ära, und auch für Henry Miller persönlich ging eine Ära zu Ende. Nachdem er 1957 in seinem Buch *Big Sur und die Orangen des Hieronymus Bosch* die Adresse des Paradieses preisgegeben hatte, wurde Big Sur bald von Vorläufern der Hippies und von Homosexuellen und anderen Eindringlingen überschwemmt, die auf der Suche nach ihrem wahren Selbst waren. Sein erneuter zweifelhafter Ruhm machte Henry wieder zu einer Touristenattraktion, und er wurde von allerlei Sonderlingen belästigt, deren Gesellschaft ihm unangenehm war. Seit er und Eve sich getrennt hatten und keine Frau mehr da war, die sich zusammen mit ihm um die Kinder kümmern konnte, und seit der Plan gescheitert war, nach Europa zurückzukehren und Renate zu heiraten, hielt ihn nichts mehr in Big Sur. Im September 1962 stieg Henry nach siebzehn überwiegend guten Jahren von seinem Berg herunter und zog in ein möbliertes Zimmer in Las Lomas Nr. 661 in Pacific Palisades.

5

Sechs Monate später, im Februar 1963, zogen Miller, Valentine und Tony, die inzwischen achtzehn und fünfzehn Jahre alt waren, und für eine Weile auch ihre Mutter und deren dritter Ehemann in ein zweistöckiges georgianisches Haus im Ocampo Drive Nr. 444 in Pacific Palisades, in dem Henry die restlichen achtzehn Jahre seines Lebens leben sollte. Er bezahlte 77 000 Dollar für das Haus.

Für Freunde, die Henry Miller gut zu kennen glaubten, war dies die größte Überraschung, die Miller ihnen je bereitete: der Wechsel vom rauhen, einfachen Leben in Big Sur in den von der reichen Oberschicht bevölkerten Vorort von Los Angeles mit seinen Swimmingpools und sorgfältig beschnittenen Hecken, den Palmen und Oleanderbüschen. Auch sein plötzliches Interesse an der Einkommensteuer schien nicht recht zu der verächtlichen Gleichgültigkeit zu passen, die er früher dem Geld gegenüber gezeigt hatte. Er entdeckte bald eine Möglichkeit, wie er sich vor Steuern drücken und zugleich Geschäft und Vergnügen miteinander verbinden konnte. Bald nach seinem Einzug im Ocampo Drive begann er, in riesigen Mengen Aquarelle zu produzieren, die er gemeinnützigen Organisationen stiftete. Er bat Elmer Gertz in einem Brief, ihm alle Institutionen zu nennen, die vielleicht solche »Geschenke« von ihm annehmen würden. Gertz versprach, sein Möglichstes zu tun, meinte jedoch: »Einen solchen Brief hätte ich von Henry Miller niemals erwartet.«[18] Henry verkündete stolz, er habe 1963 von März bis Juli 115 solcher Bilder produziert, und hoffte, das Finanzamt werde sie auf 200 bis 250 Dollar pro Bild schätzen. Emil White, den die Freundschaft mit Henry Miller nicht blind machte (er nannte seinen Freund in Briefen an Dritte gelegentlich den »Mahatma«), schrieb, es sei »unglaublich, was diese Steuergeschichte aus ihm (und wahrscheinlich aus vielen anderen auch) gemacht hat. Aber wer hätte sich je träumen lassen, daß HM sich darum so sehr kümmern würde. Er hat kein Wort mehr geschrieben, und es würde mich nicht wundern, wenn er sogar *The Rosy Crucifixion* unvollendet ließe.«[19]

Trotzdem blieb Miller in Geldangelegenheiten im Grunde ungeschickt und ein Amateur. »Jeder schröpft mich, seit ich zu Geld gekommen bin«, schrieb er 1963 an Hans Reitzel, und drei Jahre später behauptete er, er habe insgesamt 75 000 Dollar verliehen und nicht zurückbekommen. Aber so rasch er auch Geld ausgab oder verschenkte, es ging ihm nie aus. Im Gefolge des berüchtigten *Wendekreis des Krebses* wurden auch von *Schwarzer Frühling* und *Wendekreis des Steinbocks* riesige Auflagen verkauft, und 1965 veröffentlichte Grove Press *The Rosy Crucifixion* in einer Taschenbuchausgabe, die sofort an die erste Stelle der Bestsellerliste der Vereinigten Staaten rückte. Miller konnte sich rühmen, daß es von seinen Büchern hundert Übersetzungen gab, davon allein siebzehn von *Wendekreis des Krebses.*

Ein so überwältigender Publikumserfolg führte unausweichlich zu einer deutlichen Gegenreaktion gegen Miller bei intellektuellen Kritikern. 1957 war er zum Mitglied des National Institute of Arts and Letters gewählt worden. In der Aufnahmeerklärung, die Louise Bogan vorgetragen hatte, hieß es: »Sein kühner Ansatz und seine ausgeprägte Neugier auf die Menschen und die Natur sind in der Prosaliteratur unserer Zeit einzigartig.« Aber jetzt war Henry reich und berühmt, und die Schlacht um die Freiheit der Literatur war für eine Zeitlang gewonnen. Es war daher nicht mehr nötig, daß das literarische Establishment eine geschlossene Front bildete.

Zwar hatte der loyale Freund Lawrence Durrell bereits geäußert, *Wendekreis des Krebses* sei ebenso gut wie *Moby Dick* und »die heutige amerikanische Literatur beginnt und endet mit der Bedeutung dessen, was Miller getan hat«, und Karl Shapiro hatte gesagt, Henry sei der bedeutendste zeitgenössische amerikanische Schriftsteller. Dennoch war bald eine heftige verdeckte Auseinandersetzung um die Richtigkeit dieser Behauptungen im Gang. Cyril Connolly hatte einst zu den glühendsten Bewunderern von *Wendekreis des Krebses* gehört, und sein eigenes Buch *Das Grab ohne Frieden,* das 1945 erschien, steht deutlich in der Schuld Millers. Als Connolly jedoch 1963 noch einmal über Millers Werk urteilte, empfand er *Wendekreis des Krebses* als »ein endloses Geschwafel, das sich aus Lautréamont, Whitman, Joyce, Lawrence und Céline speist ... und mich heute kaltläßt. Es ist nicht tief, es ist jugendlich egozentrisch, und vieles davon könnte man weglassen.«[20] Connolly gab aber ehrlicherweise zu, wenn ein Kritiker ein Buch abwerte, das er in der Jugend bewundert habe, tue er das häufig, weil er älter und nicht weil er ein besserer Kritiker geworden sei, aber er wertete das Buch trotzdem ab. Miller hat diesen Fehler nie begangen, und deshalb macht die Lektüre von *Die Kunst des Lesens* so großen Spaß, auch wenn er die Bedeutung seiner Loyalität zu den Lieblingsbüchern seiner Kinder- und Jugendzeit überschätzt.

James Gould Cozzens kritisierte *Wendekreis des Krebses* ebenfalls als pubertär, als wäre das an sich schon ein Fehler. Er schrieb, das Buch sei »in Wahrheit an die Jugendlichen gerichtet – oder besser gesagt, an die Nicht-Erwachsenen, die sich noch schockieren lassen und das Schockiertwerden noch als aufregende literarische Erfahrung erleben«.[21] Horace Gregory verstand die Aussage des Buches besser und nannte es »Huck Finn in Paris«. Gael Green kam als einer der ersten allein aufgrund des Textes der Bücher zu dem Schluß, Henry sei wahrscheinlich ein Frauenfeind und Puritaner, und auch er betonte den pubertären Charakter des »Henry Miller« in *Wendekreis des Krebses* und nannte ihn einen graduierten Holden Caulfield.

Keine dieser Kritiken bekümmerte Miller, wenn er sie überhaupt zur Kenntnis nahm. Er war nun ein großer Star und genoß den Wirbel, den man auf dem Schriftstellerkongreß in Edinburgh um ihn machte, zu dem er im August 1962 eingeladen wurde. Colin MacInnes lobte ihn in einer übertrieben schmeichlerischen Rede, auf die Miller ganz untypisch mit der avantgardistischen Äußerung antwortete, er verstehe nicht, warum man überhaupt über den Roman diskutiere, der Roman sei doch schon seit hundert Jahren tot, warum rede man nicht statt dessen über Aquarelle? Zu den vielen Schriftstellern, die auf dem Kongreß anwesend waren, gehörten Stephen Spender, Mary McCarthy, Lawrence Durrell, Norman Mailer, Angus Wilson, Malcolm Muggeridge und Rebecca West. Henry hatte gehofft, in Edinburgh noch einem weiteren Idol seiner Jugend die Hand drücken zu können, Bertrand Russell, aber Russell erschien nicht, so daß es nie zu einer Begegnung zwischen dem intellektuellen und dem instinktiven Vater der freizügigen Gesellschaft kam. Dafür begegnete Henry jedoch zweimal William Burroughs, und Burroughs hat uns eine amüsante Schilderung davon hinterlassen:

> Ich lernte ihn beim Schriftstellerkongreß in Edinburgh 1962 kennen, auf einer großen Party, auf der es von Literaten wimmelte, die alle in einem Saal herumstanden und Sherry tranken,

und er sagte: »Sie sind also Burroughs.« Es schien mir nicht angebracht zu antworten: »Ja, Meister«, und die Antwort: »Sie sind also Miller« fand ich auch nicht passend, also sagte ich: »Ein langjähriger Verehrer«, und wir lächelten. Als ich ihn das nächstemal traf, wußte er nicht mehr, wer ich war, aber schließlich sagte er: »Sie sind also Burroughs.«[22]

Millers Erfolg in Edinburgh wurde von Anthony Blond in *Books and Bookmen* festgehalten. Blond schrieb: »Wenn Henry Miller der Held der Woche war, dann war William Burroughs die Heldin.«[23] Die Verbindung mit Edinburgh setzte sich auch 1963 fort. In diesem Jahr ließ Lord Chamberlain eine Aufführung von *Ganz wild auf Harry* vom Programm absetzen, mit der Begründung, das Stück sei obszön. An dem Verbot wurde deutlich, wie sinnlos die Praxis der Zensur letztlich war, denn es verhalf dem miserablen Stück zu unberechtigtem Ruhm und hatte zur Folge, daß andere britische und europäische Städte das Stück aufführen wollten.

Miller war damals mit Sicherheit der bekannteste Schriftsteller Amerikas, und in den sechziger Jahren bewirkte dieser Ruhm, daß eine Flut von Büchern über ihn erschien. Von diesen Büchern war William Gordons *The Mind and Art of Henry Miller* wahrscheinlich das meistgelesene. Gordon veröffentlichte das Buch 1967 nach einer nervenaufreibenden Korrespondenz mit Miller. »Hätten Sie doch nur Kontakt zu mir aufgenommen, bevor Sie mit der Arbeit anfingen«, beklagte sich Miller bei Gordon. »Hätten wir ein paar Tage zusammen verbracht und über alles gesprochen, dann wäre etwas ganz anderes dabei herausgekommen.«[24] Gordons objektiver Ansatz erschreckte Miller, und zwar besonders deshalb, weil Gordon unbedingt einen Unterschied zwischen dem »Helden Miller« und dem wirklichen Autor machen wollte. Miller hintertrieb jeden Versuch, ein in seinen Büchern vorherrschendes künstlerisches Selbstverständnis auszumachen, mit dem altbekannten Hinweis, er sei nur ein Mann, der seine Lebensgeschichte zu erzählen versuche, was Gordon zu der Antwort veranlaßte: »Wenn das Quartett [*The Rosy Crucifixion*] lediglich die Geschichte Ihres tragischen Liebeslebens ist, dann ist es ein viel geringeres Werk, als ich glaube. Manche Kritiker, von denen mir einige hart zugesetzt haben, meinen, daß Sie tatsächlich nur einen

Erlebnisbericht schreiben und daß es sich nicht lohnt, überhaupt über Sie zu schreiben.«[25] Ein späteres Buch von Jane Nelson interpretiert Miller ähnlich ernsthaft und erinnert an den sanften Hinweis, den Miller einmal seinem französischen Biographen F. J. Temple gab: »Jacques, ich glaube, daß Du meinen Handlungen manchmal zuviel Zielgerichtetheit und Zweck unterstellst. Ich war noch nie besonders zielstrebig.«[26]

Eine interessante und kühne Untersuchung ist Ihab Hassans 1967 erschienenes Buch *The Literature of Silence: Henry Miller and Samuel Beckett.* Hassan erlag nicht der Illusion, Miller sei ein Künstler wie Beckett, aber er erkannte, daß die beiden Autoren etwas gemeinsam hatten: den Kampf gegen die Tyrannei des Schweigens. Beckett hat einmal gesagt, sein Ziel beim Schreiben sei, dem Schweigen einen Kratzer beizubringen, und das klingt ganz ähnlich wie etwas, das Miller 1931 zu Anaïs Nin sagte, daß es nämlich sein Ehrgeiz sei, »eine Narbe in der Welt zu hinterlassen«.[27] Weitere Bücher waren Annette Baxters *Henry Miller, Expatriate,* das 1961 erschien, Walter Schmieles Biographie in deutscher Sprache und die französische Biographie von Millers Freund F. J. Temple, die 1965 herauskam. Richard Ellmann, der bereits eine bekannte Biographie über James Joyce geschrieben hatte, versuchte eine Zeitlang, Miller die Erlaubnis abzuschwatzen, seine Lebensgeschichte schreiben zu dürfen, und begann sogar mit Recherchen, stieß aber bei Miller auf so starken Widerstand, daß er schließlich aufgab.

6

Henrys Befürchtungen, daß June und Beatrice ihn wegen der literarischen Porträts, die er in seinen Werken von ihnen gezeichnet hatte, vor Gericht bringen könnten, erwiesen sich als unbegründet, aber er sorgte sich außerdem, daß eine seiner vier Ex-Frauen eine unschmeichelhafte Darstellung ihres Lebens mit ihm veröffentlichen könnte. Er schickte Eve ein Exemplar von Françoise Gilots Erinnerungen an ihr Leben mit Picasso, versehen mit dem Kommentar, daß ihm gerade die vielen persönlichen Details gut gefielen – »so aufschlußreich und so humorvoll. Seine Schwächen machen ihn menschlicher, oder nicht?«[28] Es sieht so

aus, als habe er ihr damit einen Wink geben wollen: So muß man über das Leben eines Genies schreiben.
Auch June erhielt ein Exemplar von Françoise Gilots Buch, wahrscheinlich aus ähnlichen Gründen. Aber auch hier hatte Henry Glück: June war – wie alle bisherigen Frauen in seinem Leben, ob Ehefrauen, Töchter oder Geliebte – stolz und diskret, ein Verhalten, das auf einer persönlichen Ebene einen interessanten Gegensatz zu Henrys erbarmungsloser Bloßlegung von Intimitäten bildete. June liebte ihn noch immer und verzieh ihm alles. Bei Anaïs Nin war das anders. June war äußerst aufgebracht darüber, daß sie in Nins berühmten Tagebüchern auftauchte, von denen der erste Band 1966 veröffentlicht wurde. Der erste Band begann 1931 mit der Begegnung Anaïs' mit Henry und June und schilderte, wie Anaïs sich für kurze Zeit in June verliebte. Einige New Yorker Verehrer Millers hatten sich vor der Veröffentlichung des Buches inoffiziell an June gewandt und sie im Namen des zuständigen Verlages Harcourt Brace gefragt, wie sie darauf reagieren werde, auf diese Weise in der Öffentlichkeit bloßgestellt zu werden. June hatte sich unerwartet widerspenstig gezeigt. Schließlich konnten die Verehrer sie zum Stillhalten überreden, aber sie rieten Miller, die Angelegenheit in seinen Briefen nicht zu erwähnen, damit June nicht das Gefühl bekomme, sie »werde unter Druck gesetzt oder es gebe so etwas wie eine Art Verschwörung gegen sie«[29], was natürlich genau stimmte. Es war kein Wunder, daß June immer wieder an Schüben von Paranoia litt.
Am meisten ärgerte June, daß Anaïs Nin ihr Tagebuch mit atemberaubender Unaufrichtigkeit gereinigt hatte, bis es keinen Hinweis mehr darauf enthielt, welche Rolle sie beim Zerbrechen der Millerschen Ehe gespielt hatte. Da Nin den Hauptgrund für Junes gekränktes und verwirrtes Verhalten während der Endphase ihrer Ehe in Paris unterschlagen hatte, mußte June notgedrungen lächerlich wirken. June nannte Nin eine »verdrehte, bedauerliche Frau« und verspottete sie dafür, daß sie so viel über Trivialitäten schreibe: »Die Welt braucht mehr intelligente, intellektuelle Literatur.« Wahrscheinlich war es mehr die Veröffentlichung von Nins Tagebuch als die Veröffentlichung von *The Rosy Crucifixion*, die June dazu bewog, sich von dem Journalisten Kenneth Dick für ein Buch interviewen zu lassen, das dieser über Miller schrieb. In diesem Interview versuchte sie, ihr Leben mit Henry in New York in

den zwanziger Jahren und in Paris Anfang der dreißiger Jahre zu beschreiben. June war um Diskretion bemüht, und ihre Darstellung fällt von den Fakten her ähnlich aus wie die Henrys, ist jedoch keineswegs identisch. June wollte vor allem deutlich machen, daß sie immer nur geschickt geflirtet habe, jedoch nie die promiskuitive Mythomanin gewesen sei, die sie in Millers Phantasie war. Trotzdem sah sich Miller genötigt, das Interview als »zweifelhaft« und das Buch als »verleumderisch« zu bezeichnen.

June erwähnte Dick gegenüber nicht, daß sie und Henry sich im September 1961 in ihrer Wohnung in New York wiedergesehen und zusammen zu Abend gegessen hatten. Henry war damals nach dem Fiasko mit Renate gerade von seiner alptraumhaften Europareise zurückgekehrt. Der Abend war kein Erfolg. Henry verabschiedete sich schon früh wieder, entsetzt über den körperlichen Verfall Junes und deprimiert von ihrem Bemühen, ihm zu gefallen. Trotzdem war er von ihrem Mut beeindruckt, und er sagte später zu Emil Conason, er hätte sich längst eine Kugel in den Kopf gejagt, wenn er in ihrer Lage gewesen wäre. June fand Henry »jung, forsch und lebhaft« und fühlte sich in seiner Gegenwart »alt und unbedeutend«.[30] »Er scheint von allem so weit weg zu sein«, sagte sie zu Conason.

Auch in Henrys Familie gab es Veränderungen. Anfang 1964 heiratete seine Tochter Valentine und verließ das Haus, und sein Sohn Tony ging zum Studium an die Militärakademie in Carlsbad in Kalifornien. Lepska und ihr Mann zogen ebenfalls aus dem Haus aus und ließen sich in Pasadena nieder. Dabei nahmen sie die meisten Möbel mit. Im August 1966 erfuhr Miller, daß seine vierte Frau Eve gestorben war. Eve hatte sich eine Zeitlang mit allen möglichen Männern abgegeben und sich damit in Big Sur einigen Spott eingehandelt. Dann hatte sie einen ortsansässigen Witwer geheiratet. Im Gegensatz zu Lepska brach sie nicht vollständig mit Henry, was vielleicht unklug war, sondern behielt die demütigende Rolle einer Freundin bei. Ab und zu beantwortete sie sogar Verehrerpost für ihn. Sie trank jedoch immer mehr und starb schließlich am Alkohol.

Miller schreibt, er habe auf die Nachricht vom Tod Eves den ganzen Morgen geschluchzt und sei dann zu einem Freund gegangen und habe Tischtennis gespielt – »und dann folgten ein Nachmittag und ein Abend, an denen ich so fröhlich war wie eh und je. Am Schluß landete ich in einem Restaurant und hatte vier kanadische Mädchen an meinem Tisch und eines auf dem Schoß. Noch immer vergnügt, lebendiger denn je.«[31] Ein Freund jedoch, der im Haus war, als Miller die Nachricht erhielt, erinnert sich, daß Miller zu Boden sank und von Schluchzen geschüttelt wurde. Er mußte zu Bett gebracht werden, wo er einige Tage blieb. Miller wollte sich und anderen als Chuang-tzu erscheinen, der am Todestag seiner Frau die Trommel schlug und sang und schockierten Gästen erklärte, seine Frau habe sich zurückgezogen, um sich in einem großen Saal friedlich hinzulegen – »wenn ich ihr schreiend und schluchzend nachlaufen würde, gäbe ich damit zu erkennen, daß ich nichts vom Schicksal verstehe. Also tue ich das nicht.«[32] Aber wie Eve selbst schon traurig festgestellt hatte, konnte Miller nicht immer seinen eigenen Wahrheiten und hehren Visionen gerecht werden.

7

Nach dem Umzug von Big Sur nach Pacific Palisades ersetzte Miller die alten Freunde durch neue, aber es waren ungleiche Freundschaften. Bob Fink und seine Frau waren eine bedrükkende Erinnerung an das Leben mit Eve, so daß Fink kein gerngesehener Gast in dem Haus am Ocampo Drive war. Vincent Birge, der nach der Rückkehr aus Europa in das alte Haus auf dem Partington Ridge gezogen war, bekam allmählich das Gefühl, daß Miller seine Hilfeleistungen als allzu selbstverständlich ansah; er verließ den Kreis und kehrte nach Frankreich zurück. Bern Porter, der erste Bibliograph Millers und eifriger Förderer des Miller-Kults mit Ungedrucktem, Sonderausgaben und Reproduktionen von Manuskripten, die beim Aufbau des Kults eine so bedeutende Rolle gespielt hatten, war jetzt »Pest Nummer eins«. Eddie Schwartz, Präsident der Henry Miller Literary Society, war ausgestiegen, als die Astrologie und die fliegenden Untertassen ihm als nüchternem Zeitungsmann zuviel wurden. Emil White blieb, wo er war, als Henry umzog, und der Nachfolger von Dewar, O'Reagan, Wambly Bald und White als »Lockvogel für Mösen« war in diesem Lebensabschnitt Millers in Hollywood Joe Gray, Stuntman und Double des Schauspielers Dean Martin.

Gray war ein ehemaliger Boxer aus Brooklyn, den Miller bewundernd als »vollkommen natürlich« beschrieb: »Und die anderen sind ihm scheißegal.«[33] Er nahm Miller gelegentlich auf Autofahrten mit, um ihm vorzuführen, mit welcher unglaublichen Leichtigkeit er eine beliebige Frau aufgabeln konnte und mit welcher Leichtigkeit er sie wieder los wurde.

Die Freundschaft mit Gray verblüffte Millers seriöse Anhänger. In *Collector's Quest*, einem Briefwechsel zwischen J. Rives Childs und Henry Miller, erinnert sich der akribische Gelehrte Childs an ein Ereignis aus dem Jahr 1963. Damals besuchte ihn Gray auf Millers Empfehlung hin in Nizza. Gray erklärte Childs, er arbeite an einer Untersuchung über Rimbaud und wolle unbedingt den renommierten Rimbaud-Experten Henri Matarasso kennenlernen. Childs arrangierte ein Treffen und begleitete Gray zu Matarassos Villa, wo sie die wertvolle Sammlung besichtigten, die Matarasso zu Rimbaud aufgebaut hatte. Childs fungierte als Grays Dolmetscher. »Es kam mir merkwürdig vor«, schrieb er später, »daß Gray eine Untersuchung über einen französischen Dichter machen wollte, wo er Französisch doch gar nicht hinreichend sprechen oder lesen konnte. Gray reiste entweder an diesem oder am folgenden Tag wieder ab, und ich habe nie gehört, was aus seinem Vorhaben geworden ist.«[34] Wäre nicht Miller an der Sache beteiligt gewesen, könnte man glauben, jemand habe Childs verulken wollen.

Gray war auch derjenige, der Miller in das gesellschaftliche Leben in Hollywood mit seinen Filmsternchen und Parties einführte, in dem Henry nach seinem Umzug eine Zeitlang verkehrte. Miller fand es aufregend, Filmstars kennenzulernen, und war von deren Lob geschmeichelt. Er schrieb seinen Freunden begeistert von seinen jeweils jüngsten Eroberungen, und June war über diese Begeisterung verwirrt. Sie fragte sich, ob er sie damit verspotten wollte. Einem Brief legte er sogar eine durchnumerierte Liste der Schauspielerinnen bei, mit denen er in letzter Zeit diniert hatte, darunter Elke Sommer, Jennifer Jones, Kim Novak, Ava Gardner, Gia Scala und Diane Baker. Sie alle hatten ihn beeindruckt und erschienen ihm als »faszinierende, authentische und sensible Menschen. Nicht einfach nur ›Stars‹.«[35]

Miller mochte die bizarre, unwirkliche Seite des Lebens in Hollywood. So erschien eines Tages ein Mannequin in seinem Garten und posierte einige Stunden lang als lebendige Venus von Milo. Aber nach einiger Zeit hatte er es satt, Rezitationen aus *The Nazz*, Lord Buckleys »Beat«-Version der Bibel, und das Geschwafel von Leuten zu hören, die Marihuana genommen hatten und high waren. Er verbrachte mehr Zeit allein zu Hause und schrieb Perlès, daß ihn sein Leben jetzt an die Zeit in der Villa Seurat erinnere, nur gebe es weniger zu lachen.

Er fuhr langsam mit dem Fahrrad durch die ebenen Straßen der Umgebung und sah viel fern. Besonders gut gefielen ihm Wettkämpfe professioneller Ringer und Ballspiele, und er war überrascht, wie viele der Spieler Schwarze waren. Außerdem ininformierte er sich umfassender über das politische Weltgeschehen als je zuvor. Er war nach wie vor ein Idol der Jugend und empfing in seinem Haus im Ocampo Drive einen steten Strom von Pilgern. Joan Baez brachte eines Tages im Oktober 1963 Bob Dylan mit, damit Miller ihn nach einer Partie Tischtennis kennenlernen konnte, aber Dylan war in schweigsamer Stimmung und kehrte seinem Gastgeber fast den ganzen Abend den Rücken. Anschließend schrieb Dylan ein Gedicht über die Begegnung, in dem er sagt, Miller habe ihn ständig »Dichterling« genannt und nicht einmal seine schlimmsten Feinde hätten ihn je auf so mysteriöse Weise herabgesetzt.[36] Miller war von Dylans Persönlichkeit fasziniert, aber insgesamt bevorzugte er Leute wie die Stierkämpferin Betty Ford, die über hundert Stiere getötet hatte, oder Christine Jørgensen, die erste Dänin, die operativ ihr Geschlecht ändern ließ und die er eines Tages in einer Bar in Hollywood kennenlernte.

Miller war immer noch zu manch derbem Spaß imstande. An Alfred Perlés schrieb er:

> Ab und zu, wenn es mich überkommt, hypnotisiere ich die Menschen mit meinem Reden. Ist mir erst kürzlich bei einem Essen zu Ehren eines Politikers passiert. Nach der Rede wurde ich von Senatoren und anderen Gesetzgebern mit Beschlag belegt, trank acht Whiskys nacheinander, und dann überkam es mich. Ich packte einen von ihnen am Revers – er war ein Krüppel – und sagte ihm die Zukunft voraus; es war so rührend, daß ihm die Tränen über die Wangen liefen und er mir die Hand küßte. Dann küßte ich ihn auf die Stirn. Alle natürlich wie vom Donner gerührt. Am meisten ich.[37]

Was Miller aber am meisten brauchte, um seine Tage zu füllen, war das orientalische »Liebchen«, dem er auf der Spur gewesen war, ehe die nur oberflächlich ernste Affäre mit Renate Gerhardt ihn abgelenkt hatte. Anfang 1966 fand er es.

8

Aus Millers Liebe zum Tischtennis war im Lauf der Jahre eine Lebenskunst geworden. Er spielte »gleichmäßig, defensiv und vom Zen inspiriert« und benützte das Spiel als Fitneß-Training, als ersten Kräftetest für Neuankömmlinge und sogar als Technik der Liebeswerbung. Passenderweise war seine Leidenschaft für Tischtennis Anlaß für die Begegnung mit der Frau, die schließlich seine fünfte und letzte Ehefrau wurde.

Im Februar 1966 lernte er im Haus von Dr. Lee Siegel, einem Freund und regelmäßigen Spielpartner, Hiroko Tokuda kennen, eine hübsche Japanerin von siebenundzwanzig Jahren. Hiroko Tokuda war erst kurz vorher aus Japan nach Kalifornien gekommen, wo sie in einigen Filmen Gesangsrollen übernommen hatte. Sie verdiente ihren Lebensunterhalt damit, daß sie Klavier spielte und in einer Bar in Hollywood namens Imperial Gardens sang.

Hoki, wie alle sie nannten, hatte dieselbe professionell kokette Art wie einst in den Tagen von Wilson's Tanzpalast June Mansfield, und Miller verliebte sich wieder einmal in das Bild einer *femme fatale*. Er besuchte häufig die Bar Imperial Gardens und hörte Hoki zu, wenn sie ihr Repertoire an sentimentalen Liebesliedern vortrug. Eines Abends, als Joe Gray die beiden im Auto nach Hause fuhr, saß Hoki auf Millers Schoß und erlaubte ihm, die Hand zwischen ihre Beine zu schieben. Henry meinte die Geste ernst. Er wußte genau, daß eine Beziehung zwischen ihm, dem inzwischen Fünfundsiebzigjährigen, und einer Frau, die seine Enkelin hätte sein können, auf den ersten Blick unmöglich war. Trotzdem machte er Hoki nun in einer Weise den Hof, die Mitleid erregt, aber auch Kaltblütigkeit verrät. Er überschwemmte sie mit Liebesbriefen, auf die sie kaum reagierte. Die Briefe wurden im Lauf der Monate länger und glühender, aber auch immer verblüffter und frustrierter, als klar wurde, daß Hoki weder ein ernsthaftes Interesse an seiner »Liebe« hatte noch überhaupt von seinem Charme beeindruckt war. Auch seine Angebereien beeindruckten sie nicht. Als er sie einmal eifersüchtig machen wollte, indem er ihr sagte, er habe in der letzten Zeit drei briefliche Heiratsanträge bekommen, lächelte sie nur ironisch und wollte ihm die Hand schütteln. Diese Reaktion verletzte und schockierte ihn. Er hoffte, sie werde sich als Japanerin entpuppen, wie der Westen sie sich vorstellte, als Frau, die alte Männer mit übertriebenem Respekt behandelt und das tut, was man ihr sagt. Leider entsprach Hoki diesem Bild genauso wenig wie James Hiltons Shangri-La dem wirklichen Tibet.

Miller kämpfte trotzdem weiter und schickte seine Liebesbeteuerungen stets in dasselbe Vakuum. Seine Beharrlichkeit wurde nach einem Jahr belohnt, als das Mädchen einen Partner für eine Scheinehe brauchte, um eine unbefristete Arbeitserlaubnis zu bekommen. Henry machte ihr galant einen Heiratsantrag, und sie nahm an. Edie Fink machte Hoki einen Verlobungsring, der zerbrach, als sie ihn zum erstenmal ansteckte. Henry flickte ihn mit Klebeband. Er setzte damals großes Vertrauen in die Graphologie und schickte Proben seiner Handschrift sowie der Schrift seiner Verlobten an mehrere Experten, um sie analysieren zu lassen. Die Hochzeit fand am 10. September 1967 statt, und in der Woche darauf machte das Paar eine Hochzeitsreise nach Paris.

Hoki blieb am Abend des Hochzeitstages bis spät in die Nacht weg und trank mit Freunden, und damit war das Muster der beinahe drei Jahre festgelegt, die die Ehe dauerte. Miller, der wegen seines Hüftleidens große Schwierigkeiten hatte, Treppen zu steigen, wohnte und schlief in einem kleinen Dienstbotenzimmer im Erdgeschoß, während Hoki und eine junge japanische Freundin das Obergeschoß bewohnten. Hoki hatte auf Henrys Drängen ihren Job im Imperial Gardens aufgegeben, aber sie verbrachte trotzdem die meisten Abende und Nächte außer Haus und spielte Mah Jong oder trank mit Freunden. Sie unternahm auf Henrys Kosten auch einige lange Reisen nach Japan, auf denen sie versuchte, als Popsängerin im japanischen Fernsehen Fuß zu fassen. Miller war sehr geduldig bei seinen Versuchen, Hoki zum Vollzug der Ehe zu bewegen. Er kaufte ihr ein weißes Jaguar-Sportmodell, nutzte seinen Einfluß dazu, Interviews mit ihr in europäische Zeitungen zu bringen, und bezahlte Ferien in Europa und Hawaii. Aber es half alles nichts. Hoki weigerte sich strikt, mit ihm zu schlafen. Eines Abends hatten sie einen heftigen und entscheidenden Streit über das Thema, der damit endete, daß sie Henry bat, sie nicht zum Sex zu zwingen. Der Gipfel seiner Demütigung war gekommen, als sie auf einer Japanreise dem Journalisten einer Lokalzeitschrift bei einem Interview die Bedingungen ihrer Ehe klarmachte.

Der Höhepunkt des Jahres 1968 war ein Besuch Lawrence Durrells im Frühling. Hoki begleitete Durrell nach Disneyland, und zu dritt sahen sie sich im Fernsehen Berichte zu den Rassenunruhen an. Als Durrell wieder abgereist war, versuchte sich Henry als Verfasser von Popsongs für Hoki, und er sah immer mehr fern, wobei er während der Werbespots auf der Trommel seines Sohnes Tony trommelte. Wegen einer Lebensmittelvergiftung mußte er im April ein paar Tage das Bett hüten. An Durrell schrieb er, es gehe ihm deswegen »wie dem Alten in *Lost Horizon* – erinnerst Du Dich an ihn? Jener Belgier, der ein Bein verloren hatte und angeblich hundertundvierzig Jahre alt war?«[38]

Im folgenden Jahr traf er im Juli wieder mit Durrell zusammen, als er mit Hoki und Puko, einer der beiden jungen Freundinnen Hokis, die das Haus im Ocampo Drive mit ihnen teilten, nach Paris reiste. Der Zweck der Reise war, bei den Dreharbeiten von Joseph Stricks Verfilmung von *Wendekreis des Krebses* dabeizusein. In Paris traf Miller auch einen der Menschen wieder, die er in seinem Buch beschrieben hatte.

Eugene Pachoutinsky war ein emigrierter russischer Schriftsteller, der in einem Kino Klavier spielte, als Miller ihn 1930 kennenlernte. Miller hatte damals kein Dach über dem Kopf, und Pachoutinsky erlaubte ihm, einige Nächte im Büro des Geschäftsführers zu verbringen, nachdem er das Kino abends abgeschlossen hatte. Vierzig Jahre später machten die beiden sich ein Vergnügen daraus, im selben kleinen Café in der Nähe des *Cinéma Vanves* etwas zu trinken, in dem sie damals so oft gesessen hatten.

Inzwischen hatte Miller seine Versuche aufgegeben, Hoki zum ehelichen Beischlaf zu überreden, und in den vielen Briefen, die er ihr schrieb, wenn sie auf Reisen war, nannte er sich manchmal sogar heroisch ihren »alten Ziegenbock«. Hoki verließ ihn im Mai 1970, zog nach Marina del Rey und eröffnete eine Boutique in Beverley Hills. Als Gegenleistung für den weißen Jaguar und seine Hilfe bei der Finanzierung ihrer kurzen Karriere im Showbusiness hatte sie

noch einmal sein Bedürfnis nach jenen masochistischen Ekstasen gestillt, die er mit June erlebt hatte. Sie wurden wie gewohnt in Literatur umgesetzt unter dem Titel *Insomnia*, einer »holographischen« (handschriftlichen) Schilderung des Abenteuers mit Hoki. Das mit Aquarellen geschmückte Buch wurde 1970 von Miller selbst veröffentlicht. Der Beziehung wurde außerdem ein Denkmal gesetzt, als nach Millers Tod seine gesammelten Liebesbriefe an Hoki veröffentlicht wurden. Die Erfahrung eines so vollständigen, wenngleich selbstverschuldeten Scheiterns in sexueller Hinsicht bewog Miller dazu, seinen alten Lieblingsautor Knut Hamsun noch einmal zu lesen. *Victoria* und *Mysterien* dienten erneut als Bibel und Drehbuch, als er die Rolle des tragischen Liebhabers einer rätselhaften Frau noch einmal durchlebte. Hamsuns Nagel mit seiner fatalen Schüchternheit und dem zwanghaften Rollenspiel war nach wie vor die literarische Figur, mit der sich Miller am meisten identifizierte. Als *Mysterien* 1971 neu aufgelegt wurde, erschien auf der Titelseite der *New York Times Book Review* eine Würdigung Millers, die aus tiefstem Herzen kam.
Genauso wichtig war zu dieser Zeit *Victoria* für ihn. Die Stimmung und sogar die Bilder aus Victorias letztem Brief an ihren Geliebten Johannes, den sie auf dem Totenbett schreibt und bei dem »Gott ihr über die Schulter sieht und mitliest«, tauchen überall in *Insomnia* und sogar in Millers eigenen Briefen an Hoki auf. Hamsun war jedoch zwischen dreißig und vierzig, als er diese Briefe schrieb, und seine Protagonisten waren noch jünger. Millers Briefe dagegen – voller Charme, Humor, Absurditäten und »Millerismen« – waren das Werk eines Mannes Ende siebzig, und als Liebesbriefe wirkten sie wie eine Parodie. Beim Lesen stellt sich der Eindruck ein, daß hier ein Mann wie verrückt in die Pedale eines Heimfahrrads tritt und schließlich erschöpft aus dem Sattel taumelt und enttäuscht ist, daß er keinen Meter vom Fleck gekommen ist. Die schiere Unmöglichkeit der Affäre war ihre größte Attraktion, und Miller wurde wütend und ausfallend, wenn Freunde ihn vor sich selbst retten wollten und ihn auf etwas aufmerksam machten, was er genau wußte – daß Hoki ihn ausnützte. Henry war wieder »verliebt«, wie Eve Miller sich ausgedrückt hätte, und das war alles, was zählte. Tatsächlich schrieb er so gern Liebesbriefe, daß er manchmal welche schrieb und sie dann beiseite legte, ohne sich die Mühe zu machen, sie abzuschicken.

9

Die sechziger Jahre waren Millers große Zeit. Sein Vertrauen, daß sich *Wendekreis des Krebses* zu seinen eigenen Bedingungen den Weg in die amerikanische Gesellschaft bahnen würde, erwies sich als gerechtfertigt, und er wurde auch finanziell reichlich für sein Vertrauen belohnt. Die weiße Mittelschichtgesellschaft bejubelte ihn zu Recht als einen ihrer größten rebellischen Helden, und mit Büchern wie *Der klimatisierte Alptraum* hatte er wirksam jenen masochistischen Instinkt gestärkt, der der Gesellschaft hilft, sich selbst und ihre fortschreitende Liberalisierung ständig zu beobachten und zu überdenken. Er war das Idol von jung und alt und von Männern und Frauen gleichermaßen, und sein Einfluß war in den literarischen Kreisen Europas und Amerikas überall zu spüren.

Zum erstenmal seit zweihundert Jahren konnte man *Fanny Hill* legal in einer Buchhandlung kaufen, und ebenso Walters *My Secret Life*, Frank Harris' *My Life and Loves*, das *Kamasutra*, den *Duftenden Garten* und eine Vielzahl ähnlicher Werke. Zeitgenössische Bücher, die nach der Veröffentlichung von *Wendekreis des Krebses* ebenfalls in Amerika erscheinen konnten, waren zum Beispiel William Burroughs *Naked Lunch*, John Rechys *City of Night*, Hubert Selby juniors *Letzte Ausfahrt Brooklyn*, Norman Mailers *Der Alptraum*, Philip Roths *Portnoys Beschwerden*, John Updikes *Ehepaare* und die Romane von Charles Bukowski. In Europa bahnte Miller den Weg für sexuell explizite Bücher von Autoren wie Agnar Mykle, Jam Cremer, Stephen Vicenzy und Suzanne Brugger. Es wurde möglich, auf der Leinwand Schamhaare, Brüste und Gesäße zu zeigen. Außer *Wendekreis des Krebses* wurde auch *Stille Tage in Clichy* von dem dänischen Regisseur Jens Jørgen Thorsen verfilmt, mit der Musik von Country Joe. Miller entdeckte zu seiner Belustigung, daß der Schauspieler, der ihn in dem dänischen Film darstellte, homosexuell war. Die Hippie-Kultur der frühen und mittleren sechziger Jahre war nachhaltig von Millers Interessen, Sympathien und Einstellungen geprägt; besonders deutlich wird das in dem Slogan »Make Love, Not War«, in der Verachtung für Politik und Politiker und in der Verehrung von Gurus und Gegenständen des spirituellen Lebens der Indianer. Viele Männer mittleren Alters aus »gutbürgerlichen« Verhältnissen verließen nach der Lektüre der *Wendekreise* ihre Frauen und Kinder und machten sich auf die Suche nach einem eingebildeten wahren Selbst. Als die Schleusen freilich erst einmal geöffnet waren, verblaßte die Schockwirkung der *Wendekreise* und von *Sexus* erstaunlich schnell angesichts der sadistischen Enthüllungen in einem Buch wie Hubert Selbys *Mauern* oder der Exzesse in John Rechys Romanen über Homosexuelle und Drogenkonsum.

Mit achtzig Jahren war Miller eine Art freundlicher Onkel und eine in der ganzen Welt beliebte Persönlichkeit. Er korrespondierte mit Thomas Merton in seiner Einsiedelei (»Lieber Pater Louis – oder darf ich Sie einfach Tom nennen?«[39]), und ließ sich von den Nonnen am College des Unbefleckten Herzens in Hollywood in der Kunst des Seidensiebdrucks unterweisen. Die Italiener kürten seine Essaysammlung *Von der Unmoral der Moral und andere Texte* zum besten Buch des Jahres 1970. Millers Ruf als großer Befreier und Prophet einer gesunden Sexualität schien sichergestellt, bis der Feminismus eine unvorhergesehene Auferstehung feierte. In *Sexus und Herrschaft,* Kate Milletts 1970 veröffentlichter Analyse der Geschichte der Sexualmoral, widmet Millett einen Abschnitt der ideologischen Kritik moderner und älterer Romane, wobei sie ihre Auswahl auf die Werke männlicher Schriftsteller beschränkt. In dem Buch sind mehrere sexuell explizite Passagen Millers abgedruckt, und Miller wird zusammen mit D. H. Lawrence und Norman Mailer beschuldigt, ein moderner Apologet der andauernden Feindschaft der Männer gegenüber Frauen zu sein.

Kate Millett zeigt in ihrem Buch, daß sie andere Aspekte von Millers Werk durchaus zu schätzen weiß. Sie spricht sogar von der »skandalösen und systematischen Mißachtung seines Werkes« durch das literarische Establishment. Für die Zwecke ihrer Argumentation beschränkt sie ihre Analyse jedoch auf diejenigen Schilderungen sexueller Begegnungen in *Schwarzer Frühling, Die Welt des Sexus* und *Sexus,* die einmal Männern und Frauen gleichermaßen als die »guten Stellen« in Millers Büchern erschienen waren. Sie gelangt zu dem abschließenden Urteil, Henry Miller sei »ein Kompendium amerikanischer Sexualneurosen«.

Ob dieses Ergebnis richtig oder falsch ist, ist notgedrungen mehr eine Meinungs- und Temperamentsfrage als eine Frage der Fakten. Gewiß wäre Kate Milletts Darstellung der Sexualität Millers überzeugender ausgefallen, wenn sie ihren Lesern jenes bessere Verhalten und jene bessere Zeit hätte beschreiben können, die ihr als Meßlatte sexueller Normalität dienten. Außerdem verstanden viele Leser nicht, warum Millett Millers Verwendung von Wörtern wie »muff« für die weiblichen Geschlechtsteile so negativ interpretierte. Sie hatten das Gefühl, daß sich Milletts Einwände gegen den Gebrauch einer solchen Sprache mit der Begründung, es handle sich dabei versteckt um eine Sprache der Unterdrückung, nur unwesentlich von den puritanischen Einwänden unterschieden, die gegen Millers Verwendung von Tabuwörtern seit den dreißiger Jahren erhoben worden waren. Eine weitere Schwäche ihrer Analyse ist, daß sie nicht erkannte, daß der »Henry Miller«, den sie untersucht, in vielem kein typischer Mann war, sondern eine Phantasiegestalt, deren anarchistische Clownerien und alberne sexuelle Prahlereien für die Zauderer, die so viele Männer im Grund ihres Herzens sind, eine erfrischende Erholung von einem verantwortungsvollen Lebens bedeuteten. Millett hat auch folgendes großes Paradox übersehen: daß Miller beim Schreiben wie im Leben pauschal die Rolle abgelehnt hat, die die Gesellschaft dem Mann als Arbeiter, Unterhaltsverdiener und Familienoberhaupt zugedacht hat, und seine Leser mit geradezu verzweifelter Beharrlichkeit drängte, es ihm nachzutun. Millett ignorierte das, aber man hätte Miller schon allein für seinen Anteil an der Zerstörung des Rollenmodells des *pater familias* als den Helden des aufblühenden Feminismus feiern müssen.

Sexus und Herrschaft war ein mitfühlender und sogar idealistischer Appell für mehr Zärtlichkeit in der Welt. Was jedoch das Publikum anzog und aus dem Buch einen Bestseller machte, war sein häufig schroffer Ton des »Geschlechterkrieges«. Er veränderte die Rhetorik des Liberalismus und bestimmte damit den Ton der intellektuellen Debatte für das folgende Jahrzehnt. Auf der Grundlage dieses Buches unterzogen Soziologinnen und Kritikerinnen die Werke der meisten bekannten männlichen Schriftsteller einer umfassenden Neubewertung, und das schadete Miller sehr. Es galt schon bald als schwerer gesellschaftlicher Fauxpas zuzugeben, daß einem *Wendekreis des Krebses* auch nur ein bißchen gefallen habe, und ehe Henry noch richtig begriff, was geschehen war, fand er sich von den Rädern der Revolution überrollt, die er mit ausgelöst hatte.

KAPITEL 17

1970-1980: Ich betrachte mich als eine Geschichte unserer Zeit

1

Die Reise, die Miller im Juni 1969 nach Paris machte, um den Fortgang der Verfilmung von *Wendekreis des Krebses* zu beobachten, sollte das Ende seiner langen Liebesaffäre mit dieser Stadt und mit Europa sein. Seine Gesundheit hatte sich zunehmend verschlechtert, seit auf der langen Autofahrt mit Birge 1960 das Hüftgelenksleiden begonnen hatte. Gelegentlich litt Miller so starke Schmerzen, daß er in Depression versank. Schließlich bekam er auch noch Arthritis, was seine Beschwerden zusätzlich verschlimmerte. Auch seine Sorgen wegen seines Herzleidens wurden größer, und er nahm regelmäßig Digitalis. Trotzdem war er noch so robust, daß er radfahren, Tischtennis spielen und in seinem beheizten Swimmingpool schwimmen konnte. Im März 1969 hatte er eine Prostataoperation. Viel mehr nahm ihn jedoch eine Reihe von Operationen im Jahr 1972 mit. Zuerst wurde eine Arterie in seiner rechten Körperhälfte entfernt und durch eine künstliche ersetzt. Sein Körper stieß die künstliche Arterie ab, und in einer dritten Operation erlitt er einen Schock und verlor das Sehvermögen auf dem rechten Auge. Ab 1974 mußte er eine Gehhilfe benützen, und er verbrachte täglich mehrere Stunden im Bett.

Schon 1963 hatte er bei Renate Gerhardt über beginnende Impotenz geklagt, und Hoki hatte ihm in der Ehe mit ihr keine Chance gegeben herauszufinden, wie es mit seiner Potenz stand. Miller konnte mit der bis ins hohe Alter anhaltenden sexuellen Leistungsfähigkeit eines Chaplin, Casals oder Picasso nicht mithalten, aber er spielte weiterhin mit unerreichbaren und ehrgeizigen jungen Frauen romantische Liebe. Wie schon immer ließ er jede an seinem Ruhm teilhaben, und es herrschte kein Mangel an Hollywood-Sternchen wie der Chinesin Lisa Lu oder Brenda Venus, die einem alten Mann gerne gefällig waren, wenn sie sich dafür in der Nähe eines lebenden Mythos aufhalten durften. Miller benützte diese Beziehungen, um seine lebhafte sexuelle Phantasie zu beflügeln. Brenda Venus, die letzte in einer Reihe dunkler, exotischer Frauen, die von Beatrice über June bis zu Anaïs Nin und Eve McClure reichte, erregte seine Phantasie ganz besonders, und in Briefen, die charmant mit metaphysischen Bemerkungen gespickt waren und ellenlange Lektürelisten enthielten, schilderte er ausführlich, wie sie sich in seinen Träumen verhalten habe: »Ohne das leiseste Erröten berührst Du Deine Möse leicht mit der rechten Hand. Dann ... öffnest Du mit zwei Fingern jeder Hand den Spalt zwischen Deinen Beinen und zeigst mir die kleinen Lippen, die wie ein kleiner Vogel zittern. Der Honig fließt reichlich; Deine Schenkel schimmern. Wortlos faßt Du mir in die Hose und greifst nach meiner Flöte (oder meinem Pfahl, wenn Dir das lieber ist).« Zuletzt ruft Brenda Venus aus: »Fick mich, Henry, fick mich! Steck ihn ganz tief rein. Ich bin ganz geil.« Worauf Henry antwortet: »Gott gebe mir die Macht und die Kraft, und ich will Dich küssen ohne Ende.« Ein merkwürdiges Zartgefühl verlangte, daß er solche Dialoge auf Französisch schrieb. Nach Millers Tod veröffentlichte Brenda Venus *Dear, Dear, Brenda*, eine Auswahl aus den etwa 1500 Briefen, die Miller ihr in den vier Jahren ihrer Korrespondenz geschrieben hatte. Ungefähr zur selben Zeit ließ sie sich für *Playboy* ablichten. »Es mußte geschmackvoll sein« erklärte sie einem Journalisten des Magazins. »Ich habe es so gemacht, als sei ich eine griechische Göttin, ein Phantasiegeschöpf. Ich wollte einen Auftritt daraus machen wie eine Schauspielerin. Ich glaube, Henry wäre stolz auf mich.«[1]

Eine weitere imaginäre Partnerin Henrys war eine Frau aus Bradford in Pennsylvania, die er nie persönlich kennenlernte.[2] Sie hatte ihm auf eigene Initiative hin seit Mitte der fünfziger Jahre Fotos von sich geschickt. Anfänglich waren das relativ harmlose Präsentationen weiblicher Reize, aber im Laufe der Zeit wurden die Positionen immer gewagter, und in den siebziger Jahren waren die Fotos offen pornographisch. Solange Henry noch mit Eve zusammenlebte, hatte er versucht, diese Annäherungsversuche vorsichtig abzuwehren. Aber nun drängte er die Frau, noch gewagtere Stellungen einzunehmen, und machte ihr detaillierte Vorschläge über Positionen, in denen er sie gern sehen würde. Er schrieb ihr, er studiere die Fotos mit einem Vergrößerungsglas, fügte aber nicht hinzu, daß er sie dann an Emil White auf dem Berg weiterreichte, damit er sich ebenfalls an ihnen ergötzen konnte. Die Faszination, die pornographische Fotos auf Miller ausübten, war zwar offensichtlich erotischer Natur, aber er schien weitgehend frei von dem Verlangen zu sehen, wie Frauen sich demütigten, ein Verlangen, daß sonst als Hauptwunsch der Pornographiekonsumenten gilt. In *Die Welt des Sexus* schreibt Miller: »Vielleicht ist eine Möse, selbst wenn sie riecht, eines der wichtigsten Symbole für den Zusammenhang aller Dinge«, und dieser beiläufige Ausdruck des Wunsches nach Synthese in der sexuellen Welt ist eine Parallele zu seiner zwanghaften Suche nach einer ähnlichen Synthese in der Metaphysik einer Madame Blavatsky, eines Oswald Spengler, eines Freud oder der Astrologie. Daß der Sucher Miller auf seinem Weg irgendwo im Sumpf steckengeblieben ist, ist unübersehbar. Der Glaube, wenn er nur konzentriert genug auf den Eingang des Schoßes starre, werde er eines Tages einen transzendenten Augenblick der Offenbarung erleben, hat Miller jedoch nie ganz verlassen. Sein Eintauchen in die Welt des zerebralen Sex hatte freilich auch banalere psychologische Motive: Eine seiner Briefpartnerinnen, eine ehemalige Geliebte, legte auf Millers Bitte hin einem ihrer erotischen Briefe eine Locke parfümierter Schamhaare bei. Miller schickte ihr als Gegengabe einen Stapel Verehrerpost zum Lesen.

Von den Frauen aus Fleisch und Blut in seinem Leben war seine dritte Frau, Lepska, eine seiner wenigen persönlichen Feindinnen. Ihre Sünde war es gewesen, die stärkere Persönlichkeit zu besitzen. Miller träumte noch im fünfundachtzigsten Lebensjahr davon, sie über eine Klippe in den Abgrund zu stoßen, wenn ihn keiner sah. June verschwand 1977 endgültig mit einem kurzen Schreiben aus seinem Leben, in dem sie ihm mitteilte, sie wolle künftig mit ihrem Bruder Herman irgendwo in der Wüste von Arizona leben. Sie hüllte sich bis zuletzt in Schweigen und war für manche ihrer Zeitgenossen ein größerer Mythos als Miller. Miller, Anaïs Nin und Alfred Perlès schrieben und veröffentlichten jeweils eigene Porträts von June, und in der Literatur der jüngsten Zeit ist vielleicht nur Neal Cassady, der Dean Moriarty in Kerouacs *Unterwegs. On The Road* und der Held in Tom Wolfes *Unter Strom. The Electric Kool-Aid Acid Test,* so gründlich mythologisiert worden.

Anaïs Nin besuchte Miller 1962 und dann wieder 1972 und 1973 nach seinen schweren Operationen in Pacific Palisades. Sie war inzwischen von Hugh Guiler geschieden und lebte mit ihrem langjährigen Freund Rupert Pole in Kalifornien. In ihren späten Jahren, als ein Band ihrer Tagebücher nach dem anderen veröffentlicht wurde, erntete sie endlich den Ruhm als Schriftstellerin, den sie immer ersehnt hatte. 1974 wurde sie als Mitglied in das National Institute of Arts and Letters aufgenommen. Damals hatte sie bereits das Krebsleiden, an dem sie Anfang 1977 starb.

Von allen ernsthaften Beziehungen Millers zu Frauen war die zu Anaïs Nin gewiß die erfolgreichste. Ihren Tagebüchern nach zu urteilen, war sie eine selbstgefällige Frau, die nichts von jenem Humor Henrys hatte, der oft die Perspektive wieder zurechtrückte. Und doch war sie eindeutig das *yin* zu seinem *yang* und teilte mit ihm die Bereitschaft, sexuelle Wünsche auszuleben, statt sie in einer Moral ersticken zu lassen, an die keiner der beiden glaubte. Unter den gegebenen Umständen war die Beziehung gerade deshalb erfolgreich, weil die beiden nie versuchten, als Mann und Frau zusammenzuleben. Zwar hing Miller mit Leib und Seele an der Institution der Ehe, aber dennoch waren seine Erfahrungen mit der monogamen Ehe eine einzige Katastrophe. Als 1974 ein abtrünniger Mormone mit zwölf Frauen mit dem Gesetz in Konflikt geriet, schrieb Miller einen tiefempfundenen Brief an die *Los Angeles Times,* in dem er den Mann verteidigte.

Zu den Kindern aus seiner Ehe mit Lepska hatte Miller weiterhin eine herzliche Beziehung. Valentine, deren Ehe 1966 geschieden wurde, spielte eine Zeitlang mit dem Gedanken, Filmschauspielerin zu werden. Später gab Miller ihr das Geld, ein Skigeschäft in Aspen in Colorado zu eröffnen. Sie blieb jedoch in Kalifornien und lebte dort noch eine Weile wie ein Teenager. 1967 wurde sie wegen Besitzes von Marihuana festgenommen, später zog sie in das frühere Haus ihres Vaters in Big Sur.

Tony Millers Entschluß von 1964, in eine Militärakademie einzutreten, war Henry ein Rätsel, aber als Reaktion auf eine Erziehung mit wenig väterlicher Disziplin besaß der Entschluß seine eigene Logik. Henrys Verblüffung verwandelte sich jedoch in Stolz, als Tony der pazifistischen Tradition der Familie Miller dadurch Ehre machte, daß er lieber aus der US-Armee desertierte, als zu riskieren, daß er nach Vietnam geschickt wurde. Nachdem Tony sich zwei Jahre in Paris und Montreal versteckt hatte, kehrte er mit dem Plan nach Kalifornien zurück, ein Buch über seine Erfahrungen zu schreiben. Später zog er als Sekretär und Pfleger seines Vaters im Ocampo Drive ein. Henry lebte gern mit seinem Sohn zusammen: »Wenn ich auf die Straße gehe, bin ich wieder ein Niemand. Hier bin ich König und tue, was mir gefällt. Das ist mein Reich, mein Territorium, und wir führen hier ein süßes, friedliches und zufriedenes Leben.« Tony Miller machte seinen Vater mit einigen seiner Lieblingsautoren unter den jüngeren amerikanischen Schriftstellern bekannt. Auf seine Empfehlung hin las Henry mit Vergnügen die Romane von Kurt Vonnegut junior. Nichts jedoch kam seiner Begeisterung für Isaac Bashevis Singer gleich, der großen literarischen Entdeckung der letzten Jahre Millers.

Tony war einer der heftigsten Gegner von Millers Ehe mit Hoki gewesen, die schließlich 1977 mit der Scheidung endete. Keines von Henrys Kindern hat die Begeisterung des Vaters für die Institution der Ehe geerbt. Barbara, die Älteste, gab schließlich ihren jugendlichen Ehrgeiz auf, Schriftstellerin zu werden, und begnügte sich mit dem weniger riskanten Leben einer Grundstücksmaklerin.

2

Miller schrieb auch weiterhin, aber die Angriffe von Soziologinnen und Kritikerinnen auf ihn und andere Schriftsteller schadeten seinem Ruf sehr. Zwar war Norman Mailer das Hauptziel der Attacken, aber Henry Miller kam gleich an zweiter Stelle. Männliche Schriftsteller, die angegriffen wurden, ignorierten ihre Angreiferinnen im allgemeinen, aber 1976 veröffentlichte Mailer *Genius and Lust: A journey through the major writing of Henry Miller*, eine hastig zusammengestellte Auswahl von Auszügen aus Millers Büchern mit Kommentaren von Mailer. Das Buch war sowohl als

Huldigung wie als Verteidigung gedacht. Miller mochte Mailer persönlich, nicht aber dessen Bücher. »Ich habe kein Wort von dem gelesen, was Mailer geschrieben hat«, erklärte er einem Journalisten. »Nicht einmal das Buch, das er geschrieben hat, um mich gegen die Feministinnen zu verteidigen. Ich habe angefangen, es zu lesen, aber ich fand es unerträglich... Wissen Sie, ich hasse diesen New Yorker Typ – ultra-hochgestochen, analytisch, kritisch gegenüber allem.« Diese Abfuhr war sicherlich davon beeinflußt, daß Mailer *The Rosy Crucifixion* als »einen der größten Fehlschläge in der Geschichte des Romans« bezeichnet hatte, als einen »literarischer Kuchen so groß wie der Himalaya, der nicht aufgeht«, und außerdem die respektlose Überzeugung geäußert hatte, *Der Koloß von Maroussi* sei ein gezielter Versuch Millers gewesen, sein Image in Amerika aufzubessern, um den Weg für eine legale Publikation der *Wendekreise* zu ebnen.

Die damals aufkommende Vorstellung, daß ethnische Gruppen geschützt werden müßten, eröffnete noch einen weiteren Bereich, in dem Millers Bücher mit ihrer nachlässigen Verwendung »ethnischer Verunglimpfungen« für Attacken von Gesinnungsschnüfflern anfällig waren. Wo George Orwells sich selbst zensierender Liberaler der dreißiger Jahre sich Sorgen machte, daß einige seiner Gedanken vielleicht versehentlich faschistisch sein könnten, quälte sich sein Pendant in den siebziger und achtziger Jahren mit der Furcht, er könnte unbewußt Rassist sein. Miller, der in Brooklyn aufgewachsen war, war das Produkt einer rauhen Sprachkultur, in der die geistig-seelische Gesundheit und das Überleben eines Jungen von seiner Fähigkeit abhingen, Beschimpfungen austeilen und einstecken zu können. In einer Geste der Loyalität gegenüber der Arbeiterklasse war Miller – sprachlich gesehen – sein Leben lang auf diesen Straßen beheimatet geblieben, und er praktizierte eine Lebenskunst, deren Regeln und Feinheiten sich dem moralischen Verständnis der Liberalen des späten zwanzigsten Jahrhunderts entzogen. In den siebziger Jahren starteten die Antirassisten eine Kampagne mit dem Ziel, eine Zensur des geschriebenen und gesprochenen Wortes einzuführen, wenn es »um einen guten Zweck« ging. Die Kampagne hatte viele beunruhigende Erfolge in dem Bemühen, die Definition des gedanklichen Verbrechens auszuweiten. Dennoch rechtfertigte sich Miller nie, sondern blieb lieber einer Aussage treu, die er 1936 in *Schwarzer Frühling* gemacht hatte, daß er sich nämlich als »eine Geschichte unserer Zeit« betrachte. Die Loyalität gegenüber seiner Herkunft und Erziehung war, ob richtig oder falsch, ein wichtiger Aspekt der subjektiven Ehrlichkeit, die er immer zu praktizieren bestrebt war. Saul Bellow bekannte sich zu einem ähnlichen Standpunkt, als er einem Journalisten seine Erziehung im Chicago des »Schmelztiegels« zu Beginn des Jahrhunderts schilderte: »Es gab damals keine Apologeten. Alles wurde offen ausgetragen. Die Idee der Diffamierung fehlte, und das war befreiend. Niemand war unantastbar. Wir akzeptierten Beschimpfung als Preis für die freie Meinungsäußerung. Die Gesellschaft ist weit weniger offen, seit es den Schutz ethnischer Gruppen gibt.«[3]

Unter diesen Umständen verkauften sich Millers Bücher schlecht, und in Millers Verhältnis zu seinen Verlegern mischte sich eine gewisse Bitterkeit. Die Rechte für *Insomnia* waren von Doubleday übernommen worden, und das Buch wurde 1974 neu aufgelegt, verkaufte sich aber enttäuschend schlecht. Millers Stolz litt sehr darunter, daß er kein Autor mehr war, an dem die Öffentlichkeit Interesse hatte, und er machte die Verkaufsstrategien des Verlags für die schwache Nachfrage verantwortlich. Der Verlag New Directions, der das Recht hatte, Millers Bücher als Taschenbücher herauszubringen, erhielt ebenfalls Briefe mit dem Vorwurf, zu wenig für die Bücher zu tun.

Auf die verschiedenen japanischen Verleger, die ihn in den dreißig Jahren seines Erfolgs in Japan betreut hatten, war Miller besonders zornig. Die Erfahrung mit Hoki hatte ihn von seinen Illusionen über ihre Landsleute kuriert, und er schrieb einen beleidigenden und maßlosen offenen Brief an seine Verleger in Tokio, den er in einer Reihe von europäischen Zeitungen unterzubringen versuchte. Er beschuldigte die Japaner, ihn seit Anfang der fünfziger Jahre um Tausende von Dollar an Tantiemen betrogen zu haben. Sein Verdacht mag wohlbegründet gewesen sein, aber als er 1976 der aggressiven amerikanischen Literaturagentur Scott Meredith beitrat, waren die daraus resultierenden ökonomischen Komplikationen zeitlich und räumlich so weit entfernt, daß die Agentur nicht mehr viel an der Situation ändern konnte. Die 10 000 Dollar, die Miller 1971 von der *Weekly Post* in Tokio für einen Artikel zum Tod Yukio Mishimas erhielt, waren eine gewisse Entschädigung für seine Enttäuschung über die Japaner.

Capra Press, ein Verlag in Santa Barbara, der von einem Verehrer Millers namens Noel Young geleitet wurde, kam ihm in den letzten Jahren zu Hilfe und veröffentlichte eine Reihe kurzer Aufsätze und Studien, die er in den siebziger Jahren schrieb. Young war gegenüber Miller, dessen literarische Urteilsfähigkeit sogar nach seinen eigenen, liberalen Maßstäben exzentrisch zu werden begann, außerordentlich nachsichtig. Der 1977 veröffentlichte Band *Sextet* enthält die gesammelte Kurzprosa aus Millers letzter Schaffensperiode. Der bemerkenswerteste Text darin ist vielleicht *Mother, China and the World Beyond*, die unbeschreibliche, aber auch unvergeßliche Schilderung eines Wiedersehens und der Versöhnung mit seiner Mutter »im Jenseits«. Mutter und Sohn sprechen über ihre Beziehung zueinander, und Louise sagt unter anderem, sie nehme Gitarrenunterricht bei Segovia und hoffe, als Schwarzer wiedergeboren zu werden. Henry kann nur lächeln und denkt, daß seine Mutter einen weiten Weg zurückgelegt hat, seit er sie das letztemal auf Erden getroffen hat. Sie entschuldigt sich sogar dafür, daß sie sich so oft seinen Wünschen entgegengestellt hat: »Wie ich dir schon gesagt habe, mein Sohn, ich war eine sehr dumme Frau.«[4] In *Mother, China and the World Beyond* deutet nichts auf beginnende Senilität hin oder darauf, daß Miller die Geschichte in seinem sechsundachtzigstem Lebensjahr geschrieben hat. Er hätte sie ebensogut im Ersten Weltkrieg zwischen den Kunden des Schneiderladens geschrieben haben können oder 1938 während eines Urlaubs vom »Lande Fick«.

1975 wurden die *Letters of Henry Miller und Wallace Fowlie* veröffentlicht, ein schmales Bändchen, das die Zeitspanne von 1944 bis 1972 umfaßte. Es war das vierzehnte Mal, daß ein Briefwechsel Millers veröffentlicht wurde, und Ende der achtziger Jahre war die Anzahl bereits auf achtzehn größere und kleinere Bände gestiegen. Die endgültige Zahl wird vielleicht noch höher liegen. Viele Kommentatoren haben festgestellt, daß der Brief Millers natürliche Form war, intim, unstrukturiert und wenigstens dem Augenschein nach spontan. Und doch sind von all diesen Sammlungen lediglich die Briefwechsel mit Lawrence Durrell, Anaïs Nin und Emil Schnellock um ihrer selbst willen lesenswert. Die

übrigen wiederholen lediglich ein langweiliges Ritual zwischen Star und Fan.
Millers Hauptleistung in den letzten zehn Jahren war sein *Book of Friends*, das zwischen 1976 und 1979 in drei Bänden veröffentlicht wurde. Der in diesen Erinnerungen an alte Freunde und verschwundene Monumente in Brooklyn vorherrschende Ton ist mild und abgeklärt, auch wenn es dem alten Bürgerschreck hie und da noch immer gelingt, seinen Stock zu heben und dem einen oder anderen einen kräftigen Hieb zu verpassen. Die Studie über Joe O'Reagan zum Beispiel endet mit einem wunderbaren und völlig unmotivierten Seitenhieb auf den katholischen Priesterstand. Auch in dem Kapitel über seinen besten Freund – ein Fahrrad – setzt Miller in den letzten Zeilen einen Glanzpunkt. Er zitiert einen Ausspruch von Rabelais über die heilende Kraft des Lachens und kommt zu dem Schluß, daß heutzutage zuwenig gelacht wird: »Kein Wunder, sitzen die Drogenhändler und die Psychoanalytiker so fest im Sattel.«[5]

3

Die meisten der Freunde, über die Miller in diesen drei Bänden schreibt, waren entweder schon tot oder unbekannt. Von den Unbekannten waren offenbar viele in dem besonderen Sinn Freunde, in dem Miller diesen Begriff benützte, nämlich treue und ergebene Bewunderer seiner Person und seines Werkes. Er forderte von den Menschen in seiner Umgebung, daß sie seine Überlegenheit anerkannten, und es gab nur wenige Ausnahmen von dieser Forderung. Lawrence Durrell, der Miller in seinen letzten Jahren einige Male besuchte, war eine solche Ausnahme, und Vincent Birge erinnert sich nur an ein einziges Treffen im Freundeskreis, das Miller nicht dominierte: als nämlich Durrell dabei war. Die Freundschaft mit einer anderen starken und intellektuellen Persönlichkeit dagegen, mit der Miller täglich zusammenkam, war stets problematisch. Gerald Robitaille, ein französisch-kanadischer Schriftsteller, mit dem Miller seit Anfang der fünfziger Jahre korrespondierte, zog in den sechziger Jahren nach Kalifornien, um Miller als Sekretär zu dienen. Er sah sich nur allzubald kleinen Demütigungen von seiten des Meisters ausgesetzt. Einmal sollte er ihm beispielsweise die Fußnägel schneiden, während Miller am Rand des Schwimmbads in der Sonne saß und mit Lawrence Durrell plauderte.

Wie so viele Möchtegernschriftsteller und -künstler, die von Miller angezogen wurden, hoffte auch Robitaille, diese Verbindung zur Förderung seiner eigenen literarischen Ziele nutzen zu können. Auch er mußte freilich bald feststellen, daß eine Empfehlung Henry Millers bei einem Verleger keineswegs eine Empfehlung war. Miller selbst stellte einmal traurig fest, von den Hunderten von Empfehlungen, die er Verlegern gegeben habe, hätten insgesamt nur drei oder vier dazu geführt, daß ein Buch veröffentlicht worden sei. Robitaille und seine Frau kehrten 1969 nach Europa zurück, und 1970 veröffentlichte Robitaille seinen »indiskreten Essay« *Le Père Miller,* der nicht besonders indiskret ist, im Titel jedoch mit dem Anklang an »Vater Ubu« aus Jarrys *König Ubu* treffend auf die monströse Seite von Millers Persönlichkeit anspielt.

Miller bewahrte sich seinen persönlichen Charme bis an sein Lebensende, und es mangelte nicht an Bewunderern, die bereit waren, ihm die letzten Jahre zu erleichtern. Sie gingen ihm beim Waschen und Anziehen zur Hand, kochten für ihn und halfen ihm in den Swimmingpool und wieder heraus. Valentines Freundin Twinka Thiebaud zog für vier Jahre als Haushälterin und Köchin ein, und während dieser Zeit bekam sie Millers seltsame Vorstellungen von geselligem Umgang aus nächster Nähe mit. Eines Tages im August 1978 besuchte sie der Gouverneur von Kalifornien, Jerry Brown, und Miller, der sich schon im voraus für seine Frechheit entschuldigte, empfing den Gouverneur mit der Erklärung, er sei »stets der Meinung gewesen, daß Politiker auf die hintersten Ränge gehören, sozusagen auf den Boden des Fasses der Menschheit«, ehe er ihm ein Glas Wein anbot. Trotz dieser Begrüßung – oder gerade wegen ihr – hatte der Gouverneur Spaß an der Begegnung und blieb über zwei Stunden. Da Miller keine Rücksicht auf den Geschmack einer Ehefrau zu nehmen brauchte, hatte er sein Haus in einen Jungentraum verwandelt. Die Wände des Badezimmers sowie eine Wand und die Decke des Gästezimmers im ersten Stock waren mit Collagen, Plakaten, Gedichten und Zitaten bedeckt, die in verschiedenfarbiger Tinte geschrieben waren. Gäste wurden ermutigt, den Graffiti etwas hinzuzufügen.

An den Tagen, an denen Gäste zum Abendessen erwartet wurden, ließ sich Miller etwa um neunzehn Uhr vom Mittagsschlaf wekken. Dann begab er sich in die Küche, um nachzusehen, was es geben werde, und schwärmte begeistert vom köstlichen Duft des Essens. »Reformkost« war im Haus tabu. Als er es einmal müde war, von einem Freund immer wieder vor den Gefahren des Cholesterins gewarnt zu werden, stellte er eine Liste seiner fetthaltigsten Leibspeisen zusammen und hängte sie am Küchenschrank auf. Am Ende der Liste hatte er in großen Buchstaben geschrieben: »KEINE REFORMKOST BITTE!« Er zog sich nur selten zum Abendessen an, sondern setzte sich, nachdem er eine Handvoll Vitamintabletten geschluckt und sein Hörgerät eingeschaltet hatte, einfach in Schlafanzug, Morgenrock und orthopädischen Schuhen an den Tisch.

Miller hatte die Vorliebe seines Vaters für professionelle Entertainer geerbt, deshalb waren bei ihm häufig Filmstars wie Jack Nicholson zu Gast, dessen Filme er gesehen hatte und bewunderte. Miller identifizierte sich weiterhin mit Figuren und Geschichten auf der Leinwand, und seine besondere Sympathie für Nicholson beruhte auf *Five Easy Pieces.* Er schrieb sogar eine kurze Besprechung des Films, der in so vielen Einzelheiten seiner eigenen Lebensgeschichte glich – der Geschichte eines talentierten Mannes (sogar eines halbwegs talentierten Pianisten, wie Miller es einst war) voller Leben und Charme, der von sich fasziniert ist und sich zugleich verabscheut, weil er die Gefühle der Menschen so leicht manipulieren kann, und der seine Frau und sein altes Leben aus einer Augenblickslaune heraus hinter sich läßt, um die Aufregung einer jeden Augenblick neuen unbekannten Zukunft zu suchen, die ihn von der Langeweile erlösen soll. Miller meinte sogar, Nicholson sei der ideale Schauspieler für die Rolle des Nagel, falls irgendein Hollywoodproduzent je auf den Gedanken kommen sollte, *Mysterien* zu verfilmen.

Ein weiterer willkommener Gast an seinem Tisch war Erica Jong. Nachdem Miller 1973 ihren Bekenntnisroman *Angst vorm Fliegen* gelesen hatte, überschwemmte er sie mit bewundernden Briefen und schrieb unaufgefordert ein Vorwort zur französischen Ausgabe ihres Buches. Er war vom augenscheinlichen Einfluß von *Wendekreis des Krebses* auf diesen Roman so beeindruckt, daß er bei der Begegnung mit Erica Jong 1974 in Los Angeles meinte – ungeachtet der Tatsache, daß er noch lebte –, sie sei seine Reinkarnation in weiblicher Form. Jong erinnert sich in einer kritischen Würdigung, die sie nach Millers Tod schrieb, sie sei zu »gelehrt« gewesen, als daß Henry zudringlich geworden sei. Er habe ihr gesagt, er »mopse« ab und zu eine Berührung bei einigen der vielen jungen Frauen, die im Haus ein und aus gingen, aber, versicherte Jong ihren Lesern schnell, »von *meinen* Brüsten ließ er die Finger«.[6] Henry befragte immer noch regelmäßig sein Horoskop und erklärte einem Journalisten von der *Free Press* aus Los Angeles, der ihn 1976 interviewte, vor kurzem habe ein schweizerischer Astrologe mit ihm Kontakt aufgenommen und ihm mitgeteilt, Uranus sei in Konjunktion mit dem Skorpion; man müsse also wie üblich mit großen Ereignissen rechnen.[7] Was die Existenz Gottes betraf oder das Wissen von einem Leben nach dem Tod, so kann man Millers Einstellung nach wie vor nur als offen bezeichnen. Wie Elvis Presley schien er zu glauben, sein Ruhm sei ihm von Gott geschenkt worden, nicht von den Menschen; und es war bekannt, daß er wie Elvis Presley gelegentlich seine magischen Fähigkeiten erprobte. Als er 1961 bei seinem Verleger Hans Reitzel in Dänemark war, lernte er den Graphiker Palle Nielsen kennen. Nielsen stotterte stark, und Henry war überzeugt, er könne ihn davon heilen. Er sprach viel auf ihn ein und sah ihm in die Augen, aber am Abend stotterte Nielsen noch immer. Die lange Suche nach seiner eigenen Version jener Ordnung der Schöpfung, die Spengler und Blavatsky gefunden hatten, mißglückte ihm am Ende, und in einem Brief 1974 an einen jungen englischen Fan erklärte er, er nähere sich immer mehr den Gnostikern und neige dazu, wie sie zu glauben, daß der Planet Erde lediglich ein kosmischer Irrtum sei. Sein »klimatisierter Alptraum«, die Reise durch Amerika, und besonders das, was er bei den Amish und den Bahai gesehen hatte, hatte ihn davon überzeugt, daß die Existenz solcher religiöser Sonderformen – wie überhaupt die Existenz aller Minoritäten der amerikanischen Gesellschaft einschließlich der Schwarzen und der Indianer – die beste Garantie dafür sei, daß die Gesellschaft nicht durch zuviel Rationalismus und zuviel Uniformität zerstört werde. Wahrscheinlich war das ein Grund, warum er später jedem Vertreter einer verrückten religiösen und philosophischen Idee, dem er begegnete, automatisch seine Hilfe anbot. Daß er sich so spontan zu Schwindlern hingezogen fühlte, vom Helden seiner Knabenzeit, dem Archäologen Schliemann, über Madame Blavatsky und Frank Harris bis zu L. Ron Hubbard, Adamski und Lobsang Rampa, ist ein merkwürdiges, ja rührendes Zeugnis seiner Leichtgläubigkeit. Das Bedürfnis Millers, entlarvte Scharlatane in Schutz zu nehmen, reicht bis in die siebziger Jahre. Damals schrieb er in einem Brief an einen jungen Verehrer über Gurdjieff, dieser sei ein »Gauner, aber ein charmanter Gauner«; er stelle ihn über Thoreau und über Krishnamurti, weil Gurdjieff Sinn für Humor habe. Gestalten wie Gurdjieff und Rampa/Hoskins waren letztlich nur große Entertainer in Millers Welt, enge Verwandte der Variétékünstler seiner Jugend wie Dr. Walford Brodie, der mit der Hilfe von Mystic Marie elektrische Funken aus seinen Fingernägeln sprühen lassen konnte. Sie waren farbenfrohe und amüsante Schwindler, die von der Bühne auf die Straße hinuntergeklettert waren und ein aufgeregt lärmendes Publikum hinter sich her zogen, das sie zwar manchmal anschwindelten, aber nie schädigten.

Im Jahr 1960 stellte Miller eine Liste der zehn Büchern zusammen, die ihn am stärksten beeinflußt hatten. Aus der Welt der etablierten literarischen Größen enthielt die Liste nur Balzac (der Balzac von *Seraphita*), Céline und Gide (als Biograph Dostojewskis). Der Rest liest sich fast wie eine Lektüreliste für Anhänger des New Age. Nicht einmal die Entlarvung Madame Blavatskys als Schwindlerin hielt Miller davon ab, ihr Buch *Die Stimme der Stille* in die Liste aufzunehmen. Eine zweite Liste dieser Art aus dem Jahr 1977 kehrt das Verhältnis beinahe um: Laotzu wird als größter Autor aller Zeiten genannt, aber auch Rabelais, Nietzsche, Whitman und Proust rangieren weit vorn. Auch Dostojewski fehlt nicht, aber Marie Corelli, Louise Millers große Favoritin, verweist ihn auf den achten Platz.

Die Franzosen nahmen Miller 1976 in die Ehrenlegion auf, was für ihn ein willkommenes Zeichen seiner Respektabilität war. Um noch mehr Anerkennung oder auch Geld zu erwerben, investierte er 1978 viel Kraft in eine Kampagne, die ihm den Nobelpreis für Literatur verschaffen sollte. Er nahm Kontakt zu allen seinen europäischen Verlagen auf und bat sie, an das Auswahlkomitee zu schreiben und seine Bewerbung zu unterstützen. Auch Durrell schrieb einen langen Brief, um das Anliegen seines alten Freundes in Stockholm zu fördern. Das gehörte sich natürlich nicht, aber schließlich war praktisch alles, was Miller tat, auf die eine oder andere Weise ungehörig. Als es soweit war, ging der Preis für 1979 an Isaac Bashevis Singer. Singer war der zehnte Name auf Millers Liste der zeitlos großen Schriftsteller aus dem Jahr 1977. Miller, der Singer gegen Ende seines Lebens geradezu anbetete, freute sich aufrichtig über die Entscheidung des Komitees.

Im Jahr 1980 mußte Miller erkennen, daß der armenische Wahrsager, den er 1939 in Griechenland getroffen hatte, sich geirrt hatte. Er würde doch nicht ewig leben wie Lao-tzu. Er wußte, daß er nicht mehr viel Zeit hatte, und am 8. Mai diktierte er mit Hilfe seines letzten Sekretärs William Pickerill zwei Stunden lang Abschiedsbriefe an seine Freunde. Besonders sorgfältig formulierte er die Briefe an Lawrence Durrell und Alfred Perlès, seine beiden ältesten noch lebenden Freunde. »Ich sehe Dich in Devachan wieder, Joey«, schrieb er an Perlès. Auch Brenda Venus bekam einen letzten Brief, in dem Miller, der vielleicht besorgt war, daß Gott ihm über die Schulter schauen und mitlesen könnte, ausgesprochen keusch von ihr Abschied nahm: »Heute nacht werde ich Dich in den Armen halten«, schrieb er, »und ich werde Dich *ganz* lassen.«

Capra wollte in jenem Sommer eine bearbeitete Fassung von Millers umfangreichem, unvollendetem Buch über D. H. Lawrence herausbringen. Miller hatte jahrzehntelang keinen Blick mehr auf das fünfzig Jahre alte Manuskript geworfen, aber als er jetzt die erste Seite las, erklärte er, er sei tief beeindruckt, und gab den zuständigen Redakteuren grünes Licht. Kurz bevor das Buch fertig war, starb Miller – am 7. Juni um 16.35 Uhr im Mittagsschlaf. Ein Testament vom 11. Oktober 1978 verfügte, daß der Großteil des Erbes einschließlich der Bücher und Manuskripte, die auf über 500 000 Dollar geschätzt wurden, an seine drei Kinder ging. Lepska erbte seine Hälfte des Hauses in Big Sur. Seine Kleider und seine hundert Krawatten gingen an Pickerill. Miller hat die 32 304 Tage seines irdischen Lebens genossen und genießt zweifellos auch das Leben im Jenseits, wohin auch immer er gegangen sein mag. Vielleicht liest er sich allmählich durch die Akasha-Chronik, jene Geschichte aller Dinge, die sich je ereignet haben, die nach Aussage von Madame Blavatsky im Äther festgehalten ist. Vielleicht hilft er seiner Mutter in den Gitarrenstunden bei Segovia oder steht für einen Flug bei der nächsten fliegenden

Untertasse an und hört in entzückter Verwunderung zu, wie die, die mit ihm warten – Whitman, Hamsun, Rabelais und Dostojewski –, sich die Zeit mit Gesprächen über alles mögliche vertreiben, mit Ausnahme von Politik.

*

Vor zwei Jahren fragte ich Alfred Perlès in einem Gespräch, wie er den Charakter seines Freundes zusammenfassend beschreiben würde. Er ließ sich nicht in diese Falle locken, sondern sagte, Miller zu psychoanalysieren sei, »als ob man ihm ein Geschlecht zuordne«. Fast sofort setzte er hinzu: »Er war kein Psychopath – ich habe mehr von einem Psychopathen an mir als er.« Das war ein merkwürdiger und aufschlußreicher Zusatz. Jemanden »Psychopath« zu nennen erklärt nicht dessen Charakter, sondern ist ein Eingeständnis der eigenen moralischen Verwirrung, und Miller war ausgesprochen moralisch verwirrend. Die häßlichen Exzesse des Verhaltens, die mit dem Begriff »Psychopath« verbunden sind, lassen ihn für eine Beschreibung von Millers Charakter wenig geeignet erscheinen. Die unbequeme Wahrheit ist, daß Miller in gar kein moralisches System hineinpaßt, da er jedes System konsequent ablehnt wie der Taoismus oder der Zen-Buddhismus. In *Genius and Lust* hat Norman Mailer widerstrebend den Versuch unternommen, Miller auf der Grundlage seiner veröffentlichten Werke zu psychoanalysieren. Mailer kommt zu dem Schluß, Miller sei »Narziß« gewesen, und nach den Maßstäben konventioneller Weisheit dürften wohl nur wenige geneigt sein, gegen diese Feststellung Einspruch zu erheben.
Als populärer amerikanischer Weiser hatte Miller zahlreiche Nachfolger, von denen viele auf den saftigen Weiden der New-Age-Philosophien grasen, die er und Aldous Huxley während ihrer Jahre in Kalifornien angelegt hatten. Die meisten dieser Nachfolger, angefangen bei der ernsthaften Shirley MacLaine bis zu dem legeren und volkstümlichen Robert Fulghum, stehen allerdings Dale Carnegie näher als Henry Miller. Nur wenige sind offenbar fähig, seine Mischung aus Ehrlichkeit und Humor zu wiederholen, und nur die allerwenigsten sind bereit, die Erkenntnis seiner besten Augenblicke zu riskieren: daß die Suche nach dem wahren Selbst und der tieferen Bedeutung des Lebens letzten Endes nur eine unterhaltsame und erfreuliche Art des Zeitvertreibs ist.

Was den Schriftsteller Miller betrifft, so ist inzwischen klarer geworden, daß er nur gelegentlich ein Künstler war. In den dreißiger Jahren, der Zeit seines Durchbruchs, arbeitete er härter an seinem Handwerk, und die Ergebnisse zeigen sich am besten im *Wendekreis des Steinbocks.* Dieses Buch ist nach wie vor eine zutiefst befriedigende Mischung aus Gesellschaftskritik, persönlichem Bekenntnis und reiner Phantasterei. Nach der Rückkehr nach Amerika begnügte sich Miller allzu häufig mit den leichten Siegen bloßen Selbstausdrucks.

Vielleicht war es Millers größte Leistung, daß er mit *Wendekreis des Krebses* einen Prozeß in die Wege leitete, der zu einem Brückenschlag über jene »schreckliche Kluft« führte, die, wie Orwell 1939 schrieb, zwischen dem »Intellektuellen« des Establishments mit seiner autorisierten Version von Kultur und dem interessierten »Mann von der Straße« bestand, der blindlings auf eine Kultur seiner eigenen Machart zustolperte. Millers erstes Massenlesepublikum waren Soldaten und Arbeiter, Männer, die sich sonst bei der bloßen Erwähnung von »Kunst«, »Kultur« und »Geist« verlegen abgewandt hätten. In dem lockeren, umgangssprachlichen Stil, den Miller so gut beherrschte und bei dem er Wörter verwendete, die er auf der Straße und bei der Arbeit aufgelesen hatte, glückte ihm die erstaunliche Leistung, solche Männer zum Zuhören zu bringen und zum Nachdenken über die Bedeutung dieser Abstraktionen. Die wachsende Demokratisierung der Künste in diesem Jahrhundert, das allmähliche Verschwinden von Begriffen wie »hohe Kunst« oder »Avantgarde« und die Bereitschaft, neue, zuvor übersehene oder verachtete Ausdrucksformen als Kunst gelten zu lassen aufgrund der subjektiven Erkenntnis, daß sie eine bestimmte Wirkung haben – all diese Entwicklungen lassen sich an Millers Karriere schon andeutungsweise ablesen. Sein Nachfolger in dieser Hinsicht ist Bob Dylan, dessen kultureller Bezugsrahmen von Robert Johnson über T. S. Eliot bis zu Smokey Robinson reicht – eine moderne Parallele zu Millers unbekümmerter Mischung verschiedener Einflüsse von Marie Corelli bis Frank Fay und Arthur Rimbaud –, der aber deshalb nicht als exzentrisch, sondern als vielseitig gilt.

Miller schockiert nicht mehr. Als 1983 *Opus Pistorum* veröffentlicht wurde, das harte Pornographie enthält, fand nicht einmal dieses Ereignis in Amerika große Beachtung. Allerdings versuchte 1988 eine evangelische Wohlfahrtseinrichtung in Großbritannien, die sich »Christian Action Research and Education« nennt, den Leiter der Anklagebehörde dazu zu bewegen, gegen das Buch vorzugehen. Hätte er das getan, wäre das der erste Prozeß dieser Art in Großbritannien seit dem Prozeß um *Letzte Ausfahrt Brooklyn* 1968 gewesen. Daß er es nicht tat, überrascht kaum. In einer Welt pornographischer Filme, in denen wirkliche Männer und Frauen wirkliche Geschlechtsakte vollziehen, ist die Pornographie des geschriebenen Wortes heutzutage beinahe ausschließlich von antiquarischem Interesse.

Zusammengefaßt war Miller ein origineller Mann und weder gut noch schlecht, aber in höchstem Maße er selbst. Seine hilflosen Erkundungen im Bereich menschlicher Schwächen brachte Millionen von Lesern therapeutische Erleichterung und seinen nächsten Freunden beträchtlichen Kummer. Seine beinahe greifbare Menschlichkeit drückt sich in der kraftvollen Hingabe aus, mit der er im Laufe eines einzigen Lebens sowohl die Rolle des Don Quijote als auch die des Sancho Panza spielte. Er mischte Don Quijotes Verlangen nach Heiligkeit mit dem, was Orwell Sancho Panzas Bedürfnis nach »Sicherheit, weichen Betten, Freiheit von Arbeit, gefüllten Bierkrügen und Frauen mit ›üppigen Figuren‹« genannt hat. Miller war das »inoffizielle Selbst« des Lesers, »ein Geist, der alle herrschenden Orthodoxien ablehnt und gegen die Tyrannei der richtigen Meinung aufbegehrt«. Vielleicht hätte er doch den Nobelpreis für Literatur erhalten sollen. Sein Name auf der Liste der Nobelpreisträger hätte als dauerhafte Mahnung daran dienen können, Literaturpreise nicht allzu ernst zu nehmen, und der Preis wäre eine schöne Abrundung jenes Ziels gewesen, das er sich 1928 gesetzt hatte, des »zweckvollen literarischen Possenspiels«. Denn davon gibt es insgesamt nicht genug. Natürlich sollen unsere großen Schriftsteller ernste Gesichter haben und rechtschaffen sein und uns vor uns selbst retten. Aber sie dürfen nicht allzu ernste Gesichter haben und allzu rechtschaffen sein. Ist das der Fall, brauchen wir jemanden, der sich von hinten an sie heranschleicht und an ihre Trauergewänder einen Hundeschwanz bindet, einfach damit unsere Perspektive nicht einseitig wird. Seit Millers Tod vermißt die Welt sein unvergleichliches Talent zu dieser Art von erfrischender Respektlosigkeit schmerzlich.

Zeittafel

Mitte des 19. Jahrhunderts: Die Großeltern Henry Millers wandern aus Deutschland in die USA ein.

1865 Geburt des Vaters Henry Miller senior.

1869 Geburt der Mutter Louise.

1891 Henry Miller wird am 26. Dezember in Manhattan geboren. Kurz darauf Umzug der Familie nach Brooklyn.

1895 Millers Schwester Lauretta Anna geboren.

1907 Millers erste Liebe ist die dreizehnjährige Cora Seward, eine Schulkameradin. Freundschaft mit Emil Schnellock.

1909 Abschluß der High-School in Brooklyn; Abbruch des City College von New York. Henry Miller lernt die zweiunddreißig Jahre alte Pauline Chouteau kennen.

1913 Reise nach Kalifornien, wo Miller unter anderem auf einer Plantage bei Chula Vista arbeitet.

1914 Miller tritt in das väterliche Schneidergeschäft ein.

1917 Heirat mit Beatrice Sylvas Wikkens. Miller übernimmt Gelegenheitsarbeiten, schreibt für verschiedene Zeitschriften.

1919 Geburt der Tochter Barbara Sylvas.

1920 Feste Anstellung bei der Western Union Telegraph Company.

1922 Miller schreibt während eines dreiwöchigen Urlaubs sein erstes Buch, *Clipped Wings*, das nicht veröffentlicht wird.

1924 Scheidung von Beatrice. Miller heiratet June Smith und verläßt die Western Union. In den folgenden Jahren unstetes Bohemeleben in Greenwich Village in New York; verschiedene Projekte, um Geld zu verdienen.

1928 Fertigstellung seines zweiten Buches, *Moloch*, das gleichfalls nicht veröffentlicht wird.

1928/29 Miller reist zusammen mit June zum erstenmal nach Europa. Die Reise dauert ein halbes Jahr und führt Miller und June durch Frankreich und nach Budapest und Wien.

1930 Miller fährt erneut nach Paris, diesmal allein. Freundschaft mit Alfred Perlès.

1931 In Paris vollendet Miller sein drittes unveröffentlichtes Buch, *Crazy Cock*. Beginn der Arbeit an *Tropic of Cancer*. Lernt Anaïs Nin kennen.

1934 Miller gelingt der Durchbruch als Schriftsteller: *Tropic of Cancer* erscheint in Paris. In den USA wird das Buch verboten. Scheidung von June.

1935 Besuch in New York. *Aller Retour New York* erscheint in Paris. Erste Briefe der später unter dem Titel *Hamlet* veröffentlichten Korrespondenz zwischen Miller und Michael Fraenkel (1935 bis 1938).

1936 *Black Spring* erscheint in Paris. Zweiter Besuch in New York.

1937 Begegnung mit George Orwell in Paris. Lernt Lawrence Durrell kennen.

1939 Abschied von Anaïs Nin und Frankreich. Reise nach Griechenland. In Paris erscheint *Tropic of Capricorn*. Die Textsammlung *The Cosmological Eye* wird als erstes Buch Millers in Amerika veröffentlicht.

1940 Rückkehr in die USA. Dort entstehen drei kürzere Werke: *The World of Sex*, *Quiet Days in Clichy*, und *The Colossus of Maroussi*. *Tropic of Cancer* erscheint als Raubdruck in Amerika.

1940/41 Autofahrt mit dem Maler Abraham Rattner durch Amerika, um für das Buch *The Air-Conditioned Nightmare* zu recherchieren (erschienen 1945). Tod des Vaters.

1942 Wohnt in Hollywood. Malt Aquarelle und schreibt an *Sexus*.

1944 Umzug nach Big Sur. Heiratet die dreißig Jahre jüngere Janina Martha Lepska, seine dritte Frau. In den folgenden Jahren Besuche zahlreicher Freunde und Verehrer.

1945 Geburt der Tochter Valentine.

1948 Geburt des Sohnes Henry Tony.

1949 *Sexus* erscheint in Paris.

1951 Janina M. Lepska verläßt Miller.

1952 Eve McClure zieht bei Miller ein. Scheidung von Lepska. *The Books in My Life* veröffentlicht.

1953 Reise mit Eve McClure und den Kindern nach Frankreich, Spanien und England. *Plexus* erscheint. Miller heiratet Eve McClure.

1956 Tod der Mutter in Brooklyn. *Big Sur and the Oranges of Hieronymus Bosch* veröffentlicht.

1959-1961 Mehrere Reisen nach Europa. *Nexus* erscheint 1959 als dritter und letzter Band der Trilogie *The Rosy Crucifixion.*

1960 In Hamburg bei Renate Gerhardt. Verfaßt Theaterstück *Just Wild About Harry.*

1961 Miller fährt mit Vincent Birge drei Monate lang durch Europa, um einen Ort zu finden, an dem er sich mit Renate Gerhardt niederlassen kann. Die Pläne mit Renate Gerhardt zerschlagen sich. *Tropic of Cancer* wird in den USA veröffentlicht.

1962 Umzug nach Pacific Palisades, wo Miller bis zu seinem Tod lebt. Scheidung von Eve McClure.

1963 Tod der Schwester.

1965 Tod Eve McClures.

1967 Heirat mit Hiroko Tokuda, seiner fünften Frau.

1977 Scheidung von Hiroko Tokuda.

1980 Henry Miller stirbt am 7. Juni im Alter von 88 Jahren.

1983 *Opus Pistorum* wird posthum veröffentlicht.

Anmerkungen

KAPITEL 1

1 Brief an William Gordon vom 27. August.
2 *My Life and Times,* S. 202.
3 *Crazy Cock.*
4 *Book of Friends,* S. 56.
5 *Saga of the Streets,* S. 26.
6 *The Books In My Life,* S. 180.
7 Brief vom 28. März 1899.
8 *Hamlet Letters.*
9 R. F. Weld, *Brooklyn is America,* S. 105.
10 *Stand Still Like the Hummingbird,* S. 46.
11 *The Book of Friends,* S. 91.
12 Brief an den Autor von Thomas F. Schuler, leitender Registrator des City College, vom 20. Juni 1987.

KAPITEL 2

1 Notizbuch zu *Black Spring.*
2 Anaïs Nin, *Henry and June,* S. 263.
3 *The Books In My Life,* S. 127.
4 Sidney Omarr, *Henry Miller's World of Urania,* Vorwort, sowie *My Life and Times,* S. 188.
5 Brief an Charles Keeler, 9. Dezember 1916.
6 *Saga of the Streets,* Abschnitt über B. F. Mills.
7 ibd.
8 ibd.
9 *Wendekreis des Steinbocks,* S. 141f.
10 Twinka Thiebaud (Hg.), *Reflections,* S. 23.
11 ibd.
12 *My Life and Times,* S. 190.
13 *June,* Notizbuch, Abschnitt mit dem Titel »Pauline fiasco«.
14 *Saga of the Streets.*
15 ibd.
16 *Stand Still Like the Hummingbird,* S. 49.
17 *Wendekreis des Steinbocks,* S. 322.
18 *My Life and Times,* S. 193.
19 *Saga of the Streets.*
20 Notizbuch zu *Black Spring.*
21 Twinka Thiebaud (Hg.), *Reflections,* S. 21.
22 *Saga of the Streets.*
23 *My Life and Times,* S. 195.
24 *Face to Face with Henry Miller,* Gespräche mit Georges Belmont, S. 41.
25 *Sexus,* S. 61.
26 Brief an William Gordon, 17. August 1966.
27 Philippa Pullar, *Frank Harris,* S. 347.
28 *My Life and Times,* Anhang mit biographischen Angaben.
29 Brief an Charles Keeler, 9. Dezember 1916.
30 ibd.
31 *The Books In My Life,* S. 135.
32 ibd., S. 137.
33 Brief an Charles Keeler, 9. Dezember 1916.
34 *The Book of Friends,* S. 134.
35 *My Life and Times,* S. 187.

KAPITEL 3

1 *Sexus,* S. 202.
2 *Black Spring,* Notizbuch.
3 *Die Welt des Sexus,* S. 66.
4 Brief an William Gordon, September 1966.
5 ibd.
6 Anaïs Nin, *Henry and June,* S. 246.
7 *Nexus,* S. 314.
8 *My Life and Times,* S. 188.
9 Brief an Charles Keeler, 9. Dezember 1916.
10 *The Book of Friends,* S. 68; *June,* Notizbuch.
11 *Semblance of a Devoted Past,* S. 29.
12 *Remember to Remember,* S. 340.
13 Robert Snyder (Hg.), *This is Henry, Henry Miller from Brooklyn,* S. 50.
14 Brief von Agnes Snyder an Henry Miller, Januar 1960.
15 Kenneth Dick, *Henry Miller: Colossus of One,* Interview mit Dewar.
16 *The Books In My Life,* S. 278.
17 *Tropic of Capricorn,* S. 284.
18 ibd.
19 *June,* Notizbuch.
20 *Sexus,* S. 23.
21 *Tropic of Capricorn,* S. 285.
22 *June,* Notizbuch.
23 *Tropic of Capricorn,* S. 307.

24 *The World of Sex,* S. 86.
25 *Sexus,* S. 211.
26 ibd., S. 213.
27 *Sexus* (deutsche Ausgabe), S. 215.
28 *The Books In My Life,* S. 290.
29 *Plexus,* S. 127.
30 *The Books In My Life,* S. 289.
31 John Cowper Powys, *Autobiography,* S. 474.
32 *The Books In My Life,* S. 103.
33 *Black Spring,* S. 107.
34 *Saga of the Streets.*
35 *Remember to Remember,* S. 338.
36 Brief an Val Miller, Juni 1953.

KAPITEL 4

1 Mike Rivise, *Inside Western Union,* S. 133.
2 *Tropic of Capricorn,* S. 41.
3 Mike Rivise, *Inside Western Union,* S. 217.
4 *Tropic of Capricorn,* S. 293.
5 *Wendekreis des Steinbocks,* S. 20f.
6 *Tropic of Capricorn, 27.*
7 *Moloch.*
8 *Crazy Cock.*
9 *Tropic of Capricorn,* S. 257.
10 Notizbuch zu *Black Spring.*
11 *The Books In My Life,* S. 86.
12 Artikel über Hamsun, Sommières, 2. Juli 1959.
13 *Tropic of Capricorn,* S. 32.
14 Brief an George Leite, 14. Februar 1944.
15 *The Happy Rock,* S. 11.
16 Brief an Huntington Cairns, 30. April 1939.
17 *Moloch.*
18 *The Happy Rock,* S. 10.
19 ibd., S. 22.
20 ibd., S. 21.
21 *Die Welt des Sexus,* S. 76.
22 Kenneth Dick, *Henry Miller: Colossus of One,* Interview mit Dewar.
23 *June,* Notizbuch.
24 *June,* Notizbuch.
25 *Book of Friends,* S. 278.
26 *The Happy Rock,* S. 13.
27 *Wendekreis des Steinbocks,* S. 324.

KAPITEL 5

1 *Tropic of Capricorn,* S. 311.
2 *Sexus* (deutsche Ausgabe), S. 9.
3 Kenneth Dick, *Henry Miller: Colossus of One,* Interview mit June.
4 *June,* Notizbuch.
5 *Sexus,* S. 15.
6 Anaïs Nin, *Henry and June,* S. 212.
7 *The Happy Rock,* S. 13.
8 ibd., S. 13.
9 *June,* Notizbuch.
10 *Sexus,* S. 17.
11 Brief an Emil Schnellock, 26. August 1923.
12 *Black Spring,* Notizbuch.
13 *Sexus* (deutsche Ausgabe), S. 319f.
14 *The Books In My Life,* S. 254.
15 Mike Rivise, *Inside Western Union,* S. 160.
16 ibd., S. 216.
17 *Sexus* (deutsche Ausgabe), S. 253.
18 *Sexus,* S. 335.
17 *Sexus* (deutsche Ausgabe), S. 376.
20 *Just Wild About Harry,* S. 8.
21 *Sexus,* S. 375.
22 ibd., S. 314.
23 *June,* Notizbuch.
24 *Plexus* (deutsche Ausgabe), S. 7.
25 Anaïs Nin, *Henry and June,* S. 220.
26 *Sexus,* S. 349.

KAPITEL 6

1 *Henry Miller: Letters to Emil,* S. 10.
2 *Semblance of a Devoted Past,* S. 22.
3 *Sexus,* S. 25.
4 Kenneth Dick, *Henry Miller: Colossus of One,* Interview mit June.
5 *Letters to Anaïs Nin,* S. 39.
6 Brief an Emil Schnellock, 2. Februar 1925.
7 Kenneth Dick, *Henry Miller: Colossus of One,* Interview mit June.
8 ibd.
9 Allen Churchill, *The Improper Bohemians,* S. 217.
10 *Henry Miller: Letters to Emil,* S. 11.
11 ibd., S. 14.
12 *Plexus* (deutsche Ausgabe), S. 224.
13 *Plexus,* S. 217.
14 *Plexus* (deutsche Ausgabe), S. 242.
15 ibd., S. 291.
16 ibd., S. 299.
17 ibd., S. 294.
18 *June,* Notizbuch.
19 *Gliding Through the Everglades,* S. 44.
20 *Notizbuch zu Black Spring.*

21 *International Herold Tribune,* 5. November 1982
22 *Plexus* (deutsche Ausgabe), S. 380.
23 *Plexus,* S. 367.
24 ibd., S. 379.
25 Kenneth Dick, *Henry Miller: Colossus of One,* Interview mit June.
26 *Crazy Cock.*

KAPITEL 7

1 Malcolm Cowley, *Exiles Return,* S. 66.
2 Nathan G. Hale junior, *Freud and the Americans: The Beginnings of Psychoanalysis in the United States, 1876-1917,* S. 40.
3 ibd., S. 44.
4 ibd., S. 24.
5 David Loth, *The Erotic in Literature,* S. 145.
6 Nathan G. Hale junior, *Freud and the Americans: The Beginnings of Psychoanalysis in the United States, 1876-1917,* S. 476.
7 *June,* Notizbuch.
8 Caroline Ware, *Greenwich Village – 1920-1930,* S. 253.
9 ibd., S. 237.
10 *June,* Notizbuch.
11 *International Herald Tribune,* 5. November 1982.
12 David Pryce-Jones, *Cyril Connolly,* S. 118.
13 ibd., S. 211.
14 *June,* Notizbuch.
15 *My Life and Times,* S. 143.
16 *Crazy Cock.*
17 ibd.
18 Anaïs Nin, *Henry and June,* S. 46.
19 *Crazy Cock.*
20 *Plexus,* S. 79-100.
21 *Crazy Cock.*
22 ibd.
23 ibd.
24 ibd.
25 Interview in *Playboy.*
26 *June,* Notizbuch.
27 *Crazy Cock.*
28 ibd.
29 ibd.
30 ibd.
31 ibd.
32 Malcolm Cowley, *Exiles Return,* S. 66.
33 *Henry Miller: Letters to Emil,* S. 13.
34 *June,* Notizbuch.

KAPITEL 8

1 Anaïs Nin und Henry Miller, *A Literate Passion,* S. 49.
2 *Henry Miller: Letters to Emil,* S. 13.
3 *Sexus,* S. 25.
4 2. Februar 1928, Archiv Celia Conason.
5 undatiert, Archiv Celia Conason.
6 4. Mai 1928, Archiv Celia Conason.
7 *Anaïs: An International Journal,* Bd. 8, 1990.
8 Anaïs Nin und Henry Miller, *A Literate Passion,* S. 49.
9 *Who am I? Where am I? What am I Doing Here?* für *Holiday.*
10 ibd.
11 Brief an Frank Dobo, 22. Oktober 1958.
12 Anaïs Nin und Henry Miller, *A Literate Passion,* S. 39.
13 Malcolm Cowley, *Exiles Return,* S. 304.

KAPITEL 9

1 *Letters to Emil,* S. 17.
2 Brief an Schnellock, 14. April 1930.
3 Brief an Emil Conason, Archiv Celia Conason.
4 *Letters to Emil,* S. 51.
5 ibd., S. 57.
6 Brief an Schnellock, 4. Dezember.
7 *Letters to Emil,* S. 61.
8 *On the Left Bank,* S. 88.
9 Brief an Elkus, 20. Oktober 1930, Archiv Celia Conason.
10 *Letters to Emil,* S. 65.
11 ibd., S. 64.
12 ibd., S. 68.
13 *The Happy Rock,* S. 28.
14 ibd., S. 28.
15 Brief vom 1. Januar 1932, abgedruckt in *My Life and Times,* S. 151.
16 Brief an Schnellock, 11. April 1933.
17 *The Happy Rock,* S. 36.
18 *Letters to Emil,* S. 81.
19 ibd., S. 114.
20 ibd., S. 82.
21 ibd., S. 85.

22 *Hamlet Letters*, S. 98.
23 *Crazy Cock*.
24 ibd.
25 *Diary of Anaïs Nin*, Bd.1, S. 108.
26 *Letters to Emil*, S. 80.
27 Frantz an Richard Ellman, 6. November 1968.
28 *Lost Generation Journal*, 1974; Interview mit Bald.
29 Undatierter Brief an Emil Conason, Archiv Celia Conason.
30 *My Friend Henry Miller*, S. 13.

KAPITEL 10

1 *Diary of Anaïs Nin*, Bd. 1, S. 5.
2 *Henry and June*, S. 37.
3 ibd., S. 27.
4 ibd., S. 27.
5 ibd., S. 203.
6 ibd., S. 30.
7 ibd., S. 30.
8 *Letters to Anaïs Nin*, S. 19.
9 ibd., S. 31.
10 *A Literate Passion*, S. 29.
11 *Letters to Anaïs Nin*, S. 31.
12 *Henry and June*, S. 56.
13 *Henry Miller's Complete Book of Friends*, S. 251.
14 *Henry and June*, S. 268.
15 ibd., S. 161.
16 *Anaïs: An International Journal*, Bd. 8, S. 8.
17 Brief an George Leite, 14. Februar 1944.
18 *A Literate Passion*, S. 46.
19 ibd., S. 50.
20 ibd., S. 69.
21 ibd., S. 100.
22 *Henry and June*, S. 156.
23 ibd., S. 219.
24 *A Literate Passion*, S. 103.
25 ibd., S. 110.
26 *Diary of Anaïs Nin*, Bd.1, S. 134.
27 ibd., S. 135.
28 *Anaïs: An International Journal*, Bd. 2, S. 4.
29 ibd., Bd. 2, S. 6.
30 *A Literate Passion*, S. 121.
31 ibd., S. 130.
32 *Letters to Emil*, S. 106.
33 *Diary of Anaïs Nin*, Bd.1, S. 157.
34 *A Literate Passion*, S. 213.

KAPITEL 11

1 *Henry and June*, S. 169.
2 *Letters to Emil*, S. 108.
3 Brief an Schnellock.
4 *Henry and June*, S. 109.
5 *Letters to Emil*, S. 107.
6 *My Friend Henry Miller*, S. 81.
7 *Henry and June*, S. 101.
8 *My Friend Henry Miller*, S. 60.
9 Undatierter Brief an Walter Lowenfels.
10 *Lost Generation Journal*, Herbst 1974, S. 41.
11 *A Literate Passion*, S. 80.
12 *The Happy Rock, S. 41.*
13 Undatierter Brief an Walter Lowenfels.
14 Brief an Schnellock, 14. Oktober 1932.
15 *The Happy Rock, S. 44.*
16 Undatierter Brief an Walter Lowenfels.
17 *Letters to Emil*, S. 120.
18 ibd., S. 132.
19 *Letters to Emil*, S. 133.
20 *A Literate Passion*, S. 177.
21 *A Literate Passion*, S. 202.
22 *Letters to Anaïs Nin*, S. 65.
23 Brief an Schnellock, 11. April 1933.
24 Brief »an Emil und Joe«, 6. Juni 1933, Archiv Celia Conason.
25 *Letters to Donald Windham 1940-1965*, Hg. Windham, 1977.
26 *Saga of the Streets*, Archiv Celia Conason.
27 *My Life and Times*, S. 156.
28 Brief vom 26.-30. Mai 1933 an Bradley, zitiert in *D. H. Lawrence*, Hg. Hinz und Teunissen, Santa Barbara, 1930.
29 *Letters to Anaïs Nin*, S. 253.
30 Brief von Rebecca West an George Orwell, 22. Februar 1946.
31 *Henry and June*, S. 243.
32 Brief an Schnellock, 27. August 1934.
33 *A Literate Passion*, S. 107.
34 *Letters to Anaïs Nin*, S. 77.
35 ibd., S. 78.
36 *A Literate Passion*, S. 228.
37 *Hamlet Letters*, Bd. 2.
38 *A Literate Passion*, S. 268.
39 *Henry and June*, S. 268.
40 *Letters to Anaïs Nin*, S. 81.

41 Undatierter Brief an Hilaire Hiler.
42 *Letters to Anaïs Nin*, S. 80.
43 *My Friend Henry Miller*, S. 107.
44 *Letters to Anaïs Nin*, S. 64.
45 *Chuang- tzu. Basic Writings*, Übers. und Hg. Burton Watson, S. 16.
46 *Letters to Emil*, S. 145.
47 ibd., S. 145.
48 Brief an Hilaire Hiler, 29. November 1934.
49 *Diary of Anaïs Nin*, Bd. 1, S. 346 und Brief an den Autor von Rupert Pole: »Anaïs wußte, daß das Kind von Henry war und daß es nicht zur Welt kommen sollte.«

KAPITEL 12

1 *A Literate Passion*, S. 270.
2 ibd., S. 243.
3 ibd., S. 266.
4 ibd., S. 282.
5 Brief an Hiler, 5. Januar 1935.
6 ibd.
7 Brief an Dobo, 8. November 1935.
8 Brief an Dobo, 15. September 1936.
9 Brief an Dobo, 14. April 1939.
10 Undatierter Brief an Hiler, 1935.
11 Undatierter Brief an Emil Conason, Ende 1934.
12 Brief an Dobo, 16. März 1939.
13 Brief an Dobo, 21. Oktober 1935.
14 Brief an Schnellock, Oktober 1935.
15 Brief an Olga Rudge, 1. Dezember 1934.
16 Brief an Hiler, September 1935.
17 Brief an Hiler, 21. Oktober 1935.
18 ibd.
19 Brief an Hiler, 12. Oktober 1935.
20 Brief an Hiler, 20. November 1935.
21 Brief an Hiler, 20. November 1935.
22 Brief an Hiler, 29. November 1934.
23 *Hamlet Letters*, S. 121.
24 Undatierter Brief an Dobo.
25 Rebecca West in einem Brief an George Orwell, 22. Februar 1946.
26 *The Durrell-Miller Letters 1935-1980*, S. 14.
27 Michael Fraenkel in einem Brief an George Orwell, 14. Februar 1936.
28 *Hamlet Letters*, S. 133.
29 Brief an Schnellock, 6. Juli 1936.
30 Walter Lowenfels, Epitaph für Michael Fraenkel, University of California, Los Angeles.
31 Orwell am 17. April 1940 für *20th Century Authors*, New York 1942.
32 *The Durrell-Miller Letters 1935-1980*, S. 2.
33 ibd., S. 41.
34 ibd., S. 40.
35 Brief an Schnellock, 4. November 1938.
36 *The Happy Rock*, S. 58.
37 *Ends of the World* von Cecily Mackworth, Manchester 1987.
38 Brief an Schnellock, Oktober 1935.
39 *A Literate Passion*, S. 307.
40 ibd., S. 308.
41 Brief an Schnellock, 8. Januar 1938.
42 ibd.
43 Brief an Dobo, 14. April 1939.
44 Undatierter Brief an Conason, 1934. Archiv Celia Conason.
45 Brief an Conason, 23. November 1934, Archiv Celia Conason.
46 *Hamlet Letters*, S. 163.
47 *The Durrell-Miller Letters 1935-1980*, S. 101.
48 Brief an Hiler, April 1936.
49 *Letters to Anaïs Nin*, S. 161.

KAPITEL 13

1 *Colossus of Maroussi*, S. 195.
2 Brief von Huntington Cairns an Miller, 9. Juli 1941.
3 *The Durrell-Miller Letters 1935-1980*, S. 133.
4 Brief an Morton Czabel, 17. Dezember 1939.
5 Brief von Wallace Stevens an Henry Church, 27. April 1939.
6 *Letters to Anaïs Nin*, S. 139.
7 Brief an Hiler vom Barbizon Plaza Hotel, 1935.
8 *Letters to Anaïs Nin*, S. 205.
9 Notizbuch zu *The Air-Conditioned Nightmare*.
10 George Barker in einem Brief an den Autor, 5. März 1990.
11 *Collector's Quest*, S. 33.
12 *Conversations with Eudora Welty*, Hg. Prenshaw, 1984.
13 *A Literate Passion*, S. 325.
14 *Letters to Anaïs Nin*, S. 251.
15 ibd., S. 279.
16 *A Literate Passion*, S. 336.

17 ibd., S. 329.
18 *Letters to Anaïs Nin*, S. 325.
19 Brief an Schnellock, 12. Juni 1943, vgl. *Henry Miller's Complete Book of Friends*, S. 285.
20 *My Life with Sevasty*, unveröffentlichtes Manuskript.
21 *Sexus*, S. 28.
22 *Letters to Anaïs Nin*, S. 297.
23 Brief an Schnellock, 29. März 1944.

KAPITEL 14

1 Brief an Huntington Cairns, 30. April 1939.
2 *Town and Country*, August 1945, S. 68.
3 Brief an George Leite, 14. Juni 1945.
4 Brief an Roger Bloom, 17. März 1958.
5 Emil Schnellock an Henry Miller, 1946.
6 Undatierter Brief an Emil White.
7 Brief an Walker Winslow, datiert »Sonntag morgen«.
8 Brief an Oscar Baradinsky, Januar 1946.
9 Robert Fink in einem Brief vom 3. August 1963.
10 *The Happy Rock*, S. 124.
11 Brief an Schnellock, 1943.
12 Brief an Schnellock, 10. Mai 1944.
13 Brief an Alfred Perlès, 30. Oktober 1939.
14 *Big Sur and the Oranges of Hieronymus Bosch*, S. 360.
15 ibd., S. 363.
16 Brief an Thomas Parkinson, 30. Juli 1958.
17 *The Time of the Assassins*, S. 43.
18 *Das Lächeln am Fuße der Leiter*, S. 52.
19 *The Durrell-Miller Letters 1935-1980*, S. 233.
20 Brief an Emil White, Hollywood, Samstag, 1942.
21 Brief an Schnellock, 4. Juli 1947.
22 Undatierter Brief von Emil Conason an Henry Miller.
23 *The Durrell-Miller Letters 1935-1980*, S. 261.
24 Brief an Frank Dobo, 14. April 1948.

KAPITEL 15

1 Brief an Emil White, 20. April 1953.
2 Brief an Emil White, 5. Mai 1953.
3 Briefe von Eve Miller an Bob und Edie Fink, 8. und 13. Februar 1953.
4 *The Durrell-Miller Letters 1935-1980*, S. 116.
5 Brief von Eve Miller an die Finks, 13. Februar 1953.
6 Brief an Tullah Hanley, 20. August 1956.
7 Brief von Annette Baxter an Miller, 3. November 1956.
8 Brief von June Corbett an Miller, 18. November 1957.
9 Brief von June Corbett an Miller, 24. Juni 1957.
10 Brief an Emil White, 14. Februar 1956.
11 *Saga of the Streets*, Archiv Celia Conason.
12 Brief an Emil White, 25. Februar 1956.
13 Brief an Gerald Robitaille, 1. April 1954.
14 Brief von Schnellock an Miller, 1949.
15 Brief an Dobo, 30. November 1956.
16 Vorwort zu *The Dharma Bums* von Jack Kerouac.
17 Jack Kerouac an Henry Miller, undatiert.
18 Brief vom 12. September 1954.
19 *Stand Still Like The Hummingbird*, S. 82.
20 Brief von Emil Schnellock, 1946.
21 *The Durrell-Miller Letters 1935-1980*, S. 233.
22 Brief an Tullah Hanley.
23 *The Colossus of Maroussi*, S. 34.

KAPITEL 16

1 Brief an Emil White, 30. Juli 1959.
2 *Lawrence Durrell-Henry Miller Briefe 1935-1959*, S. 314.
3 Eve Miller an Gerald Robitaille, 26. Februar und 18. März 1959.
4 Henry Miller an Eve Miller, 22. Mai 1960.
5 Eve Miller an Henry Miller, 27. Mai 1960.

6 Brief an Gerald Robitaille, 27. Juli 1960.
7 Brief an Gerald Robitaille, 12. September 1960.
8 Brief an Valentine Miller, 14. Februar 1961.
9 Renate Gerhardt an Miller, Ostermontag 1961.
10 Brief an Emil White, 7. Juni 1961.
11 Renate Gerhardt an Henry Miller, 7. November 1960.
12 Brief an Roger Bloom, 30. Juni 1961.
13 Brief an Frank Dobo, 14. April 1939.
14 Brief an Frank Dobo, 6. April 1938.
15 *The Durrell-Miller Letters 1935-1980,* S. 317.
16 Brief an Emil White, 27. Juni 1961.
17 *Lost Generation Journal,* Winter 1974, S. 22.
18 Elmer Gertz an Henry Miller, 30. November 1962.
19 Brief von Emil White an Vincent Birge, 4. Februar 1966.
20 *The Evening Colonnade,* London 1973. Der Artikel wurde 1963 geschrieben.
21 *Notebook,* 30. August 1961.
22 *Conversations with William Burroughs,* Hg. Bockris.
23 *Books and Bookmen,* Oktober 1962, S. 26f.
24 Brief von William Gordon, 26. August 1966.
25 *Writer and Critic, A Correspondence with Henry Miller,* Hg. William Gordon, Louisiana State UP, 1968.
26 Miller an Frédéric-Jacques Temple, 27. Juni 1965.
27 *Henry and June,* S. 224.
28 Brief an Eve Miller, 22. August 1965.
29 Brief von James A. Baxter an Henry Miller, 3. Oktober 1965.
30 June Corbett an Emil Conason, 26. Oktober 1961, Archiv Celia Conason.
31 *Letters by Henry Miller to Hoki Tokuda Miller,* Hg. Joyce Howard, S. 23.
32 *Chuang Tzu,* Übers. und Hg. Burton Watson, S. 113.
33 *Henry Miller's Complete Book of Friends.*
34 *Collector's Quest,* S. 168.
35 Brief an Roger Bloom, 7. August 1965.
36 *Another Side of Bob Dylan,* Umschlag.
37 Brief an Alfred Perlès, 30. September 1964.
38 *The Durrell-Miller Letters 1935-1980,* S. 426.
39 Brief an Thomas Merton, 31. Juli 1964.

KAPITEL 17

1 Feature in *Playboy,* Juli 1986.
2 *Henry Miller's Complete Book of Friends,* S. 303, »Louella«.
3 *The Independent,* Samstag, 10. Februar 1990, S. 29.
4 *Mother, China and the World Beyond.*
5 *Henry Miller's Complete Book of Friends,* S. 214.
6 *Black Messiah,* 1981, Hg. John Bennett, S. 35.
7 *Los Angeles Free Press,* 30. Juli-5. August 1976; Interview von Jonathan Kirsch.

Bibliographie

DIE WERKE HENRY MILLERS IN DER REIHENFOLGE IHRES ERSCHEINENS

Tropic of Cancer, Paris: Obelisk Press, 1934; *Wendekreis des Krebses*, übers. von Kurt Wagenseil, Hamburg: Rowohlt, 1953. Neuausg. Reinbek: Rowohlt, 1979.

Aller Retour New York, Paris: Obelisk Press, 1935; *Reise nach New York*, übers. von Marlis Pörtner, Zürich: Arche, 1962.

Black Spring, Paris: Obelisk Press, 1936; *Schwarzer Frühling*, übers. von Kurt Wagenseil, Hamburg: Rowohlt, 1960. Inhalt: »Der vierzehnte Bezirk«, »Der dritte oder vierte Frühlingstag«, »Ein Samstagnachmittag«, »Der Engel ist mein Wasserzeichen«, »Der Schneiderladen«, »Jabberwhorl Cronstadt«, »Ins Nachtleben hinein«, »Hin und Her in China«, »Das Konzertcafé«, »Wahnsinn einer gigantischen Stadt«. Neuausg. Reinbek: Rowohlt, 1973.

Max and the White Phagocytes, Paris: Obelisk Press, 1939; daraus die Erzählung »Max und die weißen Phagocyten«, übers. von Kurt Wagenseil, in: *Sämtliche Erzählungen*, Reinbek: Rowohlt, 1968. Außerdem in: *Lachen, Liebe, Nächte*, Hamburg: Rowohlt, 1957.

Tropic of Capricorn, Paris: Obelisk Press, 1939; *Wendekreis des Steinbocks*, übers. von Kurt Wagenseil, Hamburg: Rowohlt, 1953. Neuausg. Reinbek: Rowohlt, 1980.

Hamlet (zusammen mit Michael Fraenkel), 2 Bde., Paris, New York: Carrefour, 1939-1943.

The Cosmological Eye, New York: New Directions, 1939.

The World of Sex, Privatdruck, Chicago: 1940; *Die Welt des Sexus*, übers. von Kurt Wagenseil, Hamburg: Rowohlt, 1960. Neuausg. Reinbek: Rowohlt, 1982.

The Colossus of Maroussi, San Francisco: Colt Press, 1941; *Der Koloß von Maroussi, Eine Reise nach Griechenland*, übers. von Carl Bach und Lola Humm-Sernau, Hamburg: Rowohlt, 1956. Neuausg. Reinbek: Rowohlt, 1978.

The Wisdom of the Heart, New York: New Directions, 1941.

Sunday after the War, New York: New Directions, 1944.

The Air-Conditioned Nightmare, New York: New Directions, 1945; *Der klimatisierte Alptraum*, übers. von Kurt Wagenseil, Reinbek: Rowohlt, 1977.

Maurizius Forever, San Francisco: Colt Press, 1946.

Remember to Remember, New York: New Directions, 1947; daraus *Land der Erinnerung*, übers. von Gerold Reinhart, Zürich: Arche, 1957. Neuausg. Reinbek: Rowohlt, 1967.

Blaise Cendrars, Paris: Denoël, 1947; *Blaise Cendrars*, übers. von Jürgen Manthey, in: *Ein Henry Miller Lesebuch*, Reinbek: Rowohlt, 1961. Neuausg. Reinbek: Rowohlt, 1971.

The Smile at the Foot of the Ladder, New York: Duell, Sloane & Pearce, 1948; *Das Lächeln am Fuße der Leiter*, übers. von Herbert Zand, Wien: Donau-Verlag, 1955; Neuausg. (mit Ill. von Joan Miró) Reinbek: Rowohlt, 1978.

Sexus, 2 Bde., Paris: Obelisk Press, 1949; *Sexus*, übers. von Kurt Wagenseil, Reinbek: Rowohlt, 1970. Neuausg. Reinbek: Rowohlt, 1980.

Rimbaud, frz. Ausgabe, Lausanne: Mermod, 1952; amerif. Ausgabe *The Time of the Assassins. A Study of Arthur Rimbaud*, New York: New Directions, 1956; *Vom großen Aufstand*, übers. von Oswalt von Nostitz, Zürich: Arche, 1954. Neuausg. Reinbek: Rowohlt, 1976. Neuausg. *Rimbaud oder Vom großen Aufstand*, Frankfurt a. M.: Luchterhand, 1989. Aldington,

The Books in My Life, New York: New Directions, 1952; *Die Kunst des Lesens. Ein Leben mit Büchern*, ausgew. und übers. von Manfred Andrae, Reinbek: Rowohlt, 1963.

Plexus, 2 Bde., Paris: Olympia Press, 1953; *Plexus*, übers. von Kurt Wagenseil, Hamburg: Rowohlt, 1955. Neuausg. Reinbek: Rowohlt, 1970.

Nights of Love and Laughter, New York: New American Library of World Literature, 1955; *Lachen, Liebe, Nächte*, übers. von Kurt Wagenseil. Inhalt: »Der versoffene Veteran«, »Via Dieppe-Newhaven«, »Astrologisches Frikassee«, »Die Brooklynbrücke«, »Mademoiselle Claude«, »Max und die weißen Phagocyten«. Hamburg: Rowohlt, 1957.

Big Sur and the Oranges of Hieronymus Bosch, New York: New Directions, 1956; *Big Sur und die Orangen des Hieronymus Bosch*, übers. von Kurt Wagenseil, Hamburg: Rowohlt, 1958. Neuausg. Reinbek: Rowohlt, 1966.

A Devil in Paradise, New York: Signet, 1956; *Ein Teufel im Paradies*, übers. von Kurt Wagenseil, Reinbek: Rowohlt, 1961. Neuausg. Reinbek: Rowohlt, 1978.

Quiet Days in Clichy, Paris: Olympia Press, 1956; *Stille Tage in Clichy*, mit Fotos von Brassaï, übers. von Kurt Wagenseil, Reinbek: Rowohlt, 1968. Neuausg. Reinbek: Rowohlt, 1983.

The Red Notebook, Highlands: Jargon Books, 1958.

Reunion in Brooklyn, Northwood: Scorpion Press, 1959; *Wiedersehen in Brooklyn*, übers. von Oswalt von Nostitz, Zürich: Arche, 1960. Wiederabdruck (übers. von Jürgen Manthey) in: *Ein Henry Miller Lesebuch*, Reinbek: Rowohlt, 1961. Neuausg. Reinbek: Rowohlt, 1971.

Nexus, Bd. 1, Paris: Olympia Press, 1959; *Nexus*, übers. von Kurt Wagenseil, Reinbek: Rowohlt, 1961. Neuausg. Reinbek: Rowohlt, 1970.

The Intimate Henry Miller, New York: Signet, 1959.

Stand Still Like the Hummingbird, New York: New Directions, 1962; *Von der Unmoral der Moral*, übers. von Oswalt von Nostitz, Alexander Koval und Ursula von Wiese, Zürich: Arche, 1958. Neuausg. u. d. T. *Von der Unmoral der Moral und andere Texte*, übers. von Hermann Stiehl, Reinbek: Rowohlt, 1979.

Greece, New York: Viking Press, 1964.

Order and Chaos Chez Hans Reichel, Tucson, Ariz.: Loujon Press, 1966.

Entretiens de Paris avec Georges Belmont, Paris: Edition Stock, 1970; *Meine Jugend hat spät begonnen. Dialog mit Georges Belmont*, übers. von Widulind Clerc-Erle, Stuttgart: Goverts Krüger Stahlberg, 1971. Neuausg. Frankfurt a. M.: Fischer, 1973.

My Life and Times, New York: Playboy Press, 1971; *Mein Leben und meine Welt*, übers. von Katja Behrens, München, Wien, Zürich: Edition Praeger, 1972. Neuausg. Reinbek: Rowohlt, 1974.

Insomnia or The Devil at Large, New York: Doubleday, 1974; *Insomnia oder Die schönen Torheiten des Alters*, übers. von Katja Behrens, Frankfurt a. M.: Umschau, 1975. Neuausg. Reinbek: Rowohlt, 1977.

Henry Miller's Book of Friends. A Tribute to Friends of Long Ago, Santa Barbara: Capra Press, 1976; *Jugendfreunde. Eine Huldigung an Freunde aus lang vergangenen Zeiten*, übers. von Angela Praesent, Reinbek: Rowohlt, 1977. Neuausg. Reinbek: Rowohlt, 1990.

Gliding into the Everglades and Other Essays, Lake Oswego, Or.: Lost Pleiade Press, 1977.

My Bike and Other Friends, Santa Barbara: Capra Press, 1978; *Mein Fahrrad und andere Freunde. Erinnerungsblätter*, übers. von Hermann Stiehl, Reinbek: Rowohlt, 1982.

The World of Lawrence, Santa Barbara: Capra Press, 1980; *Die Welt des D. H. Lawrence. Eine Huldigung*, übers. von Walter Schürenberg, Reinbek: Rowohlt, 1983.

Reflections, Santa Barbara: Capra Press, 1981.

Opus Pistorum, übers. von Andrea Fehringer und Viola Heilmann, Reinbek: Rowohlt, 1984. Neuausg. Reinbek: Rowohlt, 1986.

Kleine Schriften

What Are You Going to Do About Alf?, Paris: Lecram-Servant, 1935. Neuausg. Berkeley, Cal.: Bern Porter, 1944.

Scenario. A Film With Sound, Paris: Obelisk Press, 1937.

Money and How It Gets That Way, Paris, 1938.

Obscenity and the Law of Reflection, Yonkers: Alicat Book Shop, 1944; *Obszönität und das Gesetz der Reflexion*, übers. von E.-Charles Roland und Kurt Wagenseil, Hamburg: Rowohlt, 1953.

The Plight of the Creative Artist in the USA, Berkeley, Cal.: Bern Porter, 1944.

Murder the Murderer. An Excursus on War, Berkeley, Cal., 1944.

Varda. The Master Builder, Berkeley, Cal., 1944.

Semblance of a Devoted Past, Berkeley, Cal.: Bern Porter, 1945.

The Amazing and Invariable Beauford Delaney, Yonkers: Alicat Book Shop, 1945.

Patchen, Man of Anger & Light, New York, 1946.

The Waters Reglitterized, San José: John Kidis, 1950.

To Paint Is to Love Again, Alhambra: Cambria Books, 1960; *Malen ist Lieben*, übers. von Rainer Schmidt, Berlin: Limes, 1988.

On Turning Eigthy, Santa Barbara: Capra Press, 1972.

The Nightmare Notebook, New York: New Directions, 1975.

Sextet, Santa Barbara, 1977.

Drama

Just Wild About Harry: A Melo-Melo in Seven Scenes, New York: New Directions, 1963; *Ganz wild auf Harry*, übers. von Renate Gerhardt, Berlin: Gerhardt, 1963.

Sammelausgaben

Henry Miller Miscellanea, Berkeley, Cal.: Bern Porter, 1945.

The Henry Miller Reader, hrsg. von Lawrence Durrell, New York: New Directions, 1959; *Ein Henry Miller Lesebuch*, hrsg. von Lawrence Durrell (Auszüge aus verschiedenen Texten mit zahlreichen Übersetzern), Reinbek: Rowohlt, 1961. Neuausg. Reinbek: Rowohlt, 1971.

Sämtliche Erzählungen, übers. von Kurt Wagenseil und Herbert Zand. Inhalt: »Mademoiselle Claude«, »Der vierzehnte Bezirk«, »Der dritte oder vierte Frühlingstag«, »Ein Samstagnachmittag«, »Der Engel ist mein Wasserzeichen« »Der Schneiderladen«, »Jabberwhorl Cronstadt«, »Ins Nachtleben hinein«, »Hin und Her in China«, »Das Konzertcafé«, »Wahnsinn einer gigantischen Stadt«, »Die Brooklynbrücke«, »Via Dieppe-Newhaven«, »Max und die weißen Phagozyten«, »Der versoffene Veteran«, »Astrologisches Frikassee«, »Das Lächeln am Fuße der Leiter«. Reinbek: Rowohlt, 1968. Neuausg. u. d. T.: *Der Engel ist mein Wasserzeichen. Sämtliche Erzählungen.* Reinbek: Rowohlt, 1983.

Briefe

Henry Miller – Alfred Perlès – Lawrence Durrell. Art and Outrage. A Correspondence, London, 1959; *Kunst und Provokation. Ein Briefwechsel*, übers. von Kurt Wagenseil, Reinbek: Rowohlt, 1960.

Lawrence Durrell – Henry Miller. A Private Correspondence, New York: Dutton, 1963; *Lawrence Durrell – Henry Miller. Briefe 1935-1959*, übers. von Herbert Zand, Reinbek: Rowohlt, 1967.

Letters to Anaïs Nin, New York: Putnam, 1965; *Briefe an Anaïs Nin*, übers. von Mark W. Rien, Reinbek: Rowohlt, 1968. Neuausg. Reinbek: Rowohlt, 1981.

Letters of Henry Miller and Wallace Fowlie, New York: Grove Press, 1975.

Henry Miller, Years of Trial and Triumph, 1962-1964, Carbondale, Edwardsville: Southern Illinois University Press, 1978; *Die Literatur und das Obszöne. Briefwechsel zwischen Henry Miller und seinem An-*

walt Elmer Gertz, übers. von Walter Hasenclever, Hamburg: A. Knaus, 1980.
Correspondance privée: 1935-1978. Henry Miller – Joseph Delteil, Paris, 1980.
Letters From Your Capricorn Friend: Henry Miller and the Stroker, 1978-1980, New York: New Directions, 1984.
A Literate Passion: Letters of Anaïs Nin and Henry Miller, 1932-1953, New York: HBJ, 1987; *Briefe der Leidenschaft*, übers. von Helga Künzel, Bern, München, Wien: Scherz, 1989.
Brenda, Liebste ... Henry Millers Liebesbriefe an Brenda Venus, Zwischentexte von Brenda Venus, übers. von Gertrud Theiss, München: Bertelsmann, 1987.
Liebesbriefe an Hoki Tokuda Miller, übers. von Antoinette Gittingen, Frankfurt a. M.: Eichborn, 1988.
Letters to Emil, New York: New Directions, 1989.

Aquarelle

The Angel Is My Watermark, Fullerton: Holve-Barrow, 1944; *Der Engel ist mein Wasserzeichen*, Köln: DuMont Schauberg, 1961.
Echolalia. Reproductions of Water Colors, Berkeley, Cal., 1945.
Paintings of Henry Miller: Paint As You Like and Die Happy, hrsg. von Noel Young, San Francisco: Chronicle Books, 1982.

LITERATUR ZU HENRY MILLER

Richard und Durrell, Lawrence, *Literary Lifelines*, hrsg. von MacNiven and Moore, New York 1981.
Anderson Maxwell, Sherwood, *Winesburg, Ohio*, Frankfurt/Main 1973.
Augustinus, Aurelius, *Bekenntnisse*, München 1964.
Bald, Wambly, *On the Left Bank, 1929-1933*, hrsg. von Benjamin V. Franklin, Ohio 1987.
Barrow, Robin, *Happiness*, Oxford 1980.
Benavides, Rodolfo, *Dramatic Prophecies of the Great Pyramid*, Mexico 1970.
Bodenheim, Maxwell (zugeschrieben), *My Life and Loves in Greenwich Village*, New York 1961.
Brassaï, *Henry Miller in Paris*, Frankfurt/Main 1979.
Brown, J. D., *Henry Miller*, Ungar, New York 1986.
Carroll, Peter N. und Noble, David W., *The Restless Centuries: A History of the American People*, Minneapolis 1979.
Céline, Louis-Ferdinand, *Tod auf Kredit*, Reinbek bei Hamburg 1974.
Charney, Maurice, *Sexual Fiction*, London 1981.
Charters, Ann (Hg.), *Scenes Along the Road. Photographs of the Desolation Angels 1944-1960*, New York 1971.
Childs, J. Rives, *Collector's Quest: The Correspondence of Henry Miller and J. Rives Childs, 1947-1965*, hrsg. von R. C. Wood, Charlottesville 1968.
Chuang Tzu, *Basic Writings*, übers. und hrsg. von Burton Watson, New York 1964.
Churchill, Allen, *The Improper Bohemians, Greenwich Village in its Heyday*, New York 1959.
Cowley, Malcolm, *A Second Flowering. Works and days of the Lost Generation*, London 1973.
Ders., *I Worked at the Writer's Trade, 1918-1978*, New York 1978.
Ders., *Exiles Return. A Literary Saga of the 1920s*, New York 1951.
Crick, Bernhard, *George Orwell: A Life*, London 1980.
Dearborn, Mary, *Henry Miller, eine Biographie* München 1991.
Dostojewski, Fjodor M., *Der Idiot*, Frankfurt/Main 1961.
Durrell, Lawrence, *The Big Supposer. An Interview mit Marc Alyn*, New York 1974.
Eaton, Walter Prichard, *Theatre Guild: The First Ten Years*, Brentano 1929.
Edmiston, Susan und Cirino, Linda D.,

Literary New York: A History and Guide, Boston 1976.
Ford, Hugh, *Published in Paris: A Literary Chronicle of Paris in the 1920s and 1930s*, New York 1988.
Fowlie, Wallace, *Letters of Henry Miller and Wallace Fowlie 1942-1972*, New York 1975.
Goldman, Emma, *Gelebtes Leben*, 3 Bde., Berlin 1978.
Gordon, Wm. A., *The Mind and Art of Henry Miller*, London 1968.
Hale, Nathan G. jun., *Freud and the Americans: The Beginnings of Psychoanalysis in the United States 1876-1917*, Bd. I, New York 1971.
Hamsun, Knut, *Hunger* und *Mysterien*, Ges. Werke, Bd. I, München 1921-1930.
Harris, Frank, *Mein Leben und Lieben*, Flensburg 1965-1966.
Hassan, Ihab, *The Literature of Silence – Henry Miller and Samuel Beckett*, New York 1967.
Hynes, Jim, *Thanks for Coming: An Autobiography*. London 1983.
Knapp, Bettina, *Anaïs Nin*, New York 1978.
Langridge, Derek, *John Cowper Powys: A Record of Achievement*, London 1966.
Lao-tse, *Tao te king. Das Buch vom Sinn und Leben*, übers. und komm. von Richard Wilhelm, Düsseldorf und Köln 1989.
Lawrence, D. H., *Lady Chatterley*, Reinbek bei Hamburg 1973.
Loth, David, *The Erotic in Literature*, New York 1962.
Mailer, Norman, *Reklame für mich selbst*, Berlin 1963.
Ders., *Henry Miller: Genius and Lust, Narcissism*, American Review, Nr. 24, 1976.
Martin, Jay, *Henry Miller: Die Liebe zum Leben*, München 1989.
McAlmon, Robert und Boyle, Kay, *Being Geniuses Together 1920-1930*, London 1984.
McCullough, David W., *Brooklyn – and how it got that way*, New York 1983.
McGilchrist, Ian, *Against Criticism*, London 1982.
Millett, Kate, *Sexus und Herrschaft. Die Tyrannei des Mannes in unserer Gesellschaft*, München 1971.
Mitchell, Edward, *Henry Miller: Three decades of criticism*, New York 1971.
Mitgang, Herbert, *Dangerous Dossiers. Exposing the secret war against America's greatest authors*, New York 1989.
Morehouse, Ward, *Matinée Tomorrow: Fifty Years of Our Theatre.*
Morton, Brian N., *Americans in Paris*, Ann Arbor 1984.
Nelson, Jane, *Form and Image in the Fiction of Henry Miller*, Detroit 1970.
Nin, Anaïs, *Intimes Tagebuch. Henry, June und ich*, München 1989.
Dies., *Tagebücher*, hrsg. von Gunther Stuhlmann, Bde. 1-3, Hamburg 1968.
Orwell, George, *Im Inneren des Wals*, ausgew. Essays, Zürich 1975.
Ders., *The Collected Essays, Journalism and Letters of George Orwell*, Bde. I-IV, London 1968.
Perlès, Alfred, *The Renegade*, London 1943.
Ders., *My Friend Henry Miller*, London 1955.
Ders., *My Friend Alfred Perlès. Coda to an unfinished biography*, London 1973.
Ders., *Scenes from a Floating Life*, London 1970.
Powys, John Cowper, *Autobiography*, London 1949.
Pullar, Philippa, *Frank Harris*, London 1975.
Rabelais, François, *Gargantua und Pantagruel*, Frankfurt/Main 1974.
Read, Herbert, *Die Kunst der Kunstkritik und andere Essays zur Philosophie, Kunst und Literatur*, Gütersloh 1960.
Rembar, Charles, *The End of Obscenity*, London 1969.
Rodgers, Cleveland und Rankin, Rebecca B., *New York: The World's Capital City*, New York 1948.
Root, Waverley, *The Paris Edition 1927-1934*, 1989.
Rosenstone, Robert A., *Romantic Revolutionary: A biography of John Reed*, New York 1975.
Rushdie, Salman, *Outside the Whale*, Granta Nr. 11, Cambridge 1984.

Schmidt, Henning, *Der Mythos Henry Miller,* Heidelberg 1977.

Schmiele, Walter, *Henry Miller,* Reinbek bei Hamburg 1980.

Shifreen, Lawrence J., *Henry Miller: A bibliography of secondary sources,* Metuchen, New York 1979.

Shinkman, Elizabeth Benn (Hg.), *So Little Disillusion. An American correspondent in Paris and London 1924-1931,* McLean 1983.

Sobel, Bernard, *A Pictorial History of Vaudeville,* New York 1961.

Sprague de Camp, L., *Lost Continents: The Atlantic Theme in History, Science and Literature,* New York 1970.

Temple, F.-J., *Henry Miller: Qui suis-je?* Lyon 1986.

Waley, A., *The Way and Its Power: the Tao Te Ching and its place in Chinese thought,* London 1977.

Ware, Caroline Ferar, *Greenwich Village 1920-1930,* Boston 1935.

Weigel, John A., *Lawrence Durrell* New York 1966.

Weld, Ralph Foster, *Brooklyn is America,* New York 1950.

Wexler, Alice, *Emma Goldman: An Intimate Life,* New York 1954.

Whitman, Walt, *Grashalme,* Berlin 1948.

Wickes, George, *Henry Miller,* University of Minnesota Pamphlets on American Writers Nr. 56, Minnesota 1966.

Ders., *Americans in Paris 1903-1939,* New York 1969.

Widmer, Kingsley, *The Literary Rebel,* C'bndale, Illinois 1965.

Wilson, Edmund, *The Shores of Light,* London 1952.

Winslow, Kathryn, *Ein Mann wie Henry Miller,* Bern, München, Wien 1989.

Personenregister

Werkregister

Quellen- und Bildnachweis

Wir bedanken uns beim Rowohlt Verlag für die freundliche Genehmigung, aus folgenden Übersetzungen zu zitieren:
Das Lächeln am Fuße der Leiter; Die Welt des Sexus; Ein Henry Miller Lesebuch; Lawrence Durrell - Henry Miller. Briefe 1935 bis 1959; Plexus; Sämtliche Erzählungen; Sexus; Wendekreis des Krebses; Wendekreis des Steinbocks.

Autor und Verlag möchten folgenden Personen und Institutionen für die freundliche Genehmigung danken, die Abbildungen des Bildteils abzudrucken: Special Collections Library der University of California, Los Angeles (1); The Pach Brothers, New York (2); Misha Erwitt/Magnum Photos (3, 8, 9); Museum of the City of New York (11); Jose Alemany (12); Popperfoto (14); Robert Fink (16); The Hulton Picture Company (20, 21, 23); UPI/The Bettman Archive (29, 45); University of Virginia Library (24); Hans Reitzel (26); William Webb (27, 43); Arthur Knight, Petaluma, Kalifornien (31); Coll. F. J. Temple (36); The Scotsman Publications Ltd., Irland (37); Emil White (40); Pictorial Press (41, 49); Pompeo Posar/*Playboy* (46); Bradley Smith (47, 48).
Leider war es uns trotz unserer Bemühungen nicht in jedem Fall möglich, die Bildquellen ausfindig zu machen.
Der Verlag entschuldigt sich im voraus für dadurch eventuell verursachte Unannehmlichkeiten.

Danksagung

Ich möchte mich bedanken bei: Joan Adler; Donald Anderle; Tove Bakke; George Barker; Diane und Ray Barnes; Sybille Bedford; Antonio Bibalo; David Braasch; Hans Jørgen Brøndum; Erik Burns; Dolores Buttry; Ann Caiger; Patrick Cody; Richard Cohen; Bernhard R. Crystal; Mary Ann Di Napoli; Elisabeth Dysegaard; Gloria Ferris; Paul Ferris; Benjamin V. Franklin; Victoria Glendinning; Yannick Guillou; Tullah Hanley; Lilace Hatayama; Cathy Henderson; Sara S. Hodson; Georges Hoffman; AnnelieHøsier; Sidney F. Huttner; Anne Hyde; Helen Iggulden; Buffie Johnson; Jonathan L. Kirsch; David V. Koch; Star Lawrence; Gerson Legman; Anthony Levintow; Angela Lucas; Ian S. McNiven; Linda McCurdy; Barbara Sylvas Miller; Tony Miller; Valentine Miller; Herbert Mitgang; Jack Moore; Gerald Nason; Michael Neal; Amelia E. Needham, geborene Pasta; Joe Nuttgens; Sigfrid P. Perry; Rupert Pole; Bern Porter; David Pryce-Jones; Hans und Mette Reitzel; Havard Rëm; Sheila Ryan; Pamela Scheffel; Carl Scheiner; Rivers Scott; Gunther Stuhlmann; Fréderic-Jacques Temple; The Society of Authors; Ursula Veit; Alice Wexler; Elizabeth I. White; George Wickes; David Wigdor; Patricia C. Willis; Melanie Yolles; Murray Zuckermann.

Mein besonderer Dank gilt: Celia Conason; Vincent Birge; Petter Naess; dem verstorbenen Alfred Perlès und seiner Frau Ann Barrett; Twinka Thiebaud.

Ich möchte auch den folgenden Bibliotheken und Institutionen für ihre Hilfe und Zusammenarbeit danken: Beineke Rare Book and Manuscript Library; Harvard University; Harry Randsom Humanities Research Center, University of Texas, Austin; Library of Congress, Manuscript Division; New York Public Library, Henry W. and Albert A. Berg Collection; University of California, Los Angeles; Yale University Library; Universität Oslo; University of Virginia, Clifton Waller Barrett Library; Southern Illinois Univrsity, Carbondale; The Huntington Library; San Marino, Kalifornien, George Orwell Archive, University College, London; Brooklyn Public Library; Rochester Public Library, New York.

Für die Erlaubnis, aus veröffentlichen Werken zu zitieren, möchte ich mich als außerdem bedanken bei: Carcanet Press und New Directions Publishing Corporation für *Letters to Emil* und *Ends of the World* von Cecil Mackworth; Capra Press für *Reflections* von Twinka Thiebaud und *Gliding Through the Everglades, The World of Lawrence* und *Hamlet-Briefe* von Henry Miller; Bern Porter für *The Happy Rock*; dem Estate of John Cowper Powys für *Autobiography* von John Cowper Powys; New Directions Publishing Corporation für *The Smile at the Foot of the Ladder* von Henry Miller; W. H. Allen und Harcourt Brace Jovanovich für *Henry and June* von Anaïs Nin und *A Literate Passion: From the letters of Anaïs Nin and Henry Miller, 1931-1953* von Anaïs Nin und Henry Miller; New Directions und Faber and Faber Ltd. für *The Durell-Miller Letters 1935-1953*, Hg. Ian S. MacNiven; Houghton Mifflin Company für *Greenwich Village* von Caroline Ware; New Directions Publishing Corporation für *The Books in my Life* von Henry Miller und *Stand Still Like the Hummingbird* von Henry Miller; Albert-Sittard für *Henry Miller: Colossus of One* von Kenneth C. Dick; Curtis Brown Literary Agency und Grove Press Inc. für *Sexus, Plexus, Nexus* und *Tropic of Capricorn* von Henry Miller.